Asphalt Pavement Material
沥青路面材料

孟勇军 编著

人民交通出版社股份有限公司
China Communications Press Co.,Ltd.

内 容 提 要

本书共由六章组成,前五章主要介绍砂石材料、沥青材料、沥青混合料等的基本组成、生产加工工艺、技术性能、组成设计和试验检测方法,沥青混合料的配合比设计方法以及级配设计的算例,第六章重点介绍了热拌沥青混合料及其他新型沥青混合料面层的设计原理、施工工艺及质量控制方法。为了拓宽知识面,配合沥青路面常用材料的研究和应用,书中对沥青流变学、改性沥青进行了介绍,内容丰富;对当前沥青混合料研究和应用的前沿内容如美国 GTM 试验方法、SHRP 沥青混合料设计方法、沥青混合料动态模量等内容也都进行了阐述。

本书可用作高等院校道路工程专业及相关专业的本科生、研究生教材,也可供相关部门科研、设计、施工、管理人员参考。

图书在版编目(CIP)数据

沥青路面材料 / 孟勇军编著. — 北京:人民交通出版社股份有限公司, 2019.6
ISBN 978-7-114-14962-7

Ⅰ.①沥… Ⅱ.①孟… Ⅲ.①沥青路面—路面材料 Ⅳ.①U416.217

中国版本图书馆 CIP 数据核字(2019)第 034379 号

书　　名:	沥青路面材料
著 作 者:	孟勇军
责任编辑:	韩亚楠　朱明周
责任校对:	张　贺
责任印制:	张　凯
出版发行:	人民交通出版社股份有限公司
地　　址:	(100011)北京市朝阳区安定门外外馆斜街 3 号
网　　址:	http://www.ccpress.com.cn
销售电话:	(010)59757973
总 经 销:	人民交通出版社股份有限公司发行部
经　　销:	各地新华书店
印　　刷:	北京印匠彩色印刷有限公司
开　　本:	787×1092　1/16
印　　张:	25.25
字　　数:	595 千
版　　次:	2019 年 6 月　第 1 版
印　　次:	2019 年 6 月　第 1 次印刷
书　　号:	ISBN 978-7-114-14962-7
定　　价:	65.00 元

(有印刷、装订质量问题的图书由本公司负责调换)

前　　言

我国的道路工程建设于20世纪80年代进入一个蓬勃发展时期，体量巨大的公路及城市道路沥青路面的建设需求，促成了路桥专业学科如雨后春笋般在许多高校设立起来，沥青路面领域从业人员也呈几何倍数增长。沥青路面材料主要是指用于沥青路面结构、桥梁路面铺装结构、隧道工程结构及其附属构造物所用的各类建筑材料，它们的质量品质与工程结构自身的使用性能密切相关。在近30年的工程建设高峰期内，沥青路面领域积累了丰富的实际工程经验和相关理论的研究成果，尤其是新技术、新工艺、新设备、新材料在工程中的应用，大幅提高了我国沥青路面工程建设质量水平。

本书是一本交通土建工程专业本科的专业课教材，在编写过程中尽可能充分吸收已经在实际工程中验证过的技术成果，以此扩大学生的知识视野，使之充分了解和掌握沥青路面的技术能力，为培养我国沥青路面建设需要的人才打下坚实的知识基础。

本书一共包含六章，共计三十三节。第一章主要介绍道路工程的发展历史以及构成沥青路面的材料的基本技术性质及其组成结构等；第二章到第五章主要介绍砂石材料、沥青材料、沥青混合料等材料的基本组成、生产加工工艺、技术性能、组成设计和试验检测方法，沥青混合料的配合比设计方法以及级配设计的算例等；第六章重点介绍了热拌沥青混合料及其他新型沥青混合料面层的设计原理、施工工艺及质量控制方法。为了拓宽知识面，配合沥青路面常用材料的研究和应用，书中对沥青流变学、改性沥青进行了介绍；对当前沥青混合料研究和应用的内容，如美国GTM试验方法、SHRP沥青混合料设计方法、沥青混合料动态模量等，也进行了阐述。同时为了加深读者对于重要知识点的理解及应用，在每章最后增加了思考练习题。

本书在编辑过程中得到了有关兄弟院校和其他单位的大力支持和帮助，参考借鉴了部分道路研究机构和研究人员的成果，在此一并表示感谢。

感谢张肖宁教授、梁军林教授、谢开仲教授和容洪流博士对于本书的知识点提供的重要成书建议，朱杰、奚晨晨、马存祥、农小蕾、卢祖标、覃悦和郭贺源等研究生同学在本书编写过程中付出了艰苦的努力，仔细校勘每一个知识点，对文字编排、图形细化等做了非常细致的工作，朱杰在参加工作后依然对书稿后续校勘做出了贡献。在这里向为本书的编写提供帮助的协助者们致以诚挚的谢意！

本书从策划到出版历经两年多的时间，在此期间沥青路面材料和技术也在不断更新和进步，书中知识点定存在不完备之处，还请广大道路研究者不吝指教。

孟勇军

2018年12月2日

目　录

第一章　概论 ... 1
第一节　道路工程的发展简介 ... 1
第二节　本书的主要研究对象 ... 8
第三节　本书的主要内容及学习方法 ... 9
思考练习题 ... 11

第二章　砂石材料及级配设计 ... 12
第一节　石料 ... 12
第二节　集料的技术性质 ... 25
第三节　石料生产工艺流程和设备选型 ... 38
第四节　矿质混合料的组成设计 ... 46
本章小结 ... 59
思考练习题 ... 60

第三章　沥青 ... 63
第一节　沥青的技术发展 ... 63
第二节　广义改性沥青的分类 ... 64
第三节　沥青的生产加工 ... 65
第四节　石油沥青的特点 ... 72
第五节　沥青的路用性能评价指标及其试验方法 ... 90
第六节　沥青的流变性能 ... 123
思考练习题 ... 152

第四章　改性沥青 ... 153
第一节　改性沥青的分类及其标准 ... 153
第二节　改性沥青的种类 ... 163
第三节　改性沥青的作用机理 ... 170
第四节　改性沥青的生产技术 ... 198
思考练习题 ... 202

第五章　沥青混合料 ... 203
第一节　沥青混合料简介 ... 203
第二节　沥青混合料的结构及强度理论 ... 205
第三节　沥青混合料的配合比设计 ... 212
第四节　稀浆封层和微表处 ... 238
第五节　沥青混合料的技术性能指标 ... 242
第六节　SHRP 沥青混合料设计方法 ... 268

第七节	沥青混合料的动态模量	277
思考练习题		281

第六章 沥青路面 … 283

第一节	概述	283
第二节	热拌沥青混合料面层	288
第三节	SMA 面层	305
第四节	排水式路面	328
第五节	浇筑式沥青混凝土	338
第六节	环氧沥青混凝土	343
第七节	再生沥青路面	351
第八节	彩色沥青路面	363
第九节	沥青路面养护与管理	375
思考练习题		395

参考文献 … 396

第一章 概 论

【导读】

道路工程的历史源远流长。本章以时间为轴介绍了道路工程的发展历史,包含古代道路与近现代道路的发展历程。沥青路面是目前道路建设的主流形式,构成沥青路面的材料的基本技术性质及其组成结构、设计方法、检验方法是本书重点研究的对象,本章对本书的主要研究对象、主要内容及学习方法做了简要介绍及指导。

【重点】

了解道路工程的发展历史、了解本书的主要研究对象及主要内容,理解本书的学习方法。

第一节 道路工程的发展简介

一、古代道路

1.国内道路工程

中国的道路工程建设始于五帝时期。相传黄帝因看见蓬草随风吹转而发明了车轮,于是以横木为轩、直木为辕制造出车辆,后世因此尊称他为轩辕氏。车辆的出现,大幅提高了人类的运输能力,同时也刺激了早期文明对道路的需求,道路工程建设就此大规模展开。

周朝时期已经建立完善的道路体制,道路等级由高到低被分为路、道、途、畛、径五个等级,由各级官吏掌管道路的建设和维修,设计和建设遵从"周道如砥,其直如矢"的标准,就连道路宽度、行道树、附属设施、休息站、养路房也都有细致的规定。

秦始皇统一六国以后,开始了"车同轨,书同文"的标准化运动。车辆的维修和货物的周转因此得到了极大的方便,对于通畅道路的需求量直线上升。在这一变革背景下,秦国以六国原有道路为基础,在此之上发展建设了总里程约 1.8 万 km 的秦驰道。秦帝国的驰道系统,东穷齐燕,南极吴楚,西至临洮、羌中,北据河为塞,沿阴山至辽东。依据现存的驰道遗迹,当时驰道线形以直线为主,多数为夯土填方路段,路面较宽,最宽处达 70m。驰道两侧还设有行道树、挡马墙等安全设施,是秦帝国最重要的基础设施之一。

古代道路的奇观之———秦蜀栈道,始建于春秋时期,它凌空于悬崖峭壁之上,蜿蜒于崇山峻岭之间,著名的"明修栈道,暗度陈仓"即发生于此。秦惠王时,为攫取川中财富,秦国自秦岭北麓眉县斜水谷至秦岭南麓褒城县褒水河谷,修建了 200 多 km 长的褒斜栈道(图 1-1)。褒斜栈道通行 3000 多年,为社会的发展发挥了巨大作用。

汉在秦的基础上完善了道路邮驿系统,驿站由小到大分为邮、亭、驿、传四类,大致五里设邮,十里设亭,三十里设驿或传。此外,开辟丝绸之路是汉代不可不提的伟大成就,丝绸之路是历史上横贯欧亚大陆的贸易交通线,大大促进了欧洲、亚洲、非洲各国和中国的友好往来。同时，在另一个方向上，司马相如出使西南，打通了零关古道，为后人南出缅甸，取道印度，经波斯和小亚细亚最终入欧，奠定了最初的里程。

图1-1 褒斜栈道

后汉时期褒斜栈道上的石门是中国有史料记载的第一条石方隧道。汉桓帝建和二年（公元148年），汉中太守王升于石门石壁上刻《石门颂》，推序本原，赞颂杨涣开凿石门之功。新中国成立后的1969年，在修建石门水库时，褒斜栈道上的石门石刻"石门十三品"被搬迁至汉中市博物馆内陈列保护，而历尽沧桑的石门洞则最终被淹没于水库之中。

时至两晋南北朝，这段时期的大部分时间里中国都处于兵荒马乱之中，国力耗损，无力修整各级路网，道路建设由此进入了漫长的停滞和后退期。

直到隋代中国重归大一统后，于隋炀帝时期，为沟通南北交通，以当时的首都洛阳为中心，开凿了隋唐大运河。大运河初开通即成为中国最重要的运输线路，同时两岸沿河也配套修建了运河御道，用以连接码头、集散货物。运河与御道互相衔接，形成了高效的水陆运输系统。隋唐大运河后经元朝取直疏浚而成为京杭大运河。时至今日，虽然大运河已在山东济宁断流，但其余部分依然发挥着交通运输功能，依然是东南沿海与北方政治中心的大通道。

唐朝的驿道交通水平又达到了一个新的高度，从岭南到长安三千多里的路程能在荔枝保持新鲜的时间内完成，这便是一个佐证。另外，唐朝的都城长安城的市政建设水平在当时是世界领先的，11条南北大街，14条东西大街，把长安城划分为100多个整齐的街坊。中轴线上，朱雀大街宽达147m，笔直的道路两侧，绿树如茵，清池溪水错落有致，这种格局不仅是中国城市之楷模，而且影响了邻国扶桑，当时的江户（今日本东京）就是仿照长安城设计建造的。今天的道路称谓——巷、里、坊、弄、胡同等，也是从唐代流传沿用至今的。

宋代经济空前繁荣，北宋改变了秦汉之后居民不得向大街开门、不得在指定的市坊以外从事买卖活动的旧规矩，允许市民开店设铺、沿街做买卖，有史以来第一次实现了街和市的有机结合。城市居民从此走出坊里高墙，投身于百业汇聚的道路两旁，酒楼茶肆、勾栏瓦舍鳞次栉比，艺人商贩填街塞巷。

2. 国外道路工程

(1) 罗马道路

与秦汉同时期的罗马帝国的工程师们在帝国辽阔的疆域里修筑了372条大道，长约8.5万km，从北非到苏格兰、从西班牙到西亚，形成了规模宏大、四通八达的古代交通网，"条条大道通罗马"的谚语即源于此。从工程技术的角度看，罗马大道有三个主要特点：一是不惧险峻恒以直线相连，这一点与秦汉不谋而合，虽然以直线为主的道路线形流畅，但是常常会导致大规模的土石方工程量；二是主要干道平均高出地面约2m，并在两侧设置排水沟以免受地下水和洪涝灾害影响；三是结构异常坚固，分五层修筑的罗马大道（图1-2）与现代高等级公路的结构非常相似,总厚度可达 1m,坚固耐用,很多罗马大道因此能一直使用到今天。

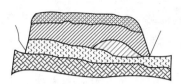

面层,石板或锥形石铺砌,厚约10cm
基层,早期混凝土或石灰黏结碎石,厚约25cm
底基层,泥结碎石或石灰黏结碎石,厚约30cm
垫层,手摆片石并用砂浆填充砌缝,厚约10cm
土基,夯实的天然土或换填土

图 1-2 罗马大道的基本结构

罗马工程师在路基加固中采用了桩基技术,如图 1-3 所示。遇有软弱地基时,首先沿道路两侧打入起支撑作用的坚硬木桩作为桩基,然后在其上设置过梁和轨道梁,轨道梁之间又用结实的木桩铺成类似桥面的承重层。罗马人用桩基加固技术提高了软弱地基的承载力,使罗马大道能适应各种复杂的地质条件,从而四通八达。

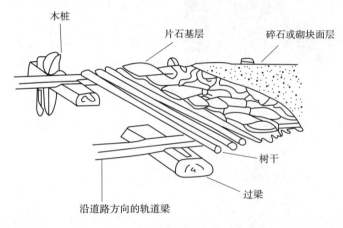

图 1-3 罗马大道的桩基路面

罗马帝国在城市道路规划和建设上同样取得了辉煌的成就,在城市路表有宽阔平坦的铺面,城市道路下则设有结构坚固、规模宏大的防洪和排水系统。现在罗马的下水道系统仍然保留了不少古罗马时代的部分,这部分下水道的历史已经超过两千年,如图 1-4 所示。另外,罗马人在公元前 250 年编著的《筑路指南》和《建筑十书》等工程技术文献,在此后的两千年里一直被奉为工程领域的圭臬。

(2)巴比伦道路

人类使用沥青铺筑道路的历史可以追溯到五

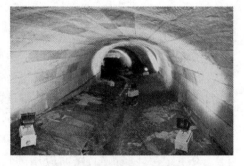

图 1-4 罗马帝国的城市下水道

千多年前的古巴比伦。古巴比伦王国(今伊拉克首都巴格达以南约 90km 处)的游行大道,从伊什塔尔神门一直延伸到贝尔梯形塔,由大块砖和天然胶结料铺成,是世界上最早铺设的柏油路。但是,当时使用的天然胶结料只起到嵌缝粘结和防水作用,并不具备现代沥青路面的特征。

二、近现代道路

历经元明两朝，清王朝达到了中国君主社会的巅峰，清政府重新整治历代道路，修筑北线、南线和西线宫马大道，形成了近现代中国的基本路网构架，同时也奠定了中国版图的基本轮廓。

与清王朝同时期的西方国家已经完成了工业革命，并率先将科学方法应用于道路工程，其中最著名的当属苏格兰工程师 MacAdam（马克当）发明的碎石路面（图1-5）。其后，1883 年 G. W. Daimler（戴姆勒）和 1885 年 C. F. Benz（本茨）相继发明了汽车，1888 年 J. B. Dunlop（邓洛普）发明了充气轮胎。汽车、充气轮胎与马克当碎石路面共同构成了近代道路交通的三大支柱。

最初的马克当路面采用两层 10cm 厚碎石，粒径约 7.5cm，再在其上铺一层 2.5cm 厚的细粒碎石作面层（图1-6）。这种路面利用

图1-5 马克当（碎石）路面

碎石互相嵌锁结成整体，路面坚固耐用，且具有优异的排水性能。19 世纪中叶，轧石机和压路机相继发明后，碎石路面的铺筑效率成倍提高，马克当碎石路面随之被广泛应用，马克当也因此成为碎石路面的代名词。

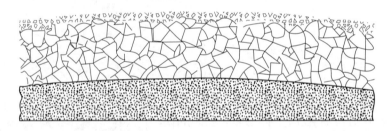

图1-6 碎石路面结构

在路面设计上，马克当最先科学地阐述了路面结构的两个基本设计原则。一是柔性路面的承载能力主要源自路基，道路的总变形也主要来自于路基变形，这一点由百年后的路面弯沉测量所证实。因此，路基要具备良好的排水性能，当它经常处于干燥状态下时，才能承受重载而不致发生过量变形。二是引入摩尔—库仑理论于道路工程，强调碎石的棱角性，以增加碎石之间的内摩阻力，使碎石互相咬紧嵌锁成为整体，从而形成坚固稳定的结构层。

20 世纪初，随着碎石路面应用的日益广泛，人们开始关注碎石材料的性能和路面使用性能之间的关系，同时也出现了模量、加州承载比（California Bearing Ration, CBR）等一系列碎石材料的试验方法和指标。1929 年，美国加州公路局首先采用了以加州承载比 CBR 为指标的碎石路面设计方法，该方法将路面厚度、交通荷载、加州承载比 CBR 建立经验回归关系，因此使用非常简便。

随着汽车工业的进步，机动车重量和行驶速度不断增加，碎石路面越来越难以满足承载力和舒适度要求，逐渐被后来的沥青混凝土路面和水泥混凝土路面所取代。但是，碎石材料

和碎石结构层并没有就此退出路面结构,只是不再作为直接承受车辆荷载的面层使用,更多地用作路面基层、底基层和垫层,为混凝土面层提供稳定连续的支撑,在路面中仍然发挥着结构和功能性作用。

现代沥青路面出现于19世纪晚期,铺面材料是性能优异的沥青混凝土,具有强度高、平整、抗滑、噪声小、行驶舒适、易维修等诸多优点,加之现代石油工业副产品——沥青的大量供给,促使沥青路面风靡全球,并成为现代路面的主体,如图1-7所示。目前全世界所有的铺面道路中,沥青路面约占95%以上。

图1-7 现代城市中的沥青路面

热拌沥青混合料(Hot Mixed Asphalt,HMA)最早于19世纪末期登上道路工程的舞台。当时,人们采用天然胶结料和碎石,在高温下拌和成沥青混合料,直接铺筑在城市原来的碎石或弹石路面上,目的是为汽车提供平整舒适的行驶界面。后来,随着汽车保有量的迅猛增长,社会对石油的消耗越来越大,因此,石油工业的副产品——石油沥青得到了广泛应用,而沥青路面也迅速延伸到了城市的大街小巷和城际公路。

沥青路面的分析理论在百余年的探索和实践中不断地发展,历经Boussinesq(布辛尼斯克,1885)半无限弹性体理论、Burmister(布米斯特,1943)层状弹性体系理论,以及后来的弹黏塑性体分析理论和有限元分析方法,对路基路面的受力状态进行了逐步深入的分析。与此同时,人们采用理论计算、材料试验和道路试验的方法,对自然环境条件、路基土的强度特性、道路材料和交通荷载进行了广泛研究,其中研究较为系统、成果较为丰富、影响较为深远的大型试验都是由美国主持完成的,包括1952~1954年的WASHO试验路、1956~1960年的AASHO试验路,以及1989~1994年的SHRP研究计划(其中的LTTP长期研究计划至今没有结束)。根据不同的道路试验结果和路面分析方法,沿着不同的路面设计思想,采用不同的设计指标体系,历史上先后出现了很多种路面结构设计方法。由于这些设计方法指标繁多、形式多样,为了方便研究和应用,人们对其进行了各种形式的分类和归纳,如理论法、经验法、回归法、理论—经验法等。无论如何分类,路面结构设计方法的发展实质具有潜在的规律。由于早期路面上的车辆荷载小、路面结构薄、路面材料的模量也与路基较为接近,因此早期出现的路面设计方法一般针对路基的损坏问题展开设计,其中比较著名的是CBR设计法。近几十年来,车辆荷载、交通量逐渐增长,路面厚度和材料模量也相应地大幅度提高,所以后来出现的设计方法主要针对道路整体承载力和路基路面的协调受力问题展开,以控制路面的损坏问题为主,其中比较著名的有 AI 法、SHELL 法和 AASHTO 法。

水泥混凝土路面(简称水泥路面)出现于 19 世纪初,但由于当时的水泥材料价格昂贵,所以水泥路面的数量极为有限,直到 20 世纪 20 年代后,美国才最早开始大规模修筑水泥路面。当时的机动车道宽度一般仅 10ft(约 3m),因此,车轮荷载更加靠近水泥混凝土面板(简称水泥板)的纵向(行车方向)接缝或边缘,水泥板内的极限应力也一般出现在纵缝处的板底面。为了控制板边应力,在水泥板设计上存在多种选择:一种是采用变截面设计,加厚纵向板边;第二种是采用等厚度设计,按照边缘的要求确定水泥板的厚度,因此这样板中位置存在一定的强度冗余和材料浪费;第三种是在板边配置钢筋,以增强板边强度;第四种是采用企口设拉杆的纵缝和设置传力杆的横缝,把一块板上的荷重部分传递到邻板,使相邻板块能协同承重。

20 世纪 40~60 年代,上述四种设计被反复论证,主要的大型道路试验包括 1941~1952 年的 Maryland(马里兰州)试验路和后来的 WASHO 试验路、AASHO 试验路等。20 世纪 60 年代后,水泥面板普遍采用了等厚度形式,按照边缘的要求确定水泥板的厚度,并采用企口设拉杆的纵缝和设置传力杆的横缝,把一块板上的荷重部分传递到邻板,使相邻板块能协同承重。其原因在于以下两点:一是随着机动车道的加宽,车轮荷载的作用位置逐渐远离了纵向板边,板底极限应力的位置也并不一定只出现在纵缝板底,因此采用变截面设计或设置边缘钢筋的意义就不再显著,只会增加施工难度;二是早期的水泥板直接铺筑在路基之上,或者在水泥板和路基之间设置一层可有可无的基层,基层的材料则选用廉价的碎石或稳定土。随着车辆荷载的逐步增加,接缝处的唧泥和错台损坏越来越严重,而解决这一问题的途径除了设置耐冲刷基层以外,设置拉杆、传力杆、企口缝都可以提高板块间的荷载传递能力,协调板块之间的变形,从而有效地控制唧泥和错台的发生。鉴于上述原因,这种水泥混凝土路面结构一直沿用至今(图 1-8)。

世界上第一条高速公路——德国 555 号高速公路于 1932 年建成。这条高速公路从波恩至科隆,全长约 10km。高速公路在第二次世界大战中表现出优越的快速机动能力,所以战后的高速公路建设一日千里,逐渐成为发达国家主干路网的现代化标志(图 1-9)。

图 1-8 水泥路面

图 1-9 高速公路上的立体交叉

中国现代公路建设始于清末,清政府于 1908 年在广西南部修建了我国第一条现代公路——龙州至那甚公路,全长仅 30km。虽然这条公路并不为人熟知,但正是这百年前"师夷之长"的筑路实践,开启了中华民族现代道路建设的序幕。

北洋政府时期(1912~1927年),道路建设断断续续,各省修建的公路大多不超过百里,只有张库公路全长965km。当时的"公路"一词译自英文"public road",最早使用于1920年广东省成立的"公路处"。

南京国民政府时期(1927~1949年),公路建设逐渐走向统一化和正规化。1934年国民政府颁布了《公路工程准则》共24条,对线形、路面、桥涵等都做了具体规定,统一了公路工程的技术标准。

全面抗日战争期间(1937~1945年),国民政府集中力量打通了西北的羊毛车路线和西南通往缅甸的滇缅公路(图1-10和图1-11)。西北方向上,羊毛车路线由西安出发,经兰州、乌鲁木齐至霍城,连接苏联境内的阿拉木图,是从苏联进口抗战物资的重要路线。太平洋方向上,西南的滇缅公路是进口美国抗战物资的唯一路线。为了增加滇缅公路的运输量,国民政府利用美军的200多台工程机械建成了155km沥青处治碎石路面,又在后方修筑若干联络干线,如川康、康青、南疆、乐西、汉白、华双、西祥等公路。

图1-10 血肉之躯筑起的滇缅公路

图1-11 滇缅公路二十四道弯

1949年,中华人民共和国成立后,首先修筑了两条著名的进藏公路——康藏(西康至西藏)公路和青藏(青海至西藏)公路(图1-12)。两条公路均于1954年通车,总里程达4300多km,途经号称世界屋脊的青藏高原,环境之艰苦、修筑难度之大,极为罕见,筑路大军也为此付出了高昂的代价。

1978年改革开放以来,中国经济蓬勃发展,国力日趋强盛,道路建设得到了史无前例的大发展。1981年交通部颁布了《公路工程技术标准》,重新划分了道路等级,规定了线形标准。1987年,京津塘高速公路始建,1989年,沪嘉高速公路通车,前者是中国第一条开始建设的高速公路(不含港澳台),后者是中国第一条通车的高速公路(不含港澳台)。在此后的20年间,高速公路里程呈现爆炸式增长,截至2013年,总里程达到10.4万km,超过美国,跃居世界第一位。而同期的公路总里程也已达435.62万km,中国真正跻身世界道

图1-12 青藏公路

路大国的行列(图 1-13)。

图 1-13　中国高速公路

值得注意的是,改革开放以来的这 30 多年间,中国公路建设经历了三次明显的建设高峰,即 1984~1998 年间出现的第一次建设高峰和 1998~2008 年出现的第二次建设高峰,而 2009 年至今我国正处于第三次公路建设高峰期,中国政府用投放 40000 亿元经济刺激计划来拉动市场需求,基础设施建设也再次成为国家资本投向市场的大口径管道。至"十三五"规划结束时,全国高速公路总里程将达到 16.9 万 km,遥遥领先于排名第二的美国。

随着我国经济的迅速发展,高速公路的里程不断增加。沥青路面由于其平整性好、行车平稳舒适、噪声低、养护方便、易于回收再利用等优点,成为国内公路和城市道路高等级路面的主要结构类型。在我国已建成的高速公路路面中,90%以上是沥青路面。在今后的国道主干线建设中,沥青路面仍将是主要的路面结构形式。但是,随着近年来交通量的不断增长及交通特点的不断变化,一些沥青路面出现了严重的早期损坏,如车辙、开裂、松散等。沥青与沥青混合料的性质及其设计方法应用不当是路面损坏的主要原因之一。

目前,在我国沥青路面的总造价中,沥青与沥青混合料的费用占总费用的 50%~60%。因此,合理地选择和使用材料,充分发挥沥青、集料和沥青混合料的性能,并延长路面的使用寿命,具有重要的社会意义和经济效益。

第二节　本书的主要研究对象

沥青路面材料是道路工程专业的一门基础课,并兼有专业课的性质,为道路工程专业设计、施工和管理提供合理选择和使用材料的基础知识。

本书的任务是介绍沥青与沥青混合料的基础知识,掌握材料的技术性能、应用方法及其试验检测技能,同时介绍沥青与沥青混合料的生产、储运和保护方法,以便在今后的工作实践中能正确选择与合理使用沥青材料,也为进一步学习其他有关的专业课打下基础。

本书主要讲述石料与集料、沥青、沥青混合料的种类、基本组成、技术性质、评价指标、检测方法以及技术标准、设计方法等基本内容,具体如下。

1. 石料与集料

石料与集料有的是由地壳上层的岩石经自然风化得到的(即天然砂砾),有的是经人工开采或经轧制而得(如各种不同尺寸的块状石料和集料),有的是各种性能稳定的工业冶金矿渣(如钢渣、高炉矿渣等)。块状石料可用于铺砌路面及附属构造物;松散集料可用于生产沥青混合料,也可直接用于道路基层、垫层或低等级路面面层等。

2. 沥青

沥青包括石油沥青、稀释沥青、乳化沥青、煤沥青等,用于将松散粒料胶结在一起,经捣实或压实后成为具有一定强度的整体材料或用于将路面层粘结在一起、具有黏层或透层作用的材料。

3. 沥青混合料

沥青混合料是由砂石材料和沥青材料组成的混合料。如沥青混凝土、沥青碎石等具有一定强度、柔性和耐久性，是用于路面面层、桥梁结构铺装层和基层的主要材料。

4. 新型材料

随着现代材料科学的进步，在上述常用材料的基础上，又出现了新型的复合材料、改性材料等。复合材料是两种或两种以上不同化学组成或组织的物质，以微观和宏观的物质形式复合而成的材料。复合材料可以克服单一材料的弱点，而发挥其综合的性能。改性材料是通过物理或化学的途径对其使用性能进行综合处理，使其更能满足实际使用要求的材料。

第三节 本书的主要内容及学习方法

一、研究内容

沥青与沥青混合料的组成结构、基本技术性质、检验方法和设计方法是本书主要介绍的内容。

1. **材料的组成结构**

材料的组成结构很大程度上影响了材料的基本性质。它包括材料的化学组成、矿物组成以及结构组成等。

2. **材料的基本技术性质**

路面是一种承受频繁交通瞬时动荷载的反复作用的结构物，同时又是一种裸露于自然界的结构物，它不仅受到交通车辆施加的荷载作用，同时又受到各种复杂的自然因素（如温度、阳光、水等）的影响。因此，用于修筑道路的材料一方面要具有抵抗荷载作用的综合力学性能，另一方面还要保证在各种自然因素长期作用下综合力学性能不发生明显的衰减，即耐久性。这就要求材料应具备以下性质：

（1）力学性质。在行车荷载作用下，沥青材料将承受较大的竖向力、水平力和冲击力以及车轮作用下的磨损作用，因此，主要研究各种材料拉、压、弯、扭等强度和变形特性以及车轮作用的抗磨耗、磨光和冲击作用等。

（2）物理性质。主要研究材料的物理常数（如密度、孔隙率、空隙率）、与水有关的性质（如吸水率、耐久性）、与温度有关的性质（如坚固性、抗冻性和高低温性能等）。

（3）化学性质。主要研究材料的化学组成，如材料的酸碱性、组成等。材料的化学性质与其力学性能、耐久性能直接相关。同时研究材料抵抗各种环境作用的性能，如紫外线、空气中的氧以及湿度变化等综合作用引起材料性能的变化。

（4）工艺性质。主要研究材料适于按一定工艺流程加工的性能，保证材料在一定施工条件下满足使用要求，也是选择材料和确定设计参数时必须考虑的重要因素。

材料的这四方面性质互相联系、互相制约。材料的力学性能很大程度上取决于材料的组成结构、物理性质以及化学性质和工艺性质。因此,在研究材料性能时应注意这几方面之间的联系。

3. 检验方法

前述的技术性质需要通过合适的测试手段来进行检验,主要检验内容如下:

(1)物理性质试验。物理常数是材料内部组成结构的反映,由物理性质可以间接推断材料的力学性质。因此可通过常规试验测定材料的密度、空隙率等。

(2)力学性质试验。主要是采用各种试验机测定材料拉、压、弯、扭等力学性能。近年来,随着基础科学的发展,材料的动态特性、黏弹特性的研究测试手段日益完善,材料在不同温度和不同作用时间条件下的动态性能和黏弹性能的检测方法逐渐得到了发展。

(3)化学性质试验。通常对材料只做元素或化合物分析,但对具有同分异构特征的有机材料,逐渐发展采用"化学组分"分析。随着近代测试手段的发展,核磁共振波谱、红外光谱、X射线衍射和扫描电子显微镜等在材料科学研究中得到了广泛的应用,这使得对材料作用机理和材料微观结构的研究和测试成为可能,并通过微观结构解释材料的物理、力学性质。

(4)工艺性质试验。为了了解材料的工艺性质,可通过一定试验的经验指标来评价,如材料的离析性可通过检测密度和表面构造深度进行评价。

4. 材料质量的标准化和技术标准

沥青与沥青混合料必须具备一定的技术性质,以满足工程的需要。而各种材料由于材料的化学组成、结构和构造的差异而带来性质的差异,或因试验方法的不同而影响测定结果,因此必须有统一的试验方法进行评价。

为了保证沥青材料的质量,必须对其上述性质提出要求。这些方法和要求体现在国家标准或有关行业标准规范、规定的各项技术指标中。

目前我国材料标准分为国家标准、行业标准、地方标准和企业标准 4 类。国家标准是由国家标准局颁发的全国性指导技术文件,简称"国标",代号"GB"。行业标准由国务院有关行政主管部门制定和颁布,也为全国性指导技术文件,在公布国家标准之后,该行业标准即行作废。地方标准是根据本地区的建设经验制定的标准,该标准对本地区的建设起到技术指导作用。企业标准适用于本企业,凡没有制定国家标准或行业标准的材料均应制定企业标准,代号"QB"。国际上较有影响的技术标准有美国材料试验协会标准(ASTM)、日本工业标准(JIS)、德国工业标准(DIN)、欧洲标准(EN)、国际标准(ISO)等。

标准是根据一定时期的技术水平制定的,因而随着技术的发展与对材料性能要求的不断提高,将会对标准进一步修订。本书内容全部采用我国当前最新标准和规范。

二、学习方法

沥青与沥青混合料是一门专业基础课。它与物理学、化学、力学及工程地质学等学科密切相关,同时也为后续的路面工程、路面施工等专业课提供材料方面的基础知识,并为今后从事道路设计、施工,合理选择和正确使用材料奠定坚实的理论基础。

本书涉及材料品种多,名词、概念及专业术语多,且以叙述为主,缺乏逻辑性,因此切忌死记硬背。应掌握一条主线,即通过了解各种材料的组成、生产工艺、组成结构、技术性质以及各种性质的检测方法和评价指标,掌握材料的加工工艺、组成结构与技术性质的关系,掌握材料共性,通过对比不同材料的组成和结构来掌握材料的性质和应用,这在学习"石料与集料"部分的内容中尤为重要。

思考练习题

1. 热拌沥青混合料最早于哪一时期被应用于道路工程?
2. 早期沥青路面结构设计主要围绕什么问题展开设计?近几十年来,沥青路面结构设计方法有哪些?主要是围绕哪些问题展开设计的?
3. 简述沥青路面的性能特点。
4. 沥青混合料材料的力学性质包括哪些方面?受哪些因素影响?

第二章 砂石材料及级配设计

【导读】

砂石材料是经人工开采的岩石或轧制碎石以及地壳表层岩石经天然风化而得到的松散粒料。通俗地说,石料和集料(骨料)统称为砂石材料。它们是道路与桥梁工程中使用量最大的材料,可以直接应用于铺筑道路或砌筑各种桥梁结构物,也可作为集料来配制水泥混凝土和沥青混合料。准确地认识、合理地选择以及科学地使用石料和集料,对于保证建筑结构工程质量、节约生产成本有着十分重要的意义。本章介绍了石料的岩石学特性,阐述了石料与集料的主要技术性能及主要评价方法和评价指标。并以此为基础,介绍了矿料的配合比设计方法。

通过本章学习,要求学生了解砂石材料的技术性质和技术要求,掌握检验砂石材料技术性质的方法,能运用级配理论进行矿质混合料的配合组成设计。

【重点及难点】

重点:石料与集料主要技术性质(物理性质、化学性质、力学性质)及其主要评价方法与评价指标;集料的级配概念和级配理论。

难点:矿质混合料的配合比设计方法(数值法、图解法和 Excel 矩阵法)。

第一节 石 料

石料是在地质作用下产生的。由一种或多种矿物以一定的规律组成的自然集合体,称为岩石。在建筑结构工程中所使用的石料通常指由天然岩石经机械加工制成的,或者由直接开采得到的具有一定形状和尺寸的石料制品。

一、石料的岩石学特性

不同造岩矿物和成岩条件使得各类天然岩石具有不同的结构和构造特征。石料的物理力学性质在很大程度上取决于天然岩石的矿物成分,以及这些矿物在岩石中的结构与构造。在工程实践中,为了更好地选用天然石料,需要了解和掌握一些石料岩石学特性的基本知识。

1.矿物

(1)矿物的概念

地壳和地球内部的化学元素,除极少数呈单质存在外,绝大多数都以化合物的形态存在。这些具有一定化学成分和物理性质的固态元素和化合物,称为矿物。其中构成岩石的矿物,称为造岩矿物。主要的造岩矿物有:石英、长石、云母、角闪石、方解石、白云石、黄铁矿、石膏、菱镁矿、磁铁矿和赤铁矿等,造岩矿物大多数是结晶质。结晶质的基本特点是组成矿物的元素质点（离子、原子或分子），在矿物内部按一定的规律排列，形成稳定的结晶格子构造，在生长过程中若条件适宜，能生成具有一定几何外形的晶体，如食盐的正立方晶体、石英的六方双锥晶体等。

已知的矿物约有4700种，在固态矿物中，绝大部分都属于晶质矿物，只有极少数（如水铝英石）属于非晶质矿物。来自地球以外其他天体的天然单质或化合物，称为宇宙矿物。由人工方法所获得的某些与天然矿物相同或类同的单质或化合物则称为合成矿物，如人造宝石。矿物原料和矿物材料是极为重要的一类天然资源，广泛应用于工农业及科学技术的各个部门。煤的化学成分很不稳定，不是矿物，是典型的混合物。地质学家不但把矿物看作是岩石的组成单元，而且把矿物看作是研究岩石生成环境和随后历史的一把重要的钥匙。

（2）矿物形成作用

岩浆作用发生于温度和压力均较高的条件下。主要从岩浆熔融体中结晶析出橄榄石、辉石、闪石、云母、长石、石英等主要造岩矿物，它们组成了各类岩浆岩。

热液作用中矿物从气液或热水溶液中形成。高温热液（300~400℃）以钨、锡的氧化物和钼、铋的硫化物为代表；中温热液（200~300℃）以铜、铅、锌的硫化物矿物为代表；低温热液（50~200℃）以砷、锑、汞的硫化物矿物为代表。此外，热液作用还有石英、方解石、重晶石等非金属矿物形成。

风化作用中早先形成的矿物可在阳光、大气和水的作用下化学风化成一些在地表条件下稳定的其他矿物，如高岭石、硬锰矿、孔雀石、蓝铜矿等。

区域变质作用形成的矿物趋向于结构紧密、相对密度大和不含水。在接触变质作用中，当围岩为碳酸盐岩石时，可形成矽卡岩，它由钙、镁、铁的硅酸盐矿物（如透辉石、透闪石、石榴子石、符山石、硅灰石、硅镁石等）组成。后期常伴随着热液矿化形成铜、铁、钨和多金属矿物的聚集。围岩为泥质岩石时可形成红柱石、堇青石等矿物。

（3）矿物物理性质

作为晶质固体，矿物的物理性质取决于它的化学成分和晶体结构，并体现一般晶体所具有的特性——均一性、对称性和各向异性。长期以来，人们根据物理性质来识别矿物，颜色、光泽、硬度、解理、相对密度和磁性等都是矿物肉眼鉴定的重要标志。

①矿物颜色

矿物颜色是矿物对可见光波的吸收作用产生的。矿物学中一般将颜色分为3类：自色是矿物固有的颜色；他色是指由混入物引起的颜色；假色则是由于某种物理光学过程所致。如斑铜矿新鲜面为古铜红色，氧化后因表面的氧化薄膜引起光的干涉而呈现蓝紫色的锈色。矿物内部含有定向的细微包体，当转动矿物时可出现颜色变幻的变彩，透明矿物的解理或裂隙有时可引起光的干涉而出现彩虹般的晕色等。矿物在白色无釉的瓷板上划擦时所留下的粉末痕迹、条痕色可消除假色和减弱他色，通常用于矿物鉴定。

②矿物光泽与透明度

矿物光泽是指矿物表面呈现的光亮程度。根据平滑表面反光的程度由强而弱分为金属光泽（状若镀铬表面的反光，如方铅矿）、半金属光泽（状若一般金属表面的反光，如磁铁矿）、金刚光泽（状若钻石的反光，如金刚石）和玻璃光泽（状若玻璃板的反光，如石英）四级。

金属和半金属光泽的矿物条痕一般为深色,金刚或玻璃光泽的矿物条痕为浅色或白色。此外,若矿物的反光面不平滑或呈集合体时,还可出现油脂光泽、树脂光泽、蜡状光泽、土状光泽、丝绢光泽和珍珠光泽等特殊光泽类型。

矿物透明度是指矿物透过可见光的程度。影响矿物透明度的外在因素很多(如厚度、含有包裹体、表面不平滑等)。通常是在厚为 0.03mm 薄片的条件下,根据矿物透明的程度,将矿物分为:透明矿物(如石英)、半透明矿物(如辰砂)和不透明矿物(如磁铁矿)。许多在手标本上看来并不透明的矿物,实际上都属于透明矿物,如普通辉石等。一般具玻璃光泽的矿物均为透明矿物,显金属或半金属光泽的为不透明矿物,具金刚光泽的则为透明或半透明矿物。

③矿物断口解理与裂理

矿物在外力作用(如敲打)下,沿任意方向产生的各种断面称为断口。断口依其形状主要有贝壳状、锯齿状、参差状、平坦状等。在外力作用下,矿物晶体沿着一定的结晶学平面破裂的固有特性称为解理。根据解理产生的难易和解理面完整的程度将解理分为极完全解理(如云母)、完全解理(如方解石)、中等解理(如普通辉石)、不完全解理(如磷灰石)和极不完全解理(如石英)。裂理也称裂开,是矿物晶体在外力作用下,沿一定的结晶学平面破裂的非固有性质。它外观极似解理,但两者产生的原因不同。裂理往往是因为含杂质夹层或双晶的影响等,并非某种矿物所必有的因素所致。

④矿物硬度

矿物硬度指矿物抵抗外力作用(如刻划、压入、研磨)的机械强度。矿物学中最常用的是摩氏硬度,它是通过与具有标准硬度的矿物相互刻划比较而得出的。10 种标准硬度的矿物组成了摩氏硬度计,它们从 1 度到 10 度分别为滑石、石膏、方解石、萤石、磷灰石、正长石、石英、黄玉、刚玉、金刚石。十个等级只表示相对硬度的大小,为了简便还可以用指甲(2~2.5)、小钢刀(6~7)、窗玻璃(5.5~6)作为辅助标准,粗略地定出矿物的摩氏硬度。另一种硬度为维氏硬度,它是压入硬度,用显微硬度仪测出,以千克/平方毫米表示。摩氏硬度(H_M)与维氏硬度(H_V)的大致关系是:$H_V = 3.25 \times H_M^2$。矿物的硬度与晶体结构中化学键型、原子间距、电价和原子配位等密切相关。

各种矿物由于化学成分和结构特征不同,具有各不相同的特性。石英为结晶的二氧化硅,常见的颜色有白色、乳白色和浅灰色,是最坚硬稳定的矿物之一。长石为结晶的铝硅酸盐,颜色为白、浅灰、桃红、红、青和暗灰色,其强度和稳定性较石英略低,且易风化成高岭土。云母为结晶的、片状的含水铝硅酸盐,呈无色透明至黑色。白云母的耐久性较黑云母好。云母易于分裂成薄片,当岩石中含有大量云母时,会降低岩石的耐久性和强度。角闪石、辉石、橄榄石均为结晶的铁、镁硅酸盐,颜色为暗绿、棕色或黑色,又称为暗色矿物。这几种造岩矿物强度高、坚固、耐久、韧性大。方解石为结晶碳酸钙,呈白色,强度中等,易被酸类物质分解,微溶于水,易溶于含二氧化碳的水。白云石是结晶碳酸钙镁复盐,呈白色或黑色,物理性质与方解石相近,强度略高。黄铁矿是结晶的二硫化铁,呈金黄色,遇水及氧化作用后生成游离的硫酸,污染并破坏岩石,在结构工程中属于有害杂质。

由于各种矿物具有确定的化学组成与特有的结构构造,对石料的物理力学特性有着不同的影响。如石英与长石是比较坚硬的矿物,抗磨光性能好,含石英或长石的花岗岩和砂岩具有优良的抗磨光性能;而方解石、白云石等软质矿物含量较高的石灰岩则很容易被磨光。

2.岩石的分类

岩石是组成地壳及地幔的主要物质,是指在各种地质作用下按一定方式组合而成的矿物集合体。主要由一种矿物组成的岩石称为单矿岩,如石灰岩就是由方解石组成的单矿岩;由两种或两种以上的矿物组成的岩石称为复矿岩,如花岗岩是主要由正长石、石英和云母等矿物组成的复矿岩。根据矿物组成,可对岩石大致进行分类。矿物的成分、性质及其在各种因素影响下的变化,都会对岩石的强度和稳定性产生影响。

自然界的岩石按其成因可分为岩浆岩、沉积岩和变质岩三大类,它们具有显著不同的矿物结构和构造。

(1)岩浆岩

岩浆经常处于活动状态中,当地壳发生变动或受到其他内力作用时,承受巨大压力的岩浆就会沿着构造薄弱带上升,侵入地壳或喷出地面。岩浆在上升过程中,压力减小,热量散失,经复杂的物理化学过程,最后冷凝形成岩浆岩。根据冷却条件不同又分为深成岩、喷出岩及火山岩三类。

①深成岩是岩浆在地表深处,受上部覆盖层的压力作用,缓慢冷却而成的岩石。深成岩大多形成粗颗粒的结晶和块状构造,构造致密,在近地表处,由于冷却较快,晶粒较细。深成岩的共同特性是:密度大,抗压强度高,吸水性小,抗冻性好。工程上常用的深成岩有花岗岩、正长岩、辉长岩等。

②喷出岩是在岩浆喷出地表时,压力急剧降低和迅速冷却的条件下形成的,多呈隐晶质或玻璃质结构。当喷出岩形成较厚的岩层时,其矿物结构与构造接近深成岩。当形成较薄的岩层时,常呈多孔构造,接近火山岩。工程上常用的喷出岩有玄武岩、安山岩、辉绿岩等。

③火山岩是火山爆发时,岩浆被喷到空中急速冷却后形成的岩石,如火山灰、火山砂、浮石等,为玻璃体结构且呈多孔构造。火山灰、火山砂可作为混合材料,浮石可作轻混凝土骨料。火山灰、火山砂经覆盖层压力作用胶结而成的岩石,称为火山凝灰岩。火山凝灰岩多孔、质轻、易于加工,可作保温建筑材料,磨细后可作为水泥的混合材料。

(2)沉积岩

沉积岩是由母岩(岩浆岩、变质岩和早已形成的沉积岩)在地表经风化剥蚀而产生的物质,经过搬运、沉积和硬结成岩作用而形成的岩石,因其多数是经水流搬运、沉积而成,又称水成岩。沉积岩由颗粒物质和胶结物质组成。颗粒物质是指不同形状及大小的岩屑及某些矿物,胶结物质的主要成分为碳酸钙、氧化硅、氧化铁及黏土质等。沉积岩的物理力学性质不仅与矿物和岩屑的成分有关,而且与胶结物质的性能有很大的关系,以碳酸钙、氧化硅质胶结的沉积岩强度较大,而以黏土质胶结的沉积岩强度较小。

与岩浆岩相比,沉积岩的成岩过程压力不大,温度不高,大都呈层理构造。而且各层的成分、结构、颜色、厚度都有差异,这就使得沉积岩沿不同方向表现出不同的力学性能。与深成岩相比,沉积岩的密度小,孔隙率和吸水率大,强度较低,耐久性略差。常见沉积岩有石灰岩、页岩、砂岩、砾岩、石膏、白垩、硅藻土等，散粒状的有黏土、砂、卵石等。

（3）变质岩

变质岩是原生的岩浆岩或沉积岩经过地质上的变质作用而形成的岩石。变质作用是指在地壳内部高温、高压、炽热气体和渗入岩石中水溶液的综合作用下，岩石矿物重新再结晶，有时还可能生成新矿物，使原生岩石的矿物成分和构造发生显著变化而成为一种新的岩石。变质岩在矿物成分与结构构造上既有变质过程中所产生的特征，也会残留部分原岩的某些特点，因此，变质岩的物理力学性能不仅与原岩的性质有关，而且与变质作用条件及变质程度有关。

在变质过程中受到高压和重结晶的作用，由沉积岩得到的变质岩更为紧密。如由石灰岩或白云岩变质而成的大理石岩，由砂岩变质而成的石英岩，它们均较原来的岩石坚固耐久。而原为深成岩的岩石，经过变质作用后，常因产生了片状构造，使岩石的性能变差，如由花岗岩变质而成的片麻岩，较原花岗岩易于分层剥落，耐久性降低。

3. 岩石的鉴别

岩石种类繁多，并且很难找到严格按照上面分类的单一种类岩石，多为几种岩石的组合体。因此，在选岩时要严格按照规范要求，对岩相、岩性进行细致的鉴定，从而避免因选岩不当造成的负面影响。

常用的岩石鉴定方法是根据岩石外观特征，借助简单工具和试剂，凭肉眼观察岩石的岩相结构和性质，从而对岩石的矿物组成、结构和构造进行初步的了解，以确定岩石名称或类别。简易方法如下：

（1）根据岩石的产状，特殊的结构、构造，主要的或特殊的物质成分来区分岩浆岩、沉积岩和变质岩三大类岩石。

（2）若确定是岩浆岩，则可根据颜色（矿物成分）、结构和构造确定岩石名称。在岩浆岩中，深色岩石主要含镁铁矿物，多为基性或超基性岩类；浅色岩石主要含硅铝矿物，多为中性岩类或酸性岩类。

（3）若确定是沉积岩，则先根据胶结物的有无，把碎屑岩和化学岩、生物化学岩区分开。若为碎屑岩，则根据碎屑的大小分出砾岩（角砾岩）、砂岩或黏土岩；若为化学岩或生物化学岩，则用稀盐酸鉴别：岩石起泡为石灰岩，粉末起泡为白云岩，起泡后留下土状斑点者为灰泥岩。

（4）若确定是变质岩，则应根据构造进一步划分。在定向构造岩石中，片理状构造的为片岩或千枚岩，麻状构造的为片麻岩，厚板状构造的为板岩；在块状构造的岩石中，滴稀盐酸起泡的为大理岩，不起泡的为石英岩。通过岩石鉴定，进行岩相描述，不但能正确地确定岩石名称，还有助于分析和掌握使用各项试验数据。三大岩类的区别主要体现在矿物组成、结构及构造等方面，如表 2-1 所示。

4. 矿物的主要化学组成

石料的化学组成一般根据氧化物给出，如表 2-2 所示，其主要化学成分为氧化硅、氧化钙、氧化铁、氧化铝、氧化镁以及微量的氧化锰、三氧化硫等。

三大岩类的主要区别　　　　　　　　　表2-1

特征	岩浆岩	沉积岩	变质岩
矿物成分及其特征	组成岩浆岩的矿以硅酸盐矿物为主,其中最多的是长石、石英、辉石、黑云母、角闪石、橄榄石等,其中颜色较浅的,称浅色矿物,因以二氧化物和钾、钠的铝硅酸盐类为主,又称硅铝矿物,如石英、长石等;其中颜色较深的,称暗色矿物,因以含铁、镁的硅酸盐类为主,又称铁镁矿物,如黑云母、角闪石、辉石、橄榄石等	组成沉积岩的矿物成分约有160余种,但比较重要的仅有20余种,如石英、长石、云母、黏土矿物、碳酸盐矿物、卤化物及含水氧化铁、锰、铝矿物等。在一般沉积岩中矿物成分不过1~3种,很少超过5~6种	组成变质岩的矿物成分,按其成因可分为: ①新生矿物(变晶矿物):在变质作用过程中新生成的矿物,如黏土岩就是经过变质后生成的红柱石; ②原生矿物:在变质作用过程中保留下来的原岩种的稳定矿物,如云英岩中的一部分石英就是花岗岩在云英岩化过程中保留下来的原生矿物; ③残余矿物:在变质作用过程中残留下来的原岩中的不稳定矿物,如花岗岩在云英岩化过程中残留有不稳定的长石
结构和构造	①具粒状、玻璃、斑状结构,气孔、杏仁状、块状等构造; ②除喷出岩外,没有层状、片状等构造	①结构复杂,因形成环境而异; ②具层理,在层面上有波痕	①具有片理; ②板状、片状核和片麻状构造,结晶质结构; ③砾石及晶体因受力可能变形
常用岩石类型	花岗岩、正长岩、安山岩、辉长岩、玄武岩等	凝灰岩、砾岩、砂岩、页岩、石灰岩等	千枚岩、板岩、大理岩、石英岩、片麻岩等

三种岩石的化学成分含量(%)　　　　　　　表2-2

岩石名称	氧化硅 SiO_2	氧化钙 CaO	氧化铁 Fe_2O_3	氧化铝 Al_2O_3	氧化镁 MgO	氧化锰 MnO	三氧化硫 SO_3	磷酸酐 P_2O_5
石灰石	1.01	56.27	0.27	0.27	0.057	0.0065	0.009	痕量
花岗石	69.62	1.81	2.60	15.69	0.022	0.022	0.14	0.02
石英石	98.43	0.21	1.23	0.09	痕量	0.006	0.21	0

在大多数情况下,这些氧化物的化学稳定性较好,所以就石料本身来说是一种惰性材料。然而,当与水接触时,石料的化学成分比例将直接影响集料的亲水性以及集料与沥青的黏附性。在道路工程中,通常按照氧化硅 SiO_2 含量($<52\%$, $52\%\sim65\%$ 和 $>65\%$),将石料分为酸性集料(硅质石料)、中性集料和碱性集料(钙质石料)。大部分硅质石料,如花岗岩、石英岩等带有负电荷,亲水性较强,而石灰岩等钙质石料在水中带正电荷,亲水性较弱,如表2-3所示。由于石料对水的亲和力大于对沥青的亲和力,水可能将集料上的沥青膜剥落,导致沥青混合料强度降低。石料的亲水系数越大,水对沥青混合料水稳定性的影响就越大。

不同岩石的化学组成比例与亲水系数　　表2-3

岩 石 名 称	氧化硅含量范围(%)	亲 水 系 数
石英岩	80~100	1.06
花岗岩	64~80	0.98
石灰岩	0~50	0.79

此外,在道路路面和机场道面工程实践中发现,当石料以集料的形式应用于水泥混凝土中时,某些含有活性二氧化硅或活性碳酸盐成分的集料会与水泥中的碱性氧化物发生化学反应,称"碱—集料反应"(Alkali Aggregate Reaction,简称 AAR)。这种反应会对混凝土结构强度和稳定性产生非常不利的影响。对 AAR 破坏的防治方法,国外较多采用低碱水泥。但近年来发现降低水泥碱含量的代价太大,有些国家已研究开发用混合材料来抑制碱—集料反应。即在水泥混凝土中掺加一定数量的活性混合材料,如矿渣、粉煤灰、沸石岩粉、硅粉等能有效地抑制 AAR 的发生,或在混凝土中掺入钢纤维。

二、石料的技术性质

石料的技术性质主要包括物理性质、力学性质和化学性质等。

1.物理性质

比例和组成关系在一定程度上决定了石料的物理力学性质。石料的物理性质主要有物理常数、吸水性、软化性、耐候性等。石料的物理常数反映石料矿物的组成结构状态,它与石料的技术性质有着密切的联系。在道路工程中,石料的物理常数主要有真实密度、毛体积密度和孔隙率。这些物理常数在一定程度上表征石料的内部组成结构,并可间接反映其物理力学特性,是混合料组成设计计算时的重要原始资料。

(1)密度

密度是在规定条件下,石料矿质实体单位体积的质量。由于石料含有一定的孔隙(包括开口孔隙和闭口孔隙),因此孔隙考虑方式不同,其密度的计算结果也不同。常用的密度包括真实密度、表观密度、毛体积密度等。

①真实密度(True density)

石料的真实密度是指在规定条件下烘干石料矿质单位真实体积(不包括开口与闭口孔隙体积)的质量。它是选择建筑材料、研究岩石风化、评价地基基础工程岩体稳定性及确定围岩压力等必需的计算指标。测定石料的真实密度是将石料试样粉碎成岩粉并烘干至恒重,将已知质量岩粉灌入密度瓶中并注入试液(洁净水或煤油),采用煮沸法或真空抽气法排除气体,根据置换原理测定其真实体积,真实密度由公式(2-1)计算。

$$\rho_t = \frac{m_s}{V_s} \tag{2-1}$$

式中:ρ_t——石料的真实密度(g/cm³);

m_s——石料矿质实体的质量(g);

V_s——石料矿质实体的体积(cm³)。

②表观密度(Apparent density)

表观密度是指在规定条件下,烘干石料矿质实体包括闭口孔隙在内的单位表观体积的质量,由公式(2-2)计算。测定石料表观体积时,需将已知质量的干燥石料浸水,使其开口孔隙吸饱水,然后称出饱水后石料在水中的质量,两者之差即为石料的包括闭口孔隙在内的石料表观体积(V_s+V_n)。

$$\rho_a = \frac{m_s}{V_s + V_n} \tag{2-2}$$

式中：ρ_a——石料的表观密度(g/cm^3);

m_s——石料矿质实体的质量(g);

V_s——石料矿质实体的体积(cm^3);

V_n——石料矿质实体中闭口孔隙的体积(cm^3)。

③毛体积密度(Bulk density)

石料的毛体积密度又称块体密度,是指在规定条件下,烘干石料包括孔隙在内的单位体积固体材料的质量。它是一个间接反映石料致密程度、孔隙发育程度的参数,也是评价工程岩体稳定性及确定围岩压力等必需的计算指标。石料毛体积密度试验可分为量积法、水中称量法和蜡封法。量积法用于能够制备成规则试件的岩石;水中称量法适用于除遇水崩解、溶解或干缩湿胀外的其他各类岩石;蜡封法适用于不能用量积法和水中称量法进行试验的岩石,毛体积密度由公式(2-3)计算。

$$\rho_h = \frac{m_s}{V_s + V_n + V_i} \tag{2-3}$$

式中：ρ_h——石料的毛体积密度(g/cm^3);

m_s——石料矿质实体的质量(g);

V_s——石料矿质实体的体积(cm^3);

V_n——石料矿质实体中闭口孔隙的体积(cm^3);

V_i——石料矿质实体中开口孔隙的体积(cm^3)。

(2)孔隙率(Porosity)

岩石的孔隙结构会影响由其所制成的集料在水泥(或沥青)混凝土中对水泥浆(或沥青)的吸收、吸附等化学交互作用的程度。孔隙率是反映岩石裂隙发育程度的参数,分为开口孔隙率和闭口孔隙率,两者之和为总孔隙率。所谓总孔隙率是指开口孔隙和闭口孔隙的体积之和占岩石试样总体积的百分比。一般提到的岩石孔隙率是指总孔隙率。岩石的孔隙性指标一般不能实测,可根据岩石的真实密度和毛体积密度由公式(2-4)计算总孔隙率。

$$n = \frac{V_n + V_i}{V} \times 100\% = \left(1 - \frac{\rho_h}{\rho_t}\right) \times 100\% \tag{2-4}$$

式中：n——石料的总孔隙率(%);

V_n——石料矿质实体中闭口孔隙的体积(cm^3);

V_i——石料矿质实体中开口孔隙的体积(cm^3);

V——石料的毛体积(含矿质实体、开口孔隙和闭口孔隙体积,cm^3);

ρ_h——石料的毛体积密度(g/cm^3);

ρ_t——石料的真实密度(g/cm^3)。

相同矿物组成的岩石,孔隙率越低,其强度越大。石料技术性能不仅受孔隙率的影响,还取决于孔结构。石料孔结构按形态可分为与外界连通的开口孔和与外界不连通的闭口孔两种;按孔径大小又分为极细微孔隙、细小孔隙和较粗大孔隙。在孔隙率相同的条件下,连通且粗大孔隙对石料性能的影响显著。

(3)吸水率(Ratio of water absorption)

石料在规定的条件下吸入水分的能力称为吸水性,通常用吸水率与饱和吸水率来表征。它能有效反映石料微裂缝的发育程度,可用来判断石料的抗冻和抗风化等性能。

吸水率是指在规定条件下(室内常温 20℃±2℃,大气压),试件最大吸水质量与烘干石料试件质量之比,以百分率表示。测定石料的吸水率是将已知质量的干燥规则试件逐层加水至浸没,用自由吸水法测定其吸水后质量,由公式(2-5)计算。

$$w_x = \frac{m_2 - m_1}{m_1} \times 100\% \tag{2-5}$$

式中:w_x——石料试样的吸水率或饱和率(%);

m_1——烘干至恒重时的试样质量(g);

m_2——吸水(或饱水)至恒重时的试样质量(g)。

石料的吸水性与孔隙率大小和孔隙构造特征有关。石料内部独立且封闭的孔隙实际上并不吸水,只有开口且以毛细管连通的孔隙才吸水。孔隙结构相同的石料,孔隙越大,吸水率越大;表观密度大的石料,孔隙率小,吸水率也小,如花岗岩石料的吸水率通常小于0.5%,而多孔贝类石灰岩石料的吸水率高达15%。石料的吸水性可以有效地反映岩石裂隙的发育程度,并用于判断岩石的抗冻性和抗风化能力。几种常见的岩石密度和吸水率的测试值如表2-4所示。

常用岩石密度和吸水率 表2-4

岩石名称		密度(g/cm^3)	吸水率(%)	岩石名称		密度(g/cm^3)	吸水率(%)
岩浆岩	花岗岩	2.30~2.80	0.10~0.92	沉积岩	砂岩	2.20~2.71	0.20~12.19
	辉长岩	2.55~2.98	—		石灰岩	2.30~2.77	0.10~4.55
	安山岩	2.30~2.70	0.29	变质岩	片麻岩	2.30~3.05	0.10~3.15
	玄武岩	2.50~3.10	0.30~2.69		石英岩	2.40~2.80	0.10~1.45

(4)软化性(Property of softening)

含水状态对岩石强度有显著的影响,一般随含水率(岩石试样在105~110℃烘至恒重时所失去的水的质量与试件干质量的比值)增大,岩石强度降低,降低的程度主要取决于岩石的矿物成分、结构和构造特征。亲水性和可溶性矿物含量高、开口孔隙率大的岩石,强度降低更明显。含水状态对岩石强度的影响称为软化性,用软化系数表示。

软化系数是岩石试件在水饱和状态下的单轴抗压强度与其干燥状态下单轴抗压强度的比值,由公式(2-6)计算。

$$K_p = \frac{R_w}{R_d} \tag{2-6}$$

式中：K_p——软化系数；
R_w——岩石饱和状态下的单轴抗压强度(MPa)；
R_d——岩石烘干状态下的单轴抗压强度(MPa)。

软化系数越大，说明岩石的抗水能力越强。未受风化作用的岩浆岩和某些变质岩，软化系数大都接近于1，是弱软化的岩石，其抗水、抗风化和抗冻性强。软化系数小于0.75的岩石，是软化性较强的岩石，工程性质比较差，如页岩、黏土岩。

(5)抗冻性(Frost resistance)

抗冻性是指石料在饱水状态下，能够经受反复冻结和融化而不破坏，并不严重降低强度的能力。石料抗冻性的室内测定方法有直接冻融法和硫酸钠坚固性法。两种方法均需要将石料制成直径和高均为50mm的圆柱体试件，或边长为50mm的正立方体试件，在105℃±5℃的烘箱中烘至恒重，并称重。

①直接冻融法

直接冻融法是测定石料在饱水状态下，抵抗反复冻融性能的直接方法。试验时首先使试件吸水达到饱和状态，然后置于-15℃烘箱中。冻结4h后取出试件，放入20℃±5℃的水中融解4h，如此为一个冻融循环过程。经历规定的冻融循环次数(如10次、15次、25次及50次)后，详细检查石料试件有无剥落、裂缝、分层及掉角现象，并记录检查情况。将冻融试验后的试件再烘至恒重，称其质量，然后测定石料的抗压强度，并按式(2-7)和式(2-8)分别计算石料的冻融质量损失率和耐冻系数。

$$Q = \frac{m_1 - m_2}{m_1} \times 100\% \tag{2-7}$$

$$K = \frac{R_2}{R_1} \times 100\% \tag{2-8}$$

式中：Q、K——经历冻融循环作用后，石料试件的质量损失率和耐冻系数(%)；
m_1——试验前烘干石料试件的质量(g)；
m_2——经历若干次冻融循环作用后，烘干石料试件的质量(g)；
R_1——试验前石料试件的饱水抗压强度(MPa)；
R_2——经历若干次冻融循环作用后，石料试件的饱水抗压强度(MPa)。

②坚固性试验

坚固性试验是评定石料试样经饱和硫酸钠溶液多次浸泡与烘干循环后，不发生显著破坏或强度降低的性能。由于硫酸钠结晶后体积膨胀，产生犹如水结冰相似的作用，使石料孔隙壁受到压力，也是测定石料抗冻性的方法。试验时将烘干石料试件置入饱和硫酸钠溶液中浸泡20h后，将试件取出置于105℃±5℃的烘箱中烘烤4h，至此完成第1个循环。待试样冷却至20~25℃后，即开始第2个循环。从第2个循环起，浸泡和烘烤时间均为4h。完成5次循环后，仔细观察试件有无破坏现象，将试件洗净烘至恒重，准确称出其质量，按式(2-7)计算坚固性试验质量损失率。

当水在石料孔隙内结冰时，体积膨胀约9%。如果孔隙处于吸水饱和状态下，水的结冰就给孔隙壁以很大的内压力，严重时导致石料的边角崩裂。石料的抗冻性与其孔隙构造、吸水性密切相关，当石料的吸水率大于0.5%时，其抗冻性通常较差。

(6)耐热性

石材的耐热性取决于其化学成分及矿物组成。含有石膏的石材,在100℃以上时开始破坏;含有碳酸镁的石材,当温度高于725℃时会发生破坏;含有碳酸钙的石材,温度达827℃时开始破坏。石英和其他矿物所组成的结晶石材,如花岗岩等,当温度达700℃以上时,由于石英受热发生膨胀,强度会迅速下降。

(7)导热性

石材的导热性主要与其表观密度和结构状态有关。重质石材导热系数可达2.91~3.49W/(m·K);轻质石材的导热系数则在0.23~0.70W/(m·K)之间。相同成分的石材,玻璃态比结晶态的导热系数小,封闭空隙的导热性差。

2.力学性质

道桥工程结构物中使用的岩石除了受自然因素的影响外,还要受到车辆荷载等复杂力的综合作用,因此必须具备多种力学性质。岩石的力学性质是指岩石在应力作用下表现的变形和强度。道桥工程所用岩石在力学性质方面的要求,除了一般材料力学中所述及的抗压、抗拉、抗剪、抗弯、弹性模量等纯粹力学性质外,还有一些为路用性能特殊设计的力学指标,如抗磨光性、抗冲击性、抗磨耗性等。

(1)抗压强度(Uniaxial compression strength)

单轴抗压强度是反映石料力学性质的重要指标之一,是岩体工程分类、建筑材料选择及工程岩体稳定性评价计算中的重要指标,主要用于岩石的强度分级和岩性。石料的单轴抗压强度是将石料制备成规定的标准试件(取边长为50mm±0.5mm的正立方体或直径与高均为50mm±0.5mm的圆柱体6个,试件端面的平面度公差应小于0.05mm,端面对试件轴线的垂直度偏差不应超过0.25°),经饱水处理后在单轴受压并按规定加载的条件下,达到极限破坏时单位承压面积的强度,由公式(2-9)计算。

$$R = \frac{P}{A} \tag{2-9}$$

式中:R——石料的抗压强度(MPa);

P——试件极限破坏时的荷载(N);

A——试件的截面积(mm^2)。

石料抗压强度主要取决于其矿物组成、结构及其孔隙构造。结构疏松及孔隙率较大的石料,其质点间的联系较弱,有效面积较小,故强度值较低。

石料试件的尺寸和形状对抗压强度试验结果有显著影响。当试件尺寸较小时,由于高度小,承压板与试件端面之间的摩擦力较大,使得试件内应力分布极不均匀,试验结果的真实性受到影响。为了取得真实稳定的抗压强度测试值,应避免承压板邻近局部应力集中的影响,且试件的尺寸直径应不小于10倍的岩石矿物及岩屑颗粒直径,并应不小于5cm。为了减少试件端面的摩擦造成的影响,试件上下端面应平整光滑,并与承压板严格平行,以保证受力均匀。

石料的吸水率对其强度有着显著的影响,特别是当岩石的孔隙裂隙较大、含较多亲水矿物或较多可溶矿物时,这种影响更为明显。几种岩石石料在饱水状态的强度R_W与干燥状态的强度R_D的比值K_R如表2-5所示。

常用岩石的吸水前后强度比值　　　　　表 2-5

岩石名称		$K_R = R_W/R_D$	岩石名称		$K_R = R_W/R_D$
岩浆岩	花岗岩	0.72~0.97	沉积岩	砂岩	0.65~0.97
	辉绿岩	0.33~0.90		石灰岩	0.70~0.94
	安山岩	0.81~0.91	变质岩	片麻岩	0.75~0.97
	玄武岩	0.30~0.95		石英岩	0.94~0.96

在道路工程中,石料试件为边长50mm±2mm的正方体试件(或直径和高度均为50mm±2mm的圆柱体);在桥梁工程中,试件为边长70mm±2mm的正方体试件。石料单轴抗压强度值取决于内因和外因两方面。内因主要指石料的组成结构,如矿物组成、岩石的结构及孔隙构造、裂隙的分布;外因主要指试验条件,如试件几何尺寸、加载速率、温度和湿度等。

(2)抗折强度(Tensile strength)

将石料制成50mm×50mm×250mm的梁形试件,在单支点加荷载条件下,折断破坏时的极限强度由公式(2-10)计算:

$$R_b = \frac{3PL}{2bh^2} \tag{2-10}$$

式中:R_b——试件的间接抗拉强度(MPa);

　　　P——极限荷载(N);

　　　L——支点跨距(mm),采用200mm;

　　　b——试件断面宽(mm);

　　　h——试件断面高(mm)。

在桥梁建筑中,石盖板涵必须试验抗折强度。通常石料抗折强度为抗压强度的五分之一,但也不是一个固定比值,抗折强度也随石料矿物成分及其内部组成结构而变化。

(3)磨耗性(Abrasiveness)

石料的磨耗性是指石料抵抗撞击、边缘剪力和摩擦的联合作用的性能,通常用磨耗率来表示。可采用洛杉矶试验法或狄法尔试验法测定。

①洛杉矶磨耗试验

洛杉矶磨耗试验又称搁板式试验法。将一定质量且有一定级配的石料试样和钢球置于搁板式试验机中,以30~33r/min的转速转动至要求次数后停止,取出试样过筛并称量,石料的磨耗率$Q_磨$由公式(2-11)计算。在磨耗试验中用于水泥混凝土和沥青混合料的石料对试样的级配和质量要求有所不同。

$$Q_磨 = \frac{m_1 - m_2}{m_1} \times 100\% \tag{2-11}$$

式中:$Q_磨$——洛杉矶磨耗率(%);

　　　m_1——装入圆筒中试样质量(g);

　　　m_2——试验后在1.7mm筛上洗净烘干的试样质量(%)。

②狄法尔磨耗试验

狄法尔磨耗试验又称为双筒式磨耗试验。在磨耗机的两个圆筒中,分别放入单一粒径碎石或砾石试样，磨耗机以 30～33r/min 转速转动 1000 圈后停机，取出试样过筛并称量，用式(2-11)计算出石料的磨耗率。

狄法尔磨耗率与洛杉矶磨耗率的试验结果是不一样的。由于狄法尔试验采用单一粒径试样，与实际使用情况不符，等级级差较小且费时。在《公路工程集料试验规程》(JTG E42—2005)中规定，在无洛杉矶磨耗试验设备情况下方允许采用狄法尔磨耗试验。

3.化学性质

(1)石料的酸碱性

氧化硅(SiO_2)和氧化钙(CaO)是岩石组成中最主要的两种化学成分，两者比例的多少决定了石料的酸碱性。通常，石料按 SiO_2 的含量可分为酸性岩类(SiO_2 含量>65%，如花岗岩、流纹岩、石英岩等)、中性岩类(SiO_2 含量为 52%～65%，如闪长岩、辉绿岩等)、碱性岩类(SiO_2 含量为 45%～52%，如辉长岩、玄武岩等)和超碱性岩类(SiO_2 含量<45%，如橄榄岩等)。

一般情况下，酸性石料强度高、耐磨性好，但与沥青黏附性差；碱性石料强度低、耐磨性差，但与沥青黏附性较好。由于造岩矿物种类繁多，同类或同种石料的酸碱性也无统一标准，因此通常在初步确定石料的酸碱性后，需进行相关试验，以检验石料与沥青的吸附能力。

(2)石料的黏附性

石料的黏附性直接影响到沥青混合料的使用性能。由于石料与沥青的黏结性能不良而造成的沥青混合料剥离是沥青路面常见的破坏形式之一。石料与沥青的黏附性不仅取决于石料的性质，同时也取决于沥青的性质。从石料本身看，影响它与沥青黏附性的主要因素是石料的化学成分和石料的表面特征。石料的化学性质主要是指石料的化学成分决定其表面电荷的性质与分布，从而影响石料与沥青分子和水分子的吸附关系。石料的表面特征是指石料表面粗糙程度及比表面积对沥青吸附能力的影响。一般来说，表面粗糙、微孔隙多、孔径大的石料的吸附能力较强，碱性石料的吸附能力要优于酸性石料。

石料和沥青的黏附性试验采用水煮法或水浸法进行测定，前者适用于最大粒径大于 13.2mm 的集料，后者适用于粒径小于或等于 13.2mm 的集料。对于同一种料源，最大粒径既有大于又有小于 13.2mm 的不同集料时，应取大于 13.2mm 水煮法试验为标准；对于细粒式沥青混合料应以水浸法试验为标准。

三、石料的技术标准

材料的技术标准是国家有关部门对材料的规格、质量标准、技术指标及相关的试验方法所做出的详尽而明确的规定。标准一般包括：产品规格、分类、技术要求、检验方法、验收规则、标志、运输和储存等方面的内容。科研、生产、设计与施工单位，应以这些标准为依据进行材料的性能评价、生产、设计和施工。

根据我国《公路工程岩石试验规程》(JTG E41—2005)的规定，将路用石料按其所属岩石类型分为四类，每一类石料又按其饱水极限抗压强度及磨耗率指标分为四个等级，一级为抗压强度大、磨耗率低的岩石，称为最坚强的岩石；二级为抗压强度较大、磨耗率较低的岩石，称为坚强的岩石；三级为抗压强度较低、磨耗率较大的岩石，称为中等强度的岩石；四级为抗压强度低、磨耗率大的岩石,称为较软的岩石。石料的技术标准如表2-6所示,在工程实践中,可根据工程结构特点、设计要求及当地石料资源,选用合适的石料。

公路工程石料技术标准 表2-6

岩石类别	岩石品种	技术等级	技术标准		
			饱水极限抗压强度（MPa）	磨耗率（洛杉矶法）（%）	磨耗率（狄法尔法）（%）
岩浆岩类	花岗岩 玄武岩 安山岩 辉绿岩	1	>120	<25	<4
		2	100~200	25~30	4~5
		3	80~100	30~45	5~7
		4	—	45~60	7~10
石灰岩类	石灰岩 白云岩	1	>100	<30	<5
		2	80~100	30~45	5~6
		3	60~80	35~50	6~12
		4	30~60	50~60	12~20
砂岩与片麻岩类	石英岩 砂岩 片麻岩 石英片麻岩	1	>100	<30	<5
		2	80~100	30~45	5~7
		3	50~80	35~45	7~10
		4	30~50	45~60	10~15
砾类		1	—	<20	<5
		2		20~30	5~7
		3		30~50	7~12
		4	—	50~60	12~20

第二节 集料的技术性质

集料（Aggregate）是指在混合料中起骨架和填充作用的粒料,包括碎石、砾石（卵石）、机制砂、石屑、砂等。按照粒径的大小和所起的作用不同,工程上一般将集料分为细集料（Fine Aggregate）和粗集料（Coarse Aggregate）两类;在水泥混凝土中,粗集料是指粒径大于4.75mm的碎石、砾石和破碎砾石等,粒径小于4.75mm的天然砂、人工砂称为细集料;在沥青混合料中,粗集料是指粒径大于2.36mm的碎石、破碎砾石、筛选砾石和矿渣等,粒径小于2.36mm的天然砂、人工砂（包括机制砂）和石屑称为细集料。

集料的物理、力学、化学性质对水泥混凝土或沥青混合料有较大的影响。选择性质合格、优良的集料是保证混凝土和沥青混合料具有良好的耐久性和强度等重要性质的先决条件,而且还有明显的经济效益。

一、集料的技术性质

1. 粗集料的技术性质

公路工程中常用的粗集料有砾石(卵石)和碎石,对于沥青路面还可以采用筛选砾石、钢渣、矿渣等。

卵石分为河卵石、海卵石、山卵石等,其中河卵石分布广,应用较多。卵石的表面光滑,有机杂质含量较多。碎石表面粗糙、棱角多,较为清洁。与卵石相比,用碎石配制混凝土时,需水量及水泥用量较大,或混凝土拌和物的流动性较小,但由于碎石与水泥石间的界面黏结力强,故碎石混凝土的强度高于卵石混凝土。

钢渣和矿渣是钢铁厂冶炼生铁时产生的废渣,作为沥青混合料集料,有很好的黏附性、稳定性,并且耐高温。《公路沥青路面施工技术规范》(JTG F40—2004)规定:经过破碎且存放期超过6个月以上的钢渣可以作为粗集料使用,各项性能应符合沥青混合料用粗集料质量技术要求。钢渣使用前应进行活性检验,要求其中游离氧化钙含量不大于3%,浸水膨胀率不大于2%。另外,《公路沥青路面施工技术规范》(JTG F40—2004)还规定:高速公路和一级公路不得使用筛选砾石和矿渣;筛选砾石仅适用于三级及三级以下公路的沥青表面处治路面。

粗集料的技术性质主要包括粗集料的密度(真实密度、毛体积密度、表干密度、表观密度、堆积密度)、含水率与吸水率、颗粒级配与粗细程度、有害物质含量(如泥和泥块、针片状颗粒、有机物、软弱颗粒等)、坚固性、碱活性、粗糙度(破碎砾石含量)、抗压碎能力(压碎值)、抗磨耗性(磨耗损失、磨耗值)、抗冲击性(冲击值)、抗磨光性(磨光值)、集料与沥青的黏附性(集料碱值)等。

(1)密度

在工程中,常用的集料密度指标包括表观密度、毛体积密度及堆积密度。前两项密度定义与石料相同,但由于石料与集料在尺寸和形状上的差异,测试方法不尽相同。堆积密度仅对集料而言,下面给出集料堆积密度的定义。

堆积密度(Accumulated density)是指在规定条件下,烘干矿质集料单位堆积体积(含集料矿质实体及其闭口、开口孔隙体积及集料颗粒间空隙体积,如图2-1所示)矿质实体的质量(原名容重)。由公式(2-12)计算。

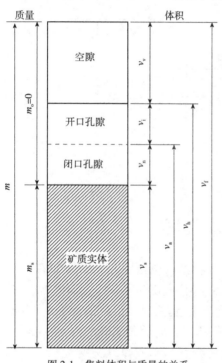

图2-1 集料体积与质量的关系

$$\rho = \frac{M}{V_s + V_n + V_i + V_V} \quad (2\text{-}12)$$

式中:ρ——矿质集料的堆积密度(g/cm^3);

M——集料颗粒矿质实体的质量(g);

V_s——集料颗粒矿质实体的体积(cm^3);

V_n、V_i——集料颗粒矿质实体中闭口孔隙和开口孔隙的体积(cm^3);

V_v——集料颗粒间的空隙体积(cm^3)。

令矿质集料的堆积体积 $V_f = V_s + V_n + V_i + V_v$,则集料的堆积密度 ρ 可用式(2-13)表示。

$$\rho = \frac{M}{V_f} \tag{2-13}$$

由于集料是没有固定形状的混合物,其体积和形状取决于装填容器。所以堆积密度的大小取决于颗粒排列的松紧程度。根据装样方式的不同,集料的堆积密度分为自然堆积密度、振实密度和捣实密度。自然堆积密度是指以自由落入方式装填集料,所测的密度又称为松装密度;振实密度是将集料分三层装入容器筒中,在容器底部放置一根直径25mm的圆钢筋,每装一层集料后,将容器筒左右交替颠击地面25次;捣实密度是将集料分三层装入容器中,每层用捣棒捣实25次。振实密度和捣实密度又称为紧装密度。

(2)空隙率

空隙率反映了集料的颗粒间相互填充的致密程度,是指集料在某种堆积状态下的空隙体积(含开口孔隙)占堆积体积的百分率,由公式(2-14)计算。

$$n = \frac{V_v + V_i}{V_f} \times 100\% \tag{2-14}$$

式中:n——集料的空隙率(%);

V_f——集料颗粒的堆积体积,$V_f = V_s + V_n + V_i + V_v$($cm^3$);

V_v、V_i——集料颗粒间空隙与矿质实体中开口孔隙的体积(cm^3)。

空隙率也可以用堆积密度与表观密度表示,按式(2-15)计算。

$$n = \left(1 - \frac{\rho}{\rho_a}\right) \times 100\% \tag{2-15}$$

式中:ρ——集料的堆积密度(g/cm^3);

ρ_a——集料的表观密度(g/cm^3)。

空隙率可以反映集料的颗粒间相互填充的致密程度,并作为控制集料与水泥混凝土配合比计算的依据。在松装和紧装状态下,粗集料的空隙率分别为43%~48%和37%~42%,细集料空隙率分别为35%~50%和30%~40%。

(3)粗集料骨架间隙率

骨架间隙率通常指4.75mm以上粗集料在捣实状态下颗粒间空隙体积的百分含量,由式(2-16)计算。粗集料骨架间隙率的大小用于确定混合料中细集料和结合料的数量,并评价集料的骨架结构。

$$VCR = \left(1 - \frac{\rho_c}{\rho_b}\right) \times 100\% \tag{2-16}$$

式中:VCR——粗集料骨架间隙率(%);

ρ_c——粗集料的装填密度(g/cm^3);

ρ_b——粗集料的表观密度或毛体积密度(g/cm^3)。

2.颗粒级配与粗细程度

（1）颗粒级配

集料颗粒级配是指集料大小颗粒的搭配，即各种粒径颗粒在集料中所占的比例，粗集料的级配分为连续级配和间断级配两种。

连续级配是指粒级呈连续性，即颗粒由小到大，每种粒径的粗集料都占有一定的比例，且相邻两级粒径相差较小（比值小于2）。连续级配的空隙率较小，适合配制各种混凝土，尤其适合配制流动性大的混凝土，用其配制的混凝土和易性良好，不易发生分层、离析现象，在工程中的应用最多。

间断级配是指人为地剔除一级或几级中间粒径颗粒，使粗集料粒径不连续，造成颗粒级配间断，相邻两级粒径相差较大（比值为5~6）。这种级配方法可获得更小的空隙率，密实性更好，从而可节约水泥。但是，间断级配中集料粒径相差较大，容易使混凝土拌和物分层、离析，造成施工困难，故仅适合配制流动性小的混凝土、半干硬性及干硬性混凝土、富混凝土（即水泥用量多的混凝土），且宜在预制厂使用，而不宜在工地现场使用。

采石场按供应方式，将石子分为连续粒级和单粒级两种。单粒级主要由一个粒级组成，由于粒径差别较小，可避免连续粒级中较大粒径集料在堆放及装卸过程中的颗粒离析现象。用单粒级石子可组合成所要求级配的连续粒级，也可与连续粒级集料混合使用，以改善其级配或配成要求级配的连续粒级。

集料的颗粒级配是由筛分试验确定的。根据《公路工程集料试验规程》（JTG E42—2005），对水泥混凝土用粗集料可采用干筛法筛分试验，对沥青混合料及基层用粗集料必须采用水洗法筛分试验。粗集料与细集料的筛分试验相同，详见后文"细集料的技术性质"部分内容。

混凝土粗集料间空隙由水泥砂浆填充，细集料间空隙由水泥浆填充。为达到节约水泥和提高强度的目的，应尽量减少细集料间空隙。良好的颗粒级配可使集料间空隙最小，混凝土和混合料更加密实（图2-2）。与细集料相比，粗集料的级配对混凝土性质的影响程度更大，特别在制备高强、高性能混凝土时，粗集料的级配尤为重要。

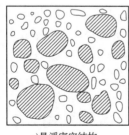 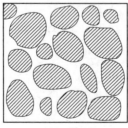 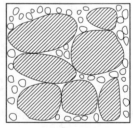

a)悬浮密实结构　　　　b)骨架空隙结构　　　　c)骨架密实结构

图2-2　集料的颗粒级配

路面混凝土对粗集料的级配要求高于其他混凝土，这主要是为了增强粗集料的骨架作用和在混凝土中的嵌锁力，减小混凝土的干缩，提高混凝土的耐磨性、抗渗性和抗冻性。沥青路面混合料用粗集料的级配应满足《公路沥青路面施工技术规范》（JTG F40—2004）的要求。

(2)粗细程度

粗集料采用最大粒径作为衡量其粗细程度的指标。粗集料公称粒径的上限称为该粒级的最大粒径。用较大粒径的粗集料配制混凝土,可减少用水量,节约水泥用量,降低混凝土的水化热、干缩和徐变,并可提高混凝土的强度与耐久性。对中低强度的混凝土,应尽量选择最大粒径较大的粗集料,但一般也不宜超过 37.5mm(混凝土强度较低时可适当放宽),因这时,由于减少用水量获得的强度提高,被大粒径集料造成的界面黏结减弱和内部结构不均匀性所抵消。同时,最大粒径还受到混凝土结构截面尺寸和钢筋净距等的限制。对于路面和桥面混凝土,混凝土的抗折强度随最大粒径的增加而减小。因此,《公路水泥混凝土路面施工技术细则》(JTG/T F30—2014)规定:碎石的最大公称粒径不宜大于 31.5mm,碎卵石的最大公称粒径不宜大于 26.5mm,卵石的最大公称粒径不宜大于 19mm,贫混凝土基层粗集料的最大公称粒径不宜大于 31.5mm,钢纤维混凝土与碾压混凝土粗集料的最大公称粒径不宜大于 19mm。

当粗集料级配或最大粒径不符合要求时,应进行调整。方法是将两种或两种以上最大粒径与级配不同的粗集料按适当比例混合试配,直至符合要求。

(3)有害物质含量

①粗集料的针片状颗粒含量

针片状颗粒是指粗集料中细长的针状颗粒与扁平的片状颗粒。当颗粒形状的各方向中的最小厚度(或直径)与最大长度(或宽度)的尺寸之比小于规定比例时,也属于针片状颗粒。粗集料的颗粒形状对集料颗粒间的嵌挤力有着显著影响,比较理想的形状是接近球体或立方体,而针片状颗粒本身容易折断,回旋阻力和空隙率大,会妨害集料与沥青的黏附性能以及水泥混凝土的和易性与强度,因此必须对其含量加以限制。

②含泥量和泥块含量

含泥量和泥块含量反映了集料的洁净程度,细集料以含泥量表征,粗集料以泥块含量表征。存在于集料中或包裹在集料颗粒表面的泥土会降低水泥的水化反应速度,削弱集料与水泥或沥青间的黏结能力,从而影响混合料的整体强度和耐久性,因此必须对其含量加以限制。

含泥量与石粉含量。含泥量是指集料中粒径小于 0.075mm 的颗粒含量,其中人工砂中小于 0.075mm 的颗粒含量又称为石粉含量。严格地讲,含泥量应是集料中的泥土含量,而采用筛洗法得到的粒径小于 0.075mm 的颗粒中实际包含了矿粉、细砂与黏土成分,而筛洗法很难将这些成分加以区别。将通过 0.075mm 颗粒部分全都当作"泥土"的做法欠妥,因此,在《公路沥青路面施工技术规范》(JTG F40—2004)中规定:细集料的洁净程度,天然砂以粒径小于 0.075mm 含量的百分数表示,石屑和机制砂以砂当量(适用于粒径为 0~4.75mm)或亚甲蓝值(适用于粒径为 0~2.36mm 或 0~0.15mm)表示。

泥块含量是指粗集料中原粒径尺寸大于 4.75mm(细集料为 1.18mm),但经水浸洗、手捏后粒径为小于 2.36mm(细集料为 0.6mm)的颗粒含量。集料中的泥块主要以三种形式存在:由纯泥组成的团块,由砂、石屑与泥组成的团块,包裹在集料颗粒表面的泥土。

(4)表面特征

表面特征指集料表面的粗糙程度及孔隙特征等,与集料的材质、岩石结构、矿物组成及其受冲刷、腐蚀程度有关。一般来说，集料的表面特征主要影响集料与结合料之间的黏结性能，从而影响到混合料的强度，尤其是抗折强度。在外力作用下，表面粗糙的集料颗粒间的位移较困难，其摩阻力较表面光滑、无棱角颗粒要大些，但是会影响集料的施工和易性。此外，表面粗糙、具有吸收水泥浆或沥青中轻质组分的孔隙特征的集料，与结合料间的黏结能力较强，而表面光滑的一般较差。

3.细集料的技术性质

工程中常用的细集料主要有天然砂和人工砂。

天然砂是由天然岩石经自然风化、水流搬运和分选、堆积形成的粒径小于4.75mm的岩石颗粒，但不包括软质岩石、风化岩石的颗粒。按其产源不同，天然砂可分为河砂、湖砂、淡化海砂及山砂。河砂、湖砂和海砂由于长期受水流的冲刷作用，颗粒表面比较圆滑、洁净，且产源较广。海砂中常含有碎贝壳及可溶盐等有害杂质。山砂是岩体风化后在山涧堆积下来的岩石碎屑，其颗粒多具棱角，表面粗糙，砂中含泥量及有机杂质等有害物质较多。在天然砂中，河砂的综合性质最好，是工程中用量最多的细集料，特别是河砂的耐磨性较高，在重、特重交通混凝土路面中使用广泛。

人工砂是经除土处理的机制砂和混合砂的统称。机制砂是将天然岩石用机械破碎、筛分后制成的颗粒，其颗粒富有棱角，比较洁净，但片状颗粒及细粉含量较多，且成本较高，一般仅在缺乏天然砂时才使用。混合砂是由机制砂和天然砂混合而成，当仅靠天然砂不能满足用量需求时，可采用混合砂。

细集料的技术性质主要包括细集料的密度（真实密度、毛体积密度、表干密度、表观密度、堆积密度、紧装密度）、吸水率与含水率、颗粒级配与粗细程度、有害物质含量（如泥和泥块、有机质、云母、轻物质、硫化物和硫酸盐等）、坚固性、棱角性、抗压碎能力（压碎指标）。其中，物理常数、有害物质含量、坚固性和抗压碎能力等性质的含义、试验原理和方法以及结果的计算与粗集料类似，依据的标准是《公路工程集料试验规程》(JTG E42—2005)，详见该标准中粗集料技术性质。这里只介绍细集料的棱角性。

细集料的棱角性对沥青混合料和水泥混凝土的施工性能和使用性能有重要的影响，尤其是对沥青混合料的抗流动变形能力以及水泥混凝土的和易性更为显著。细集料的棱角性试验可采用间隙率法和流动时间法测定。

(1)间隙率法

间隙率法以细集料的间隙率作为棱角性指标，间隙率越大，意味着有较大的内摩擦角，球状颗粒少，细集料的表面构造粗糙。

试验主要仪器是细集料棱角性测定仪：如图2-3所示，上部为容积不少于250mL的圆筒形容量瓶，下面接一个高38mm的倒圆锥筒漏斗，漏斗流出孔开口直径为12.7mm±0.6mm。测定仪下方放置一个100mL的铜制接受容器。

具体试验方法是：称取细集料接受容器的干质量 m_0，在容器中加满水，称取圆筒加水的质量 m_1，标定容器的容积 $V=m_1-m_0$。细集料试样经过筛、浸泡清洗、烘干后倒入漏斗。打开漏斗流出孔的开启门，使细集料流入接受容器中。刮平容器的表面，称取容器与细集料的总质量 m_2。根据《公路工程集料试验规程》(JTG E42—2005)测定试样毛体积相对密度 γ_b，计算容器中细集料的松装密度[式(2-17)]和间隙率[式(2-18)]，间隙率即为细集料的棱角性。

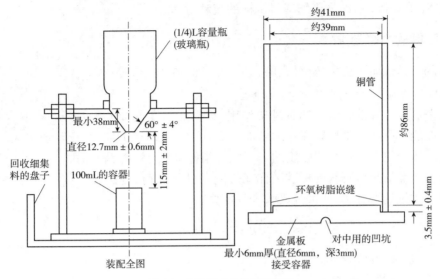

图 2-3 细集料棱角性测定装置

$$\gamma_{fa} = \frac{m_2 - m_0}{m_1 - m_0} \tag{2-17}$$

$$U = \left(1 - \frac{\gamma_{fa}}{\gamma_b}\right) \times 100\% \tag{2-18}$$

式中：m_0——容器空时的质量(g)；

m_1——容器与水的总质量(g)；

m_2——容器与细集料的总质量(g)；

U——细集料的间隙率，即棱角性(%)；

γ_{fa}——细集料的松装相对密度(g/cm^3)；

γ_b——细集料的毛体积相对密度(g/cm^3)。

(2) 流动时间法

流动时间法是测定一定体积的细集料(机制砂、石屑、天然砂)全部通过标准漏斗所需要的流动时间，以此表征细集料的棱角性。试验主要仪器是细集料流动时间测定仪：如图 2-4 所示，上部为直径 90mm，高 125mm 的金属圆筒，下部为可更换的开口 60°的金属或硬质塑料漏斗，其流出孔直径有两种可更换的规格(12mm 或 16mm)，上部由螺纹与圆筒连接成一整体，漏斗下方有一个可以左右转动的开启挡板。测定仪下方放置一个足以存下 3kg 细集料的容器。

具体试验方法是：细集料试样经过筛、浸泡清洗、烘干后倒入漏斗。在打开漏斗开启门的同时开动秒表。漏斗中的细集料随即从漏斗开口处流出，进入接受容器中。在细集料全部流完的同时停止秒表，读取细集料流

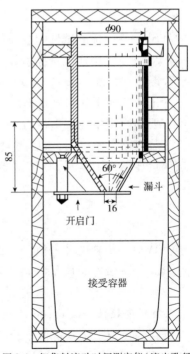

图 2-4 细集料流动时间测定仪(流出孔径可更换，尺寸单位：mm)

出的时间 S(单位为 s),即为该细集料试样的流动时间。

二、集料的力学性质

集料的力学性质主要指压碎值、磨光值、冲击值和磨耗值等。

1. 集料压碎值(Aggregate crusing value)

集料在混凝土和混合料中起着骨架作用,集料的强度直接影响混凝土和混合料的强度以及变形性能。压碎值是集料在连续增加的荷载下抵抗压碎的能力,压碎值越大,粗集料的强度越小。压碎值是衡量集料强度的一个相对指标,用以鉴定集料品质。

集料的压碎值是对石料的标准试样在规定条件下加荷,测试石料被压碎后,2.36mm 标准筛上通过质量的百分率,即可按式(2-19)计算。

$$Q'_a = \frac{m_1}{m_0} \times 100\% \qquad (2\text{-}19)$$

式中:Q'_a——集料压碎值(%);
　　　m_0——试验前试样质量(g);
　　　m_1——试验后通过 2.36mm 筛孔的残余集料质量(g)。

2. 集料磨光值(Aggregate polishing value)

磨光值是反映集料抵抗轮胎磨光作用能力的指标。使用高磨光值的集料(如玄武岩、安山岩、砂岩和花岗岩等)铺筑道路表层路面,可提高路表的抗滑能力,保障车辆的安全行驶。集料的磨光值是将粒径为 9.5~13.2mm 并剔除针片状颗粒的集料制成试件,加速磨光后测定磨光后集料的摩擦系数。PSV 可按式(2-20)求得。

$$PSV = PSV_{ra} + 49 - PSV_{bra} \qquad (2\text{-}20)$$

式中:PSV_{bra}——标准试件的磨光值读数;
　　　PSV_{ra}——用摆式摩擦系数测定仪测定试件的磨光值读数。

3. 集料冲击值(Aggregate impact value)

冲击值反映了集料抵抗多次连续重复冲击荷载作用的能力。对于路面表层,冲击值是一项重要的检测指标。集料的冲击值试验是按规定方法称取 9.5~13.2mm 集料试样质量,并将其装入钢筒中捣实,然后用质量为 13.75kg 的冲击锤沿导杆自 380mm±5mm 处自由下落按规定连续锤击集料,测试试验后 2.36mm 标准筛上通过的质量百分率,可按式(2-21)计算。

$$AIV = \frac{m_2}{m_1} \times 100\% \qquad (2\text{-}21)$$

式中:AIV——集料的冲击值(%);
　　　m_1——试样总质量(g);
　　　m_2——冲击破碎后通过 2.36mm 筛的试样质量(g)。

4. 集料磨耗值(Aggregate abrasion value)

磨耗值反映了集料抵抗车轮撞击及磨耗的能力,一般磨耗损失小的集料坚硬、耐磨并且耐久性好。沥青混合料和基层所用集料的磨耗值一般采用洛杉矶试验,沥青混合料抗滑表层所用集料的磨耗值通常采用道瑞试验。

洛杉矶磨耗试验又称搁板式磨耗试验,是将按规定级配组成的集料与一定数目的钢球同时加入洛杉矶磨耗试验机的磨耗鼓中,磨耗鼓在规定条件下旋转摩擦500次后取出集料试样,测试试验后集料1.17mm标准筛上通过的质量百分率,可按式(2-22)计算。

$$Q = \frac{m_1 - m_2}{m_1} \times 100\% \tag{2-22}$$

式中:Q——洛杉矶磨耗损失(%);

m_1——装入圆筒中试样质量(g);

m_2——试验后在1.7mm筛上试样质量(g)。

道瑞磨耗试验是将粒径为9.5~13.2mm的洁净干燥集料试样单层紧排于两个试模内,然后排砂并用环氧树脂砂浆填充密实,经24h养护后拆模清砂取出试件并称其质量m_1,再将试件固定于道瑞磨耗机上,在规定条件下旋转摩擦500圈后,取出试件,清砂后称取质量m_2,可按式(2-23)计算。

$$AAV = \frac{3(m_1 - m_2)}{\rho_s} \times 100\% \tag{2-23}$$

式中:AAV——集料的道瑞磨耗损失;

m_1——磨耗前试件的质量(g);

m_2——磨耗后试件的质量(g);

ρ_s——集料的表干密度(g/cm^3)。

三、集料的化学性质

1.集料碱活性

碱活性集料易发生集料碱活性反应,而影响水泥混凝土的性能,尤其是耐久性能。集料碱活性反应分碱—硅酸反应和碱—碳酸盐反应两类。集料的碱活性以集料试件在规定龄期内的膨胀率表征。一般采用岩相法鉴定所用集料的种类和成分以确定碱活性集料的种类和数量,采用砂浆长度法鉴定水泥中的碱与活性集料间的反应所引起的膨胀是否具有潜在危害。

(1)有机物含量

集料中有机物含量过多,会延缓水泥的硬化过程,降低混凝土强度特别是早期强度。一般采用比色法测定集料有机物含量。

(2)细集料的三氧化硫含量

天然砂中掺杂的硫铁矿(FeS_2)或石膏($CaSO_4 \cdot 2H_2O$)与水泥中水化铝酸钙发生反应生成水化硫铝酸钙,导致体积膨胀而破坏水泥混凝土的内部结构。通常利用硫离子与钡离子反应生成$BaSO_4$白色沉淀,根据沉淀物质量测定集料三氧化硫含量。

2.细集料的云母含量

云母呈薄片状,表面光滑,极易沿节理裂开,与水泥和沥青的黏附性极差。若砂中含有云母,则会影响沥青混合料和水泥混凝土性能。细集料的云母含量以云母占细集料总质量的百分比表征。

3.细集料的轻物质含量

轻物质是指集料中表观密度小于 $2.0g/cm^3$ 的颗粒，如煤和褐煤等，它们的强度普遍较低，会降低混凝土的强度与耐久性。细集料的轻物质含量以轻物质占细集料总质量的百分比表征。

四、集料的技术指标

1.粗集料

粗集料按其含泥量、泥块含量、针片状含量、有害物含量、坚固性和压碎指标等技术要求可分为Ⅰ、Ⅱ、Ⅲ类(级)。Ⅰ类(级)粗集料宜用于强度等级大于C60的混凝土，Ⅱ类(级)粗集料宜用于强度等级为C30~C60的混凝土和有抗渗、抗冻及其他要求的混凝土，Ⅲ类(级)粗集料宜用于强度等级小于C30的混凝土。根据《建设用卵石、碎石》(GB/T 14685-2011)，将卵石和碎石等粗集料按技术要求分为Ⅰ、Ⅱ、Ⅲ类，如表2-7所示。

碎石和卵石技术要求　　　　　　　　表2-7

项　目	技 术 要 求		
	Ⅰ级	Ⅱ级	Ⅲ级
碎石压碎指标(%)	≤10	≤20	≤30
卵石压碎指标(%)	≤12	≤14	≤16
坚固性(%)	≤5	≤8	≤12
针片状颗粒含量(%)	≤5	≤10	≤15
含泥量(%)	≤0.5	≤1.0	≤1.5
泥块含量(%)	0	≤0.2	≤0.5
有机物含量(比色法)	合格	合格	合格
硫化物及硫酸物以SO_3质量计算(%)	≤0.5	≤1.0	≤1.0
岩石抗压强度	火成岩≥80MPa，变质岩≥60MPa，水成岩≥30MPa		
表观密度(kg/m^3)	>2600		
连续级配松散堆积空隙率(%)	≤43	≤45	≤47
碱—集料反应	经碱—集料反应试验后，试件无裂缝、酥裂、胶体外溢等现象；在规定试验龄期的膨胀率<0.1%		

高速公路、一级和二级公路及有抗(盐)冻要求的三、四级公路混凝土路面使用粗集料级别不低于Ⅱ级，无抗(盐)冻要求的三、四级公路混凝土路面、碾压混凝土及贫混凝土基层可使用Ⅲ级粗集料。有抗(盐)冻要求时，Ⅰ级集料吸水率不应大于1.0%；Ⅱ级集料吸水率不应大于2.0%。另外，碎卵石或卵石中粒径小于0.075mm的石粉含量不宜大于1%。

《公路沥青路面技术施工规范》(JTG F40—2004)规定，沥青路面工程用粗集料的技术指标应符合表2-8、表2-9的要求。

沥青混合料用粗集料质量技术要求　　　　　　　　　　　　　　表2-8

指　　标	高速公路及一级公路		其他等级公路
	表面层	其他层次	
石料压碎值(%)	≤26	≤28	≤30
洛杉矶磨耗损失(%)	≤28	≤30	≤35
表观相对密度	≥2.60	≥2.50	≥2.45
吸水率(%)	≤2.0	≤3.0	≤3.0
坚固性(%)	≤12	≤12	—
针片状颗粒含量(%)	≤15	≤18	≤20
其中粒径大于9.5mm(%)	≤12	≤15	—
其中粒径小于9.5mm(%)	≤18	≤20	—
水洗法<0.075mm 颗粒含量(%)	≤1	≤1	≤1
软石含量(%)	≤3	≤5	≤5

粗集料与沥青的黏附性、磨光值的技术要求　　　　　　　　　　表2-9

雨量气候区	1(潮湿区)	2(湿润区)	3(半干区)	4(干旱区)
年降雨量(mm)	>1000	500~1000	250~500	<250
粗集料的磨光值PSV 高速公路和一级公路表面层	≥42	≥40	≥38	≥36
粗集料与沥青的黏附性 高速公路和一级公路表面层	≥5	≥4	≥4	≥3
粗集料与沥青的黏附性,高速公路和一级公路其他层次及其他等级公路的各个层次	≥4	≥4	≥3	≥3

《公路工程集料试验规程》(JTG E42—2005)中破碎砾石含量试验,是测定砾石经破碎机破碎后,具有要求数量(一个或两个)破碎面的粗集料占粗集料总量的比例。我国规范一直对破碎砾石的破碎面有要求,这是一个类似于细集料"棱角性"的指标,用以反映破碎砾石的粗糙度。《公路沥青路面技术施工规范》(JTG F40—2004)规定:应采用粒径大于50mm、含泥量不大于1%的砾石轧制成破碎砾石,破碎砾石的破碎面应符合表2-10的要求。

粗集料对破碎面的要求　　　　　　　　　　　　　　　　　　　表2-10

路面部位或混合料类型	具有一定数量破碎面颗粒的含量(%)	
	1个破碎面	2个或2个以上破碎面
沥青路面表面层 高速公路和一级公路 其他等级公路	≥100 ≥80	≥90 ≥60
沥青路面中下层,基层 高速公路和一级公路 其他等级公路	≥90 ≥70	≥80 ≥50
SMA混合料	≥100	≥90
贯入式路面	≥80	≥60

2.细集料

细集料按其含泥量、泥块含量、石粉含量、有害物含量、坚固性和压碎指标等技术要求分为Ⅰ、Ⅱ、Ⅲ类(级)。Ⅰ类(级)细集料宜用于强度等级大于C60的混凝土,Ⅱ类(级)细集料宜用于强度等级C30~C60的混凝土和有抗渗、抗冻及其他要求的混凝土,Ⅲ类(级)细集料宜用于强度等级小于C30的混凝土和建筑砂浆。根据《建设用砂》(GB/T 14684—2011),按表2-11的技术要求将砂分为Ⅰ、Ⅱ、Ⅲ类。

细集料技术要求 表2-11

项 目	技 术 要 求		
	Ⅰ级	Ⅱ级	Ⅲ级
机制砂单级最大压碎指标(%)	≤20	≤25	≤30
氯化物[以氯离子质量计(%)]	≤0.01	≤0.02	≤0.06
坚固性(%)	≤8		≤10
云母[以质量计(%)]	≤1.0	≤2.0	≤2.0
天然砂含泥量(%)	≤1.0	≤3.0	≤5.0
天然砂泥块含量(%)	0	≤1.0	≤2.0
机制砂 MB≤1.4 或合格石粉含量[按质量计(%)]	≤10.0		
机制砂 MB>1.4 或不合格石粉含量[按质量计(%)]	≤1.0	≤3.0	≤5.0
有机物含量(比色法)	合格		
硫化物及硫酸物 以SO_3质量计算(%)	≤0.5		
轻物质[按质量计(%)]	≤1.0		
表观密度(kg/m³)	>2500		
松散堆积密度(kg/m³)	>1400		
空隙率(%)	≤44		
碱—集料反应	经碱—集料反应试验后,试件无裂缝、酥裂、胶体外溢等现象;在规定试验龄期的膨胀率<0.10%		

注:天然Ⅲ级砂用做路面时,含泥量<3%;用做贫混凝土基层时,含泥量可<5%。

五、冶金矿渣

冶金矿渣(Granulated blast furnace slag)是在冶金过程中矿石、燃料及助溶剂中易熔硅酸盐化合而成的副产物,经熔炉冶炼,排出后自然冷却而形成的一种坚硬材料,是一种很好的人工集料,可广泛用于公路建设。利用工业废渣筑路,既可以解决筑路材料的来源困难问题,又可以为工矿企业解决废渣的处理问题,具有很大的经济意义。

冶金矿渣一般分为黑色金属冶金矿渣(高炉重矿渣、钢渣)和有色金属冶金矿渣。

1.矿渣的化学成分和矿物成分

矿渣化学成分随矿物成分、燃料、助溶剂及熔化金属的化学成分而发生一些变化。大部

分矿渣中包含着 SiO_2-Al_2O_3-CaO、MgO、CaO、FeO、MnO 等。根据化学成分可采用碱度作为矿渣分类基础。碱度是矿渣中碱性氧化物之和与酸性氧化物之和之比,通常用碱性系数来表示。

MgO、CaO、FeO、MnO 属碱性氧化物,SiO_2、P_2O_5、TiO_2 属酸性氧化物;Al_2O_3 属两性氧化物;FeS、MnS 是矿渣中的中性成分。

碱性系数

$$M_0 = \frac{CaO+MgO}{SiO_2+Al_2O_3}$$

$M_0>1$ 时,为碱性矿渣;$M_0<1$ 时为酸性矿渣。我国生产的矿渣,其碱性系数值均大于 1 或近似于 1。

矿渣的活性可通过其质量系数来反映。

质量系数

$$K = \frac{CaO+MgO+Al_2O_3}{SiO_2+MnO+TiO_2}, K 不得小于 1.2$$

质量系数反映矿渣中活性组分与低活性和非活性组分之间的比例,质量系数越大,矿渣活性越高。

2. 矿渣的稳定性

矿渣在道路建筑中使用,稳定性是一个决定其适用性的重要因素。影响矿渣稳定性的因素主要有三种:

(1) 硅酸盐分解

在氧化钙含量较高的重矿渣中含有一定量的硅酸二钙(C_2S)。硅酸二钙是一种多晶型矿物,在重矿渣冷却过程中,它可由 β 型转为 γ 型,体积增大,在固体矿渣中产生很大的内应力。内应力超过重矿渣本身组织的结合力时,就会导致重矿渣的碎裂甚至粉化,这种现象称为硅酸盐分解。

硅酸盐分解一般出现在矿渣冷却过程中,几天内就基本结束,并不影响其工程使用性。只要强度合格,无须进行硅酸盐分解鉴定。

(2) 石灰质分解

矿渣中含有游离石灰,遇水后生成熟石灰,体积增大 1~2 倍,在重矿渣中产生很大的内应力,导致矿渣碎裂、崩解等现象称为石灰质分解。

石灰质分解检验方法是将矿渣试块置于蒸压釜中,在 202.65kPa 的压力下进行蒸汽处理 2h,根据矿渣上有无粉化、破碎或胀裂等现象,评定矿渣有无石灰质分解的可能性。

(3) 铁、锰分解

矿渣中含有 FeS 和 MnS 时,遇水反应生成氢氧化铁和氢氧化亚锰,体积相应增大 38% 和 24%,因此在矿渣中产生很大的内应力,引起矿渣裂解或破碎,这种现象称为铁或锰分解。

铁、锰分解检验方法是将矿渣在水中浸泡 14d,根据渣块上出现的裂纹、碎裂等分解现象评定矿渣是否有铁、锰分解的可能性。

3. 矿渣的物理力学性质

矿渣的相对密度与其矿物成分有关。矿渣的相对密度一般较石料为大,在 2.97~3.32,矿渣的堆积密度约为1900kg/m³以上,其抗冻性(或坚固性)一般均能符合路用要求。

矿渣的力学强度一般均较大,其强度与孔隙率有关,通常极限抗压强度在50MPa以上,大的可达150MPa,可相当于石灰岩至花岗岩的强度。其他性能,如磨耗率、冲击值等均能符合路用集料的要求。因此,冶金矿渣集料只要稳定性合格,其力学性能均满足路用要求,可广泛用于各种路面的基层和面层。

第三节 石料生产工艺流程和设备选型

近年来,公路交通量与日俱增,大载重车辆成倍增长,而且车速也逐渐提高。因此,在这种情况下,路面表层应有达到要求的粗糙度和平整度,路面结构应具有足够的抗推移(抗剪)能力和匀质性等,这样,就必须选用好石料。虽然人工砂石料加工已有数十年历史,但如何正确选择生产工艺,以保证人工砂石料加工系统的运行可靠、技术先进、经济合理,仍然是人工砂石加工系统设计所面临的重要课题。

一、石料的生产工艺流程

工艺流程结构是整个加工系统的关键,不仅和给料粒度、产品细度、级配和粒形有关,而且还和岩性、破碎机性能、生产规模等因素相关。它直接影响着人工砂石加工系统的投资、生产成本、砂石骨料质量及主体工程的顺利进行。

1.生产工艺流程确定的主要因素和原则

生产工艺流程的确定应充分考虑加工系统的原始条件,工艺的可靠性、先进性、成熟性、简捷性、经济性及主要破碎设备的先进性、匹配性等。尽量减少物料的破碎段数、运输环节,这有利于简化生产工艺。根据加工系统的处理规模、岩石岩性、混凝土级配、成品骨料质量要求等,生产工艺有多种选择,但选择的生产工艺必须适合其工程项目。

(1)破碎比

破碎比的定义为入料粒度对产品粒度的比值,它是确定破碎段数的主要因素。一般而言,破碎给料粒度越大,产品粒度要求越细,破碎段数越多。

虽然破碎比是确定破碎段数的主要因素,然而生产规模、设备性能和岩石岩性也有重要影响。

(2)生产规模

人工砂石加工系统规模越大,可供选用的设备型号越多,能够满足生产要求的工艺配置方案也越多。若有多种满足要求的生产工艺可供选择,必须通过技术、经济比较后确定。人工砂石加工系统规模越小,可供选用的设备型号越少,能够满足生产要求的工艺配置方案也不多。人工砂石加工系统规模大,通过技术、经济比较后确定最优方案,不仅可以节省投资,而且可以降低生产成本,经济效益往往十分可观。

人工砂石加工系统规模小时,经济因素比重将降低,如何简化流程将变成首要考虑的课题。

(3)产品粒形要求

对于一些对粒形有特殊要求的情况,即使破碎比已达到要求,但粒形仍不符合要求,往往需要进行整形,从而影响流程结构。不同的破碎机生产的产品粒形是有差别的,例如旋回破碎机、液压圆锥破碎机和反击式破碎机破碎产品中方圆粒含量较高,而石打石立轴冲击式破碎机产品中方圆粒含量最高。

产品粒形不仅和破碎机性能有关,而且和岩石岩性有关。粒状晶结构的岩石容易生产方状石料,而层状晶结构的岩石容易生产片状石料。

(4)破碎设备性能

破碎机结构往往直接影响破碎流程结构和产品粒度组成,例如 HP 型圆锥破碎机和反击式破碎机有较高的破碎比,可以减少破碎段数。旋回破碎机、液压圆锥破碎机和反击式破碎机破碎产品中方圆粒含量较高,而石打石冲击式破碎机产品中方圆粒含量最高。

(5)岩石岩性

岩石晶形结构和硬度是影响破碎工艺流程结构和设备选型的重要因素之一。粒状晶结构的岩石容易生产方状石料,而层状晶结构的岩石容易生产片状石料。

硬度较大的岩石不容易破碎,需要选用破碎力大的破碎设备。而硬度较小的岩石容易破碎,可以选用反击式破碎机来破碎。

2.加工工艺介绍

石料破碎生产线主要由振动给料机、颚式破碎机、反击式破碎机、振动筛、胶带输送机、集中电控等设备组成,设计产量一般为 50~800t/h,为满足不同的加工需要,可配备圆锥式破碎机、除尘设备等。石料加工工艺流程如图 2-5 所示。大块石料经料仓由振动给料机均匀的送进颚式破碎机进行粗碎,粗碎后的石料由胶带输送机送到反击式破碎机进行进一步破碎,细碎后的石料由胶带输送机送到振动筛进行筛分,筛分出规格不同的石子。满足颗粒要求的石子,由成品胶带输送机送往成品料堆;不满足颗粒要求的石子,由胶带输送机返料送到反击式破碎机进行再次破碎,形成闭路多次循环。

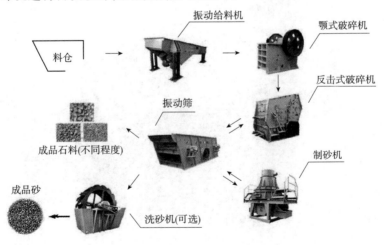

图 2-5　石料加工工艺流程图

二、破碎机的分类

破碎机械是工业生产中广泛使用的通用机械设备。它是利用一定的机构实现一种或几种破碎方法完成对岩石或其他物料破碎的机械装置,广泛应用于公路、建筑、水利和矿业等领域。不同结构的破碎机适用于不同粒度成品的生产,破碎机的作业根据产品的粒度可分为粗碎(碎至粒径 100mm 左右)、中碎(碎至粒径 30~100mm)和细碎(碎至粒径 0.5~30mm)。

根据破碎机的工作原理、工艺特性和机器的结构特征,目前在道路建筑行业中使用的破碎机可分为:颚式破碎机、圆锥式破碎机、辊式破碎机、锤式破碎机、反击式破碎机、立式冲击式破碎机、轮辗机和笼式破碎机。本节以颚式破碎机、锤式破碎机和反击式破碎机为例,介绍破碎设备的应用范围、工作原理及其特点等。

1.颚式破碎机

第一台颚式破碎机是美国人 E. W. 布莱克(Black)于 1858 年设计制造的。其结构形式为双肘板式(简单摆动式)。由于颚式破碎机具有结构简单、制造容易、工作可靠、维护方便、体积和高度较小等优点。至今仍广泛地用于破碎坚硬、中硬、软质矿石和各种物料,如花岗岩、大理石、石灰石、铁矿石等。颚式破碎机在矿山、冶金、建筑、铺路、建桥、水利、化工等多行业多部门中使用都非常广泛。

目前常用的颚式破碎机组成部件一般有:机架、动颚、偏心轴、齿板、肘板、肘座、轴承、拉杆和拉杆弹簧。该设备的主要工作部分是两块颚板,一是固定颚板(定颚),该颚板垂直(或上端略外倾)固定在机体前壁上,另一块是活动颚板(动颚),该颚板设计的位置是倾斜的,与固定颚板形成上大下小的破碎腔,也是物料受到破碎作用的主要工作区域。颚式破碎机工作时活动颚板对着固定颚板做周期性的往复运动,分开—靠近—分开。当动颚离开定颚时,未破碎的物料进入破碎腔,已经破碎过的物料从下部卸出;当动颚靠近定颚板时,物料在两块颚板之间的挤压作用下被破碎成小块物料。颚式破碎机结构示意图如图 2-6 所示。

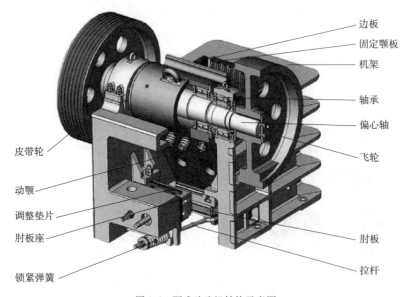

图 2-6　颚式破碎机结构示意图

优点:

(1)破碎腔深且无死区,提高了进料能力与产量。

(2)结构简单、工作可靠、维修方便。
(3)破碎比大,产品粒度均匀。

缺点:生产出的成品石料针片状含量较大,不能直接应用于高速公路沥青路面。

2.锤式破碎机

锤式破碎机最早出现于1895年,是一种利用快速旋转的锤子对物料进行冲击破碎的破碎机,它被广泛地用于水泥、火力发电、冶金(烧结和焦化)、耐火材料等工业部门。主要用于对石灰石、煤、焦炭、石膏等脆性、中等硬度或软物料进行中、细碎加工。

目前常用的锤式破碎机主要由架体、转子、筛条、打击板和调整装置等组成。通过电动机驱动转子,转子带动转子上的锤板高速旋转,物料进入锤式破碎机中,即受到高速转动的锤头的冲击而被破碎。物料从锤头处获得动能以高速向机壳内壁冲击而受到第二次破碎,较小的物料通过蓖条排出成为合格产品;较大的物料在蓖条上继续受到锤子的冲击而再一次破碎,直至全部通过蓖条排出。该设备可根据生产要求调整蓖条间隙,改变出料粒度。锤式破碎机内部结构图如图2-7所示。

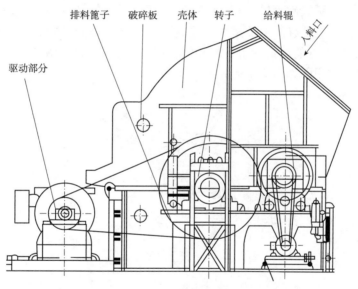

图2-7 锤式破碎机内部结构图

优点:破碎比大(一般为10~25,个别可达50),生产能力高,单位产品电耗低,机械结构简单,体型紧凑,质量轻,操作维护容易,产品粒径小而均匀,过粉碎少。

缺点:粉碎坚硬物料时,锤头、蓖条和衬板磨损大,消耗金属材料多,需经常更换易磨件;在破碎黏湿物料时,蓖条易堵塞而导致生产能力降低。

3.反击式破碎机

反击式破碎机是一种新型的、高效率的冲击式破碎机,是在锤式破碎机基础上发展上起来的。在水泥工业中被广泛使用。它主要用来对石灰石、砂岩、煤以及熟料等中硬和软岩石进行粗碎、中碎和细碎加工。

反击式破碎机虽然有多种形式,然而就其工作原理、性能和结构设计来说,它们又具有许多共同点。喂入机内的料块,在转子回转范围(即锤击区)受到板锤冲击,并被高速抛向反击板,再次受到冲击,然后又从反击板反弹到板锤,继续重复上述过程。在往返途中,物料间还有互相碰击作用。由于物料受到板锤的打击,与反击板的冲击以及物料相互之间的碰撞,物料不断产生裂缝,松散而粉碎。当物料粒度小于反击板与板锤之间的缝隙时,就被卸出。

反击式破碎机对物料的破碎作用,主要有以下三个方面:

(1) 自由破碎

进入破碎腔内的物料,立即受到高速板锤的冲击,以及物料之间的相互撞击。同时,板锤与物料及物料之间的摩擦作用,使破碎腔内的物料受到粉碎。

(2) 反弹破碎

由于高速旋转的转子上的板锤冲击作用,使物料获得很高的运动速度。然后,撞击到反击板上,使物料得到进一步的破碎。

(3) 磨削破碎

经上述两种破碎作用未破碎的,大于出料口尺寸的物料,在出料口处被高速旋转的锤头磨削而破碎。

反击式破碎机与锤式破碎机比较,两者工作原理相似,都是以冲击方式粉碎物料,但是结构和工作过程都各有差异。主要区别在于:反击式破碎机的板锤是自下而上迎击投入的物料,并把它抛掷到上方的反击板上;而锤式破碎机的锤头则顺着物料下落方向打击物料。反击式破碎机内部作用图如图2-8所示。

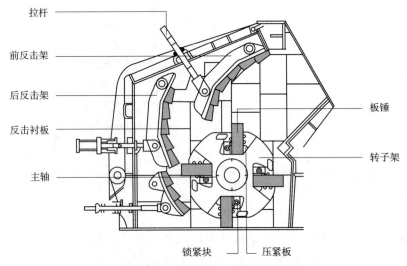

图 2-8 反击式破碎机内部作用图

反击式破碎机的特点如下:

(1) 优点

① 反击式破碎机充分发挥了冲击破碎作用,使物料在受到高速的、反复多次的冲击后,物料沿着薄弱部分进行选择性破坏,因此它的破碎效率高,动力消耗低。

② 适应性强,尤其对石灰石等中硬脆性物料更为适宜。

③ 破碎比大,一般为20左右,高的可达50~60,可以减少破碎段数,简化生产流程,节约投资。

④结构简单,制造容易。工作时无显著不平衡振动,操作维护修理方便。
(2)缺点
①板锤和反击板磨损快。尤其是在破碎坚硬物料时,磨损更快,一般不宜采用。
②防堵性能较差,不适宜破碎塑性和黏性物料。
③运转时噪声较大,产生的粉尘也大。

三、主要破碎设备选型

1. 一次破碎

砂石加工系统的处理规模、岩石岩性和给料粒度决定一次破碎的设备选型。一次破碎一般都为开路生产,处理料场来料。常用的一次破碎设备有:旋回破碎机、颚式破碎机、反击式破碎机。

(1)旋回破碎机

运行平稳、给料顺畅、进料粒径和处理能力都大、适应任何岩石、产品粒形好,基础工程量大,一次性投资较高,但当砂石加工系统的处理规模达到或超过1200t/h时,选用旋回破碎机作一次破碎,可以减少设备安装数量,简化流程,同时一次破碎车间的一次性投资也不高。

对于处理规模较大的加工系统,为了保证生产的连续性、可靠性、成品骨料质量,一次破碎应该选用旋回破碎机,能降低后续破碎的负荷,减少后续破碎的投资。加工系统处理规模越大,越能充分体现旋回破碎机的优越性。采用旋回破碎机生产工艺的应用实例如表2-12所示。

一次破碎选用旋回破碎机的生产实例　　　　表2-12

序号	项目名称	系统处理规模(t/h)	岩石岩性	旋回破碎机(台)	备注
1	三峡工程下岸溪	2400	花岗岩	4	2台国产,2台进口
2	三峡工程枯树岭	2000	花岗岩	3	国产
3	构皮滩水电站烂泥沟	1300	石灰岩		国产
4	居甫渡水电站	1250	石灰岩	1	国产
5	大花水水电站	700	石灰岩	1	国产

(2)颚式破碎机

适应任何岩石,但处理能力较小。给料环节多、易卡料、排料粒径大、产品粒形差、针片状含量高。但当砂石加工系统的处理规模小于800t/h时,选用颚式破碎机作一次破碎,可以节省投资。

对于处理规模较小的加工系统,如果骨料质量要求不甚严格时,可选用颚式破碎机。颚式破碎机破碎比小,会增加下段破碎的负荷,因产品粒形差,在后续工艺上需采用整形来获得合格的成品砂石骨料。采用颚式破碎机生产工艺的应用实例如表2-13所示。

一次破碎选用颚式破碎机的生产实例　　　　　　　表2-13

序号	项目名称	系统处理规模(t/h)	岩石岩性	旋回破碎机(台)	加工系统破碎段数	备注
1	三峡水电站	500	砂板岩	1	3	骨料整形
2	溪洛渡水电站中心场	850	玄武岩	2	3	骨料整形
3	小湾水电站右岸	580	花岗岩	2	3	骨料整形
4	小湾水电站孔雀沟	2050	花岗岩	5	3	骨料整形
5	瀑布沟水电站卡尔沟	1050	花岗岩	2	3	骨料整形
6	景洪水电站	450	花岗岩	1	3	骨料整形

（3）反击式破碎机

基础工程量较小、破碎比大、产品粒形好、一次性投资低，但只适合破碎石灰岩、大理岩等中硬物料以下、磨蚀性低的岩石。

反击式破碎机的破碎比大，加工系统可采用二段破碎，大大简化加工系统工艺，减少加工系统的投资。采用反击式破碎机二段破碎生产工艺的应用实例如表2-14所示。

选用反击式破碎机二段破碎的生产实例　　　　　　　表2-14

序号	项目名称	系统处理规模(t/h)	岩石岩性	一破颚式破碎机(台)	二破反击式破碎机(台)	备注
1	彭水水电站鸭公溪	1500	石灰岩	2	3	已竣工
2	光照水电站	1200	石灰岩	2	3	
3	索风营水电站	850	石灰岩	2	2	
4	皂市水利工程	900	石灰岩	2	2	
5	碗米坡水电站	450	石灰岩	1	1	
6	构皮滩水电站马鞍山	400	石灰岩	2	2	
7	武都水利工程	900	石灰岩	2	2	

2. 二次破碎和三次破碎

二次破碎和三次破碎一般采用闭路工艺。常用的二次和三次破碎设备有反击式破碎机和圆锥破碎机。圆锥破碎机又有单缸和多缸两种系列。

反击式破碎机的破碎比大、产品粒形好，在破碎石灰岩、大理岩等低抗压强度、低磨蚀性的岩石时，有其独特的优势。特别是具有进料粒度较大，破碎比高的特点，可以采用二段破碎，简化工艺。应用实例见表2-14。多缸圆锥破碎机的破碎力、破碎比都较大，排料调节范围宽，在调整产品级配上有较大的灵活性。在性能、破碎产品质量上都优于单缸圆锥破碎机。HP型多缸圆锥破碎机在三峡工程体现出无与伦比的高性能。小湾水电站为世界第一高拱坝，为了保证混凝土质量，孔雀沟砂石系统三次破碎采用高性能HP500圆锥破碎机，生产高品质的中小石。

利用多缸圆锥破碎机破碎比高的特点，采用二段破碎工艺，从而简化加工工艺。例如：瀑布沟水电站左岸砂石加工系统，采用HP300多缸圆锥破碎机作二次破碎来破碎花岗岩，使加工系统只有二段破碎，并减少了系统的投资。

3.制砂

人工砂生产工艺一般有湿法和干法两大类,但目前国内人工砂的生产常用的还是湿法生产工艺。常用立轴冲击式破碎机和棒磨机两种设备来生产成品砂。

立轴冲击式破碎机:生产效率高、砂颗粒粒形好、运行成本低、土建及安装工程量小,且能对中小石进行整形。但砂的细度模数一般在3.2左右(排料皮带,成品砂需用筛网来控制),砂级配不甚理想,中间级别偏低,须闭路生产。

棒磨机:砂的细度模数容易调整(在实际生产中可做到在$FM=2.4\sim3.0$的范围内调节生产)、砂级配好、生产稳定,但生产效率低、运行成本高、土建及安装工程量大。因此,对成品砂质量要求高的工程项目,常采用立轴冲击式破碎机与棒磨机联合制砂的工艺,在工艺中棒磨机主要起调节作用,生产中砂和细砂。两种设备生产的砂掺和在一起,从而使成品砂的级配组成趋于合理,提高了成品砂的质量。

立轴冲击式破碎机的破碎机理使其产品颗粒粒形优良,多呈立方体,对破碎物料能进行整形。利用这一特点,可实现制砂的同时,从立轴冲击式破碎机产品中分出成品中小石,中小石的针片状含量远远低于15%,从而提高了成品中小石的质量。此工艺在小湾水电站、溪洛渡水电站、三板溪水电站等工程得到很好的应用。一些对成品砂要求不高、混凝土总量低、临建用混凝土的项目,只采用立轴冲击式破碎机来生产砂。例如:瀑布沟水电站左岸加工系统、构皮滩水电站马鞍山加工系统等。

湿法生产,存在细砂和石粉流失的问题,在很多项目中实测表明,流失的砂和成品砂的比例为0.3:1左右,甚至还更高,成品砂中石粉含量偏低。为了保证成品砂的质量,在工艺中设置了细砂、石粉回收装置,在中大型加工系统中得到广泛应用。据考证,此装置实际运行效果并不理想,设备使用条件苛刻、投入费用和运行成本高。国家对环保的要求越来越严格,系统废水不达标不能排放。为了满足成品砂的质量要求和环保要求,细砂和石粉必须回收,但采用怎样的工艺和设备来得到较为理想的回收效果,还需进一步研究、探索。

随着RCC工程项目的不断增多,采用何种工艺来生产成砂是目前工程的一个难题,因RCC砂的石粉含量要求在17%±2%。如采用湿法生产,虽然成品砂的质量较好,但石粉含量偏低,且石粉回收效果不理想。如采用干法生产,成品砂中的石粉含量得到了保障,细度模数能用筛网孔径来控制,但因立轴冲击式破碎机的破碎机理,造成其产品砂级配不甚理想,中间级别偏低。干法工艺生产的成品砂能否满足RCC和常态混凝土的规范要求,还需进一步研究、探索。

干法制砂工艺的总体投入、运行成本低,并且与湿法相比,用水量大大降低(湿法生产每生产$1m^3$成品砂需耗$4m^3$左右的水),同时废水的处理成本也大大降低,不需要石粉回收系统。但怎样才能很好地解决干法砂存在的问题,这是有待进一步研究的问题。

4.筛分设备选型

一个优秀并且有效的砂石料生产系统,不仅应该有好的合适的破碎设备,而且还应该有好的合适的筛分设备。为了使成品砂的细度模数、石粉含量符合要求,并且流程结构合理,筛分设备的正确选型也十分重要。正如前面在破碎设备中所论述的,任何只用破碎设备的砂石加工系统都不可能按所需要的比例进行砂石料生产。只有破碎机和筛分设备配合使用,才能有效地按所需要的比例进行砂石料生产。

筛分设备有许多型号和规格，正确选用筛分设备型号和规格，并和破碎机匹配，可以提高破碎设备的生产能力，并节省投资和生产成本。例如，在大规模砂石料生产系统，配用大型香蕉筛，可以减少筛子使用台数，简化流程。筛网材质的选择，不仅关系到筛网的使用寿命，还关系到筛网开孔率和筛分效率。钢丝筛网开孔率和筛分效率都较高，但使用寿命非常短，而树脂筛网开孔率和筛分效率都较低，但使用寿命非常长。

5. 辅助设施和自动控制

破碎设备生产效率的发挥不仅和筛分设备的匹配有关，还和料仓大小和给料设备选型密切相关。例如，实仓设计不够，很难保证破碎机连续、稳定和满负荷生产。

自动化控制不仅可以使破碎设备处于最佳运行和自我保护状态，而且还可以和给料设备连锁，使破碎机总是处于满负荷运行。实践经验表明，加和不加自动化控制系统，破碎机的效率相差 20%~30%。

总之，选择运行可靠、技术先进、经济合理的砂石料生产工艺是一项复杂的系统工程设计，不仅要考虑给料粒度、成品骨料的要求、岩石岩性等，而且还要对破碎设备、筛分设备、辅助设施进行合理匹配，同时还要选用自动化控制系统。每个工程项目都有其自身特点，从而也就决定了不同的生产工艺。计算机技术的推广应用，使得我们能够非常容易地对每一项目进行多方案技术经济比较，从中选出最合理的工艺生产流程和设备设施配置。经过几十年的生产实践，在砂石料加工系统工艺方面积累了很多宝贵的经验，也有不少的教训。可以说目前常用的生产工艺和设备配置已较成熟，但制砂工艺还需进一步完善和发展。

第四节　矿质混合料的组成设计

在水泥（或沥青）混合料中，所用集料的粒径尺寸范围较大，而天然或人工轧制的集料一般粒径尺寸范围比较小，难以满足工程对某一混合料的目标级配范围要求，因此需要将两种或两种以上的集料掺配使用，即矿质混合料，简称矿料。矿质混合料组成设计的目的是：根据工程实际使用的几种不同规格的集料，按一定的方法进行级配设计，组成具有最大密实度和最大摩擦力的矿质混合料。

矿质混合料组成设计的主要内容包括：级配理论和级配范围的确定以及基本组成的设计方法。

一、集料的级配与矿质混合料的级配理论

1. 集料的级配

集料中各组成颗粒的分级和搭配称为级配，集料的级配对集料的堆积密度、空隙率、粗集料骨架间隙率、细集料棱角性产生影响，进而对水泥混凝土及沥青混合料的施工和易性、强度、耐久性有显著的影响。级配设计也是水泥混凝土和沥青混合料配合比设计的重要组成部分。

筛分试验是将集料通过一系列规定筛孔尺寸的标准筛，测定存留在各个筛上的集料质量，根据集料试样的质量与存留在各筛孔上的集料质量，就可求得一系列与集料级配有关的参数，即分计筛余百分率、累计筛余百分率和通过百分率。

(1) 标准筛

矿质集料的级配通常采用筛分试验确定。标准筛是指形状和尺寸规格符合要求的系列样品筛,以方孔筛为准,标准筛尺寸依次为 75mm、63mm、53mm、37.5mm、31.5mm、26.5mm、19mm、16mm、13.2mm、9.5mm、4.75mm、2.36mm、1.18mm、0.6mm、0.3mm、0.15mm 和 0.075mm。

(2) 级配参数

①分计筛余百分率(Percentage retained):某级筛孔尺寸上的筛余质量占试样总质量的百分率,按式(2-24)计算。

$$a_i = \frac{m_i}{M} \times 100\% \tag{2-24}$$

式中:α_i——i 级筛孔尺寸的分计筛余百分率(%);
m_i——i 级筛孔尺寸的存留质量(g);
M——试样总质量(g)。

②累计筛余百分率(Cumulative percentage retained):某级筛孔尺寸上的分计筛余百分率和大于此筛孔尺寸上的各级筛孔尺寸的分计筛余百分率之和,按式(2-25)计算。

$$A_i = a_1 + a_2 + \cdots + a_i \tag{2-25}$$

式中:A_i——i 级筛孔尺寸的累计筛余百分率(%)。

③通过百分率(Percentage passing):通过某级筛孔尺寸的质量占试样总质量的百分率,也就是 100 与累计筛余百分率之差,按式(2-26)计算。

$$p_i = 100 - A_i \tag{2-26}$$

式中:p_i——质量通过百分率(%)。

集料公称最大粒径(Nominal maximum size of aggregate)是指集料可能全部通过或允许有少量不通过(一般容许筛余不超过 10%)的最小标准筛筛孔尺寸。通常比集料最大粒径小一个粒径。由于粗、细集料的粒径范围不同,筛分试验中采用的标准筛尺寸范围及试样质量有所不同,如表 2-15 所示,通常情况下,细集料的筛分试样取 500g。

集料筛分用的试样质量　　　　　表 2-15

公称最大粒径(mm)	75	63	37.5	31.5	26.5	19	16	9.5	4.75
试样质量不小于(kg)	10	8	5	4	2.5	2	1	1	0.5

(3) 细集料的细度模数

细度模数(Fineness nodulus)又称细度模量,是用于评价细集料粗细程度的指标,为细集料筛分试验中各号筛上的累计筛余百分率之和,按式(2-27)计算。

$$M_f = \frac{(A_{0.15} + A_{0.3} + A_{0.6} + A_{1.18} + A_{2.36}) - 5A_{4.75}}{100 - A_{4.75}} \tag{2-27}$$

式中:　　M_f——砂的细度模数;
$A_{0.15}、\cdots、A_{4.75}$——分别为 0.15mm、$\cdots$、4.75mm 各筛上累计筛余百分率(%)。

当砂中含有大于 5mm 颗粒时,则按式(2-28)计算:

$$u_f = \frac{(A_{2.5} + A_{1.25} + A_{0.63} + A_{0.315} + A_{0.16}) - 5A_5}{100 - A_5} \tag{2-28}$$

式中：u_f——砂的细度模数；

$\sum A_i$——各级筛孔尺寸的累计筛余之和(%)。

细度模数越大，表示细集料越粗。细集料的粗度按细度模数可分为粗砂(u_f = 3.1 ~ 3.7)、中砂(u_f = 2.3 ~ 3.0)、细砂(u_f = 1.6 ~ 2.2)和特细砂(u_f = 0.7 ~ 1.5)。细度模数在数值上很大程度取决于粗颗粒含量，并且与小于 0.16mm 的颗粒含量无关。所以细度模数在一定程度上能反映细集料的粗细，但由于不同级配的细集料可以具有相同的细度模数，其并不能全面反映细集料的粒径分布情况。

对于水泥混凝土，砂越粗，则比表面积越小，包裹砂表面所需的用水量和水泥浆用量就越少。因此，采用粗砂配制混凝土，可减少拌和用水量，节约水泥用量，降低水化热，减少混凝土的干缩与徐变；若保证用水量不变，则可提高混凝土拌和物的流动性；若保证混凝土拌和物的流动性和水泥用量不变，则可减少用水量，从而可提高混凝土的强度。因而，工程中应优先使用中砂或粗砂，当使用细砂时，应采取一些相应的技术措施。但是应该注意，砂过粗时，由于粗颗粒砂对石子的黏聚力较低，会引起混凝土拌和物的离析、分层，且拌和物内摩擦大，不易振捣成型。路面和桥面工程用天然砂宜为中砂，也可使用细度模数为 2.0 ~ 3.5 的砂，而细砂会降低路面的耐磨性和抗滑性，不宜选用。另外，根据《公路水泥混凝土路面施工细则》(JTG/T F30—2014)规定，细度模数差值超过 0.3 的砂应分别堆放、分别进行配合比设计。

(4)级配区

细度模数只能用于划分砂的粗细程度，并不能反映砂的级配优劣，细度模数相同的砂，其级配不一定相同。级配好的砂应是大颗粒砂的空隙被中等颗粒砂所填充，而中等颗粒砂的空隙被小颗粒砂所填充，依次填充可使集料的空隙率最小。级配良好的砂可减少混凝土拌和物的水泥浆用量，节约水泥，提高混凝土拌和物的流动性和黏聚性，并可提高混凝土的密实度及混凝土的强度和耐久性。

以累计筛余百分率为纵坐标，以筛孔尺寸为横坐标，可以绘制级配曲线(Grading curve)来判断砂颗粒的级配情况。根据《建设用砂》(GB/T 14684—2011)，MX 在 3.7 ~ 1.6 的普通混凝土用砂，根据 0.63mm 筛孔的累计筛余量划分为三个级配区(表2-16，图2-9)，混凝土用砂的级配应符合表 2-16 中任何一个级配区所规定的级配范围。

砂的分区级配范围 表2-16

筛孔尺寸(mm)	各级配区累计筛余(%)		
	Ⅰ区	Ⅱ区	Ⅲ区
9.5	0	0	0
4.75	0 ~ 10	0 ~ 10	0 ~ 10
2.36	5 ~ 35	0 ~ 25	0 ~ 15
1.18	35 ~ 65	10 ~ 50	0 ~ 25
0.6	71 ~ 85	41 ~ 70	16 ~ 40
0.3	80 ~ 95	70 ~ 92	55 ~ 85
0.15	90 ~ 100	90 ~ 100	90 ~ 100

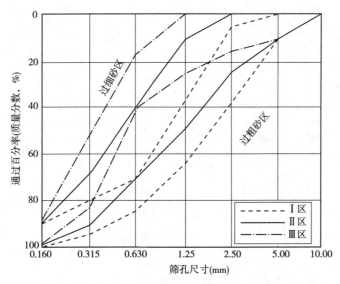

图 2-9 砂的级配区曲线

注:砂的实际颗粒级配,除 4.75mm 和 0.6mm 筛档外,可以略有超出,但超出总量应小于 5%。

从表 2-16 可以看出:Ⅰ区砂粒较粗,混凝土拌和物保水性较差,适宜配制水泥用量少的混凝土和低流动性混凝土;Ⅱ区为一般常用砂,粗细程度适中;Ⅲ区砂粒较细,混凝土拌和物保水性好,但干缩较大。通过观察图 2-9,根据砂的筛分曲线是否完全落在三个级配区的任一区内,即可判定该砂级配的合格性。同时也可根据筛分曲线情况大致判断砂的粗细程度,当筛分曲线偏向右下方时,表示砂较粗,筛分曲线偏向左上方时,表示砂较细。当砂的自然级配不符合级配区要求时,应进行调整。方法是将粗、细不同的两种砂按适当比例混合试配,直至级配合格。

2.级配类型

各种不同粒径的集料按照一定的比例搭配,可以形成不同级配组成的混合料。

(1)连续级配(Continuous gradation)

连续级配是采用标准套筛对某一矿料进行筛分后,矿料的颗粒由大到小连续分布,每一级都占有适当的比例,所得级配曲线平顺圆滑,具有连续性。这种由大到小、逐级粒径均有并按比例互相搭配组成的矿质混合料称为连续级配矿质混合料。

(2)间断级配(Gap gradation)

间断级配是在矿质混合料中剔除某一个或几个分级而形成的一种不连续的混合料,这种混合料称为间断级配矿质混合料。一般是剔除中间尺寸的颗粒,使得混合料中大粒径颗粒较好地发挥骨架作用,且有充足的小颗粒集料填充空隙。间断级配主要是考虑减少集料空隙率,充分发挥矿料颗粒的骨架作用。实际应用中,由于缺少中间粒径,对水泥混凝土而言,采用间断级配的混合料易产生离析现象,因此,这种级配较适宜用于沥青混合料。

为了直观、形象地表示矿料各粒径的颗粒分布状况,常采用级配曲线的形式来描述矿料的级配。即以通过量的百分率为纵坐标,筛孔尺寸(即矿料的粒径)为横坐标,将各筛上的通过量绘制在坐标图中,然后用曲线将各点连接起来,得到级配曲线。不同级配类型的级配曲线如图 2-10 所示。

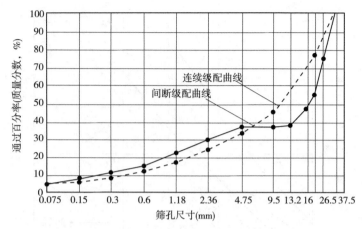

图 2-10 不同级配类型的级配曲线

3.级配理论(Theory of gradation)

目前常用的级配理论,主要有最大密度曲线理论(Theory of maximum density curve)和粒子干涉理论(Theory of particle interference)。

最大密度曲线理论认为:固体颗粒按粒度大小,有规则地组合排列,粗细搭配,可以得到密度最大、空隙最小的混合料。当矿料级配曲线为抛物线时,所得矿料组成满足最大密实度的要求。最大密度曲线理论描述了连续级配的粒径分布,用于计算连续级配。

粒子干涉理论认为:不同粒径的固体颗粒组合在一起,要达到最大密实度,前一级颗粒之间的空隙,应由次一级颗粒所填充,剩余空隙再由更次一级颗粒填充。但填隙的颗粒粒径 d 不得大于其间隙的距离,否则大小颗粒之间势必发生干涉现象。为了避免干涉,大小粒子之间按一定数量分配,从临界干涉的情况下导出前一级颗粒间的距离 t,当处于临界干涉状态时 $t=d$,据此计算各级配参数。粒子干涉理论既可用于计算连续级配,也可计算间断级配。

根据粒子干涉理论提出的级配算法大多只适用于各级粒径以 1/2 递减的情况,而我国沥青混合料常用级配统一按方孔筛划分,并不满足这一要求。因此,我国现有级配算法都是以最大密度曲线理论为基础发展而来。

(1)富勒理论——理想级配

最大密度曲线理论是富勒(Fuller)等人通过大量试验提出的一种理想曲线。初期研究的理想曲线是:细集料以下的颗粒级配为椭圆形曲线,粗集料为与椭圆相切的直线,由这两部分组成的级配曲线,可达到最大的密度。这种曲线计算比较繁杂,后来经过一系列研究改进,提出简化的"抛物线最大密度理想曲线",最大密度曲线方程可表示为:

$$p^2 = kd \tag{2-29}$$

式中:p——各级颗粒粒径集料的通过百分率(%);

d——矿质混合料各级颗粒粒径(mm);

k——常数。

当粒径 d 等于集料最大粒径 D 时,矿质混合料的通过百分率 $P=100\%$,将此关系代入式(2-29)可得:

$$k = 100\% \times \frac{1}{\sqrt{D}} \tag{2-30}$$

将式(2-30)代入式(2-29),则任一级颗粒粒径 d 的通过百分率 P 可按下式求得:

$$P = 100\% \times \left(\frac{d}{D}\right)^{0.5} \tag{2-31}$$

式中:P——欲计算的某级粒径 d 的矿料的通过百分率(%);
　　　D——矿质混合料的最大粒径(mm);
　　　d——欲计算的某级集料粒径(mm)。

根据最大密度理想曲线的级配组成计算公式(2-31),可以计算出矿质混合料达到最大密度时各级颗粒粒径的通过百分率。

(2)泰波理论——级配范围

最大密度曲线是一种理论上的理想曲线,而实际工程中,由于矿料在轧制生产过程中的不均匀性以及混合料在配制时的波动误差等原因,所配制的混合料难以与理论级配完全吻合一致。因此,必须允许配料时的合成级配可以在适当的范围内波动,这个允许的波动范围就是级配范围。

基于这种思想,泰波(Tabol)将最大密度曲线方程修正为通式形式——最大密度曲线 n 次幂公式:

$$p = 100\% \times \left(\frac{d}{D}\right)^{n} \tag{2-32}$$

式中:P、d、D——意义同前式;
　　　n——试验指数。

试验研究表明:$n=0.3 \sim 0.6$ 时,矿质混合料具有较好的密实度。对于沥青混合料,$n=0.45$ 时,不同级配的矿质混合料可获得最大密度。目前,级配组成计算公式: $P=100\% \times (d/D)^{0.45}$ 得到世界各国公认,在沥青混合料矿料级配设计中得到广泛的应用。

为应用已有的研究成果和实践经验,通常采用规范推荐的矿质混合料级配范围。实际级配合成操作时,只要得出的合成级配结果位于要求的级配范围之间,则认为该合成级配基本满足设计级配的要求。

二、矿质混合料的组成设计方法

天然或人工轧制的一种集料的级配往往很难完全符合某一种级配范围的要求,因此必须采用两种或两种以上的集料配合起来组成符合级配范围要求的矿质混合料。矿质混合料的组成设计就是根据实际工程中已有各种集料的级配参数(即筛分结果),按设计要求或技术规范要求的级配范围(即标准级配),确定组成混合料各集料的比例。

矿质混合料组成设计的目的,是选配一个具有足够密实度并且具有较高内摩擦阻力的矿质混合料。研究其组成设计方法很多,归纳起来主要可分为数解法与图解法两大类。

1. 数解法(Mathematical method)

数解法中最常用的是试算法和正规方程法(或称线性规划法):试算法用于 2~3 种矿料组成,要求矿料中某种粒径含量占优势;正规方程法是基于线性规划的一种计算机求解方法,通过设置规划求解中的约束条件计算出各种集料的用量。正规方程法可用于多种矿料组成,所得结果准确,但计算较为繁杂,不如图解法简便。下面着重介绍试算法(Trial and error method)。

(1)基本原理

试算法的基本原理:设有几种矿质集料,欲配制某种一定级配要求的混合料。在决定各组成集料在混合料中的比例时,首先假设混合料中某种粒径的颗粒是由某一种对这一粒径占优势的集料组成,而其他各种集料中不含有此粒径。然后根据各个主要粒径去试算各种集料在混合料中的大致比例。如果比例不合适再进行调整,逐步渐进,最终获得满足混合料级配要求的各集料的配合比例。

(2)基本方程

设有 A、B、C 三种集料,欲配制成级配为 M 的矿质混合料,如图 2-11 所示,进行矿质混合料组成设计的目的就是求 A、B、C 集料在混合料中的比例,即配合比。

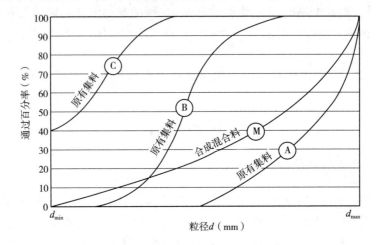

图 2-11 原有集料与合成混合料的级配曲线图

根据题意可做如下两点假设:

①设 A、B、C 三种集料在混合料 M 中的用量比例为 X、Y、Z,则:

$$X+Y+Z=100\% \tag{2-33}$$

②设混合料 M 中某一级粒径要求的含量(分计筛余百分率)为 $a_{M(i)}$,A、B、C 三种集料在原来级配中此粒径颗粒的含量(分计筛余百分率)分别为 $a_{A(i)}$、$a_{B(i)}$、$a_{C(i)}$,则:

$$a_{A(i)}X+a_{B(i)}Y+a_{C(i)}Z=a_{M(i)} \tag{2-34}$$

(3)计算步骤

①计算 A 料在矿质混合料中的用量

在计算 A 料在混合料中的用量时,按 A 料在优势含量的某一粒径(i)计算,而忽略其他集料在此粒径的含量,即 B 料和 C 料在该粒径的含量 $a_{B(i)}$ 和 $a_{C(i)}$ 均等于零。由式(2-34)可得:

$$a_{A(i)}X=a_{M(i)} \tag{2-35}$$

则 A 料在混合料 M 中所占的比例为:

$$X = \frac{a_{M(i)}}{a_{A(i)}} \times 100\% \tag{2-36}$$

②计算 C 料在矿质混合料中的用量

同理,在计算 C 料在混合料中的用量时,假设混合料 M 中某一粒径(j)的颗粒全部是由 C 料所组成,而忽略 A、B 集料在粒径(j)的含量,则 $a_{A(i)}$ 和 $a_{B(i)}$ 均等于零。由式(2-35)可得:

$$a_{C(j)} Z = a_{M(j)}$$

则 C 料在 M 中所占的比例为:

$$Z = \frac{a_{M(j)}}{a_{C(j)}} \times 100\% \tag{2-37}$$

③计算 B 料在矿质混合料中的用量

由式(2-36)和式(2-37)求得 A 料和 C 料在混合料中的含量 X 和 Z,即可得 B 料在 M 中所占的比例为:

$$Y = 100 - (X + Z) \tag{2-38}$$

④校核调整

按以上计算的矿质混合料配合比,如经验算校核不在要求的级配范围内,应调整配合比重新计算和复核,经几次调整,逐步渐进,直到符合级配要求为止。如经数次调整仍不能达到要求,可掺加单粒级集料或调换其他原始集料。

【例 2-1】 现有碎石、石屑和矿粉三种矿质材料,筛分结果按分计筛余列于表 2-17,要求配制成 AC-13 级配要求的混合料,求碎石、石屑和矿粉三种材料在混合料中的用量比例。

原有集料的分计筛余和混合料要求级配范围　　　　　表 2-17

原材料		筛孔尺寸(mm)									
		16.0	13.2	9.5	4.75	2.36	1.18	0.6	0.3	0.15	0.075	<0.075
各种矿料分计筛余(%)	碎石 $a_{A(i)}$		5.2	41.5	50.5	2.6						
	石屑 $a_{B(i)}$			1.6	24.0	22.5	16.0	12.4	11.5	10.8	1.2
	矿粉 $a_{C(i)}$									13.2	86.6
AC-13 级配范围通过(%)		100	90~100	68~85	38~68	24~50	18~38	10~28	7~20	5~15	4~8

解:(1)计算 AC-13 级配范围的分计筛余百分比中值,见表 2-18。

计算分计筛余百分比中值　　　　　表 2-18

筛孔尺寸(mm)	16.0	13.2	9.5	4.75	2.36	1.18	0.6	0.3	0.15	0.075	<0.075
AC-13 级配范围通过 $P_{(i)}$(%)	100	90~100	68~85	38~68	24~50	18~38	10~28	7~20	5~15	4~8	
AC-13 级配范围累计筛余 $P_{M(i)}$(%)		0~10	15~32	32~62	50~76	62~82	72~90	80~93	85~95	92~96	—
AC-13 级配范围累计筛余中值 $A_{M(i)}$(%)		5.0	23.5	47.0	63.0	72.0	81.0	86.5	90.0	94.0	100
AC-13 级配范围分计筛余中值 $a_{M(i)}$(%)		5.0	18.5	23.5	16.0	9.0	9.0	5.5	3.5	4.0	6.0

(2) 计算碎石在混合料中的用量

由表 2-17 和 2-18 可知,碎石中优势含量粒径为 4.75mm(分计筛余百分比最大),计算碎石用量时,假设混合料中 4.75mm 粒径全部由碎石组成,即 $a_{B(4.75)} = a_{C(4.75)} = 0$,于是

$$X = \frac{a_{M(4.75)}}{a_{A(4.75)}} \times 100\% = \frac{23.5}{50.5} \times 100\% = 46.5\%$$

(3) 计算矿粉在混合料中的用量

$$X = \frac{a_{M(0.075)}}{a_{C(0.075)}} \times 100\% = \frac{6.0}{86.8} \times 100\% = 6.9\%$$

(4) 计算石屑在混合料中的用量

$$Y = 100\% - (46.5\% + 6.9\%) = 46.6\%$$

(5) 校核

根据以上计算得到矿质混合料的组成配合比为:碎石 $X = 46.5\%$;石屑 $Y = 46.6\%$;矿粉 $Z = 6.9\%$。根据校核结果符合级配范围要求。如不符合,应调整配合比再进行试算,经几次调整,逐步接近,直至达到要求。如计算确实不能符合级配要求,应调整或增加集料品种。矿质混合料组成计算和校核如表 2-19 所示。

矿质混合料组成计算和校核　　　　表 2-19

原材料		筛孔尺寸(mm)									
		16.0	13.2	9.5	4.75	2.36	1.18	0.6	0.3	0.15	0.075	<0.075
各种矿料分计筛余(%)	碎石		5.2	41.7	50.5	2.6						
	石屑			1.6	24.0	22.5	16.0	12.4	11.5	10.8	1.2
	矿粉										13.2	86.6
各矿料在混合料中用料(%)	碎石 46.5		2.4	19.4	23.5	1.2						
	石屑 46.6			0.7	11.2	10.5	7.5	5.8	5.3	5.0	0.6
	矿粉 6.9										0.9	6.0
混合料分计筛余(%)			2.4	19.4	24.2	12.4	10.5	7.5	5.8	5.3	5.9	6.6
混合料累计筛余(%)			2.4	21.6	46.0	58.4	68.5	76.4	82.2	87.5	93.4	100
混合料通过率(%)		100	97.6	78.4	54.0	41.6	31.5	23.6	17.6	12.5	6.6	
AC-13 级配范围通过(%)		100	90~100	68~85	38~68	24~50	18~38	10~28	7~20	5~15	4~8	

2. 图解法(Graphical method)——修正平衡面积法

图解法是根据解析几何的方法来求解,我国现行规范推荐采用的图解法为修正平衡面积法。这种方法适用于多种集料组成的矿料配合比设计,由三种以上的多种集料进行级配时,采用此方法进行设计十分方便。

图解法是采用一条直线来代替集料的级配曲线,以对角线作为要求级配曲线中值,这条直线使曲线左右两边的面积平衡(即相等),简化了曲线的复杂性。图解法的计算步骤如下:

(1) 绘制图解法坐标图

绘制一矩形框图:纵坐标为通过百分率,通常取 10cm;横坐标为筛孔尺寸(或粒径),通常取 15cm。连对角线 OO' 作为要求级配曲线中值,如图 2-12 所示。

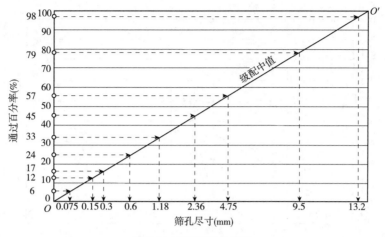

图 2-12 级配曲线坐标图

图 2-12 中,纵坐标是按算术标尺标出的通过百分率(0%~100%),横坐标为筛孔尺寸。其确定方法为:计算合成级配要求的各筛孔通过百分率中值(表 2-20),在纵坐标上标出该中值的位置,然后从纵坐标引水平线与对角线相交,再从交点处作垂线与横坐标相交,其交点即为各相应筛孔的尺寸。

细粒式沥青混凝土矿料级配范围 表 2-20

筛孔尺寸(mm)	16.0	13.2	9.5	4.75	2.36	1.18	0.6	0.3	0.15	0.075
级配范围(mm)	100	95~100	70~88	48~68	36~53	24~41	18~30	12~22	8~16	4~8
级配中值(mm)	100	98	79	57	45	33	24	17	12	6

(2)确定各种集料用量

将各种集料的通过百分率绘于级配曲线坐标图上(图 2-13)。实际集料的相邻级配曲线之间的位置关系可能有三种情况:重叠、相接、相离(实际操作过程中以重叠关系最为常见)。根据各集料之间的实际位置关系,按下述方法即可确定各种集料的用量。

① 两相邻级配曲线重叠

图 2-13 中集料 A 级配曲线的下部与集料 B 级配曲线上部搭接,在两级配曲线之间引一根垂直于横坐标的直线 AA',使 $a=a'$,垂线 AA' 与对角线 OO' 交于点 M。通过 M 作一水平线与纵坐标交于 P 点,$O'P$ 线段的几何长度(以 mm 计)就是集料 A 的用量比例。

② 两相邻级配曲线相接

图 2-13 中集料 B 的级配曲线末端与集料 C 的级配曲线首端正好在一条垂直线上,将前一集料 B 曲线末端与后一集料 C 曲线首端作垂线 BB' 相连,垂线 BB' 与对角线 OO' 相交于点 N。通过 N 作一水平线与纵坐标交于点 Q,则 PQ 线段的几何长度(以 mm 计)就是集料 B 的用量比例。

③ 两相邻级配曲线相离

图 2-13 中集料 C 的集配曲线末端与集料 D 的级配曲线首端在水平方向彼此离开一段距离,作垂线 CC' 平分这段水平距离(即 $b=b'$),垂线 CC' 与对角线 OO' 交于点 R。通过 R 作一水平线与纵坐标交于点 S,则 QS 线段的几何长度(以 mm 计)就是集料 C 的用量比例。剩余 ST 即为集料 D 的用量比例。

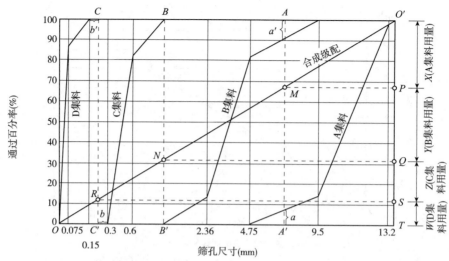

图 2-13 组成集料级配曲线和要求合成级配曲线图

(3) 合成级配的计算与校核

与试算法相同,根据图解过程求得各集料的用量比例,计算合成级配,校核是否符合要求。合成级配曲线应尽可能光滑,且靠近级配范围的中值线。当合成级配超出级配范围时,需要进行各集料的用量调整,直到满足设计级配要求为止。如果经数次调整后仍不能达到要求,可掺加单粒级集料或调换其他集料,再进行级配设计。

3. Excel 矩阵运算法

正规方程法的基本原理是:多种集料采用正规方程法求算配合比,其基本原理为根据各种集料的筛析试验结果和规范要求的级配范围中值,列出正规方程,然后用数学回归的方法或电算的方法求解。但正规方程法未知数很多,计算过程繁杂,需要用计算机编写专门的计算程序进行解答。本小节介绍一种简便算法即把普通方程化为矩阵方程,通过 Excel 的矩阵运算功能进行解算,一次性计算出组成矿质混合料各集料的比例。

设有 n 种集料,k 级筛孔,集料 i 在筛孔 j 通过百分率为 P_{ij},设矿质混合料在任何一级筛孔的通过百分率为 M_j,它是各种集料在该级筛孔的通过百分率 P_{ij} 乘以各种集料在混合料中的用量 X_i 之和,其组成如表 2-21 所示。

原有集料的筛析结果和混合料要求的级配范围(以通过百分率计) 表 2-21

筛孔	各种集料				各种集料的用量				级配范围中值
	1	2	…	n	X_1	X_2	…	X_n	
1	P_{11}	P_{21}	…	P_{n1}	$P_{11} \cdot X_1$	$P_{21} \cdot X_2$	…	$P_{n1} \cdot X_n$	M_1
2	P_{12}	P_{22}	…	P_{n2}	$P_{12} \cdot X_1$	$P_{22} \cdot X_2$	…	$P_{n2} \cdot X_n$	M_2
…	…	…	…	…	…	…	…	…	…
k	P_{1k}	P_{2k}	…	P_{nk}	$P_{1k} \cdot X_1$	$P_{2k} \cdot X_2$	…	$P_{nk} \cdot X_n$	M_k

即:

$$\sum P_{ij} \cdot X_i = M_j \tag{2-39}$$

式中：i——集料种类，$i=1,2,\cdots,n$；

j——筛孔数，$j=1,2,\cdots,k$。

按表 2-21 级配组成，式(2-39)可展开为下列方程组：

$$\begin{cases} P_{11} \cdot X_1 + P_{21} \cdot X_2 + \cdots + P_{n1} \cdot X_n = M_1 \\ P_{12} \cdot X_1 + P_{22} \cdot X_2 + \cdots + P_{n2} \cdot X_n = M_2 \\ \cdots \\ P_{1k} \cdot X_1 + P_{2k} \cdot X_2 + \cdots + P_{nk} \cdot X_n = M_k \end{cases} \quad (2\text{-}40)$$

设 $\boldsymbol{A} = \begin{bmatrix} P_{11} & P_{21} & \cdots & P_{n1} \\ P_{12} & P_{22} & \cdots & P_{n2} \\ \vdots & & & \vdots \\ P_{1k} & P_{2k} & \cdots & P_{nk} \end{bmatrix}, \boldsymbol{X} = \begin{bmatrix} X_1 \\ X_2 \\ \vdots \\ X_n \end{bmatrix}, \boldsymbol{M} = \begin{bmatrix} M_1 \\ M_2 \\ \vdots \\ M_n \end{bmatrix}$，则方程组用矩阵形式可表示为：

$$\boldsymbol{A} \times \boldsymbol{X} = \boldsymbol{M}$$

由于 $\boldsymbol{A}$ 矩阵不为 0，则 $\boldsymbol{A}$ 的转置矩阵 $\boldsymbol{A}^\mathrm{T}$ 也不为 0，方程两边同乘以 $\boldsymbol{A}^\mathrm{T}$ 可得：

$$\boldsymbol{A}^\mathrm{T} \times \boldsymbol{A} \times \boldsymbol{X} = \boldsymbol{A}^\mathrm{T} \times \boldsymbol{M}$$

即：

$$\begin{cases} \sum[P_{1j} \times P_{1j}] X_1 + \sum[P_{1j} \times P_{2j}] X_2 + \cdots + \sum[P_{1j} \times P_{nj}] X_n = \sum[P_{1j} \times M_j] \\ \sum[P_{2j} \times P_{1j}] X_1 + \sum[P_{2j} \times P_{2j}] X_2 + \cdots + \sum[P_{2j} \times P_{nj}] X_n = \sum[P_{2j} \times M_j] \\ \vdots \\ \sum[P_{nj} \times P_{1j}] X_1 + \sum[P_{nj} \times P_{2j}] X_2 + \cdots + \sum[P_{nj} \times P_{nj}] X_n = \sum[P_{nj} \times M_j] \end{cases} \quad (2\text{-}41)$$

这是 1 组有 n 个未知数，n 个方程的方程组，其解是唯一的，解得：

$$\boldsymbol{X} = (\boldsymbol{A}^\mathrm{T} \times \boldsymbol{A})^{-1} \times (\boldsymbol{A}^\mathrm{T} \times \boldsymbol{M})$$

【例 2-2】 某工程需要铺设水泥稳定碎石基层，各种原材料筛分结果如表 2-22 所示。试用 Excel 矩阵法求出符合级配要求的各材料组成。

原材料筛分结果　　表 2-22

材料名称		通过下列筛孔(mm)的百分率(%)						
		31.5	19.0	9.5	4.75	2.36	0.6	0.075
碎石	10~30mm	100	13.11	0.21	0	0	0	0
	10~20mm	100	89.91	6.82	0.18	0	0	0
	5~15mm	100	100	90.04	5.71	0.49	0.41	0
石屑		100	100	99.68	70.94	13.91	2.51	1.13
石粉		100	100	99.68	98.51	82.25	34.8	11.31
规范要求		100	85~100	52~74	29~54	17~37	8~20	0~7

解：将规范要求通过率取中值，列于表 2-23。

规范要求通过率中值　　　　　　　　表 2-23

筛孔尺寸(mm)	31.5	19.0	9.5	4.75	2.36	0.6	0.075
规范要求通过率(%)	100	92.5	64.0	41.5	27.0	14.0	3.5

设 10~30mm 碎石用量为 X_1,10~20mm 碎石用量为 X_2,5~15mm 碎石用量为 X_3,石屑用量为 X_4,石粉用量为 X_5。将表 2-22 数据化为矩阵形式,则:

$$A=\begin{bmatrix} 100 & 100 & 100 & 100 & 100 \\ 13.11 & 89.91 & 100 & 100 & 100 \\ 0.21 & 6.82 & 90.04 & 99.68 & 99.68 \\ 0 & 0.18 & 5.71 & 70.94 & 98.51 \\ 0 & 0 & 0.49 & 13.91 & 82.25 \\ 0 & 0 & 0.41 & 2.51 & 34.80 \\ 0 & 0 & 0 & 1.13 & 11.31 \end{bmatrix}, X=\begin{bmatrix} X_1 \\ X_2 \\ X_3 \\ X_4 \\ X_5 \end{bmatrix}, M=\begin{bmatrix} 100 \\ 92.5 \\ 64.0 \\ 41.5 \\ 27.0 \\ 14.0 \\ 3.5 \end{bmatrix}。$$

根据原理可得矩阵方程:

$$A \times X = M$$

在 Excel 中输入 A 的矩阵数据,$A=$

100	100	100	100	100
13.11	89.91	100	100	100
0.21	6.82	90.04	99.68	99.68
0	0.18	5.71	70.94	98.51
0	0	0.49	13.91	82.25
0	0	0.41	2.51	70.94
0	0	0	1.13	11.31

转置矩阵 $A^T=$

100	13.11	0.21	0	0	0	0
100	89.91	6.82	0.18	0	0	0
100	100	90.04	5.71	0.49	0.41	0
100	100	99.68	70.94	13.91	2.51	1.13
100	100	99.68	98.51	82.25	34.80	11.31

$A^T \times A=$

10171.92	11180.15	11329.91	11331.93	11331.93
11180.15	18130.35	19606.10	19683.59	19688.55
11329.91	19606.10	28140.21	29388.10	29592.25
11311.93	19683.59	29388.10	35169.65	38168.63
11311.93	19688.55	29592.25	38168.83	47744.34

$(A^T \times A)^{-1} =$

0.000313	-0.000230	4.28E-05	-9.5E-06	2.17E-06
-0.000230	0.000403	-0.000250	7.57E-05	-1.9E-05
4.28E-05	-0.000250	0.000570	-0.000510	0.000149
-9.5E-06	7.57E-05	-0.000510	0.000787	-0.000340
2.17E-06	-1.9E-05	0.000149	-0.000340	0.000208

$$A^T \times M = \begin{pmatrix} 11226.12 \\ 18760.63 \\ 25268.50 \\ 28988.20 \\ 32465.22 \end{pmatrix}$$

最后解得：

$$X = (A^T \times A)^{-1} \times (A^T \times M) = \begin{pmatrix} 0.050403 \\ 0.309376 \\ 0.199302 \\ 0.119713 \\ 0.321297 \end{pmatrix}$$

验算：

$$A \times X = \begin{pmatrix} 100.000100 \\ 92.498970 \\ 64.016600 \\ 41.328240 \\ 28.182140 \\ 11.560190 \\ 3.768126 \end{pmatrix}, 满足表2-23中的规范要求通过率。$$

则 $X_1 = 0.05$, $X_2 = 0.31$, $X_3 = 0.20$, $X_4 = 0.12$, $X_5 = 0.32$, $X_1 + X_2 + X_3 + X_4 + X_5 = 1$。

即：粒径为10~30mm的碎石用量为5%，粒径为10~20mm的碎石用量为31%，粒径为5~15mm的碎石用量为20%，石屑用量为12%，石粉用量为32%。

本章小结

石料与集料（骨料）是土木工程中用量最大的一类材料。石料可以直接用于结构砌筑或道路铺面；集料可直接用于道路路面基层或垫层，但更多的是制成水泥混凝土或沥青混合料。天然岩石石料的性质主要取决于造岩矿物和成岩条件。道路工程中常用石料品种为石灰岩、花岗岩、砂岩、玄武岩、辉绿岩等。石料的主要力学指标为无侧限单轴抗压强度和磨耗率，这两项指标用于评定石料技术等级。石料的主要物理常数为密度和吸水率。

集料是不同粒径矿物颗粒的混合物,集料的物理常数如密度和空隙率等,对其力学性能和组成设计有着重要作用。集料的其他物理性能要求为颗粒形状与颗粒组成等。集料的颗粒组成用级配表示,集料的密实度和内摩阻力与其级配组成之间有着直接的关系。用于道路路面表层的粗集料应具备足够的抗压碎性、抗磨光性和抗冲击性,分别用压碎值、磨光值和冲击值表示。

矿质混合料是由两种或两种以上集料按一定比例组成的,矿质混合料的配合比设计方法有数解法和图解法,集料级配是进行矿质混合料组成设计的依据。在进行配合比设计时必须对矿质混合料的合成级配曲线进行校核,使其满足设计级配范围的要求。

石料与集料在道路工程和桥梁工程中,主要用于工程砌体和路面基层或垫层结构,使用时必须满足强度、耐久性和级配组成的要求。

思考练习题

1.石料应具备哪些力学性质,采用什么指标来表示?
2.简述道路工程用石料的分类和分级方法。
3.粗集料的压碎值、磨耗值、磨光值及冲击值分别表征集料的什么性能?其对路面工程有何实用意义?
4.什么是集料的级配?表征集料级配的参数有哪些?连续级配和间断级配有什么区别?
5.配制混凝土时宜优先选用几区砂?在选用其他区的砂时,配制混凝土应如何调整?
6.矿料配合比设计常用的方法有哪些?试简述其设计步骤。
7.影响矿渣稳定性的因素主要有几种?
8.简述最大密度级配范围计算公式的意义。
9.现有一份砂样品,准确称取烘干试样两份,各500g,试样经筛分后结果如下表。

砂筛筛孔公称直径(mm)		10.0	5.0	2.5	1.25	0.63	0.315	0.16	筛底
筛余量	第一次(g)	0	33	61	85	117	148	46	10
	第二次(g)	0	20	70	78	137	152	34	9

试计算砂的细度模数,并判断砂的粗细程度。

10.有份砂试样,已测得砂的表观密度为 $2640kg/m^3$;又进行了堆积密度的试验,试验结果如下:容量筒质量为0.695kg,容积为1.01L;第一次试验测得容量筒和试样共重2.145kg,第二次试验测得容量筒和试样共重2.140kg;请计算该砂的堆积密度及空隙率。

11.碎石的表观密度(简易法)试验完毕后,记录数据如下。

试验序号	烘干后试样质量(g)	试样、水、瓶和玻璃片的总质量(g)	水、瓶和玻璃片的总质量(g)	水温对表观密度影响的修正系数
1	2100	2937	1620	0.004
2	2050	2932	1650	0.004

结合记录的数据,试求该碎石的表观密度。

12.现有一份粒径为16~31.5mm的碎石样品,准确称取烘干试样6300g,试样经筛分后结果如下表。

方孔筛筛孔边长尺寸(mm)	37.5	31.5	26.5	19.0	16.0	9.5	4.75	2.36	筛底
筛余量(g)	0	295	—	—	5599	—	391	—	15

(1)试计算各筛的累计筛余。

(2)碎石的颗粒级配范围(部分)见下表。

公称粒径(mm)	累计筛余,按质量计(%)							
	方孔筛筛孔边长尺寸(mm)							
	2.36	4.75	9.5	16.0	19.0	26.5	31.5	37.5
16~31.5	—	95~100	—	85~100	—	—	0~10	0

根据附表,评定该试样是否符合16~31.5mm颗粒级配范围要求。

13.取公称粒径10~20mm的碎石进行压碎性指标试验,试验完毕后,记录数据如下:

筒中试样质量为3000g;筛除被压碎的细粒,称量留在公称直径2.50mm的方孔筛上的试样质量为2757g,请计算该碎石的压碎性指标为多少?

14.某一试验员在做碎石的泥块含量试验时,试验步骤如下:

(1)将样品筛分至略大于标准规定的量,筛分时应防止黏土块被压碎。缩分后的试样风干后分成两份备用。

(2)先筛去公称粒径10.0mm以下的颗粒,称取质量。

(3)然后将试样在容器中摊平,加入饮用水并用手碾碎泥块,然后把试样放在2.50mm的圆孔筛上摇动淘洗,直到洗出的水清澈为止。

(4)将筛上的试样小心地从筛里取出,置于105℃±5℃烘箱中烘至恒重。取出后立即称取质量。

问题:该检测人员做法是否正确?如果不正确,请指出错误,并写出正确做法。

15.已知几种集料的筛分试验结果如下表所示,试用试算法确定各集料在矿质混合料的比例,计算出混合料的合成级配,并校核该合成级配是否满足级配范围的要求,若有超出应进行调整。

筛孔尺寸(mm)	材料筛分结果,通过百分率(%)			设计级配范围通过百分率(%)
	碎石 a_A	石屑 a_B	矿粉 a_C	
13.2	0.8	—	—	95~100
9.5	43.6	—	—	78~88
4.75	49.5	—	—	48~68
2.36	4.4	25.0	—	36~53
1.18	1.3	22.6	—	24~41
0.6	—	15.8	—	18~30

续上表

筛孔尺寸 （mm）	材料筛分结果,通过百分率(%)			设计级配范围 通过百分率(%)
	碎石 a_A	石屑 a_B	矿粉 a_C	
0.3	—	16.1	—	17~22
0.15	—	8.9	4	8~16
0.075	—	11.1	10.7	4~8
<0.075	—	0.5	85.3	—

第三章 沥 青

【导读】

本章首先对沥青做简单的介绍,包括沥青技术的发展、广义改性沥青的分类及沥青的加工生产;然后介绍了石油沥青的特点,包括石油沥青的物理化学性质、石油沥青的组成与结构及三组分、四组分分析法;介绍了石油沥青的路用性能、评价指标及其试验方法;最后介绍了沥青的流变性能。

【重点及难点】

重点:通过对沥青的简单介绍,了解沥青的技术发展及其加工生产,掌握广义改性沥青的分类;通过对石油沥青特点的学习,了解石油沥青的物理化学性质等,掌握石油沥青的分析方法;通过学习沥青的路用性能评价指标,掌握沥青的各类评价指标,了解各类评价指标的试验方法。

难点:对沥青的流变模型及其本构方程的理解。

第一节 沥青的技术发展

改革开放后的几十年,我国公路交通进入了发展速度最快,规模最大,最具活力的时期。自 1988 年沈大高速公路及沪嘉高速公路建成通车以来,高等级公路以前所未有的速度发展,我国的公路事业进入了以建设高速公路、一级公路等高等级公路为主的新时代。

在高速公路建设中,由于沥青路面具有良好的行车舒适性和优异的使用性能,建设速度快、维修方便,所以,高速公路绝大部分都是沥青路面。道路沥青作为沥青路面最主要的建筑材料,沥青及沥青混合料的质量好坏直接决定沥青路面的使用性能及使用寿命。众所周知,我国的道路沥青主要采用石蜡基原油炼制,沥青的温度敏感性较大,以前用国产普通沥青修筑的中低级公路路面,往往夏天泛油发软,冬天发脆开裂,遇雨松散、坑槽,早期破坏严重。这种情况与高等级建设的需求极不相应。

自 20 世纪 80 年代中期起,为了建设高速公路,交通部组织了以交通部公路科学研究所为主的一批科研单位,开始研究高速公路使用的沥青问题。

根据"六五"交通部重大科研项目"道路沥青性能及国产化","七五"国家科技攻关课题"重交通道路沥青及其在高等级公路工程中的应用","八五"国家科技攻关课题"道路沥青及沥青混合料的路用性能""改性沥青技术""沥青玛蹄脂碎石混合料路面"的科研课题,交通部制定了《重交通道路沥青技术要求》。在"七五"国家科技攻关专题中,研制出符合要求的单家寺稠油沥青、克拉玛依稠油沥青,铺筑试验路并应用于高速公路实体工程,研究国产重交通道路沥青及混合料的使用性能、评定指标、试验方法、施工工艺等。"八五"国家科技攻关专题在"七五"研究成果的基础上,进一步研究解决我国高等级公路沥青来源的技术途径,研究国产沥青、沥青混合料、沥青路面使用性能的关系,根据沥青路用性能要求提出新的评定沥青及沥青混合料质量的关键技术指标、试验设备、试验方法、技术要求。经过"九五""十五"时期等十几年时间,沥青技术已经愈加成熟,目前"十三五"针对沥青路面领域提出了"低碳、节能、再生、环保"的要求。随着大量最新研究成果在沥青路面中得到应用,我国高速公路沥青路面的质量及使用性能得到了很大提高,不少高速公路已经接近或达到国际先进水平。

这个时期,也是国际上道路沥青材料研究最受到重视并取得重大进展的时期,从1987年开始至1993年,举世瞩目的美国战略公路研究计划(SHRP)得以实施,研究了沥青及沥青混合料的标准、规范、性能评价、试验方法、配合比设计等,取得了SUPERPAVE等大量的新研究成果。此项研究被称为公路建设历程的第三个里程碑,受到全世界普遍的重视。与此同时,以德国、法国以及西欧为主的欧洲标准化组织CEN制定了欧洲统一的沥青标准,并在2000年提出常用的道路沥青标准的最终建议稿。我国从"八五"国家科技攻关起至现在一直紧密注视并跟踪国际最新研究成果,并且在这一领域取得了丰硕的成果。

第二节 广义改性沥青的分类

广义改性沥青是指掺橡胶、树脂、高分子聚合物、磨细的橡胶粉或其他填料等外加剂,或采取对沥青进行轻度氧化等工艺措施,使沥青或沥青混合料性能得以改善而制成的沥青结合料。

根据沥青的改性工艺可将广义的改性沥青分为:氧化改性沥青、矿物填料改性沥青、聚合物改性沥青三类。

一、氧化改性沥青

氧化也称为吹制,是在250~300℃高温下向残留沥青或渣油吹入空气,通过氧化作用和聚合作用,使沥青分子变大,提高沥青的黏度和软化点,从而改善沥青的性能,得到的沥青即为氧化(改性)沥青。

我国工程中使用的道路石油沥青、建筑石油沥青均为氧化沥青。

二、矿物填充料改性沥青

矿物填充料改性沥青即在石油沥青中加入一定数量的矿物填充料进行改性的沥青。掺入填充料可提高沥青的黏结能力和耐热性,降低沥青的温度敏感性。

常用的改性矿物填充料大多是粉状和纤维状,主要有滑石粉、石灰石粉、硅藻土、水泥、生石灰粉和石棉等。

矿物填充料改性沥青的机理:由于沥青对矿物填充料的湿润和吸附作用,沥青成单分子状排列在矿物颗粒(或纤维)表面,形成结合力牢固的沥青薄膜,这部分沥青称为"结构沥青",具有较高的黏性和耐热性。

三、聚合物改性沥青

1. 聚合物改性沥青的定义及机理

聚合物改性沥青是将某些同石油沥青具有较好相容性的聚合物（包括橡胶和树脂），加入到沥青中而制成的沥青。加入聚合物可赋予石油沥青优良的性能，从而改善石油沥青的使用性能。

聚合物改性的机理较复杂，一般认为聚合物改变了体系的胶体结构，当聚合物的掺量达到一定的限度，便形成聚合物的网络结构，将沥青胶团包裹。

2. 聚合物改性剂的分类

（1）热塑性橡胶类

苯乙烯—丁二烯—苯乙烯(SBS)、苯乙烯—异戊二烯—苯乙烯(SIS)、苯乙烯—聚乙烯/丁基—聚乙烯(SE/BS)。

（2）橡胶类

天然橡胶(NR)、丁苯橡胶(SBR)、氯丁橡胶(CR)、异戊二烯橡胶(IR)等。

（3）树脂类

热塑性树脂，如乙烯—乙酸乙烯共聚物(EVA)、聚乙烯(PE)、无规聚丙烯(APP)、聚氯乙烯(PVC)等；热固性树脂，如环氧树脂(EP)等。

3. 道路工程常用的聚合物改性沥青

（1）SBS 改性沥青

掺入 3%~8%的热塑性橡胶 SBS。沥青的针入度减小、软化点升高、5℃延度增大、弹性恢复增大。

（2）SBR 改性沥青

掺入 3%~6%的丁苯橡胶 SBR。沥青的延度大幅度增加，特别是低温延度增加较大，软化点提高、黏韧性和韧性增加，但耐高温老化性能较差。

（3）EVA 改性沥青

掺入 5%的乙烯—乙酸乙烯共聚物 EVA。EVA 与沥青的相容性较好，掺入后沥青的针入度减小，软化点提高，针入度指数(PI)增加，但低温延度无明显改善。

（4）PE 改性沥青

掺入 5%以上的聚乙烯 PE。PE 与沥青的相容性较差，掺入后沥青的针入度减小，软化点提高，针入度指数(PI)增加，但 5℃延度有所减小，低温性能改善不明显。

第三节 沥青的生产加工

一、我国道路沥青的生产概况

我国道路沥青的生产有五个方面的力量：

①中国石油化工股份有限公司系统所属的炼油厂。

②中国石油天然气股份有限公司系统的沥青厂。

③中国海洋石油总公司所属中海油气开发利用公司所属炼油厂。

④地方化工部门及其他部门所属的沥青厂。

⑤改性沥青生产企业,以及地方乡镇集体的小炼油厂。

据2012~2016年中国沥青行业现状及未来发展趋势分析报告显示,中国高速公路大规模建设极大地促进了国产沥青的发展,十多年来我国一方面积极进行石油勘探,在许多地方发现了适合生产优质重交通道路沥青的油田,如辽河油田、克拉玛依油田、渤海湾绥中SZ-361油田、单家寺油田等,这些油田所产的稠油都非常适合炼制道路沥青。这些油田不仅品质优良,而且蕴藏量丰富,为我国生产优质道路沥青提供了丰厚的物质基础,沥青产量逐年上升。与此同时,中石化、中石油等企业积极从国外进口原油,其中包括沙特、科威特、阿曼以及南美国家和地区。这些国家和地区所产的原油均为环烷基原油或中间基,适合炼制重交通道路沥青,因此中石化沥青生产企业,如镇海、齐鲁、茂名等石化厂所生产的沥青,就其本质来说与进口沥青没有什么不同,而且产量也具相当规模。表3-1~表3-4分别为我国代表性稠油资源的主要性质。

近年我国道路建设沥青用量逐年大幅增加,1998年全国道路沥青总消费量仅为313万t,到2002年就上升为847万t,2003年和2004年沥青消费达到1000万~1200万t。2010~2015年,年均消费沥青1500万t左右。并且随着我国沥青产量的增加以及产品质量的提高,迫使进口沥青的数量及平均单价有一定程度的下降。

代表性国产稠油资源的主要性质 表3-1

项 目	欢 喜 岭	克拉玛依九区	单 家 寺
密度(20℃,g/cm^3)	0.962	0.941	0.975
黏度(50℃,mm^2/s)	339.6	563	1653.5
酸值(mg,KOH/g)	3.12	4.64	—
闪点(℃)	139	132	176
残炭(%)	7.51	7.04	12.4
灰分(%)	0.024	0.058	0.385
凝点(℃)	−19	−20	−12
沥青质(%)	1.5	0.49	1.84
胶质(%)	37.9	18.7	22.8
芳香分(%)	25.2	—	—
饱和分(%)	35.3	—	—
含蜡量(%)	1.5	1.42	1.85
硫含量(%)	0.24		
氮含量(%)	0.31	0.13	
>500℃渣油性质	—		
占原油收率(%)	50.0	46.6	52.0
针入度(0.1mm)	130	172	91
软化点(℃)	43.0	40.8	45.0

续上表

项目	欢喜岭	克拉玛依九区	单家寺
延度(15℃)(cm)	>150	>150	>150
密度(g/cm³)	1.005	0.996	0.998
含蜡量(%)	2.02	—	2.55

渤海 SZ-361 原油的主要性质　　　　　　　　　　　　　　　　　表 3-2

序号	分析项目		分析结果	序号	分析项目		分析结果
1	密度(20℃,g/cm³)		0.9571	9	残炭(%)		8.95
2	运动黏度(50℃,mm²/s)	50℃	501.5	10	灰分(%)		0.069
		80℃	90.3				
3	凝点(℃)		−20	11	胶质(%)		14.95
4	闪点(开)(℃)		60	12	沥青质(%)		2.5
5	水分(脱前)(%)		痕迹	13	蜡含量(%)		0.4
6	硫(%)		0.22	14	盐含量(mg NaCl/L)		64.5
7	氮(%)		0.29	15	金属分析(ppm)	Fe	8.8
8	酸值(mg,KOH/L)		2.36			Ni	41.9
						Cu	<0.05

辽河油田重交通道路沥青的性质　　　　　　　　　　　　　　　表 3-3

项目		单位	AH-50	AH-70	AH-90	AH-110
针入度	(100g,5s,30℃)	0.01mm	158	192	144	—
	(100g,5s,25℃)	0.01mm	56.9	67.0	92	104
	(100g,5s,15℃)	0.01mm	89.8	97.9	34	
针入度指数 PI		—	−1.56	−1.20	−0.27	
当量软化点 T_{800}		℃	48.2	48.3	47.8	
当量脆点 $T_{1.2}$		℃	−7.1	−10.3	−20.0	
延度	(5cm/min,25℃)	cm	>150	>150	>150	>150
	(5cm/min,15℃)	cm	>150	>150	>150	>150
	(5cm/min,10℃)	cm	—	—	69.7	—
软化点 $T_{R\&B}$		℃	47.0	48.0	48.5	45
溶解度(三氯乙烯)		%	99.88	99.87	99.21	99.80
闪点(COC)		℃	328	324	244	267
密度(15℃)		g/cm³	1.0174	1.0212	1.0120	1.009
含蜡量(蒸馏法)		%	2.26	2.25	1.55	1.54

续上表

项　目		单位	AH-50	AH-70	AH-90	AH-110
TFTO(163℃,5h)	质量损失	%	-0.04	-0.04	-0.85	-0.09
	针入度比	%	84.4	76.0	60.2	66.3
	延度(25℃)	cm	>150	>150	>100	>150
	(15℃)	cm	124	125	18.2	>150
	(10℃)	cm	—	—	6.9	—
四组分分析法	饱和分	(%)	—	17.8	19.83	20.99
	芳香分	(%)	—	31.30	31.95	32.10
	胶质	(%)	—	33.13	33.32	33.11
	沥青质	(%)	—	9.38	8.43	6.69

克拉玛依重交通道路沥青的性质　　　　　　表3-4

项　目		单　位	丙烷脱调和				半氧化	
			AH-50	AH-70	AH-90	AH-110	AH-90	AH-110
针入度(100g,5s,30℃)		0.01mm	55	72	88	108	96	123
延度(5cm/min,25℃)		cm	81	>150	>150	>150	87	>100
软化点 $T_{R\&B}$		℃	52	50	47.5	46	48.5	45.5
溶解度(三氯乙烯)		%	99.8	99.8	99.8	99.7	99.5	99.5
闪点(COC)		℃	>300	>300	>300	>300	>300	>300
密度(15℃)		g/cm³	0.984	0.977	0.977	0.976	0.971	0.971
含蜡量(蒸馏法)		%	1.5	1.7	1.9	2.0	3.1	3.0
TFTO(163℃,5h)	质量损失		—	—	—	—	—	—
	针入度比		90	73	70	68	76	64
	延度(25℃)		>100	>100	>100	>100	>100	>100
	(15℃)		48	57	>100	48		

二、石油沥青生产工艺简介

1.石油的基属分类

石油是炼制石油沥青的原料,石油沥青的性质首先与石油的基属有关。我国目前的原油分类是按照关键馏分特征和含硫量进行的。

(1)按关键馏分特性分类

石油在半精馏装置中,在常压下蒸得250~275℃时的馏分称为"第一关键馏分";在5.33kPa的压力下减压蒸馏,取得285~300℃时的馏分称为"第二关键馏分"。测定以上两个关键馏分的相对密度,并对照表3-5所列相对密度范围或特性因素,决定两个关键馏分的基属,如石蜡基、中间基或环烷基。

关键馏分的基属分类指标　　　　　表3-5

关键馏分	基　属		
	石蜡基	中间基	环烷基
第一关键馏分	相对密度 $\rho_4^{20}<0.8207$ ($K>11.9$)	相对密度 $\rho_4^{20}=0.8207\sim0.8506$ ($K=11.5\sim11.9$)	相对密度 $\rho_4^{20}>0.8506$($K<11.5$)
第二关键馏分	$\rho_4^{20}<0.8207$ ($K>12.2$)	$\rho_4^{20}=0.8721\sim0.9302$ ($K=11.5\sim12.2$)	$\rho_4^{20}>0.9302$ ($K<11.5$)

注:K为特性因数,根据关键馏分的沸点和密度指数查有关诺模图而求得。

根据原油的两个关键馏分的相对密度(或特性因数)由表3-5决定其隶属的基属,原油可分为表3-6所列7类。

原油按关键馏分基属分类　　　　　表3-6

第二关键馏分基属	第一关键馏分基属		
	石蜡基	中间基	环烷基
石蜡基	石蜡基	中间—石蜡基	—
中间基	石蜡基—中间基	中间基	环烷—中间基
环烷基	—	中间—环烷基	环烷基

(2)按含硫量分类

根据原油的含硫量,硫含量小于0.5%的为低硫原油;硫含量大于或等于0.5%的为含硫原油。

按照现行的石油沥青的常规生产工艺,为了生产优质的石油沥青,最好选用环烷基原油,其次是中间基原油,最好不选用石蜡基原油,因为石蜡的存在会对沥青的路用性能产生不良的影响。但是,随着现代生产工艺的不断改进,采用石蜡基原油也能生产出优质沥青。

2.石油沥青的生产工艺

石油沥青产品按用途可分为道路石油沥青、建筑防水石油沥青、各种专用石油沥青。目前在炼油厂中沥青的生产方法主要有蒸馏工艺、氧化工艺、溶剂脱沥青工艺和调和工艺,同时还有针对生产乳化沥青和改性沥青的乳化工艺和改性工艺。

(1)蒸馏工艺

蒸馏工艺是在炼油厂内采用塔式蒸馏法将原油经过加热汽化、冷凝、精馏,使之按沸点范围分为汽油、煤油、柴油和蜡油等轻质产品馏分,从分馏塔顶和侧线分别抽出,同时原油中所含高沸点组分浓缩而得到石油沥青。用蒸馏法直接得到的沥青大部分都是用于道路沥青,它是道路沥青生产中加工最简便、生产成本最低的一种方法,沥青总产量的70%~80%都是用蒸馏法生产的。正确选择原油是采用蒸馏法生产优质道路沥青的先决条件。一般而言,环烷基原油和蜡含量低的中间基原油或稠油是生产道路沥青的适合原料,用这类原油生产的道路沥青具有延度高、流变性能理想、与石料结合能力强、低温时抗变形能力大、路面不易开裂、高温时不易流淌、不易出现拥包和车辙、抗老化性能强等优点；而石蜡基原油和蜡含量较高的中间基原油则不适合用蒸馏法生产道路沥青。

（2）氧化工艺

沥青生产的氧化工艺是在一定温度条件下向软化点低、针入度及温度敏感性大的减压渣油和溶剂脱油沥青或二者的混合物中吹入空气，使其组成发生变化，宏观变化为软化点升高，针入度和温度敏感性变小，以达到沥青的规格指标和使用性能要求。该过程通过改变原料的组成和氧化条件可以生产道路沥青、建筑沥青和其他专用沥青。沥青氧化的影响因素主要是氧化温度、氧化风量和氧化时间。当生产高软化点专用沥青时则采用高的反应温度或延长氧化时间的方法来生产。

（3）溶剂脱沥青工艺

溶剂脱沥青工艺主要是指炼油厂中广泛使用的丙烷脱沥青工艺。该工艺利用溶剂对渣油各组分的不同溶解能力，从渣油中分离出富含饱和烃和芳香烃的脱沥青油，同时得到含胶质和沥青质的浓缩物。前者的残炭值低、重金属含量小，可以作为催化裂化或润滑油生产的原料；后者直接通过调和、氧化等方法可以生产出各种规格的道路沥青和建筑沥青。

我国目前使用的溶剂主要是丙烷、丁烷，也有少数用戊烷。溶剂的溶解能力随相对分子质量的增大而增大，但选择性却相应变差。溶剂脱沥青装置用于制取润滑油料时，多以丙烷为溶剂，同时得到抽余沥青。由于受溶剂的溶解能力和操作条件的限制，丙烷脱沥青软化点不高、针入度偏大，质量达不到道路沥青规格的要求。用于生产催化裂化或加氢裂化原料时，以丁烷或戊烷为溶剂，既可以提高抽出油收率，也可提高沥青的软化点。

（4）调和工艺

调和法生产沥青是指按沥青质量或胶体结构的要求调整构成沥青组分之间的比例，得到能够满足使用要求的产品。使用的原料组分既可以是采用同一种原油而由不同加工方法所得的中间产品，也可以是不同原油加工所得的中间产品，因而使生产受油源约束的程度降低，扩大了原料来源，增加了生产灵活性，更有利于提高沥青的质量。

当两种沥青调和时，对于同一油源的沥青，调和沥青的针入度对数是调和比与组分的针入度对数的线性函数，计算公式如式（3-1）所示：

$$\lg P = a\lg A + (1 - a)\lg B \tag{3-1}$$

式中：P——调和沥青的针入度（0.1mm）；

A、B——分别为软、硬沥青组分的针入度（0.1mm）；

a——调和比，为表述不合理组分在沥青中的质量分数（%）。

对于同基属的不同原油采用相同或近似生产方法得到的两种沥青，经调和得到的沥青的针入度可按式（3-2）计算：

$$P = 0.94[aA + (1 - a)B] \tag{3-2}$$

综上所述，由石油炼制各种石油沥青的生产工艺流程如图 3-1 所示。

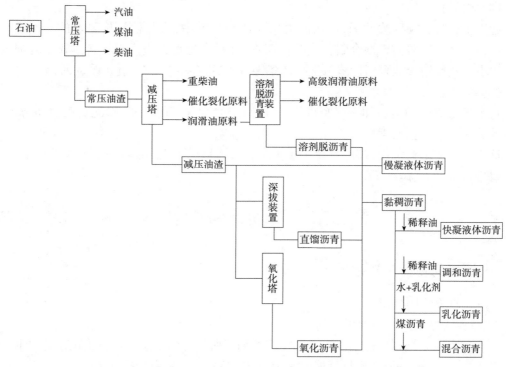

图 3-1　石油沥青生产工艺流程示意图

3. 改性沥青生产工艺简介

我国目前生产改性沥青的主要品种是 SBS 改性沥青、SBR 改性沥青和 EVA、PE 类改性沥青。改性沥青主要有以下生产方法。

(1) 直接混溶法

直接混溶法通常是指采用胶体磨或高剪切搅拌机生产改性沥青的方法,一般需要经过聚合物的溶胀、分散磨细、继续发育 3 个阶段,每个阶段的工艺流程和时间随改性剂、沥青性质和加工设备的不同而异,聚合物经过溶胀后,剪切或研磨的分散效果才会更好,分散好的改性沥青储存一定时间仍继续发育。

该方法工艺简单,是生产沥青最常见的方法,但该工艺对剪切或研磨设备要求较高。

(2) 母料法

将浓度很高的改性沥青预先在工厂中制作好,运到施工现场稀释后使用,这种方法称为改性沥青的母料制作法。用母料制作的高浓度改性沥青在常温下一般为固态,运输和储存比较方便,施工现场也不需要配备复杂、功率很大的胶体磨一类的搅拌设备,母料制作方法有两种:直接混溶法和溶剂法。

(3) 溶剂法

我国改性沥青行业在使用胶体磨之前,溶剂法的使用非常广泛,被我国油毡厂大量使用。用溶剂法生产改性沥青,设备简单、投资少、生产快,是小型改性沥青企业首选的生产工艺。但该工艺要对溶剂进行回收,能耗高,污染大,部分残留在改性沥青中,影响产品的质量,现在该方法已很少应用。

(4)乳液法

适用于橡胶类胶乳改性剂,使用时根据改性剂胶乳中的固含量,按要求的比例进行掺配。可预先将胶乳与沥青混合制备成改性沥青后使用,也可在生产现场直接将胶乳喷入拌和机中生产改性沥青混合料。该方法生产条件缓和,主要生产 SBR 乳化改性沥青。

(5)母粒法

将 SBS 等高聚物与添加剂混合造粒,制成高聚合物含量的粒子,掺配到基质沥青中,通过搅拌剪切得到改性沥青。

该方法生产工艺条件缓和,简化了生产工艺,改性沥青产品的辐射半径大大增加,是一种值得推广的好办法。

第四节 石油沥青的特点

一、沥青的物理化学性质

1.沥青的物理性质

(1)沥青的密度和相对密度

沥青的密度是指在规定温度下单位体积的沥青所具有的质量。沥青的密度是沥青分子致密程度的指标,也是沥青质量性能的指标,它以 25℃作为测定标准。

沥青密度在工程上常用25℃密度作为计算,用于储罐密积计算或者沥青混合料的密度计算。

沥青的相对密度是指在规定温度下,沥青质量与同体积水质量之比。我国现行试验方法规定沥青的相对密度是指 25℃相同温度下与水的相对密度。

沥青 25℃密度与 25℃相对密度之间可由式(3-3)换算:

$$\text{沥青的相对密度}(25/25℃) = \text{沥青的密度}(25℃) \times 0.996 \quad (3-3)$$

沥青密度的相关关系如图 3-2 所示。

图 3-2 沥青密度的相对关系

通常黏稠沥青的相对密度在 0.96~1.04 波动。我国富产石蜡基沥青,其特征为含硫量低、含蜡量高、沥青质含量少,所以相对密度通常在 1.00 以下。

密度和相对密度是沥青的基本参数,在沥青储运和沥青混合料设计时都要用到。沥青的密度(或相对密度)在质量与体积之间互换计算时颇为重要。

许多研究表明,沥青的密度大体有以下几条规律:

①沥青密度与其芳香族含量有关,芳香族含量越高,沥青密度越大。

②沥青密度与各组分之间的比例有关,沥青质含量越高,其密度越大。

③沥青密度与含蜡量有关,由于蜡的密度较低,故含蜡量高的沥青其密度也低。

④沥青中硫的含量对其密度有一定影响,硫的含量增加,沥青的密度也随之增大。

此外,沥青的密度还与其稠度有关,稠度高的沥青密度也大。直馏沥青针入度在 40~100(0.1mm)范围内,其密度基本都在 1.025~1.035g/cm³。密度与沥青各组分之间有良好的相关性,其关系可用式(3-4)表示:

$$d = 1.06 + 8.5 \times 10^{-4}As - 7.2 \times 10^{-4}R - 8.7 \times 10^{-5}Ar - 1.6 \times 10^{-3}S \quad (3-4)$$

式中:As——沥青质的含量;
R——胶质的含量;
Ar——芳香酚的含量;
S——饱和酚的含量。

过去将沥青的密度作为评价沥青质量的一个指标,密度大,一般沥青的性能较好。实质上是因为沥青中的芳香酚和沥青质含量比较高,饱和酚含量较低,而这种沥青都是由环烷原油炼制的,一些进口沥青和国产重交通沥青都属于这种情况。而用中间基原油和石蜡基原油炼制的沥青,其沥青质和芳香酚含量低,蜡含量高,故不仅密度低,而且性能差。当然,由于沥青化学组成的复杂性,其密度与路用性能之间并不存在绝对的相关性。

(2)沥青的溶解度

沥青溶解度指标意义在于测试产品纯净程度。常用的溶剂有:三氯乙烯、四氯化碳、苯、三氯甲烷、二硫化碳、二氯甲烷、三氯乙烷等。

沥青溶解度计算采用公式(3-5):

$$S_b = \left[1 - \frac{(m_4 - m_1) + (m_5 - m_2)}{m_3 - m_2}\right] \times 100\% \quad (3-5)$$

式中:S_b——沥青试样的溶解度(%);
m_1——古式坩埚与玻璃棒纤维滤纸合计质量(g);
m_2——锥形瓶与玻璃棒合计质量(g);
m_3——锥形瓶、玻璃棒与沥青试样合计质量(g);
m_4——古式坩埚、玻璃纤维滤纸与不溶物合计质量(g);
m_5——锥形瓶、玻璃棒与粘附不溶物合计质量(g)。

(3)沥青的闪点

定义:沥青闪点是试样在规定的开口杯盛样器内按规定的升温速度受热时所挥发的气体以规定的方法与试焰接触,初次发生一瞬即灭的火焰时的试样温度,以℃表示。

(4)沥青的电性能

沥青的导电率表示电流在物质中传输的难易程度,是电阻的倒数,单位是 s/m。沥青越硬,导电率越小。

沥青的介电常数是沥青的电性质,按下式确定:

$$介电常数 = \frac{沥青作为介质时平行板电容器的电容}{真空作介质时相同平行板电容器的电容} \quad (3-6)$$

(5)沥青的热性质

沥青的热性质主要包括比容、热膨胀、比热与热传导等方面的性质。

①比容

沥青的比容是密度的倒数,即单位质量的体积,它随着温度升高而增大。

②热膨胀系数

每升高 1℃ 增加的体积即沥青的膨胀系数。道路沥青的体积膨胀系数一般可取 0.0006mL/℃。

沥青的体积膨胀系数与路面的路用性能有密切关系,体积膨胀系数越大,则夏季沥青路面越容易产生泛油,而冬季又容易出现收缩开裂。

③热传导系数

沥青的热导率表示在温度平衡过程中热传导的速率。与沥青的导热性成正比,而与沥青的比热容、密度成正比。当体系内部存在温度梯度时,热量从温度高的部位单方向地向温度低的部位传递,单位面积内单位时间所传递的热量称为热容量,它与温度梯度 dT/dx 表示的温度差成正比,其比例系数称为热传导系数。

④比热

物质在被加热时,物质的热量增加,温度上升,单位物质升高 1℃ 所吸收的热量,称为热容量,每 1g 物质的热容量即为比热。

(6)沥青的黏附性

黏附性与黏结性不同,黏附性是指沥青与其他物体(例如筑路用的砂石骨料)之间的黏附能力。而黏结性是指沥青本身内部的黏结能力。

沥青黏附薄膜的厚度对黏附作用有重要影响。随着薄膜厚度的减小,黏附力增大。

(7)沥青的透水性

沥青材料有很好的防水防潮性能,经常使用于卷材浸渍、防水层、仓库、地面,沥青路面基层防水或桥面防水,也可涂刷或喷洒乳化沥青或改性沥青。所以沥青的透水性也是一种重要的性质。

Fick 定律:

$$W = \frac{KAPT}{L} \tag{3-7}$$

式中:W——水蒸气向沥青膜中渗透扩散的量(g);

K——水蒸气向沥青膜中的扩散系数,也称为透水系数;

A——沥青膜的表面积(cm^2);

P——水蒸气的压差(mmHg);

T——扩散时间(h);

L——膜厚(cm)。

(8)沥青的减振性

减振性是使物体振动衰减的性质,它是通过吸收振动源的能量转化为热能而使物体振动速度或者振幅衰减的一种能力,通常是为了消除振动产生的噪声,所以又称隔音性能。

沥青的减振系数与温度、沥青的密度及脆点有关。

2.沥青的化学性质

沥青是由多种复杂的碳氢化合物及其氧、硫、氮等非金属衍生物组成的混合物,其主要组成元素为碳、氢、氧、硫和氮 5 种元素。通常,石油沥青的含碳量为 80%~87%,含氢量为 10%~15%,氧、硫和氮的总含量小于 3%。

几种典型的石油沥青的元素组成如表3-7所示。

几种典型石油沥青的元素组成　　　　　　　表 3-7

沥青名称	分子量	元素组成（质量分数%）					碳氢比（C/H）
		碳	氢	氧	硫	氮	
大庆丙脱 A-60 沥青（低硫石蜡基）	955	86.10	11.00	1.78	0.38	0.74	0.657
胜利氧化 A-60 沥青（含硫中间基）	1020	84.50	10.60	1.68	2.51	0.71	0.669
孤岛氧化 A-60 沥青（含硫环烷—中间基）	1142	84.10	10.50	1.24	3.12	1.04	0.672
外油 A 加工氧化 A-60 沥青（含硫环烷基）	1300	81.90	9.60	1.50	6.47	0.53	0.716
美国加利福尼亚氧化 AC-10 沥青（含硫环烷基）	1214	80.18	10.10	1.01	5.20	0.93	0.667
阿拉伯氧化 AC-10 沥青（含硫环烷基）	1048	84.10	9.20	1.45	4.40	0.34	0.768

许多沥青材料的元素组成虽然十分相似，但由于沥青材料的组成结构极其复杂，而且高分子材料具有同分异构的特征，其性质往往有较大的差别。因此，还无法建立起沥青的化学元素含量与其性能之间的直接相关关系，其化学元素组成仅能用于概略地了解沥青的组成和性质。对于沥青组成与其性能的关系，必须进一步了解沥青的化学组分和化学结构。

二、沥青的化学组分

石油沥青是一种有机胶凝材料，在常温下呈固体、半固体或黏性液体状态。颜色为褐色或黑褐色。由于其化学成分复杂，为便于分析和实用，常将其物理、化学性质相近的成分归类为若干组，称为组分。不同的组分对沥青性质的影响不同。

对于石油沥青化学组分的分析，研究者曾提出许多不同的分析方法。早在1916年德国的马尔库松就将石油沥青分离为沥青酸、沥青酸酐、油分、树脂、沥青质、沥青碳和似碳物等组分。后来经过许多研究者的改进，美国的哈巴尔德和斯坦菲尔德将其完善为三组分分析法，1969年美国的科尔贝特又提出四组分分析法，这两种方法是目前较为常用的分析方法。

1. 三组分分析

三组分分析法是将沥青分离为油分、树脂和沥青质三个组分。由于国产沥青多属于石蜡基或中间基沥青，油分中往往还有蜡，在分析时还应将蜡分离出来，因此，它的主要成分应该是油分、树脂、沥青质和蜡四个组分。

由于这一组分分析方法兼用了选择性溶解和选择性吸附的方法，所以又称"溶解—吸附"法。这一方法的原理是将沥青在某一溶剂中沉淀出沥青质，再将可溶物用吸附剂吸附，最后再用不同溶剂进行抽提，分离出各组分。

该方法先用正庚烷沉淀沥青质，然后将溶于正庚烷中的可溶组分用硅胶吸附，装于抽提仪中，用正庚烷抽提油蜡，再用苯—乙醇抽提出树脂。最后将抽出的油蜡用丁酮—苯作脱蜡溶剂，在−20℃的条件下，冷冻过滤分离出油、蜡。分析原理如图3-3所示。

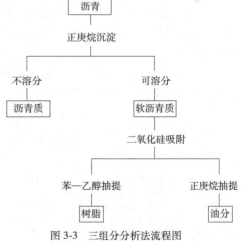

图 3-3　三组分分析法流程图

三组分分析法的优点是组分界线较明确,组分含量能在一定程度上反映出它的路用性能,但是它的主要缺点是分析流程复杂,分析时间较长。按三组分分析法所得各组分性状如表 3-8 所示。

沥青三组分分析法的各组分性状　　　　　　　　表 3-8

组分	外观特征	平均分子量	碳氢比(C/H)	物 化 特 征
油分	淡黄色透明液体	200~700	0.5~0.7	几乎可溶于大部分有机溶剂,具有光学活性,常发现有荧光,相对密度为 0.910~0.925
树脂	红褐色黏稠半固体	800~3000	0.7~0.8	温度敏感性高,熔点低于 100℃,相对密度大于 1.000
沥青质	深褐色固体末状微粒	1000~5000	0.8~1.0	加热不熔化,分解为硬焦炭,使沥青呈黑色

2. 四组分分析法

四组分分析法是将沥青试样先用正庚烷沉淀沥青质(At),再将可溶分(即软沥青质)吸附于氧化铝色谱柱上。先用正庚烷冲洗,所得的组分称为"饱和分",继而用甲苯冲洗,所得的组分称为"芳香酚";最后用甲苯—乙醇冲洗,所得组分称为"胶质"。对于含蜡沥青,可将分离得的饱和酚与芳香酚用丁酮—苯作脱蜡溶剂,在 -20℃ 的条件下,冷冻过滤分离出蜡。该方法的流程图见图 3-4。

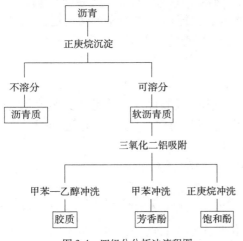

图 3-4　四组分分析法流程图

按照石油沥青四组分分析法,各组分对沥青性质的影响,根据 L. W. 科尔贝特的研究认为:饱和分含量增加,可使沥青稠度降低(针入度增大);树脂含量增大,可使沥青的延性增加;在有饱和分存在的条件下,沥青质含量增加,可使沥青获得低的感温性;树脂和沥青质的含量增加,可使沥青的黏度提高。

四组分分析法是按沥青中各化合物的化学组成结构来进行分组的,所以它与沥青的路用性能关系更为密切,这是此种方法的优越之处。沥青按四组分分析法所得各组分性状如表 3-9 所示。

沥青四组分分析法的各组分性状　　　　　　　　表 3-9

性状组分	外观特征	相对密度	平均分子量	芳烃指数	环数/分子	
					环烷环	芳香环
饱和分	无色液体	0.89	625	0.00	3.0	0.0
芳香分	黄色至红色液体	0.99	730	0.25	3.5	2.0
胶质	棕色黏稠液体	1.09	970	0.42	3.6	7.4
沥青质	深棕色至黑色固态	1.15	3400	0.50	—	—

3.沥青中各组分的性质

根据四组分分析法可将石油沥青分为:沥青质、胶质、油分(包括芳香酚和饱和酚)。同时石油沥青中还含有少量蜡,蜡对沥青的温度敏感性有较大影响,高温时使沥青容易发软,低温时会使沥青变得脆硬易裂。关于蜡的性质将在第五节进行详细说明。

沥青的性质与沥青中各组分的含量比例有密切关系:饱和酚含量增加,可使沥青黏性降低;胶质含量增加,可使沥青塑性增加;沥青质含量提高,会使沥青温度敏感性降低;胶质和沥青质的含量增加,可使沥青的黏性提高。

下面将详细介绍沥青中各组分的性质。

(1)沥青质

沥青质是深褐色至黑色的无定型物质。它没有固定的熔点,加热时通常是首先膨胀,然后在达到300℃以上时,分解生成气体和焦炭。它的相对密度大于1,不溶于乙醇、石油醚,易溶于苯、氯仿、四氯化碳等溶剂。它是复杂的芳香酚物质,有很强的极性,相对分子质量为1000~100000,颗粒粒径为5~30mm。H/C 为 1.16~1.28。沥青质在沥青中含量一般为5%~25%,其含量的大小对沥青的流变特性有很大影响。当沥青中的沥青质含量增加时,沥青稠度提高,软化点升高。沥青质的存在,对沥青的黏度、黏结力、温度稳定性都有很大的影响,因此优质沥青必须含有一定数量的沥青质。沥青质在存放时,在苯溶剂中的溶解度会逐渐下降。沥青质具有比胶质更大的着色能力。

沥青质对沥青中的油分有憎液性,而对胶质呈亲液性。因此,沥青是胶质包裹沥青质而成胶团悬浮在油分之中,形成胶体溶液。这样,沥青质含量多少对胶体体系的性质有很大的影响。

沥青质含量对沥青的流变特性有很大影响。增加沥青质含量,便可生产出针入度较小和软化点较高的沥青,因此黏度也较大。

①影响沥青质含量的因素

沥青质在沥青中的含量因原油的种类、密度、地质年代、地层深度及加工过程(直馏或氧化)的不同而异,一般不超过20%,大都在10%左右。

沥青质的含量与原油中的含硫量及非沥青质硫的含量有关,如图3-5、图3-6所示,但其原因不同。根据定义,沥青质的概念完全是人为的,因此实验条件就有决定性意义。

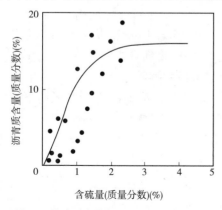

图3-5 沥青质含量与原油中含硫量的关系

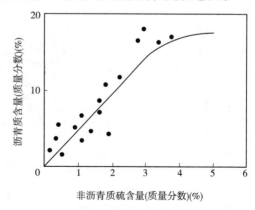

图3-6 沥青质含量与原油中非沥青质硫含量的关系

a.溶剂的性质。沥青质能溶于表面张力大于 $25\times10^{-3}\mathrm{N/m}(25℃)$ 的大部分有机溶剂,如苯及其同系物、吡啶、二硫化碳等,但不溶于乙醇、丙酮以及其他表面张力较小的溶剂。所以分离沥青质常用的溶剂(实际上应为沉淀剂)主要是非极性的低分子正构烷烃 $C_7 \sim C_{12}$、石油醚,也有丙烷、丙烷—丙烯馏分、甲乙酮,还有的用某些金属氯化物如四氯化铁生成络合物的方法分离沥青质。所用沉淀剂不同,得到的沥青质数量也有很大差别,见表3-10。

用等体积的溶剂在室温下沉淀的沥青质(沥青针入度46,软化点57℃)　　表3-10

溶剂	沥青质(%)	溶剂	沥青质(%)	溶剂	沥青质(%)
正戊烷	33.5	脱芳烃石油醚(60~80℃)	23.8	甲基—叔—丁基醚	19.0
2,2,4-三甲基丁烷	32.3	二甲基环戊烷	15.1	丁基—叔—丁基醚	16.6
2,2,3-三甲基丁烷	27.2	环己烷	0	二—正丁基醚	13.3
正庚烷	25.7	二异丙基醚	27.1	甲基—叔—异戊醚	7.3
3-甲基庚烷	25.6	乙基—叔—丁基醚	23.7	甲基—叔—己醚	6.9
正壬烷	23.6	二乙醚	2.0	甲基环己烷	0

注:除特别说明外,所有沥青的针入度都是指在25℃,100g,5s 的条件下的针入度,单位为0.1mm;软化点都是指环球法,单位为℃。

现在实际上用于沉淀沥青质的溶剂,主要是各种低分子的正构烷烃。随溶剂的不同,生成的沥青质数量随正构烷烃碳原子数的增大而减少,但到 C_7 以上时,随着烷烃碳原子数的改变而减少的差值已经很小,可视为基本不变。同时,沥青越软,随着溶剂的改变,沥青质含量的变化越小。

用表3-10和以上的结论可以帮助选择合适的沥青质沉淀剂,或用代用溶剂后对所得结果进行合理的判断和分析。显然,不同溶剂所得到的沥青质的性质也不相同。随着烷烃碳原子数的增加,沥青质的相对分子质量和极性都将增大,如图3-7所示。

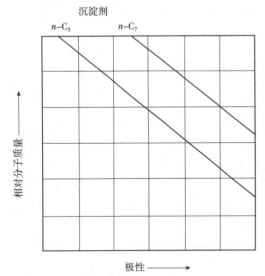

图3-7 沥青的相对分子质量和极性与所用溶剂的关系

图3-7对角线右上方表示沉淀沥青质的沉淀剂 $n\text{-}C_7$(正庚烷)沥青质的相对分子质量和极性都比 $n\text{-}C_5$(正戊烷)的大,而且相对分子质量越大的部分极性越小,相对分子质量越小的极性越大。这是因为当沉淀剂由 $n\text{-}C_7$ 变到 $n\text{-}C_5$ 时,有些相对分子质量和极性较小的部分也随之沉淀下来,结果沥青质的总量增多,平均相对分子质量和极性就随之减小。

b.溶剂的用量。溶剂的用量对沉淀下来的沥青质的含量也有影响。在一定的温度下,开始时随着沉淀剂用量的增加,沥青质的含量增加较快,以后再增加沉淀剂的用量,沥青质的增量渐渐减少,基本达到恒定。例如,用脱芳香烃石油醚(60~80℃)分析某沥青中沥青质的结果见表3-11。

沉淀剂用量对沥青质含量的影响（沥青针入度46，软化点57℃）　　　表3-11

沉淀剂用量(g/mL)	12.5	25	50	100	200	500	1000
沥青质含量(%)	18.2	20.5	21.3	21.8	22.2	22.4	22.5
提高的百分数(%)	—	12.7	3.9	2.3	1.8	0.9	0.4

在实际的分离分析试验中，大都用40~50倍的溶剂。用量过少，不但得到的沥青质太少，同时吸附在沥青质上的某些胶质当再继续加溶剂时还会重新沉淀出来，给以后的分析鉴定工作带来较大的误差；但使用更多的溶剂也没有必要。

c.温度。温度升高，则沉淀的沥青质减少，如图3-8所示。A为平均沸点为75℃的脱芳烃石油醚；B为平均沸点为113℃的石油醚；C为平均沸点为163℃的汽油。

除上述主要因素以外，其他如光线、加溶剂后放置的时间等也有影响。因此只有严格按照规定条件得到的沥青质才可能相互比较。否则，虽然都称为沥青质，在含量及性质方面却可能有相当大的差别，这是特别需要注意的。因为沥青质本身就是一个组成不定的混合物，它们仍然可以被分成许多亚组成分。

②沥青质溶液的性质

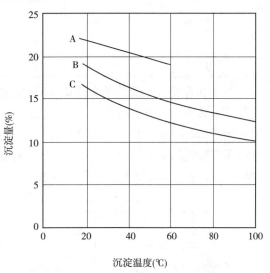

图3-8　温度对沥青质含量的影响

沥青质在有机溶剂中的溶解，是由于溶液中沥青质颗粒与溶剂分子相互作用的结果。因为沥青质在一定条件下可以缔合或解缔，沥青质的这种特性决定着它们的许多性质，其中也包括沥青质溶液的性质。因所用溶剂的性质及溶液的浓度和温度不同，在有机溶剂中主要是形成胶体溶液。但也有人认为可能形成真溶液。据研究，沥青质在有机溶剂中溶解得越好，即溶剂的溶解能力越强，则沥青质与分散相混合得也越完全。有人认为沥青质在弱极性溶剂中的溶解性能与这些溶剂的内压力 $\gamma V^{1/3}$ 有关（其中 γ 为溶剂的表面张力，V 为溶剂的摩尔体积）。表3-12是一些溶剂的内压力性质以及对沥青[针入度为40~50(0.01mm)]的溶解性能。而内压力较小的非极性溶剂，溶解能力要小得多，故生成的沉淀量随溶剂的内压力的减小而增多。这与前面所说的沥青质不溶于表面张力小于 $25×10^{-3}$ N/m(25℃)溶剂的事实是一致的。

沥青在各种溶剂中的溶解性能　　　表3-12

溶　剂	溶剂的性质				不溶的沉淀(%)
	沸点(℃)	d_4^{20}(相对密度)	$\gamma_{35℃}$(N/m)	$\gamma V^{1/3}$	
正戊烷	36.2	0.6263	15.9	3.27	33.5
2,2,4-三甲基丁烷	99.3	0.6919	18.6	3.39	32.3
2,2,3 三甲基丁烷	80.8	0.6940	18.7	3.56	27.2
正庚烷	98.4	0.6837	19.9	3.77	25.7

续上表

溶 剂	溶剂的性质				不溶的沉淀(%)
	沸点(℃)	d_4^{20}(相对密度)	$\gamma_{35℃}$(N/m)	$\gamma V^{1/3}$	
3-甲基庚烷	119.1	0.7055	21.2	3.89	23.6
正壬烷	149.4~150.8	0.7182	22.6	4.01	15.1
二甲基环戊烷	91.0	0.7487	21.3	4.19	0.0
甲基环己烷	99.4~100.3	0.7697	23.2	4.61	0.0
乙基环己烷	131.8~132.1	0.7879	25.4	4.86	0.0
环己烷	81.4	0.7778	24.0	5.04	0.0
苯	80.1	0.8794	28.2	6.32	0.0

由于沥青质分子间的缔合作用,即使在很稀的溶液中往往也很难以单个分子的形态存在,而是几个或更多的分子缔合在一起,因此沥青质属于大分子类型的物质。在一般情况下,它们以胶团的形态存在于介质中。这就容易解释上面所述的沥青质对其溶液黏度的种种影响。根据电子显微镜的观察,各种渣油中的沥青质也是以胶团的状态存在。这些胶团的大小因溶剂(胶质和油分)不同,变化范围为$(20\sim30)\times10^{-10}\sim(150\sim200)\times10^{-10}$m,见表3-13。

各种石油沥青的粒度   表3-13

石油	1	2	3	4
地层深度(m)	1200	1300	2150	2700
平均最大尺寸(10^{-10}m)	150~160	50~100	50~60	20~30
相对分子质量	1740	2325	2500	2560

从表3-13的数据看出,沥青质在溶液中若以单个的分子状态存在,溶液有可能是真溶液(因部分沥青质分子的尺寸在100×10^{-10}m)。但实际上,多数情况下是许多分子缔合在一起,形成更大分子团,表现出许多的胶体溶液性质,如电泳、黏弹性、溶胀性等。

③沥青质对沥青性质的影响

如前所述,除个别沥青或渣油中几乎不含沥青质外,绝大多数道路沥青都含有10%~20%甚至更多的沥青质。沥青质作为胶体溶液的核心分散在沥青的其他组分中,并形成稳定的胶体体系。沥青的许多性质都与此胶体体系中沥青质的含量及其性质有关。

首先,沥青的硬度随沥青质含量的增多而增大。科贝特研究了沥青各个组分的性质后认为,不论针入度或黏度测定的沥青硬度,都与沥青质的含量有直接的关系。饭岛通过对约20种沥青的研究,发现沥青的软化点与各个组分的含量之间有以下关系:

$$T_{R\&B} = 1.19\text{As} - 0.617R - 0.682\text{Ar} - 0.00838S + 83.6 \tag{3-8}$$

$$\overline{\sigma} = 3℃\ (\overline{\sigma}\text{为标准差})$$

式中:As——沥青质的含量;
   R——胶质的含量;
   Ar——芳香酚的含量;
   S——饱和酚的含量。

此计算的结果与实验值相差不超过3℃。

从式(3-8)可见,沥青质的系数最大,故对软化点的影响也最大。系数是正数,表示沥青质含量增加时,软化点随之升高;胶质和芳香酚的系数值差不多,而且是负数,表示它们的含量增加时,软化点稍有下降;饱和酚的系数最小,而且是负数,说明饱和酚的含量增加时,沥青的软化点也有些下降,但下降幅度微小。

其次,沥青质对沥青的感温性有较好的影响,它可使沥青在高温时仍有较大的黏度。由于这些原因,沥青质是优质沥青中应当必备的组分之一。

(2)胶质

胶质也称为树脂或极性芳烃,是半固体或液体状的黄色至褐色的黏稠状物质,具有很强的极性。这一突出的特性使胶质有很好的黏结力。

胶质的化学组成和性质介于沥青质和油分之间,但更接近沥青质。因来源及加工条件的不同,石油沥青中的胶质一般为半固体状,有时为固体状的黏稠性物质。颜色从深黑至黑褐色,相对密度接近1.00(0.98~1.08),沥青中胶质的相对分子质量为500~1000或更大。胶质能溶于各种石油产品(不是石油化工产品)及石油醚、汽油、苯等常用的有机溶剂中,但不溶于乙醇或其他醇类。胶质具有很强的着色能力,例如,在无色透明的汽油中,只要含有0.005%的胶质就足以使汽油呈淡黄色。各种油馏分具有或深或浅的颜色,主要是由于胶质的存在引起的。与各馏分比较,胶质的相对分子质量大,沸点高,但还是可能随着各馏分同时被馏出,所以单纯用蒸馏的方法不能把胶质和油分、胶质和烃类混合物分开。胶质在沥青中起扩散剂或胶溶剂的作用,它与沥青质的比例在一定程度上决定着沥青的胶体结构特性。胶质赋予沥青可塑性、流动性和黏结性,对沥青的延性、黏结力有很大影响。

胶质最大的特点之一是化学稳定性很差。在吸附剂的影响下稍稍加热,甚至在室温下,在有空气存在时(特别是阳光的作用下)很容易氧化缩合,部分变为沥青质。胶质在开口容器中加热到100~150℃也会部分变为沥青质。

实验证明,不同来源的胶质,被氧化生成沥青质的趋势有相当大的差别,例如在同样的氧化条件下(150℃,3h,1.5MPa),格劳兹内胶质生成27.5%的沥青质,巴拉罕胶质只生成5.28%的沥青质,达索尔胶质介于二者之间,生成16.2%的沥青质。而且随着氧化过程的进行,生成沥青质的速度渐渐稳定下来,见表3-14。

胶质氧化时生成的沥青质(150℃,1.5MPa)　　　　表3-14

胶　　质	氧化时间(h)			
	1	3	6	12
格劳兹内	1.35	2.21	2.80	3.20
巴拉罕	0.62	0.1	1.10	1.35
达索尔	痕迹	0.08	0.15	0.20

因此可以粗略地把胶质分为容易氧化的和难氧化的两类。若将胶质或可溶质的溶液先用足够量的硅胶吸附,则可将胶质分为性质差别相当大的各个亚分组,表3-15是各亚分组的性质。

胶质亚组分的性质 表3-15

冲洗溶剂	相对分子质量	碘值[g·(100g)$^{-1}$]	酸值(mg/g)	C(%)	H(%)	S(%)	N(%)	O(%)	C/H	1%胶质对苯—水表面张力的减少
四氯化碳	376	15.3	0	87.95	8.76	0.51	0	2.73	10.0	2.0
苯	517	7.2	11.7	85.89	8.99	0.62	0	4.50	9.6	2.6
丙酮	610	7.2	15.2	81.87	10.00	1.7	0	6.43	8.2	7.2
苯—醇(1:1)	685	5.9	51.6	78.06	9.75	2.69	0	9.50	8.0	14.2

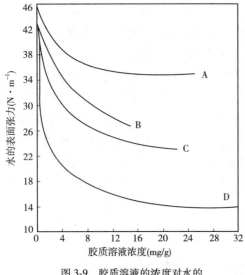

图3-9 胶质溶液的浓度对水的表面张力的影响

随着溶剂冲洗能力的加强,冲洗下的胶质的相对分子质量、酸值及杂原子的含量等都在顺次增大,它们的表面活性也在顺次增大,这可从不同亚组分胶质对表面张力的影响中看出。图3-9是用不同溶剂脱附下来的胶质亚组分的表面张力与浓度的关系,胶质的极性越强,表面张力的下降越大。在图3-9中 A 为环己烷脱附的胶质;B 为四氯化碳脱附的胶质;C 为苯脱附的胶质;D 为丙酮脱附的胶质。

若将从硅胶上脱附下来的胶质用苯酚处理,发现凡是溶于苯酚的胶质,相对分子质量较小,密度大,杂原子硫、氧及氮的含量也比较多,见表3-16。

若将这些胶质在给定条件下氧化,不溶于苯酚的胶质没有沥青质生成,只生成少量的酸性物质,胶质的稳定性较大。根据这些事实推测,这类胶质可能是由侧链芳香环结构的物质组成,因此它们的相对分子质量较大;而溶于苯酚的胶质只有很少的短侧链,氧化时主要生成沥青质,氧化稳定性小。一般,含脂肪族较多的石蜡基原油产生的沥青含有较多的能用弱极性的溶剂脱附下的胶质,如四氯化碳胶质;而在环烷基或中间基石油的沥青中,含有大量的苯溶剂脱附下来的胶质。

不同脱溶剂下的胶质性质及元素组成 表3-16

脱附剂	d_4^{20}(相对密度)	相对分子质量	C(%)	H(%)	O(%)	S(%)	N(%)
不溶于苯酚的							
四氯化碳	1.0350	670	85.04	10.35	4.50	0.51	0.60
苯	1.0438	752	84.80	10.37	4.08	0.62	1.13
丙酮—苯	1.0509	1217	82.84	10.37	4.70	1.07	1.62
溶于苯酚的							
四氯化碳	1.0889	354	84.36	10.10	3.66	0.63	1.25
苯	1.0913	422	84.45	9.61	5.09	0.71	1.24
丙酮—苯	1.0940	455	82.22	9.68	6.09	1.25	2.76

胶质的分子结构中含有相当多的稠环芳香族和杂原子的化合物,在沥青中属于强极性的组分,主要用于作黏结剂的沥青中,如道路沥青必须含有适量的胶质才能使沥青具有足够的黏附力。此外胶质对沥青黏弹性、形成良好的胶体溶液等方面都有重要的作用。

(3)油分

①芳香酚

芳香酚是深棕色的黏稠液体,由沥青中最低相对分子质量的环烷芳香化合物组成,它是胶溶沥青质的分散介质。芳香酚在沥青中质量分数为40%~65%,H/C(原子比)为1.56~1.67,平均相对分子质量为300~600。

②饱和酚

饱和酚是由直链烃和支链烃组成的,是一种非极性稠状油类,H/C(原子比)为2左右,平均相对分子质量为300~600。饱和酚在沥青中质量分数为5%~20%,对温度较为敏感。

芳香酚和饱和酚都作为油分,在沥青中起着润滑和柔软作用。油分含量越多,沥青的软化点越低,针入度越大,稠度降低。油分经丁酮—苯脱蜡,在-20℃冷冻,会分离出固态的烷烃,即为蜡。

③油分的性能及特点

在石油沥青中,油分的含量因沥青的种类不同而异,道路沥青中油分(未脱蜡)的质量分数一般为40%~50%或更多,高软化点的沥青油分的含量较少。

脱蜡后的油分绝大多数都是混合烃类及非化合物组成的混合物。所谓混合烃是指在同一个分子中除芳香环之外,还有环烷环及烷基侧链。单纯的某种烃类化合物几乎是不存在的。对于石油沥青中的烃类混合物,不应该用烃类族组成的概念来说明,而应当用结构族组成来表示石油沥青中油分的组成。

三、沥青的结构

1.沥青的化学结构

石油沥青主要由含有少量氧、硫和氮的高度缩合芳香环及带有若干环烷环、数目和长度不等的烷侧链组成。

对沥青材料的化学结构,目前最常用的方法是核磁共振法,该方法可以更直接地求得沥青的化学结构。

研究发现,不同油源和不同工艺生产的沥青,即使它们具有相似的组分含量,其技术性质也可能存在较大的差别,其原因在于各个组分的化学结构并不相同。

根据目前的研究成果,沥青的化学结构与其技术性质的关系在以下几个方面存在一定的相关性。

(1)沥青的感温性与沥青化学结构参数中的烷碳率(即在侧链上的碳数占总碳数的百分率)、侧链根数和平均侧链长度有关。通常烷碳率高、侧链根数少、平均侧链长度长的沥青具有较高的感温性。

(2)沥青的黏附性与其芳烃指数(即芳碳数占总碳数的百分率)、芳香环数等有关。通常芳烃指数值高、芳香环数多的沥青具有较好的黏附性。

(3)沥青的耐候性与其饱和碳率(即饱和碳占总碳数百分率)有关。通常饱和碳率高的沥青耐候性好。

(4)沥青的黏度与其分子量及聚合度等有关。沥青的劲度模量除与上述因素有关外,还与侧链平均长度等密切相关。

2.沥青的胶体结构

(1)沥青胶体结构分类

沥青的技术性质,不仅取决于它的化学组成及化学结构,还取决于它的胶体结构。

现代胶体理论认为:沥青材料是一种胶体分散质。它以固态微粒的沥青质为分散相,以液态的饱和酚和芳香酚为分散介质,过渡性的胶质起保护物质的作用,使分散相能够很好地胶溶于分散介质中,形成稳定的胶体结构。

在沥青胶体结构中,沥青质是核心,若干沥青质聚集在一起,胶质吸附于其表面而形成"胶团",然后逐渐向外扩散,而使沥青质的胶核胶溶于饱和酚和芳香酚组成的介质中。一般认为,在沥青的胶体结构中,从沥青质到胶质,乃至芳香酚和饱和酚,它们的极性是逐步递变的,没有明显的分界线。

根据沥青中各组分的化学特性、相对含量和流变特性的不同,可以形成不同的胶体结构。沥青的胶体结构通常可分为以下3个类型。

①溶胶型结构

当沥青质含量很低(小于10%)且相对分质量不很大或分子尺寸较小时,胶质的相对分子质量与之相近,饱和酚和芳香酚的溶解能力很强,这样的沥青分散度很高,胶团可以在连续相中自由移动,这就称为溶胶型沥青。

此时的石油沥青近似为真溶液,具有牛顿流体的特性,即黏度与应力成比例。这种沥青对温度的变化敏感,高温时黏度很小,低温时由于黏度增大而使流动性变差,冷却时变为脆性固体。溶胶型沥青一般都具有较好的塑性。针入度指数小于-2。

②凝胶型结构

当沥青质含量很大,达到或超过25%~35%,而又没有足够的胶质使之胶溶,连续相溶解能力也不够好时,胶团会相互连接,形成三维网状结构,胶团不能在连续相中自由移动,这时所形成的胶体即为凝胶型沥青。

在常温下凝胶型沥青呈现非牛顿流动特性,并具有黏弹性。随着温度的升高,连续相的溶解能力增强,使胶团逐渐解缔或胶质从吸附中心上脱附下来。温度足够高时,解缔或脱附比较完全,胶团随之破坏,又可变为接近真溶液而具有牛顿流体特性。其针入度感温系数大为降低,针入度指数大于+2,说明感温性得到改善,但沥青的延度很差,即感温性的改善是以丧失塑性为代价的。凝胶型沥青塑性显著变差。

③溶—凝胶型结构

胶体结构介于溶胶型和凝胶型之间的沥青即为溶—凝胶型沥青。

这类沥青或沥青质中含有较多的烷基侧链,生成的胶团结构比较松散、不紧凑,可能含有一些开式网状结构,但网状结构的形成与温度密切相关,其针入度指数介于-2~+2之间。大部分道路沥青属于溶—凝胶型沥青。

(2)影响沥青胶体结构的因素

①沥青质

沥青质的浓度对沥青胶体结构的分类有很大影响，但除了沥青质的相对浓度外，沥青质的性质或组成也有很大影响。例如当沥青质的C/H比较小，即在沥青质的化学结构中可能有较多的饱和族组分（环烷基烷基侧链），形成的胶团较大。因可溶质的组成不同，可能形成溶胶型也可能形成凝胶型沥青。若沥青质的C/H比很大，则形成凝胶型沥青的趋势很小或根本没有这种趋势。当可溶质中芳香烃的含量不足时，就容易有沉淀析出。

②可溶质

除沥青质的含量及组成等有影响外，可溶质的性质及含量对沥青的胶体结构也有一定的影响。当可溶质中芳香族的浓度和吸附力都足够时，沥青为溶胶型，若可溶质中没有足够的芳香族组分则为凝胶型。沥青在氧化过程中，由于可溶质中的芳香族组分逐渐变为沥青质而含量下降时，沥青质的含量却有增大，沥青也逐渐由溶胶型变为凝胶型。

在可溶质中对沥青胶溶性起主导作用的是芳香族化合物。因芳香族化合物最容易被沥青质吸附，而且吸附力还相当大。它们本身对沥青质的溶解能力也最强。烷烃实际上完全没有溶解能力。环烷族化合物介于芳香族和烷烃二者之间。试验证明，可溶质中的环烷族化合物对沥青质的溶解能力约相当于芳香族结构物质的三分之一。沥青的类型与可溶质中芳香环碳C_A及环烷环碳C_N有关，即与$C_A+\frac{1}{3}C_N$的大小有关。当$C_A+\frac{1}{3}C_N$的值较大时，属于溶胶型；当$C_A+\frac{1}{3}C_N$值较小时，沥青表现出更多的黏弹性，针入度指数PI变大，沥青为凝胶型。

③温度

当温度升高时，若沥青质的浓度不是很大，这时由于吸附力的下降、可溶质的溶解能力和分散程度提高，使吸附在沥青质分子周围的胶质逐渐消失到外部的油状介质中，即实际上转变为近似真溶液或分散程度很高的体系。这样即使是凝胶型沥青也渐渐变成具有牛顿流体性质的溶胶型沥青，到足够高的温度时，则完全变为牛顿流体。表3-17是温度对沥青结构的影响。

温度对沥青结构的影响　　　　表3-17

沥青样品	沥青种类	软化点(℃)	复杂流动度 C		
			5℃	25℃	50℃
A	直馏	50.0	0.85	0.95	1.00
B	氧化	54.4	0.75	0.80	0.95
C	直馏	56.1	0.50	0.80	0.85
D	氧化	63.8	0.45	0.50	0.70

表3-17的试样是按照凝胶结构顺序的增大而排列的。在低温时，非牛顿性很严重，随着温度升高，C值变大接近1.00，到50℃时，A沥青实际上已经完全变为溶胶型的牛顿流体。

对于某些沥青质含量很高的沥青，例如深度氧化的沥青，即使在相当高的温度下仍有明显的结构黏度。

④超声波

超声波的作用也可以改变沥青的胶体结构，这在工业上已有应用。研究超声波对沥青的作用有着相当重要的理论和实际意义。苏联学者在这方面做过不少工作。他们试验所用原料沥青的性质见表3-18。超声波的频率为22kHz，阳极电流为0.4A，作用时间为50~100min，用锥—板式旋转黏度计测定超声波作用前后的流变学性质，结果见表3-19和表3-20。

用于超声波试验沥青的性质　　　　　　表3-18

样品	比重 d_4^{10}	相对分子质量	软化点(℃)	沥青质(%)	胶质(%)	油分(%)
氧化沥青A	0.9885	460	125.0	32.6	25.0	42.4
氧化沥青B	0.9825	400	85.0	19.0	26.5	54.5
分子蒸馏渣油C	1.0570	635	75.0	5.1	67.0	27.9
渣油D	0.9900	460	30.0	1.1	36.4	62.5

超声波对沥青黏度的影响　　　　　　表3-19

样品	A			B			C			D		
作用时间(min)	0	50	100	0	50	100	0	50	100	0	50	100
作用后的黏度(P)	6800	2300	690	540	280	120	112	106	97	9.6	10.2	11.0
储存两年后的黏度(P)	6900	—	860	550	—	160	115	—	102	9.9	—	11.2

注：P(泊)相应的剪应力为20000dyn/cm^{2}时的黏度。

在超声波作用前后沥青结构参数的变化　　　　　　表3-20

样品	$R_t(10^{-10}m)$	$R_i(10^{-10}m)$	N_i
A(作用前)	28	780	3.8×10^{-8}
A(作用100min后)	28	370	3.8×10^{-8}
B(作用前)	27	560	1.94×10^{-7}
B(作用100min后)	27	430	1.37×10^{-7}
C(作用前)	25	390	2.1×10^{-7}
C(作用100min后)	25	380	2.1×10^{-7}
D(作用前)	24	240	8.5×10^{-8}
D(作用100min后)	24	240	8.5×10^{-8}

注：R_t指最小颗粒的平均直径；R_i指最大颗粒的平均直径；N_i指样品中最大颗粒的含量与最小颗粒的含量之比，以最小颗粒的量为1。

从表3-19的数据可以看出，由于沥青的化学组成及超声波作用时间的不同，胶体结构被破坏的程度也不相同。当高度氧化沥青A超声波作用50min后，黏度减少到原来的1/3，100min后减少到原始黏度的1/10。而氧化程度较小的沥青B，由于沥青质的含量减少，超声波的作用不很显著，作用100min后黏度只减少到原始黏度的1/4左右。沥青C及D由于沥青质的含量很少，超声波对它们几乎不起任何作用，在同样的作用条件下，实际上黏度没有变化。因此可以认为超声波的主要作用是破坏沥青质的缔合体。这可从用小角X射线法测定的超声波作用前后沥青分子大小的变化来说明。

表 3-20 的数据说明,所有这四种沥青在超声波作用后,最小直径的颗粒都没有变化,而最大直径颗粒不论粒度及数量在超声波作用后都有改变,例如沥青 A 的直径从 $780×10^{-10}$ m 减到 $370×10^{-10}$ m,沥青 B 的直径减少程度较轻,从 $560×10^{-10}$ m 减到 $430×10^{-10}$ m。此外,通过红外吸收光谱分析发现,在超声波作用后,不仅沥青的胶体结构有所改变,而且它们的化学组成也有变化。

（3）评价沥青胶体状态的几种方法

①针入度指数法

不同类型的沥青对温度的敏感性不同。所谓感温性就是沥青的黏度或稠度随温度改变而变化的程度。在使用过程中,我们希望沥青有尽可能小的感温性,但在施工中情况可能有所不同,感温性太小不一定合适。针入度指数是表示感温性的指标之一,也是评价沥青胶体状态的方法之一。

当 PI<-2 时,为纯黏性的胶溶性沥青,也称焦油型沥青(因大多数煤焦油的 PI 值均小于-2)。当 $-2≤PI≤+2$ 时,沥青为溶—凝胶型。这类沥青有一些弹性及不十分明显的触变性,一般的道路沥青属于这一类。当 $PI≥+2$ 时,由于结构的生成,故具有很强的弹性和触变性,为凝胶型沥青。大部分氧化沥青属于这一类,而且氧化程度越高,沥青质的浓度越大,则 PI 值越大。

用 PI 值表示沥青的胶体类型是现在最常用的方法。

②容积度法

当沥青质溶于苯、四氯化碳之类的溶剂时,其黏度可用爱因斯坦公式计算:

$$\frac{\eta}{\eta_0} = \eta_r = 1 + 2.5C_v \tag{3-9}$$

式中:η——胶体溶液的黏度;

η_0——溶剂的黏度;

η_r——相对黏度;

C_v——沥青质在溶液中所占的体积分数。

式(3-9)只有当溶液浓度很稀而且溶质的颗粒近似球形时才能适应,但与粒子的大小无关。实际上,测定得到的黏度往往比用式(3-9)计算的黏度大,这是由于沥青质被溶解后发生溶胀,其体积较干体积增大了的缘故。按爱因斯坦公式计算得到的体积称为流变学体积 C_r,流变学体积和干体积之比称为容积度 V_0。V_0 是沥青质在溶液中溶胀程度的指标:

$$V_0 = \frac{C_r}{C_v} \tag{3-10}$$

当沥青质中的 C/H 比较小时,它的结构中的饱和程度较大,可能含有较长的烷基侧链,溶解后溶胀明显,阻碍溶液流动的阻力大,容积度 V_0 也比较大。同样的沥青质在不同溶剂中的 V_0 不相同,溶剂的溶解能力越强,则 V_0 越小。溶剂的溶解能力也可以用内压力 $\sigma V^{1/3}$ 表示,其中 σ 为表面张力,V 是溶剂的摩尔体积。表 3-21 是容积度与沥青质在不同溶剂中的关系。

60/80 沥青的沥青质在不同溶剂中的 V_0 值　　表 3-21

溶剂	二氧化碳	四氢萘	苯	十氢萘	软化点 (℃)	针入度 (25℃)	C/H 比
溶剂的内压力 $\sigma V^{1/3}$	7.1	6.5	6.2	5.6			
沥青来源	V_0 值						
墨西哥渣油	3.7	4.1	4.2	4.6	57	46	0.85
委内瑞拉沥青	4.0	4.5	4.5	5.5	90	21	0.89
委内瑞拉渣油	3.1	3.5	3.6	4.3	55	44	0.89
氧化沥青	2.6	3.4	4.0	—	131	4	0.95
裂化重残油	1.7	2.7	2.4	—	51	36	1.26

从表 3-21 的数据可以看出,V_0 越小,溶剂的溶解能力越强。这类溶剂的芳香度高,有生成较小胶团的趋势,沥青为溶胶型;而溶解能力较弱的溶剂(如十氢萘)的芳香度小,V_0 值大,胶团较大,沥青为凝胶型,PI 也较大。当温度升高时,由于溶剂的溶解能力加强,V_0 减小,沥青容易生成溶胶状态,见表 3-22。

在不同温度时沥青质的 V_0 值　　表 3-22

温度(℃)	溶剂			
	四氢萘	十氢萘	可溶质 A	可溶质 B
0	4.3	6.0		
30	4.1	4.6		
50	3.8	4.0		
100			3.6	3.5
125			3.2	3.0
150			2.8	2.7

温度升高时,V_0 减小的原因可能是由于聚集状态的改变,也可能是由于吸附作用的减弱。在溶剂中越容易形成聚集状态的沥青质,升温时 V_0 值下降得越显著。在相当高的温度下,聚集状态几乎完全消失,除少数深度氧化的沥青质含量极大的沥青外,几乎完全转变为溶胶型。

③絮凝比—稀释度法

上面两种方法虽然在一定程度上也能够综合性地确定沥青的胶体状态,但有一个比较大的缺点就是不能评价沥青质和可溶质对沥青胶体状态的影响,还需要对沥青进行适当的分离并测定某些必要的理化性质后才行。

用絮凝比—稀释度法可不必预先将沥青分为沥青质和可溶质等组分,也不需要测定这些组分的化学组成就可以直接评定沥青的胶体状态。

取约 3g 的沥青试样,溶于一定量的甲苯中,然后逐滴加入正庚烷,再用 400 倍的显微镜观察至开始出现沥青质的沉淀时,记下甲苯和正庚烷的体积。在全部溶剂中,甲苯所占的比例称为在该稀释度 X 时的絮凝比,用 FR 表示。换言之,在芳香烃(甲苯)与非芳香烃(正庚烷)的混合溶剂中,能防止沥青质沉淀析出所需要芳香烃的最小比例称为絮凝比。所用的稀释剂必须是非芳香烃,而稀释剂正庚烷与沥青体积之比就是稀释比。混合溶剂的总体积与沥青量的比即是稀释度 X。

当往沥青中加入很少量的正庚烷时,因为沥青的可溶质中也含有一些芳香族化合物,所以具有抗絮凝作用,沥青质不会立即沉淀析出,此时 $FR=0$(因未加甲苯)。继续加入正庚烷,当其体积超过某一定值 X_{min} 时,就开始有沥青质沉淀出来,稀释度继续增大,即继续加入正庚烷,欲保持沥青质不被沉淀,所需的甲苯也必须随之继续增加,在无限稀释度时,絮凝比达到最大值 FR_{max},如图 3-10 所示。

若将 FR 与 X 的倒数作图就得到如图 3-11 所示的直线。

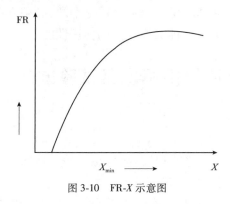

图 3-10　FR-X 示意图　　　图 3-11　FR_{max} 与 $1/X$ 的关系图

利用 FR_{max} 与 $1/X$ 的关系就可以评定沥青的胶体状态,其方法和定义如下:

$$P_a = 1 - FR_{max} \tag{3-11}$$

式中:P_a——沥青质在可溶质中被胶溶的难易程度。

P_a 也可称为解溶作用或抗絮凝作用的大小,P_a 值大表示容易被溶解形成稳定的胶体状态,沥青质不易沉淀。

$$P_0 = FR_{max}(X_{min} + 1) \tag{3-12}$$

式中:P_0——可溶质的溶解或分散沥青质的能力大小。

$$P = \frac{P_0}{1 - P_a} = X_{min} + 1 \tag{3-13}$$

式中:P——表示沥青胶体状态的综合指标。P 值越大,胶体体系稳定,否则不稳定,容易分层。

由上面的关系式可以看到 P 有如下性质:

当 $P_a \to 1$ 时,$P \to \infty$;当 $P_a \to 0$ 时,$P \to P_0$;当 $P_0 \to 0$ 时,$P \to 0$。

这些性质的物理意义是:当 $P_a \to 1$ 时,$FR_{max} \to 0$,即不需要加入任何的芳香烃,沥青质就能接近完全被溶解。只有不含沥青质或沥青质含量极少的沥青才会有此性质,故 $P \to \infty$,实际上就是纯黏性沥青。当 $P_a \to 0$ 时,$FR_{max} \to 1$,即甲苯与正庚烷的量接近相等,沥青质几乎完全不被溶解或分散,可溶质几乎完全没有溶解沥青质的能力。

3.沥青的化学结构与沥青的胶体性能的关系

沥青的化学结构与沥青胶体性能在以下几方面有相关性。

(1)沥青中的饱和分含量不能过多,饱和分过多,将使沥青中分散介质的芳香度降低,不能形成稳定的胶体分散体系。

（2）沥青中芳香分的存在是必需的，它的存在提高了沥青中分散介质的芳香度，使胶体体系易于稳定。

（3）胶质本身具有较好的塑性和黏附性，是沥青中必不可少的组分，它能使沥青质稳定地交融于体系中。

（4）需要指出的是沥青质对沥青性能的影响不仅与沥青质的数量有关系，同时还与沥青质与可溶质的组成结构有关。但沥青质本身的 H/C 比较低，相对分子量较大时，就较难于溶胶中分散，也就更容易析出。当可溶质的芳香度较小时，胶质的含量不足，则沥青的胶束稳定性就会下降。由此可见沥青中各个组分之间的相互关系是比较复杂的，必须在数量上和性质上都能很好地保证沥青胶体体系的稳定，沥青才能具有良好的使用性能。

第五节　沥青的路用性能评价指标及其试验方法

一、沥青的感温性

沥青的感温性是指沥青受温度影响沥青性质变化的程度，简称感温性。从实用的角度考虑，感温性不仅是沥青流变学的核心，也是沥青使用性能的核心。

国际上用于表示沥青感温性能的指标有很多，现在普遍采用的有针入度指数 PI、针入度黏度指数 PVN 及黏温指数 VTS 等。由于计算方法的不同，实际的表达方法更多。不过，无论采用哪一个指标，都是以两个或两个以上不同温度的沥青指标的变化幅度来衡量的。表 3-23 表示这些指标所反映的温度范围。

感温性指标与温度范围　　　　　　　　　表 3-23

感温性指标	计算依据	温度范围
针入度指数 $PI_{pen,TR\&B}$	25℃针入度及软化点	25℃~软化点温度
针入度指数 $PI_{pen,Fr}$	25℃针入度及弗拉斯脆点	25℃~弗拉斯脆点温度
针入度指数 PI_{FEN}	15℃、25℃、30℃（或5℃）针入度	15~30℃ 或 5~25℃
针入度指数 PI_{vis}	软化点及 0.2Pa·s 等黏温度	软化点~施工温度
针入度黏度指数 PVN	25℃针入度及 60℃黏度	25~60℃
针入度黏度指数 PVN	25℃针入度及 135℃黏度	25~135℃
黏温指数 VTS	60℃及 135℃黏度	60~135℃
沥青等级指数 CI	25℃针入度、软化点、60℃及 135℃黏度	25~135℃

1.沥青试验数据图（BTDC）

1969 年，壳牌石油公司研究所 W·Heukelom 提出了一种沥青试验数据图（Bitume Test Data Chart），简称 BTDC，用以表征石油沥青常规试验性质的相互关系。这些性质包括针入度、软化点、黏度、脆点、滴点等。

BTDC 曲线（图 3-12）的最大特点是能反映沥青全温度域的性质指标的变化情况，曲线的斜率表示沥青性能受温度影响变化的幅度，所以是表示沥青感温性的最好方法。

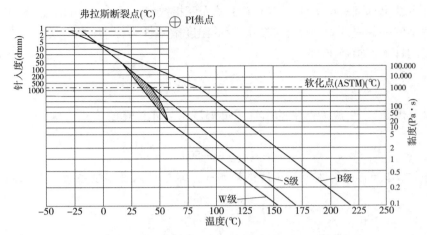

图 3-12 沥青试验数据图(BTDC)——S 级、B 级、W 级沥青

利用 BTDC,可以区分三种类型的沥青。

(1)S 级沥青:对大批直溜沥青来说,各项试验数据基本上位于一条直线上,它能包括绝大部分蜡含量较少的沥青。从理论上讲,对 S 级沥青,由于所有试验数据都在一条直线上,所以由不同温度域测定的数据计算得到的感温性指标应该是相同的,实际上计算的感温性指标不同是由于计算方法的误差和试验数据的误差所造成的。其最简单的方法是由针入度和软化点确定。

(2)B 级沥青:经过吹氧炼制的沥青试验数据图不能成为一条直线,而成为由两条直线相交组成的一折线,在高温区,直线的斜率与同一种原油炼制的直溜沥青(不吹氧)的斜率大体相同,而在较低温度域,氧化工艺使直线的斜率大大变小。对 B 级沥青,确定不同温度域的感温性必须采用该温度域的试验数据计算确定。

(3)W 级沥青:蜡质沥青的最大特点是沥青的蜡含量高,而蜡与沥青本身的无定形物质是不同的,蜡在低温时成为结晶,在高温时融化成液体,它有明显的熔点,不过沥青中蜡的品种和组成非常复杂,从微晶蜡、地蜡到石蜡,熔点可以从 30~100℃ 不等,因而蜡质沥青的 BTDC 成为上下两条大体平行的直线,中间有一段过渡段,在此过渡段温度范围内测定的数据由于受到沥青中蜡的融化和结晶的影响,将会偏离曲线,上下两条直线的斜率多少会有些不同,它反映了蜡对感温性的影响。对 W 级沥青,确定不同温度域的感温性也必须采用该温度域的试验数据计算确定,而且必须避开过渡段温度范围内的试验数据。

2.针入度指数 PI

早在 1936 年,Pfeiffer 和 J. Phand van Doormaal 就通过大量的沥青试验,得出了沥青针入度(对数)温度直线关系:

$$\lg P = AT + K \tag{3-14}$$

式中:P——相应试验温度下的针入度(0.1mm);

A——回归常数,为针入度温度关系直线的斜率,表示了沥青的温度敏感性,在 0.015~0.06 范围内波动;

T——不同的试验温度(℃);

K——回归参数。

Pfeiffer 和 J. Phand van Doormaal 定义了针入度指数(Penetration Index,简称 PI)的概念,并以通常使用的一种墨西哥 200 号道路沥青的温度敏感性为标准,假定其针入度指数 PI 为 0,由此制定的针入度指数 PI 为:

$$\frac{20 - PI}{10 + PI} = 50A \tag{3-15}$$

于是针入度指数 PI 成为通常的由针入度温度系数 A 计算的公式:

$$PI = \frac{20(1 - 25A)}{1 + 50A} \tag{3-16}$$

也就是说,PI 通常由针入度与温度的对数关系求取针入度温度系数 A 后求出,即:

$$A = \frac{\lg P_{T1} - \lg P_{T2}}{T_1 - T_2} \tag{3-17}$$

式中:T_1、T_2——两个不同的试验温度(℃),在此温度下测定的针入度分别为 P_{T1} 及 P_{T2} (0.1mm)。

式(3-17)是最基本和常用的 PI 计算公式。由此概念出发,便得出了一系列计算针入度指数 PI 的方法。

(1)由 25℃ 针入度及软化点计算 PI

进一步的研究发现,对大量 S 级沥青来说,用加长的针入度针进行试验,可以假定沥青在软化点 $T_{R\&B}$ 温度下,大部分沥青的针入度接近 800。这样,就可以采用 25℃ 针入度 P_{25} 及软化点 $T_{R\&B}$ 计算出 $PI_{TR\&R}$。

$$A_{TR\&B} = \frac{\lg 800 - \lg P_{25}}{T_{R\&B} - 25} \tag{3-18}$$

$$PI_{TR\&B} = \frac{30}{1 + 50A_{TR\&B}} \times (-10) \tag{3-19}$$

$$PI_{TR\&B} = \frac{1925 - 500\lg P_{25} - 20T_{R\&B}}{50\lg P_{25} P_{25} - T_{R\&B} - 120} \tag{3-20}$$

此式是国际上最常用的 PI 计算公式,许多有关针入度指数的诺谟图以及沥青标准等所使用的针入度指数都是按照此式计算得到的。很显然,此式仅适用于蜡含量很少的 S 级沥青,对我国大量使用的多蜡沥青,在软化点温度下,针入度不一定是 800,因而是不适用的。

(2)由 25℃ 针入度及脆点计算 PI

与上相仿,大量试验结果还表明,在弗拉斯脆点温度 T_F 时测定沥青针入度,其值约为 1.2,故也可以采用 25℃ 针入度和弗拉斯脆点 T_F 计算 PI_F。

$$A_F = \frac{\lg 1.2 - \lg P_{25}}{T_F - 25} \tag{3-21}$$

$$PI_F = \frac{30}{1 + 50A_F} \times (-10) \tag{3-22}$$

$$PI_F = \frac{540 - 500\lg P_{25} - 20T_F}{50\lg P_{25} P_{25} - T_F + 23} \tag{3-23}$$

对蜡质沥青,不仅软化点 $T_{R\&B}$ 时的针入度不一定是 800,而且在弗拉斯脆点温度时的针入度也不一定为1.2,因此由以上两个方法计算 PI 值对蜡质沥青是不适用的。

（3）由不同温度的针入度计算 PI

对我国大量使用多蜡沥青的情况而言,PI 应该由针入度温度曲线的直线斜率得到,然后按照 lg$P$=AT+K 回归求取针入度温度系数 A,再由式(3-19)计算 PI 值。

壳牌公司研究所利用此关系制定了直接从诺谟图求取 PI 的方法。在图 3-13 上,将回归直线与针入度 800 线相交,可以得出针入度 800 时的当量软化点温度 T_{800} 并代替 $T_{R\&B}$。同样,可以将回归直线向下延长,与针入度 1.2 线相交,可以得出针入度 1.2 时的当量脆点温度 $T_{1.2}$ 并代替弗拉斯脆点。

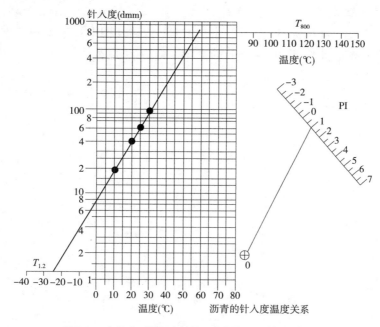

图 3-13 由几个不同温度的针入度求取 PI 的壳牌诺谟图

但是从诺谟图中直接得到 PI 或得到 T_{800}、$T_{1.2}$ 时,无法进行试验数据的相关系数检验。因此在实际工作中,为了求取针入度温度图的直线斜率,应该采用 3 个或 3 个以上温度的针入度值经过回归计算求得式 lg$P$=AT+K 中的斜率 $A_{\lg Pen}$。通常采用 15℃、25℃、30℃（或 5℃）的针入度。

$$\mathrm{PI}_{\lg Pen}=\frac{20-500A_{\lg Pen}}{1+50A_{\lg Pen}} \qquad (3-24)$$

式中,$A_{\lg Pen}$ 为不同温度的针入度回归直线的斜率。为了检验试验数据的准确性,利用此式回归时的直线相关系数必须满足相关检验的要求,当置信度为 95% 时,由 3 个温度的针入度回归的相关系数 R 应不小于 0.997；由 4 个温度的针入度回归的相关系数 R 应不小于 0.995。否则说明试验数据的误差较大,试验必须重新进行。

在计算时,由不同温度 T 条件下测试几个针入度值 P,取其对数,按式 $\log P = A_{\log Pen} \times T + K$ 的直线关系进行回归,便可以求取针入度温度系数 $A_{\log Pen}$。

（4）由 0.2Pa·s 等黏温度及软化点计算 PI

在 BTDC 图上,0.2Pa·s 等黏温度被认为是最适宜于沥青在集料表面裹覆的温度,即热拌沥青混合料的适宜拌和温度。为此 Heukedon 提出可用 0.2Pa·s 黏度等黏温度 $T_{0.2\text{Pa·s}}$ 及环球法软化点 $T_{R\&B}$ 求取针入度指数 PI_{vis}。

$$\text{PI}_{\text{vis}} = 20 \times \frac{T_{0.2\text{Pa·s}} - T_{R\&B} - 111}{T_{0.2\text{Pa·s}} - T_{R\&B} - 222} \tag{3-25}$$

很明显,此式对于蜡质沥青不适用,因为 $T_{R\&B}$ 有假相,应予修正。方法是将针入度区直线延长与 T_{800} 线相交,该温度 T_N 即修正软化点。实际上它就是图 3-13 倒过来的情况。因此同样可以由此图直接求出针入度指数。

(5) 切夫隆公司的针入度指数诺谟图

切夫隆公司根据美国 ASTM 规定测定 25℃ 针入度(25℃,100g,5s)及 4℃ 针入度(4℃,200g,60s)、60℃ 黏度三项指标,提出了一张求取针入度指数 PI 的诺谟图的方法,如图 3-14 所示。此图原理仍然是来源于 Heukedon 的 BTDC 图,方法也类似。

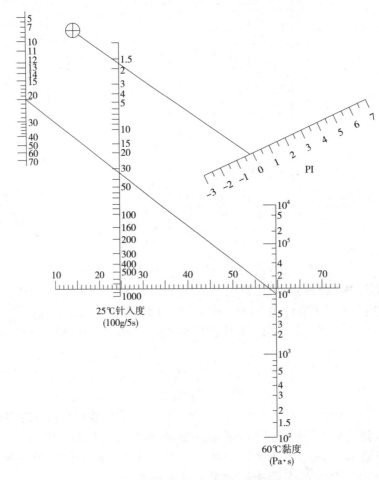

图 3-14 切夫隆公司求取 PI 诺谟图

(6) 沥青针入度实验

针入度试验是道路沥青最基本的试验。针入度试验的基本步骤如下:

①准备好沥青实验试样,按试验要求将恒温水槽调节到要求的试验温度 25℃、15℃ 或

30℃(5℃),保持稳定。

②将试样注入盛样皿中,试样高度应超过预计针入度值 10mm,并盖上盛样皿,以防落入灰尘。盛有试样的盛样皿在 15~30℃ 室温中冷却不少于 1.5h(小盛样皿)、2h(大盛样皿)或 3h(特殊盛样皿)后,应移入保持规定试验温度±0.1℃ 的恒温水槽中,并应保温不少于 1.5h(小盛样皿)、2h(大盛样皿)或 2.5h(特殊盛样皿)。

③调整针入度仪使之水平。检查针连杆和导轨,以确认无水和其他外来物、无明显摩擦。用三氯乙烯或其他溶剂清洗标准针,并擦干。将标准针插入针连杆,用螺钉固紧。按试验条件,加上附加砝码。

④取出达到恒温的盛样皿,并移入水温控制在试验温度±0.1℃(可用恒温水槽中的水)的平底玻璃皿中的三脚支架上,试样表面以上的水层深度不小于 10mm。

⑤将盛有试样的平底玻璃皿置于针入度仪的平台上。慢慢放下针连杆,用适当位置的反光镜或灯光反射观察,使针尖恰好与试样表面接触,将位移计或刻度盘指针复位为零。

⑥开始试验,按下释放键,这时计时与标准针落下贯入试样同时开始,至 5s 时自动停止。

⑦读取位移计或刻度盘指针的读数,精确至 0.1mm。

⑧同一试样平行试验至少 3 次,各测试点之间及与盛样皿边缘的距离不应小于 10mm。每次试验后应将盛有盛样皿的平底玻璃皿放入恒温水槽,使平底玻璃皿中水温保持试验温度。每次试验应换一根干净的标准针或将标准针取下用蘸有三氯乙烯溶剂的棉花或布揩净,再用干棉花或布擦干。

⑨测定针入度大于 200 的沥青试样,至少用 3 支标准针,每次试验后将针留在试样中,直至 3 次平行试验完成后,才能将标准针取出。

⑩测定针入度指数 PI 时,按同样方法在 15℃、25℃、30℃(或 5℃)3 个或 3 个以上(必要时增加 10℃、20℃等)温度条件下分别测定沥青的针入度,但用于仲裁试验的温度条件应为 5 个。

二、沥青的黏滞性

沥青的黏滞性(简称黏性)是沥青在外力作用下抵抗剪切变形的能力。在沥青技术性质中,沥青黏性是与沥青路面力学行为最密切的一种性质。沥青的黏性通常用黏度表示,所以黏度是现代沥青等级(标号)划分的主要依据。

1. 沥青黏度的表达方式

(1) 牛顿流型沥青的黏度

溶胶型沥青或沥青在高温条件下,可视为牛顿流体。设在两金属板中夹一层沥青,如图 3-15 所示,按牛顿内摩擦定律可推导出牛顿流型沥青的黏度可由公式(3-26)表示:

$$\eta = \frac{\tau}{\gamma} \tag{3-26}$$

式中:η——动力黏度系数(简称黏度)(Pa·s);

τ——剪应力(Pa);

γ——剪应变速率(简称剪变率,s)。

由式(3-26)可知,流体流层间速度梯度(即剪变率)为单位"1"时,每单位面积所受到的内摩擦力称为"动力黏度"。如此采用长度、质量和时间等绝对单位表示的黏度称为"绝对黏度"。

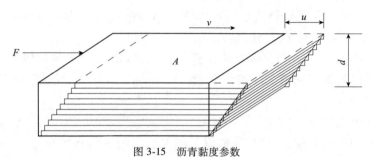

图3-15 沥青黏度参数

动力黏度的计量单位按 SI 单位制为"帕·秒(Pa·s)"。目前也有沿用 CGS 制单位"泊"(P),1 泊等于 0.1 帕·秒(即 1P=0.1Pa·s)。

在运动状态下测定沥青黏度时,考虑到密度的影响,动力黏度还可以采用另一种量描述,即沥青在某一温度下的动力黏度与同温度下沥青密度之比,称为"运动黏度"(或称"动比密黏度")。运动黏度(v_T)表示如下

$$v_T = \frac{\eta}{\rho} \tag{3-27}$$

式中:v_T——运动黏度($10^{-4} m^2/s$);

η——动力黏度(Pa·s);

ρ——密度(g/cm^3)。

运动黏度的计量单位,按 SI 单位制为 m^2/s。目前也有沿用 CGS 制单位 St 的($10^{-4} m^2/s$)。

(2)非牛顿流型沥青的黏度

沥青是一种复杂的胶体物质,只有当其在高温时(例如加热至施工温度时)才接近于牛顿流体。而当其处于路面的使用温度时,沥青均表现为黏弹性体,故其在不同剪变率时表现出不同的黏度。因此沥青的剪应力与剪变率并非线性关系,通常以表观黏度(或称视黏度)表达,如式(3-28)所示:

$$\eta_a = \frac{\tau}{\gamma^c} \tag{3-28}$$

式中:η_a——沥青表观黏度(Pa·s);

τ、γ——意义同前;

c——沥青的复合流动度系数。

沥青的复合流动系数 c 是评价沥青流变性质的重要指标。$c=1.0$ 表示牛顿流型沥青,$c<1.0$ 表示非牛顿流型沥青,c 值越小表示非牛顿性越强。剪应力和剪变率关系曲线如图3-16所示。

2.沥青黏度的测定方法

沥青黏度的测定方法可分为两类,一类为"绝对黏度"法,另一类为"相对黏度"(或称"条件黏度")法,针入度、软化点亦属于条件黏度法的范畴。

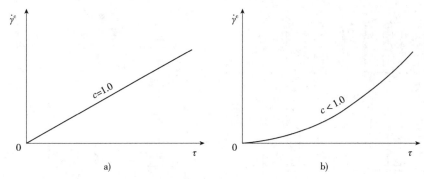

图3-16 剪应力与剪变率关系曲线

(1) 绝对黏度测定方法

毛细管法是测定沥青运动黏度的一种方法。该法是将沥青试样在严密控温条件下,在规定温度(通常为135℃),通过选定型号的毛细管黏度计,流经规定体积所需的时间(以 s 计),按式(3-29)计算运动黏度:

$$v_T = ct \tag{3-29}$$

式中：v_T——在温度 T℃时测定的运动黏度(mm^2/s);

c——黏度计标定常数(mm^2/s);

t——流经时间(s)。

真空减压毛细管法是测定沥青动力黏度的一种方法。该法是将沥青试样在严密控制的真空装置内,保持一定的温度(通常为60℃),通过规定型号的毛细管黏度计,流经规定的体积所需的时间(以 s 计),按式(3-30)计算动力黏度:

$$\eta_T = kt \tag{3-30}$$

式中：η_T——在温度 T℃时测定的动力黏度($Pa \cdot s$);

k——黏度计常数($Pa \cdot s/s$);

t——流经时间(s)。

(2) 条件黏度测定方法

条件黏度测定方法可以分为两种。标准黏度计法是测定液体石油沥青、煤沥青和乳化沥青等黏度的方法。该试验方法(图3-17)测定液体状态的沥青材料在标准黏度计中,于规定的温度条件下,通过规定的流孔直径流出 50mL 所需的时间。试验条件用 $C_{T,d}$ 表示,其中 C 为黏度,T 为试验温度,d 为流孔直径。试验温度和流孔直径根据液体状态沥青的黏度选择,常用的流孔有 3mm、4mm、5mm 和 10mm 四种。按上述方法,在相同温度和相同流孔条件下,流出时间越长,表示沥青黏度越大。

针入度法是国际上常用来测定黏稠(固体、半固体)沥青稠度的一种方法,如图3-18所示。该法测定沥青材料在规定温度条件下,以规定质量的标准针经过规定时间贯入沥青试样的深度(以 1/10mm 为单位计)。试验条件以 $P_{T,m,t}$ 表示,其中 P 为针入度,T 为试验温度,m 为标准针(包括连杆与砝码)的质量,t 为贯入时间。常用的试验条件为 $P_{25℃,100g,5s}$。此外,为确定针入度指数(PI),针入度试验常用条件为 5℃、15℃、25℃ 和 35℃ 等,但标准针质量和贯入时间分别为 100g 和 5s。

沥青路面材料

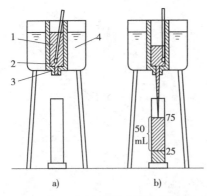

图 3-17 标准黏度计测定液体沥青黏度示意
1—沥青试样；2—活动球杆；3—流杆；4—水

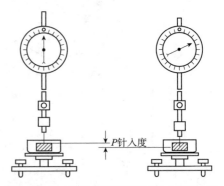

图 3-18 针入度法测定黏稠沥青针入度示意图

按上述方法测定的针入度越大,表示沥青越软(稠度越小)。实质上,针入度是测定沥青稠度的一种指标。通常稠度高的沥青黏度越高。

沥青材料是一种非晶质高分子材料,它由液态凝结为固态,或由固态溶化为液态时,没有敏锐的固化点或液化点,通常采用条件的硬化点和滴落点来表示,称为软化点。沥青材料在硬化点至滴落点之间的温度阶段时,是一种黏滞流动状态。

(3)软化点测定方法

软化点的数值随采用的仪器不同而不同,我国现行试验法是采用环与球法软化点。如图 3-19 所示,该方法规定将沥青试样注于内径为 18.9mm 的铜环中,环上置一重 3.5g 的钢球,在规定的加热速度(5℃/min)下进行加热,沥青试样逐渐软化,直至在钢球荷重作用下,测定使沥青产生 25.4mm 挠度时的温度,称为软化点。

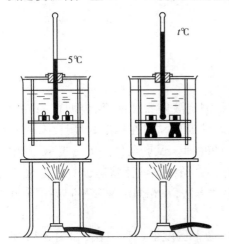

图 3-19 环与球法测定沥青软化点示意图

由此可见,针入度是在规定温度下测定沥青的条件黏度,而软化点则是沥青达到规定条件黏度时的温度。

软化点是道路沥青的最基本的一种性质指标,是我国道路沥青最常用的三大指标之一。其数值表达也很直观,直接与表示路面发软变形的程度相关联。软化点的试验方法有很多种,我国采用的是最广泛的环与球法。

使用环与球法测定沥青软化点的试验步骤如下:

①将甘油滑石粉隔离剂按照甘油与滑石粉的质量比 2∶1 配制好,并将隔离剂拌和均匀,将试样环置于涂有甘油滑石粉隔离剂的试样底板上,将准备好的沥青试样徐徐注入试样环内至略高出环面为止。

②如估计试样软化点高于 120℃,则试样环和试样底板(不用玻璃板)均应预热至 80~100℃。

③试样在室温冷却 30min 后,用热刮刀刮除环面上的试样,应使其与环面齐平。

④试样软化点在80℃以下者：

a.将装有试样的试样环连同试样底板置于装有5℃±0.5℃的恒温水槽中至少15min；同时将金属支架、钢球、钢球定位环等亦置于相同水槽中。

b.烧杯内注入新煮沸并冷却至5℃的蒸馏水或纯净水，水面略低于立杆上的深度标记。

c.从恒温水槽中取出盛有试样的试样环放置在支架中层板的圆孔中，套上定位环；然后将整个环架放入烧杯中，调整水面至深度标记，并保持水温为5℃±0.5℃。环架上任何部分不得附有气泡。将0~100℃的温度计由上层板中心孔垂直插入，使端部测温头底部与试样环下面齐平。

d.将盛有水和环架的烧杯移至放有石棉网的加热炉具上，然后将钢球放在定位环中间的试样中央，立即开动电磁振荡搅拌器，使水微微振荡，并开始加热，使杯中水温在3min内调节至维持每分钟上升5℃±0.5℃。在加热过程中，应记录每分钟上升的温度值，如温度上升速度超出此范围，则试验应重做。

e.试样受热软化逐渐下坠，至与下层底板表面接触时，立即读取温度，准确至0.5℃。

⑤试样软化点在80℃以上者：

a.将装有试样的试样环连同试样底板置于装有32℃±1℃甘油的恒温槽中至少15min；同时将金属支架、钢球、钢球定位环等亦置于甘油中。

b.烧杯内注入预先加热至32℃的甘油，其液面略低于立杆上的深度标记。

c.从恒温水槽中取出盛有试样的试样环，按上述④的方法进行测定，准确至1℃。

三、沥青的延性

1.沥青的延度

沥青的延性是当其受到外力拉伸作用时，所能承受的塑性变形的总能力，通常用延度作为条件延性指标来表征。沥青的延度与路面的使用性能有一定的相关性，尤其是低温延度与低温开裂性能关系密切。在我国，沥青受蜡的影响，延度指标常达不到要求，所以延度也有限制含蜡量的意义。延度试验以50mm/min的速度拉伸，沥青的应变速率大体上为$10^{-2}s^{-1}$，它比沥青路面温缩开裂时的应变速率10^{-7}~$10^{-8}s^{-1}$要快得多。按照流变学温度时间换算法则，常温15℃或10℃能反映更低温度的抗低温开裂性能。

从不同的温度的延度试验可以看出，沥青试样拉伸断裂时可以呈现图3-20所示的4种性状。

其中A型是常温条件下沥青延度试验常见的破坏模式。在拉伸过程中央部位成为比较均匀拉长的细丝，最终在拉伸部断裂，延度大于10cm的试样通常呈现此种类型。

B型是在拉伸的同时中央部位变细，成为尖端状，并在尖端部断裂，延度小于5cm时常见此种形式。

C型和D型十分相像，试样伸长很短即在试样中部或端部脆性断裂，断裂面与拉伸方向几乎垂直。C型和D型所不同的是C型拉长更短，延度试验仪几乎测不出来，拉伸试验可以测量出伸长量不到2mm；D型则稍长，可达10mm。C型和D型破坏机理是不同的。

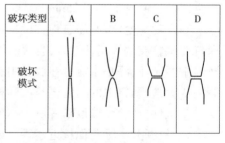

图3-20 沥青拉伸破坏的典型模式

很显然，A 型和 B 型是黏性破坏，C 型是完全的脆性破坏；D 型从外表看有些像脆性破坏，但伸长的破坏应变大于 30%，严格来说不能属于脆性破坏。

在延度试验时仔细观察试样断裂的性状对于了解沥青的黏弹性是十分有价值的。从试验结果可以看出，当拉伸速率为 50mm/min 时，在 10℃ 以上的温度试验，除极个别蜡含量较高的沥青外，几乎所有的沥青试样都会成为 A 或 B 型的黏性破坏，延度作为拉伸长度有相对比较的价值。而在 5℃ 以下试验时，只有少数沥青呈现 A 型破坏，大部分呈现 B 型破坏。当温度降低到 0℃ 时，只有少数沥青呈现 D 型破坏，大部分沥青已经成为 C 型破坏，即得不到延度数据了。这种比较对于定性地了解沥青的低温性能是很有意义的，可以定性地判断沥青由黏性转化为脆性的温度，其价值不亚于不同温度的沥青混合料破坏试验测定的脆化点。

同时沥青的延度与沥青的流变特性、胶体结构和化学组分等有密切关系。试验表明：沥青的复合流动系数 c 值的减小、胶体结构发育成熟度的提高、含蜡量的增加以及饱和蜡和芳香蜡比例的增大等，都会使沥青的延度值相对降低。

以上所提及的针入度、软化点和延度是评价黏稠沥青路用性能最常用的经验指标，通称为"三大指标"。

2.沥青延度试验方法

（1）试验步骤

①将甘油滑石粉隔离剂按照甘油与滑石粉的质量比 2∶1 配制好，并将隔离剂拌和均匀，涂于清洁干燥的试模底板和两个侧模的内侧表面，并将试模在试模底板上装妥。

②将沥青试样仔细自试模的一端至另一端往返数次缓缓注入模中，最后略高出试模。灌模时不得使气泡混入。

③试样在室温中冷却不少于 1.5h，然后用热刮刀刮除高出试模的沥青，使沥青面与试模面齐平。应自试模的中间刮向两端，且表面应刮得平滑。将试模连同底板再放入规定试验温度的水槽中保温 1.5h。

④检查延度仪延伸速度是否符合规定要求，然后移动滑板使其指针正对标尺的零点。将延度仪注水，并保温达到试验温度 ±0.1℃。

⑤将保温后的试件连同底板移入延度仪的水槽中，然后将盛有试样的试模自玻璃板或不锈钢板上取下，将试模两端的孔分别套在滑板及槽端固定板的金属柱上，并取下侧模。水面距试件表面应不小于 25mm。

⑥开动延度仪，并注意观察试样的延伸情况。此时应注意，在试验过程中，水温应始终保持在试验温度规定范围内，且仪器不得有振动，水面不得有晃动，当水槽采用循环水时，应暂停中断循环，停止水流。在试验中，发现沥青细丝浮于水面或沉入槽底时，应在水中加入酒精或食盐，调整水的密度至与试样相近后，重新试验。

⑦试件拉断后，读取指针所指标尺上的读数，以 cm 计。在正常情况下，试件延伸时应成锥尖状，拉断时实际断面接近于零。如不能得到这种结果，则应在报告中注明。

（2）试验报告

同一样品，每次平行试验不少于 3 个，如 3 个测定结果均大于 100cm，试件结果记做">100cm"；特殊需要也可分别记录实测值。3 个测定结果中，当有一个以上的测定值小于 100cm 时，若最大值或最小值与平均值之差满足重复性试验要求，则取 3 个测定结果的平均值的整数作为延度试验结果,若平均值大于100cm,记作">100";若最大值或最小值与平均值之差不符合重复性试验要求时,试验应重新进行。

(3)试验允许误差

当试验结果小于100cm时,重复性试验的允许误差为平均值的20%,再现性试验的允许误差为平均值的30%。

四、沥青的脆性

沥青材料在低温时受到瞬间荷载的作用,通常表现为脆性破坏。沥青脆性的测定极为复杂,通常采用弗拉斯脆点作为条件脆性指标。

沥青的脆点试验是在等速降温条件下用弯曲受力方式测定其脆裂的温度。该试验方法由 A. Fraass 于 1937 年开发,其方法是将 0.4g 沥青试样在一个标准的金属薄片上摊成薄层,把涂有沥青薄膜的金属片置于有冷却设备的脆点仪内,如图 3-21 所示,摇动脆点仪的曲柄,使涂有沥青薄膜的金属片产生弯曲。随着冷却设备中制冷剂温度以 1℃/min 的速度降低,沥青薄膜的温度亦逐渐降低,当降至某一温度时,沥青薄膜在规定弯曲条件下产生断裂时的温度,即为沥青的脆点。它的目的是直接求出沥青达到开裂时的临界温度。弗拉斯脆点实际上也是一种劲度温度,但究竟脆点温度的沥青劲度是多少,则由于试验用的沥青试样不同,其结果之间有较大差异。

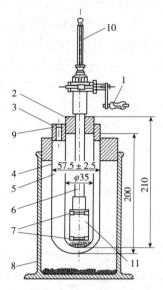

图 3-21 沥青脆点仪(单位:mm)
1-摇把;2-内橡皮塞;3-皮塞;4-内试管;5-外试管;6-弯曲器;7-夹钳;8-圆柱形玻璃;9-漏斗插孔;10-温度计;11-钢片

沥青在低温时表现为脆性破坏。弗拉斯脆点试验作为反映沥青低温脆性的手段,在不少国家被采用。一般认为针入度大、针入度指数大的沥青,其脆点越低、抗裂性能也越好。在我国,许多沥青的沥青质含量较少,但含有较多的结晶蜡,故脆点指标有其独特之处。试验结果表明我国许多沥青的脆点并不高,而路面的开裂情况却很严重,所以对脆点的意义一直存在有不同的看法。尤其普遍认为弗拉斯脆点的试验重复性差,试验用的钢片弯曲程度不一,试件制备精良和降温条件不一,都会影响试验结果。

Thenoux 发现用水银温度计读取的弗拉斯脆点开裂温度大约比实际试样的温度要高 5.5℃。脆点只是某一种特定的试验方法下的条件劲度温度,试验方法改变,试验结果也随之改变,而且沥青在低温时的脆性还与沥青的老化性质及荷载的作用方式有关,所以路面的低温性能无法单纯从脆点高低来评价也是合乎情理的。我国普遍采用人工操作测试脆点,许多含蜡量较高的沥青脆点测定值经常较低,但实际的低温抗裂性不好,因此历来认为弗拉斯脆点并不合适评价多蜡沥青的低温抗裂性能。

进一步考察发现,弗拉斯脆点是低温条件下沥青结合料脆裂的温度,它主要描述路面荷载作用下开裂的模式。而沥青路面的温缩裂缝是路面在急剧降温过程中产生收缩,在路面内形成的温度应力超过沥青混合料的应力松弛,造成温度应力积聚达到极限强度而发生的路面行为,这种情况与弗拉斯脆点的内涵有所不同。Hills 和 Brien 曾经把路面假设为一个长的完全约束的窄条,并提出了一个预估应力的公式 $\sigma_x(T) = \alpha \sum_{T_0}^{T_f} S(\Delta T) \cdot \Delta T$,式中 $\sigma_x(T)$ 为由降温速率 T 引起的温度应力的累积;α 为在温度下降 $T_f - T_0$ 时,平均的温度收缩系数;T_0 为起始温度;T_f 为最终温度;$S(\Delta T)$ 为在温度范围 $\Delta T = T_f - T_0$ 的中值的劲度模量。

可见沥青混合料的收缩系数 α 是引起路面内应力积聚大小的关键性指标。对沥青混合料来说,沥青结合料本身的收缩系数又是影响混合料收缩的关键,因此许多学者研究沥青混合料收缩性能的同时,对沥青结合料的收缩性能也给予了很大的关注。其中重要的指标是收缩开裂温度,即另一种脆点温度。

为此,国内外有不少学者探讨了新的脆点试验方法。J. F. Hills 为模拟沥青收缩开裂的实际情况,在石英框架试验的基础上改进提出了玻璃板试验,采用沥青与矿粉的混合料(矿粉 45% 以上),试样厚约 1mm,粘附在一个小的玻璃片上或附在双层玻璃板(都用 30% 氢氟酸涂过)中间作为夹层。试样冷却速率为 10℃/h,观察至听到沥青开裂的声音及开裂情况。

考虑到沥青路面温缩过程的实际情况,路面像一个无限长的条形体,基层以较小的收缩系数收缩,对面层产生阻碍,阻滞力的大小取决于基层与面层的接触条件,从而在面层内积聚应力,直至超过极限抗拉强度时路面开裂。我国参考了 Hills 的框架试验思路,开发了一个更能模拟沥青路面收缩开裂的沥青条形试件的缩裂试验,长条形的沥青膜相当于沥青路面,而下层的收缩系数小的毛玻璃板材料则相当于基层,从而达到模拟路面缩裂的目的。对厚度为 1mm、2mm、3mm、5mm 的沥青膜进行缩裂试验的结果表明,随沥青膜厚度的增加,裂缝条数减少,大于 5mm 时,基本上没有裂缝,当沥青膜为 4mm 时,仅一条裂缝。

当沥青膜长度为 20cm 时,选用 1~5cm 几种沥青膜的宽度进行了试验比较。宽度在 3cm 以下时,受玻璃板边缘的影响较大,裂缝常以簇的形式出现;当宽度增加到 4cm 时,裂缝渐趋规则,大体为等间距开裂,方向垂直于玻璃板的长度,与沥青路面情况类似;但当宽度为 5cm 时,同时开始出现纵向裂缝,表明沥青的横向收缩也会使试样开裂。

经过预备试验,确定的沥青膜试件厚 0.1cm、宽 4cm、长 20cm,它相当于实际路面厚度 10cm,单车道宽 4m,开裂间距为 20m 时的情况,比例为 1:100。

国外一些学者通过对含蜡量较少的 S 级沥青进行了大量的试验研究后指出,对大多数沥青可以假定沥青在弗拉斯脆点温度时的针入度为 1.2(也有认为是 1.25),对含蜡量较高的 W 级沥青,与软化点一样,应采用公式 $PI_F = \frac{30}{1+50A_F} \times (-10)$,由几个温度的针入度回归,计算沥青针入度指数 PI_F,然后,假定沥青在弗拉斯脆点温度时的针入度为 1.2,由式 $\lg P = AT + K$ 沥青针入度温度回归方程式求取回归系数 A 及系数 K 后,直接按式 $T_{800} = \frac{\lg 800 - \lg P_{25}}{A} + 25$ 相同的方法求取修正后的脆点 $T_{1.2}$,即称为当量脆点,其计算如公式(3-31)所示:

$$T_{1.2} = \frac{\lg 1.2 - B}{A} = \frac{0.0792 - K}{A} \tag{3-31}$$

五、沥青的耐久性

采用现代技术修筑的高等级沥青路面,都要求具有很长的耐用周期,因此对沥青材料的耐久性也提出了更高的要求。沥青的耐久性包括水稳定性、抗疲劳性能及抗老化性能。

1. 沥青的水稳定性

沥青路面的耐久性主要依靠沥青与集料之间的黏附程度。水会破坏沥青与集料之间的黏附性,水损害发生后使得沥青与集料脱离。从而使路面出现松散、剥离、坑洞等病害,严重危害道路的使用性能。

沥青路面的水损坏包括两个过程:首先,水浸入沥青中使沥青黏附性减小,导致混合料的强度和劲度减小;其次,水进入沥青薄膜和集料之间,阻断沥青与集料的相互粘结,由于集料表面对水比对沥青有更强的吸附力,使沥青与集料表面的接触面积减小,使沥青从集料面剥落。

沥青水稳定性的评价方法分为两类:

①用沥青裹覆标准集料,在松散状态下浸入水中煮沸,观察沥青从集料上剥离的情况。
②使用击实试件(或路面钻芯取样),在浸水条件下,对路面结构的服务条件进行评估。

测试方法包括:煮沸试验、浸水马歇尔试验、冻融台座试验、浸水间接拉伸试验、冻融劈裂试验、浸水车辙试验、Lottman 条件下的间接拉伸试验等。

(1)煮沸试验

煮沸试验为区分沥青膜剥落与未剥落提供了直观的结果,可作为最先选用的试验,也可用于施工现场的质量控制。但是沥青含量、等级、集料等级以及水煮时间均会影响试验结果。该试验只能反映黏附力损失或沥青剥落的情况,但却忽视了黏聚力的损失。同时由于该方法采用主观评价,评定结果往往因人而异。

(2)浸水马歇尔试验

浸水马歇尔试验是我国常用的评价沥青路面水稳定性的方法。该方法试验简单,易于操作,且能区分开不同沥青等级、不同性质集料水稳性的优劣,不失为一种衡量沥青路面水稳性的有效方法。

(3)冻融台座试验法

冻融台座试验试图模拟在路面使用 5 年时,沥青黏结力发生的变化。标准试件用较好的单一粒径集料拌制的沥青混合料制作而成,放在台座上,在水中重复冻融循环,直到与路面设计寿命相关的裂纹出现为止。该试验结果对判定混合料抗剥落潜力有较好的效果。

(4)浸水间接拉伸试验

浸水间接拉伸试验要求试件在浸水真空压力下达到 55%~80% 的饱和度。试验结果通过浸水与不浸水条件下试件的间接抗拉强度比来评定。该方法应用范围广,一般具有较好的相关性。

(5)冻融劈裂试验

冻融劈裂试验方法与浸水间接拉伸试验方法相似,只是增加了冻融循环的条件,主要为了模拟冰冻地区沥青面层的工作环境,加剧水对混合料的破坏程度。

(6)浸水车辙试验

浸水车辙试验方法是把车辙试验放在浸水条件下进行。通过浸水与不浸水条件下分别得出的动稳定度值之间的比值评价混合料的水稳定性。

(7) Lottman 试验

Lottman 试验是美国 AASHTO 标准提出的沥青混合料抗水损害试验方法(T283),我国的冻融劈裂试验是参照此试验方法提出的简化版。与我国标准不同的是,Lottman 试验要求试件的空隙率在6%到8%的范围内,且对饱水率提出了一定的要求。

2.沥青的抗疲劳性能

(1)沥青混合料疲劳力学模型

沥青的疲劳特性研究方法可分为两种:一是现象学法,即传统的疲劳理论方法,采用疲劳曲线表征材料的疲劳性质;另一种为力学近似法,即应用断裂力学原理分析疲劳裂缝扩展规律以确定材料疲劳寿命。

在现象学法中,把材料出现疲劳破坏的重复应力值称作疲劳强度,相应的应力重复作用次数称为疲劳寿命。疲劳寿命可以用两种量度来表示,即服务寿命和断裂寿命。服务寿命为试件降低到某种预定状态所需的加载累积次数;断裂寿命为试件完全破裂所需的加载累积次数。如果试件破坏都被定义为在连续重复加载下完全裂开时,则服务寿命与断裂寿命相等。

应用现象学法进行疲劳试验时,可采用控制应力和控制应变两种加载模式。

①应力控制方式是指在反复加载过程中所施加荷载(和应力)的峰谷值始终保持不变,随着加载次数的增加最终导致试件断裂破坏。这种控制方式以完全断裂作为疲劳损坏的标准。试验结果常采用式(3-32)表示:

$$N_f = k\left(\frac{1}{\sigma}\right)^n \tag{3-32}$$

式中:N_f——试件破坏时加载次数;

k、n——取决于沥青混合料成分和特性的常数;

σ——对试件每次施加的常量应力最大幅值。

②应变控制方式是指在反复加载过程中始终保持挠度或试件底部应变峰谷值不变。由于在这种控制方式下,试件通常不会出现明显的断裂破坏,一般以混合料劲度下降到初始劲度50%或更低作为疲劳破坏标准。

沥青材料在路面服务条件下是黏弹性材料,在荷载作用下,应力与应变关系呈现非线性关系,为了能够像普通固体材料采用弹性模量一样使用方便,便采用劲度模量的概念。应该特别注意的是,劲度模量与弹性模量是不一样的,它不是沥青材料的性质常数,而是取决于温度和荷载作用时间的参数,关系如式(3-33)所示。

$$S_{t,T} = \left(\frac{\sigma}{\varepsilon}\right)_{t,T} \tag{3-33}$$

式中:σ、ε——沥青材料所受到的应力和产生的应变;

t——荷载作用时间;

T——温度。

沥青材料的劲度模量是温度的函数。在夏天,温度越高,劲度越小,使沥青不足以抵抗荷载的作用,而产生过大的变形累积和车辙流动变形;在冬天,温度越低,劲度越大,应力松弛能力减弱,材料发脆,易发生温缩裂缝。同时,沥青材料的劲度模量还是荷载作用时间的参数。

因此,应变控制方式的试验结果常采用式(3-34)来表示:

$$N = C\left(\frac{1}{\varepsilon}\right)^m \tag{3-34}$$

式中:N——混合料劲度下降为初始劲度的50%或更低时的次数;

ε——对试件每次施加的常量应变最大幅度;

C、m——取决于沥青混合料成分和特性的常数。

以上两种加载方式的公式表明,材料在承受重复常量应力或应变条件下,施加的应力或应变同疲劳寿命之间的关系在双对数坐标上成线性反比关系。

(2)影响沥青混合料疲劳的因素

材料的疲劳寿命除了受荷载条件的影响外,还受到材料性质和环境变量的影响。

①荷载条件

材料的疲劳寿命可按不同的荷载条件来测定。如果在全过程中荷载条件保持不变,则称为简单荷载;如果按某种预定形式重复改变荷载条件,称为复合荷载。显然,对于相同的沥青混合料,试件承受简单荷载或是复合荷载所表现的疲劳反应是不同的。

试件在承受简单荷载的情况下,即使初始应力和应变相同,采用两种不同加载模式所得出的疲劳寿命试验结果也是不同的。这是因为在控制应力加载模式中,材料劲度随着加载次数的增加而减小,为了保持各次加载时的常量应力不变,实际作用于试件的变形就要增加;而在控制应变加载模式中,为了保持每次加载的常量应变不变,作用于试件的实际应力应减小。

此外,加载速率、加载波形、荷载间隔时间等因素对疲劳试验结果也有明显的影响。一般情况,加载速率过快,荷载间隔时间过短,试件的疲劳恢复时间过短,容易加速破坏,疲劳寿命较短。

②材料性质

沥青混合料的劲度是影响疲劳寿命的重要参数。根据试验,在控制应力加载模式中,疲劳寿命随混合料劲度的增加而增加,这是因为每次加载产生的应变较小,因此重复作用的次数就多。而在控制应变的加载模式中,疲劳寿命随混合料劲度的增加而降低。这是因为劲度高,每次重复加载的应力就大,疲劳寿命就减小。一切与劲度模量相关的因素都将直接影响到沥青混合料的疲劳寿命,如沥青用量、沥青的种类和稠度等。

沥青混合料的空隙率对疲劳寿命的影响十分明显,不论是何种加载模式,降低空隙率都能延长混合料的疲劳寿命,所以一般密级配混合料比开级配混合料有更长的疲劳寿命。此外,集料的表面纹理、形状和级配都对混合料的疲劳寿命也有一定影响。

③环境条件

温度对疲劳性能的影响可以用混合料劲度来解释。温度在一定限度内下降时,沥青混合料的劲度增大,试件在承受一定压力的条件下产生的应变就小,因而在控制应力加载模式的试验中导致有较长的疲劳寿命;而在控制应变加载模式的试验中,温度增加引起混合料劲度降低,使裂缝扩展速度变慢而导致疲劳寿命得以延长。

R. Guericke & F. Weinert 根据室内试验结果认为,在低温时控制应力加载模式所得的破坏疲劳寿命与控制应变加载模式的试验结果基本接近,但在较高温度下两种加载模式所得的疲劳寿命之间的差值颇为显著。

(3)沥青疲劳寿命的预估方法

①诺丁汉大学法

诺丁汉大学通过对各种沥青室内疲劳试验,建立了拉应变、疲劳荷载作用次数、沥青含量和软化点的关系,如式(3-35)所示:

$$\lg \varepsilon_t = \frac{14.39\lg V_B + 24.21\lg T_{R\&B} - 40.7 - \lg N}{5.13\lg V_B + 8.63\lg T_{R\&B} - 15.8} \quad (3\text{-}35)$$

式中:ε_t——允许拉应变;

V_B——沥青体积百分率;

$T_{R\&B}$——沥青软化点;

N——荷载作用次数。

当拉应变为 100×10^{-6} 时,混合料的疲劳寿命同沥青用量和软化点之间的经验关系式如下:

$$\lg N_{(\varepsilon = 100\times10^{-6})} = 4.131\lg V_B + 6.95\lg T_{R\&B} \quad (3\text{-}36)$$

式中:N——试件在常量应变 100×10^{-6} 时达到破坏的加载次数;

V_B——沥青的体积百分率;

$T_{R\&B}$——用环球法测定的沥青软化点。

②地沥青学会法

地沥青学会得到的关系式如下:

$$N = 18.4 \times 10^M \times 4.325 \times 10^{-3} (\varepsilon_t)^{-3.291} (S_{mix})^{-0.354} \quad (3\text{-}37)$$

$$M = 4.84 \left(\frac{V_B}{V_V + V_B} - 0.69 \right) \quad (3\text{-}38)$$

式中:N——荷载作用次数;

ε_t——允许拉应变;

V_V——空隙率;

V_B——沥青体积百分率;

S_{mix}——特定时间、温度下混合料的劲度。

3.沥青的抗老化性能

沥青材料在沥青混合料的拌和、摊铺、碾压过程中以及沥青路面的使用过程中都存在老化问题。老化过程一般分为两个阶段,即施工过程中的热老化和路面使用过程中的长期老化。沥青路面碾压成型后,沥青混合料的抗老化能力不仅与沥青材料,光、氧等自然气候条件有关,也与沥青在混合料中所处的形态有关,如混合料空隙率大小、沥青用量等。沥青混合料的老化将导致沥青路用性能的降低。

(1)沥青的老化过程

沥青的耐久性是影响沥青路面使用质量和寿命的重要因素。路面在铺筑时受加热作用,路面建成后受自然因素和交通荷载作用,沥青的技术性能向着不利的方向发生不可逆的变化即沥青的老化。受沥青老化的制约,沥青混合料的物理力学性能随着时间的推移逐年降低直至满足不了交通荷载的要求。

在路面施工中沥青始终处于高温状态,受热会产生短期老化和热老化;路面试用期内沥青长期裸露在自然环境中,同时还要受到汽车交通等机械应力的作用而产生长期老化,即试用期老化。

沥青的短期老化可分为三个阶段:

①运输和储存过程中的老化。沥青从炼油厂到拌和厂的热态运输一般在170℃左右,进入储油罐或池中,温度有所降低。调查资料表明,这一阶段沥青的技术性能几乎没有变化,因此在运输过程中沥青的老化非常轻微。

②拌和过程的热老化。加热拌和过程中,沥青是在薄膜状态下受到加热,比运输过程中的老化条件严酷得多。沥青混合料拌和后,沥青针入度降低到拌和前沥青针入度的80%~85%。因此,拌和过程引起的沥青老化是严重的,是沥青短期老化最主要的阶段。

③施工期的老化。沥青混合料运到施工现场摊铺、碾压完毕,降温至自然温度,这一过程中裹覆石料的沥青薄膜仍处于高温状态。沥青混合料摊铺、碾压和降温期间,沥青的热老化有进一步发展。

混合料中沥青的长期老化是一个漫长而复杂的过程,具有以下特点:

①沥青路面使用早期针入度急剧变小,随后变化缓慢。大体发生在使用1~4年。

②沥青老化主要发生在路表与大气接触部分,在深度0.5cm左右处的沥青针入度降低幅度相当大。

③沥青混合料的空隙率是影响沥青老化的主要因素。

④当路面中的沥青针入度减小至35~50(0.1mm)时,路面容易产生开裂,针入度小于25(0.1mm)时路面容易产生龟裂。

(2)沥青老化的原因

上面已经提到沥青的老化过程分为两个阶段,即施工过程的短期老化和使用过程的长期老化。而沥青老化的原因有以下三个方面:

①蒸发损失

在历史上曾经认为轻组分的蒸发是沥青变硬的主要原因。蒸发是一个不可逆的过程,易挥发的油分损失之后,沥青的化学组分及其性质随之改变。现在看来,蒸发是沥青变硬的原因之一,但不是主要的原因。

沥青在施工作业及储运过程中都需要加热到一定的温度,因标号不同,加热的温度也应有所差别。实践证明,在作业过程中釜内的温度可用经验公式计算:

$$T_K = T_S + 6PI + 88 \tag{3-39}$$

式中:T_K——釜内沥青的温度(℃);

T_S——沥青的软化点(℃);

PI——沥青的针入度指数。

T_K实际上与加热到软化点100℃以上的温度很相近。当沥青在加热熔化达到釜温时,会引起沥青轻组分的蒸发及表面一层沥青的加速氧化,两者都将使沥青变硬。若加热后的沥青在釜内静止,可以延缓沥青轻组分的继续蒸发及进一步的氧化。所以沥青在加热熔化后,若不是立即使用,要尽可能地减少搅动。沥青釜内加热变硬的程度称为釜温稳定性或加热稳定性。在测定沥青的硬度时应去掉这层保护膜。沥青的硬度一般用针入度的倒数表示。在加热过程中硬度的变化用加热前后针入度比来评定。沥青的加热稳定性取决于沥青本身的性质和加热的温度,见表3-24。

各种沥青的加热稳定性　　　　　表3-24

沥青代号	沥青来源	软化点(℃)	针入度(25℃)(0.1mm)	釜温(℃)	蒸发损失(%)	薄膜级别	硬度增加
P1	焦油沥青	58	16	135	0.36	1	1.8
N4	天然沥青	61	21	147	0.10	1	1.2
B5	氧化沥青	128	11	250	0.45	4	1.4
B7	氧化沥青	80	39	190	0.62	1	1.8
B8	中东氧化沥青	103	11	212	0.25	2	1.3
B9	中东氧化沥青	84	29	187	0.17	1	1.5
R12	中东渣油	63	24	152	0.10	1	1.3
R12	南美渣油	59	42	148	0.16	1	1.4
R14	南美渣油	51	56	135	0.05	0	1.2

注:1.保护膜的评价标准:0级指没有膜生成,5级指完全被膜包围。
　　2.硬度增加是指加热前后针入度之比。

从表3-24中的数据可以看出,加热蒸发损失所引起的硬度变化不大,不是决定沥青变硬的主要原因。但对于这个问题也不能忽视,特别是氧化沥青由于软化点高,所需加热的温度高,而且加热稳定性比天然沥青或渣油差,因此应十分注意。焦油沥青的加热稳定性最差。

②沥青的氧化

引起沥青老化的因素有很多,其中沥青发生氧化是主要原因。为了说明沥青吸氧氧化,可进行吸氧试验。这是将沥青在薄膜状态下(如 40μm)置于密度的容器中,注入氧气,并保持一定的压力和温度,进行氧化,观察沥青吸氧后性质的变化,并测定氧气的体积以确定沥青的吸氧量。

沥青的氧化与温度有直接关系。在一定温度下,沥青各组分与空气中的氧发生作用而被氧化。温度越高,氧与沥青化合留在沥青中越少,而且沥青发生脱氢生成了水和二氧化碳;但当温度较低时,氧化反应较为缓慢,则生成极性含氧基团,所吸收的氧存在于沥青中。吸氧的多少还与沥青的组成有关,如芳香酚含量高,吸氧量多;饱和酚含量高,由于饱和酚较稳定,不易氧化,吸氧量就少。

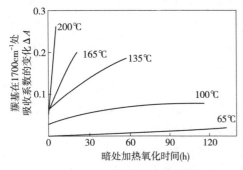

图3-22 沥青在暗处氧化速度与温度、时间的关系

在沥青混合料生产过程中,石料与沥青都处于高温状态,这时会引起沥青剧烈地老化。有人曾经做过专门研究证明,沥青在160~170℃高温下以薄膜状态和石料接触,其老化速度几乎相当于沥青路面19年的自然老化。因此温度越高,沥青的氧化越剧烈,老化越严重。测定沥青在不同温度下老化后羰基在1700cm^{-1}处吸收系数的变化,可以看出温度对氧化的影响,如图3-22所示。

在自然界,阳光的照射也是沥青老化的重要因素。在光的照射下,沥青的氧化要比在黑暗中快得多。在这种情况下,沥青中的各种组分能吸收氧而被氧化,当然芳香酚氧化的速度更快,吸收的氧更多。表 3-25 为沥青各组分的吸氧量。

沥青各组分的吸氧量   表 3-25

组 分	20h 内的吸氧量(μg/g)	
	黑暗	光照
饱和酚	0	2.5
芳香酚	0	8.8
胶质	1.7	5.0
沥青质	1.4	4.2

③其他原因引起的老化

a.聚合作用。所谓聚合作用是指性质相近的分子结合成更大更复杂分子的过程,这种聚合硬化常被认为与沥青路面低温老化、硬化有关。

b.自然硬化。沥青处于环境温度下发生自然硬化的过程有时称为物理硬化。这主要是沥青分子的重新定位,蜡质成分缓慢结晶所致。一般沥青的物理硬化是可逆的,一旦温度升高沥青又可以恢复原来的黏度。

c.渗流硬化。渗流硬化是指沥青的油分渗透到集料中引起沥青膜硬化的现象。这种作用主要与沥青内烷基烃部分低相对分子质量组分的数量、沥青质的数量与类型有关,主要发生在多孔性集料中。

d.沥青虽然是憎水性材料,但在雨水的作用下,沥青中的可溶性物质被冲洗掉,也是引起老化的原因之一。

e.汽车交通荷载作用,对沥青老化的影响可以认为是反复荷载的疲劳作用造成了沥青的不可逆的塑性变形,引起了结构的破坏。因此,机械力也是沥青老化的一种因素。

综合以上老化作用过程,都使沥青老化后的黏度和沥青混合料强度得以增高,但沥青黏度增高会使路面变脆,其结果是增加路面磨损,降低其形变能力,最终导致沥青混合料路面出现裂缝。有人对沥青从加热拌和、运输、摊铺碾压成型、运营通车整个使用周期的老化指数的变化过程进行了研究,得出结论:沥青在拌和过程中老化最严重,运输、摊铺、碾压等施工过程中相对比较轻微,而运营使用过程中老化比较缓慢,但运营时间很长,所以这一过程的老化也是不容忽视的。有研究表明,沥青的老化主要发生在路面使用期的前 18 个月。老化严重的沥青混合料的水稳定性和低温抗裂性差。所以沥青的老化特性是沥青的一个重要品质,采用合适的试验方法评价沥青的老化特性就显得尤为重要。

(3)沥青老化试验和评价

①沥青的短期老化评价方法

沥青的短期老化(STOA),主要是指沥青在拌和铺筑过程中的老化。国际上以前通用的沥青蒸发损失试验(LOH)是采用针入度试样皿装沥青试样 50g,由于沥青试样的深度大,它仅能反映沥青在沥青罐、沥青车中存放过程中的老化,其老化条件与热拌沥青混合料的条件相差甚远,所以现在一般不再使用。现在通行的评价沥青在拌和过程中热老化程度的试验方法是薄膜加热试验(TFOT)及旋转式薄膜加热试验(RTFOT),见图 3-23 及图 3-24。沥青在拌和机中的热老化与沥青在沥青池、沥青罐中储存加热过程中的老化不同,它虽然时间短暂,但与空气接触面大,温度高,因而老化速率很快。

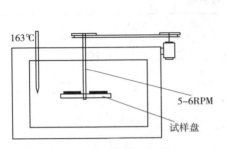

图 3-23 沥青薄膜加热试验

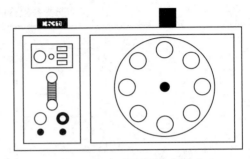

图 3-24 沥青旋转薄膜加热试验

我国薄膜加热试验方法是将 50g 沥青试样放入直径 5.5in(140mm)、深 3/8in(9.5mm) 的不锈钢盛样皿中,沥青膜的厚度为 3.2mm,在 163℃ 通风烘箱的条件下以 5.5r/min 的速率旋转,试验经过 5h 后的质量损失及针入度等各种性质指标的变化的试验方法。

TFOT 的加热时间越长,沥青老化越严重,TFOT 的标准加热时间规定为 163℃、5h,是为了模拟沥青混合料拌和过程中沥青的老化程度,图 3-25 示出了 TFOT 加热时间与沥青中沥青质含量的变化情况。

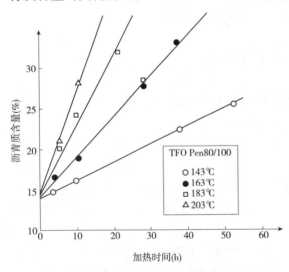

图 3-25 TFOT 加热时间与沥青质含量变化的关系

《公路工程沥青及沥青混合料试验规程》(JTG E20—2011)T-0610 对旋转薄膜加热试验规定:沥青试样 35g 装入高 140mm、直径 64mm 的开口玻璃瓶中,盛样瓶插入旋转烘箱中,一边接受以 4000mL/min 流量吹入的热空气,一般在 163℃ 的高温下以 15r/min 的速度旋转,经过 75min 的老化后,测定沥青的质量损失及针入度、黏度等各种指标的变化。据推算,沥青在玻璃瓶中的膜厚仅为 5~10μm,所以沥青老化的过程不仅有轻质油分的挥发,还有氧化作用的发生,老化的进程要比 TFOT 快得多。

与原有的加热损失试验相比,薄膜加热试验的试验条件要苛刻得多,它更接近于强制式搅拌中的老化过程。AAPT 指出,厚度 3.2mm 的沥青薄膜在 163℃ 下加热 5h 的试验时间,与针入度 85~100 的沥青在 149℃ 拌和温度下的硬化过程最为接近。尽管当针入度低于或高于 85~100 范围时,试验条件的老化程度不一定与强制式拌和机中的拌和过程相当,拌和温度不一样也会影响老化程度。但薄膜加热试验仍被公认为是反映拌和过程热老化的最好的试验方法。另外,在不同条件下不同沥青的相对硬化程度,还可以通过改变薄膜烘箱试验的试验条件得到的相对硬化程度进行评定。

美国加州的 Hveem 提出了用旋转薄膜烘箱试验(RTFOT)来代替 3.2mm 的薄膜加热

(TFOT),其理由是旋转烧瓶中的沥青薄膜厚度更接近混合料中沥青膜的厚度,且试验时间可缩短到75min,试验时不断吹入163℃的热空气,使沥青的老化程度与强制式搅拌机的拌和过程更接近。但是众多的研究表明,两种试验的结果大体上是相当的。因此美国的许多与沥青有关的标准中都注明两种试验方法可以代替。

TFOT和RTFOT两种试验方法都是使沥青暴露在热空气条件下和气流中,一方面促使沥青中轻质油分的挥发,一方面沥青与空气中的氧发生化学反应。作为试验结果的质量损失来说,有时会得出质量没有减轻反而增加的结果,这种情况并非反常,它是由于氧化反应使沥青结合料质量增加超过了轻质油分挥发部分的缘故,所以以质量"损失"表示沥青老化,"增加"同样反映沥青的老化。由此可见,"质量损失"指标本身很难说明沥青的老化程度。

在进行TFOT或RTFOT时,测定了质量损失的试样不能再用于其他试验,因为冷却了的试样再加热会影响沥青的老化程度。而且规定试验时不宜从盛样皿或玻璃瓶上用刀子向下刮试样,但有时试样数量不足,因此实际上很难避免。

由于沥青在拌和过程中的老化是沥青薄膜在接触热矿料表面时发生的,矿粉虽然是冷态加入拌和锅,但一遇到高热的粗细集料马上变成热态,沥青混合料中矿粉填料的比表面占了矿料总比表面的绝大部分,沥青老化实际上是在接触矿粉后才迅速产生。在沥青中加入矿粉将大幅度增大沥青碳氢化合物的黏度,被称为"填料的硬化效应"。沥青的这种"填料硬化效应"可以加入不同比例的填料后沥青或沥青矿粉结合料的软化点增值大小来衡量。常用的粉胶比(矿粉与沥青的质量比)是1∶1、1.5(和2.5)∶1(最常用1.5∶1),并换算成体积比测定硬化效应。很显然,它实际上也反映了沥青在掺加矿粉情况下的位阻硬化过程,对于研究沥青混合料拌和过程中沥青的老化程度是一种简单方便且又能说明问题的方法。

②沥青的长期老化评价方法

相对于拌和铺筑过程的短期老化(STOA)而言,沥青在路面使用过程中的老化是一个漫长的过程,所以称为长期老化(LTOA)。在相当长的时间内,对沥青老化的研究都集中在短期老化上,对长期老化的研究进展,收效甚微。

早期对沥青的长期老化试验方法的研究集中在所模拟的自然环境条件,采用类似塑料、高聚物的老化方法,也有的直接采用在室外暴晒的试验方法。ASTM(D 1670)有一个加速老化试验方法是供屋面防水沥青用的,一些国家也参照此方法进行道路沥青加速老化试验。在我国,早在20世纪60年代,交通部公路科学研究所就添置了能模拟日晒、雨淋、紫外光等自然环境的老化箱,后来山西省交通科学研究所还研制成功了模拟气候条件的加速老化试验仪,但真正用于试验则很少。在日本,对各种模拟气候的加速老化条件,如碳弧灯、氙灯、紫外光等各种光源的老化条件进行了深入的研究,尚无结论。最终未能成为生产单位所接受的标准试验方法。

因此,许多学者进行沥青的加速老化试验主要还是针对不同沥青品种的老化性能的定性比较方面。

直至20世纪90年代,美国SHRP成果SUPERPAVE提出压力老化试验(Pressure Aging Vessel,简称PAV)后,长期老化试验方法才成为公众所接受的标准试验方法。SHRP研究认为,沥青结合料老化主要是基于两种不同的机理:沥青中的轻质油分的挥发和与环境中的氧起反应。在热拌和铺筑过程中,由于有高温热气流的存在,结合料的老化按这两种机理发生老化,采用旋转薄膜加热试验是适宜的。

在路面竣工后,虽然老化仍在继续进行,但使用温度较低,挥发已经不再是主要因素。氧化机理将占主要的地位。沥青结合料是由有机高分子组成的,能同环境中的氧气发生氧化反应使沥青变硬变脆,形成时间性氧化硬化或老化硬化,虽然在温暖气候条件下氧化较快,但氧化硬化的过程相当缓慢,且与路面的压实情况和空隙率关系甚大。应该着重指出的是,美国 SHRP 研究计划在提出沥青结合料路用性能规范时曾经列入了老化指数的指标,试验根据西部研究院 J. Cleine Petersen 的方法进行,沥青试样暴露在 43.3℃ 的高压氧状态下。据认为现行老化试验的高温状态将破坏沥青的结果硬化(位阻变硬)使试验不太准确。新的老化试验方法反映了路面 5 年的老化情况,一般沥青路面的老化发生在前 5 年内,而疲劳开裂则通常在老化以后才发生。

压力老化试验器的示意图如图 3-26 所示,标准的老化温度视标号的不同规定为 90~110℃,老化时间为 20h,容器内的充气压力为 2.1MPa。试验数据表明,PAV 试验对沥青老化的影响相当于使用期路面表层沥青老化 5 年的情况。对不同老化条件的试样进行针入度和四组分含量进行测试,并按 SHRP 方法进行 DSR 试验,结果如图 3-27~图 3-29 所示。在图中,从使用 5 年的沥青路面表层 0~25mm 取样抽提回收沥青的针入度、四组分(用 TLG-FID 法测定)变化的程度、DSR 的复数模量 $G^*/\sin\delta$ 及损失正切 $\tan\delta$(δ 为相位角),与经过 TFOT 及 PAV 试验老化的沥青残留物的数值十分一致。

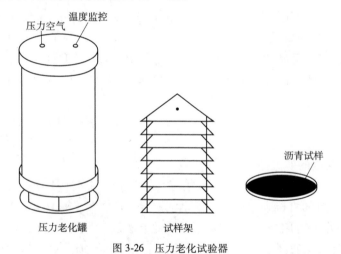

图 3-26 压力老化试验器

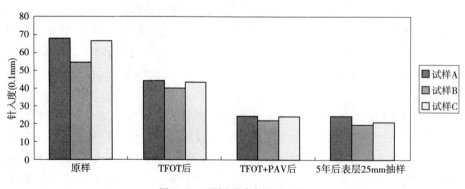

图 3-27 不同老化条件的针入度

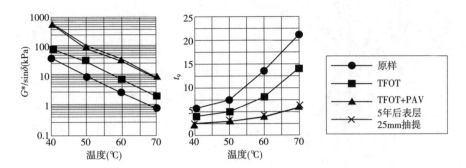

图 3-28 不同老化条件的 DSR 测定结果

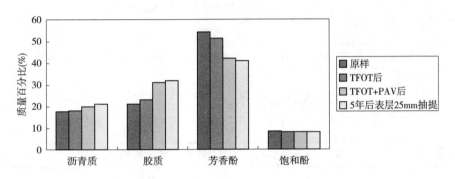

图 3-29 不同老化条件的四组分分析结果

因此改变不同的老化方法及老化时间,沥青性质的变化大体上遵循一定的规律,在实验室老化条件下,只要使沥青性质的变化能与现场老化条件相对应,便能确定模拟现场老化的条件,美国压力老化罐(PAV)的试验条件便是这样确定的。

为了验证 PVA 模拟路上自然老化的程度,日本建设省土木研究所在使用 5~10 年的 17 条道路上,分别在车行道和路肩上钻孔取样,结果表明,PAV 的老化程度与路肩部的老化大体相当,车行道的老化要比路肩部的小一些,用 PAV 评价车行道老化过于严酷。但也有资料表明,在车辙部位及非车辙部位取样回收沥青测定的针入度和软化点几乎没有差别,如图 3-30 所示。

为评价沥青路面使用过程中沥青老化的程度,一般的分析方法是从使用中的路面取样回收沥青,或将沥青混合料放置户外进行暴露试验,在不同龄取样回收沥青,用组成分析、红外吸收光谱等手段进行分析,比较沥青性质的变化过程,同时还可以对沥青进行模拟环境条件的加速老化试验,以说明老化发展的速度或抗老化能力。

日本笠原靖等人从使用三年后的路面铅芯取样,用阿布森抽提试验回收该路面芯样的沥青,用上述手段进行了分析,指出不同路面深度对老化程度及老化机理有非常大的影响(表 3-26)。由路面内部回收的沥青样品与通过 TFOT 和 RTFOT 进行热老化试验所得的结果有直线关系;而由表层回收的沥青样品则偏离直线。说明表层由于紫外线、雨水、空气的影响,不仅老化程度严重,而且其老化机理也与内部不同。另外,交通量小的道路边缘部分空隙率较大,老化程度较路中心也大。Colbett 等人的研究成果如表 3-27 所示。

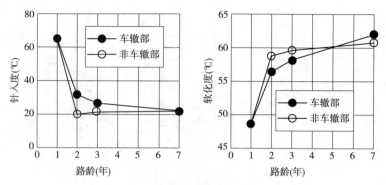

图 3-30 路面不同部位取样的回收针入度和软化点的变化

3 年后不同深度路面沥青老化程度 表 3-26

物理性质	距路表深度(cm)			
	沥青原样	0~0.5	0.5~2.5	2.5~4.5
针入度(0.1mm)	95.0	33.0	52.0	52.0
软化点	45.0	60.2	52.0	53.0
PI	−0.95	+0.12	−0.62	−0.42

使用 18 年跟踪后不同深度路面沥青老化程度 表 3-27

试样	指标	路段					
		1	2	3	4	5	6
沥青试样	软化点(℃)	52.2	51.1	51.7	51.7	51.7	52.2
	针入度(0.1mm)	46	52	48	49	51	49
	15℃延度(cm)	>150	>150	>150	67	16	27
	60℃黏度(Pa·s)	388	531	329	448	641	774
路表面部分 (厚度 1/8in)	软化点(℃)	57.8	65.6	60.0	63.9	63.9	73.9
	针入度(0.1mm)	26	19	23	23	23	19
	25℃延度(cm)	>150	7	>150	6	7	5
	15℃延度(cm)	5	0.5	4.5	—	3	2.5
路面下部 (厚度 1/4in)	软化点(℃)	53.9	57.8	56.1	57.2	52.9	63.9
	针入度(0.1mm)25℃	37	34	36	35	36	32
	延度(cm)	>150	>150	>150	150	>150	40
	15℃延度(cm)	8	8.5	8.5	6.5	6	4.5
	60℃黏度(Pa·s)	732	1704	775.2	971	1179	3441

另外,沥青老化的程度还与混合料级配、路面的密度、空隙率有密切关系。Kennedy 为确定沥青老化特征,在实验室进行了加速老化试验,发现对于广泛采用的间断级配沥青混凝土须采取特殊保护措施。他认为:

a. 针入度下降到30(0.1mm)时,沥青便到了使用极限。

b. 与连续级配沥青混凝土相比,间断级配沥青混凝土更易由于热、氧和紫外线的作用而发生老化,更易于蒸发作用损失质量,其收缩现象也比较严重。可以通过表面以预涂沥青的石屑减缓老化作用。

c. 增大混合料密度可以大大减缓其他老化。

d. 如果上表层的沥青已经老化,则在外荷载的作用下就会发生开裂;路面的破坏是由荷载和非荷载因素的共同作用所致。

为了考察沥青在使用期的老化情况,我国也做了许多试验。对不同路龄回收沥青的化学组分进行了四组分分析,以了解沥青在使用过程中化学组成的变化。表3-28及图3-31示出了沥青路面使用过程中不断老化导致沥青各组分由轻组分向重组分转换的情况。

沥青组分在使用过程中的变化　　　　　　表3-28

试样		饱和酚	芳香酚	胶质	沥青质
原沥青		17.3	45.2	26.1	13.0
路表深度使用3年后	0~0.5cm	11.8	37.5	27.7	23.0
	0.5~2.5cm	12.4	43.5	22.9	20.7
	2.5~4.5cm	12.9	41.5	23.4	22.0

同时利用GPC凝胶渗析色谱对回收沥青的分子量分布进行了测定,表明沥青在道路使用过程中,分子量不断增加,且主要发生在前18个月。

法国LCPC在利用RTFOT(沥青旋转薄膜加热试验)及PAV(压力老化试验化)进行老化试验后发现,沥青长期老化与短期老化试验方法之间实际上也有一定的联系,如图3-32所示。在老化过程汇总针入度的下降与软化点的升高关系可用公式(3-40)描述,相关系数 $R=0.994$。

$$\lg PEN_{25} = 10^7 (T_{R\&B})^{-3.1385} \qquad (3-40)$$

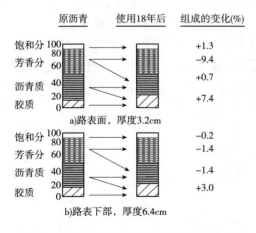

图3-31　沥青路面使用18年后各组分的变化情况

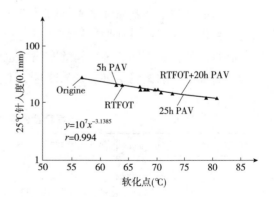

图3-32　不同试验方法的老化效果

六、沥青的黏附性

1. 沥青黏附性概述

沥青的黏附性是指沥青与石料之间相互作用所产生的物理吸附和化学吸附的能力,而黏结力则是指沥青本身内部的粘结能力,二者区别不大,有时混用。然而黏结性好的沥青一般其黏附能力也强。道路沥青的主要功能之一是作为黏结剂将集料粘结成为一个整体。沥青对石料黏附性的优劣,直接影响沥青路面的使用质量,对沥青路面的强度、水稳性以及耐久性都有很大影响,所以黏附性是评价沥青技术性能的重要指标之一。

在干燥状态,沥青与石料粘附较容易。但在潮湿状态下,由于水比沥青更容易浸润石料,石料表面的沥青就可能被水所取代,沥青从石料表面剥离下来。当集料失去沥青的粘结作用时,路面就会松散。这就是雨季沥青路面经常出现松散的原因。

沥青与集料的相互作用是一个复杂的物理化学过程。极性组分含量越高的沥青,其黏附性越好;黏结性高的沥青,黏附性好。沥青裹覆在干燥石料表面后,如果遇水,大多数沥青容易被水剥离。沥青裹覆矿料后的抗剥落性(或抗水性)取决于沥青与集料的黏附性,它不仅与沥青的性质有密切关系,而且与矿料性质有关:憎水性集料与亲水性集料相比有更好的抗剥落性能;集料表面粗糙、孔隙适当,且干燥、洁净,将有利于提高其与沥青的黏附性。掺加抗剥离剂可提高沥青与集料间的黏附性。沥青与石料之间的黏附强度与它们之间的吸附作用有密切关系。沥青与矿料相互作用时,除分子力的作用,即物理吸附外,还有化学作用,即化学吸附,而且后者可较前者强若干倍。沥青是一种低极性有机物质,在沥青组分中沥青酸、沥青酸酐或树脂都具有高的活性,沥青质的活性较树脂低,油分的活性最低。水是极性分子,且有氢键,因此水对矿料的吸附力很强。酸性石料(如石英石)具有亲水性,石油沥青与其粘附时,基本上仅有物理吸附,所以易被水剥离。碱性石料具有憎水性,石油沥青与其粘附时,除物理吸附外,还产生化学吸附,所以不易被水剥离。

沥青中含有一定数量的阴离子型表面活性物质,即沥青酸和酸酐,这种表面活性物质与石灰岩等碱性岩类接触时,能在它们的界面上产生很强的化学吸附作用,因而黏附力大,粘附得很牢固。当沥青与其他类型的集料(如酸性石料)接触时则不能形成化学吸附,分子间的作用只是范德华力的物理吸附,而水对石料的吸附力很强,所以极易被水剥落。

由石蜡基和中间基原油加工提炼的沥青与矿料的黏附力,不如由环烷基原油加工提炼的好。由同一基属的原油加工提炼的沥青,如果其稠度不同,对矿料的黏附力也有所不同。同一品种的沥青对不同品种矿料的黏附力也有差别,表3-29是同品种不同稠度的沥青与花岗岩碎石黏附力的试验结果。结果表明,同一品种的氧化沥青,其稠度越大,与矿料的黏附力越好。

不同稠度的沥青与矿料的黏附力　　　　表3-29

大庆氧化沥青针入度(0.1mm)	矿料	剥离度(%)	大庆氧化沥青针入度(0.1mm)	矿料	剥离度(%)
240	花岗岩	26.32	70	花岗岩	11.22
108		27.55	55		6.68
85		25.69	47		5.44

不同品种的沥青与同一种岩石的黏附性也有很明显差别。七种沥青与七种岩石的黏附性试验结果见表 3-30，试验采用 80℃ 浸水法。

表 3-30 的结果表明：石灰岩与各种沥青的黏附性能好，黏附性等级为 4 级和 5 级；其次为安山岩，它与各种沥青（仅指试验所用沥青）的黏附性能属于 4 级；玄武岩与表中沥青的黏附性可属 5 级和 4 级；与沥青的黏附性最差的是石英岩和花岗岩。

沥青与矿料黏附性试验结果（剥落百分数） 表 3-30

沥青	花岗岩	片麻岩	玄武岩	安山岩	砂岩	石英岩	石灰岩
克拉玛依	50	15	10	15	25	80	5
欢喜岭	55	20	15	10	30	70	5
辽河	65	20	15	15	10	55	5
兰炼	65	45	10	15	50	70	10
茂名	55	35	15	10	30	55	15
单家寺	60	20	10	15	10	60	5
胜利	70	70	20	20	35	80	15

2. 黏附理论

（1）界面理论

要粘附在固体表面，完全浸润是形成高黏结强度的必要条件。液体对固体的浸润有如图 3-33 所示的三种情况：

①液体具有浸润固体表面并扩展到整个表面的倾向[图 3-33a)]。
②液体浸润固体表面并有一定的扩展[图 3-33b)]。
③液体有离开固体自我收缩的倾向，液体不能润湿固体表面[图 3-33c)]。

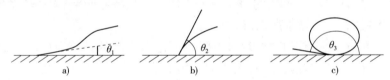

图 3-33 液体对固体的浸润

根据经典的润湿理论，当石料表面处于潮湿状态时，沥青要能粘附在石料表面，可应用沥青—石料—水三相体系平衡来描述。

设石料—沥青的界面张力为 γ_{sb}，石料—水的界面张力为 γ_{sw}，沥青—水的界面张力为 γ_{bw}。对于石料表面的某一平面处，当沥青将要被水取代，沥青在石料表面成球状接触时，三种界面张力处于平衡状态，即：

$$\gamma_{sb} + \gamma_{bw}\cos\theta - \gamma_{sw} = 0 \tag{3-41}$$

$$\cos\theta = \frac{\gamma_{sw} - \gamma_{sb}}{\gamma_{bw}} \tag{3-42}$$

通常情况下，$\gamma_{sw}>\gamma_{sb}$，$\theta<90°$，这表明石料表面的沥青将要被水剥离。为了改善沥青与石料的黏附能力，应改善沥青与石料的浸润性，使 $\theta<90°$。研究表明，在沥青中掺入某些化学添加剂，可以使 γ_{sb} 和 θ 改变。例如，将阳离子表面活性剂加入沥青中，沥青就会被强力地吸

附在石料表面,而使接触角 θ 随之减小,而沥青与水之间的界面张力也随之减小,这样,沥青取代水而能粘附在石料表面。

(2)酸碱理论

沥青是一种弱极性物质,其极性的强弱与沥青中的表面活性物质,如沥青酸和沥青酸酐的含量有关。当沥青与酸性石料接触时,沥青中的酸性物质不能与酸性石料(如花岗岩、石英岩)发生化学反应,只能产生分子间力的作用,即物理吸附,故黏附性不强。当与碱性石料接触时,则可以发生化学反应,而产生一种不溶于水的化合物,形成化学吸附;化学吸附作用力强于物理吸附力,故黏附力强。

3.沥青黏附性的评定方法

评价沥青的黏附性,一种是评价沥青与集料的黏附性,另一种是采用沥青混合料水稳定性试验来评价沥青的黏附性,即前面内容(沥青的水稳定性)中所列出的试验方法:煮沸法、浸水马歇尔试验、冻融台座试验法、浸水间接拉伸试验、冻融劈裂试验、浸水车辙试验。

4.影响沥青与集料黏附性的因素

沥青与石料的粘附过程是一个复杂的物理、化学过程。黏附力的产生不仅与沥青本身的性质有关,而且与石料的性质、表面结构及状态有关,还与沥青混合料拌制工艺的条件有关。

(1)沥青性质

沥青中所含的表面活性物质(如沥青酸、酸酐),其含量的多少将影响沥青的黏附性。沥青中的这些活性物质实际上是一些阴离子表面活性物质。这些活性物质的含量以酸值表示。酸值大于 $0.7\mu g$ KOH 的沥青为活性沥青,这种沥青对碱性岩石的干燥表面有良好的黏附性,但与酸性石料粘附不好;酸值小于 $0.7\mu g$ KOH 的非活性沥青,与大多数石料的表面都不能形成牢固的粘附,容易被水所剥落。

沥青温度的高低影响沥青的黏附性,不同岩石是由不同的矿物组成的。每种矿物都有其特有的化学特性和晶体结构。岩石按成因分类有岩浆岩、沉积岩和变质岩。岩石按二氧化硅的含量分为酸性、碱性和中性。若二氧化硅含量大于65%为酸性石料;二氧化硅含量小于52%为碱性石料;二氧化硅含量在52%~65%之间为中性石料。表3-31列出各种岩石二氧化硅的含量与酸碱性质。

岩 石 的 酸 碱 性 表3-31

岩石类别	岩石名称	二氧化硅含量(%)	酸碱性质
火成岩	花岗岩	68.3	酸性
	正长岩	64.7	中性
	流纹岩	74.3	酸性
	安山岩	61.4	中性
	玄武岩	51.7	碱性
	辉绿岩	48.9	碱性

续上表

岩石类别	岩石名称	二氧化硅含量(%)	酸碱性质
沉积岩	砂岩	76.1	酸性
	石灰岩	3.8	碱性
	白云岩	0.1	碱性
	页岩	53.3	中性
变质岩	石英岩	74.2	酸性
	片麻岩	70.2	酸性
	片岩	59.3	中性
	板岩	61.6	中性

根据酸碱理论,沥青与碱性石料之间具有良好的黏附性,而与酸性石料则黏附性不好,易在水的作用下剥落。

由于确定岩石的酸碱性必须分析其矿料的矿物成分,一般比较困难,而矿物又难溶于水,不能像测定易溶物那样通过测定水溶液的 pH 值来确定其酸碱值,因此,目前还没有一种比较简便的方法来测定矿料的酸碱性。为了对比矿物的酸碱性的强弱,有一种方法是用碳酸钙分析纯作为标准,其他石料的酸碱性强弱都与碳酸钙比较。具体做法是先将一定粒径的石料在一定浓度的酸中进行浸泡,然后测定溶液中消耗的 H^+ 浓度,与相同条件下碳酸钙所消耗 H^+ 浓度作比较,按式(3-43)计算该矿料碱值:

$$碱值 = \frac{岩石消耗 H^+ 的浓度}{碳酸钙消耗 H^+ 的浓度} \tag{3-43}$$

按以上方法测试石灰岩、片麻岩、花岗岩的碱值,其结果见表3-32。碱值越大,沥青混合料抗水害能力越强,一般碱值应大于 0.80,否则,应采取抗剥离措施。

岩石碱值   表 3-32

岩石	石灰岩	片麻岩	花岗岩
酸值	0.97	0.62	0.57

(2)集料的表面状态

光滑的集料表面(如河卵石、砾石),沥青易于浸润,但当遇水后却容易脱落,粘结不牢。集料表面粗糙,形成凹凸不平的表面,不仅增加了表面积,使集料增多了与沥青接触的机会,而且沥青能嵌入凹穴之中,固化后形成牢固的机械嵌锁力,使沥青与集料牢固粘结。

集料表面的清洁程度对沥青的粘附也有很大影响,如集料表面裹覆黏土,将阻隔沥青与石料的接触,影响沥青的浸润。

5.沥青黏附性的改善方法

改善沥青与矿料颗粒表面的黏附力,能大大增加沥青混凝土面层的抗剥离性能,并扩大可使用矿料的品种。

(1)活化集料表面

在拌制沥青混合料时添加消石灰粉或水泥:常采用水泥、石灰、镍含量很高的碱性材料预处理集料的表面,使其碱性化,或者在沥青中掺入一定剂量的这类碱性材料。用消石灰粉或水泥取代部分矿粉拌制沥青混合料,能有效地提高其水稳性,但一般添加的剂量不超过矿粉总量的40%。

花岗岩碎石属于酸性石料,与沥青的黏附性比较差,粘附等级为2级,经过这些材料预处理后,其水煮法黏附性等级可以提高到4级。

沥青中加入石灰可以提高软化点和黏度,如表3-33所示,减小针入度,有利于改善沥青与矿料之间的粘结,提高抗老化性能和低温下的抗裂性。间接抗拉强度试验结果得出,石灰剂量1%~2%比较合适,且石灰应先与沥青拌和,然后与集料拌和成沥青混合料。

石灰对改进沥青黏附性的效果　　　　表3-33

沥青种类	石灰剂量(%)	针入度(0.1mm)	软化点(℃)	延度(cm)	黏度(Pa·s)	
					60(℃)	135(℃)
40/50	0.0	44.8	52	118.0	572	0.645
	0.5	40.8	54	78.0	624	0.745
	1.0	36.0	54	61.0	902	1.056
	2.0	33.2	54	55.5	1610	2.340
85/100	0.0	91.5	46	160.0	133	0.316
	0.5	88.1	47	90.5	161	0.386
	1.0	68.9	47	46.0	232	0.505
	2.0	47.6	47	37.0	548	1.120

由于石灰一般采用消石灰粉,掺入沥青后虽有沥青的包裹作用,但是,随着时间的延长,在水分和空气的综合作用下,石灰将转变为碳酸钙,出现体积膨胀,导致沥青路面出现其他质量问题。因此,采用石灰或水泥作为添加材料时,一般应进行长期性试验。

(2)在沥青中掺加抗剥剂

在沥青或沥青混合料中掺加抗剥剂也是一种表面活性剂,它能降低沥青—矿料的界面张力,提高沥青与矿料的黏附性,从而达到抗剥离的效果。由于沥青大多与酸性石料黏附性不好,故常在沥青中添加阳离子表面活性剂。典型的阳离子表面活性剂有烷基胺、季铵盐、酰胺、环氧乙烷二胺等。但有些胺类的表面活性剂在高温下会分解失效,故选择表面活性剂时应注意它的耐热性。

按照化学性质,表面活性剂物质分离子型和非离子型两种。离子型表面活性物质又分成两类,即阴离子型和阳离子型。

为了改善沥青与碳酸盐类岩石和碱性岩石(如石灰岩、白云岩、玄武岩、安山岩、辉绿岩等)的黏附性,要使用阴离子活性的表面活性物质。为了改善沥青与酸性和超酸性岩石(如石英岩、花岗岩、正长岩等)的黏附性要使用阳离子活性的表面活性物质。

阴离子表面活性剂的代表是高羰酸、高羰酸的重金属盐和碱土金属盐(硬脂酸钠是其中一个典型)。阳离子表面活性剂的代表是胺盐和季铵盐。

(3)选择碱性石料

根据工程性质可分别选用石灰岩、玄武岩、辉绿岩等碱性岩石破碎的石料作为沥青混合料的集料。

(4) 保证石料表面的清洁度

清洁石料表面有利于与沥青的浸润,而形成良好的粘结。如石料表面沾有泥土,沥青裹覆在泥土表面,当遇水侵蚀,沥青就容易被剥离下来。石料在破碎之前应予以清洗,并在运输中注意不被污染。

七、沥青中的蜡对路用性能的影响

1.沥青中蜡种类和性质

不论采用三组分分析法还是四组分分析法,均可从液态成分中分离出蜡。所谓蜡是指原油、渣油及沥青在冷冻时,能结晶析出的熔点在25℃以上的混合组分,其中主要是高熔点的烃类混合物。蜡组分的存在对沥青性能的影响是沥青性能研究的一个重要课题。

石油中的蜡,按其物理性质可以分为石蜡和地蜡,地蜡也称为微晶蜡。当它们的熔点相近时,地蜡的相对分子质量、密度等都比较大,见表3-34。

石蜡和地蜡性质比较 表3-34

名 称	熔点(℃)	平均相对分子质量	D_4^{60}
石蜡	56.1~60.1	380	0.781
地蜡	57.5~60.1	420	0.798

地蜡的相对分子质量比石蜡大得多。石蜡通常是从高沸点石油馏分中(350~550℃或更高)得到的,地蜡则主要是从石油最重的部分如蒸馏残油中分离得到的。所以沥青中的蜡主要是地蜡,即微晶蜡。表3-35是石蜡和地蜡的化学组成数据,从这些数据中可以看出,石蜡主要是由正构烷碳组成的,它们的含量通常在90%以上,其他的烃类很少。但随着石蜡相对分子质量的增大,混合结构烃类的含量逐渐增多。地蜡的组成要复杂些,大多数地蜡都含有相当多的环烷烃及少量芳香烃,在一般情况下,地蜡中正构烷烃的含量比石蜡中少得多。

石蜡和地蜡的化学组成 表3-35

名 称	石蜡	地蜡A	地蜡B	地蜡C
正烷烃(%)	93.0	17.6	25.9	88.1
异构烷烃(%)	0.5	26.4	15.4	3.4
非缩合环烷烃(%)	6.5	46.6	45.1	8.5
缩合环烷烃:二环(%)	0	4.9	7.1	0
三环(%)	0	1.7	2.6	0
苯环芳香烃(%)	0	2.7	3.7	0
萘环芳香烃(%)	0	0.1	0.2	0
熔点(℃)	57	76	77	54

由于石蜡和地蜡的化学组成不同,自然会在它们的理化性上表现出来。为了了解蜡的结构与其理化性质的关系,索切夫柯研究了商品石蜡、地蜡的环数、侧链等与蜡的脆点和剪应力的关系。试验证明主要由正构烷烃组成的石蜡的特点是,能承受很大的剪应力,但塑性差(脆点较高),针入度小;而地蜡的性质刚好相反,剪切力小但塑性好(脆点较低),针入度也比较大,而且环数越多,塑性越好,强度也随之下降,如图3-34所示。这可能是由于环的存在难以形成有秩序的结构,因而分子的流动性或塑性较大。当温度改变时,环状结构较多的蜡,其应力变化较小,如图3-35所示。

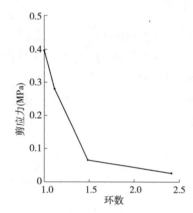

图3-34 蜡的剪应力与分子中环数的关系

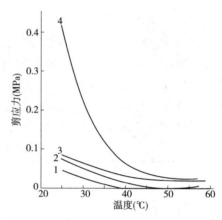

图3-35 温度改变时对蜡的剪应力的影响
1-2.5个环;2-1.8个环;3-1.5个环;4-1.0个环

2.沥青中的蜡对路用性能的影响

国际上关于蜡对沥青使用性能的影响,以前曾经有过许多研究,后来随着炼制沥青的原油集中到环烷基和中间基原油,一部分国家的沥青标准设置蜡含量限制,大部分国家沥青的蜡含量很低,已经无须对蜡含量进行测定,总体上蜡含量都大大减少以后,蜡的影响就甚少了。

我国长期来对沥青中蜡的问题做了一系列深入的研究,根据我国的研究和实践,沥青中蜡对沥青路用性能的影响主要表现在以下方面:

(1)蜡在高温时融化,使沥青黏度降低,影响高温稳定性,增大温度敏感性。

(2)蜡使沥青与集料的亲和力变小,影响沥青的黏结力及抗水玻璃性。

(3)蜡在低温时结晶析出,分散在其他各组分之间,减小了分子间的紧密联系,当蜡结晶的大小超过胶束的界限时,便以不均相的悬浮物状态存在于沥青中,蜡相当于沥青中的杂质,使沥青的极限拉伸应变和延度变小,容易造成低温发脆、开裂。

(4)减小了低温时的应力松弛性能,使沥青的收缩应力迅速增加而容易开裂。

(5)低温时的流变指数增加,复合流动度减小,时间感应性增加。对测定条件下有相同黏度的沥青,在变形速率小时,含蜡的沥青黏度增加更大,劲度也大,这也是造成温度开裂的原因之一。

(6)蜡的结晶及融化使一些测定指标出现假相,使沥青的性质发生突变,使沥青性质在这一温度区的变化不连续。BTDC图存在一过渡区转折,因此针入度测定必须采取预冷法,沥青的软化点测定值有假象,应当采用当量软化点T_{800}代替,针入度指数PI的计算应根据不同温度的针入度值回归得到。

八、沥青的安全性

沥青材料在使用时必须加热,当加热至一定温度时,沥青材料中挥发的油分蒸气与周围空气组成混合气体,此混合气体与火焰易发生闪火。若继续加热,油分蒸气的饱和度增加,由于此种蒸汽与空气组成的混合气体遇火焰极易燃烧,而引起溶油车间发生火灾或使沥青烧坏,为此,必须测定沥青加热闪火和燃烧的温度,即所谓的闪点和燃点。

沥青闪点是试样在规定开口杯盛样器内按规定的升温速度受热时所挥发的气体以规定的方法与试焰接触,初次发生一瞬即灭的火焰时的试样温度,以℃表示。按规定加热速度继续加热,至点火器扫拂过沥青试样表面出现燃烧火焰,并持续 5s 以上,此时的温度即为燃点。

在我国有两个闪点试验方法。一种为克利夫兰开口杯法(简称 COC),适用于测定黏稠石油沥青、煤沥青及闪点在 79℃ 以上的液体石油沥青材料的闪点和燃点,不适用于闪点低于 79℃ 的液体石油沥青。测定闪点的试验方法中,最主要的是要严格控制加热升温速度,一开始很迅速地达到 14~17℃/min。待试样温度达到预期闪点前 56℃ 时,调节加热器降低升温速度,以便在预期闪点前 38℃ 时能使升温速度控制在 5.5℃/min±0.5℃/min。用点火器测试时每隔 2℃ 将试焰沿试验杯口中心水平扫过,要控制从试验杯口的一边至另一边所经过的时间约为 1s。而且点火器的试焰应该为直径 4mm±0.8mm 的火球,并位于坩埚口上方 2~2.5mm 处。试验时不应对着试样杯呼气。

对于闪点低于 93℃ 的液体石油沥青,闪点的测试方法为泰格开口杯(简称 TOC)。TOC 与 COC 的不同在于加热浴,COC 常用油浴,TOC 采用水浴,当然加热速度也不同。

闪点和燃点被公认是反映沥青在施工过程中安全性能的指标,而施工性能亦属于沥青路用性能的一个指标。所以在各国的沥青标准及 SHRP 沥青规范中,几乎所有国家的沥青标准都列有闪点的指标。从施工情况来看,沥青拌和厂加热沥青经常为 150~170℃,矿料经常为 170~190℃,有时甚至达 200℃。因此各国大体规定了闪点应不低于 230~260℃,我国历来规定闪点不低于 230℃。

第六节 沥青的流变性能

一、沥青材料的流动性

1. 液体的牛顿流动特性

流动是物质存在的一种形式,自然界几乎所有的物质都处于流动之中。牛顿在 1687 年首先提出过流动阻力正比于相邻部分流体相对流动速度的假设,物质的流动形态多种多样,牛顿内摩擦定律描述的牛顿液体是最简单或者说最理想的流动。19 世纪上半叶,法国科学家 Cauchy、Poisson 及英国科学家 Stocks 等人通过进一步的试验研究完善了这一体系的基本理论。

假定液体在一定外力作用下表现为图 3-36 所示的层流。即假设在两块平行平板间充满流体,两平板间距离为 H,以 y 为法线方向。保持下平板固定不动,使上平板沿所在平面以速度 $V_板$ 运动,于是粘附于上平板表面的一层流体,随平板以速度 $V_液$ 运动,并一层一层地向下影响,各层相继流动,直至粘附于下平板的流层速度为零。在 $V_板$ 和 $V_液$ 都较小的情况下,流动呈层流,各流层的速度沿法线方向呈直线分布。

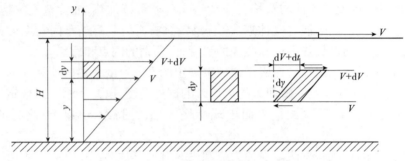

图 3-36 牛顿流体的层流

上平板带动粘附在板上的流层运动,进而影响到内部各流层运动,表明内部相邻流层之间产生对于流动的内部抵抗,这种内部抵抗产生的阻力称为内摩擦力,即剪切力。

牛顿根据试验提出,并经后人加以验证,流体的内摩擦力(剪切力)F 与流速梯度 $\dfrac{V}{H} = \dfrac{dv}{dy}$ 成正比,与流层的接触面积 A 成正比,与流体的性质有关,即:

$$F = \eta A \dfrac{dv}{dy} \tag{3-44}$$

或

$$\dfrac{F}{A} = \eta \dfrac{dv}{dy} \tag{3-45}$$

式中:dv/dy——流速梯度,为流速在流层法线方向的变化率。

式(3-44)或式(3-45)称为牛顿内摩擦定律。

在厚度为 dy 的相邻层间取矩形流体微单元,因上、下流层的流速相差 dv,经 dt 时间,微单元除位移外,还有剪切变形 $d\gamma$:

$$d\gamma \approx \tan(d\gamma) = \dfrac{dvdt}{dy} \tag{3-46}$$

得

$$\dfrac{dv}{dy} = \dfrac{d\gamma}{dt} \tag{3-47}$$

记流体微单元的剪切变形速率为 D,则:

$$D = \dot{\gamma} = \dfrac{d\gamma}{dt} = \dfrac{dv}{dy} \tag{3-48}$$

以 S 表示剪应力,$S = F/A$,则 S 与剪变率 $D = dv/dy$ 之间具有线性的比例关系。牛顿内摩擦定律可进一步描述为:

$$\dfrac{S}{D} = \eta \tag{3-49}$$

或者:

$$D = \dfrac{S}{\eta} = \phi \cdot S \tag{3-50}$$

牛顿流体即满足牛顿内摩擦定律的流体。表征剪应力 S 与剪变率 D 的关系曲线称为流变曲线。牛顿流体在层流时的流变曲线如图 3-37 所示，流动曲线为通过原点的直线。这表明，牛顿流体在无限小的应力作用下也将产生流动，其屈服值为 0。S-D 直线的斜率 η 称为黏滞系数或黏度，其倒数 Φ 称为流动度。剪应力的量纲为 Pa，D 的量纲为 1/s，因此黏度的量纲为 Pa·s。显然，黏度的大小既不依赖于剪应力，也不依赖于剪切速率。黏度的大小可以用数值来比较，黏度越大的液体，流动所需的力就越大，流动时产生的内部抵抗也就越大。气体的黏度大约是水的百分之一，食用油的黏度大约是水的一百倍。然而在道路工程材料中，处于流动状态的沥青及沥青混合料，其黏度则要大得多。

2.液体的非牛顿流动特性

牛顿流体的黏度不依赖于应力水平。但沥青等许多物质的流动行为却并非总是如此，其流变变形曲线可能表现出应力与应变速率的非直线关系（流变曲线的非直线性）。具有流动性而其流动行为不能用牛顿定律描述或者说不服从牛顿定律的流体，可以统称为非牛顿流体。非牛顿流体流动行为具有多样性，我们首先来讨论一下非牛顿流体的基本流动类型。

在图 3-39 中描述了三种不同情况下的非牛顿流体的 S-D 曲线，同时作为对照参照，也将牛顿流体的流动曲线示于图 3-38 中。

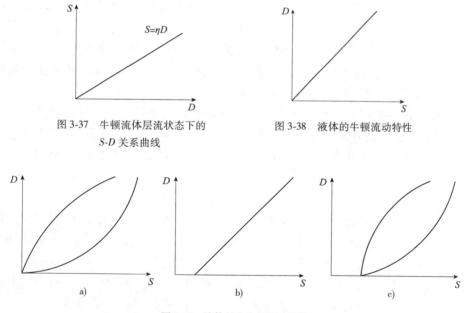

图 3-37　牛顿流体层流状态下的
S-D 关系曲线

图 3-38　液体的牛顿流动特性

图 3-39　液体的非牛顿流动特性

图 3-39a）中所示的 S-D 曲线代表了准黏性流体的流动变形特性。与牛顿流体不同，准黏性流体的流动曲线虽然也通过坐标原点，但其剪应力与剪变率已经不再具有牛顿流体的线性比例关系。S-D 曲线成为向上弯曲或者向下弯曲的曲线关系。显然，牛顿定律中黏度的定义对此已经不再适用，准黏性流体的流动变形抵抗已经不再是一个恒定的数值，而依赖于剪应力水平或剪变率水平不断增加或者逐渐减小。在实验研究中，为了形象地描述不同剪应力或剪变率水平所对应的黏性流动抵抗能力，一般可将黏度的概念外延，

称 S-D 曲线上某一点切线或割线的斜率为表观黏度。表观黏度依赖于剪变率,因而与时间 t 有关,记为 $\eta(t)$。

实验研究结果表明,多数准黏性流体的剪应力 S 和剪变率 D 的关系曲线符合指数规律,可以记为:

$$D = \frac{d\gamma}{dt} = a \cdot S^m \tag{3-51}$$

其中,a、m 为经验公式(3-51)的材料参数。进行材料流动变形的实验研究时,重要的问题是确定实验材料的指数 m,m 的大小代表了流动变形抵抗对于剪应力的依赖程度。与此对称,也可以将 S-D 关系记为:

$$S = \eta_N D^n \tag{3-52}$$

此时,指数 n 称为流变指数,当 $n=1$ 时为牛顿流体,黏度不随剪切速率 D 的变化而变化;当 $0<n<1$ 时黏度随剪切速率 D 的增大而下降,通常称为假塑性流体;当 $n>1$ 时黏度随剪切速率 D 的增大而增大,通常称其为胀流性流体。

流变指数 n 的大小代表了非牛顿流体偏离牛顿流动特性的样式和程度。不同流体,流变指数 n 不同。同一种流体的 n 也不是常数,所有影响流体非牛顿特性的因素均对 n 有影响。如温度下降,剪变率升高,n 值都会产生变化。

流变指数 n 在沥青材料流变学研究领域中称为复合流动度(有时记为 c),是很重要的概念。多数石油沥青的 $n<1$,其数值在 $(0,1)$ 区间内,流变曲线为通过坐标原点并向上凸的曲线,且值 n 越接近于 0,其偏离牛顿流动的程度越远。可以利用 n 值的大小评价不同沥青的流变学特性,并通过测定 n 值以确定沥青由牛顿流体变为非牛顿流体的温度。流变指数具有明确的物理意义,对于实验黏弹力学的理论与应用具有重要意义。

流动特性如图 3-39b)所示的材料称为宾汉流体或理想塑性流体。宾汉流体具有所谓的范性,当剪应力 S 小于临界值 S_0 时,材料不发生流动,当剪应力一旦超过临界值 S_0 后,材料就以与牛顿流体同样的 S-D 直线关系发生流动。牙膏、油漆、制作陶瓷的黏土都具有宾汉流体的流动行为。

$$D = \eta'(S - S_0) \tag{3-53}$$

尽管剪应力超过临界值后,宾汉流体的流动曲线与牛顿流体完全相同,但宾汉流体的剪变率不是与剪应力 S,而是与剪应力差 $S-S_0$ 保持线性关系,因此也不再满足牛顿定律。此时式(3-53)中的 η' 称为伪黏度,其倒数 $m=1/\eta'$ 称为易动度。

将准黏性流体与宾汉流体的流动性综合在一起,就得到图 3-39c)所示的流动曲线。这一流动曲线被称为伪塑性流体。可以经验地将伪塑性流体的流动变形特性描述为:

$$D = \frac{d\gamma}{dt} = a'(S - S_0)^N \tag{3-54}$$

与准黏性流体与宾汉流体不同,伪塑性流体的流动变形曲线如图 3-39c)所示要用三个参数来描述。

上述的讨论隐含着这样一种假定,即所有的牛顿流体和非牛顿流体的流动行为都处于层流状态,但对材料进行实验研究时,如果没有足够适用的测试仪器,那么要施加足够高的剪切速度而不产生湍流是十分困难的。图 3-39 中的非牛顿流体的经典分类提出的年代较早,必然受到当时的实验手段和实验材料类型限制而无法接近真实的材料流动行为。事实上,当变形速度增加到足够高而不产生湍流时,一些原来被认为是牛顿流体的材料也有可能表现出非牛顿流体的流动特性,流动曲线也可能表现出比较复杂的形态。

伦克曾经指出,所有的非牛顿流动特性都可以归结为一条如图3-40所示的综合流动曲线(也可称之为普适流动曲线)。

在这条综合流动曲线上,当剪应力或剪变率较小时,材料具有牛顿流体的流动特性,随着剪变率增加,材料渐渐转变为伪塑性流动。当剪变率继续增加时,材料再次呈现牛顿流动,但黏度较第一牛顿区减小,最后通过胀流区而发生湍流或熔体破裂。当然,对于不同的材料综合流动曲线上的各个部分出现与否及其所占的比例必然有所不同。有趣的是伦克把描述材料弹性性能的应力—应变全过程曲线与综合流动曲线进行比较,发现两者具有完全类似的行为过程。

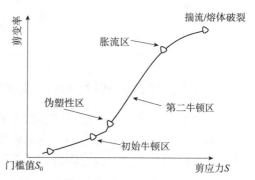

图3-40 综合流动曲线示意图

为了同时反映综合流动曲线在高剪切速率下材料的假塑性和低剪切速率下出现的Newton性,Carreau于1979年提出如下公式描述材料黏度的变化规律:

$$\frac{\eta-\eta_\infty}{\eta_0-\eta_\infty}=\frac{1}{[1+(\lambda D)^2]^{\frac{1-c}{2}}} \quad (3-55)$$

或

$$\eta=\eta_\infty+(\eta_0-\eta_\infty)[1+(\lambda D)^2]^{\frac{c-1}{2}} \quad (3-56)$$

该方程能用 η_0 和 η_∞ 完整描述黏度随剪切速率变化的全过程,式中 λ 为单位为秒的材料体系的特征常数,简称材料特征时间。当 $D\to 0$,由上式得 $\eta_a=\eta_0$;在较高的剪切速率下 $\lambda D>1$,此方程反映出表观黏度 η_a 的剪切变稀的假塑性流动的特征。在很高的剪切速率下,$\lambda D\gg 1$,由于 $c<1$,式(3-56)的右侧第二项趋向于零,可得到 $\eta_a=\eta_\infty$。从式(3-56)可知,普适流动曲线的假塑性流动区的斜率为 $c-1$,与 $\eta_a=kD^{n-1}$ 有含义相同的流变指数,即 $\eta=(\mathrm{dlog}S/\mathrm{dlog}D)<1$。可见Carreau方程能够描述比幂律范围更广的流动性质。

若需要更加全面地描述这类复杂的流动曲线反映的材料流动性的转折,也可采用如下形式的Cross方程:

$$\eta_a=\eta_\infty+\frac{\eta_0-\eta_\infty}{1+(k\cdot D)^p} \quad (3-57)$$

式中有四个材料参数 η_0、η_∞、Cross常数 k、Cross指数 p。由上式可知,当 $D\to 0$ 时,有 $\eta_a\to\eta_0$,即零剪切黏度;当 $D\to\infty$ 时,$\eta_a\to\eta_\infty$,即无穷剪切黏度。中间区域描述了假塑性规律,参数 P 反映了材料非牛顿性的强弱。

虽然Carreau方程和Cross方程比幂律方程更全面地描述了黏性变化的复杂规律。但由于参数较多,应用不如幂律方程普遍。Carreau方程和Cross方程同样也是经验方程,物理意义并不明确。

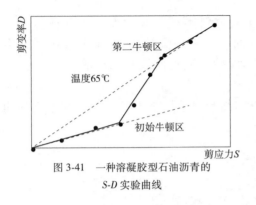

图 3-41　一种溶凝胶型石油沥青的 S-D 实验曲线

道路石油沥青在中等的温度条件下主要表现出非牛顿流体的流动特性。在图 3-41 中给出了一种溶凝胶型石油沥青在双对数坐标上的 S-D 曲线实验测定结果。如该图所示，在较小的剪应力和剪变率范围内，这种沥青的流动曲线具有双对数坐标上的直线关系，直线斜率接近于 1，因而基本属于牛顿流动。当剪应力与剪变率较大时，流动变形偏离了原来的直线关系，表现出了非牛顿流体的流动性质。

二、沥青材料的黏度测定原理与方法

流动变形的测量是一门以实验为基础的科学，如何正确地选取科学的有价值的定量测量无疑对材料流变测量理论的发展和科学试验均具有重要的意义。在流变测量理论上，要建立起各种边界条件下的可测量（如压力、扭矩、转速、频率、线速度、流量、温度等）与描述材料流变性质但不能直接测量的物理量（如应力、应变、应变速率、黏度、模量等）间的恰当关系，分析各种流变测量试验的科学意义，估计实验测量过程中的误差。在实验技术上，要能够完成很宽的黏弹性变化范围内（往往跨越几个乃至十几个数量级的变化范围），针对从稀溶液到熔体等不同高分子状态的体系的黏弹性测量，并使测得的量值尽可能准确地反映体系真实的流变特性和工程的实际条件。

非牛顿流体的流动变形与黏度的测定事实上归结为剪应力与剪应变之间关系的测定。在施加剪变率测定剪应力时，剪应力 S 是剪变率 D 的函数；如果施加剪应力测定剪变率时，剪变率 D 是剪应力 S 的函数。此时，也可以将流动变形关系记作：

$$S = \eta f(D) \tag{3-58}$$

并称 S-$f(D)$ 为非牛顿流体的流动变形曲线。

工程上大都采用剪切方式测定材料的流动变形曲线，外部力和剪切变形速度是常用的量测物理量，根据不同的测试仪器结构特点计算出剪应力和剪变率来完成实验。由于多数工程材料并不具备牛顿流体的特点，而表现出非牛顿流动特性，测定材料流动变形曲线的仪器不仅要适用于牛顿流体，也要适用于非牛顿流体。

1. 旋转黏度计法

（1）圆筒黏度计

同心圆双筒旋转式黏度计是应用最广泛的一种测黏装置，又称为流变仪（Rheometer）。它主要用于测定牛顿流体的黏度，所以只适于在较高温度下（一般在软化点以上）进行测定，该仪器也可以测定非牛顿流体的表观黏度。图 3-42 所示的 Coutte 式外筒旋转式黏度计的构造，由驱动系统、检测部分、温控部分及记录系统组成，温度和转速可随意选择。液体试样装在内外筒之间的间隙内，当外筒以一定速度旋转时，通过液体黏性的带动，使内筒受到一定的剪切应力，扭矩由上端固定的钢弦承受，差动变压器式位移计（LVDT）转动一微小的位移，经放大后由记录仪记录测定结果。改变不同的温度及外筒转速便可测得各种温度及剪变率下的黏度，用以研究流体的流变性质，得到被测试样的流动变形曲线。

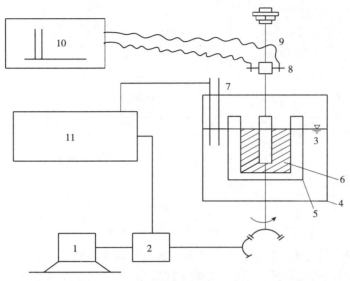

图 3-42 旋转式双筒黏度计

1-马达;2-变速机构;3-保温油浴;4-外筒;5-内筒;6-液体试样;7-温度计;8-差动变压器式位移计(LVDT);9-钢弦;10-X-Y 记录仪;11-控制系统

双筒旋转式黏度计是应用广泛且比较成熟的仪器,但结构复杂且成本昂贵。因此有不少产品将其简化成为名为双筒实际上是单筒的黏度计,外筒固定并置于恒温浴中,内筒上部由一钢弦带动,马达一转动便直接通过钢弦使内筒跟着旋转,由于内筒受到液体黏性阻力的影响,钢丝受到一扭矩并产生一转角,只要测量此转角便可由钢弦常数求出扭矩,再由试样与内筒的接触面积求出剪应力。

这种简化的旋转式黏度计的代表是目前在国际上流行的布洛克菲尔德(Brookfield)黏度计(简称布氏黏度计),用于测定道路沥青在较高温度范围内的表观黏度。布氏黏度计如图 3-43 所示。用布氏黏度计测定不同温度下的黏度曲线(黏温曲线),不仅可作不同沥青在不同温度下的黏滞性比较,更重要的是,用此曲线可确定各种沥青适宜的施工温度。对黏稠石油沥青,宜用 120℃、150℃、180℃作为试验温度,测定相应温度下的表观黏度,绘制黏温曲线,确定适宜的施工温度。

因为不同沥青达到相同黏度时的温度不同,在加热的沥青达到某一黏度范围时既能保证混合料具有一定的工作性,又不会使沥青过热老化,因此,

图 3-43 布氏黏度计

规定沥青的施工加热黏度比规定其施工加热温度更为合理。例如,当采用石油沥青时,宜以 0.17Pa·s±0.02Pa·s 黏度时的温度作为拌和温度范围,以 0.28Pa·s±0.03Pa·s 黏度时的温度作为压实成型温度范围,以如图 3-44 所示的黏温曲线确定施工温度。美国 SHRP 沥青结合料性能规范中提出了 135℃黏度不能超过 3Pa·s 的技术要求,以控制改性沥青的施工性能。

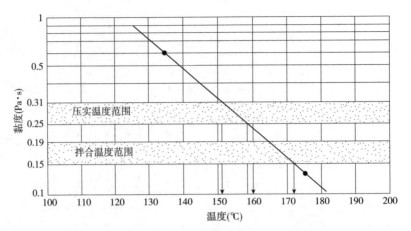

图 3-44 由沥青结合料的黏温曲线确定施工温度

事实上,试筒的长度不可能无限长,试筒底部试样的黏性阻滞必然对试验结果产生一定的影响。对应不同的研究目的,当这一影响不能忽略不计时,必须考虑采用更加合理的实验设备。锥板式、平板式黏度计在消除端效应或对端效应进行修正时,都是比较理想的。

(2) 锥板黏度计

将双筒旋转式黏度计的外筒展开成平板,内筒压扁成一圆锥,便成为锥板式旋转黏度计(Cone and plate viscometer)。试样的圆锥角一般只有 $20'\sim3°$,试样量在 1mL 以下。试验时,圆锥体以角速度 Ω 旋转,通过试样的黏性传递使平板转动角度 θ 达到相对平衡状态,圆锥表面离轴半径 r 处的线速度为 $r\Omega$,所在位置的剪切速率:

$$D = \frac{r\Omega}{r\sin\alpha} = \frac{\Omega}{\sin\alpha} \tag{3-59}$$

由于 α 很小,$\sin\alpha = \alpha$,则当转速为 n 时,有:

$$D = \frac{\Omega}{\alpha} = 0.1047\frac{n}{\alpha} = k_1 \cdot n \tag{3-60}$$

式中,k_1 为剪变率常数。它仅取决于圆锥角 α,因而试样的剪变率只取决于转速 n 而与试样各点所在位置无关,所以它不仅适于牛顿流体,也适用于非牛顿流体。扭矩 M 可由下式计算:

$$M = k_2\theta \tag{3-61}$$

式中:k_2——平板转动的刚度系数;
θ——平板转动的角度。

由上节所述的锥板流动,得:

$$S = \frac{3M}{2\pi R^3} = \frac{3k_2\theta}{2\pi R^3} = k_3\theta \tag{3-62}$$

式中:k_3——剪应力系数。

于是有:

$$\eta = \frac{S}{D} = \frac{k_3\theta}{k_1 n} = k\frac{\theta}{n} \tag{3-63}$$

式中，k 为仅与仪器几何尺寸及材质有关的仪器常数。因此每给定一个转速 n 便可得到一相应的转角 θ，从而求得黏度 η。

由于这种仪器测定所需的沥青试样太少，黏度太高测定也很困难，所以常适用于黏度在 $10^3 Pa \cdot s$ 以下的中低黏度条件，它的优点是保温控制较简单且适合非牛顿流体。

将锥板式旋转黏度计的圆锥进一步压扁成一平板，便成为由两块平板组成的薄板压缩黏度计（Paraller-plate plastometer），其原理极为简单，如图 3-45 所示。在两块平板中夹一薄层沥青试样，加荷重后，测定试样随时间的压缩变形曲线，由此计算黏度。试验装置设置在恒温水浴内，试样可为沥青或沥青矿粉混合胶浆，可在真空减压条件下将热拌试样注入试模内，通常采用平行板的尺寸为直径 10.17cm，试样高度 2.5cm，试模表面务必修平以便薄板平行施加荷载。

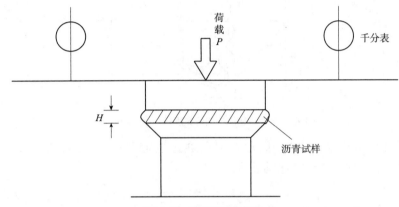

图 3-45　薄板压缩黏度计

设板的间距为 H_0，半径为 r，在荷载 P 作用下，经时间 t 后试样厚度变成 H，则：

$$Pt = \frac{3\pi r^4 \cdot \eta}{4}\left(\frac{1}{H^2} - \frac{1}{H_0^2}\right) \tag{3-64}$$

即 t 与 H^{-2} 成直线关系，该直线的斜率即为黏度 η。当试样为沥青矿粉混合胶浆时，可以通过爱因斯坦定律按下式由测定的沥青矿粉混合胶浆黏度求出沥青结合料黏度。

$$\eta_{mix} = \eta_{bit}(1 + 2.5C_v) \tag{3-65}$$

式中：η_{mix}、η_{bit}——沥青矿粉混合胶浆及沥青黏度；

　　　　C_v——矿粉体积百分率。

2. 毛细管黏度计

毛细管黏度计的基本结构是毛细管，借助液体的自重或外部压力（密度较大的其他液体或真空减压等）使被测液体流过毛细管，测定毛细管内液体单位时间的流量或流速，可以得到试样的流动变形特性。在应用毛细管测定黏度时，与旋转黏度计略有不同，测量的物理量一般为单位时间内液体的流量 Q。沥青的运动黏度和动力黏度都可用毛细管黏度计进行量测。

（1）沥青运动黏度试验——毛细管法

沥青的运动黏度是一些国家划分黏稠石油沥青和液体沥青标号的一个指标。通常采用坎芬式（Cannon-Fenske）逆流毛细管黏度计，如图 3-46 所示，适用于测定黏稠石油沥青、液体石油沥青及其蒸发残留物的运动黏度。多数试验规程规定,使用坎芬式(Cannon-Fenske)逆流毛细管黏度计时,对黏稠石油沥青试验温度为135℃,对液体石油沥青试验温度为60℃。

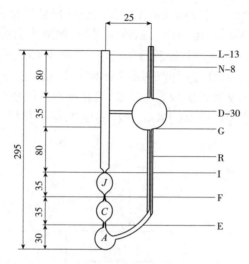

图 3-46 坎芬式逆流毛细管黏度计(尺寸单位:mm)

沥青试样在严密控温条件下,于规定温度,通过选定型号的毛细管黏度计,测定流经规定体积所需的时间,按下式计算运动黏度:

$$v_T = C \cdot t \tag{3-66}$$

式中:v_T——在温度 T℃时测定的运动黏度(mm^2/s);

C——黏度计标定常数(mm^2/s^2);

t——流经规定体积的时间(s)。

(2)沥青动力黏度试验——真空减压毛细管法

采用真空减压毛细管黏度计测定黏稠石油沥青的动力黏度,试验温度为60℃。美国、澳大利亚等一些国家已经利用真空减压毛细管黏度计测定的60℃黏度作为道路石油沥青的分级标准。美国、英国、日本等不少国家制定了相应的试验规程。常用的毛细管黏度计主要有三种形式,它们是:

①坎农曼宁式(CM 式,Canon-Manning)。

②沥青协会式(AI 式,Asphalt Institute)。

③改进坎培式(MK 式,Modified Koppers)。

日本沥青协会在对上述三种形式进行了对比试验后,认为 AI 式使用及清洗较为简单,因此 JAA-001 标准选用了 AI 式毛细管。我国试验规程规定 3 种形式都可以使用,但推荐 AI 式,毛细管如图 3-47 所示。表 3-36 则列出了 AI 毛细管规格和动力黏度测定范围。400R、800R 型适用聚合物改性沥青,黏度计的测定范围为 $4.2\sim5.8\times10^5$ Pa·s。真空泵产生 300mmHg 的负压,使沥青试样受到相同的剪力,沥青处于一恒温液体浴中,试验时测定在负压下沥青流动一定量所需的时间,由此得出该温度条件下的黏度。如果改变负压大小,则可以测定不同剪变率下的黏度,研究其流变性能。

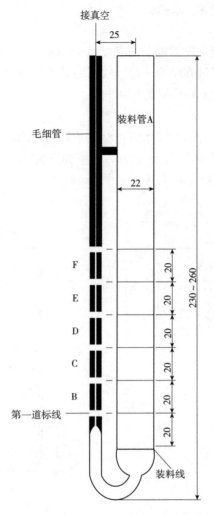

图 3-47 AI 式毛细管黏度计(尺寸单位:mm)

真空减压毛细管黏度计(AI 式)毛细管尺寸和动力黏度范围　　表 3-36

型　号	毛细管直径(mm)	大致标定系数,40kPa 真空(Pa·s/s)			黏度范围(Pa·s)
		管 B	管 C	管 D	
25	0.125	0.2	0.1	0.07	4.2~80
50	0.25	0.8	0.4	0.3	80~320
100	0.50	3.2	1.6	1	60~1280
200	1.0	12.8	6.4	4	240~5200
400	2.0	50	25	16	960~20000
400R	2.0	50	25	16	960~140000
800R	4.0	200	100	64	3800~580000

沥青试样的动力黏度按下式求得：

$$\eta = K \cdot t \tag{3-67}$$

式中：η——沥青试样在测定温度下的动力黏度（Pa·s）；

K——选择的第一对超过 60s 的一对标线间的黏度计常数（Pa）；

t——通过第一对超过 60s 标线的时间间隔（s）。

3. 流出型黏度计

道路沥青标准黏度计是国际上液体沥青材料条件黏度测定方法的一种，我国自20世纪50年代起引用了苏联的沥青黏度计及方法。用于测定液体石油沥青、煤沥青、乳化沥青等材料流动状态时的黏度。道路标准黏度计如图3-48所示。

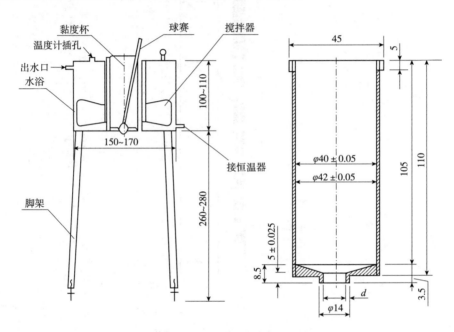

图 3-48　道路标准黏度计（尺寸单位：mm）

由于这类黏度计的流出管长度与流出孔径之比较小，产生流动变形的压力差为试样自重，且随流动变形增加而逐渐减小，因此难以精确测定试样黏度。对于某一温度下呈液体状态的沥青材料，通常规定通过一定的流孔直径，流出 50mL 体积所需的时间（s）作为相对指标，并称之为标准黏度（s）。在相同温度和相同流孔条件下，流出时间越长，表示沥青黏度越大。测定的黏度应注明温度及流孔孔径，以 $C_{T,d}$ 表示（T 为试验温度，℃；d 为孔径，mm）。试验温度和流孔直径根据液体状态沥青的黏度选择，流出的孔径有 2.5mm、5mm、10mm。

4. 恩格拉黏度计

恩格拉（Angler）黏度计是国际上通用液体沥青及乳化沥青材料黏度测定方法的一种，如图3-49所示。通常用于测定乳化沥青（如日本）或软煤沥青（如美国）的恩格拉度 E_V，以此作为划分沥青标号的依据（ASTM D490）。在我国，随着乳化沥青的研究与应用，为便于与国外标准比较，在其技术要求中也将恩格拉度与道路沥青标准黏度并列作为划分乳化沥青标号的标准。测定试验温度为 25℃。

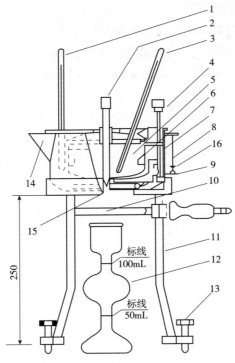

图3-49 恩格拉黏度计(尺寸单位:mm)

1-保温浴温度计;2-硬木塞杆;3-试样用温度计;4-容器盖;5-盛样器;6-液面标记;7-保温浴槽;8-保温浴搅拌器;9-电热器;10-燃气灯;11-三脚架;12-量杯;13-水平脚架;14-溢出口;15-铂制流出口;16-水准器

与标准黏度计相似,沥青的恩格拉度是试样在规定温度下,由恩格拉黏度计的规定尺寸的流孔,流出50mL所需时间(s)与流出同体积的水所需时间(s)的比值,用恩格拉度 E_V 表示。试样的恩格拉度可用下式计算:

$$E_v = \frac{t_T}{t_w} \tag{3-68}$$

式中:E_v——试样在温度 T 时的恩格拉度;

t_T——试样在温度 T 时的流出时间(s);

t_w——恩格拉黏度计的水值,即水在25℃时流出相同体积50mL的时间(s)。

三、基本流变模型及其本构方程

1.基本流变模型

(1)基本元件——弹簧与黏壶

①弹簧[H]代表的胡克弹性

弹簧在外力作用下将瞬时产生和外力成比例的变形,撤除外力后弹簧的变形将瞬时回复。如图3-50所示,以弹簧代表胡克弹性体,其应力应变关系满足胡克定律:

$$\sigma = E \cdot \varepsilon \tag{3-69}$$

按照胡克定律,在时刻0施加恒定应力并保持不变,将瞬间产生弹性变形 ε 并保持不变,在时刻 t 撤销应力,变形 ε 在瞬间完全回复。

②黏壶[N]代表的牛顿流动

黏壶在外力作用的瞬时时刻并不能够使得黏性液体产生流动变形,保持外力不变,黏壶中的黏性液体将和时间成比例持续发生流动变形,自黏壶中流出的黏性液体即使在外力撤除后也不能够回复。如图3-51所示,以黏壶代表牛顿流体,其应力与应变关系满足牛顿内摩擦定律如公式(3-70)所示:

$$\left.\begin{array}{l}\tau = \eta \cdot \dot{\gamma} \\ \gamma = t\dfrac{\tau}{\eta}\end{array}\right\} \tag{3-70}$$

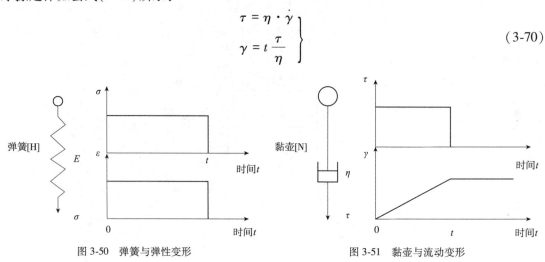

图3-50　弹簧与弹性变形　　　　图3-51　黏壶与流动变形

按照牛顿内摩擦定律,在时刻0施加恒定应力并保持不变,瞬间并不产生瞬时变形。随着时间增加,流动变形 γ 与时间增加按照一定线性比例关系持续增加。在时刻 t_0 撤销应力,变形 γ_0 不能恢复并将永远保持下去。为统一,采用拉伸黏性流动描述牛顿定律,并采用与胡克定律相同的符号体系,有如下关系:

$$\left.\begin{array}{l}\sigma = \eta \cdot \dot{\varepsilon} \\ \varepsilon = t\dfrac{\sigma}{\eta}\end{array}\right\} \tag{3-71}$$

(2) kelvin元件——蠕变与延迟弹性

弹簧[H]和黏壶[N]是描述黏弹性本构关系的模型理论中最基本的元件。类似于电路的并联,将弹簧和黏壶并联后得到如图3-52所示的kelvin元件或voigt元件。以符号"丨"表示并联,记kelvin元件为[K],则:

$$[K] = [H] | [N] \tag{3-72}$$

如图3-52所示,当元件受到应力 σ 作用时,弹簧和黏壶的变形相同,元件总体承受的应力为弹簧与黏壶各自承受的应力之和。采用拉伸状态下应力与应变的符号体系 σ-ε,容易得到kelvin元件的应力—应变关系,见式(3-73):

$$\sigma = \sigma_1 + \sigma_2 = E\varepsilon + \eta\dot{\varepsilon} \tag{3-73}$$

分析式(3-73)代表了kelvin元件的应力—应变关系,在 $t=0$ 时,给kelvin元件施加一个恒定的应力 σ_0,代入初始条件 $t=0, \varepsilon=0$,解出微分方程式(3-73),可以得到:

$$\varepsilon(t) = \dfrac{\sigma_0}{E}\left(1 - e^{-\dfrac{E}{\eta}t}\right) \tag{3-74}$$

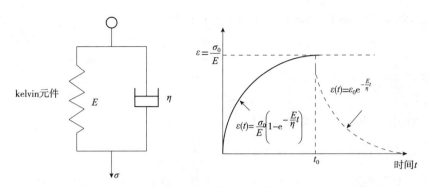

图 3-52 kelvin 元件与延迟弹性变形

kelvin 元件在输入 $\sigma = \sigma_0$ 时的应变响应 $\varepsilon(t)$ 曲线如图 3-52 所示。在时刻 $t=0$，由于黏壶的限制，kelvin 元件不能立即产生应变，应力完全由黏壶承担。随时间增加，黏壶发生黏性流动，弹簧也相应发生变形。当应变增加到 $\varepsilon = \sigma_0/E$ 时，弹簧变形达到极限，应变不再增加。我们称这种应力输入恒定、应变响应随时间逐渐增加的力学行为为蠕变或蠕变变形。

将时刻 t_0 时的应变记为 ε_0，此时撤去应力即令 $\sigma=0$，由式(3-73)和式(3-74)可以得到：

$$\varepsilon(t) = \varepsilon_0 e^{-\frac{E}{\eta}t} \tag{3-75}$$

卸载后，弹簧的变形受到黏壶限制不能瞬时回复。如式(3-75)和图 3-52 所示，应变 ε 随时间的增加逐渐减小，经历无限长时间后，这一应变完全回复。因此，[K]体的延迟变形本质上是弹性变形，但其变形完全回复需要无限长时间。与延迟弹性的定义相对应，称卸载后变形逐渐回复的性质为弹性后效。[K]体在本质上具有固体的属性。

在式(3-75)中，当 $t=\eta/E$ 时应变回复至初始应变的 $1/e$，记 $\tau_r = \eta/E$ 并称之为延迟时间。

显然，延迟时间是一个材料常数，代表了 kelvin 元件中黏性成分与弹性成分的比例。同时，延迟时间也可以用来比较不同材料的延迟弹性，延迟时间越短，材料越接近弹性变形特性。

蠕变是沥青及沥青混合料所具有的重要力学行为之一。修筑于斜坡处的沥青路面可能在经历一定的时间之后发生开裂，这是由于自重应力使得沥青面层产生蠕变变形，而变形发展超过材料的容许限度引起的。延迟弹性和延迟弹性回复能力则直接影响沥青路面抵抗车辙变形的能力。蠕变的机理可以解释为：长链大分子由卷曲状态逐渐伸直而改变了构象，同时某些分子或单体也可能发生了位移。

（3）Maxwell 元件——应力松弛

图 3-53 中的元件称为 Maxwell 元件，这一元件的连接方式类似于电工学中的串联电路，以符号"-"表示串联，记 Maxwell 元件为[M]，则有：

$$[M] = [H] - [N] \tag{3-76}$$

串联元件的本构方程可以按照各截面应力相等、应变相加的原则建立。如图 3-53 所示，设[H]体的弹簧模量为 E，在应力 σ 作用下，应变 ε 为：

$$\varepsilon_1 = \sigma/E \text{ 或 } \dot{\varepsilon}_1 = \dot{\sigma}/E \tag{3-77}$$

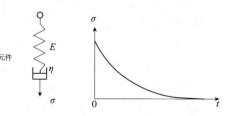

图 3-53 Maxwell 元件和应力松弛

[N]体的黏度为 η，在应力 σ 作用下，应变速率为：

$$\dot{\varepsilon}_2 = \frac{\sigma}{\eta} \tag{3-78}$$

两式相加，有：

$$\dot{\sigma}/E + \sigma/\eta = \dot{\varepsilon}_1 + \dot{\varepsilon}_2 = \varepsilon \tag{3-79}$$

容易得到 Maxwell 元件的本构关系如下：

$$\dot{\varepsilon} = \dot{\varepsilon}_1 + \dot{\varepsilon}_2 = \frac{\dot{\sigma}}{E} + \frac{\sigma}{\eta} \tag{3-80}$$

如果在 $t=0$ 时刻瞬间施加应变 ε_0 并保持不变。设 $t=0$ 时瞬时产生的应力为 σ_0，解出微分方程式(3-80)，得到输入一定应变的响应 $\sigma(t)$ 为：

$$\sigma(t) = \sigma_0 e^{-\frac{E}{\eta}t} \tag{3-81}$$

上式表明，[M]体的应力将随着时间按照指数函数的关系衰减。我们把这种输入恒定应变、响应应力逐渐减小的力学行为称为应力松弛。类似于 kelvin 元件，我们定义 $\tau_e = \eta/E$ 并称其为松弛时间。松弛时间也是一个重要的材料内部时间参数。[M]体的应力经过时间历程 $t = \eta/E$ 衰减为初始应力的 $1/e$。利用松弛时间 τ_r，式(3-81)可记为：

$$\sigma(t) = \sigma_0 e^{\frac{t}{\tau_r}} \tag{3-82}$$

[M]体在恒定应力输入条件下的响应类似于蠕变变形 $t=0$。在 $t=0$ 的瞬间给[M]体施加常应力 σ_0，解微分式(3-80)得到：

$$\varepsilon = \varepsilon_0 + \frac{\sigma_0}{\eta}t = \frac{\sigma_0}{E} + \frac{\sigma_0}{\eta}t \tag{3-83}$$

式中，$\varepsilon_0 = \frac{\sigma_0}{E}$ 为加载瞬间产生的应变，总应变 ε 将随时间 t 而逐渐增长。在 $t=t_1$ 处卸去荷载，则 $\frac{\sigma_0}{E}$ 这部分应变立即回复，而第二分应变 $\frac{\sigma_0}{\eta}t_1$ 则不可回复。显然，[M]体的蠕变变形是由黏壶的流动变形引起的。从本质上说，[M]体是液体而不是固体。类似地，在瞬间给[K]体施加一定应变 ε_0，微分方程式(3-74)蜕化为胡克定律。因此，[K]体不具有应力松弛能力。

根据松弛时间可以比较材料的应力松弛能力。参照蠕变方程式(3-83)，[M]体的应变由两部分组成，并可以引入 τ_r，将其写作：

$$\varepsilon = \frac{\sigma_0}{\eta}(\tau_r + t) \tag{3-84}$$

当 $t \gg \tau_r$ 时，应变主要是牛顿流动的结果，材料显示黏性；而当 $t \ll \tau_r$ 时，应变主要是胡克弹性的作用结果，材料显示弹性。当 $t = \tau_r$ 时，由式(3-83)可知，弹性应变与黏性流动变形均等，在 t 与 τ_r 比较接近的时间范围内，材料显示黏弹性。

因此，对于大致相同的观测时间，松弛时间比较长的材料显示弹性，松弛时间比较短的材料则更接近液体。同样，对于松弛时间已被确定的某种材料，其力学行为究竟显示弹性还是黏性，则主要由实验观测时间来确定。例如，有人指出欧洲古老的教堂残存的玻璃多是上边薄、下边厚，这是因为以数千年作为观测时间，平时被认为不会变形的玻璃也产生了蠕变的结果。按照这样的观点,当观测时间充分短(水的松弛时间大约为 10^{-18}s)时,水也可能像固体一样产生弹性变形,而以数百万年作为观测时间时,坚硬的地壳也在缓缓地流动。通常把松弛时间等材料的固有时间参数称为内部时间,把实验观测时间称为外部时间。在黏弹性力学的研究中,延迟时间 τ_r 和松弛时间 τ_r 都是内部时间。材料的力学行为完全由外部时间与内部时间的比例来决定。

2.黏弹性本构方程

我们以简单元件为模型,讨论了黏弹性材料的延迟弹性和松弛行为。作为基本元件的[M]、[K]体在一定程度上反映了材料黏弹性力学行为的特点,但这两种元件过于简单,很难合理地拟合黏弹性材料多种多样的复杂力学行为。例如,[K]体只能描述蠕变变形而不能描述应力松弛过程,[M]体只适合描述应力松弛而不适于描述延迟弹性变形。因此,我们需要以[H]、[N]、[M]、[K]作为基本元件,采用稍微复杂的结合方式,构造一些更加合理的力学模型。在一些著作中,也有人把[M]体和[K]体称为模型,在本书中,考虑到这两种模型所具有的局限性,仅将其称为元件以与本书中介绍的模型加以区别。

(1)三元件模型

在图 3-54 中,给出了两种三元件模型的结构图。

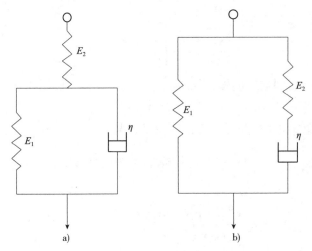

图 3-54 两种三元件模型

模型 a)可以记为[H]-[K],记[H]的应变为 ε_1,[K]的应变为 ε_2,则模型的总应变为:
$$\varepsilon = \varepsilon_1 + \varepsilon_2 \tag{3-85}$$

由于[H]体的 $\sigma = E\varepsilon_1$,[K]体的 $\sigma = E_1\varepsilon_2 + \eta\dot{\varepsilon}_2$,对以上两式进行拉普拉斯变换,分别得到:
$$\bar{\sigma}(s) = E_2 \cdot \bar{\varepsilon}_1(s),\ \bar{\sigma}(s) = E_1\bar{\varepsilon}_2(s) + s \cdot \eta\bar{\varepsilon}_2(s) \tag{3-86}$$

其中,$\bar{\sigma}(s)$、$\bar{\varepsilon}_1(s)$、$\bar{\varepsilon}_2(s)$ 分别为 σ、ε_1、ε_2 关于 s 的拉普拉斯变换,给这两个拉普拉斯变换式乘以适当的系数后将两个应变相加,得:
$$\bar{\sigma}(s) \cdot (E_2 + E_1 + s\eta) = E_2(E_1 + s\eta)\bar{\varepsilon}(s) \tag{3-87}$$

取拉普拉斯变换反演,得到:
$$(E_2 + E_1)\sigma + \eta\dot{\sigma} = E_1E_2\varepsilon + E_2\eta\dot{\varepsilon} \tag{3-88}$$

令

$$\left. \begin{array}{l} p_1 = \dfrac{\eta}{(E_2 + E_1)} \\[2mm] q_0 = \dfrac{E_1 E_2}{(E_2 + E_1)} \\[2mm] q_1 = \dfrac{E_2 \eta}{(E_2 + E_1)} \end{array} \right\} \quad (3\text{-}89)$$

有

$$\sigma + p_1 \dot{\sigma} = q_0 \varepsilon + q_1 \dot{\varepsilon} \quad (3\text{-}90)$$

式(3-90)即为模型[H]-[K]的本构方程。由于

$$\frac{q_1}{p_1} - q_0 = \frac{E_2^2}{E_1 + E_2} > 0 \quad (3\text{-}91)$$

必须有:

$$q_1 > p_1 q_0 \quad (3\text{-}92)$$

这一条件是模型[H]-[K]本构方程存在的必要条件。

①蠕变

单位阶梯函数 $\Delta(t)$ 定义为:

$$\Delta(t) = \begin{cases} 0 & t < 0 \\ 1 & t > 0 \end{cases} \quad (3\text{-}93)$$

引入单位阶梯函数,则蠕变的输入条件为:

$$\sigma = \sigma_0 \Delta(t) \quad (3\text{-}94)$$

代入本构方程式(3-90)并进行拉普拉斯变换,得:

$$\sigma_0 \left(\frac{1}{s} + p_1 \right) = (q_0 + q_1 s) \bar{\varepsilon}(s) \quad (3\text{-}95)$$

因而

$$\bar{\varepsilon}(s) = \sigma_0 \frac{1 + p_1 s}{s(q_0 + q_1 s)} = \frac{\sigma_0}{q_1} \left[\frac{1}{s(s + \lambda)} + \frac{p_1}{s + \lambda} \right] \quad (3\text{-}96)$$

$$\lambda = \frac{q_0}{q_1} \quad (3\text{-}97)$$

取拉普拉斯变换反演,得到:

$$\varepsilon(t) = \frac{\sigma_0}{q_1} \left[\frac{1}{\lambda}(1 - e^{-\lambda t}) + p_1 e^{-\lambda t} \right] \quad (3\text{-}98)$$

或

$$\varepsilon(t) = \frac{\sigma_0}{q_0} \left[1 - \left(1 - \frac{p_1 q_0}{q_1} \right) e^{-\lambda t} \right] \quad (3\text{-}99)$$

以黏弹常数表示,即:

$$\varepsilon(t) = \frac{\sigma_0}{E_2 E_1} [E_1 + E_2(1 - e^{-\lambda t})] \quad (3\text{-}100)$$

$$\lambda = \frac{E_1}{\eta} \tag{3-101}$$

[H]-[N]模型的蠕变曲线如图3-55所示,在 $t=0$ 时,模型显示瞬时弹性:

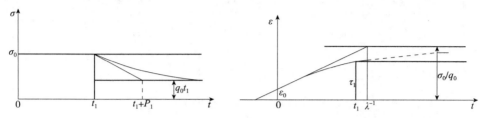

图3-55 [H]-[N]模型的力学响应

$$\varepsilon(0^+) = \varepsilon_0 = \sigma_0 \frac{P_1}{q_1} = \frac{\sigma_0}{E_0} \tag{3-102}$$

在无限长时间作用下,[H]-[K]模型具有有限的变形值。

$$\varepsilon(\infty) = \frac{\sigma_0}{q_0} = \sigma_0 E_\infty \tag{3-103}$$

这种无限长时间作用下的有限变形称为渐近弹性,具有渐近弹性的材料从本质上说属于固体。

顺便指出,如果这一模型本构方程的必要条件 $q_1 < p_1 q_0$ 不成立,那么将有 $\varepsilon_\infty < \varepsilon_0$,即材料在承受拉应力时发生收缩,这事实上是不可能的。

②应力松弛

将应力松弛的输入条件记为:

$$\varepsilon = \varepsilon_0 \Delta(t) \tag{3-104}$$

代入本构方程中并作拉普拉斯变换,得:

$$\bar{\sigma}(s) + p_1 s \bar{\sigma}(s) = \left(\frac{q_0}{s} + q_1\right)\varepsilon_0 \tag{3-105}$$

解出 $\bar{\sigma}(s)$,得到:

$$\bar{\sigma}(s) = \frac{q_0 \varepsilon_0}{s(1+p_1 s)} + \frac{q_1 \varepsilon_0}{1+p_1 s} \tag{3-106}$$

取拉普拉斯变换反演,得到:

$$\sigma(t) = q_0 \varepsilon_0 + (\sigma_0 - q_0 \varepsilon_0) e^{-\frac{t}{p_1}} \tag{3-107}$$

以黏弹常数表示,即:

$$\sigma(t) = \frac{E_2 \varepsilon_0}{E_2 + E_1}(E_1 + E_2 e^{-\frac{E_2+E_1}{\eta}t}) \tag{3-108}$$

其中,σ_0 为 $t=0$ 时的应力。

这一模型的应力松弛曲线也示于图3-55中,如图所示,当时间无限长时,应力将接近于有限值 $q_0 \varepsilon_0$,说明这一模型的应力不能完全松弛,将永远保持一定水平的残留应力。

按照同样的方法,我们可以得到图3-54b)中模型[H]|[K]的本构方程,其本构方程具有与式(3-90)完全相同的数学形式。可以证明,两个本构方程中的参数只要满足以下条件,

就是完全等价的:

$$\left.\begin{aligned} E'_1 &= \frac{E_1 E_2}{E_1 + E_2} \\ E'_2 &= \frac{E_2}{E_1 + E_2} \\ \eta' &= \frac{\eta E_2^2}{(E_1 + E_2)^2} \end{aligned}\right\} \quad (3\text{-}109)$$

(2)四元件模型(伯格斯模型)

如图 3-56 所示的四元件模型可以记为[M]-[K],称为伯格斯模型。

伯格斯模型的本构方程为:

$$\sigma + p_1 \dot{\sigma} + p_2 \ddot{\sigma} = q_1 \dot{\varepsilon} + q_2 \ddot{\varepsilon} \quad (3\text{-}110)$$

其中:

$$p_1 = (\eta_1 E_1 + \eta_1 E_2 + \eta_2 E_1)/E_1 E_2 \quad (3\text{-}111)$$
$$P_2 = \eta_1 \eta_2 / E_1 E_2 \quad (3\text{-}112)$$
$$q_1 = \eta_1 \quad (3\text{-}113)$$
$$q_2 = \frac{\eta_1 \eta_2}{E_2} \quad (3\text{-}114)$$

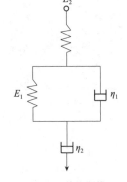

图 3-56　伯格斯模型

则伯格斯模型的本构方程以黏弹常数表示,即:

$$E_1 E_2 \sigma + (\eta_1 E_1 + \eta_1 E_2 + \eta_2 E_1)\dot{\sigma} + \eta_1 \eta_2 \ddot{\sigma} = E_1 E_2 \eta_1 \dot{\varepsilon} + E_1 \eta_1 \eta_2 \ddot{\varepsilon} \quad (3\text{-}115)$$

①蠕变

将一定应力的输入 $\sigma = \Delta(t) \cdot \sigma_0$ 代入本构方程式中,取拉普拉斯变换,得到:

$$\frac{\sigma_0}{s} + p_1 \sigma_0 + p_2 s \sigma_0 = q_1 s \bar{\varepsilon}(s) + q_2 s^2 \bar{\varepsilon}(s) \quad (3\text{-}116)$$

解出这一代数方程,得:

$$\bar{\varepsilon}(s) = \sigma_0 \left[\frac{1}{s^2(q_1 + q_2 s)} + \frac{p_1}{s(q_1 + q_2 s)} + \frac{p_2}{q_1 + q_2 s} \right] \quad (3\text{-}117)$$

作拉普拉斯变换反演,得到蠕变应变:

$$\varepsilon(t) = \sigma_0 \left[\frac{p_1 q_1 - q_2}{q_1^2} + \frac{t}{q_1} + \left(\frac{p_2}{q_2} - \frac{p_1 q_1 - q_2}{q_1^2} \right) e^{-\lambda t} \right] \quad (3\text{-}118)$$

其中,$\lambda = q_1/q_2$。

以黏弹常数表示,即:

$$\varepsilon(t) = \sigma_0 \left[\frac{E_1 + E_2}{E_1 E_2} + \frac{t}{\eta_1} + \frac{1}{E_2} e^{-\lambda t} \right] \quad (3\text{-}119)$$

其中,$\lambda = E_2/\eta_2$。

伯格斯模型的蠕变曲线如图 3-57 所示,即具有瞬时弹性,又显示无穷远时间的流动。事实上,这一蠕变曲线如式(3-119)所示,是[M]和[K]的蠕变曲线的简单加和。从蠕变方程可知,即使应力 σ_0 很小,应变 ε 也会无限增加,故伯格斯模型是液体模型。

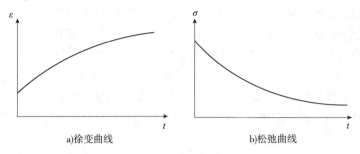

图 3-57 伯格斯模型的力学响应

② 应力松弛

把应变输入 $\varepsilon = \varepsilon_0 \Delta(t)$ 代入本构方程式(3-115)中,进行拉普拉斯变换,得到:

$$\bar{\sigma}(s) = \varepsilon_0 \frac{q_1 + q_2 s}{1 + p_1 s + p_2 s^2} \tag{3-120}$$

引入新的参量 α、β,$\alpha = \frac{1}{2p_2}(p_1 + \sqrt{p_1^2 - 4p_2})$,$\beta = \frac{1}{2p_2}(p_1 - \sqrt{p_1^2 - 4p_2})$,上式可以写作:

$$\bar{\sigma}(s) = \frac{\varepsilon_0}{p_2}\left[\frac{q_1}{(s+\alpha)(s+\beta)} + \frac{q_2 s}{(s+\alpha)(s+\beta)}\right] \tag{3-121}$$

施行拉普拉斯变换反演,得到:

$$\sigma(t) = \frac{\varepsilon_0}{\sqrt{p_1^2 - 4p_2}}\left[(-q_1 + \alpha \cdot q_2)\mathrm{e}^{-\alpha t} + (q_1 - \beta q_2)\mathrm{e}^{-\beta t}\right] \tag{3-122}$$

同样,根据 p_1、p_2、q_1、q_2 与原模型中黏弹常数 E_1、E_2、η_1、η_2 的关系可将式(3-122)改写为以黏弹常数表示的形式,由于所得关系式比较烦琐,此处不予给出,读者可自行推导。

伯格斯模型的应力松弛曲线如图 3-57 所示。当 $t=0$ 时,伯格斯模型立即产生瞬时应力 $E_2 \varepsilon_0$,随后应力逐渐衰减,与前述的三元素模型不同,这一模型的应力在时间无限远时可以完全松弛,残留应力为零。

四、SHRP 对沥青材料的评价指标

美国公路战略研究计划(SHRP)在对沥青材料进行了五年的研究之后,提出了沥青结合料的路用性能规范。由于它是在沥青材料各项路用性能的基础上提出的评价指标,因此 SHRP 的研究者认为,它不仅适用于普通沥青,也适用于改性沥青。因为美国提出了 SHRP 沥青结合料路用性能规范,比较系统地阐述了沥青及沥青结合料的路用性能,各国在与之对比的过程中参考与借鉴发现,现在许多沥青达不到规范规定的指标,所以出现了对改性沥青的重视,推动了对改性沥青的研究与发展应用。

美国 SHRP 沥青结合料路用性能规范如表 3-37 所示,AASHTO MP1 将沥青分为七个等级,每一级又分为几个亚级,七个等级从 PG46~PG82(Performance Grade 性能分级,简称 PG 分级),亚级从 $-10 \sim -46℃$,每 6℃ 一档。PG 是 Performance Grade 的词头,表示路用性能,分级直接采用设计使用温度表示适用范围。例如 PG58-28,表示该级沥青适用于最高路面设

计温度不超过58℃,最低路面设计温度不低于-28℃的地区。

沥青按使用温度分级是前所未有的。SHRP 开始曾经使用过气温,即最高月平均气温及冬季极限最低气温作为划分依据。根据美国5313个和加拿大1515个国家级气象台站的数据资料,为使温度分级更为科学,提出由空气温度改为路面沥青混合料温度。高温设计温度采用由空气温度转换过来的路表下20mm深处的一年中温度最高的7d周期平均温度(即7d平均最高温度),称为MAXPVT;低温设计温度则是路表温度,且等于空气温度,以年最低气温表示,称为MINPVT。在SHRP-A-648报告中指出,路表温度是由路表的热气流决定的,而路表热气流是由多方面的因素决定的。

热气流=直接太阳辐射热+热扩散±空气对流±热传导-路面体的辐射。经过理论分析,在美国的标准条件下,路表温度与空气温度的换算,可通过纬度建立关系如下:

$$T_{surf} - T_{air} = -0.00618 lat^2 + 0.2289 lat + 24.4 \tag{3-123}$$

式中:T_{surf}——沥青路面路表温度;

T_{air}——沥青路面空气温度(℃);

lat——纬度(°)。

根据 FHWA 的路面温度模式,在一年中间最热的7d中,热气流传入路面不同深度 h 的温度变化可用下式表示:

$$T_h = T_{surf}(1 - 0.063h + 0.007h^2 - 0.0004h^3) \tag{3-124}$$

式中:T_h——深度为 h(以英寸计)处的温度;

T_{surf}——路表温度(℉)。

当换算为 SI 单位,且路表下深度为20mm时,有:

$$T_{20mm} = (T_{surf} + 17.78) \times 0.9545 - 17.78 \tag{3-125}$$

式中:T_{20mm}——路表下深度20mm处的温度;

T_{surf}——路表的温度(℃)。

因此 T_{20mm} 与 T_{air} 便具有下式关系:

$$T_{20mm} = (T_{air} - 0.00618 lat^2 + 0.0089 lat + 42.2) \times 0.9545 - 17.78 \tag{3-126}$$

不过,SHRP 仅通过纬度建立的 T_{20mm} 与 T_{air} 的关系,并未考虑高程的影响。实际上,即使纬度相同,我国的情况与美国的情况也不同,而且高山与平原显然也是不同的,这一点应该说是个缺陷。

SHRP 规定高温设计温度以一年中高温时期连续7d最高路面温度平均值为指标,低温设计温度以年最低路面温度为指标。这些温度分别成为高温稳定性及低温开裂性指标的试验温度。SHRP 路用沥青新规范一反以往试验方法相同、等级不等的沥青取不同标准值的做法,采用各项指标的要求值为一常数,但各个沥青等级适用的地区采用相应的试验温度,这个想法和做法也是前所未有的。

SHRP 新沥青规范的最根本的特点是各项指标与各项路用性能直接相关,因此它不仅适用于普通的直馏沥青,还适用于改性沥青。规范列入了各种路用性能指标,包括:

(1)高温稳定性(高温时抵抗永久变形的能力)。

(2)低温抗裂性(低温时抵抗路面温缩开裂的能力)。

(3)耐疲劳性(抗疲劳破坏的能力)。

(4)抗老化性能。

(5)施工安全性、可操作性。

沥青的抗水损害能力与集料性质密切相关,故列入沥青混合料规范的指标中。

由于路面车辙主要在路面铺筑初期形成,沥青的高温稳定性指标用平均最高路面设计温度时的原样沥青及薄膜加热后残留沥青的 $G^*/\sin\delta$ 作为指标。要求原样沥青不低于 1.0kPa,RTFOT 后残留沥青不低于 2.2kPa,试验时的角速度为 10rad/s(相当于频率 1.502Hz)。G^* 是动态剪切复数劲度模量,是动态剪切复数柔量的倒数。G^* 值越大表示沥青的劲度越大,抗流动变形能力越强。

与高温抗车辙能力相反,因路面温缩开裂通常是由于沥青使用过程中不断老化,劲度模量不断增加,沥青的低温柔性逐步转变为脆性造成,故反映低温抗裂性能的指标是用经过 TFOT 又经过压力老化试验(PAV)的沥青,测定低温弯曲蠕变劲度模量 S 作为最主要指标。它要求 60s 时的 S 不得大于 300MPa,之所以试验温度取为最低路面设计温度以上 10℃,主要是因为温度过低时试验困难,按流变学原理的时间温度换算法则,在试验温度下测定的 60s 的劲度模量,相当于比试验温度低 10℃ 的设计温度下 2h 劲度模量。同时还要求 60s 时蠕变劲度模量与荷载作用时间的双对数曲线的斜率 m 不小于 0.30。当 S 大于 300MPa,却小于 600MPa 时,则可用沥青在低温设计温度时的直接拉伸破坏应变(拉伸速率 1.0 mm/min)代替蠕变劲度,要求不小于 1.0%。

抗疲劳性能的设计温度显然是一年中最不利季节的路面温度,分析 SHRP 规范的温度可以看出,它相当于最高路面设计温度与低温指标试验温度的平均值以上 4℃。路面的疲劳破坏主要是在使用周期的后期发生,它同样考虑路面使用期的长期老化,并采用 RTFOT 及 PAV 后的沥青做动态剪切试验,要求 $G^*\sin\delta$ 值不超过 5MPa。$G^*\sin\delta$ 是复数剪切模量的黏性成分,即损失劲度模量。

沥青老化是个重要指标,除了低温及疲劳指标本身就是用 RTFOT 及 PAV(老化温度为 90~110℃,通常为 100℃)以后的沥青进行试验,反映沥青老化后的性质外,规范还保留了 RTFOT 质量损失的指标,要求不超过 1.00%,这个指标几乎所有的沥青都能达到,因此我国认为意义不大。但对北美来说,有些沥青却不一定能达到,而损失太大意味着沥青减少,对施工成本有影响,因此仍把它列入规范。另外,SHRP 最终稿曾经推出过一个"物理老化指数"的指标,用 h 表示。但由于未能提出各个等级的界限值,所以在 AASHTO 的 MP1 中未列入,改在小注中进行说明,要求实测报告,仅供参考。

$$h = \left(\frac{S_{24}}{S_1}\right)^{\frac{m_1}{m_{24}}} \tag{3-127}$$

式中:1,24——表示沥青在试验温度下在压力老化罐中存放的时间(h);

　　　S——蠕变 60s 时的劲度;

　　　m——60s 加载时间的蠕变曲线的斜率。

施工安全性及可操作性采用原样沥青的闪点及 135℃ 黏度(开始时是 165℃ 黏度)予以反映,要求闪点大于 230℃,135℃ 黏度不超过 3Pa·s。对通常使用的非改性沥青来说,135℃ 黏度一般不超过 1Pa·s,因此,高温黏度指标极限值主要是针对改性沥青的。

由上看出,SHRP 沥青规范本身使用原样沥青、RTFOT 后残留沥青及 PAV 老化后的沥青。同时,应新规范之需,又开发了几种新的仪器设备和试验方法,见表3-37。

美国SHRP沥青路用性能规范（AASHTO MP1,1995）　　　　　　　　表3-37

沥青使用性能等级	PG46		PG52							PG58					PG64					
	-34	-40	-10	-16	-22	-28	-34	-40	-46	-16	-22	-28	-34	-40	-10	-16	-22	-28	-34	-40
平均7d最高路面设计温度①(℃)	<46		<52							<58					<64					
最低路面设计温度①(℃)	>-34	>-40	>-10	>-16	>-22	>-28	>-34	>-40	>-46	>-16	>-22	>-28	>-34	>-40	>-10	>-16	>-22	>-28	>-34	>-40
原样沥青																				
闪点（COC,ASTM D92),min(℃)	230																			
黏度 ASTM4402②,max,2Pa·s 试验温度(℃)	135																			
动态剪切(SHAP B-0.03)③ $G^*/\sin\delta$,min. 1.0kPa 试验温度@10rad/s(℃)	46		52							58					64					
RTFOT（ASTM D2872）残留沥青																				
质量损失,max	1.00																			
动态剪切(SHAP B-0.03) $G^*/\sin\delta$,min. 2.0kPa 试验温度@10rad/s(℃)	46		52							58					64					
PAV残留沥青（SHRP B-005）																				
PVA老化温度④(℃)	90		100							100					100					
动态剪切(SHAP B-0.03) $G^*/\sin\delta$,min. 30.0kPa 试验温度@10rad/s(℃)	10	7	25	22	19	16	13	10	7	25	22	19	16	13	31	28	25	22	19	16
物理老化⑤	实测记录																			

第三章 沥 青

续上表

沥青使用性能等级	PG46			PG52							PG58					PG64					
	-34	-40	-46	-10	-16	-22	-28	-34	-40	-46	-16	-22	-28	-34	-40	-10	-16	-22	-28	-34	-40
蠕变劲度(SHRP B-002)⑥ S,max,200MPa,m值,min,0.35 试验温度@60s(℃)	-24	-30	-36	-0	-6	-12	-18	-24	-30	-36	-6	-12	-18	-24	-30	0	-6	-12	-18	-24	-30
直接拉伸(SHRP B-006)⑥ 破坏应变,min,1.0% 试验温度@1.0mm/min(℃)	-24	-30	-36	0	-6	-12	-18	-24	-30	-36	-6	-12	-18	-24	-30	0	-6	-12	-18	-24	-30

沥青使用性能等级	PG70					PG76					PG82				
平均7d最高路面设计温度①(℃)	<70					<70					<82				
最低路面设计温度①(℃)	-16	-22	-28	-34	-40	-10	-16	-22	-28	-34	-10	-16	-22	-28	-34
	>-16	>-22	>-28	>-34	>-40	>-10	>-16	>-22	>-28	>-34	>-10	>-16	>-22	>-28	>-34

原样沥青

闪点(COC,ASTM D92),min(℃)	230
黏度 ASTM4402②,max,2Pa·s 试验温度(℃)	135
动态剪切(SHAP B-0.03)③ $G^*/\sin\delta$,min.1.0kPa 试验温度@10rad/s(℃)	70　　　　76　　　　82

RTFOT(ASTM D2872)残留沥青

质量损失,max	1.00

· 147 ·

续上表

沥青使用性能等级	PG70					PG76					PG82				
	-10	-16	-22	-28	-34	-40	-10	-16	-22	-28	-34	-10	-16	-22	-28	-34
动态剪切(SHAP B-0.03) $G^*/\sin\delta$,min. 2.0kPa 试验温度@10rad/s(℃)			70						76					82		
PAV残留沥青(SHRP B-005)																
PVA老化温度④(℃)	100(110)						100(110)					100(110)				
动态剪切(SHAP B-0.03) $G^*/\sin\delta$,min. 30.0kPa 试验温度@10rad/s(℃)	34	31	28	25	22	19	37	34	31	28	25	40	37	34	31	28
物理老化⑤												实测记录				
蠕变劲度(SHRP B-002)⑥ S,max,200MPa,m值,min.0.35 试验温度@60s(℃)	0	-6	-12	-18	-24	-30	0	-6	-12	-18	-24	0	-6	-12	-18	-24
直接拉伸(SHRP B-006)⑥ 破坏应变,min.1.0% 试验温度@1.0mm/min(℃)	0	-6	-12	-18	-24	-30	0	-6	-12	-18	-24	0	-6	-12	-18	-24

注:①路面温度由大气温度按Superpave程序中的方法计算,也可由指定的机构提供。
②如果供应商能够保证所有人为安全温度下,沥青结合料都能很好地泵送或搅拌和,此要求可由指定的机构确定放弃。
③对控制非改性沥青结合料质量,在试验温度下测定原样沥青结合料黏度,包括毛细管黏度计或旋转黏度计(AASHTO T201或T202)。黏度的标准试验方法均可使用,在试验温度下,沥青多处于牛顿流体状态,任何测定黏度的方法都应。
④PAV老化温度为模拟气候条件温度,从90℃,100℃,110℃中选择一个温度,高于PG64时为100℃,在沙漠条件下为110℃。
⑤物理老化:按照TP1规定的BBR试验进行,试验条件中的时间为最低路面设计温度以上10℃延续24h±10min,报告24h劲度模量和m值(仅供参考)。
⑥如果蠕变劲度小于300MPa,直接拉伸试验可不要求,如果蠕变劲度在300~600MPa,直接拉伸试验的破坏应变要求可代替蠕变劲度的要求,m值在两种条件下都应满足。

(1)简支梁弯曲试验

采用弯曲梁流变仪(SHRP B-002,AASHTO TP1,Bending Beam Rheometer,简称 BBR),进行三点弯曲试验,如图 3-58 所示。沥青梁式试件的尺寸为 127mm(长)×6.35mm(高)×12.7mm(宽),跨径 101.6mm。

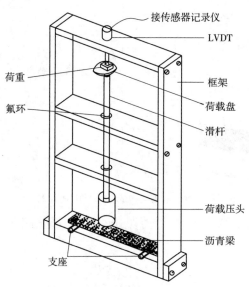

图 3-58 弯曲梁试验(AASHTO TPt)

此试验采用 RTFOT 及 PAV 试验的残留沥青测试,以评价沥青的低温抗裂性能,重点是反映抵抗温度收缩开裂能力,试验测定时间为 240s,所得曲线为 $\lg S$-$\lg t$ 蠕变曲线,见图 3-59,试验结果为 60s 时的劲度模量 $S(t)$ 及曲线的斜率 m。

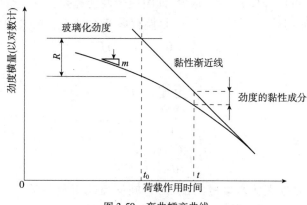

图 3-59 弯曲蠕变曲线

弯曲梁试验仪由一个蠕变形式的流变仪单元、温控单元和微机控制系统组成,但试样太小,成型制作困难,尺寸误差大。另外,对我国某些相对密度小于 1.0 的沥青,在冷媒中稍有浮起,试验也有困难(应加些荷载调节比重),这些都将影响试验精度。

(2)动态剪切试验(SHRP B-003,AASHTO TP5,Dynamic Shear Rheometer,简称 DSR)

此试验结果在 SHRP 规范中用了三次,即对原样沥青、TFOT 残留沥青、TFOT/PAV 残留沥青测定,分别反映高温性能、疲劳性能及低温性能,因此是 SHRP 沥青新标准的精髓。

动态剪切试验用两块 φ25mm 或 φ8mm 的平行板,间距 1.1~2.2mm(φ25mm 板)或 0.9~1.8mm(φ8mm 板),试验角速度为 10rad/s。试验简图如图 3-60 所示。图中列出了试验得出的正弦变化的剪应变及剪应力,其相位角是 δ。

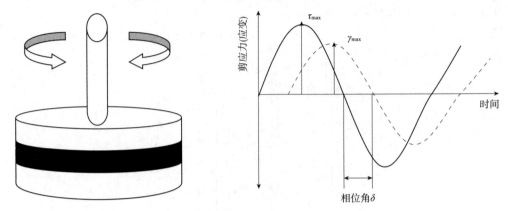

图 3-60　动态剪切试验(AASHTO TP2)

在动态剪切试验得到的结果中,复数剪切劲度模量 G^* 是储存剪切模量 G' 及损失剪切模量 G'' 的复数和。

$$G^* = G' + iG''$$
$$G' = G^* \cos\delta \quad (3\text{-}128)$$
$$G'' = G^* \sin\delta$$

因此,$G^* \sin\delta$ 实际上就是损失剪切模量,它表示沥青在变形过程中能量的损失,即变形中不可恢复的部分,简单地说就是模量的黏性成分 $G^* \sin\delta$ 越大,表示荷载作用下的剪切损失越快,储存的部分(可以释放,恢复)越少,即耐疲劳性能越差。

同样,当用复数剪切柔量 J^* 表示时,J^* 是储存剪切柔量 J' 及损失剪切柔量 J'' 的复数差。

$$J^* = 1/G^* = J' - iJ''$$
$$J' = \frac{1}{\left(\dfrac{G^*}{\cos\delta}\right)} \quad (3\text{-}129)$$
$$J'' = \frac{1}{\left(\dfrac{G^*}{\sin\delta}\right)}$$

因此 $G^*/\sin\delta$ 就是损失剪切柔量的倒数,它同样反映里材料的永久变形性能。也就是说沥青性质的黏性成分 $G^*/\sin\delta$ 越大,表示 J'' 越小,即高温时的流动变形越小,抗车辙能力越强。这两个指标所不同的是测定温度及目的不同,故表达方式不一样。

(3)直接拉伸试验(SHRP B-006,AASHTO TP3,Direct Tension Test,简称 DTT)

沥青的直接拉伸试验是前所未有的。它类似于低温延度实验,其难度在于沥青的试件如何成型,如何夹在试验机上。SHRP 采用的是形状如"狗骨头"的试件(dog-bone specimen),实际上是两端粗、中间细的颈状试件,如图 3-61 所示。试件浇灌在硅橡胶试模中,一个试件仅用 2.5g 沥青,试件温度在规范中为 0~-36℃,拉伸速率为 1mm/min。测定结果为荷载达到最大时的变形,由于在负温度下沥青已明显为脆性,延度极小,因此必须用精密的激光变形量测器测量。

(4)压力老化试验(SHRP B-005 AASHTO PP1,Pressure Aging Vessel,简称 PAV)

压力老化试验是用于研究疲劳及低温开裂的,需要使用已经老化的沥青试样。这是 SHRP 的新方法,它是把经过旋转薄膜老化试验(RTFOT)(模拟施工期短期老化)的沥青,用薄膜老化试验的盘子装进 PAV 中,加热到 90~110℃,并增压到 2.07MPa,持续 20h,在一个特制的烘箱中,使沥青加速老化。据说这样的沥青相当于在路上已使用 5 年。

另外,135℃黏度用工程上常用的布洛克菲尔德(Brookfield)黏度计测定,在我国修订的《公路工程沥青与沥青混合料试验规程》(JTG E20—2011)中有相关的试验方法。闪点用克利夫兰式开口杯闪点仪测定,方法与我国试验规程规定的相同。

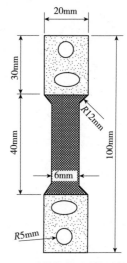

图 3-61 直接拉伸试验的试件 (AASHTO TP3)

值得注意的是,SHRP 研究之初对沥青化学成分分析做出了努力的探索,如核磁共振等方法,但最终未能得出与路用性能相关联的实用性成果。关于蜡对沥青性质的影响,由于已反映在沥青路用性能中,所以也未再列入。

SHRP 沥青等级与美国原有的沥青标准之间,实际上也有一定的关系,例如最常用的 PG64-22 和 PG70-22 大体上相当于原来的 AC-20 和 AC-40 级。

在 SHRP 的研究成果中,对沥青混合料低温抗裂性能指标的研究尤其值得注意,SHRP 从众多的试验方法中筛选出约束试件的温度应力试验(TSRST)作为评价方法。该方法是由美国俄勒冈州立大学开发的,据介绍,制作 TSRST 试件时,混合料拌和后,先在 135℃下短期老化(STOA)4h,再经过 85℃,5d 长期老化(LTOA),然后对混合料进行搓揉压实,成型的试件尺寸为 15.2cm×15.2cm×40.6cm。再锯成 4 个 5cm×5cm×25cm 的试件,试件与夹具用环氧粘结固化,以 1h 冷却 5℃的速度冷却到要求的试验温度,最后以 10℃/h 的速率冷却,测定冷却过程中温度应力的变化曲线,试验设备的简图如图 3-62 所示,温度应力的变化曲线如图 3-63 所示。

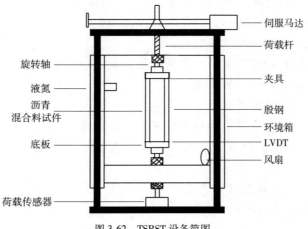

图 3-62 TSRST 设备简图

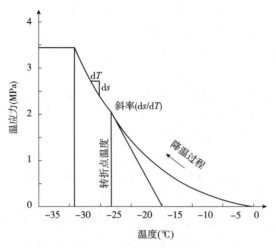

图 3-63 温度应力变化曲线

由图 3-63 中,TSRST 得到以下几个指标:

①破断温度。沥青混合料的破断温度与沥青结合料功能性质比较吻合,与沥青低温指标(极限劲度 m 值、蠕变劲度及破坏拉伸应变试验结果)密切相关。它与沥青常规性质(如低温针入度、针入度指数 PI、弗拉斯脆点 Fr)显著相关。

②破坏强度。空隙率、集料品种、沥青老化、沥青品种是影响破坏强度的主要因素,但尤以空隙率影响为甚。另外,破坏强度与斜率还受应力松弛、制冷速率的影响。

③温度应力曲线斜率和转折点温度。温度应力曲线分成反映应力松弛的曲线部分,与没有应力松弛的直线部分。当试件接近破坏时,斜率减小。转折点温度和 ds/dT 是沥青混凝土在冷却温度状态下流变特性的重要指标。

思考练习题

1. 广义改性沥青的定义及其分类?
2. 矿物填充料改性沥青的机理是什么?
3. 名词解释:针入度;软化点;延度;脆点;闪点;燃点。
4. 简述沥青的胶体结构分类及其特点。
5. 简述沥青的化学结构与沥青的胶体性能的关系。
6. 简述影响针入度试验精度的原因。
7. 简述改善沥青感温性的措施。
8. 为何弗拉斯脆点不适合用于评价多蜡沥青的低温抗裂性能?
9. 沥青的疲劳试验采用何种试件加载方式?其控制应力或应变指标的选择取决于什么?
10. 沥青的老化程度与什么因素有关?
11. 沥青中蜡对沥青路用性能的影响?

第四章 改性沥青

【导读】

改性沥青是指沥青中掺加橡胶、树脂、高分子聚合物、磨细的橡胶粉或者其他材料等外掺剂(改性剂),或采取对沥青轻度氧化加工等措施,使沥青或沥青混合料性能得以改善而制成的沥青结合料。

本章主要以聚合物改性、天然沥青、泡沫沥青、乳化沥青、橡胶沥青、环氧沥青为主,阐述改性沥青在高温抗变形能力、抗车辙能力、沥青底层抗裂性能和抗疲劳开裂性能等方面的优势,改善沥青与石料的黏附性,提高沥青的抗疲劳能力,延长沥青路面的寿命。

【重点及难点】

重点:了解改性沥青的种类;了解改性沥青的评价标准;明确各种类型改性剂的分类;掌握各种外掺剂对沥青与沥青结合料路用性能的影响。

难点:各种不同类型的改性沥青对其路用性能的影响。

第一节 改性沥青的分类及其标准

所谓改性沥青,也包括改性沥青混合料,按照我国《公路沥青路面施工技术规范》(JTG F40—2004)的定义,是指掺加橡胶、树脂、高分子聚合物、磨细的橡胶粉或者其他材料等外掺剂(改性剂),或采取对沥青轻度氧化加工等措施,使沥青或沥青混合料的性能得以改善而制成的沥青结合料。改性剂是指在沥青或沥青混合料中加入的天然的或人工的有机或无机材料,可熔融、分散在沥青中,改善或提高沥青路面性能(与沥青发生反应或裹覆在集料表面上)的材料。关于改性沥青的分类,国际上并没有统一的分类标准。从广义上划分,根据不同目的所采取的改性沥青及改性沥青混合料技术可汇总于图4-1。

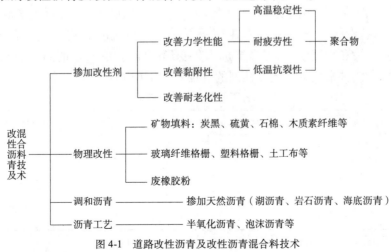

图4-1 道路改性沥青及改性沥青混合料技术

一、聚合物改性沥青

从狭义上来说，现在所指道路改性沥青一般是指聚合物改性沥青（Polymer Modified Asphalt，简称 PMA）。用于改性的聚合物种类也很多，按照改性剂的不同，一般将其分为三类。

(1) 热塑性橡胶类：即热塑性弹性体，主要是苯乙烯类嵌段共聚物，如苯乙烯—丁二烯—苯乙烯（SBS）、苯乙烯—异戊二烯—苯乙烯（SIS）、苯乙烯—聚乙烯/丁基—聚乙烯（SE/BS）等嵌段共聚物，由于它同时具有橡胶和树脂两类改性沥青的结构与性质，故也称为橡胶树脂类。属于热塑性橡胶类的还有聚酯弹性体、聚脲烷弹性体、聚乙烯丁基橡胶浆聚合物、聚烯烃弹性体等。因SBS具有良好的弹性（变形的自恢复性及裂缝的自愈性），所以目前世界上使用最为普遍的道路沥青改性剂为SBS改性沥青。

(2) 橡胶类：如天然橡胶（NR）、丁苯橡胶（SBR）、氯丁橡胶（CR）、丁二烯橡胶（BR）、异戊二烯（IR）、乙丙橡胶（EPDM）、丙烯腈丁二烯共聚物（ABR）、异丁烯异戊二烯共聚物（IIR）、苯乙烯异戊二烯橡胶（SIR）等，还有硅橡胶（SR）、氟橡胶（FR）等。其中SBR是目前国内外应用最广泛的改性剂之一，尤其是它胶乳形式的使用越来越广泛。氯丁橡胶（CR）具有极性，曾常掺入煤沥青中使用，成为煤沥青的改性剂。但由于煤沥青对人体具有一定的危害，所以随着我国现代石油工业的高速发展，煤沥青逐渐退出了历史的舞台。

(3) 树脂类：热塑性树脂，如乙烯—乙酸乙烯醋共聚物（EVA）、聚乙烯（PE）、无规聚丙烯（APP）、聚氯乙烯（PVC）、聚苯乙烯（PS）、聚酰胺等，还包括乙烯乙基丙烯酸共聚物（EEA）、聚丙烯（PP）、丙烯腈丁二烯苯乙烯共聚物（NBR）等；热固性树脂也可作为改性剂使用，如环氧树脂（EP）等。EVA根据其乙酸乙烯的含量及熔融指数MI的不同，分为许多牌号，不同品种的EVA改性沥青的性能有较大的差别。无规聚丙烯（APP）由于价格低廉，用于改性沥青油毡较多，其缺点是与石料的黏结力较小。

沥青改性剂种类很多，在以往的道路工程研究当中给出了橡胶和塑料两类改性剂的特点。橡胶包括天然橡胶和合成橡胶。天然橡胶增加混合料的黏结力，有较低的温度敏感性，与集料有较好的黏附性；氯丁胶乳和丁苯胶乳（SBR）将增加弹性、黏聚力，减小感温性；块状共聚物SBS将改善柔性，增强抵抗永久变形能力并减小温度敏感性；再生橡胶粉将增加柔性、黏附性，提高抗滑能力，抵抗疲劳和阻碍反射裂缝。塑料包括PE、聚丙烯、EVA、乙丙橡胶等，将增加稳定性和劲度模量，提高抵抗永久变形的能力，有较低的温度敏感性。根据壳牌公司的资料，对四种常用的不同改性剂的改性效果采用表4-1加以说明。

四种不同改性剂的功效表　　　　　　　　　　　　表4-1

改性剂品种	抗车辙变形	抗温缩裂缝	抗温度疲劳裂缝	抗交通疲劳裂缝	裂缝自愈合性能	抗磨耗性能	抗老化性能
SBS	+	+	+	+	+	+	+
SBR	+	+	+	+	+	+	+
EVA	+	−	−	+	?	+	0
PE	+	−	−	−	−	−	0

注：表中"+"表示提高，"−"表示降低，"0"表示没有影响，"?"表示尚不明确。

第四章　改性沥青

SBS改性沥青的主要特点：温度高于160℃后，改性沥青的黏度与基质沥青基本相近；温度低于90℃后，改性沥青的黏度是基质沥青的数倍，高温稳定性好，因而改性沥青混合料路面的抗车辙能力大大提高；改性沥青的脆点较基质沥青有明显改善，因而改性沥青混合料路面的低温抗裂能力及疲劳寿命均明显提高。另外，SBS改性沥青具有较好的储存稳定性，并且在很宽的温度范围内都具有较好的弹性。

SBR改性沥青的主要特点：能显著改善沥青的低温性能，热稳定性、延性以及黏附性均较基质沥青有所提高，并且抗热老化性能也有所提高。

EVA改性沥青的主要特点：可显著改善抗塑性变形能力和抗疲劳能力，热稳定性有所提高，但耐久性改变不大。

PE改性沥青的主要特点：高温稳定性、与矿料的黏附性、感温性、抗老化性能都有不同程度的改善，不过常温（25℃）时的延性有所降低。

二、聚合物改性剂的选择

一般情况下根据工程所在地的地理位置、气候条件、道路等级、路面结构等综合比较后来进行改性剂的选用。我国使用的聚合物改性剂主要是热塑性橡胶类（如SBS）、橡胶类（如SBR）、热塑性树脂类（如EVA及PE）三类。

1. 根据不同气候条件选择改性剂

Ⅰ类，SBS类热塑性橡胶类聚合物改性沥青。Ⅰ-A型、Ⅰ-B型适用于寒冷地区，Ⅰ-C型适用于较热地区，Ⅰ-D型适用于炎热地区及重交通量路段。SBS由苯乙烯和丁二烯组成，其互不相容并保持分离，苯乙烯段有强度，丁二烯段有弹性。

Ⅱ类，SBR橡胶类聚合物改性沥青。Ⅱ-A型适用于寒冷地区，Ⅱ-B型、Ⅱ-C型适用于较热地区。早期用废旧轮胎和天然橡胶（NR）等。废旧橡胶利用可以减少环境污染，天然橡胶（NR）则是因原料的成本较低。后来发现丁苯橡胶（SBR）等生产的改性沥青性能更加优良，促使改性沥青进入一个新的发展阶段，其中使用最多的是丁苯橡胶（SBR）和氯丁橡胶（CR）。

Ⅲ类，热塑性树脂类聚合物改性沥青。如乙烯—醋酸乙烯酯（EVA）、聚乙烯（PE）改性沥青，适用于较热和炎热地区。通常要求软化点温度比最高月使用温度的最大日空气温度要高20℃左右。

2. 根据沥青改性目的和要求选择改性剂

（1）为提高抗永久变形能力，宜使用热塑性橡胶类、热塑性树脂类改性剂。

（2）为提高抗低温开裂能力，宜使用热塑性橡胶类、橡胶类改性剂。

（3）为提高抗疲劳开裂能力，宜使用热塑性橡胶类、橡胶类、热塑性树脂类改性剂。

（4）为提高抗水损害能力，宜使用各类抗剥落剂等外加剂。

三、其他改性沥青

天然沥青是石油经过长期的、长达亿万年的沉积、变化，在热、压力、氧化、触媒、细菌的综合作用下生成的沥青类物质。由于它常年与环境共存，性质特别稳定，但含有较多的土砂类杂质。根据生成矿床的不同，可以分成浸润型（如瑞士Vai de Travers）、涌出型（如特立尼达湖沥青 TLA)、缝隙填充型(如美国 Gilsonite)等,通常称为湖沥青、岩石沥青、海底沥青等。

环氧沥青是在沥青中添加环氧树脂经过固化而形成很高强度。环氧沥青的物理力学性质主要取决于环氧树脂和固化剂的种类与性质,以及它们与沥青的配合比例。用环氧沥青所拌制的沥青混凝土与普通沥青混凝土相比较,其强度高、刚度大,且具有优良的抗疲劳性能、优良的耐久性。环氧沥青混凝土大多用于大型桥梁的桥面铺装,用作公路与城市道路、机场道面的防滑磨耗层。

乳化沥青混合料是用乳化沥青与一定级配的集料拌和而成的沥青混合料。乳化沥青因所用乳化剂的不同而分为阳离子乳化沥青、阴离子乳化沥青和两性离子乳化沥青。由于阳离子乳化沥青在使用时能够与潮湿石料粘附结合,因而即使在阴湿天气或低温季节仍然可以照常施工,在性能上,阳离子乳化沥青比阴离子乳化沥青更有优越性。现在世界上大多数国家广泛采用阳离子乳化沥青。例如西班牙就是世界上较多使用乳化沥青用于路面养护的国家之一。由于在乳化剂和改性剂研究方面取得了进展,西班牙生产的乳液用途十分广泛,其乳液的大多数用于路面整修,少部分用于冷铺沥青稀浆封层、沥青砂浆表处和冷铺微粒式沥青混凝土。西班牙乳化沥青的消耗量增长很快,其他国家如美国、法国、巴西、日本,都大量使用乳化沥青。然而,乳化沥青混合料的应用也受到一定的限制,这主要是由于乳化沥青混合料在路上铺筑后,需要经过一段时间的行车压实才能逐渐成形,因此初期强度较低,故不适用于交通量较大的道路,通常在中、低交通量道路上应用较多。由于乳化沥青混合料在我国目前铺设道路中占有很大的比重,所以其应用还是有着广阔的前景。

乳化剂种类很多,也有诸多的分类方法。但最常用的分类方法是按其能否在水中解离生成离子而分为离子型乳化剂和非离子型乳化剂两大类。离子型乳化剂按其在解离后亲水端生成离子所带电荷不同又分为阴离子型、阳离子型和两性离子型乳化剂。若按沥青乳液与矿料接触后分解破乳、恢复沥青的速度,可分为快裂型、中裂型、慢裂型沥青乳化剂,如图 4-2 所示。

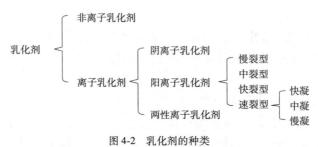

图 4-2 乳化剂的种类

其中阳离子乳化沥青应用最多,国内外一些科技资料表明,由于阳离子乳化沥青克服了阴离子乳化沥青缺点的同时,又发挥了阴离子乳化沥青的优点,因而它有逐渐代替阴离子乳化沥青的趋势。

阳离子乳化剂对沥青具有良好的乳化性能,当把它加到沥青—水分散体系后,在沥青和水的溶液中,沥青乳化剂被吸附于沥青和水相互排斥的界面上,降低了两者的表面张力,同时使沥青颗粒带上阳离子电荷的保护层,而相互排斥难以凝聚,微小的沥青颗粒均匀稳定地分散于水中,成为一种稳定的水包油型乳状液,即阳离子乳化沥青。它的应用范围极其广泛,主要用于道路工程,包括公路、机场、码头、街道等的路面上。此外,还可用于建筑工程的防漏、防渗、防潮;制造隔热保温材料;燃料的乳化燃烧;金属和非金属材料及其制品的防腐;土壤改良和植物栽培。同时也用于制造沥青绝缘纸(布)、固化铁路道床、河道护岸防水、沙漠固沙保土等。近年来,阳离子乳化沥青的发展十分迅速,为公路、建筑等部门提供了优良的节能新材料。

废旧橡胶改性沥青也是改性沥青的一个大类。由于橡胶制品的增多,橡胶废弃物也相应剧增。利用废橡胶粉改性沥青首先是出于环保上的考虑,至于改性沥青的效果怎样,国际上一直有不同的看法。1991年美国国会通过了一个法案促使废橡胶轮胎用于沥青混合料,在一定程度上使得废旧橡胶改性沥青得到了相应的发展。随着我国经济的高速发展,废旧轮胎每年的形成量很大,并有逐年增多的趋势,除橡胶工业和其他行业使用外,还有相当的余量。所以废旧橡胶再利用充满了挑战,其中把橡胶粉用于修筑道路路面,也是一个良策。

废橡胶粉改性沥青分为两大类:

1. 湿法(McDonald)

该法是将 CRM(废橡胶粉)先在160~180℃的热沥青中拌和2h,制成改性沥青悬浮液,所得到的混合物称为沥青橡胶。然后拌入混合料中,国内外部分道路工程研究机构曾用来铺筑沥青混凝土磨耗层做养护或罩面,剂量一般为沥青的6%~15%。若橡胶粉剂量太多,改性沥青的黏度太大,泵送有困难,所以从技术、经济的角度出发,橡胶粉的用量不宜超过沥青质量的20%。当橡胶粉改性沥青是用于应力吸收膜时,橡胶粉剂量宜为25%~32%。湿法制备改性沥青的工艺比较简单,不过改性效果与胶粉的细度关系很大,粒度越细,越易拌和均匀,且不易发生离析、沉淀现象,有利于管道输送或泵送。橡胶粉与沥青混融过程中,可加入适量的活性剂,如多烷基苯酚二硫化合物等,但量不能太多,否则或造成橡胶过度裂解,反而影响橡胶改性沥青的质量。据国外资料介绍,如果将橡胶粉先经少许重油浸泡融胀,再与沥青混融,将有利于胶粉在沥青中的分散,提高改性沥青的效果。

2. 干法(Piusride)

该法是将 CRM 直接喷入拌和锅中拌和废橡胶粉改性沥青混合料的方法(剂量为混合料的2%~3%),所得到的混合料称为橡胶改性沥青混合料,交通运输部重庆公路研究所与重庆市合作曾用此法铺筑了试验路。若将废橡胶粉经"脱硫"工艺制成活化胶粉,掺入沥青中,使与沥青结合得更为紧密,得到的改性效果更好,但由于工程造价偏高,未在实际工程中得到广泛应用。也有些研究机构将橡胶粉的颗粒粒径配制超过6mm,实验发现增大橡胶粒径对改性沥青的作用效果并不明显,所以仅仅是为了处理废旧橡胶轮胎而已。一般来说,湿法橡胶粉改性沥青常用于填缝料、封层(应力吸收膜),也可用于热拌沥青混合料,干法仅用于热拌沥青混合料。据述 CRM 对沥青路面的高低温性能均有所改善,但日本专家认为,在日本橡胶粉改性沥青的路面成功与失败的概率各占一半,之所以失败,主要是橡胶粉使路面有弹性,碾压比较困难,由于压实不足使空隙率变大,所产生的负面影响抵消了橡胶粉改性沥青的效果。近来,用湿法生产橡胶改性沥青的工艺又有了重大进步,即橡胶粉混入沥青中以后不仅仅是简单的机械搅拌,而是还要通过高速剪切装置,如胶体磨的加工。

泡沫沥青是在高温沥青中加水滴形成蒸汽泡、产生连锁反应、显著提高胶合性能的新材料,泡沫沥青黏聚性强且稳定,混合料可以长时间储存,可以冷碾压。泡沫沥青冷再生技术运用泡沫沥青这些良好性能,用铣刨机清洗沥青面层,把需大修的路面整齐地铣刨到基层面,削下来的废料用装载车拉回料场储存再生利用,摊铺泡沫沥青混凝土。摊铺新路面作业不受天气条件限制,冷天、阴雨天仍可进行施工。与传统技术相比,泡沫沥青冷再生技术具有明显的四大优势:

(1)旧路面废料能回收再生,既利于环保,又节约大量投资。回收利用这些废料,用于路面新建或维修。据不完全统计,每年全国仅在材料费方面就能节省数亿元。

(2)泡沫沥青混合料存储时间长,不需加热,碾压成型迅速。这为缩短公路路面施工工期创造了良好条件。混合料规模化生产,铣刨、摊铺机械化连续作业,摊铺后可以立即压实,压实后立即可以开放交通。路面小修甚至可以做到即修即通车。

(3)运用新技术浇铺的路面强度、抗疲劳度、抗水性更胜一筹,使用寿命更长。

(4)路面高程可以不抬高或抬高较少,可以有效解决维修过程中一味往上加高给人们出行带来诸多不便,同时减少挡墙、边沟、绿化带等附属设施的加高费用。

彩色沥青,又名彩色胶结料,是模仿石油沥青组分,采用多种石油化工产品与高分子材料改性剂共混改性而成,具有性能稳定、色泽鲜艳、路用性能好的特点。根据其路用性能,LS系列彩色沥青分为基质、改性、特种三大类,适应彩色铺装市场各种不同需求,其技术要求符合《城市道路彩色沥青混凝土路面技术规程》(CJJ/T 218—2014)。主要适用于绿道、自行车道、步行道、景观园林道路等各类慢行系统及景观道路铺装,特殊牌号产品也可应用于行车道、公交车专用道、路口、高速公路服务区等重载交通路面。

自欧洲从20世纪40年代开始使用改性沥青,历经多年的发展改性沥青种类繁多。自20世纪80年代起欧洲部分国家开始大量使用改性沥青,至今已有30多年的历史。

不同聚合物改性剂对高温稳定性指标软化点的增加效果如图4-3所示。很明显,从软化点的增加效果看,在通常使用剂量的范围内,改性剂的优劣排序为:SBS>EPDM>PE>EVA>PVC>PP。

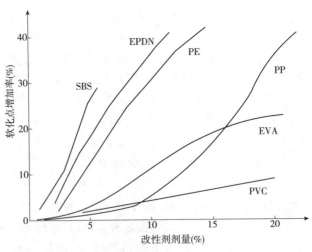

图4-3 不同改性剂对沥青软化点增加的效果

近些年来随着工业技术的发展,大气污染问题日益突出,我国每年都有大量的沥青消耗。这些沥青在拌和、运输、摊铺和碾压施工时,会有大量有害气体排放出来。如有机挥发物(VOCs)、碳氧化物、氮氧化物、硫化物等。有机挥发物(VOCs)是形成细颗粒物,进而导致灰霾和光化学烟雾的重要原因,碳氧化物导致全球气温升高,硫化物易导致酸雨。在《京都议定书》之后,中国带头承诺进一步限制温室及有害气体排放,人们对于环境的关注度在提高。所以针对道路工程中沥青路面铺设过程中造成的大气污染提出了环保沥青这一新的理念与技术。

净味环保沥青采用先进的 Bitufresh 技术用来清除碳氢化合物类型挥发物产生的气味,其原理是专利技术成分与 VOCs 和硫化物及其衍生物发生化学反应生成新的不排放物质,这使其区别于以往的简单遮盖技术。净味环保沥青产品 Bitufresh 赢得国际道路联合会(IRF)颁发的 2015 年度全球道路成就奖(GRAA)—研发类。该奖项由在道路和高速公路学科拥有专业知识的独立国际评审委员会评选。表 4-2 是净味环保沥青的几个主要参数指标。

净味环保沥青的几个主要参数指标　　表 4-2

指标	标准	结果
闪点(克利兰夫式开口杯法)	T 0611	130℃
燃点	ASTM E659	325℃
冰点		<-25℃
运动黏度(60℃)	T 0619	13.7mm²/s
密度(15℃)	T 0603	0.918g/cm³
颜色		淡黄色

四、改性沥青的技术标准

现在,改性沥青的优良性能已逐渐被人们所认识,其应用也日趋广泛。许多国家都已制定了改性沥青的规范,用以指导生产。

1. 国外改性沥青技术规范

由于各国地理环境和自然条件以及施工水平的不同,他们所制定的改性沥青规范不仅技术指标有所区别,而且要求也不一致。

美国改性沥青分成 SBS 类、SBR 类以及 EVA、PE 类。每一类又按稠度分成几个标号,其技术标准列于表 4-3 中。

美国 AASHTO-AGC-ARTBA 改性沥青技术标准　　表 4-3

指标		SBS 类				SBR 类			PE,EVA 类				
		I-A	I-B	I-C	I-D	II-A	II-B	II-C	III-A	III-B	III-C	III-D	III-E
针入度(25℃,100g,5s)	min(0.1mm)	100	75	50	40	100	70	80	30				
	max(0.1mm)	150	100	75	75				130				
针入度(4℃,200g,60s)	min(0.1mm)	40	30	25	25				48	35	26	18	12
延度(4℃,5cm/min)	min(cm)						50	25					

续上表

指标		SBS类				SBR类			PE,EVA类				
		Ⅰ-A	Ⅰ-B	Ⅰ-C	Ⅰ-D	Ⅱ-A	Ⅱ-B	Ⅱ-C	Ⅲ-A	Ⅲ-B	Ⅲ-C	Ⅲ-D	Ⅲ-E
黏度(60℃)	min(Pa·s)			100	250	500	500	80	160	160			
黏度(135℃)	min(mm²/s)	—				—			150				
	max(mm²/s)	2000				2000			1500				
软化点 $T_{R\&B}$	min(℃)	43	49	54	60				52	54	57	60	
闪点	min(℃)	218		232		232			218				
溶解度	min(%)	99.0				99.0							
离析,软化点差	max(℃)	4											
黏韧性(25℃)	min(in·lbs)					75	110						
韧性(25℃)	min(in·lbs)					50	75						
RTFOT 或 TFOT 后残留物													
质量损失	max(%)	1.0											
弹性恢复(25℃)	min(%)	45			50								
针入度(4℃,200g,60s)	min(0.1mm)	20	15	13	13				24	18	13	9	6
黏度(60℃)	max(Pa·s)					400	800						
延度(4℃)	min(cm)					25	8						
黏韧性(25℃)	min(in·lbs)						110						
韧性(25℃)	min(in·lbs)						75						

表4-4是德国聚合物改性沥青技术条件。显然,德国标准与美国有很大的区别。同时,在德国的标准中,每一类改性沥青主要是针入度、软化点、延度、脆点指标有所区别,其他指标都一样。B类比A类延度要求低,C类延度要求则更低,并且对弹性恢复指标不予要求,这些都是考虑适用于不同的气候条件。

德国聚合物改性沥青技术条件　　　　表4-4

技术指标		单位	PMB A			PMB B			PMB C	
			80A	65A	45A	80B	65B	45B	65C	45C
针入度(25℃,100g,5s)		0.1mm	>120	>50	>20	>120	>50	>20	>50	>20
软化点		℃	40~48	48~55	55~63	40~48	48~55	55~63	48~55	55~63
费拉斯脆点		℃	<-20	<-15	<-10	<-20	<-15	<-10	<-15	<-10
延度	7℃	cm	>100			>50				
	13℃	cm		>100			>30		>15	
	25℃	cm			>40			>20		>10

续上表

技 术 指 标	单位	PMB A			PMB B			PMB C	
		80A	65A	45A	80B	65B	45B	65C	45C
密度(25℃)	g/cm³	1.000~1.100							
闪点	℃	>200							
弹性恢复	%	50							
热储存均匀性,软化点	℃	2.0							
旋转瓶加热试验残渣										
质量损失	%	<1.00							
软化点变化 上升	℃	<6.5							
下降	℃	<2.0							
针入度变化 下降	%	<40							
上升	%	<10							
延度 7℃	cm	>50			>40				
13℃	cm		>50			>20		>8	
25℃	cm			>20			>20		>5
弹性恢复	%	>50						—	—

日本改性沥青标准如表 4-5 所示,其中改性 Ⅰ 型主要是 SBR 胶乳改性沥青,改性 Ⅱ 型主要是 EVA 改性沥青(树脂类)及 SBS(橡胶树脂类),高黏度改性沥青是指 60℃ 黏度大于 20000Pa·s 的改性沥青。超重交通改性沥青是指抗流动变形性能高且有抗裂性能,混合料动稳定度大于 5000 次/mm 的改性沥青。高黏附性改性沥青是指具有抗剥离性能及抗流动变形性能的沥青混凝土桥面用改性沥青。

日本的几种改性沥青标准　　　　　　　　　　表 4-5

指 标		Ⅰ型 (橡胶类)	Ⅱ型(树脂、 橡胶树脂类)	高黏度 改性沥青	提高黏附性 的改性沥青	超重交通 改性沥青
针入度(25℃)(0.1mm)		>50	>40	>40	>40	>40
软化点(℃)		50~60	56~70	>80	>68	>75
延度(cm)	7℃	>30	—	—	—	—
	25℃	—	>30	>50	>30	>50
闪点(℃)		>260	>260	>260	>260	>260
TFOT 试验后	质量损失(%)	—	—	<0.6	<0.6	<0.6
	残留针入度(%)	>55	>65	>65	>65	>65
费拉斯脆点(℃)		—	—	—	<-12	—
黏韧性(N·m)		>5	>8	>20	>16	>20

续上表

指　标	Ⅰ型 (橡胶类)	Ⅱ型(树脂、 橡胶树脂类)	高黏度 改性沥青	提高黏附性 的改性沥青	超重交通 改性沥青
韧性(N·m)	>2.5	>4	>15	>8	>15
密度(15℃)(g/cm^3)	报告	报告	报告	报告	报告
60℃黏度(10^4Pa·s)	—	—	>2.00	>0.15	>0.30
最佳拌和温度(℃)	报告	报告	报告	报告	报告
最佳碾压温度(℃)	报告	报告	报告	报告	报告
粗骨料剥离度(%)	—	—	—	<5	—

国际上生产沥青的一些大的企业,如壳牌石油公司、埃索石油公司等都生产各种牌号的改性沥青,它们也都有自己的技术标准。表4-6为壳牌SBS改性沥青Caribit的技术标准。

壳牌改性沥青Caribit技术标准　　　　表4-6

技术指标		Caribit 45	Caribit 65	Caribit 80	Caribit DA	Caribit OB	Caribit 200E
针入度(0.1mm)		20~40	50~80	120~150	60~90	220~300	180~220
软化点(环球法)(℃)		55~63	48~55	40~48	70~80	30~40	36~42
费拉斯脆点(℃)		≤-10	≤-15	≤-20	≤-15	≤-25	≤-20
延度(cm)	25℃	≥40	≥100		≥60		
	13℃				≥60		
	7℃			≥100			≥100
	6℃					≥100	
密度(25℃)(g/cm^3)		1.0~1.1	1.0~1.1	1.0~1.1	1.0~1.1	1.0~1.1	1.0~1.1
闪点(开口杯)(℃)		≥200	≥200	≥200	≥200	≥200	≥200
回弹率(%)	25℃	≥50	≥50	≥50	≥70		≥50
	13℃		>50	≥50	≥70		≥50
	0℃					≥70	
离析(软化点差)(℃)		≤2	≤2	≤2	≤2	≤2	≤2

2.我国改性沥青技术标准

我国改性沥青技术标准《公路沥青路面施工技术规范》(JTG F40—2004)主要是参考国外的标准,同时根据我国近年来的施工实践制定的。各国改性沥青的技术标准都有一些共同的特点,应根据聚合物类型、不同的气候条件选择合适的改性沥青的种类。

《公路沥青路面施工技术规范》根据我国的情况提出的聚合物改性沥青技术要求如表4-7所示。它是在我国改性沥青实践经验和试验研究的基础上提出的,制定时主要参考了ASTM标准,既吸取了国外标准的长处,又采用了我国道路工程研究者得到的指标和试验方法。

我国聚合物改性沥青技术要求　　　　表 4-7

指标	SBS 类（Ⅰ类）				SBS 类（Ⅱ类）			PE、EVA 类（Ⅲ类）			
	A	B	C	D	A	B	C	A	B	C	D
针入度(25℃,100g,5s)(0.1mm)	>100	80~100	60~80	40~60	>100	80~100	60~80	>80	60~80	40~60	30~40
针入度指数 PI	≥-1.0	≥-0.6	≥-0.2	≥-0.2	≥-1.0	≥-0.8	≥-0.6	≥-1.0	≥-0.8	≥-0.6	≥-0.4
延度(5℃,5cm/min)(cm)	≥50	≥40	≥30	≥20	≥60	≥50	≥40	—			
软化点 $T_{R\&B}$(℃)	≥45	≥50	≥55	≥60	≥45	≥48	≥50	≥48	≥52	≥56	≥60
运动黏度(135℃)(Pa·s)	≤3										
闪点(℃)	≥230				≥230			≥230			
溶解度(%)	≥99				≥99			—			
离析,软化点差(℃)	≤2.5				—			无改性剂明显析出,凝聚			
弹性恢复(25℃)(%)	≥55	≥66	≥65	≥70							
黏韧性(N·m)	—				5			—			
韧性(N·m)	—				2.5			—			
RTFOT 后残留物											
质量损失(%)	≤1.0				≤1.0			≤1.0			
针入度比(25℃)(%)	≥50	≥55	≥60	≥65	≥50	≥55	≥60	≥50	≥55	≥58	≥60
延度(5℃)(cm)	≥30	≥25	≥20	≥15	≥30	≥20	≥10				

注：1. 表中 135℃ 运动黏度可采用《公路工程沥青及沥青混合料试验规程》(JTG E20—2011)中的"沥青布氏旋转黏度试验方法(布洛克菲尔德黏度计法)"进行测定。若在不改变改性沥青物理力学性质并符合安全条件的温度下易于泵送和拌和，或经证明适当提高泵送和拌和温度时能保证改性沥青的质量、容易施工，可不要求测定。

2. 储存稳定性指标适用于工厂生产的成品改性沥青。现场制作的改性沥青对储存稳定性可不做要求，但必须在制作后，保持不间断的搅拌或泵送循环，保证使用前不发生明显的离析。

第二节　改性沥青的种类

现代道路交通的特点是车流量大、轴载重、车速快，这就要求道路路面高温下不出现车辙和推挤，能够经受低温、冰雪雨水的侵蚀而不松散，路面能够长期保持良好状态而不用频繁地维修，这就要求路面所用的沥青材料具有良好的性能。

虽然在道路建设工程中各个环节经过大量的努力，沥青生产厂家不断探索新的沥青生产工艺而使沥青性能得到明显的改善，道路设计部门也竭力采用优质重交通道路沥青。但是，许多道路的使用效果仍不尽人意。许多建成时间并不长的沥青路面远未达到设计年限就已经出现严重损害。这说明在许多情况下，即使是使用重交通道路沥青也往往不能满足要求，而需要对沥青性能加以改善。

就我国目前沥青的情况来看,由于原油基属的限制,所生产的道路沥青大部分都是普通沥青,含蜡量高、黏结性差,即使用于一般道路的养护,其性能也不能令人满意,很多养路单位更希望通过改性来提高其技术性能。

为了提高路面的使用功能,保证行车舒适安全,尽可能地减少交通事故,构造深度大、抗滑性能好、交通噪声低的新型路面结构,如沥青玛蹄脂碎石(SMA)路面、排水性沥青路面(Draining Asphalt)、主动除凝冰路面以及超薄型的沥青路面,正在大量应用与继续研究之中。修建这些新型路面都需要使用改性沥青。

因此,研究沥青性能改善的方法及其配制技术,开发与之配套的加工设备,并逐步予以推广应用,就日益成为道路建设者关注的焦点。

通过在沥青中添加各种聚合物或其他无机材料,经过充分混融,使之均匀分散在沥青中,即成为改性沥青。所用的改性剂不同就形成不同的改性沥青。改性沥青的品种很多,就目前而言,国内外使用取得成效并形成规模的主要是各种聚合物改性沥青,其他种类的改性沥青在实际应用中根据其具备的性能与工程概况相匹配而选用合适的改性剂。

一、聚合物材料的种类

1. 橡胶材料的种类

橡胶即聚合物弹性体。橡胶有天然橡胶、合成橡胶、再生橡胶。在道路工程应用于沥青改性的,以合成橡胶为多数。合成橡胶主要有丁苯橡胶(SBR)、氯丁橡胶(CR)、乙丙橡胶(E-POM)、丙烯酸丁二烯(ABR)、聚苯乙烯—异戊二烯(SIR)等,但实际应用以丁苯橡胶为多数。

丁苯橡胶是丁二烯—苯乙烯聚合物,根据苯乙烯含量的多少,又分为许多品种。通常多采用苯乙烯含量为30%的丁苯橡胶用于沥青改性。

按照橡胶形态的不同,有板块状橡胶、粉末橡胶、橡胶胶乳、胶浆等,使用时根据橡胶沥青配制方法的不同而选择某种形态的橡胶制品。废旧轮胎经加工磨细而成的橡胶粉,也可用作沥青改性。我国每年有大量的废旧橡胶制品如轮胎、胶鞋等,对资源的利用是极其有意义的。

2. 树脂材料的种类

树脂按可塑性分为热塑性树脂和热固性树脂。热塑性树脂主要有聚乙烯(PE)、乙烯—醋酸乙烯共聚物(EVA)、丙烯酸树脂、聚苯乙烯等。在道路中用于沥青改性,则主要为PE和EVA。热固性树脂主要为环氧树脂和聚氨酯。用热固性树脂可配制具有高强度、高性能的沥青混凝土材料,但由于其工艺比较复杂、施工难度大,除在某些特殊工程中应用外,应用并不广泛。

(1)聚乙烯

聚乙烯(Polyethylene)分高压低密度聚乙烯和低压高密度聚乙烯。由于高密度聚乙烯的熔点达131℃,难以在沥青中分散,故通常只有低密度聚乙烯用于沥青改性。低密度聚乙烯为乳白色、无味、无臭、无毒,表面无光泽的蜡状物颗粒,密度为 $0.916 \sim 0.930 \text{g/cm}^3$,它是聚乙烯树脂中最轻的一种。其结晶度较低(55%~65%),熔融指数较宽(MI = 0.2~50g/10min),具有良好的柔软性、可加工性,耐酸、耐碱,有良好的化学稳定性。低密度聚乙烯树脂,根据用途和生产厂家的不同可以分成不同型号的品种,但主要用作农用薄膜、包装薄膜等。不同型号的聚乙烯,其分子量不同,性质也有所差别,用于沥青改性时应有所选择。

经回收的聚乙烯塑料薄膜,经洗涤加工再生,也可用于沥青改性。但其性能与原状聚乙烯有所区别。

(2)乙烯—醋酸乙烯共聚物

乙烯—醋酸乙烯共聚物(Ethylene-vinyl Acetate Copolymer)简称EVA。20世纪60年代在国外开始投入生产,由于它的热稳定性、低温性、弹性、柔韧性均十分优良,故在许多国家得到研究和应用。EVA是一种无定形结构的热塑性树脂,按其醋酸乙烯(VA)含量和分子量的不同而有不同品种。EVA分子量的大小用熔融指数MI(g/10min)间接表示,MI值越大,分子量和黏度越小;反之,MI值越小,分子量和黏度越大。当MI一定,VA含量增加,EVA的弹性、柔韧性、与沥青的相容性、透明度都相应提高;VA含量越低,其性质越接近低密度聚乙烯。当VA含量一定时,MI值增大,则EVA分子量降低,软化点下降;MI值减小,则EVA分子量增大,性质变硬,强度相应提高。

国内EVA已有大宗生产,表4-8是沪产EVA的型号及其基本性质。

EVA 型号与性质 表4-8

技术项目	EVA 型号(VA 含量 MI)						
	14/5	28/250	30/30	30/10	19/13	28/150	28/400
VA 含量(%)	14	28	30	30	19	28	28
熔融指数 MI(g/10min)	5	250	30	10	13	150	400
密度(g/cm^3)	0.93	0.95	0.95	0.95	0.94	0.95	0.95
断裂强度(kg/cm^2)	160	25	80	160	130	45	25
极限伸长率(%)	700	600	770	800	650	800	800
熔点(℃)	91	73	73	81	86	73	73
脆化温度(℃)	-70	-66	-70	-70	-70	-60	-37

3. 热塑性橡胶

热塑性橡胶也称热塑性弹性体,主要有苯乙烯—丁二烯—苯乙烯嵌段共聚物(简称SBS)苯乙烯和异戊二烯—苯乙烯嵌段共聚物(简称SIS)。由于SBS比SIS价格低,故实际应用以SBS为多数。

SBS外观为白色爆米花状,质轻多孔。其在低于聚苯乙烯组分的玻璃化转变温度时是强韧的高弹性材料,而在较高温度下,又成为接近线性聚合物的流体状态。它既具有橡胶的弹性性质,又有树脂的热塑性性质,因而兼有橡胶和树脂的特性。根据苯乙烯和丁二烯所含比例的不同和分子结构的差异,SBS分成线形结构和星形结构两种,每种结构的SBS又有几种牌号。表4-9是北京燕山石油化工总公司合成橡胶厂所产的几种SBS牌号及其性能。

SBS 的牌号与技术指标 表4-9

技术指标	SBS1401(YH1792)	SBS4402(YH1802)	SBS1301(YH791)	SBS4303(YH801)
结构	线形	星形	线形	星形
嵌段比(S/B)(m)	40/60	40/60	30/70	30/70

续上表

技术指标	SBS1401(YH1792)	SBS4402(YH1802)	SBS1301(YH791)	SBS4303(YH801)
挥发分(%)	1.5	1.5	1.5	1.5
灰分(%)	0.2	0.2	0.2	0.2
300%定伸应力(MPa)	2.50	3.50	2.00	1.50
拉伸强度(MPa)	20.0	21.0	18.0	12.0
拉断伸长率(%)	650	600	700	550
硬度(邵氏A)	85	85	65	75
断裂强度(kN/m)	40.0	40.0	30.0	30.0
熔融指数MI(g/10min)	0.1~2.00	0.1~1.00	0.1~2.00	0.1~0.5

二、乳化沥青

乳化剂可分为有机和无机两大类，但一般按其离子的类型分类。按离子类型分类是根据乳化剂溶解于水时电离的电荷不同分成阳离子乳化剂、阴离子乳化剂和两性离子乳化剂。不能电离成离子的则为非离子型乳化剂。

(1)阳离子乳化剂

阳离子乳化剂是在水中溶解后即电离成阳离子的表面活性剂。阳离子沥青乳化剂主要有以下几类：季铵盐类、烷基胺类、酰胺类、咪唑啉类以及胺化木质素类等。季铵盐类中常用的乳化剂有十六烷基三甲基氯化铵，其分子式为$[C_{16}H_{33}(CH_3)NCl]$，代号为NOT或1631。与之相似的还有十六(~十九)烷基三甲基氯(溴)化铵、十八叔铵二甲基苄基硝酸季铵盐、十七烷基二甲基苄基氯化铵等。烷基胺类中乳化剂如烷基丙烯二胺，其分子结构式为$[RNH(CH_2)_3NH_2]$，式中R为C_{14-20}的脂肪族饱和或不饱和烷基及C_{11-19}的脂肪族饱和烷基，代号ASF。这种乳化剂又称N-烷基丙烯二胺，根据所用原料的不同，又有牛脂烷基丙烯二胺、硬化烷基丙烯二胺等。酰胺类乳化剂如烷基酰胺基多胺，其分子结构式为$[RCONH(C_3H_6)_nC_3H_6NH_2]$，式中，R为$C_{15-21}$的饱和或不饱和烷基，$n=1~3$。

(2)阴离子乳化剂

阴离子乳化剂是在水中溶解后即电离成阴离子的表面活性剂。阴离子乳化剂种类很多，如环烷酸盐、磺酸盐、赦酸盐、烷基硫酸盐等。典型的乳化剂如十二烷基硫酸钠，其分子式为$[CH_3(CH_2)_{11}SO_3Na]$；又如烷基磺酸钠，也称石油磺酸钠，分子结构式为$[RSO_3Na]$，R为平均15碳原子烷基。还有二丁基萘磺酸钠，俗称拉开粉。

(3)两性离子型乳化剂

两性离子型乳化剂是在同一分子内存在阳离子和阴离子两种基团，主要有氨基酸型、甜菜碱型及咪唑啉型三类。氨基酸型的分子结构式为$[RNHCH_2COOH]$；甜菜碱型的分子式为$[RN^+(CH_3)_2\text{-}CH_2COO^-]$。一般地，两性离子乳化剂多与其他乳化剂配合使用。

(4)非离子型乳化剂

非离子型乳化剂溶解于水中时不能电离成离子，而是依靠分子本身的羟基和醚基作为弱亲水基。用非离子型乳化剂生产的沥青乳液往往比阳离子型或阴离子型的乳液都稳定。

非离子型乳化剂有醚基类、醋基类、杂环类等。

典型的非离子型乳化剂如辛基酚聚氧乙烯醚,俗称 OP 乳化剂。又如失水山梨糖醇硬脂酸酯,俗称 S-60 乳化剂。

三、环氧沥青

环氧树脂是一种胶黏材料,含有两个以上环氧基聚合度不高的化合物。环氧树脂有几种类型,各有不同的特性,如双酚 A 型环氧树脂、酚醛环氧树脂、脂环族环氧树脂、脂肪族环氧树脂以及其他类型的环氧树脂。但我国目前大规模工业生产的主要是双酚 A 型环氧树脂,约占总产量的 90%。双酚 A 型环氧树脂由环氧氯丙烷缩聚而成,为淡黄色至棕色的透明黏性液体或固体,平均分子量在 350~7000。分子量越大,黏度越大,其环氧值却越小,颜色也越深;分子量越小,颜色越淡,流动性越好。双酚 A 型环氧树脂性能稳定,即使加热到 200℃ 也不会发生变化。环氧树脂有几种型号,其质量指标如表 4-10 所示。

环氧树脂质量指标 表 4-10

技术指标	E-51(618)	E-44(6101)	E-42(634)	E-35(637)
外观	黄色至琥珀色高黏度透明液体			
色泽 HCB2002-59	<2	<6	<8	<8
软化点(环球法)(℃)	—	12~20	21~27	—
环氧值(盐酸吡啶法)(当量/100g)	<0.48~0.56	<0.41~0.47	<0.38~0.45	<0.26~0.40
有机氯值(银量法)(当量/100g)	$<2\times10^{-4}$	$<2\times10^{-4}$	$<2\times10^{-4}$	$<2\times10^{-4}$
无机氯值(银量法)(当量/100g)	$<1\times10^{-3}$	$<1\times10^{-3}$	$<1\times10^{-3}$	$<1\times10^{-3}$
挥发物(110℃,3h)(%)	<2.0	<1.0	<1.0	<1.0

环氧树脂本身是热塑性的低分子线性聚合物,必须加入固化剂将环氧树脂中的环氧基打开,发生交联反应,形成网状立体结构的大分子,才能成为不溶于水、不能再熔化的固化物。在固化过程中,树脂内部产生一定的内聚力,才对被胶结物产生较强的黏结力,从而将胶结物联结成整体,形成结构强度。

就固化物的性能而言,分子量低的环氧树脂,其固化物的强度比分子量大的环氧树脂高。但是另一方面,分子量大的环氧树脂强度虽然要低一些,但由于分子量大,缠联性能好,故固化物的韧性比较好。

以环氧树脂的成本来说,低分子量的环氧树脂纯度高,价格也比较高,而高分子量的环氧树脂纯度低,透明度差,其价格就低得多。低分子量的环氧树脂,如 E-51,在常温下呈流动状态,加工使用比较方便;而高分子量的环氧树脂,如 E-42,在常温下流动性差,使用时必须加热或用溶剂加以稀释,比较麻烦。

因此,环氧树脂的选择取决于技术经济的综合和折中。澳大利亚建造西门大桥所用的环氧树脂,其环氧量为 182~184 单位,25℃ 黏度为 10~15Pa·s,相当于我国环氧树脂型号 E-51,E-51 分子量低,色泽透明而近于无色,质地纯净,价格高,但固化后强度高。分子量略大一点的 E-44 环氧树脂,呈浅黄色,固化强度略低,但价格相对经济,所以也可运用于工程实践中。

四、彩色沥青

配制彩色混合料的碎石和石屑,其色泽最好与所配制的混合料色彩相近,这样颗粒表面的沥青膜磨去以后,仍能显示出原来的色彩。某些岩石有特定的颜色,但由于其矿物成分的差异,会显示出几种不同的色彩。表4-11是几种岩石的色彩。

岩 石 的 色 彩　　　　　　　　　　表4-11

岩 石 种 类	色 彩	岩 石 种 类	色 彩
花岗岩	红色、粉红色、灰色	石灰岩	灰白色、粉红色、灰黑色
安山岩	淡红色、浅绿色、黑色	大理石	白色
辉绿岩	淡暗绿色	铁质砂岩	暗黄色

(1)当采购彩色碎石料有困难时,应采用浅色或淡色的碎石和石屑,不能使用黑色或深灰色的碎石料,因为黑色或深灰色的碎石料会影响路面的色彩。碎石料的质量要求与普通热拌沥青混合料一样,同样要求石质坚硬、耐磨、颗粒形状呈立方形。

(2)结合料:用于车行道的彩色铺面,其结合料标号同当地所用的沥青标号;用于人行道的彩色铺面的结合料其标号可同当地用沥青路面标号,也可降低一级标号。

(3)颜料:用于彩色路面的颜料对其使用效果关系极大,颜料应具有感光性,在长时间紫外线照射下不褪色;不溶于水,但可溶于油;同时还要求具有良好的耐热性,在混合料拌和过程中不因受热而变色。道路路面或广场铺面的颜色多数采用铁红色、橘红色、绿色等。许多铁系颜料的价格较低,但色彩不如铬系颜料鲜艳,对此需要进行认真比较和选择。

(4)矿粉:矿粉仍采用磨细的石灰石粉。颜料可取代部分矿粉。

五、废旧橡胶改性沥青

废旧橡胶改性沥青是将废旧橡胶粉以某种方式与沥青混合形成的胶结材料。废旧橡胶改性沥青从产生至今已有多年的历史,是废旧橡胶粉在公路行业中应用最普遍的材料,从使用工艺上划分其为干拌法与湿拌法,这种工艺最先是由美国推广使用的。

废胎胶粉改性沥青根据其加工工艺和添加剂量、材料的不同,具有不同的名称,一般来说包括橡胶沥青(Asphalt Rubber)、掺加废胎胶粉的改性沥青等,其种类和组成成分有:

(1)废旧橡胶粉+沥青。

(2)废旧橡胶粉(改性)+沥青。

(3)废旧橡胶粉+沥青+添加剂(芳香烃、油分)。

(4)废旧橡胶粉+沥青+天然橡胶。

(5)废旧橡胶粉+沥青+聚合物(如SBS、PE)等。

1997年美国ASTM将Asphalt Rubber(直译为沥青橡胶,在我国习惯称为橡胶沥青)定义为:由沥青、回收轮胎橡胶及一定的添加剂组成的混合料,其中胶粉的含量不少于总质量的15%,且要求橡胶颗粒在热沥青中充分反应并膨胀。这个定义就明确了橡胶沥青的成分、加工工艺和废胎胶粉的掺量等主要的材料要素。除橡胶沥青外,还有一种湿法制作的废旧橡胶改性沥青技术。它是由低剂量(相当于干拌法和湿拌法废胎胶粉的一半剂量)细胶粉及添加剂组成。过去这种沥青一般包含1.0%或更少的很细的废胶粉和解决搅拌问题的其他添加剂,但新开发的配方含有15%的废胶粉。

目前,橡胶沥青被广泛应用在道路工程建设的沥青洒布、沥青混凝土及裂缝填缝料等,其中橡胶沥青作为洒铺沥青用在应力吸收层(SAM)、应力吸收中间层(SAMI)、碎石封层、路面防水材料等中的使用量甚至超过沥青混凝土。在美国,加利福尼亚州与亚利桑那州是橡胶沥青使用量最大的两个州,得克萨斯州、佛罗里达州也有广泛应用,另外,南非、印度等国家也大规模使用橡胶沥青。目前在我国废旧橡胶粉改性沥青也得到了广泛的运用。

六、天然沥青

(1)沥青矿:经常产于岩石裂缝或混杂于土中。存在于岩石中者较纯净。其易溶于二硫化碳,具有优良的黏结性、抗水性和防腐蚀性。中国新疆产的天然沥青软化点为130~160℃,针入度0~51/10mm。混杂于土中者,含杂质较多,也难以炼取。

(2)湖沥青:天然堆积的地沥青,与黏土和水混杂而成的乳状物,多呈湖的形式。须经精制方可使用。可用作制造石油沥青和黑色烘漆,用于涂料、清漆、蓄电池箱、制动片和印刷油墨。大多用于铺筑一般路面。

(3)油页岩:是一种高灰分的含可燃有机质的沉积岩,它和煤的主要区别是灰分超过40%,与油页岩、碳质页岩的主要区别是含油率大于3.5%。油页岩经低温干馏可以得到页岩油,页岩油类似原油,可以制成汽油、柴油或作为燃料油。除单独成藏外,油页岩还经常与煤形成伴生矿藏,一起被开采出来。油页岩与煤炭、石油、天然气一样属于化石燃料,是非可再生资源、一次性能源。

七、泡沫沥青

泡沫沥青是在高温沥青中加水滴形成蒸汽泡、产生连锁反应、显著提高胶合性能的新材料,泡沫沥青黏聚性强且稳定,混合料可以长时间储存,可以冷碾压。

近年来,沥青混合料温拌技术,因具有节能减排、绿色环保等优点,受到国内外公路界的广泛关注。目前国内外制备温拌沥青混合料,通常采用四种不同的方式实现,分别为:

(1)沥青—矿物法(Aspha-Min)。
(2)乳化沥青温拌法(Evotherm 温拌剂)。
(3)有机添加剂法(Sasobit)。
(4)泡沫沥青温拌法。

在国内,采用较多的是乳化沥青温拌法和有机添加剂法,即在沥青混合料拌和时添加Evotherm 温拌剂或者 Sasobit 温拌剂来实现温拌,但是温拌剂的添加提高了沥青混合料的生产成本,对沥青的性能有不同程度的影响。

而我们提倡采用的泡沫沥青温拌法,是在正常热拌沥青混合料生产过程中,在高温沥青中添加一定比例的水,使水急剧汽化,体积迅速膨胀,生成泡沫沥青,沥青是以泡沫沥青的形式喷入拌缸与集料拌和成沥青混合料。泡沫沥青比沥青黏度低,使和易性增加,可以在较低的温度下充分裹覆集料,降低沥青混合料的拌和温度,实现泡沫沥青温拌混合料生产。

第三节 改性沥青的作用机理

一、聚合物改性沥青

1. 热塑性弹性体类

热塑性弹性体类(Thermo Plastic Elastomer,简称TPE)改性沥青,主要有聚氨酯、聚醚—聚酯共聚物、聚烯烃以及苯乙烯嵌段共聚物四大类,其中苯乙烯嵌段共聚物作为道路沥青的改性剂已被证实具有最大的潜力。它们的代表性产品是SBS、SIS、SE/BS改性沥青,通常称为热塑性橡胶类(TR)。其中SBS的分子结构呈条形,常用于路面沥青混合料;SIS主要用于热熔黏结料;SE/BS则应用于抗氧化、抗高温变形要求高的道路和屋面。目前世界各国用于道路沥青改性使用最多的是SBS改性沥青。

SBS是一种热塑性弹性体,是以丁二烯和1,3—苯乙烯为单体,采用阴离子聚合制得的线形或星形嵌段共聚物,如果添加了填充油则称为充油SBS,2001年我国石化行业标准《苯乙烯—丁二烯嵌段共聚物》(SH/T 1610—2001)将SBS命名为热塑性丁苯橡胶。SBS高分子链具有串联结构的不同嵌段、塑性段和橡胶段,形成了类似合金的"金相组织"结构,如图4-4

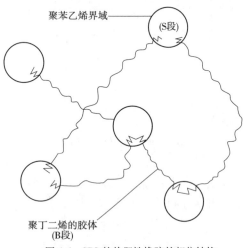

图4-4 SBS的热塑性橡胶的相位结构

所示。这种热塑性弹性体具有多相结构,每个丁二烯链段链SBS热塑性橡胶的相位结构(B)的末端都连接一个苯乙烯嵌段(S),若干个丁二烯链段偶联则形成线形或星形结构。其中聚苯乙烯链段(S)在两端,分别聚集在一起,形成物理交联区域,即硬段,称作微区(Domain),也可称为约束相(或分散相、聚集相、岛相);而聚丁二烯链段(B)则形成软段,也可称为连续相(或海相),呈现高弹性。软段(B段)与硬段(S段)互不相溶,硬聚苯乙烯链段分子缔合进入小的刚性端基范围,这种缔合作用类似于物理的交联或结合,并且较长时间保持在一起,与中间基封闭的聚丁烯软橡胶聚合物化学结合,这种分相结构通称微观相分离结构。SBS的硬段作为分散相而分布在连续相聚丁二烯之间,起着物理交联点固定链段和聚丁二烯补强活性填充剂的作用,它阻止分子链的冷流,常温下,甚至在低温-100℃时,仍具有硫化橡胶的特征。聚丁二烯软段镶嵌在聚苯乙烯硬段之间,连接成星形或者线形的结构,所以称为嵌段共聚物。SBS通过聚苯乙烯嵌段的聚集形成一种三维结构,它分散在沥青中,聚苯乙烯末端赋予材料足够的强度,中间嵌段聚丁二烯又使共聚物具有特别好的弹性。

SBS的两相分离结构决定了它具有两个玻璃化温度,Tg_1为-80℃(聚丁二烯),Tg_2为80℃(聚苯乙烯,也有资料说100℃)。当温度升高到超过SBS端基苯乙烯的玻璃化温度(Tg_2)时,网状结构消失,塑料段开始软化和流动,有利于拌和与施工。而在路面使用温度下为固体,起物理的交联和增强效果,产生高拉伸强度和高温下的抗拉伸能力;中基丁二烯提供较好的弹性和抗疲劳性能,其玻璃化温度极低,有低温柔性。当 SBS 融入沥青后,端基转化并流动,中基吸收沥青的软沥青质组分,形成海绵状的材料,体积增大许多倍。冷却以后,端基再度硬化,且物理交联,使中基嵌段进入具有弹性的三维网状之中。这种在通常加工温度下呈塑性流动状态,而在常温下无须硫化即成橡胶性能的特点使 SBS 作为道路沥青的改性剂具有极好的使用性能。

聚丁二烯和聚苯乙烯可利用其电子密度的差而显示出两相结构的形态。制作样品薄膜在相差显微镜下能观察到,聚苯乙烯通常卷曲成球状,SBS 的分离结构示意图如图 4-5 所示。SBS 有线形及星形两种,我国岳阳、燕山等石化公司都已有生产。石化行业标准 SH/T 1610—2001 规定的 SBS 技术要求见表 4-12。新牌号命名 4 位数字,第一位 1 表示线形,4 表示星形;第二位表示 S/B 比,3 为 30∶70,4 为 40∶60;第三位表示充油与否,0 为非充油,1 为充油;第四位表示分子量的大小,1 为不大于 10 万,2 为 14 万~16 万,3 为 23 万~28 万。

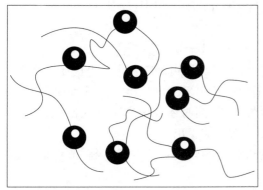
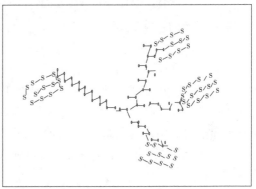

a)星形

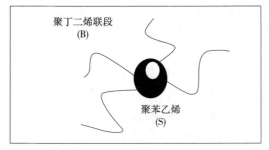
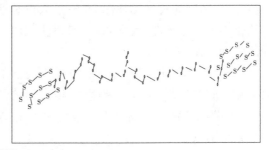

b)线形

图 4-5 SBS 热塑性弹性体结构示意图

中国石化总公司热塑性丁苯橡胶(SBS)技术要求(SH/T 1610—2001) 表 4-12

项　　目	SBS 1401			SBS 4402			SBS 4452		
	优等品	一等品	合格品	优等品	一等品	合格品	优等品	一等品	合格品
挥发分(%)	≤1.00	≤1.50	≤2.00	≤1.00	≤1.50	≤2.00	≤1.40	≤2.00	≤2.50
灰分(%)	≤0.20	≤0.20	≤0.20	≤0.20	≤0.20	≤0.20	≤0.20	≤0.20	≤0.20
300%定伸应力(MPa)	≥3.4	≥2.8	≥2.5	≥4.0	≥3.5	≥3.0	≥1.3	≥1.1	≥1.0
拉伸强度(MPa)	≥22.0	≥20.0	≥18.0	≥24.0	≥22.0	≥20.0	≥15.7	≥13.7	≥11.7

续上表

项目	SBS 1401			SBS 4402			SBS 4452		
	优等品	一等品	合格品	优等品	一等品	合格品	优等品	一等品	合格品
扯断伸长率(%)	≥750	≥700	≥600	≥600	≥550	≥550	≥950	≥900	≥850
扯断永久变形(%)	≤50	≤55	≤65	≤50	≤55	≤65	≤42	≤50	≤55
硬度(邵氏A)	≥85	≥82	≥80	≥87	≥83	≥80	≥60	≥58	≥55
撕裂强度(kN/m)	≥45.0	≥40.0	≥35.0	≥45.0	≥40.0	≥35.0	≥28.0	≥22.0	≥20.0
熔体流动速率	0.10~3.00	0.10~5.00	0.05~7.00	0.10~3.50	0.10~3.50	0.10~3.50	0.50~5.00	0.50~7.00	0.50~7.00

线形 SBS 的结构式为：

$$\{CH_2-CH(C_6H_5)\}_n \{CH_2-CH=CH-CH_2\}_m \{CH_2-CH(C_6H_5)\}_n$$

星形 SBS 的结构式为：

$$[\{CH_2-CH(C_6H_5)\}_n \{CH_2-CH=CH-CH_2\}_m]_4 Si$$

SBS 的改性效果与 SBS 的品种、分子量密切相关，星形 SBS 的改性效果优于线形 SBS，SBS 的分子量越大，改性效果越明显，但加工越困难。为了改善加工性能，充油是最常用的手段。所以选择什么样的 SBS，一方面要考虑改性效果，同时还要考虑不同改性设备的加工能力。在室内试验认为是最好的品种，工程上不一定能加工出来。

SBS 与沥青的配伍性很重要，主要是沥青的组分影响较大。芳香分越高，改性加工越容易，效果越好。

研究表明，在 SBS 制造时加入聚乙烯等塑料可以提高 SBS 的硬度，改善耐候性，但将使抗拉强度、断裂伸长率和弹性下降；加入低分子量聚烯烃可能出现抗拉强度增加的情况，加入软化剂可使流动性、耐挠曲性、回弹性增加，而硬度、抗拉强度、耐磨性下降，其中加入环烷油的强度损失最少。

SBS 热塑性弹性体很易在紫外线作用下降解变黄，所以一般都在制造时加入紫外线吸收剂作为防老化剂，所以在使用时，检查其抗老化性是很重要的。SBS 原来的主要用途是制鞋，也用作黏结剂，近年来 SBS 开始在道路改性沥青中应用，且已成为主角，显示出越来越广阔的路用前景。

欧洲常用的 SBS 有壳牌公司(Shell)、比利时菲纳化工公司(Fina Chemicals)、意大利埃尼化工公司(EniChem Elastomeri Sri)等生产的产品。壳牌公司的产品 Kraton(商品名)在欧美使用甚多，菲纳公司生产的 Finaprene 产品见表 4-13，SBS 有碎粒状及块状，为便于混炼，也有粉状，容易加工。在欧洲用作道路沥青改性的 SBS，常用线形 SBS、星形 SBS，也采用充油的 SBS 及几种同时使用，以利用每一种 SBS 的优点。如菲纳公司 411 是常用的星形产品，为易于加工，也混用一部分线形的 502 等。411(相当于我国 4303)或其充油产品 411X(充油 5%)是星形结构，S 含量 29%~31%，黏度并不太好，但与沥青的配伍性好，所以用得最多。其实 401 的低温性能较好，409 改性效果也很好，409 的甲苯溶液黏度较小，但用得并不比 411 多。线形的 502(相当于我国 1301，即 791)已用得很少。意大利(埃尼)的 Europrene SOL T 161 B 也常用于路面沥青改性，其 S 含量为 30%，肖尔硬度为 82，熔体流动指数非常低

(lg/10min)。据介绍,当 SBS T 161B 剂量达 4%,针入度指数可从 -0.7 提高到 +5,软化点从 47℃提高到 75℃,5℃延度从 1cm 提高到 75cm。

比利时 Flna Chemicals 公司 Fmaprene 随路沥青改性剂　　　表 4-13

指标		401	416	409	411	411X	435	502	1205
类别		SBS	SBS	SBS	SBS	SBS	SBS	SBS	SBS
结构		星形	星形	星形	星形	星形	星形	星形	线形
外观		碎粒状	碎粒状	碎粒状	碎粒状	碎粒状	碎粒状	碎粒状	块状
典型指标									
嵌段比 S/B		22/78	29/71	31/69	31/69	31/69	31/69	31/69	25/75
充油率		—	—	5	—	5	—	—	—
甲苯溶液黏度		18.5	11	19.5	28.5	25	14	11	8.2
硬度	(邵氏 A)	—	72	78	—	80	80	76	—
	(邵氏 B)	—	—	—	—	—	—	—	—
熔融流动值(5kg,190℃)		—	<0.5	<0.5	—	<0.5	<0.5	<0.5	—
断裂伸长度		—	700	850	—	700	800	850	—
密度(23℃)(g/cm³)		—	0.94	0.94	—	0.94	0.94	0.94	—
加工工艺									
低剪切混炼		●	●				●	●	●
高剪切混炼		●	●	●	●	●	●		
应用									
热拌热铺混合料		●	●	●	●	●	●	●	●①
填补裂缝/稀浆封层									●①
乳化沥青		●	●	●	●	●	●	●	●
应力缓冲层/吸收层		●	●	●①	●①	●①	●		●①
B180/200 沥青+5%Finaprene©后性能的改善									
环球法软化点(℃)		>75	>50	>80	>85	>85	>55	>55	—
脆点(℃)		<-18	<-18	<-20	<-20	<-20	<-20	<-20	—
弹性恢复率(%)		>90	>45	>90	>90	>90	>80	>55	—
黏度(135℃)(Pa·s)		>1.0	>0.8	>0.9	>1.1	>1.1	>0.9	>0.8	—
针入度(25℃)(0.1mm)		>100	>110	>110	>110	>110	>100	>100	—

注:①表示建议与其他级别混用。

我国燕山石化公司合成橡胶厂现在生产的主要牌号见表 4-14,中国石化岳阳石油化工总厂合成橡胶厂(巴陵石化公司)生产的 SBS 常用有 4 种牌号,见表 4-15。两个公司虽然牌号相同,都是从行业标准来的,但企业标准稍有不同。首都机场高速公路及八达岭高速公路用的是 1301-1(即原 YH-791),属线形结构,嵌段比 S/B 为 30:70,相当于欧洲的 CARIFLEX TR-1101(壳牌石油公司改性沥青专利,剂量 6%)和美国的 Kraton 1101。首都机场东跑道采用的是 1401-1(即原 YH-792),也是线形结构,其嵌段比 S/B 为 40:601。首都机场东跑道所用的 1401-1 的主要指标测定值见表 4-16,其中 4303(即原 YH-801)属星形结构,S/B 为 30:70,与欧洲的411相当。北京市长安街所使用的4303的主要指标见表4-17,在此基础上,研究开发了适用于道路沥青改性的国创一号改性剂。

燕山石化公司合成橡胶厂 SBS 产品质量企业标准　　　　　　　　　　　　　　表 4-14

项　目	SBS1401(YH-792)	SBS4303(YH-801)	SBS4402(YH-802)
结构	线形	星形	星形
嵌段比 S/B	40/60	30/70	40/60
挥发分(%)	≤2.0	≤2.0	≤2.0
灰分(%)	≤0.2	≤0.2	≤0.2
300%定伸应力(MPa)	≥2.50	≥2.50	≥3.00
拉伸强度(MPa)	≥18.0	≥18.0	≥20.0
拉断伸长率(%)	≥600	≥550	≥550
拉断永久变形(%)	≤65	≤60	≤60
硬度(邵氏 A 度)	≥80	≥75	≥80
撕裂强度(kN/m)	≥35.0	≥35.0	≥35.0
熔体流动速率(g/10min)	0.10~3.0	0.10~0.5	0.10~3.0

湖南岳阳化工厂巴陵牌 SBS 主要产品质量企业标准　　　　　　　　　　　　　表 4-15

指　标	单位	SBS1301-1 (YH-791)	SBS1401-1 (YH-792)	SBS4303 (YH-801)	SBS4402 (YH-802)
结构		线形	线形	星形	星形
嵌段比 S/B		30/70	40/60	30/70	40/60
充油率	%	0	0	0	0
拉伸强度	MPa	≥18.0	≥22.0	≥15.0	≥24.0
300%定伸应力	MPa	≥2.5	≥3.4	≥2.5	≥4.0
断裂伸长率	%	≥815	≥750	≥700	≥600
永久变形	%	≤20	≤50	≤20	≤50
硬度(邵氏 A)		75±7	90±5	82±7	91±5
防老化剂		非污染	非污染	非污染	非污染
熔体流动速率	g/10min	0.5~5.00	0.1~5.00	0~1.00	0.1~3.00
总灰分	%	≤0.2	≤0.2	≤0.2	≤0.2
挥发分	%	≤0.50	≤0.50	≤0.50	≤0.50
类似的国外牌号		Kraton1101	Tufprene A	Solprene411 SolT161	Solprene411

首都机场东跑道使用的 SBS 的性能规格(岳化 1401)　　　　　　　　　　　　　表 4-16

指　标	单位	批　号					
		-61	-62	-63	-67	-68	-69
拉伸强度	MPa	31.1	23.3	25.2	28.7	23.7	24.1
300%定伸应力	MPa	4.72	3.85	6.68	5.26	5.38	5.55

续上表

指 标	单位	批 号					
		-61	-62	-63	-67	-68	-69
断裂伸长率	%	780	735	700	1000	1000	910
永久变形	%	44	36	37	38	37	36
硬度(邵氏A)		92	92	96	92	92	92
熔体流动速率	g/10min	0.9	1.08	1.02	0.73	0.72	1.08
总灰分	%	0.05	0.05	0.05	0.05	0.05	0.05
挥发分	%	0.86	0.81	0.88	56.0	0.86	1.54

北京长安街使用的SBS的性能规格(燕山4303) 表4-17

指 标	单位	批 号							
		961123	970505-3	970505-4	970506	970521-2	970522-1	970522-2	970525-4
结构		星形	星形	星形	星形	星形	星形	星形	星形
嵌段比 S/B		30/70	30/70	30/70	30/70	30/70	30/70	30/70	30/70
充油率	%	0	0	0	0	0	0	0	0
拉伸强度	MPa	19.30	14.6	15.6	13.4	12.2	16.4	13.9	13.8
300%定伸应力	MPa	3.0	3.5	3.0	3.7	3.3	3.4	3.2	3.5
断裂伸长率	%	704	650	680	620	600	652	612	612
永久变形	%	10	8	8	8	8	8	8	8
硬度(邵氏A)		85	85	85	85	82	84	82	83
防老化剂			0.36	0.28					
熔体流动速率	g/10min	0	0	0	0	0	0	0	0
总灰分	%	0.02	0.02	0.02	0.02	0.02	0.02	0.02	0.02
挥发分	%	1.04	0.35	0.48	0.42	0.45	0.38	0.42	0.44

在选择SBS品种时，应注意表中的下列指标：

(1)首先判断是属于星形还是线形，一般星形SBS改性的效果明显优于线形的，但在加工性能方面，线形要容易加工得多，星形要困难些。如果能充油5%，加工性能将明显改善。

(2)检查嵌段比S/B，它是塑性段与橡胶段的比例。

(3)SBS自身的拉伸性能对SBS改性提高抗裂性能的效果影响较大，可以从300%定伸应力、拉伸强度、扯断伸长率、扯断永久变形、撕裂强度等指标来判断SBS的拉伸性能。

(4)熔体流动速率是决定加工难易程度的主要指标，它与分子量有关，流动速率越小，加工越容易，但性能也往往差一些。

目前SBS改性沥青的效果主要用针入度、软化点、黏度、脆点、弹性恢复率等描述。据Fina公司资料介绍，S、B的体积及S/B比对Finaprene SBS改性沥青性能的影响见表4-18。由此可见，聚合物参数指标S/B相当重要。Finaprene的品种对改性沥青的针入度和黏度影响不大，只有增加SBS改性剂的用量才能降低针入度，而不同级别的聚丁二烯块的体积相似,所以对黏度的影响很小。改性沥青的软化点与 SBS 加入沥青后形成三维网状结构的密度直接相关,它取决于聚苯乙烯嵌段的体积及弹性体的浓度。表 4-13 中改性效果以 411 及 411X 为最佳。表中改性沥青的弹性恢复率反映沥青路面在受到荷载产生变形后恢复体积和形态的能力,即路面的自愈能力,它是源自 SBS 的聚丁二烯链段所形成的三维网状结构,同时反映改性沥青的动态剪切模量 G^*(图 4-6)。在图中可见,SBS 的剂量达 5% 便使弹性恢复率达到最大值,但剂量进一步增加使针入度继续降低,软化点升高,要想使脆点大幅度降低,剂量应在 6% 以上。所以应该综合考虑改性目的确定合理的改性剂剂量。

聚合物参数对 SBS 改性沥青的影响   表 4-18

参　　数	针　入　度	软　化　点	黏　　度
PB 块体积	无	有	无
PS 块体积	无	无	有
S/B 结构	有	有	有

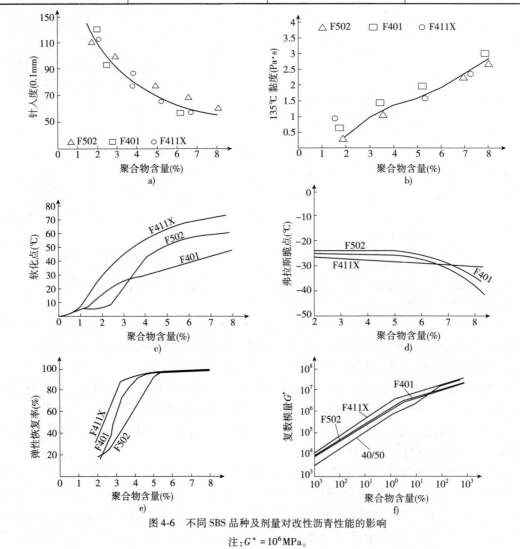

图 4-6　不同 SBS 品种及剂量对改性沥青性能的影响

注:$G^* = 10^6 \text{MPa}$。

欧洲的研究表明,在沥青中掺入 3%~10% 的 SBS,可改进沥青的一系列性质,它可使沥青的软化点和黏度提高,但 150℃ 以上施工温度的黏度却与原样沥青相近。它还可使沥青在低于脆点温度时仍具有柔性,使沥青的韧性增加,改善低温性能。采用搅拌方法混溶 SBS,在 177℃ 下需 2h,如采用高剪切混溶器,可缩短到数分钟,从而避免沥青长时间高温加热,而且,SBS 不会降解。如果在高温下长时间储存,应采用 1% 左右的抗氧化剂,所以拌和温度以 177℃ 为宜,储存温度不宜高于 163℃。不同的 SBS 与沥青混溶的难易程度不一样,S/B 为 30:70 的比 40:60 的要容易,所以在我国星形 SBS 的产品中,4303 要比 4402 好加工些。

聚合物的黏度与温度的关系,一般可用阿累尼乌斯(Arrhenius)指数方程表示,即:

$$\eta_0 = A e^{E_\eta / RT} \tag{4-1}$$

式中:A——与物质有关的常数;

R——气体常数;

T——绝对温度;

E_η——黏流活化能。

为方便起见,常将此式写成对数形式:

$$\ln \eta_0 = \ln A + \frac{E_\eta}{R} \cdot \frac{1}{T} \tag{4-2}$$

若以 $\ln \eta_0$ 对 $1/T$ 作图,则得到一条直线,其斜率为 E_η / R,黏流活化能 E_η 越大,直线斜率越大,温度对黏度的影响也越大。一般来说,橡胶的 E_η 较小,而塑料的 E_η 较大。SBS 属于橡胶,黏流活化能为 96.5kJ/mol,而聚丁二烯橡胶为 33.6kJ/mol,SBS 改性沥青是利用高剪切力使 SBS 熔体均匀分散在沥青中的,SBS 熔体的黏弹性是改性沥青加工工艺的主要依据。某 SBS 的分子量为 80000,S/B 为 30:70,S 硬段的分子量为 12000,聚丁二烯分子量也为 80000。尽管 SBS 与聚丁二烯分子量相同,但黏度要比聚丁二烯大数十倍。当剪切应力 $\tau = 3 \times 10^3 \sim 3 \times 10^4 Pa$ 时,SBS 具有准牛顿流动的特点,在更高剪切及低剪切应力区表现出非牛顿流动特点。在更高剪切应力区,SBS 与聚丁二烯一样,会引起高弹湍流,发生熔体破裂。产生破裂的临界剪切应力与聚丁二烯一样,为 $3.5 \times 10^5 Pa$,说明 SBS 加工时的弹性完全是由聚丁二烯软段提供的。因为聚苯乙烯分子发生缠结引起纠结点的临界分子量 $M_{临} = 4 \times 10^4$,而 SBS 中 S 段的分子量仅为 1.2×10^4,所以不会发生缠结,但聚丁二烯 $M_{临} = 5 \times 10^3 \sim 6 \times 10^3$,所以高弹性自然是 B 段分子缠结引起的。在剪切应力较小时,SBS 的非牛顿流动性比较突出,有较强的触变性,在 150℃ 时,SBS 受力变形,停放 3~4h 后,会逐渐恢复原状。有研究人员提出了 SBS 的加工原则:加工温度应尽可能高些,以 180~200℃ 为宜,为了保证良好的流动性必须加入软化剂(充油)。通常采用与沥青的共混温度为 180℃ 左右,温度过高将使 SBS 降解。

SBS 的改性特点可以通过与 SBR 进行比较说明。日本的一项研究表明,当沥青温度达到 130~160℃ 时,SBR 与 SBS 在沥青中都呈自由的随机分散状态,在表 4-19 中 135℃ 黏度二者相近。但当沥青冷却下来后,SBS 中的 S 段之间相互发生物理架桥作用,而 SBR 中的 S 则不架桥,继续保持高温时的散乱状态,如图 4-7 所示。这个不同在表 4-19 中的黏韧性、60℃ 黏度及 15℃ 延度指标上可以明显地反映出来。

| SBR的散乱分散(全温度域) | SBS(高温) | SBS(常温) |

图 4-7 改性沥青中 SBS 及 SBR 的存在形态模型

SBS 与 SBR 改性沥青效果的比较　　　　　　　　　　表 4-19

指　　标	60~80 沥青			80~100 沥青		
	原样沥青	SBS 5%改性	SBR 5%改性	原样沥青	SBS 5%改性	SBR 5%改性
针入度(0.1mm)	74	35	41	88	55	58
软化度(℃)	47	69	70.5	46.5	67.5	67
15℃延度(cm)		89	110		118	>140
PI	-0.14	1.79	2.35	-0.86	2.87	2.63
60℃黏度(Pa·s)	2832	26410	14888	1690	16391	12300
135℃黏度(mm²/s)	561	2329	3153	446	1735	2907
黏韧性(N·m)		24.9	21.3		20.4	13.3
韧性(N·m)		17.3	12.9		12.8	8.8
饱和度	8.7			5.6		
芳香分	52.9			62.3		
胶质	20.1			18.4		
沥青质	8.3			13.7		

SBS 改性剂的最大特点,就是它的高弹性,高温下不软化,低温下不发脆。在 SBS 用于道路改性沥青之前,它的最大用途是作皮鞋底,即人们通常所说的"牛筋底",与聚乙烯(PE)制作的塑料鞋相比,可以直观地感受到其之间的差异性。这一点也可以形象地说明 SBS 改性沥青与 PE 改性沥青的差异。

关于 SBS 单独使用的合理剂量,欧洲的研究表明,SBS 剂量在 3% 以上效果开始显著,在 3%~5% 软化点大幅度上升,在 4%~6% 抗车辙能力有较大提高。据美国道路工程相关报道,一般公路工程上用的 SBS 剂量为 3%~5%。为此,对 SBS 的合理剂量进行了验证。

采用国创一号 SBS 改性剂(属星形),对韩国 90 号沥青改性,改变不同 SBS 剂量的改性效果如表 4-20 所示。随着 SBS 剂量增加,改性效果也随之增大,针入度减小、软化点升高、5℃ 延度增大、弹性恢复增大等,但 SBS 的剂量达到 4% 以上,增大的幅度就明显变小,当 SBS 剂量达到 6% 以上时,改性效果就几乎没有变化了。从 60℃ 黏度看(图 4-8),剂量从 5% 增大到 6% 是比较适宜的,从图 4-8 可以清楚地看出,在此剂量范围内,各项性质变化有甚,而小于此剂量范围时，对某些指标已有明显效果，而对另一些指标则效果不大；大于此剂量范围从总体上看增效小。当然如果为了特殊的目的，例如钢桥面铺装、桥梁或水泥混凝土路面接缝的伸缩缝使用，增大剂量仍然是有效的。另外，选用剂量也要根据改性的具体目的论证确定。从表4-20中和图4-8可以看出一个非常有意义的现象，即15℃针入度几乎与SBS剂量多少无关，关于这一点将在后面专门叙述。

不同剂量 SBS 的改性效果　　　　　　　　　表 4-20

SBS 含量	针入度(0.1mm)			PI	T_{800}（℃）	软化点	5℃延度（cm）	25℃弹性恢复(%)	60℃黏度（Pa·s）
	15℃	25℃	30℃						
0	27.6	88.0	143.4	-1.19	45.3	-13.4	9.6	19	143.7
2	29.5	82.0	130.0	-0.50	48.1	-17.3	18.8	54.5	—
3	25.4	71.5	109.1	-0.41	50	-19.3	25.3	64.3	417.3
4	24.5	65.8	95.1	+0.04	52.9	-18.1	38.1	85	1787
5	28.4	62.5	93.9	+0.99	57	-24.7	40.2	90.7	4500
6	27.3	62.1	83.1	+1.38	59.6	-26.7	39.8	98.3	>12700
7	25.4	54.5	71.5	+1.90	64	-28.8	42.3	99.3	—
8	26.6	53.7	71.2	+2.30	66.2	-31.9	48.5	100	—

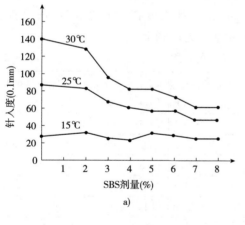

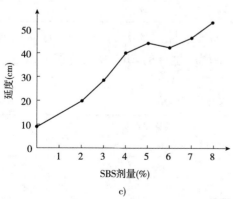

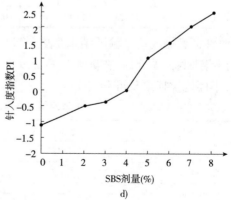

图 4-8

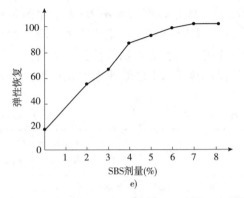
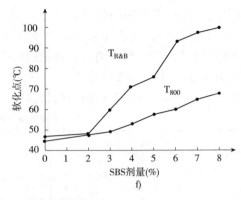

图 4-8 不同 SBS 剂量对改性沥青性质的影响

将国创一号 SBS(粒状及粉料)及欧洲有名的道路沥青改性公司 Eni 公司的 161B 型 SBS 制作改性沥青(剂量均为 4.5%),同时与壳牌公司的两种 SBS 改性沥青成品、泰国泰普克 SBS 改性沥青成品进行了试验对比。经济型的壳牌 Caribit SC 的 SBS 剂量为 3%,可符合 SHRP 规格 PG-64、PG-70,高档的 Gariphalt 的 SBS 剂量为 6%,可符合 PG-76 以上,试验结果如表 4-21 所示。表中指标均能符合我国 SBS 改性沥青的技术要求。由表可见,我国研制的国创一号,尤其是粉剂产品,无论是针入度指数、软化点、低温延度还是弹性恢复等主要指标均可与国外产品相媲美。说明我国的 SBS 改性沥青如果在施工时能达到室内试验的水准,则可望达到国外同类产品的先进水平。其中 Caribit 的针入度指数较小,SBS 改性沥青的 60℃黏度往往比 20000Pa·s 大得多,致使毛细管黏度计无法测定。

壳牌公司 SBS 改性沥青的性质 表 4-21

壳牌 SBS 改性沥青	针入度(0.1mm)			PI	T_{800} (℃)	$T_{1.2}$ (℃)	$T_{R\&B}$ (℃)	5℃延度 (cm)	25℃弹性恢复(%)	60℃黏度 (Pa·s)
	15℃	25℃	30℃							
Garibit SC	22.9	59.0	93.8	-0.85	46.3	-15.7	52.5	46.8	70	485.2
Gariphalt	26.2	55.0	83.9	+1.22	59.4	-24.9	89	45.5	95	>20000
意大利 Eni—161B	23.3	55.1	78.2	+0.83	58.2	-21.5	66.5	43.0	95	—
泰国泰普克(Tipco)	27.6	67.8	99.6	+0.45	58.2	-21.5	80.5	33.7	90	—
国创一号(粉)	24.8	52.4	77.1	+1.34	60.8	-25.0	83	39.0	95	—
国创一号(粒)	21.9	49.8	75.3	+0.77	58.8	-20.3	90	41.0	95	—

改性沥青做离析试验的结果(表 4-22)表明,SBS 改性剂的分离非常小,存储稳定性很好。据喜来利公司介绍,在奥地利一个改性沥青生产厂生产的 SBS 改性沥青可以运到全国使用,不停地搅拌最长可存放 14d。

壳牌公司 SBS 改性沥青分离试验结果 表 4-22

类 型	5h 分离软化点变化			24h 分离软化点变化			改性沥青原样软化点
	上层	下层	差	上层	下层	差	
Garibit SC	54.5	53.5	1	54	53	1	52.5
Gariphalt	—	—	—	90	89.5	0.5	89
泰普克	—	—	—	78.8	77.8	0.5	76.5

对 SBS 改性沥青进行 TFOT 与 RTFOT 试验,以评价改性沥青的耐老化性能(表 4-23)。从表 4-23 可见,采用国创一号改性剂的改性沥青与国外产品性能也是相当的,尤其是 5℃ 延度有时不仅不减小,反而增大了,软化点也有老化后减小的情况。

SBS 改性沥青的耐老化性能(TFOT,有 * 者为 RFFOT)　　　表 4-23

试　　样	质量损失(%)	25℃针入度(0.1mm)		延度(5℃,5cm/min)(cm)		软化点	
		原样	针入度比(%)	原样	老化后	原样	老化后
Garibit SC	+0.21	59	86.6	46.8	40.5	—	—
Gariphalt	+0.05	55.0	90.3	45.5	54.2	—	—
意大利 Eni—161B	-0.13	55.1	89.8	43.0	27.0	66.5	87
泰国泰普克(Tipco)	-0.43	67.8	73.2	33.7	21.0	80.5	76.5
国创一号(粉)	-0.13	52.4	82.1	39.0	31.3	83	85
国创一号(粒)	-0.11	49.8	81.5	41.0	42.7	90	97

2. 热塑性树脂类改性沥青

聚乙烯(PE)、聚丙烯、聚氯乙烯、聚苯乙烯和乙烯—乙酸乙烯共聚物(EVA)等都在道路沥青的改性中被应用过,这一类热塑性树脂的共同特点是加热后软化,冷却时固化变硬。热塑性树脂类改性剂的最大特点是使沥青结合料在常温下黏度增大,从而使高温稳定性增加,但并不能使沥青混合料的弹性增加,而且加热以后容易离析,再次冷却时产生众多的弥散体。不过,这些局限性一定程度上已被接受。例如,在 70 号沥青中掺加 5% 的 EVA 的做法在英国等地普遍得到应用。

根据石化行业标准 SH 1052—1991 的命名,乙烯—乙酸乙烯醋共聚物缩写为 E/VAC,由于乙酸有醋味,俗称醋酸。所以在许多文献中,习惯写成乙烯—醋酸乙烯共聚物,且缩写为 EVA,EVA 与沥青的相容性较好,不需要太复杂的改性设备便可以生产,所以在世界上曾经被广泛使用。在国外的改性沥青中,EVA 大约占有 25% 的份额,欧洲主要是英国使用较多。在我国,由于 EVA 价格昂贵,其使用受到影响。

EVA 在常温下呈透明颗粒状(也有粉状产品),有轻微醋酸味。由于乙烯支链上引入了醋酸基团,使 EVA 较之 PE 富有弹性和柔韧性,尤其是 EVA 能很好地融于沥青中,而 PE 则很难融于沥青中,致使在工程上的加工性能有很大的区别。

EVA 的性能也受分子量及乙酸乙烯的含量所支配。熔融流动指数 MFI 同分子量成反比,表示熔融状态下的黏度,MFI 越大,分子量和黏度越小。聚乙烯紧密地组合在一起形成所谓结晶区,体积大的乙酸乙烯基团破坏了聚乙烯的紧密排列成为非结晶区或无定形似胶物的区域。聚乙烯结晶区具有相当的劲度起到加筋作用,乙酸乙烯非结晶区则起到类似橡胶的作用。乙酸乙烯含量越高,或基团越大,则似胶物的比例越大,相反结晶体的比例越少。EVA 的品种也以乙酸乙烯醋(VA)的含量多少及熔融流动指数值(MFI)的高低划分。EVA 中乙酸乙烯的含量可以为 3%~50%。我国标准按乙酸乙烯的含量分为 7 个档次,一般 VA 小于 5% 的 EVA 可视为低密度聚乙烯改性,主要改善高温性能如软化点和黏度,当 VA 大于 5% 时,对低温性能也有所改善。熔融流动指数(MFI)也叫熔体流动速率,试验方法按 GB/T

3682—2000 测定,该方法规定有三个试验条件,通常采用 190℃、负荷 2.16kg 测定,由试验结果可分为 10 个档次。VA 含量越大,熔融指数越小,熔融后的黏度越大,改性效果越好,但在沥青中的加工分散也越困难。

国外最常用的是 MFI150 和乙酸乙烯含量 19%组成的 150/19 级,其次是 45/33 级,且常用于改性 70 号沥青,能较容易地混融入沥青中,有良好的相容性。在改性沥青混合料正常的拌和温度下改性沥青能保持稳定的状态,但是在静态条件下储存会产生分离,所以在使用前必须进行充分搅拌。试验表明,针入度 68、软化点 49℃ 的 70 号沥青,采用 5%的 EVA 150/19 级及 45/33 级改性,针入度分别下降到 50 和 57,软化点分别上升到 65.5℃ 和 58.5℃,热压式沥青混合料车辙试验的动稳定度则由原来未改性的 600 次/mm 分别提高到 3150 次/mm、2520 次/mm。在这里,VA 含量 33%的改性效果反而不如 VA 含量 19%的,显然是由于 45/33 级 EVA 改性沥青加工困难的缘故。

不过,尽管 EVA 能够有效地改善沥青性能,但目前在国外仅大量应用于寒冷气候条件下的施工。据介绍,EVA 有助于改善沥青混合料的低温施工性能,是由于 EVA 的剪切敏感性,同时使用较软的基质沥青。不过正因为是在较寒冷的气候条件下施工,所以应该特别注意施工过程中的混合料温度,尤其是工地处于空旷开阔的地方且有风的天气下更加应该注意。如果混合料温度下降到低于适宜的碾压温度,则混合料的施工性将迅速丧失,EVA 已经固化结晶,混合料不能得到充分的压实,且混合料表面因为吹风而结成硬壳,压实很难进行。所以,在使用 EVA 改性沥青混合料前,必须充分估计它的施工条件。

同济大学多年来对 EVA 改性沥青作了深入研究,并在上海市的一些工程上得到了应用,表 4-24~表 4-26 国内道路工程的试验结果表明,EVA 改性的效果,从软化点、60℃ 黏度看,与 PE 改性大体相像,对低温延度也无明显改善。从改性沥青混合料的动稳定度看,EVA 改性沥青使高温稳定性显著提高。

不同 EVA 品种的性能参数 表 4-24

EVA 品种	EVA-1	EVA-2	EVA-3
VA 含量(%)	30	30	35
熔融指数 MI(g/10min)	30	5	40

不同品种 EVA 的改性效果及与其他改性剂的比较 表 4-25

EVA 的品种与含量(%)	25℃针入度(0.1mm)	PI	T_{800}(℃)	$T_{1.2}$(℃)	软化点(℃)	60℃黏度(Pa·s)	10℃延度(cm)	TFOT后针入度比(%)	TFOT后10℃延度(cm)
胜利沥青(SL)	86	-1.8	43.3	-9.6	45.5	98.2	4.5	58.1	<3.0
SL+5%EVA-1	54	-0.35	52.6	-14.3	60.3	442	8.0	71.2	4.0
SL+5%EVA-2	47	-0.13	56.3	-15.6	64.3	710	6.5	70.0	2.5
SL+5%EVA-3	57	-0.45	51.7	-14.2	52.2	318	12.0	67.7	5.0
SL+5%PE	52	-0.82	49.2	-10.1	52.2	525	4.0	62.9	2.0
SL+5%SBR	68	-0.73	47.9	-14.7	49.8	230	70	75.4	52

沥青混合料试验结果 表4-26

EVA的品种和含量(%)	矿料级配	沥青用量(%)	马歇尔稳定度(kN)	残留稳定度(%)	动稳定度(次/mm)	抗弯拉强度(MPa)	抗弯拉模量(MPa)
SL+4%EVA-2 改性前	LH-15	5.5	8.8	90.3	525	4.20	836
改性后			9.7	98.9	1507	7.23	810
改性后/改性前			1.10		2.87	1.96	0.97
SL+5%PE-2 改性前	LH-20	5.1	8.5	86	322	9.05	340
改性后			9.9	90	707	9.85	690
改性后/改性前			1.16		2.12	1.09	2.03
SL+5%SBR-2 改性前	AC-13	4.8	—	—	378	4.20	836
改性后			—	94.4	824	5.94	496
改性后/改性前					2.18	1.41	0.59

对不同剂量的 EVA 改性效果(基质沥青为韩国沥青)进行了比较,如表4-27~表4-29所示,随着 EVA 的增加,针入度减小,软化点提高,PI 增加,但变化的幅度明显要比 SBS 改性沥青小得多。图4-9所示为不同 EVA 剂量的改性沥青针入度的变化情况。

不同剂量EVA改性沥青的试验结果 表4-27

| EVA含量(%) | 针入度(0.1mm) | | | PI | T_{800}(℃) | $T_{1,2}$(℃) | 软化点(℃) | 5℃延度(cm) | 25℃弹性恢复(%) | 60℃黏度(Pa·s) |
	15℃	25℃	30℃							
0	27.6	88	143.4	−1.19	45.3	−13.4	46.5	9.6	19.0	143.7
2	28	86.4	130.5	−0.67	47.4	−16.3	48	9.3	26.0	—
3	28.9	76.3	115.0	−0.05	50.7	−19.4	50	9.8	45.3	270.1
4	28.0	70.4	105.3	+0.24	52.6	−20.5	51.5	12.7	50.0	254.3
5	26.4	65.0	95.7	+0.43	54.3	−20.9	54.5	13.5	73.7	298.5
6	24.6	61.8	86.7	+0.53	55.7	−20.7	57	11.2	62.7	395.1
7	25.4	55.1	77.2	+1.45	61.2	−26.0	59	7.8	62.3	—
8	25.1	50.4	74.2	+1.71	63.2	−27.2	62	9.0	59.3	476.3

EVA改性沥青的分离试验 表4-28

| EVA含量(%) | 5h分离软化点变化 | | | 24h分离软化点变化 | | | 改性沥青原样软化点 |
	上层	下层	差	上层	下层	差	
3	53	51	2	54	54	0	50
4	55	53	2	56	55	1	51.5
5	58	56	2	59	59	0	54.5
6	59	57	2	64	61	3	57

EVA 改性沥青 TFOT 后的性能　　　　表 4-29

试　样	25℃针入度(0.1mm)		针入度比（%）	延度(5℃,cm)		质量损失（%）
	TFOT 前	TFOT 后		TFOT 前	TFOT 后	
沥青原样	88	66	75	9.6	5	-0.85
4%EVA	70.4	49	69.6	12.7	8.3	-0.04
5%EVA	65	47.5	73.1	13.5	9.2	-0.013
6%EVA	61.8	40.5	65.5	11.2	6.0	—

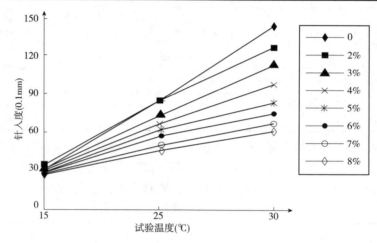

图 4-9　不同 EVA 剂量的改性沥青的针入度

3. 低密度聚乙烯(LDPE)改性沥青

低密度聚乙烯是以轻柴油做原料,裂解制成乙烯,再以乙烯为单体,用游离基型引发剂在高压下经压缩、聚合而成的低密度聚乙烯均聚物。控制不同的反应条件,可得到不同牌号的产品。聚乙烯呈乳白色圆柱状颗粒,粒子的任意方向上长度应为 2~5mm,无味、无毒,表面光滑,化学稳定性好,但耐老化性能较差。在众多的聚乙烯牌号中,只有低密度聚乙烯能够用于改性沥青,因为低密度聚乙烯的柔软性、伸长率、耐冲击性都较高密度聚乙烯好。而且密度小了,其熔点较低,只有 110~120℃,结晶度也小,一般只有 60%左右,溶解度参数较宽,在溶解分解区呈液态,这些因素都使聚乙烯容易与沥青共混。在沥青处于 160℃以上的改性状态下时,经过胶体磨强力的反复挤压、剪切、碾磨,能被粉碎成小于 5~7μm 数量级的细微颗粒,均匀地分散、混融在沥青中。

高密度聚乙烯分子的排列较规整,很少有支链,呈线形结构。低密度聚乙烯的平均分子量很大,可达 30 万以上,它虽然也是线形长链分子结构,但在主长链上却带有数量较多的烷基侧链和较短的甲基支链,成为一种多分枝的树枝状结构。低密度聚乙烯的这种多分子链排列的不规整分子结构,有利于加强与集料的黏结。

在电子显微镜下观测聚乙烯改性沥青,可发现有絮状的发丝状的联结,有一些柔顺卷曲的聚乙烯支链相互结合,形成交联网状结构,又裹覆沥青折叠交联在一起,形成立体的网状结构,因而扩大了沥青的黏弹性范围,约束了沥青在外力作用下的流动性,由此提高沥青在高温状态下的黏度和抗流动变形能力。

目前用于改性沥青的聚乙烯,仍然以化工厂生产的新鲜低密度聚乙烯正品为主。如北京燕山石油化工公司化工一厂采用日本住友公司的技术,用釜式法生产高压低密度聚乙烯,用于改性沥青。一些工程都采用 GB 11115—2009 之 PE-M-18D022 这种注塑料作为道路改性的品种,通常称为 112A-1 型(旧)。它是聚乙烯中产量最大的品种,具有较高的机械强度和良好的熔融流动性,外观为白色颗粒。一般认为,只要 PE 的熔体流动指数在 0.1~10g/min、熔点在 105~110℃、密度在 0.91~0.925g/cm^3 范围内的产品都可以用来改性道路沥青。熔体流动速率按 GB/T 3682—2000 试验方法进行,试验条件为标准中的序号 3。拉伸强度和断裂伸长率按 GB/T 1040—2006 进行试验,拉伸速度为(250±50)mm/min。软化点(维卡)试验方法按 GB/T 1633—2000 进行。

在韩国 AH-90 沥青中掺加不同剂量的 112A-1 型 LDPE,试验改性沥青的各种性能,结果如表 4-30~表 4-33 所示。图 4-10 示出了不同 PE 剂量的改性沥青针入度变化情况。随着 PE 剂量的增加,针入度减小,针入度指数增加,软化点升高,60℃黏度增大,说明对高温稳定性有明显效果。但 5℃延度反而减小,弹性恢复并无变化,说明 PE 对 5℃左右的低温性能改善仍不明显。从改性效果看,为了使改性沥青的高温稳定性有较大的改善,PE 的剂量以大于 5% 为宜。如果与前面的 SBS 改性效果相比,非常明显,即使对高温稳定性的改善效果也是远远不如 SBS 的,这从软化点和 60℃黏度可以非常清楚地得到证实。

北京燕山石化公司 IDPE(112A-1)的性能规格　　　　　　　表 4-30

指　标	单　位	测定值	GB 11115—2009 之 PE-M-18D022 规格要求
清洁度	分/kg	0	≤10(优级),≤15(一级),≤40(合格)
熔体流动速率	g/10min	2.1	2.0±0.3
密度(23℃)	g/cm^3	0.9193	0.9192±0.0015
拉伸强度	MPa	13.0	≥13.0(优级及一级),≥12.0(合格)
断裂伸长率	%	670	≥500
软化点(维卡)	℃	88	≥85

不同 PE 剂量改性沥青的性能　　　　　　　表 4-31

PE 含量 (%)	针入度(0.1mm)			PI	T_{800} (℃)	$T_{1.2}$ (℃)	软化点 (℃)	5℃延度 (cm)	25℃弹性恢复 (%)	60℃延度 (Pa·s)
	15℃	25℃	30℃							
0	27.6	88	143.4	−1.19	45.3	−13.4	46.5	9.6	19	143.7
2	27.2	76.5	132.4	−0.87	47.2	−14.6	48.0	6.3	21.3	—
3	25.1	62.5	103.4	−0.13	51.9	−17.3	50.5	从根部断开	15.7	455.8
4	23.7	60.1	91.8	+0.13	53.7	−18.0	52.0	从根部断开	17.3	420.5
5	22.9	55.8	90.4	+0.07	54.0	−17.3	54.0	4.7	27.3	649.5
6	21.8	52.1	80.5	+0.38	56.4	−18.3	54.5	4.5	30	736.7
7	21.6	49.7	73.2	+0.82	59.2	−20.5	57.0	4.3	17.7	—
8	20.5	44	64.2	+1.31	63.1	−22.3	58.0	3.0	25	—

PE 改性沥青的分离试验结果　　　　　　　　　　表 4-32

PE 含量(%)	5h 分离软化点变化			24h 分离软化点变化			改性沥青原样软化点
	上层	下层	差	上层	下层	差	
3	54	52	2	101	52	49	50.5
4	61.5	54	7.5	90	53.5	36.5	52
5	97	55	42	101	55	46	54
6	101	56	45	94	57	37	54.5

PE 改性沥青 TFOT 后的性能表　　　　　　　　　表 4-33

试样	25℃针入度(0.1mm)		针入度(%)	延度(5℃,cm)		质量损失(%)
	TFOT 前	TFOT 后		TFOT 前	TFOT 后	
沥青原样	88	66	75	9.6	5	−0.85
4%PE	57.1	40.9	71.6	—	—	−0.07
5%PE	53.6	44.1	82.3	—	—	+0.05
6%PE	52.1	45.6	87.5	—	—	−0.02

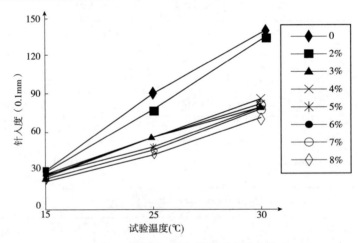

图 4-10　不同 PE 剂量改性沥青的针入度

有学者认为，PE 与多蜡沥青的相容性较好，PE 的溶解度参数为 7.9，蜡的溶解度参数为 7.24，非常接近，有较好的相容性，所以 PE 对多蜡沥青的改性效果比较好，奥地利 RF 公司试验室的试验结果也认为 PE 对胜利沥青等含蜡量高的沥青改性效果明显。如果能从工程实践得到证实，这对有效利用国产含蜡量高的沥青将有重要意义。

对 PE 改性沥青进行分离试验，可以看到，PE 与沥青是极易分离的，说明 PE 类改性沥青是不能存储后使用的，必须在现场随制随用。由于 PE 改性沥青的分离试验实际上并不采用软化点差的方法评价，故此表数据只供参考。

PE 改性沥青的抗老化试验说明，它与普通沥青的抗老化情况并无明显的差别。

橡胶类改性沥青，通常称为橡胶沥青，其中使用最多的是丁苯橡胶(SBR)和氯丁橡胶

(CR)。它不仅是世界上最早出现并广泛应用的改性沥青品种,也是我国较早研究和推广的品种。按加工工艺分,橡胶改性沥青可以分为用溶剂法生产高浓度母体并在现场稀释使用的二步法(或称母体法、溶剂法),以及 SBR 胶乳改性沥青。胶乳改性又有直接加入法和预混法之分。

二、乳化沥青

用乳化沥青拌制冷铺混合料,必须制备稳定的沥青乳液,而这就需要了解乳化的基本原理,正确地选择乳化剂和助剂,以及掌握恰当的制备工艺和方法。

乳化沥青是沥青以微小颗粒分散在水中形成的一种稳定乳状液。在乳化沥青中,水是连续相,是沥青的分散介质;沥青是不连续的分散相。在常温下,水的表面张力为 72×10^{-3} N/m,而沥青在常温下为固态,在 150℃时的表面张力为 26×10^{-3} N/m 左右,两者的表面张力相差很大。这两种物质通过机械作用相混是不稳定体系,沥青与水仍会很快地分离,这个过程是自发的过程。要使沥青与水互相排斥的两种液体,能形成稳定的水包油(O/W)乳液,必须在水中添加表面活性剂,以降低两相界面自由能,这种表面活性剂就是乳化剂。

当水中加入表面活性剂后,表面活性剂分子就吸附在两相界面上,形成吸附层。吸附层中的分子呈定向排列,极性基团朝水,非极性基团朝沥青,使水的表面张力降低,如在水中加入 0.3%十六烷基三甲基氯化铵,在 60℃时的表面张力则降为 34.38×10^{-3} N/m。当沥青液滴周围吸附的表面活性剂分子处于饱和状态时,则形成牢固的保护膜,在这种情况下沥青液滴相互接触时,保护膜就能阻止沥青聚集,而始终保持分散状态,乳液也就保持稳定而不发生分层。

沥青乳液要保持稳定,除在水中加入足够剂量的表面活性剂以增强界面膜外,还与以下因素有密切关系:

(1)油相的分散程度

沥青要与水混融形成稳定的乳状液,沥青本身要分散成细小的颗粒,并达到微米级颗粒的程度。当沥青颗粒在重力作用下发生沉降时,微粒沉降的速率可用斯托克斯 Stokes 法则表示,即

$$v=\frac{2gr^2(d_1-d_2)}{9\eta} \tag{4-3}$$

式中:v——微粒沉降的速率;

g——重力加速度;

r——微粒半径;

η——水相黏度;

d_1——沥青密度;

d_2——水相密度。

由上式可见,沥青的微粒越小,沉降的速率越慢,乳液也就越稳定。

(2)水相黏度

Stokes 法则表明,提高水相的黏度,可以减小微粒沉降的速率,水相的黏度愈大,沉降速率越小,乳液的稳定性也就越好。虽然 Stokes 法则只适用于自由浮动的微粒,而乳化沥青中的

微粒呈密集状态,微粒沉降的速率实际上比该法则计算的速率低。尽管如此,Stokes法则也说明水的黏度对乳液稳定性的影响。因此,为提高水相的黏度,一般是在水中添加增黏剂。

(3)两相的密度

水相的密度一般为1.0,如果油相的密度相对过大,则容易引起油相顺粒沉降。通常沥青的密度较大,往往难以乳化。在这种情况下,在沥青中添加适量稀释剂,降低其密度,则有助于乳化液的稳定性。

(4)两相的体积比

乳液的油相和水相应有适当的体积比,一般情况下油相的体积在乳液体积的40%~70%。油相太少,乳液的黏度太低,使颗粒沉降的阻力减小,乳液不稳定。油相太多,水相太少,同样不易形成稳定的乳液。

根据乳化技术的研究,Griff在理论上提出了HLB(Hydrophile-Lipohile Balance)法,用以衡量表面活性剂分子中亲水部分和亲油部分对其性质所做贡献大小,该法即所谓亲水—亲油基平衡法。每一种表面活性剂都有其一定的HLB值,HLB值越小,表明亲油性越强;HLB值越大,表明亲水性越强。因此,HLB不同,其作用也不同。表4-34是不同HLB值表面活性剂的主要用途。

表面活性剂HLB值及其用途 表4-34

HLB值	表面活性剂用途	HLB值	表面活性剂用途
3~6	W/O乳化剂	13~15	洗涤剂
7~9	湿润剂	15~18	增溶剂
8~18	O/W乳化剂		

在道路工程中所用的乳化沥青,大多是水包油型的乳状液,故所用的表面活性剂的HLB值应在8~18范围内。

然而依据HLB选择乳化剂的方法并不能明显反映乳化剂与被乳化物质之间的内在联系,因而在实际工作中常根据以下经验来选择乳化剂:

①选用离子型乳化剂,以便使分散粒子带有电荷,提高乳液的稳定性。由于阳离子乳液与石子有较好的黏附性,故首先推荐使用阳离子乳化剂。

②选用的乳化剂化学结构与被乳化物质的化学结构尽量相似,以获得较好的乳化效果。

③所选取的乳化剂容易在被乳化物质中溶解,两者有良好的亲和能力。

④将非离子型乳化剂和离子型乳化剂复合使用,以增强乳化效果。同时非离子型乳化剂又能对乳胶粒子起到保护作用,从而使乳胶微粒稳定性得以提高,这是不同乳化剂的协同效应。

在众多的乳化剂中选择一种乳化剂并不是一件容易的事情,以上所述仅是给出了一个基本的方法,在初步选定乳化剂后,还必须通过试验和试用才能最后加以确定。

三、环氧沥青

环氧沥青是在沥青中添加环氧树脂经过固化而形成强度的。环氧沥青的物理力学性质主要取决于环氧树脂和固化剂的种类与性质,以及它们与沥青的配合比例。

树脂加入沥青中,再配合固化剂,调合成环氧沥青,用于拌制沥青混合料,按照固化条件进行固化反应。结果表明,这样拌制的沥青混合料是不能形成足够的强度的。其原因在于环氧树脂与沥青是不相容的,沥青起着阻隔作用,影响环氧树脂与固化剂发生化学反应,故不能形成高的强度。

高分子材料的相容性与它们的极性有关。一般认为,高分子材料与溶剂的溶解度参数越接近,它们的相容性越好,其判别式如下：

$$|\delta_1 - \delta_2| \leq 2 \tag{4-4}$$

式中：δ_1、δ_2——分别为高分子材料与溶剂的溶解度参数$(kJ/m^3)^{1/2}$。

将环氧树脂加入沥青中,沥青即为溶剂,环氧树脂能否溶于沥青中,取决于环氧树脂和沥青的溶解度参数是否匹配。一般沥青的溶解度参数无现成资料可查,但可以通过试验并按下式求得：

$$\delta = \left(\frac{\Delta H - RT}{M/D}\right)^{1/2} \tag{4-5}$$

式中：δ——溶解度参数；

ΔH——蒸发潜热；

R——气体常数；

T——温度；

M——分子量；

D——密度。

由于高分子聚合物未经分解不能蒸发,故不能从蒸发潜热的数据获得溶解度参数。斯莫尔(Small)采用将试样浸入一系列已知δ值的溶剂中,并观察溶解最好的溶剂的δ值,以此作为该聚合物的溶解度参数。斯莫尔收集了一个分子的各部分摩尔引力常数(已列有专门表格),并可用下式计算溶解度参数值：

$$\delta = \frac{D\sum G}{M} \tag{4-6}$$

式中：G——摩尔引力常数；

D——密度；

M——分子量。

沥青是一种极其复杂的高分子化合物的混合物,研究工作者曾经大量测试了几种沥青的密度、元素组成、分子量和核子共振谱,解出沥青的平均分子结构,然后再根据平均结构中各组成单元的克分子引力,由上式求得溶解度参数。表4-35是几种沥青的溶解度参数。

沥青的溶解度参数　　　　　　表4-35

沥青材料	溶解度参数$[(kJ/m^3)^{1/2}]$		沥青的溶解度参数$[(kJ/m^3)^{1/2}]$
	软沥青质	沥青质	
大庆氧化沥青	17.1	19.2	17.2
胜利渣油	17.9	19.4	18.0
胜利氧化沥青	17.8	19.3	17.9
阿尔巴尼亚沥青	17.9	18.7	18.0

环氧树脂的溶解度参数为 19.8(kJ/m³)^{1/2}，而沥青的溶解度参数为 17~18(kJ/m³)^{1/2}，两者的差值接近或大于 2(kJ/m³)^{1/2}，故相容性较差。

根据物质的介电常数，可以判断高分子物质的极性大小。通常，介电常数大于 3.6 为极性物质；介电常数在 2.8~3.6 范围内为弱极性物质，在 2.8 以下为非极性物质。双酚 A 环氧树脂的介电常数为 3.9，属于极性材料，而沥青的介电常数为 2.6~3.0，属于非极性材料或弱极性材料。由此也说明环氧树脂不能直接与沥青产生良好的胶结，所以环氧树脂要在沥青中充分发挥其黏结性能，必须改善沥青与环氧树脂的相容性，这是配制环氧沥青的主要技术关键。

改善环氧树脂与沥青相容性的方法是在沥青中掺加一种介质(extender)。由于环氧树脂是极性物质，能与极性物质良好的黏结，所以作为介质，也应是一种极性物质，按其溶解度参数宜在 18~19(kJ/m³)^{1/2} 范围内，介电常数略大于 3.60。

英国丹宁(J. H. Denning)在配制环氧沥青用于铺筑表处型抗滑磨耗层时，其沥青与介质的配合比例有很大的变化幅度，见表 4-36。由表可见，介质与沥青的配合比，或沥青占 70% 左右；或介质占 70% 左右。这说明沥青与介质相混合能够形成稳定的溶液，必须以其中一种成分作为主体。

沥青与介质的配合比　　　　　　　表 4-36

环氧沥青编号	A	B	C	D	E	F	G
沥青(%)	21	35	78	75	73	32	32
介质(%)	79	65	22	25	27	68	68
环氧树脂剂量(%)	48	48	14.8	10.7	7.5	7.4	5.8

黑褐色的富芳香分焦油是环氧树脂很好的介质，黏度约 $C_{50}^{10}=20s$，与沥青合适的配合比例约为 30%。

四、彩色沥青

彩色沥青，又叫彩色胶结料，是筑路材料的一种，主要分为三种类型。

(1)排水型

在排水降噪路面的基础上，研制出了排水型彩色沥青路面，该路面有排水型路面的性能特点，又有美化城市环境的作用。可广泛应用在交通标志性道路、人行道、小区道路、公园、广场、停车场等景观铺装。

(2)防滑型

防滑(耐磨)路面一般应用于需要制动减速区路面和游园小区等城市景观路面所有需要高摩擦系数的各种路面。基本概念就是增加和保持这些区域的防滑、安全、美观性能，达到这个目的的途径是把高磨光值的骨料用黏合剂固定在路面上，形成永久和有弹性的表面。此路面的厚度一般为 3~5mm。产品优势：

①散水防滑好：路面散水、防滑性能好，可有效减少制动距离，提高行车安全。

②施工周期快：由于施工快、效率高，有效减少了因施工引起的交通延误。

③降噪效果好：精细的骨料结构有传导音频的效果，在水泥路面使用可降噪声 3~4dB。

④视觉感官好:色彩路面有效提高了道路色彩亮度,大大改善了路面观感效果。

(3)抗车辙型

某些高校及科研院所的研究者在反复对比试验的基础上研发的高性能路用产品借鉴环氧彩色沥青的研究成果,根据彩色沥青特点,通过向彩色沥青中添加适量固化剂,从根本上提高彩色沥青性能。特点:BX彩色沥青不需要另加任何设备(包括沥青罐等),采用向混合料直投方式,使用任何级配的混合料;使用、存储、运输、生产方便。

五、废旧橡胶粉改性沥青

废胎胶粉具有多种有效的化学成分,这些成分在高温条件下与沥青产生某种程度的相互作用和反应,其反应过程十分复杂。

目前,有关聚合物改性沥青的机理有三种学说,即物理共混说、网络填充说以及化学共混说。

物理共混说,是指聚合物加入到沥青中后,聚合物的分子受到沥青组分中芳香烃、饱和烃的作用发生溶胀和溶解,而均匀分散在沥青中形成共混体系。在物理共混中没有发生化学作用,仅仅是物理作用。其要求聚合物与沥青有较好的相溶性、相容性、溶解性和分散性,以达到较好的物理混合。

网络填充说,是指在聚合物加入到沥青中后,聚合物分子受到沥青中油分和芳香分的作用而被分开,发生溶胀和部分溶解过程,然后是扩散或溶胀团粒的分散过程,聚合物以微粒或丝状随即分布在沥青基体中。聚合物分子自由基相互结合和交联,形成松弛的网状结构存在于沥青基体中。由于聚合物和沥青各自形成连续的网络结构而互相贯穿,在流动态时,只能处于介稳状态,随着温度的下降,沥青和聚合物的黏度变大,以至成为固体。这种互穿的网络结构则保存下来,从而增加了聚合物分子的可移动性,使沥青呈现出很好的弹性和塑性。

化学共混说,是指在沥青中不仅有烷属烃、烯属烃和芳香烃,还含有极性和非极性化合物,存在着羟基、脂基等有机官能团,可以和许多物质发生化学反应,产生化学交联或化学加成,生成新的化学键的结合。

废胎胶粉和沥青在高温下共混成为橡胶沥青。废胎胶粉与沥青之间的相互作用十分复杂,这些学说所论及的废胎胶粉与沥青的相互作用,在其共混过程中都有可能存在,只是程度不同。

(1)溶胀反应

从宏观上看,当废胎胶粉与沥青在高温条件下反应表现为废胎胶粉颗粒体积的膨胀、沥青黏度的增加,在一般的条件下废胎胶粉并不会完全溶解在沥青中。

美国学者 H. Barry Takallou 博士和 Mojie B. Takallou 博士对在163℃下反应45min 橡胶沥青进行抽提试验(extract)表明,91%的废胎胶粉能够回收,并且回收的废胎胶粉保持与加入时相似的级配。对抽提后的沥青进行测试,结果表明在橡胶沥青中的废胎胶粉被脱离出来后,沥青的性能指标变化也会发生可逆变化(与基质沥青相比还略有改善)。这说明在该温度和反应时间下,废胎胶粉和沥青的反应是可逆的,橡胶沥青中反应以物理反应为主。同时,研究指出,废胎胶粉彻底溶解在沥青中须287℃以上温度反应54h。

(2)橡胶沥青加工过程中的脱硫反应

在橡胶加工成轮胎的过程中,为了提高其强度和整体性需要采用硫化工艺。硫化是使胶料具备高轻度、高弹性、高耐磨、抗腐蚀等优良性能的过程,是橡胶制品的最后一个工艺过程。硫化过程是指具有一定塑性和黏性的胶料,经过适当加工而制成的半成品在一定外部条件下通过化学因素(如硫化体系)或物理因素的作用,重新转化为软质弹性橡胶制品或硬质韧性橡胶品,从而获得使用性能的工艺过程。硫化是在温度、压力和时间这三个要素的条件下,橡胶通过交联剂或交联引发剂使大分子产生交联的过程,该过程使橡胶从塑性状态变成弹性状况。硫化的实质是交联,即线形的橡胶分子结构化为空间网状结构过程。整个橡胶硫化过程要经过焦烧阶段、热硫化阶段、平坦阶段(交联键的重排和裂解反应处于平衡状态)、过硫阶段[橡胶在硫化过程中,达到过硫后,橡胶开始裂解(或结构化)强度下降]。硫化胶的结构是复杂的,其中有化学交联键,也有分子间作用力所形成的组合,如结晶和氢键,或其他形式的化学键和离子键的交联。

脱硫是硫化的逆过程,其反应过程比硫化更难以掌握和控制。在橡胶沥青的加工过程中,脱硫反应时时刻刻均在发生,其脱硫的程度对成品橡胶沥青的质量有显著的影响。

橡胶是线状直链高分子聚合物塑性体,其相对分子质量为10万~100万,它通过硫黄等物质在一定条件下进行化学反应,形成网状三维结构形态的无规则高分子弹性体。脱硫是切断已形成的、牢固的、以硫键为主的交联网点,硫并没有从橡胶中脱掉,仍残留于橡胶之中。确切地说,脱硫是硫键交联网点的断裂。通过加热、氧化及再生剂的作用,使硫化胶中的C-S-C交联键断裂,发生降解,将橡胶中的多硫化物转为二硫化物。二硫化物进而转为一硫化物,而后再将一硫化物切断,导致硫化胶从弹性状态变成塑性状态,促其最终重新成为具有原来橡胶状塑性的再生橡胶。

脱硫工艺主要有以下几种:在化学方面,可以通过高温、高压来促使交联网点发生变化,并且通过添加化学再生剂进一步加快交联网点断裂的速度;在物理机械方面,主要是通过高挤压、高剪切造成交联网点切断,而添加油料则可以加速橡胶膨润、脱硫塑化的过程。在轮胎粉碎成废胎胶粉或颗粒的过程中,废胎胶粉的脱硫过程就已经产生,只不过是物理机械脱硫。

具体的脱硫工艺有快速脱硫工艺、低温脱硫工艺、高温连续脱硫工艺、螺杆挤出脱硫工艺、高温高压动态脱硫工艺、低温化学法脱硫工艺等。脱硫工艺的关键是脱硫的温度和时间,脱硫温度采用安全生产可能达到的最高限温度。一般讲,脱硫温度高或时间长,软化剂用量少,水油法脱硫工艺为180℃,3~4h。快速脱硫法是指利用高速旋转的搅拌桨叶与胶粉碰撞摩擦生热,产生的热量使脱硫装置内的温度上升(150~200℃),胶粉被迅速塑化。高温连续脱硫工艺是按照一定的配方要求的混合料送入远红外线的加热螺旋中脱硫,脱硫温度240~250℃。高温高压动态脱硫工艺的脱硫温度在220℃,在脱硫过程中物料始终处于运动状态,既符合天然废胎胶粉的再生,也符合合成橡胶再生物工艺要求,生产的再生胶性能最稳定。

橡胶沥青的加工温度在180℃以上,最高温度达到230℃,在沥青介质中废胎胶粉持续保持高温状态(一般为1~4h),同时橡胶沥青加工过程要采用高速剪切设备进行分散,并采用搅拌设备时时保持运动状态,因此橡胶沥青的加工工艺符合废胎胶粉脱硫再生的工艺过程。大量实验已证明,橡胶沥青的加工过程也是废胎胶粉的脱硫过程,只是脱硫的程度难以控制。在实际工程中,通常采用橡胶沥青的黏度变化水平间接反映其在加工过程中废胎胶粉的脱硫程度。

六、天然沥青

天然沥青是石油经过历史上长期的、长达亿万年的沉积、变化,在热、压力、氧化、触媒、细菌的综合作用下生成的沥青类物质。由于它常年与环境共存,性质特别稳定,但含有较多的土砂类杂质。根据生成矿床的不同,可以分成浸润型(如瑞士 Vai de Travers)、涌出型(如特立尼达湖沥青 TLA)、缝隙填充型(如美国 Gilsonite)等,通常称为湖沥青、岩石沥青、海底沥青等,代表性的指标比较见表4-37。

代表性天然沥青的指标　　　　表4-37

名称		Vai de Travers	TLA	Gilsonite
位置		瑞士	特立尼达	美国
矿床		浸润型	涌出型	缝隙填充型
CS_2 可溶分	%	9.2	39.0	98.0
CS_2 不溶非矿物分	%	—	0.3	—
矿物质(含结晶水)	%	90.8	31.5	0.7
自由水	%	—	29.0	0.3
性质:		抽提沥青	精制品	原矿
相对密度(25℃)		1.02	1.41	1.05
针入度(25℃)		软质	2	0
软化点	℃	26	97	162
CS_2 可溶分	%	—	54	98.0以上

1.湖沥青

世界上最有名的天然沥青是特立尼达湖沥青,在南美西印度群岛特立尼达境内的沥青湖中,蕴藏了数以百万吨的湖沥青(Trinidad Lake Asphalt,简称TLA)。自1860年起应用于道路工程,已有100余年的历史,现在广泛应用于欧美许多国家。据分析,TLA 的沥青质含量高达30%,主要质量指标见表4-38。

TLA 的沥青质主要质量指标　　　　表4-38

相对密度(25℃)	1.39~1.44	软化点	93~99℃
针入度(25℃)	0~4	可溶沥青含量	52%~55%
矿物质(灰)	35%~39%	闪点	>240
质量损失(163℃,5h)	<2%		

经提炼后,TLA 中的矿物成分为:SiO_2 70%,Al_2O_3 17%,Fe_2O_3 8%,其他为少量的 CaO、MgO、Na_2O、K_2SO_3 等。颗粒尺寸 0.2mm 占 2.2%,0.17mm 占 8.0%,0.01mm 占 89.8%。

通常将TLA作为沥青的改性剂使用,例如在沥青混凝土中使用时通常掺加25%~33%,在桥面铺装中使用时甚至掺加50%~70%。TLA可以与石油沥青很好地混融,但由于其密度较大,掺入熔融的沥青中后,必须始终保持搅拌状态,以免矿物成分沉淀。一般TLA置于纤维板桶内,购置TLA后,用斧头或锯子开启纤维板桶,然后用重锤将其砸成小块,投入石油沥青中加热搅拌融化,一般掺加25%的TLA需4~6h,混合温度不超180℃。应该对TLA作成分分析,以便将矿物成分计入矿料级配中。在拌和时,普通的沥青喷嘴要拆掉,让掺有TLA的混合沥青从管子流入拌和锅,为此混合料拌和时间要增加10s左右。

据介绍,掺加TLA的混合沥青有良好的高温稳定性及低温抗裂性能,耐久性好,故在许多高速公路、机场跑道、钢桥面铺装、隧道路面中得到广泛使用。例如日本本四联络桥在20号~40号石油沥青中掺加25%TLA,关西国际机场联络桥掺加30%TLA,所混合成的硬质沥青的标准见表4-39。

硬质沥青的标准　　　　　　　表4-39

针入度(25℃)	15~30	软化点	58~68℃
延度(25℃)	>10cm	蒸发损失	<0.5%
溶解度	86%~91%	闪点	>240℃
密度(15℃)	1.07~1.13g/cm³		

TLA混合沥青可单独使用,也可以与聚合物改性沥青同时使用。使用实例见表4-40。

世界上代表性的TLA使用实例　　　　　　　表4-40

地区	混合料类型	混合比例			混合后针入度(0.1mm)	备 注
		TLA	直馏沥青(等级)	合成橡胶		
英国	热压式	50%	50%(200)	—	40/60	高速公路
	热压式	55%	45%(200)	—	28/42	停车站、重交通道路
	特殊热压式	50%	50%(40/60)	—	21	重交通道路
	热压式	50%	50%(60/70)	—	20/30	长大桥钢桥面
	热压式	50%	50%	—	10/20	重交通街道
德国	浇筑式	24%	76%(45)	—		高速公路
	浇筑式	42%	58%(45)	—		重交通街道
	浇筑式	39%	61%(65)	—		莱茵桥钢桥面
	沥青混凝土	34%	66%(80)	—		国道
	沥青混凝土	25%	75%(80)	—		慕尼黑机场
	特殊沥青混凝土	28%	72%(80或65)	—		试验沥青0/11mm
瑞士	沥青混凝土	21%	79%(130/150)	—		高速公路
	浇筑式	39%	61%(60/70)	—		国道N6号线
奥地利	浇筑式	25%	75%(40)	—		干线道路
	沥青混凝土	20%~25%	75%~80%(70)	—		干线道路
瑞典	浇筑式	33%	67%(135)	—		斯德哥尔摩街道

续上表

地区	混合料类型	混合比例			混合后针入度 (0.1mm)	备注
		TLA	直馏沥青(等级)	合成橡胶		
比利时	特殊沥青混凝土	22%	78%(50、60)	—	44	国际高速公路 E3 号线
土耳其	热压式	50%	50%(60/70)	—	20/30	钢桥面
加拿大	热压式	30%	70%(85/100)	—		肯尼迪机场
美国	沥青混凝土	25%	75%(60/85)	—		桥面、隧道
	特殊沥青混凝土	20%	80%(60/85)	5%		乔治·华盛顿桥
	油毡沥青防水层	40%	60%(60/85)	—	45/55	
中国香港	热压式	50%	50%(200)	—	40/60	隧道
日本	热压式	30%	70%(80/100)	—	46	国道 49 号
	浇筑式	25%	75%(20/40)	—	15/30	本国联络桥
	油毡沥青防水层	40%	60%(60/80)	—		长崎超大桥

我国江阴长江大桥桥面铺装由英国承包,并采用特立尼达湖沥青为主要材料的混合沥青作为嵌压式沥青混凝土的主要材料。

2.岩石沥青

岩石沥青生成于岩石夹缝中,缝宽很窄,仅数十厘米到几米,深可达几百米以上。我国克拉玛依地区及青海省西部有所开采,但用于道路改性沥青还较少。美国北部犹他州的岩石沥青,由于高含氮量(一般沥青中很少含氮),所以黏度大,抗氧化性强,特别是与集料有很好的黏附性及抗剥离性。岩石沥青化学结构与沥青相近,故与沥青的相容性非常好,与沥青平均分子量 3000 相比,它的分子量高达 9000,故高温黏度也大。因此,岩石沥青总体上有抗剥离、耐久、高温抗车辙、抗老化四大特点。

3.海底沥青

在印度尼西亚雅加达以东 700km 的南太平洋苏拉威西岛东南部的布通岛(Buton)有一名为 BMA(Butonite Mastic Asphalt)的海底沥青矿,是一种经过千万年沉积的天然矿物。此种沥青的特性见表 4-41。据介绍,该沥青的含蜡量为 1.2%,密度为 1.68g/cm³,闪点 320℃,溶解度 51%,薄膜加热质量损失 1.2%,软化点 98℃。与普通沥青混合后所配制的沥青混合料,车辙试验动稳定度可达 5250 次/mm,适用于重交通道路、飞机场跑道、抗滑磨耗层等,最小铺筑厚度可减薄到 2cm,由此可提高成本效益。

BMA 的性质 表 4-41

性 质	单 位	代 表 值
回收沥青的针入度	0.1mm	50
回收沥青软化点	℃	93~99
回收沥青的延度	cm	140
矿物颗粒的细度:通过率为 50% 的粒径	mm	0.075
矿物颗粒的细度:通过率为 95% 的粒径	mm	0.6

续上表

性　质	单　位	代　表　值
含水率	%	<2
363℃直馏残余物	%	>96

七、泡沫沥青

泡沫沥青是在高温沥青中加水滴形成蒸汽泡、产生连锁反应、显著提高胶合性能的新材料。

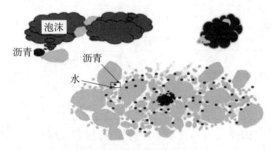

图 4-11　泡沫沥青与集料结合

泡沫沥青混合料由铣刨料（RAP）、新集料、无机结合料、泡沫沥青、水组成。泡沫沥青与集料结合情况如图 4-11～图 4-13 所示。沥青以小颗粒的形式均匀分布在泡沫沥青混合料中，并与细集料形成黏结团共同起到粘附作用。从路面钻芯可以看出，混合料并未形成骨架结构，因此泡沫沥青的强度还主要靠黏附性。

图 4-12　水分散失后的集料

图 4-13　新拌集料

泡沫沥青混合料中的大部分沥青是以沥青、细集料组成的小颗粒形式存在的，即黏结团，尺寸为毫米级，用肉眼可以分辨。这些黏结团均匀分散在混合料中，并将较大的集料粘结在一起。泡沫沥青优先与细集料混合，直接与集料粘结或裹覆的情况基本没有。而在这一过程中，水分就起到了拌和时使黏结团均匀分散的效果。

八、净味环保沥青

随着人们对环境保护意识的加强，越来越多的研究者们开始研究净味环保沥青的作用机理。净味环保沥青的作用机理如图 4-14 所示。

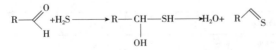

图 4-14　净味环保沥青的作用机理

第四章 改性沥青

众多研究者的室内、外试验均已证明净味沥青技术的效果。通过检测 H_2S、NH_3、SO_2 浓度的方法来评价净味沥青技术的效果。与普通沥青相比,摊铺机后侧踏板 H_2S、NH_3、SO_2 浓度分别下降了 33%、39%、34%。与普通沥青相比,摊铺机驾驶室 H_2S、NH_3、SO_2 浓度分别下降了 42%、22%、35%。与普通沥青相比,摊铺机下风区 H_2S、NH_3、SO_2 浓度分别下降了 60%、40%、55%。与普通沥青相比,拌和楼卸料口上方 H_2S、NH_3、SO_2 浓度分别下降了 38%、44%、30%。与普通沥青相比,拌和楼下风向 H_2S、NH_3、SO_2 浓度分别下降了 50%、71%、50%(见图 4-15、图 4-16)。

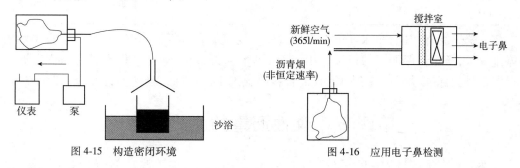

图 4-15 构造密闭环境　　　　图 4-16 应用电子鼻检测

由北京市道路工程质量监督站检测结果获得净味环保沥青的性能参数见表 4-42 和表 4-43。

净味环保沥青的性能参数　　表 4-42

检测项目		单位	试验结果		技术要求	试验方法
			净味环保沥青	基质沥青		
针入度(25℃)		0.1mm	61	63	60~80	T 0604
延度(15℃)		cm	>100	>100	≥100	T 0605
延度(10℃)		cm	80	76	≥20	T 0605
软化点(5℃)		℃	49.0	49.0	≥46	T 0606
动力黏度(60℃)		Pa·s	212.2	239	≥180	T 0620
TFOT 后 (163℃,5h)	质量变化	%	0.399	0.057	±0.8	T 0609
	残留延度(15℃)	cm	16	20	≥15	T 0605
	残留延度(10℃)	cm	10	11	≥6	T 0605
	残留针入度比	%	61	63	≥61	T 0604

净味环保沥青混合料性能参数　　表 4-43

检测项目	单位	试验结果		评价标准	试验方法
		净味沥青混合料	基质沥青混合料		
马歇尔稳定度	kN	13.10	12.88	≥8.0	T 0709
流值	mm	3.9	3.7	1.5~4	T 0709
车辙试验(60℃)动稳定度	次/mm	2041	1883	≥1000	T 0719

续上表

检测项目	单位	试验结果		评价标准	试验方法
		净味沥青混合料	基质沥青混合料		
残留稳定度比	%	96.4	95.6	≥80	T 0709
冻融劈裂试验残留强度比	%	85	87	≥75	T 0729
低温弯曲极限应变（-10℃）	με	2877	3155	≥2000	T 0715

与传统热沥青相比，净味环保沥青通过化学反应能有效降低30%~99%的沥青中刺激性气体排放量；净味环保沥青的持续作用周期至少在4周以上；净味环保沥青遵从现有沥青及沥青混合料的标准/规范、现有热沥青混合料的施工工艺/方法、当前沥青混合料设计方法。

第四节 改性沥青的生产技术

改性沥青在生产过程中除了少数可以直接使用投入法加入改性剂（如SBR乳胶）生产改性沥青之外，大部分改性剂与道路沥青的相容性并不好，所以必须采用特殊的加工方式才能生产改性沥青，即改性剂均匀地分散在沥青中。长期以来，我国对改性沥青的研究和推广进展缓慢，很大程度上受改性沥青生产技术和生产设备比较落后的制约，对PE、SBS等仅采用常规的搅拌方式，以致加工效果不明显，严重影响了改性沥青的发展，所以改性沥青设备成了发展改性沥青的关键。

一般来说，改性沥青的加工制作及使用方式，可以分为预混法和直接投入法两大类。实际上，直接投入法是制作改性沥青混合料的工艺，只有预混法才是名副其实的制作改性沥青的制备方法，如图4-17所示。

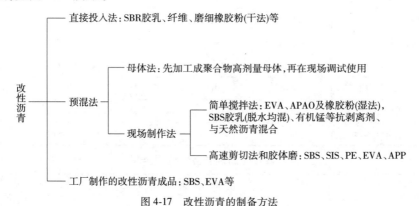

图4-17 改性沥青的制备方法

一、母体法

母体法的原理是先采用一种适当的方法，制备加工成高剂量聚合物改性沥青母体，再在现场把改性沥青母体与基质沥青掺配调稀成要求剂量的改性沥青使用，所以又称为二次掺配法。母体法可以采用溶剂法和混炼法制备改性沥青母体。

对与沥青相容性不好的 SBR、SBS、PE 等聚合物改性剂,都可以采用高速剪切等工艺生产高浓度的改性沥青母体。可是如果把聚合物剂量增加,不采取添加稳定剂等措施,那么改性沥青在冷却、运输、存放乃至将母体加热、与沥青稀释掺配的再加工过程中,改性剂势必会发生离析,严重影响改性结果。所以在二次掺配时还必须进行强力搅拌,使改性剂分散均匀。

生产改性沥青母体的方法在我国曾经用于 SBR 橡胶沥青的生产,其中能形成规模生产、工艺较为成熟的主要是交通部重庆公路科学研究所研制的溶剂法橡胶沥青生产工艺。该工艺可分为两步:首先将固体丁苯橡胶切成薄片,用溶剂使丁苯橡胶溶解(溶胀)变成微粒,与热沥青共混,再回收溶剂,制成高浓度 SBR 改性沥青母体,以商品形式销售。成品 SBR 改性沥青母体固体成分含量一般为 20%。由于生产过程中的溶剂难以完全回收,母体中一般残留有 5% 以下的溶剂;然后在工程上使用时,用户将固体形态的母体用人工方式切碎,按要求比例投入热态的沥青中,采用搅拌机或循环泵搅拌,直至混合均匀(一般需 1~2h),制成要求比例的改性沥青,再投入沥青混合料搅拌锅中搅拌即可。现在已经有了热法切割改性沥青母体的专用配套设备,切碎的细度越小越好,一般小于 1kg,均混的温度宜保持在 120~150℃,并保持温度稳定。

溶剂法的优点是聚合物改性剂的粒度很细,改性剂在沥青中分散非常均匀。缺点是母体制造时需要用溶剂,回收后产品中仍含有少量的溶剂(溶剂回收大于 95%,残留率小于 5%),溶剂回收成本较高,增加了生产成本,因此现在橡胶沥青的价格昂贵,而且存在生产安全问题。另外在工程上应用比较困难,母体打不碎割不断,人工粉碎母体特别麻烦,与沥青的二次掺配的设备投资也比较高。由于制作工艺过程较复杂,且长时间搅拌又影响沥青本身性能及改性效果,从而影响了推广的进程。另外,母体使用的沥青品种与工程上的沥青品种不一致时,也存在沥青的相容性问题。所以现在国外已经很少采用此方法生产改性沥青了。

由溶剂法制成的改性沥青母体,可在现场利用改性沥青混炼设备稀释混炼成要求剂量的改性沥青,也可在生产改性沥青母体的工厂直接制成要求剂量的改性沥青,即跳过母体的阶段。

试验表明,所制成的改性沥青在 163℃ 温度条件下存储 8~12h 后,针入度和延度开始明显下降。为此,为避免丁苯橡胶及改性沥青的老化,要求混合和保温的温度保持较低的水平,在制造后应该尽早使用。

二、直接投入法

所谓直接投入法是直接将改性剂投入沥青混合料拌和锅与矿料、沥青拌和制作改性沥青混合料的工艺。由于它没有预先与沥青共混,所以没有经历制作改性沥青的阶段,因而严格上不能说是制作改性沥青。现在一般都把预混法和直接投入法作为改性沥青制作工艺的两大类来看待。

由于 SBR 等橡胶固体很难与沥青共混,采用溶剂法制成橡胶沥青母体再在现场使用的工艺又较为复杂。因此利用合成橡胶制造过程中的中间产品胶浆,再制成高浓度的胶乳,便可以在沥青混合料制造过程中直接喷入拌和锅中拌匀,使施工工艺简化。目前国内外用得较多的是丁苯乳胶、氯丁乳胶、丁酯乳胶等。早年日本即提出改性用 SBR 乳胶的技术标准，要求固体有效成分在 50%±0.5%，25℃黏度在 300Pa·s 以下，苯乙烯 23%±2%，25℃ pH 值在 9~11，凝固分含量在 0.05%以下。

SBR 胶乳采用直接投入法施工时，只需要将 SBR 胶乳大桶运到工地，倒入一个存放罐中，直接用一台泵抽取乳胶，然后通过喷嘴喷入拌和锅即可，所需的设备非常简单，施工成本很低。乳胶直接投入拌和锅的技术关键是计量，为使计量准确，输送乳胶的管道不能堵塞，但乳胶在使用过程中可能发生少量的破乳，同时也会附在设备的管道、泵、喷嘴等处，这些都会影响计量的准确性。为了解决这个问题，工地上往往采用两套设备轮流使用的办法，一台设备使用一段时间后，更换一台使用，将更换的设备用水清洗备用。另外，在喷沥青的同时喷乳胶是使乳胶分散均匀的关键。

乳胶直接投入拌和锅拌和使改良沥青的制作工艺大大简化，而且成本大为降低。但是，由于胶乳中含有一半以上的水分，在遇到温度很高的矿料拌和时，水分会因温度过高而立即变成蒸汽，易使拌和机生锈。而且，由于胶乳的用量一般为沥青的 3%~5%，相对于沥青混合料来说只有 0.1%~0.2%，含量是非常少的，能否在短短的几十秒内与沥青混合料拌和得十分均匀，难以得到准确的验证。室内试验的结果表明，采用直接投入法拌和要比预混法的改性效果稍差些。因此，现在使用 SBR 胶乳改性时也有采用预混法施工的。

三、机械搅拌法

聚合物改性剂与基质沥青都可以通过机械搅拌法制得改性沥青。不过，由于改性剂与基质沥青的相容性不同，采用机械搅拌法的难易度有很大的差别。对 SBS、PE 等相容性较差的改性剂，不适用于机械搅拌法加工，而对 EVA 以及某些相容性较好的聚合物，可以采用搅拌法加工。

EVA 的品种很多，醋酸乙烯 VA 的含量越大，熔融指数越小，熔融后的黏度越大，改性效果越好，但在沥青中的加工分散也越困难。因此机械搅拌法仅适用于 VA 含量较低、熔融指数较高的 EVA 产品。

由于 APAO(无定型烯烃共聚物)与沥青有极好的亲和性，在高温下投入沥青中，只需稍加搅拌，便可达到均匀分散的目的。沥青厂在制作 APAO 改性沥青时，在沥青罐上方安装一台普通机械搅拌装置，只要将沥青加热到 165℃，按要求的比例 94∶6(6%)或 92∶8(8%)用人工投入 APAO 改性剂，利用搅拌轴不断地搅拌沥青，便可将 APAO 融化均匀。对搅拌的速度无须特殊要求，例如 8~12r/min 均可，一般维持搅拌 30min 即可达到要求。搅拌制成的改性沥青可直接送入拌和机供拌和沥青混合料使用。

实际上，APAO 改性剂投入 165℃的沥青中大约 15min 就已基本上分散开，再看不到有大的颗粒，到 30min 可以认为已完全分散。由显微镜观察，APAO 材料已均匀分散在沥青中，达到了制作改性沥青的要求。不过，如果 APAO 在存储过程中受压成大团将使融化时间延长。APAO 改性剂的制作只需要一个简单的拌和罐即可实现，生产量仅取决于搅拌罐的容量。这是 APAO 改性剂不同于其他改性剂的最大优点。所以它特别适用于缺乏具有高速剪切功能的改性沥青设备的小规模工程，或与小型沥青混合料拌和机配套使用。

四、胶体磨法和高速剪切法

对于普通道路工程来说,购买现成的改性沥青成品,使用时可以与普通的沥青一样加热融化使用,使用起来当然简单。但是,由于需要在改性沥青制作时加入多种外掺剂,以防止改性剂的离析,所以总的价格要比现场制作昂贵,且长期放置改性沥青,对改性效果必然有影响,目前主要是一些国外公司在推销成品的改性沥青。成品改性沥青一般是桶装的,这对于没有存储和接收散装沥青条件的用户来说是个方便,但它因成本较高,因此对我国目前的工程情况而言,并不是最合适的。

母体法同样需要加工后的防离析措施,否则在使用过程中也会产生离析。采用溶剂法生产母体,成本较高,母体融化加工也比较困难,使用受到限制。

对目前工程上使用较多的 SBS、SIS 等热塑性橡胶类和 EVA、PE 热塑性树脂类改性剂,由于与沥青相容性较差,仅仅采用简单的机械搅拌需要太长的时间,且效果不好,所以我国长期以来始终停留在试验路阶段。对这些改性剂,必须通过胶体磨或高速剪切设备等专用机械的研磨和剪切力强制将改性剂打碎,使改性剂充分分散到基质沥青中。这种生产改性沥青的方式是目前国际上最实用的方法,除了可以在工厂生产专用的改性沥青并运输到现场使用外,也可将改性沥青设备安装在现场,边制造边使用,从而给生产带来了很大的方便。而且改性沥青的质量良好,因此是值得推广的方法。

例如在沥青中加入 SBS 后,SBS 在受到剪切粉碎的同时,聚合物中的聚苯乙烯块吸收了沥青中的部分芳香芬及轻胶质而使体积较原来膨胀了 9 倍,当混合物冷却到 100℃ 以下时,聚苯乙烯块因粘结而强化了结构,聚丁二烯则可提供弹性。

目前我国主要采用现场制作方法生产改性沥青,即采用专用的改性沥青制造设备在现场加工制作改性沥青,然后直接送入拌和机使用。由于它生产成本较低,改性剂分散后不等它离析或凝聚,便与混合物拌和,所以改性效果较好,这是我国改性沥青制作的方向。所加工的改性沥青也可以供应一定范围内的沥青混合料拌和厂,由沥青车调运使用,只需在现场设置可搅拌的储存罐即可。因此,研制改性沥青制作设备,已成为发展我国改性沥青技术关键中的关键。

现场使用的改性沥青设备有胶体磨式与高速剪切式两大类,这两类设备都是常用的专用改性沥青设备。采用胶体磨法和高速剪切法加工改性沥青,一般都需要经过改性剂融胀、分散磨细、继续发育三个阶段,每一个阶段的工艺流程和时间随改性沥青及加工设备的不同而不同,而加工温度是关键。改性剂经过融胀阶段(SBS 冲油将使融胀变得很容易)后,磨细分散才能做到又快又好,加工出来的沥青还需要进入储存罐中不停搅拌,使之继续发育(对 SBS 一般需 30min 以上),才能喷入拌和锅中使用。

采用高速剪切方式生产改性沥青在我国也不失为一个简单高效的方法,它的加工原理与室内试验相同,仅仅是规模大小不同而已。其中最关键的设备高速剪切机已有不同型号的国产产品可供选择,其他配套设备生产单位可以自行设计加工。这些设备一般都是立式的,属于单罐单批的间隙式生产方式,生产一罐排出一罐,每一罐所需的剪切搅拌时间一般不超过 20~30min,单罐产量可达 8t/h 左右,如果配备多台这样的设备,供应沥青混凝土生产制作改性沥青混合料应该没问题。

胶体磨法和高速剪切法生产改性沥青的工艺要求,对不同的改性剂和基质沥青,没有一成不变的模式,在每一个工程正式生产开始前都必须进行调试,以适应所使用的改性沥青品种的需要,确定合理的融胀—分散—存放—发育的工艺过程。尤其是分散过程,胶体磨的间隙、温度、遍数,剪切机的转速、时间这些参数都影响改性沥青的产量和质量。

思考练习题

思考题:
1. 什么是改性沥青?
2. 高聚物改性沥青主要有哪些?
3. SHRP 对沥青混合料低温抗裂性能指标的研究中使用约束试件的温度应力试验作为评价方法的指标是什么?
4. SHRP 新沥青规范中列入的路用性能指标有哪些?
5. 乳化沥青中乳化剂的选取该遵循的原则是什么?

习题:
1. 改性沥青的分类有哪些?
2. 我国改性沥青的技术标准是什么?
3. 简述改性剂与沥青的相容性,改性沥青的改性机理。
4. 简述 SBS 改性沥青作用机理及其改性的特点。
5. 简述沥青改性剂应遵循的原则。
6. 简述沥青与沥青混合料的缺点并针对不同特性,选择需加入不同的改性剂。
7. 简述泡沫沥青的形成机理。
8. 高聚物能在改性沥青中改进哪些性质?
9. 简述 SBS 改性剂的作用。
10. 聚合物改性剂如何选择(主要从气候条件和改性目的)?
11. 简述乳化沥青的形成机理。
12. 简述乳化沥青的优缺点。
13. 简述环氧沥青的强度形成机理。
14. 简述废旧橡胶粉改性沥青生产工艺。
15. 改性沥青的生产方式有哪些?

第五章 沥青混合料

【导读】

本章阐述沥青混合料类型和组成结构,分析沥青混合料强度形成原理和强度影响因素,介绍我国热拌沥青混合料的组成设计方法,沥青混合料应具备的路用性能、影响因素及评价方法。作为拓展知识,介绍了美国SHRP沥青混合料组成设计方法、GTM试验方法,介绍了沥青混合料的动态模量。

【重点及难点】

重点:掌握沥青混合料技术性能指标、矿质混合料的组成设计、主要沥青混合料的最佳沥青用量确定。

难点:热拌沥青混合料最佳沥青用量的确定方法、SHRP沥青混合料设计方法、沥青混合料的动态模量。

第一节 沥青混合料简介

一、定义

沥青混合料是由具有一定黏度和适当用量的沥青结合料与一定级配的矿质混合料,经充分拌和而形成的混合料的总称。将这种混合料加以摊铺、碾压成型,成为各种类型的沥青路面。

二、沥青混合料的分类

1.按混合料拌和与摊铺温度分类

(1)热拌热铺沥青混合料(Hot Mix Asphlat)

通常将沥青加热至150~170℃,矿质集料加热至160~180℃,在热态下拌成沥青混合料,并在热态下摊铺、压实成路面。由于在高温下拌和,沥青与矿质集料能形成良好的黏结,因而具有较高的强度。高等级公路和城市干道多采用这种沥青混合料。

(2)温拌沥青混合料(Warm Mix Asphlat)

温拌沥青混合料是采用特定的技术或添加剂,使沥青混合料的拌和、摊铺和压实温度介于热拌沥青混合料和常温沥青混合料之间的沥青混合料的统称。这是一种具有节能环保作用的新型沥青混合料生产技术,可以在降低沥青混合料施工温度、降低有害气体排放的同时,保证沥青混合料具有与热拌沥青混合料基本相同的路用性能和施工和易性。

(3)热拌冷铺沥青混合料(Hot-Mix-Cold-Laid Asphalt Mixture)

用黏度较低的沥青与集料在热态下拌和成混合料,在常温下储存起来,使用时在常温下直接在路面上摊铺压实。这种混合料一般用作沥青路面的养护材料。

(4)冷拌冷铺沥青混合料(Cold-Mix-Cold-Laid Asphalt Mixture)

采用乳化沥青或者低黏度的沥青材料,在常温下与集料直接拌和成混合料,在常温下摊铺、碾压成路面。这种沥青混合料由于沥青与集料裹覆性差,粘结不良,路面成型慢,强度低,一般只适用于低交通道路或者路面局部维修。

2. 按集料的最大粒径分类

我国几十年以来,习惯按混合料中集料的最大粒径将沥青混合料分成粗细不同类型,见表 5-1。

沥青混合料类型　　　　　　　　　　　　　　　　　　　表 5-1

沥青混合料类型	方孔筛最大公称粒径(mm)	对应的圆孔筛最大公称粒径(mm)
特粗式沥青混合料	37.5	45
粗粒式沥青混合料	26.5~31.5	30~40
中粒式沥青混合料	16~19	20~25
细粒式沥青混合料	9.5~13.2	10~15
砂粒式沥青混合料	4.75	5

通常,粗粒式混合料用于沥青面层的中层或下层,中粒式混合料用于中层或上层,细粒式混合料用于上层,砂粒式混合料现在多用于城市道路路面表面局部维修。但在实际工程中往往根据具体情况进行选择,如为了增强沥青路面的抗车辙性能和抗滑性能,上面层也可采用中粒式混合料。在热带地区,同样为提高路面的高温稳定性,在上面层有直接采用粗粒式密级配沥青混合料的。特粗粒式混合料也称大粒径沥青混合料,目前应用较少;为增强沥青路面的抗车辙能力,国内外正对这种混合料性能及其设计方法开展研究。

3. 按矿质集料级配类型分类

(1) 连续级配沥青混合料

矿料级配组成中从大到小各级粒径都有,按比例相互搭配组成的沥青混合料。

(2) 间断级配沥青混合料

矿料级配组成中缺少一个或几个粒径档次(或用量很少)而形成的沥青混合料。

4. 按矿料级配组成及空隙率大小分类

(1) 密级配沥青混合料

按密实级配原理设计组成的各种粒径颗粒的矿料与沥青结合料拌和而成、设计空隙率较小(3%~6%)的密实式沥青混凝土混合料(以"AC"表示)和密实式沥青稳定碎石混合料(以"ATB"表示)。

(2) 半开级配沥青混合料

由适当比例的粗集料、细集料及少量填料(或不加填料)与沥青结合料拌和而成,经马歇尔标准击实成型试件的剩余空隙率为6%~12%的半开式沥青碎石混合料(以"AM"表示)。

(3) 开级配沥青混合料

矿料级配主要由粗集料嵌挤组成,细集料及填料较少,设计空隙率不小于18%的沥青混合料。

5. 按沥青的特性和用途分类

沥青混合料的称呼比较广泛,在道路工程中主要采用热拌热铺沥青混合料,称之为路用沥青混合料。

(1) 排水式沥青混合料

为加快路面的雨天排水功能,以减少高速行车而产生喷雾、溅水,增强路面的抗滑性,拌制成多孔性沥青混合料,使雨水从路面内部排走。因为这种沥青混合料透水,所以又称为透水性沥青混合料。

(2) 主动除凝冰沥青混合料

在路面产生凝冰前,能够主动产生降低冰点温度成分的沥青混合料。通常可以消除或延缓路面凝冰的产生,从而提升冰雪天气道路的抗滑能力,保障交通的正常运行,保障车辆的安全行驶。

(3) 沥青玛蹄脂碎石

由高含量的粗碎石和少量细集料形成骨架,用沥青、矿粉、纤维组成的玛蹄脂填充骨架的空隙,形成密实结构,以提高沥青混合料的路用性能。

(4) 浇筑式沥青混合料

由高沥青含量、高矿粉含量和高细集料含量,在高温下经过较长时间拌和,成为一种流态的沥青混合料,摊铺后不用碾压即可成型。由于其在高温下操作,又称为高温摊铺式沥青混合料。

(5) 环氧沥青混合料

在沥青中添加热固性树脂材料和固化剂,拌制成混合料,压实固化即形成具有很高强度的混合料,用于需要高强、耐久、耐油等场所。

(6) 聚合物改性沥青混合料

用聚合物改性沥青与集料拌和而成的沥青混合料,以提高其路用性能。根据改性沥青品种的不同有各种不同性能的改性沥青混合料,包括 SBS 改性、PE 改性等。

(7) 天然沥青改性沥青混合料

将天然沥青直接投入普通沥青混合料中拌和而成的沥青混合料。天然沥青改性沥青混合料的高温稳定性、水稳定性、耐久性以及耐老化性都得到了一定的提高,低温抗裂性也有一定的改善,在实际的道路使用过程中,能明显地预防早期路面病害的出现,提高行车舒适性,延长道路的使用寿命。

(8) 彩色沥青混合料

采用浅色胶结料、集料(或有色集料)、颜料拌和而成的混合料,用于铺筑彩色路面。由于浅色胶结料具有与沥青一样的性能,故也将它归类为沥青混合料。

(9) 再生沥青混合料

将旧沥青混合料经过破碎、筛分,再添加再生剂、新集料和沥青,重新加热拌和成混合料,使其恢复性能再用于铺筑路面,这种混合料称为再生沥青混合料。

(10) 储存式沥青混合料

将集料与沥青拌和而成的混合料储存起来,随时需要随时在常温下摊铺压实。这种混合料多用于路面维修。

第二节　沥青混合料的结构及强度理论

一、沥青混合料的组成结构类型

通常沥青—集料混合料按其组成结构可分成以下三类。

1.悬浮—密实结构

当采用连续型密级配矿质混合料(图 5-1 中曲线①)与沥青组成的沥青混合料时,矿质材料由大到小形成连续型密实混合料,但因较大颗粒都被小一档颗粒挤开,因此,大颗粒以悬浮状态处于较小颗粒之中。连续紧密级配沥青混合料都属此类型。此种结构虽然密实度很大,但各级集料均被次级集料隔开,不能直接形成骨架而悬浮于次级集料和沥青胶浆之间,其组成结构如图 5-2a)所示。这种结构的特点是黏聚力较高,内摩阻力较小,混合料的耐久性较好,稳定性较差。

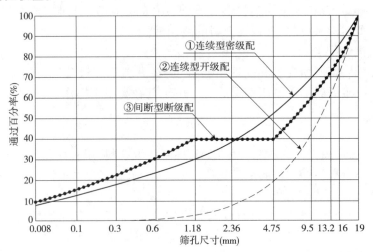

图 5-1 三种类型矿质混合料级配曲线

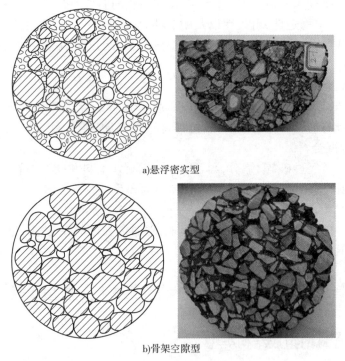

a)悬浮密实型

b)骨架空隙型

图 5-2

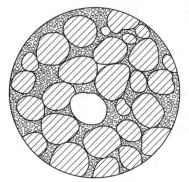

c)骨架密实型

图 5-2 三种典型沥青混合结构组成示意图

2. 骨架—空隙结构

当采用连续开级配矿质混合料(图 5-1 中曲线②)与沥青组成的沥青混合料时,较大粒径石料彼此紧密连接,而较小粒径石料的数量较少,不足以充分填充空隙,从而形成骨架空隙结构,沥青碎石混合料多属此类型,其组成结构如图 5-2b)所示。这种结构的特点是黏聚力较低,内摩阻力较大,稳定性较好,但耐久性较差。

3. 骨架—密实结构

当采用间断型密级配矿质混合料(图 5-1 中曲线③)与沥青组成的沥青混合料时,是综合以上两种方式组成的结构。既有一定量的粗集料形成骨架,又根据粗集料空隙的数量加入适量细集料,使之填满骨架空隙,形成较高密实度的结构,间断级配即按此原理构成,其组成结构如图 5-2c)所示。其特点是黏聚力与内摩阻力均较高,稳定性好,耐久性好,但施工和易性较差。

二、沥青混合料组成结构的现代理论

随着对沥青混合料组成结构研究的深入,目前对沥青混合料的组成结构有下列两种相互对立的理论。

1. 表面理论

沥青混合料是由粗集料、细集料和填料经人工组配成密实的级配矿质骨架,此矿质骨架由稠度较稀的结合料分布其表面,而将它们胶结成为一个具有一定强度的整体,如图 5-3 所示。

2. 胶浆理论

此理论认为沥青混合料是一种多级空间网状结构的分散系,如图 5-4 所示。它是以粗集料为分散相而分散在沥青砂浆介质中的一种粗分散系;同样,砂浆是以细集料为分散相而分散在沥青胶浆介质中的一种细分散系;而胶浆又是以填料为分散相而分散在高稠度沥青介质中的一种微分散系。

这三级分散系以沥青胶浆最为重要,它的组成结构决定沥青混合料的高温稳定性和低温变形能力。目前,这一理论比较集中于研究填料(矿粉)的矿物组成、填料的级配(以 0.075mm 为最大粒径)以及沥青与填料内表面的交互作用等因素对混合料性能的影响等。

图 5-3 表面理论

同时这一理论的研究比较强调采用高稠度的沥青和大的沥青用量,以及采用间断级配的矿质混合料。

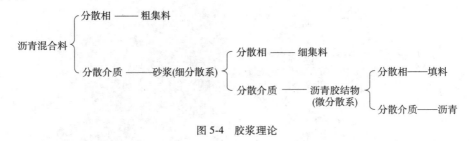

图 5-4 胶浆理论

三、沥青混合料的强度理论

1.沥青混合料的强度

沥青混合料在常温和较高温度下,由于沥青的黏结力不足而产生变形或由于抗剪强度不足而破坏,一般采用库仑理论来分析其强度和稳定性。对圆柱形试件进行三轴剪切试验,从莫尔圆可得材料的应力情况。图 5-5 中应力圆的公切线即莫尔—库仑包络线,即抗剪强度曲线。包络线与纵轴相交的截距表示混合料的黏结力 C,切线与横轴的交角 φ 表示混合料的内摩擦角,即

$$\tau = C + \sigma \cdot \tan\varphi \tag{5-1}$$

式中:τ——抗剪强度(MPa);

C——黏结力(MPa);

σ——剪损时的法向压应力(MPa);

φ——内摩擦角(rad)。

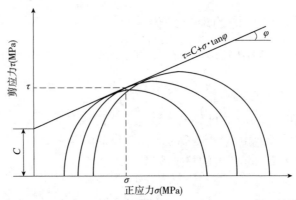

图 5-5 沥青混合料三轴试验确定 C、φ 值的莫尔—库仑圆

从式(5-1)中可看出沥青混合料的强度取决于两个参数——黏结力 C 和内摩阻角 φ。

2.沥青混合料强度的影响因素

(1)沥青性质对黏结力的影响

从沥青本身来看,沥青的黏滞度是影响黏结力 C 的重要因素,矿质集料由沥青胶结为一整体,沥青的黏滞度反映了沥青在外力作用下抵抗变形的能力。黏滞度越大,则抵抗变形的能力越强,可以保持矿质集料的相对嵌挤作用。沥青的黏滞度随温度的变化而变化,由于沥

青的化学组分和结构不同,沥青黏滞度随温度而变化的斜率是不同的,同一标号的沥青在高温时可以呈现不同的黏滞度。因此应深入探讨沥青的温度敏感性对沥青混合料的黏结力 C 的影响。沥青的黏滞度对沥青混合料黏结力和内摩阻角的影响如图5-6所示。

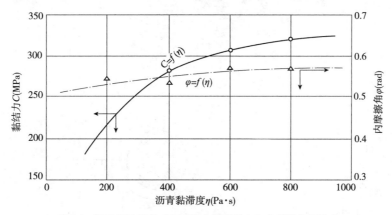

图5-6　沥青的黏滞度对沥青混合料黏结力和内摩擦角的影响

(2)矿质混合料级配、矿质颗粒形状和表面特性等对内摩擦角 φ 的影响

如表5-2所示,矿质颗粒的粒径越大,内摩擦角越大,中粒式沥青混凝土的内摩擦角要比细粒式和砂粒式沥青混凝土大得多。因此增大集料粒径是提高内摩擦角的途径,但应保证级配良好、空隙率适当。颗粒棱角尖锐的混合料,由于颗粒互相嵌紧,要比滚圆颗粒的内摩擦角大得多。

矿质混合料的级配对沥青混合料黏结力及内摩擦角的影响　　表5-2

沥青混合料级配类型	三轴试验结果	
	内摩擦角 φ	黏结力 C(MPa)
某粗粒式沥青混凝土	45°55′	0.076
某细粒式沥青混凝土	35°45′30″	0.197
某砂粒式沥青混凝土	33°19′30″	0.227

(3)矿料与沥青交互作用能力的影响

列宾捷尔等人研究认为:沥青与矿粉交互作用后,沥青在矿粉表面产生化学组分的重新排列,在矿粉表面形成一层厚度为 δ_0 的扩散溶剂化膜。在此膜厚度以内的沥青称为"结构沥青",其黏度较高,具有较高的黏结力;在此膜厚度以外的沥青称为"自由沥青",其黏度较低,使黏结力降低,如图5-7a)所示。

若矿料颗粒之间接触处由结构沥青连接,如图5-7b)所示,可使沥青具有较大的黏度和较大的扩散溶剂化膜接触面积,颗粒间可获得较大的黏结力;反之,如颗粒之间接触处由自由沥青连接,如图5-7c)所示,则具有较小的黏结力。

因此,沥青与矿料表面的相互作用对沥青混合料的黏结力和内摩阻角有重要的影响,矿料与沥青的成分不同会产生不同的效果,石油沥青与碱性石料(如石灰石)将产生较多的结构沥青,有较好的黏附性;而石油沥青与酸性石料产生较少的结构沥青,其黏附性较差,如图5-8所示。

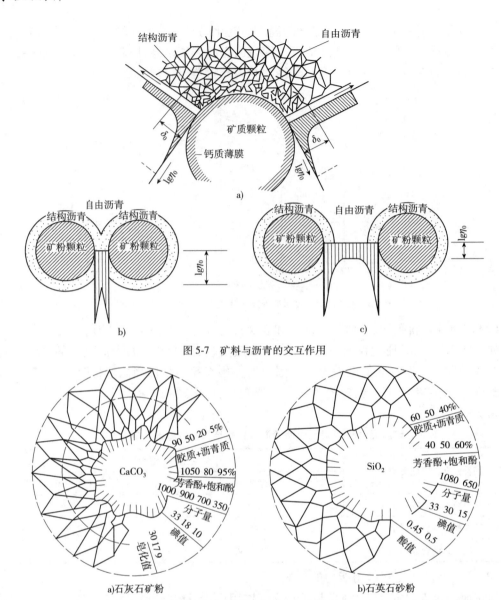

图 5-7 矿料与沥青的交互作用

图 5-8 不同矿粉的吸附溶化膜结构图示

(4) 沥青混合料中矿料比面积和沥青用量的影响

沥青混合料中的矿料不仅能填充空隙，提高密实度，在很大程度上也影响着混合料的黏结力。密实型的混合料中，矿料的比面积一般占总面积的 80% 以上，这就大大增强了沥青与砂料的相互作用，减薄了沥青的膜厚，使沥青在矿料表面形成"结构沥青层"，矿质颗粒能够粘结牢固，构成强度。

在固定质量的沥青和矿料的条件下，沥青与矿料的比例（即沥青用量）是影响沥青混合料抗剪强度的重要因素，不同沥青用量的沥青混合料结构示意如图 5-9 所示。

在沥青用量很少时，沥青不足以形成结构沥青的薄膜来粘结矿料颗粒。随着沥青用量的增加，结构沥青逐渐形成，沥青更为完整地包裹在矿料表面，使沥青与矿料间的黏附力随着沥青用量的增加而增加。当沥青用量足以形成薄膜并充分粘附在矿粉颗粒表面时，沥青胶浆具有最高的黏结力。随后,如沥青用量继续增加,由于沥青用量过多,逐渐将矿料颗粒推开,在颗粒间形成未与矿粉交互作用的"自由沥青",则沥青胶浆的黏结力随着自由沥青的增加而降低。当沥青用量增加至某一用量后,沥青混合料的黏结力主要取决于自由沥青,所以抗剪强度几乎不变。随着沥青用量的增加,沥青不仅起着黏结剂的作用,而且起着润滑剂的作用,降低了粗集料的相互密排作用,因而减小了沥青混合料的内摩阻角。

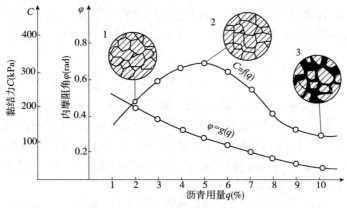

图 5-9　不同沥青用量时的沥青混合料结构和 C、φ 值变化示意图
1-沥青用量不足;2-沥青用量适中;3-沥青用量过多

(5)温度和变形速率的影响

黏结力随温度升高而显著降低,但内摩阻角受温度影响较小。同样,变形速率减小,则黏结力显著提高,内摩阻角变化很小。温度和变形速率对沥青混合料黏结力与内摩阻角的影响,如图 5-10 所示。

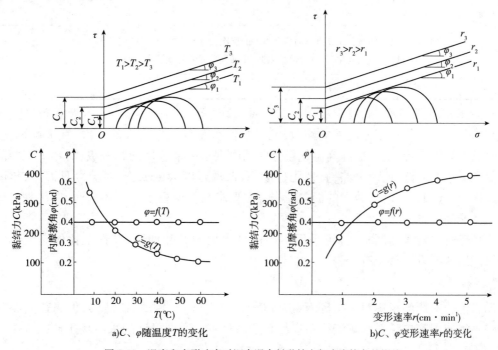

a) C、φ 随温度 T 的变化　　　　　　　b) C、φ 变形速率 r 的变化

图 5-10　温度和变形速率对沥青混合料黏结力与内摩擦角的影响

第三节　沥青混合料的配合比设计

一、沥青混合料组成材料的技术要求

沥青混合料组成材料的质量品质、用量比例及沥青混合料的制备工艺等因素很大程度上决定了沥青混合料的技术性质，其中组成材料的质量是首先需要关注的问题。

1.沥青

沥青材料的技术性质，随气候条件、交通性质、沥青混合料的类型和施工条件等因素而异。如气候炎热、交通繁重，细粒式或砂粒式的沥青混合料则应采用稠度较高的沥青；反之，则采用稠度较低的沥青。在其他配料条件相同时，较黏稠的沥青配制的混合料具有较高的强度和稳定性；但若黏度过高，沥青混合料的低温变形能力会变差，沥青路面容易产生裂缝。反之，采用黏度较低的沥青配制的混合料，具有较好的低温变形能力，但在夏季高温时往往稳定性不足而使路面出现永久变形。

我国《公路沥青路面施工技术规范》（JTG F40—2004）规定，沥青路面采用的沥青标号，宜按照公路等级、气候条件、交通条件、路面类型及在结构层中的层位及受力特点、施工方法等，结合当地的使用经验，经技术论证后确定。各个沥青等级的适用范围应符合表5-3的规定。

道路石油沥青的适用范围　　　　　　表5-3

沥青等级	适 用 范 围
A 级沥青	各个等级的公路，适用于任何场合和层次
B 级沥青	1.高速公路、一级公路沥青下面层及以下的层次，二级及二级以下公路的各个层次； 2.用于改性沥青、乳化沥青、改性乳化沥青、稀释沥青的基质沥青
C 级沥青	三级及三级以下公路的各个层次

对高速公路、一级公路，夏季温度高、高温持续时间长、重载交通、山区及丘陵区上坡路段、服务区、停车场等行车速度慢的路段，尤其是汽车荷载剪应力大的层次，宜采用稠度大、60℃时黏度大的沥青，也可提高高温气候分区的温度水平来选用沥青等级；对冬季寒冷的地区或交通量小的公路、旅游公路，宜选用稠度小、低温延度大的沥青；对温度日温差、年温差大的地区，宜选用针入度指数大的沥青。当高温要求与低温要求发生矛盾时，应优先考虑满足高温性能的要求。

当缺乏所需标号的沥青时，可采用不同标号掺配的调和沥青，其掺配比例应由试验决定。掺配后的沥青质量应符合表5-4的要求。

2.集料

沥青混合料用的粗集料包括碎石、破碎砾石、筛选砾石、钢渣、矿渣等，但高速公路和一级公路不得使用筛选砾石和矿渣。粗集料必须由具有生产许可证的采石场生产或施工单位自行加工。

道路石油沥青技术要求

表 5-4

指标	单位	等级	沥青标号							试验方法①
			160号④	130号④	110号	90号	70号③	50号	30号④	
针入度(25℃,5s,100g)	0.1mm		140~200	120~140	100~120	80~100	60~80	40~60	20~40	T 0604
适用的气候分区		A	注④	注④	2-1 2-2 3-2	1-1 1-2 1-3 2-2 2-3	1-3 1-4 2-2 2-3	1-4	注④	附录A⑥
		B								
针入度指数 PI②		A				$-1.5 \sim +1.0$				T 0604
		B				$-1.8 \sim +1.0$				
软化点(R&B)	℃	A	≥38	≥40	≥43	≥45	≥46	≥49	≥55	T 0606
		B	≥36	≥39	≥42	≥43	≥44	≥46	≥53	
		C	≥35	≥37	≥41	≥42	≥43	≥45	≥50	
60℃动力粘度②	Pa·s	A	—	≥60	≥120	≥160	≥180	≥200	≥260	T 0620
10℃延度②	cm	A	≥50	≥50	≥40	≥45	≥25	≥20	≥15	T 0605
		B	≥30	≥30	≥30	≥30	≥20	≥15	≥10	
15℃延度	cm	A、B	≥80	≥80	≥60	≥50	≥40	≥30	≥20	
		C				≥100			≥50	
蜡含量(蒸馏法)	%	A				≤2.2				T 0615
		B				≤3.0				
		C				≤4.5				
闪点	℃		≥230	≥245			≥260			T 0611

续上表

指　标	单位	等级	沥青标号								试验方法①
			160号④	130号④	110号	90号	70号③	50号③	30号④	
溶解度	%		≥99.5							T 0607
密度(15℃)	g/cm³		实测记录							T 0603
TFOT(或RTFOT)后⑤										
质量变化	%		−0.8~+0.8							T 0610 或 T 0609
残留针入度比(25℃)	%	A	≥48	≥54	≥55	≥57	≥61	≥63	≥65	T 0604
		B	≥45	≥50	≥52	≥54	≥58	≥60	≥62	
		C	≥40	≥45	≥48	≥50	≥54	≥58	≥60	
残留延度(10℃)	cm	A	≥12	≥12	≥10	≥8	≥6	≥4	—	T 0605
		B	≥10	≥10	≥8	≥6	≥4	≥2	—	
残留延度(15℃)	cm	C	≥40	≥35	≥30	≥20	≥15	≥10	—	T 0605

注:①试验方法按照现行《公路工程沥青及沥青混合料试验规程》(JTG E20—2011)规定的方法执行。用于仲裁试验求取 PI 时的 5 个温度的针入度关系的相关系数不得小于 0.997。
②经建设单位同意,表中 PI 值、60℃ 动力黏度、10℃ 延度可作为选择性指标,也可不作为施工质量检验指标。
③70号沥青可根据需要求提供针入度范围为 60~70 或 70~80 的沥青,50号沥青可根据需要求提供针入度范围为 40~50 或 50~60 的沥青。
④30号和160号沥青仅适用于沥青稳定基层。130号和160号沥青除寒冷地区可直接在中低级公路上直接应用外,通常用作乳化沥青、改性沥青、稀释沥青的基质沥青。
⑤老化试验以 TFOT 为难,也可以 RTFOT 代替。
⑥附录 A 为《公路沥青路面施工技术规范》(JTG F40—2004)中的"沥青路面使用性能气候分区"。

粗集料应洁净、干燥、表面粗糙、无风化、不含杂质。在物理、力学性质方面,集料的表观相对密度、吸水率、压碎值和洛杉矶磨耗率等指标应符合相应道路等级的要求,如表5-5所示。当单一规格集料的质量指标达不到表中要求,而按照集料配比计算的质量指标符合要求时,工程上允许使用。对受热易变质的集料,宜采用经拌和机烘干后的集料进行检验。

沥青混合料用粗集料技术要求 表5-5

指 标	单位	高速公路及一级道路 表面层	高速公路及一级道路 其他层次	其他等级道路	试验方法
压碎值	%	≤26	≤28	≤30	T 0316
洛杉矶磨耗值	%	≤28	≤30	≤35	T 0317
表观相对密度	—	≥2.6	≥2.5	≥2.45	T 0304
吸水率	%	≤2	≤3	≤3	T 0304
坚固性	%	≤12	≤12	—	T 0314
针片状颗粒含量(混合料)	%	≤15	≤18	≤20	T 0312
其中粒径大于9.5mm	%	≤12	≤15	—	T 0312
其中粒径小于9.5mm	%	≤18	≤20	—	T 0312
0.075mm 通过率(水洗法)	%	≤1	≤1	≤1	T 0310
软石含量	%	≤3	≤5	≤5	T 0320

注:1. 坚固性试验可根据需要进行。

2. 用于高速公路、一级公路时,多孔玄武岩的视密度可放宽至2.45g/cm³,吸水率可放宽至3%,但必须得到建设单位的批准,且不得用于SMA路面。

3. 对S14即3~5规格的粗集料,针片状颗粒含量可不予要求;小于0.075mm含量可放宽到3%。

粗集料的粒径规格按照《公路沥青路面施工技术规范》(JTG F40—2004)中"沥青混合料用粗集料规格"(表5-6)的规定生产和使用。

沥青混合料用粗集料规格要求 表5-6

规格名称	公称粒径(mm)	通过下列筛孔(mm)的质量百分率											
		106	75	63	53	37.5	31.5	26.5	19	13.2	9.5	4.75	2.36	0.6
S1	40~75	100	90~100			0~15		0~5						
S2	40~60		100	90~100		0~15		0~5						
S3	30~60		100	90~100			0~15		0~5					
S4	25~50			100	90~100		0~15		0~5					
S5	20~40				100	90~100		0~15		0~5				
S6	15~30					100	90~100		0~15		0~5			
S7	10~30						100	90~100		0~15	0~5			
S8	10~25						100	90~100		0~15	0~5			
S9	10~20							100	90~100		0~15	0~5		
S10	10~15								100	90~100	0~15	0~5		

续上表

规格名称	公称粒径（mm）	通过下列筛孔(mm)的质量百分率											
		106	75	63	53	37.5	31.5	26.5	19	13.2	9.5	4.75	2.36	0.6
S11	5~15								100	90~100	40~70	0~15	0~5	
S12	5~10									100	90~100	0~15	0~5	
S13	3~10									100	90~100	40~70	0~20	0~5
S14	3~5										100	90~100	0~15	0~3

高速公路、一级公路沥青路面的表面层（或磨耗层）的粗集料的磨光值应符合表5-7的要求。除SMA、OGFC路面外，允许在硬质粗集料中掺加部分粒径较小的、磨光值达不到要求的粗集料，其最大掺加比例应由磨光值试验确定。

粗集料与沥青的黏附性、磨光值技术要求   表5-7

雨量气候区		1(潮湿区)	2(湿润区)	3(半干区)	4(干旱区)	试验方法
年降雨量(mm)		>1000	1000~500	500~250	<250	JTG F40—2004 附录A
粗集料的磨光值PSV 高速公路、一级公路表面层		≥42	≥40	≥38	≥36	T 0321
粗集料与沥青的黏附性	高速公路、一级公路表面层	≥5	≥4	≥4	≥3	T 0616 T 0663
	高速公路、一级公路的其他层次及其他等级公路的各个层次	≥4	≥4	≥3	≥3	

粗集料与沥青的黏附性应符合表5-7的要求，在使用不符要求的粗集料时，宜掺加消石灰、水泥或预先用饱和石灰水处理，必要时可同时在沥青中掺加耐热、耐水、长期性能好的抗剥落剂，也可采用改性沥青，使沥青混合料的水稳定性达到要求。掺加外加剂的剂量应由沥青混合料的水稳定性检验确定。

破碎砾石应采用粒径大于50mm、含泥量不大于1%的砾石轧制，破碎砾石的破碎面应符合表5-8的要求。

粗集料对破碎面的要求   表5-8

路面部位或混合料类型		具有一定数量破碎颗粒的含量(%)		试验方法
		至少一个破裂面	至少两个以上破裂面	
沥青路面表面层	高速公路、一级公路	≥100	≥90	T 0346
	其他等级公路	≥80	≥60	
沥青路面中下面层、基层	高速公路、一级公路	≥90	≥80	
	其他等级公路	≥70	≥50	
SMA混合料		≥100	≥90	
贯入式路面		≥80	≥60	

筛选砾石仅适用于三级及三级以下公路的沥青表面处治路面。

经过破碎且存放期超过6个月以上的钢渣可作为粗集料使用。除吸水率允许适当放宽外,各项质量指标应符合表5-5的要求。钢渣在使用前应进行活性检验,要求钢渣中的游离CaO含量不大于3%,浸水膨胀率不大于2%。

3.细集料

沥青路面的细集料包括天然砂、机制砂、石屑。细集料应洁净、干燥、无风化、无杂质,并有适当的颗粒级配,其质量应符合表5-9的规定。细集料的洁净程度,天然砂以小于0.075mm含量的百分数表示,石屑和机制砂以砂当量(适用于0~4.75mm)或亚甲蓝值(适用于0~2.36mm或0~0.15mm)表示。

沥青混合料用细集料质量技术要求　　　　　表5-9

项目	单位	高速公路、一级公路	其他等级公路	试验方法
表观相对密度	—	≥2.5	≥2.45	T 0328
坚固性	%	≥12	—	T 0340
0.075mm含量(水洗法)	%	≤3	≤5	T 0333
砂当量	%	≥60	≥50	T 0334
亚甲蓝值	g/kg	≤25	—	T 0349
棱角性(流动时间)	s	≥30	—	T 0345

注:1.对于天然砂砾,采用0.075mm通过率控制细集料的洁净程度。
　2.对于石屑和机制砂,采用砂当量或者亚甲蓝值指标来控制细集料的洁净程度,两个指标只取一个。

天然砂可采用河砂或海砂,通常宜采用粗、中砂,其规格应符合表5-10的规定。砂的含泥量超过规定时应经水洗后使用,海砂中的贝壳类材料必须筛除。开采天然砂必须取得当地政府主管部门的许可,并符合水利及环境保护的要求。热拌密级配沥青混合料中天然砂的用量通常不宜超过集料总量的20%,SMA和OGFC混合料不宜使用天然砂。

沥青混合料用天然砂规格　　　　　表5-10

筛孔尺寸(mm)	通过各筛孔的质量百分率(%)		
	粗砂	中砂	细砂
9.5	100	100	100
4.75	90~100	90~100	90~100
2.36	65~95	75~90	85~100
1.18	35~65	50~90	75~100
0.6	15~30	30~60	60~84
0.3	5~20	8~30	15~45
0.15	0~10	0~10	0~10
0.075	0~5	0~5	0~5

石屑是采石场破碎石料时通过4.75mm或2.36mm的筛下部分,其规格应符合表5-11的要求。采石场在生产石屑的过程中应具备抽吸设备,高速公路和一级公路的沥青混合料宜将S14与S16组合使用,S15可在沥青稳定碎石基层或其他等级公路中使用。

机制砂宜采用专用的制砂机制造,并选用优质石料生产,其级配应符合S16的要求。

沥青混合料用机制砂或石屑规格　　　表5-11

规格	公称粒径(mm)	通过各筛孔(mm)的质量百分比(%)							
		9.5	4.75	2.36	1.18	0.6	0.3	0.15	0.075
S15	0~5	100	90~100	60~90	40~75	20~55	7~40	2~20	0~10
S16	0~3	—	100	80~100	50~80	25~60	8~45	0~25	0~15

注：当生产石屑采用喷水抑制扬尘工艺时，应特别注意含粉量不得超过表中要求。

4.填料

沥青混合料的矿粉必须采用石灰岩或岩浆岩中的强基性岩石等憎水性石料经磨细得到的矿粉，原石料中的泥土杂质应清除干净。矿粉应干燥、洁净，能自由地从矿粉仓流出，其质量应符合表5-12的要求。

沥青混合料用矿粉质量要求　　　表5-12

项　　目		单位	高速公路、一级公路	其他等级公路	试验方法
表观相对密度		g/cm³	≥2.5	≥2.45	T 0352
含水率		%	≤1	≤1	T 0103 烘干法
级配范围	<0.6mm	%	100	100	T 0352
	<0.15mm	%	90~100	90~100	
	<0.075mm	%	75~100	70~100	
外观		—	无团料、结块	—	
亲水系数		—	<1	—	T 0353
塑性指数		%	<4	—	T 0354
热安定性		—	实测记录	—	T 0355

拌和机的粉尘可作为矿粉的一部分回收使用。但每盘用量不得超过填料总量的25%，掺有粉尘填料的塑性指数不得大于4%。

粉煤灰作为填料使用时，用量不得超过填料总量的50%，粉煤灰的烧失量应小于12%，与矿粉混合后的塑性指数应小于4%，其余质量要求与矿粉相同。高速公路、一级公路的沥青面层不宜采用粉煤灰作填料。

二、沥青混合料的技术标准

热拌沥青混合料(HMA)适用于各种等级公路的沥青路面。其种类可按集料公称最大粒径、矿料级配、空隙率划分，如表5-13所示。

热拌沥青混合料种类　　　表5-13

混合料类型	密级配			开级配		半开级配	公称最大粒径(mm)	最大粒径(mm)
	连续级配		间断级配	间断级配				
	沥青混凝土	沥青稳定碎石	沥青玛蹄脂碎石	排水式沥青磨耗层	排水式沥青碎石基层	沥青碎石		
特粗式	—	ATB-40			ATPB-40		37.5	53
粗粒式	—	ATB-30			ATPB-30		31.5	37.5
	AC-25	ATB-25			ATPB-25		26.5	31.5

续上表

混合料类型	密级配		开级配		半开级配	公称最大粒径（mm）	最大粒径（mm）
	连续级配	间断级配	间断级配		沥青碎石		
	沥青混凝土	沥青稳定碎石	沥青玛蹄脂碎石	排水式沥青磨耗层	排水式沥青碎石基层			
中粒式	AC-20		SMA-20			AM-20	19	26.5
	AC-16		SMA-16	OGFC-16		AM-16	16	19
细粒式	AC-13		SMA-13	OGFC-13		AM-13	13.2	16
	AC-10		SMA-10	OGFC-10		AM-10	9.5	13.2
砂粒式	AC-5					AM-5	4.75	9.5
设计空隙率（%）	3~5	3~6	3~4	>18	>18	6~12	—	—

注：设计空隙率可按配合比设计要求适当调整。

各层沥青混合料应满足所在层位的功能性要求，便于施工，不易离析。各层应连续施工并连接成为一个整体。当发现混合料结构组合及级配类型的设计不合理时应进行修改、调整，以确保沥青路面的使用性能。

沥青面层集料的最大粒径宜从上至下逐渐增大，并应与压实层厚度相匹配。对热拌热铺密级配沥青混合料，沥青层一层的压实厚度不宜小于集料公称最大粒径的2.5~3倍，对SMA和OGFC等嵌挤型混合料不宜小于公称最大粒径的2~2.5倍，以减少离析，便于压实。

沥青混合料的矿料级配应符合工程规定的设计级配范围。密级配沥青混合料宜根据公路等级、气候及交通条件按表5-14选择采用粗型（C型）或细型（F型）混合料，并在表5-15范围内确定工程设计级配范围，一般情况下工程设计级配范围不宜超出表5-15的规定。其他类型的混合料宜直接以表5-16~表5-20的规定作为工程设计级配范围。

粗型和细型密级配沥青混凝土的关键性筛孔通过率　　表5-14

混合料类型	公称最大粒径（mm）	用以分类的特征筛孔（mm）	粗型密级配		细型密级配	
			名称	关键性筛孔透过率（%）	名称	关键性筛孔透过率（%）
AC-25	26.5	4.75	AC-25C	<40	AC-25F	>40
AC-20	19	4.75	AC-20C	<45	AC-20F	>45
AC-16	16	2.36	AC-16C	<38	AC-16F	>38
AC-13	13.2	2.36	AC-13C	<40	AC-13F	>40
AC-10	9.5	2.36	AC-10C	<45	AC-10F	>45

密级配沥青混凝土混合料矿料级配范围　　表5-15

混合料类型		通过下列筛孔[方孔筛（mm）]的质量百分率（%）											
		31.5	26.5	19	16	13.2	9.5	4.75	2.36	1.18	0.6	0.3	0.15	0.075
粗粒式	AC-25	100	90~100	75~90	65~83	57~76	45~65	24~52	16~42	12~33	8~24	5~17	4~13	3~7
中粒式	AC-20		100	90~100	78~92	62~80	50~72	26~56	16~44	12~33	8~24	5~17	4~13	3~7
	AC-16			100	90~100	76~92	60~80	34~62	20~48	13~36	9~26	7~18	5~14	4~8

续上表

混合料类型		通过下列筛孔[方孔筛(mm)]的质量百分率(%)											
		31.5	26.5	19	16	13.2	9.5	4.75	2.36	1.18	0.6	0.3	0.15	0.075
细粒式	AC-13				100	90~100	68~85	38~68	24~50	15~38	10~28	7~20	5~15	4~8
	AC-10					100	90~100	45~75	30~58	20~44	13~32	9~23	6~16	4~8
砂粒式	AC-5						100	90~100	55~75	35~55	20~40	12~28	7~18	5~10

沥青玛蹄脂碎石混合料矿料级配范围　　　　表 5-16

级配类型		通过下列筛孔[方孔筛(mm)]的质量百分率(%)										
		26.5	19	16	13.2	9.5	4.75	2.36	1.18	0.6	0.3	0.15	0.075
中粒式	SMA-20	100	90~100	72~92	62~82	40~55	18~30	13~22	12~20	10~16	9~14	8~13	8~12
	SMA-16		100	90~100	65~85	45~65	20~32	15~24	14~22	12~18	10~15	9~14	8~12
细粒式	SMA-13			100	90~100	50~75	20~34	15~26	14~24	12~20	10~16	9~15	8~12
	SMA-10				100	90~100	28~60	20~32	14~26	12~22	10~18	9~16	8~13

开级配排水式磨耗层混合料矿料级配范围　　　　表 5-17

级配类型		通过下列筛孔[方孔筛(mm)]的质量百分率(%)										
		19	16	13.2	9.5	4.75	2.36	1.18	0.6	0.3	0.15	0.075
中粒式	OGFC-16	100	90~100	70~90	45~70	12~30	10~22	6~18	4~15	3~12	3~8	2~6
	OGFC-13		100	90~100	60~80	12~30	10~22	6~18	4~15	3~12	3~8	2~6
细粒式	OGFC-10			100	90~100	50~70	10~22	6~18	4~15	3~12	3~8	2~6

密级配沥青碎石混合料矿料级配范围　　　　表 5-18

级配类型		通过下列筛孔[方孔筛(mm)]的质量百分率(%)												
		53	37.5	31.5	26.5	19	16	13.2	9.5	4.75	2.36	1.18	0.6	0.3	0.15	0.075
特粗式	ATB-40	100	90~100	75~92	65~85	49~71	43~63	37~57	30~50	20~40	15~32	10~25	8~18	5~14	3~10	2~6
	ATB-30		100	90~100	70~90	53~72	44~66	39~60	31~51	20~40	15~32	10~25	8~18	5~14	3~10	2~6
粗粒式	ATB-25			100	90~100	60~80	48~68	42~62	32~52	20~40	15~32	10~25	8~18	5~14	3~10	2~6

半开级配沥青碎石混合料矿料级配范围　　　　表 5-19

级配类型		通过下列筛孔[方孔筛(mm)]的质量百分率(%)										
		26.5	19	16	13.2	9.5	4.75	2.36	1.18	0.6	0.3	0.15	0.075
中粒式	AM-20	100	90~100	60~85	50~75	40~65	15~40	5~22	2~16	1~12	0~10	0~8	0~5
	AM-16		100	90~100	60~85	45~68	18~40	6~25	3~18	1~14	0~10	0~8	0~5
细粒式	AM-13			100	90~100	50~80	20~45	8~28	4~20	2~16	0~10	0~8	0~6
	AM-10				100	90~100	35~65	10~35	5~22	2~16	0~12	0~9	0~6

开级配沥青碎石混合料矿料级配范围　　　　表 5-20

级配类型		通过下列筛孔[方孔筛(mm)]的质量百分率(%)												
		53	37.5	31.5	26.5	19	16	13.2	9.5	4.75	2.36	1.18	0.6	0.3	0.15	0.075
特粗式	ATPB-35	100	70~100	65~90	55~85	43~75	32~70	20~65	12~50	0~3	0~3	0~3	0~3	0~3	0~3	0~3
	ATPB-30		100	80~100	70~95	53~85	36~80	26~75	14~60	0~3	0~3	0~3	0~3	0~3	0~3	0~3
粗粒式	ATPB-25			100	80~100	60~100	45~90	30~82	16~70	0~3	0~3	0~3	0~3	0~3	0~3	0~3

热拌沥青混合料采用马歇尔试验方法时,沥青混合料技术标准应相应满足表 5-21~表 5-24 的要求。

密级配沥青混凝土混合料马歇尔试验技术标准　　　　表 5-21

（本表适用于公称最大粒径≤26.5mm 的密级配沥青混凝土混合料）

试验指标		单位	高速公路、一级公路				其他等级公路	行人道路
			夏炎热区 (1-1、1-2、1-3、1-4 区)		夏热区及夏凉区 (2-1、2-2、2-3、2-4、3-2 区)			
			中轻交通	重载交通	中轻交通	重载交通		
击实次数(双面)		次	75				50	50
试件尺寸		mm	φ101.6mm×63.5mm					
空隙率 VV	深约 90mm 以内	%	3~5	4~6	2~4	3~5	3~6	2~4
	深约 90mm 以下	%	3~6		2~4	3~6	3~6	—
稳定度 MS		kN	≥8				≥5	≥3
流值 FL		mm	2~4	1.5~4	2~4.5	2~4	2~4.5	2~5
矿料间隙率 VMA（%）	设计空隙率（%）	相应于以下公称最大粒径(mm)的最小 VMA 及 VFA 技术要求(%)						
		26.5	19	16	13.2	9.5	4.75
	2	≥10	≥11	≥11.5	≥12	≥13	≥15
	3	≥11	≥12	≥12.5	≥13	≥14	≥16
	4	≥12	≥13	≥13.5	≥14	≥15	≥17
	5	≥13	≥14	≥14.5	≥15	≥16	≥18
	6	≥14	≥15	≥15.5	≥16	≥17	≥19
沥青饱和度 VFA(%)			55~70		65~75		70~85	

注:1.对空隙率大于 5%的夏炎热区重载交通路段,施工时应至少提高压实度 1 个百分点。

2.当设计的空隙率不是整数时,由内插确定要求的 VMA 最小值。

3.对改性沥青混合料,马歇尔试验的流值可适当放宽。

沥青稳定碎石混合料马歇尔试验配合比设计技术标准   表 5-22

试验指标	单位	密级配基层（ATB）	半开级配面层（AM）	排水式开级配磨耗层（OGFC）	排水式开级配基层（ATPB）
公称最大粒径	mm	26.5	≥31.5	≤26.5	≤26.5	所有尺寸
马歇尔试件尺寸	mm	ϕ101.6×63.5	ϕ152.4×95.3	ϕ101.6×63.5	ϕ101.6×63.5	ϕ152.4×95.3
击实次数（双面）	次	75	112	50	50	75
空隙率 VV	%	3~6	6~10	≥18	≥18
稳定度	kN	≥7.5	≥15	≥3.5	≥3.5	—
流值	mm	1.5~4	实测	—	—	—
沥青饱和度 VFA	%	55~70	40~70	—	—	—
密级配基层 ATB 的矿料间隙率 VMA（%）	设计空隙率(%)	ATB-40	ATB-30	ATB-25
		≥4	≥11	≥11.5	≥12
		≥5	≥12	≥12.5	≥13
		≥6	≥13	≥13.5	≥14

注：在干旱地区，可将密级配沥青稳定碎石基层的空隙率适当放宽到 8%。

SMA 混合料马歇尔试验配合比设计技术要求   表 5-23

试验项目	单位	技术要求		试验方法
		不使用改性沥青	使用改性沥青	
马歇尔试件尺寸	mm	ϕ101.6×63.5		T 0702
马歇尔试件击实次数①	—	两面击实 50 次		T 0702
空隙率 VV②	%	3~4		T 0705
矿料间隙率 VMA②	%	≥17		T 0705
粗集料骨架间隙率 VCA_{mix}③	—	≤VCA_{DRC}		T 0705
沥青饱和度 VFA	%	75~85		T 0705
稳定度④	kN	≥5.5	≥6.0	T 0709
流值	mm	2~5	—	T 0709
谢伦堡沥青析漏试验的结合料损失	%	≤0.2	≤0.1	T 0732
肯塔堡飞散试验的混合料损失或浸水飞散试验	%	≤20	≤15	T 0733

注：①对集料坚硬不易击碎，通行重载交通的路段，也可将击实次数增加为双面 75 次。
②对高温稳定性要求较高的重交通路段或炎热地区，设计空隙率允许放宽到 4.5%，VMA 允许放宽到 16.5%（SMA-16）或 16%（SMA-19），VFA 允许放宽到 70%。
③试验粗集料骨架间隙率 VCA 的关键性筛孔，对 SMA-19，SMA-16 是指 4.75mm，对 SMA-13，SMA-10 是指 2.36mm。
④稳定度难以达到要求时，容许放宽到 5.0kN（非改性）或 5.5kN（改性），但动稳定度检验必须合格。

OGFC 混合料技术要求 表 5-24

试 验 项 目	单位	技术要求	试验方法
马歇尔试件尺寸	mm	ϕ101.6×63.5	T 0702
马歇尔试件击实次数	—	两面击实 50 次	T 0702
空隙率	%	18~25	T 0705
马歇尔稳定度	kN	≥3.5	T 0709
析漏损失	%	<0.3	T 0732
肯特堡飞散损失	%	<20	T 0733

对用于高速公路和一级公路的公称最大粒径等于或小于 19mm 的密级配沥青混合料（AC）及 SMA、OGFC 混合料需在配合比设计的基础上按下列步骤进行各种使用性能检验，不符合要求的沥青混合料必须更换材料或重新进行配合比设计。二级公路也应参照此要求执行。

（1）必须在规定的试验条件下进行车辙试验，并符合表 5-25 的要求。

沥青混合料车辙试验动稳定度技术要求 表 5-25

气候条件与技术指标		相应于下列气候分区所要求的动稳定度（次/mm）								试验方法
七月平均最高气温（℃）及气候分区		>30				20~30			<20	
		1.夏炎热区				2.夏热区			3.夏凉区	
		1-1	1-2	1-3	1-4	2-1	2-2	2-3	2-4	3-2	
普通沥青混合料		≥800		≥1000		≥600		≥800		≥600	
改性沥青混合料		≥2400		≥2800		≥2000		≥2400		≥1800	
SMA 混合料	非改性	≥1500									T 0719
	改性	≥3000									
OGFC 混合料		1500（一般交通路段）、3000（重交通路段）									

注：1.如果其他月份的平均最高气温高于七月时，可使用该月平均最高气温。

2.在特殊情况下，如钢桥面铺装、重载车特别多或纵坡较大的长距离上坡路段、厂矿专用道路，可酌情提高动稳定度的要求。

3.对因气候寒冷确需使用针入度很大的沥青（如大于 100）、动稳定度难以达到要求，或因采用石灰岩等不很坚硬的石料，改性沥青混合料的动稳定度难以达到要求等特殊情况，可酌情降低要求。

4.为满足炎热地区及重载车要求，在配合比设计时采取减少最佳沥青用量的技术措施时，可适当提高试验温度或增加试验荷载进行试验，同时增加试件的碾压成型密度和施工压实度要求。

5.车辙试验不得采用二次加热的混合料，试验必须检验其密度是否符合试验规程的要求。

6.如需要对公称最大粒径等于和大于 26.5mm 的混合料进行车辙试验，可适当增加试件的厚度，但不宜作为评定合格与否的依据。

（2）必须在规定的试验条件下进行浸水马歇尔试验和冻融劈裂试验检验沥青混合料的水稳定性，并同时符合表 5-26 中的两个要求。达不到要求时必须按上述要求采取抗剥落措施，调整最佳沥青用量后再次试验。

沥青混合料水稳定性检验技术要求　　　　表5-26

气候条件与技术指标	相应于下列气候分区的技术要求				试验方法
年降雨量(mm)及气候分区	>1000	500~1000	250~500	<250	
	1.潮湿区	2.湿润区	3.半干区	4.干旱区	
浸水马歇尔试验残留稳定度(%)					
普通沥青混合料	≥80		≥75		T 0709
改性沥青混合料	≥85		≥80		
SMA混合料　普通沥青	≥75				
SMA混合料　改性沥青	≥80				
冻融劈裂试验的残留强度比(%)					
普通沥青混合料	≥75		≥70		T 0729
改性沥青混合料	≥80		≥75		
SMA混合料　普通沥青	≥75				
SMA混合料　改性沥青	≥80				

(3)宜对密级配沥青混合料在温度为-10℃、加载速率为50mm/min的条件下进行弯曲试验,测定破坏强度、破坏应变、破坏劲度模量,并根据应力—应变曲线的形状,综合评价沥青混合料的低温抗裂性能。其中沥青混合料的破坏应变宜符合表5-27的要求。

沥青混合料低温弯曲试验破坏应变(με)技术要求　　　　表5-27

气候条件与技术指标	相应于下列气候分区所要求的破坏应变(με)								试验方法
年极端最低气温(℃)及气候分区	<-37.0		-37.0~-21.5		-21.5~-9.0		>-9.0		
	1.冬严寒区		2.冬寒区		3.冬冷区		4.冬温区		
	1-1	2-1	1-2	2-2	3-2	1-3	2-3	1-4	2-4
普通沥青混合料	≥2600		≥2300			≥2000			T 0715
改性沥青混合料	≥3000		≥2800			≥2500			

(4)宜利用轮碾机成型的车辙试验试件,脱模、架起进行渗水试验,并符合表5-28的要求。

沥青混合料试件渗水系数(mL/min)技术要求　　　　表5-28

级配类型	渗水系数要求(mL/min)	试验方法
密级配沥青混凝土	≤120	T 0730
SMA混合料	≤80	
OGFC混合料	≥实测	

(5)对使用钢渣作为集料的沥青混合料,应进行活性和膨胀性试验,钢渣沥青混凝土的膨胀量不得超过1.5%。

(6)对改性沥青混合料的性能检验,应针对改性目的进行。以提高高温抗车辙性能为主要目的时,低温性能可按普通沥青混合料的要求执行;以提高低温抗裂性能为主要目的时,高温稳定性可按普通沥青混合料的要求执行。

三、矿质混合料的组成设计

矿质混合料的组成设计参照第二章相关内容,其中最主要的是要对照沥青混合料集料的级配要求做出符合规范的配合比设计。

四、热拌沥青混合料的最佳沥青用量确定

沥青混合料的最佳沥青用量(Optimum Asphalt Content,简称OAC),可以通过各种理论的计算方法做粗略的估计。由于实际材料性质的差异,按理论公式计算得到的最佳沥青用量,仍然要通过试验方法修正,因此理论法只能得到一个供试验参考的数据。采用试验的方法确定沥青最佳用量,目前最常用的有马歇尔法、F. N. 维姆煤油当量法和三轴试验等。

我国《公路沥青路面施工技术规范》(JTG F40—2004)规定的方法,是在马歇尔法和美国沥青学会方法的基础上,结合我国多年研究成果和生产实践总结发展起来的方法。该方法的步骤如下。

1. 制备试样

(1)按确定的矿质混合料的配合比,计算各种集料的用量。

(2)根据规范推荐的沥青用量范围(或经验的沥青用量范围),估计适宜的沥青用量(或油石比)。

(3)以估计的沥青用量为中值,按0.5%间隔变化,取5个不同的沥青用量,用小型拌和机与矿料拌和,按规定的击实次数成型马歇尔试件;按下面的试验方法,测定物理指标和力学指标。

2. 测定物理指标

为确定沥青混合料最佳沥青用量,须测定矿质混合料及沥青混合料的物理指标。

(1)矿料的合成毛体积相对密度

$$\gamma_{sb} = \frac{100}{\dfrac{P_1}{\gamma_1}+\dfrac{P_2}{\gamma_2}+\cdots+\dfrac{P_n}{\gamma_n}} \tag{5-2}$$

式中:P_1、P_2、$\cdots$、P_n——各种矿料成分的配合比,其和为100;
  γ_1、γ_2、$\cdots$、γ_n——各种矿料相应的毛体积相对密度。

(2)矿料的合成表观相对密度

$$\gamma_{sa} = \frac{100}{\dfrac{P_1}{\gamma'_1}+\dfrac{P_2}{\gamma'_2}+\cdots+\dfrac{P_n}{\gamma'_n}} \tag{5-3}$$

式中:P_1、P_2、$\cdots$、P_n——各种矿料成分的配合比,其和为100;
  γ'_1、γ'_2、$\cdots$、γ'_n——各种矿料相应的表观相对密度。

(3)矿料的有效相对密度

①对非改性沥青混合料,按下式计算有效相对密度:

$$\gamma_{se} = \frac{100-P_b}{\dfrac{100}{\gamma_t}-\dfrac{P_b}{\gamma_b}} \tag{5-4}$$

式中：γ_{se}——合成矿料的有效相对密度；

P_b——试验采用的沥青用量（占混合料总量的百分数）（%）；

γ_t——试验沥青用量条件下实测得到的最大相对密度（无量纲）；

γ_b——沥青的相对密度（25℃/25℃）（无量纲）。

②对改性沥青混合料，按下式计算有效相对密度：

$$\gamma_{se} = C \times \gamma_{sa} + (1-C) \times \gamma_{sb} \tag{5-5}$$

$$C = 0.033w_x^2 - 0.2936w_x + 0.9339 \tag{5-6}$$

$$w_x = \left(\frac{1}{\gamma_{sb}} - \frac{1}{\gamma_{sa}}\right) \times 100 \tag{5-7}$$

式中：C——合成矿料的沥青吸收系数；

w_x——合成矿料的吸水率（%）。

(4) 沥青混合料的最大理论相对密度

最大理论相对密度是假设沥青混合料试件被压实至完全密实，没有空隙的理想状态下的最大密度，即压实沥青混合料试件全部为矿料（包括矿料内部孔隙）和沥青所占有，空隙率为零时的最大密度。

①对非改性沥青混合料，可以采用真空法实测各组沥青混合料的理论最大相对密度；当只对其中一组油石比测定最大理论相对密度时，也可按式(5-8)或式(5-9)计算其他不同油石比时的最大理论相对密度。

②对改性沥青混合料，可按式(5-8)或式(5-9)计算理论最大相对密度。

$$\gamma_{ti} = \frac{100 + P_{ai}}{\dfrac{100}{\gamma_{se}} + \dfrac{P_{ai}}{\gamma_b}} \tag{5-8}$$

$$\gamma_{ti} = \frac{100}{\dfrac{P_{si}}{\gamma_{se}} + \dfrac{P_{bi}}{\gamma_b}} \tag{5-9}$$

式中：γ_{ti}——相当于计算沥青用量P_{bi}时沥青混合料的理论最大相对密度（无量纲）；

P_{ai}——所计算的沥青混合料中的油石比（%）；

P_{bi}——所计算的沥青混合料的沥青用量（%）；

P_{si}——所计算的沥青混合料的矿料含量（%）；

γ_{se}，γ_b——意义同前。

(5) 沥青混合料试件的毛体积相对密度

毛体积密度是指沥青混合料单位毛体积（包含沥青混合料实体矿物成分体积、闭口孔隙、开口孔隙等颗粒表面轮廓所包围的全部体积）的干质量。

通常采用表干法测定沥青混合料的毛体积密度。若沥青混合料试件吸水率大于2%，则宜使用蜡封法测定。

表干法测定的毛体积相对密度按下式计算：

$$\gamma_f = \frac{m_a}{m_f - m_w} \tag{5-10}$$

式中：m_a——干燥试件的空中质量(g)；
　　　m_w——试件的水中质量(g)；
　　　m_f——试件的表干质量(g)。

(6)沥青混合料试件的空隙率

沥青混合料的空隙率是指压实状态下沥青混合料内矿料与沥青实体之外的空隙(不包括矿料本身或表面已被沥青封闭的孔隙)的体积占试件总体积的百分率，由压实沥青混合料试件毛体积相对密度和最大理论相对密度按下式计算确定：

$$VV = \left(1 - \frac{\gamma_f}{\gamma_t}\right) \times 100\% \tag{5-11}$$

符号意义同前。

(7)沥青混合料试件的矿料间隙率

矿料间隙率是指压实沥青混合料试件中矿料实体以外的空间体积占试件总体积的百分率，按下式确定：

$$VMA = \left(1 - \frac{\gamma_f}{\gamma_{sb}} \times P_s\right) \times 100\% \tag{5-12}$$

符号意义同前。

(8)沥青混合料试件的有效沥青饱和度

$$VFA = \frac{VMA - VV}{VMA} \times 100\% \tag{5-13}$$

符号意义同前。

3.测定力学指标

为确定沥青混合料的沥青最佳用量，还应测定沥青混合料的力学指标。

(1)马歇尔稳定度

按标准试验方法制备的试件在60℃条件下，保温45min，然后将试件放置于马歇尔稳定度仪上进行马歇尔试验，测得的试件破坏时的最大荷载(以 kN 计)称为马歇尔稳定度(Marsshal Stability,简称 MS)。

(2)流值

在测定稳定度的同时，测定试件的流动变形，当达到最大荷载的瞬间试件所产生的垂直流动变形(以 0.1mm 计)，称为流值(Flow Value,简称 FL)。

4.马歇尔试验结果分析

(1)绘制沥青用量与物理力学指标的关系图。以沥青用量为横坐标，分别以视密度、稳定度、流值、饱和度、空隙率等指标为纵坐标，分别绘制成关系曲线，如图5-11 所示。

(2)若在选择沥青用量时不考虑沥青饱和度的要求范围，则根据稳定度、密度和空隙率确定沥青用量初始值(OAC_1)。由图 5-11 取最大密度所对应的沥青用量 a_1，最大稳定度所对应的沥青用量 a_2 以及规范规定的空隙率范围的中值所对应的沥青用量 a_3。以这 3 个沥青用量的平均值作为初始值 OAC_1，即

$$OAC_1 = \frac{a_1 + a_2 + a_3}{3} \tag{5-14}$$

若考虑沥青饱和度,则在式(5-14)的基础上再增加沥青饱和度对应的中值 a_4,OAC_1按式(5-15)计算确定:

$$OAC_1 = \frac{a_1+a_2+a_3+a_4}{4} \tag{5-15}$$

(3)根据符合各项技术指标的沥青用量范围确定沥青最佳用量初始值(OAC_2),根据规范规定求出满足稳定度、流值、空隙率、饱和度四个指标的沥青用量范围,并取各沥青用量范围的交集 $OAC_{min} \sim OAC_{max}$,以其中值作为 OAC_2,即

$$OAC_2 = \frac{OAC_{min}+OAC_{max}}{2} \tag{5-16}$$

(4)根据 OAC_1 和 OAC_2 综合确定最佳沥青用量(OAC)。按最佳沥青用量初始值 OAC_1 在图 5-11 中求所对应的各项指标,检查其是否符合规范规定的马歇尔设计配合比技术标准,同时检验 VMA 是否符合要求。若都符合要求,则由 OAC_1 和 OAC_2 综合确定最佳沥青用量 OAC。

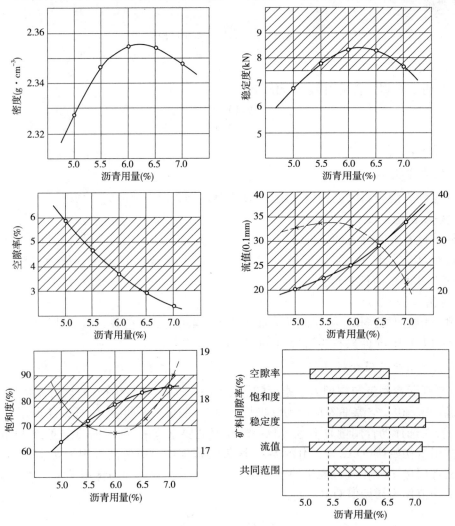

图 5-11 沥青用量与物理力学指标的关系

若不符合要求,重新调整级配,重新进行配合比设计马歇尔试验,直至各项指标均符合规范要求为止。

(5)根据气候条件和交通特性调整最佳沥青用量。由 OAC_1 和 OAC_2 综合确定最佳沥青用量 OAC 时,还须根据实践经验和道路等级、气候条件进行调整。

一般取 OAC_1 和 OAC_2 的中值作为最佳沥青用量(OAC);对热区道路以及车辆渠化交通的高速公路、一级公路、城市快速路、主干道,预计可能造成较大车辙的情况时,可以在中限值 OAC_2 与下限 OAC_{min} 范围内决定,但不宜小于中限值 OAC_2 的 0.5%。

对于寒区道路和其他等级的公路和城市道路,最佳沥青用量可以在中限值 OAC_2 与上限值 OAC_{max} 范围内确定,但不宜大于中限值 OAC_2 的 0.3%。

5.沥青混合料性能检验

(1)沥青结合料被集料吸收的比例及有效沥青含量

按式(5-17)及式(5-18)计算沥青结合料被集料吸收的比例及有效沥青含量。

$$P_{ba} = \frac{\gamma_{se} - \gamma_b}{\gamma_{se} \times \gamma_{sb}} \times \gamma_b \times 100 \tag{5-17}$$

$$P_{be} = P_b - \frac{P_{ba}}{100} \times P_s \tag{5-18}$$

式中:P_{ba}——沥青混合料中被集料吸收的沥青结合料比例(%);

　　　P_{be}——沥青混合料中的有效沥青用量(%);

　　　γ_{se}——矿料的有效相对密度;

　　　γ_{sb}——材料的合成毛体积相对密度;

　　　γ_b——沥青的相对密度(25℃/25℃);

　　　P_b——沥青含量(%);

　　　P_s——各种矿料占沥青混合料总质量的百分率之和,即 $P_s = 100 - P_b$(%)。

如果需要,可按式(5-19)及式(5-20)计算有效沥青的体积百分率 V_{be} 及矿料的体积百分率 V_g:

$$V_{be} = \frac{\gamma_f \times P_{be}}{\gamma_b} \tag{5-19}$$

$$V_g = 100 - (V_{be} + VV) \tag{5-20}$$

(2)检验最佳沥青用量时的粉胶比和有效沥青膜厚度

沥青混合料的粉胶比,即矿料中 0.075mm 的通过率与有效沥青含量的比值,按式(5-21)计算。一般应符合 0.6~1.6 的要求,对公称最大粒径为 13.2~19mm 的密级配沥青混合料,应控制在 0.8~1.2 范围内。

$$FB = \frac{P_{0.075}}{P_{be}} \tag{5-21}$$

式中:$P_{0.075}$——矿料级配中 0.075mm 的通过率(水洗法)(%)。

沥青膜有效厚度(DA)按式(5-22)、式(5-23)计算:

$$SA = \sum (P_i \times FA_i) \tag{5-22}$$

沥青路面材料

$$DA = \frac{P_{be}}{\gamma_b \times SA} \times 10 \tag{5-23}$$

式中：SA——集料的比表面积（m²/kg）；

　　P_i——各种粒径的通过百分率（%）；

　　FA_i——相应于各种粒径的集料的表面积系数；

　　DA——沥青膜有效厚度（μm）；

　　P_{be}、γ_b——意义同前。

(3) 高温稳定性检验

按最佳沥青用量 OAC 和设计级配，拌制沥青混合料，并参照《公路工程沥青与沥青混合料试验规程》(JTG E20—2011)中的 T 0719 车辙试验方法测定其动稳定度。检测其动稳定度是否满足表 5-25 中的指标要求。如 OAC 与初始的 OAC_1 和 OAC_2 相差较大，宜按 OAC、OAC_1 或 OAC_2 分别制作试件，进行轮辙试验。若不合格，可以采用调整级配和使用改性沥青等措施。

(4) 水稳定性检验

按最佳沥青用量 OAC 和设计级配，制备马歇尔试件，进行浸水马歇尔试验或真空饱水后的浸水马歇尔试验，检验其残留稳定度是否满足表 5-26 的要求。若不符合要求，则应考虑采取抗剥离措施。

(5) 沥青混合料低温抗裂性检验

对公称最大粒径等于或小于 19mm 的混合料，应按照最佳沥青用量 OAC 制作车辙试验试件，再用切割机将试件锯成规定尺寸的棱柱体试件，按照规定方法进行低温弯曲试验，检验其破坏应变是否符合表 5-27 的要求，否则应对矿料级配或沥青用量进行调整，必要时更换改性沥青品种重新进行配合比设计。

(6) 渗水系数检验

利用轮碾机成型的车辙试件进行渗水试验，渗水系数应符合表 5-28 的要求。

【例 5-1】　某高等级公路沥青路面中面层用沥青混合料配合比设计

(1) 设计资料

设计某高速公路沥青路面中面层用沥青混合料，中面层结构设计厚度为 6cm。气候条件：7 月平均最高气温 40.4℃，年极端最低气温 −2.1℃，年降雨量 1304.2mm。沥青结合料采用 SBS 改性沥青，相对密度为 1.043，其各项技术性能均符合要求。

粗集料、细集料均为石灰岩。集料分为 4 档，按公称粒径由大到小编号，分别为：1 号料 (10~25mm)、2 号料 (5~10mm)、3 号料 (3~5mm) 和 4 号料 (0~3mm)。各档集料与矿粉的主要技术指标见表 5-29，筛分试验结果见表 5-30。

集料和矿粉的密度和吸水率　　　　表 5-29

集料编号	表观相对密度	毛体积相对密度	吸水率（%）
1 号	2.751	2.731	0.27
2 号	2.747	2.716	0.42
3 号	2.708	2.671	0.51
4 号	2.715	2.614	1.42
矿粉	2.72	—	—

各档集料和矿粉的筛分结果　　　　表 5-30

集料编号	下列筛孔(mm)的通过百分率(%)										
	26.5	19	16	13.2	9.5	4.75	2.36	1.18	0.6	0.3	0.15	0.075
1号	100.0	77.6	36.5	8.0	0.9	0.4	0.0	0.0	0.0	0.0	0.0	0.0
2号	100.0	100.0	100.0	94.7	27.0	1.1	0.6	0.0	0.0	0.0	0.0	0.0
3号	100.0	100.0	100.0	100.0	100.0	80.8	1.3	0.4	0.0	0.0	0.0	0.0
4号	100.0	100.0	100.0	100.0	100.0	99.7	74.4	42.7	26.5	14.8	9.5	6.4
矿粉	100.0	100.0	100.0	100.0	100.0	100.0	100.0	100.0	100.0	100.0	99.8	96.2

(2)设计要求

确定沥青混合料类型,进行矿质混合料配合比设计。确定最佳油石比。根据高速公路用沥青混合料要求,检验沥青混合料的水稳定性和抗车辙能力。

解:

步骤1:确定沥青混合料类型以及矿质混合料的级配范围

根据设计资料,所铺筑道路为高速公路,沥青路面中面层,结构层设计厚度6cm,选用AC-20型沥青混合料,满足结构厚度不小于矿料最大公称粒径2.5~3.0倍的要求。相应的设计级配范围查规范《公路沥青路面施工技术规范》(JTG F40—2004)确定,设计级配范围见图5-12。

步骤2:矿质混合料配合比设计

①拟订初试配合比

根据设计级配范围,设计了三组初选配合比,见表5-31。3个初试混合料级配组成见图5-12。根据试配混合料中各档集料的组成、各档集料密度的测试结果,计算试配混合料的合成表观相对密度、合成毛体积相对密度,再根据集料的吸水率,计算试配混合料的有效密度,结果见表5-31。

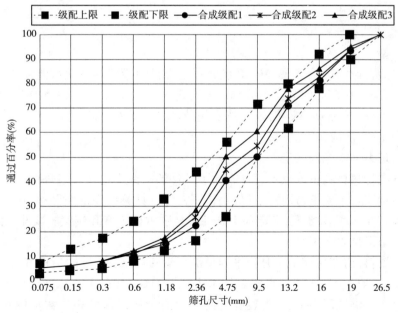

图 5-12　初试配合比下矿质混合料级配组成曲线

沥青路面材料

三组矿质混合料的配合比　　　　　　　　　表 5-31

初始混合料编号	下列集料用量(%)				矿粉(%)	合成表观相对密度 γ_{sa}	合成毛体积相对密度 γ_{sb}	有效相对密度 γ_{se}
	1号	2号	3号	4号				
1	30	27	15	24	4	2.735	2.689	2.724
2	27	25	15	30	3	2.733	2.682	2.720
3	22	24	17	34	3	2.731	2.676	2.716

②矿料设计配合比的确定

根据使用经验，初估油石比 4.5%，按照表 5-31 中混合料的初试配合比进行备料，然后在标准条件下，成型马歇尔试件，测试试件的毛体积密度。表 5-31 给出了试件的最大理论相对密度、毛体积相对密度、空隙率、矿料间隙率和沥青饱和度，试件的最大理论相对密度由计算法确定。

根据道路等级和沥青混合料类型，查《公路沥青路面施工技术规范》(JTG F40—2004)，确定沥青混合料马歇尔试件体积参数指标的技术要求，见表 5-32 中的最后一行。

由表 5-32 可见，试配混合料 2 和试配混合料 3 试件的空隙率和矿料间隙率偏大，且沥青饱和度偏小。混合料 1 的空隙率、矿料间隙率均接近设计要求。因此，设计配合比选择试配混合料 1，各档集料的比例为：1号料：2号料：3号料：4号料：矿粉=30：27：15：24：4。矿料的有效相对密度 γ_{se} 为 2.724，合成毛体积相对密度 γ_{sb} 为 2.689。

三种级配沥青混合料的压实试验结果汇总　　　　　　表 5-32

混合料编号	最大理论相对密度	毛体积相对密度	空隙率 VV(%)	矿料间隙率 VMA(%)	沥青饱和度 VFA(%)
1	2.547	2.443	4.1	13.1	68.6
2	2.544	2.414	5.1	13.9	63.2
3	2.541	2.398	5.6	14.2	60.7
设计要求			4~6	≥13	65~75

步骤 3：最佳油石比确定

①试件成型

根据初拟油石比的试验结果，AC-20 型沥青混合料的最佳油石比可能在 4.5% 左右。根据规范的要求，采用 0.5% 间隔变化，分别以油石比 3.5%、4.0%、4.5%、5.0% 和 5.5% 拌制 5 组沥青混合料。按《公路沥青路面施工技术规范》(JTG F40—2004) 的规定，采用马歇尔击实仪每面各击实 75 次成型 5 组试件。

②试件物理力学指标的测定

根据沥青混合料材料组成计算各油石比下试件的最大理论密度。采用表干法测定试件在空气中的质量和表干质量，计算试件的毛体积密度。计算试件的空隙率、矿料间隙率和沥青饱和度指标。在 60℃ 温度下，测定各组试件的马歇尔稳定度和流值。试件的体积参数、稳定度和流值的结果见表 5-33。

根据设计资料，道路所在地 7 月份平均最高气温 40.4℃，年极端最低气温 −2.1℃，年降雨量 1304.2mm。查《公路沥青路面施工技术规范》(JTG F40—2004)，确定该沥青路面气候分区属于夏炎冬温潮湿区 1-4-1。由表确定此沥青混合料试件体积参数指标和马歇尔试验指标的设计要求，见表 5-33 中的最后一行。

马歇尔试验体积参数—力学指标测定结果汇总表　　表 5-33

试件组号	油石比（%）	最大理论相对密度	空气质量（g）	水中质量（g）	表干质量（g）	毛体积相对密度	空隙率（%）	矿料间隙率（%）	沥青饱和度（%）	稳定度（kN）	流值（0.1mm）
1	3.5	2.583	1206.3	697.3	1211.4	2.346	9.2	15.7	41.6	7.3	22
2	4	2.565	1211.6	712.4	1217.3	2.400	6.4	14.2	54.6	8.6	24
3	4.5	2.547	1219.8	724.6	1223.5	2.445	4.0	13.0	69.1	9.5	27
4	5	2.530	1228.6	727.6	1231.7	2.437	3.7	13.7	73.2	8.3	34
5	5.5	2.513	1255.2	741.8	1257.3	2.435	3.1	14.2	78.1	6.9	42
技术要求							4~6		65~75	≥8	15~40

注：矿料间隙率 VMA 依据《公路沥青路面施工技术规范》(JTG F40—2004) 表 5.3.3-1 由最大公称粒径与设计空隙率确定。

③绘制沥青混合料试件物理—力学指标与油石比的关系图

根据表 5-33 中的数据，绘制油石比与毛体积密度、空隙率、沥青饱和度、马歇尔稳定度和流值等指标的关系曲线图，如图 5-13 所示。

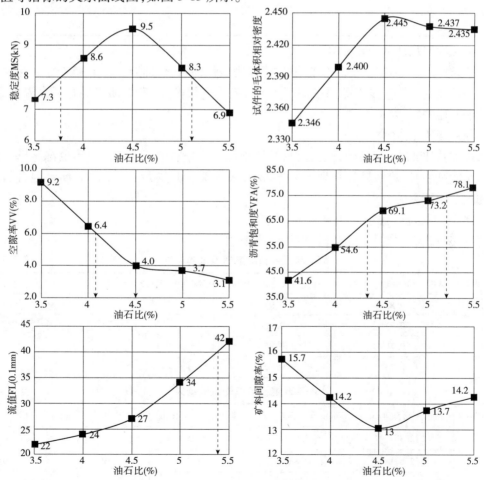

图 5-13　油石比与体积参数及马歇尔试验指标的关系曲线

④确定最佳油石比初始值 OAC_1

由图5-13得,与马歇尔稳定度最大值对应的油石比 $a_1=4.5\%$,对应于试件毛体积相对密度最大值的油石比 $a_2=4.5\%$,对应于规定空隙率范围中值的油石比 $a_3=4.3\%$,对应于沥青饱和度中值的油石比 $a_4=4.8\%$,求取 a_1、a_2、a_3 和 a_4 的算术平均值,得最佳油石比初始值:

$$OAC_1=(4.5\%+4.5\%+4.3\%+4.8\%)/4\approx4.5\%$$

⑤确定最佳油石比初始值 OAC_2

确定各项指标均符合沥青混合料技术标准要求的油石比范围,见表5-34,其中 $OAC_{min}=4.4\%$,$OAC_{max}=4.5\%$,得:

$$OAC_2=(4.4\%+4.5\%)/2=4.45\%$$

当油石比为4.4%时,试件的矿料间隙率为13.2%,满足≥13%的技术要求。

各项指标均符合沥青混合料技术标准要求的油石比范围　　　表5-34

技术指标	油石比范围下限(%)	油石比范围上限(%)
稳定度	3.8	5.1
空隙率	4.1	4.5
流值	3.5	5.4
沥青饱和度	4.4	5.2

⑥综合确定最佳油石比 OAC

一般条件下,以 OAC_1 和 OAC_2 的平均值作为最佳油石比,即 $OAC=4.45\%$。

道路所在地区属于夏炎冬温潮湿区1-4-1,夏季气候炎热,考虑沥青混合料高温稳定性,取最佳油石比 OAC 为4.4%。

步骤4:配合比检验

采用油石比4.4%制备沥青混合料,按照规定方法分别进行沥青混合料的冻融劈裂强度试验和车辙试验,试验结果分别列入表5-35和表5-36。其满足1-4-1区对沥青混合料水稳定性和抗车辙能力的要求。

步骤5:目标配合比设计结果汇总

将 AC-20 混合料的目标配合比设计结果汇总于表5-37。

AC-20混合料冻融劈裂试验结果　　　表5-35

试件编号	冻融后劈裂强度(MPa)	常规劈裂强度(MPa)	冻融劈裂强度比(%)	1-4-1区要求值
试件1	0.82	0.91	86.1	≥75
试件2	0.71	0.83		
试件3	0.76	0.85		
试件4	0.73	0.92		

AC-20混合料车辙试验结果　　　表5-36

试件编号	45min车辙深度(mm)	60min车辙深度(mm)	动稳定度(次/mm)	动稳定均值(次/mm)	1-4区要求值
试件1	2.367	2.511	4375	3916	≥2800
试件2	2.671	2.838	3772		
试件3	2.462	2.637	3600		

AC-20 目标配合比设计结果汇总　　　　　　表 5-37

矿料配合比	集料编号	1号	2号	3号	4号	矿粉
	配合比(%)	30	27	15	24	4
最佳油石比(%)		4.40%				
试件体积参数	空隙率(%)	4.2				
	矿料间隙率(%)	13.2				
	沥青饱和度(%)	65.0				
动稳定度(次/mm)		3916				
冻融劈裂强度比(%)		86.1				

五、GTM 试验方法

1. 概述

美国工程兵旋转压实剪切实验机(简称 GTM)是美国工程兵团为解决美国空军重型轰炸机机场跑道容易破损的问题而研究发明的。美国 ASTM 规范已经采用 GTM 作为高速公路沥青混凝土和其他沥青混凝土工程的设计和质量控制的标准。

GTM 可以通过设定平衡状态、转数、试件高度、试件密度四种方式来控制试验过程。平衡状态是指 GTM 每旋转 100 次沥青混合料密度变化小于 0.016g/cm^3。在平衡状态时混合料应变小,剪切强度高,则混合料高温性能就好。

用 GTM 设计不考虑空隙率等体积指标,因空隙率是一个很难准确测定的指标,不同的试验方法会得到不同的空隙率,而这对确定沥青用量有很大的影响,这就造成了最佳油量确定时的随意性与经验性。基于此种原因,GTM 设计中不考虑空隙率指标,直接用应力、应变原理来确定沥青混合料的用油量,这更科学、更准确。

GTM 试验方法必须遵守以下四大原则:

(1)确定合适的接触压强。接触压强指轮胎对地面的荷载,不是轮胎的气压。进行沥青混合料设计前调查施工路段的车辆接触压强情况,选择最合适的压强作为设计时的垂直压强,使设计值更加符合实际情况。

(2)控制稳定值 GSI。GSI 即最终旋转角与中间最小的旋转角的比值,GSI 是对混合料稳定性的量度,同永久变形相关。对于不稳定的混合料,由于沥青混合料塑性流动,旋转角在压实过程中增大,对于稳定的混合料旋转角不会有大的增加。GSI 接近 1 时一般显示为稳定的混合料,设计出的混合料为不会出现车辙的沥青混合料;而该值超过 1.1 时常表明为不稳定的沥青混合料,会出现塑性。

(3)控制剪切安全系数 GSF。即沥青混合料剪切强度(S_g)与最大剪应力(τ_{max})的比值,GSF 应大于 1。在混合料压实试验过程中,GTM 可以测出混合料的剪切强度,即混合料内部对所加荷载的抵抗力,它由混合料的特性决定。

(4)沥青混合料密度:指平衡状态时混合料密度,达到平衡状态时可以认为混合料密度不再变化。同时,此密度用以进行施工质量控制。

只有沥青混合料在设计接触压强下同时达到沥青混合料不出现应变、剪切强度大于剪应力且密度不再变化,这样设计出的沥青混合料才是不会出现车辙的高性能沥青混凝土。

2. GTM 试验机工作原理

美国工程兵旋转压实剪切试验机是通过对试件旋转揉搓成型并同时测出试件的应力、应变与密度,其主机结构图如图 5-14 所示。

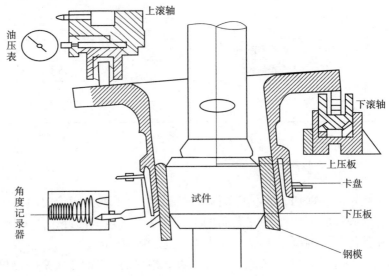

图 5-14　实验机主机剖面图

试验机的上、下压板始终保持水平。其垂直位置是永远不变的。上压板和下压板上面的钢球轴承使上压板能前后左右自由地滑动。如果从上往下看,上压板的中心点的移动轨迹为圆形;下压板被固定在液压机柱塞上,只能随液压柱向上移动并且始终保持水平。上压板和下压板都始终保持水平,而卡盘的倾斜推动钢模倾斜,使钢模里的试件承受了均匀的平面应变。GTM 所产生的平面剪切要比直接剪切实验机或三轴实验机更接近现场的实际情况。图 5-15 为路面受剪力、压力状况图。

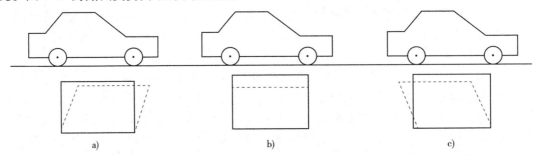

图 5-15　汽车荷载行驶时路面受力状况图

上滚轴和下滚轴所在的同一垂直面里卡盘的倾斜角简称机器角。由于角度记录器的笔只安装在卡盘的某一固定点上,因此只有在上滚轴、下滚轴和记录笔在同一垂直面时,记录器才能测试并记录机器角。在其他情况下,记录器只是记录上、下滚轴在不同位置时卡盘上某一固定点的倾斜角。

机器角可由下滚轴下面的调整螺栓来调整。同档的垂直压力时,不需要去调整机器角,只是在改变了垂直压力之后,才有必要重新把机器角调整到所要的角度。采用油压式滚轴时机器角为 0.8°;而采用气压式滚轴时机器角为 2°。

GTM拥有可以互相更换的油表滚球和气表滚球,这是为了更好地模拟两种压实的形式而设计的。

卡盘在受上、下滚轴的倾斜作用下,倾斜角记录器所记录的是卡盘在记录笔的位置的倾斜角。随着滚轴不停更换位置,记录的倾斜角也随之而变,其变化的大小和试件材料的剪切强度有直接的关系。材料的剪切强度越大,倾斜角就越小。角度传感器将倾斜角以电压的形式输出。电脑将其最大值和最小值的差额记录下来,并换算成角度,可绘制成一条角曲线。角曲线可显示混合料的稳定性。一旦混合料的间隙被沥青填满,混合料就成塑性,同时剪切强度下降,角应变曲线往上爬。

3.GTM 设计方法的技术指标

(1)平衡状态

指 GTM 每转 100 转时,试件单位质量的变化小于等于 0.016g/cm^3 的状态。达到平衡状态时,压实过程结束。

(2)密度

指达到平衡状态时,试件不发生塑性变形时对应油石比的混合料密度。

(3)稳定值 GSI 的确定

旋转压实机的稳定值 GSI=最终旋转角/中间最小旋转角。稳定值是确定最佳用油量的重要指标。

(4)安全系数 GSF 的确定

GSF 是试件剪切强度与混合料剪应力的比值,GSF 只有大于 1.0 才能保证路面不产生剪切破坏。试件在 GTM 试验中的受力分析图,如图 5-16 所示。

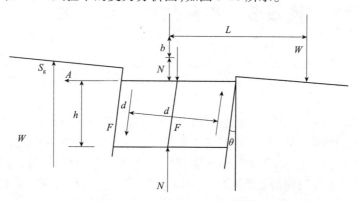

图 5-16 试件受力分析图

由力矩平衡可得如下方程式:

$$2WL = \int S_g \times A \times \mathrm{d}h + 2F \times d - N \times b \tag{5-24}$$

由于摩擦力 F、垂直压力 N 的力矩 b 较小,可以忽略不计。则:

$$\begin{aligned} 2WL &= \int S_g \times A \times \mathrm{d}h \\ &= S_g \times A \times \int \mathrm{d}h \\ &= S_g \times A \times h \end{aligned} \tag{5-25}$$

$$S_{\mathrm{g}} = \frac{2WL}{A \times h} = \frac{2paL}{A \times h} \tag{5-26}$$

由安全系数定义可知：

$$\mathrm{GSF} = \frac{S_{\mathrm{g}}}{\tau_{\max}} \tag{5-27}$$

因为 $S_{\mathrm{g}} = \frac{2paL}{A \times h}$ 且 $\tau_{\max} = \frac{2p'aL}{A \times h}$，

故可得：

$$\mathrm{GSF} = \frac{p}{p'} \tag{5-28}$$

式中：W——作用在滚轴上的压力；
S_{g}——试验材料的剪切强度；
A——试样的截面积；
h——试样的高度；
L——滚轴的转矩；
a——滚轴活塞的有效截面积；
$\tau_{\max}$——最大剪应力，即设计值；
p——实测滚轴压强；
p'——设计垂直压强。

第四节 稀浆封层和微表处

一、概述

1.稀浆封层

稀浆封层(Slurry Seal)是指用适当级配的石屑或砂、填料（水泥、石灰、粉煤灰、石粉等）与乳化沥青、外掺剂和水，按一定比例拌和而成的流动状态的沥青混合料，将其均匀地摊铺在路面上形成的沥青封层。由于该种稀浆混合料的稠度较稀，形态似浆状，铺筑厚度一般在3~10mm，主要起防水或改善恢复路面功能的作用，故取名为乳化沥青稀浆封层，简称稀浆封层。随着聚合物改性乳化沥青的迅猛发展，以及施工技术的改进，又出现了聚合物改性乳化沥青稀浆封层。我国的稀浆封层应用范围主要在以下几个方面。

(1)沥青路面稀浆封层罩面

沥青路面长期经受大自然的侵蚀，沥青集料不断发生着物理与化学的变化，路面质量不断下降，同时路面还承受车辆的行驶、车轮碾压与磨损，使路面力学性能下降，局部将出现裂纹、松散及路面渗水，进而引起路面急剧破坏。稀浆封层技术是针对沥青路面早期病害，做到补早、补小、补彻底，一种经济、迅速、有效的表面处置方法，能及早防止路面病害扩大，延长使用寿命。在旧沥青路面上加铺稀浆封层，可以治理裂缝，提高路面耐久性和使用性能；在新铺沥青贯入式路面或粗粒式沥青混凝土面层上加铺稀浆封层，可以提高路面防水性。

(2)水泥混凝土路面稀浆封层罩面

在旧水泥混凝土路面上加铺稀浆封层能处治脱皮、麻面、磨光、微裂缝等病害;在新铺的水泥混凝土路面上,尤其在碾压混凝土路面上加铺稀浆封层,可以改善行车条件,降低行驶噪声,增加乘客舒适感。

(3)桥面维修或防水处理

在旧桥面上加铺稀浆封层,对桥面病害进行有效处置,不仅可以明显改善行车条件,还能够相对减小桥面自重;在新建水泥混凝土桥面上加铺稀浆封层,可显著提高桥面铺装层的防水性(尤其对城市高架桥)和桥面耐久性,延长桥梁使用寿命。

(4)高速公路下封层

高速公路基层施工完后,进行稀浆封层施工。由于稀浆混合料使用密级配细集料和沥青用量增多,稀浆封层混合料的密实度高、空隙率小;另外,由于稀浆有良好的流动性,能灌入基层的裂隙,起到封闭裂缝作用。铺筑稀浆封层后,地表雨水不能渗透,地下水不能迁移,能有效提高路面的防水性能,可起到提高高速公路路面耐久性的作用。这项施工工艺在高速公路施工中普遍被使用。

(5)砂石路面稀浆封层罩面

在低等级道路的砂石路面上加铺稀浆封层,使砂石路面的外观具有沥青路面的特征,从而提高砂石路面的耐久性能,防止扬尘,改善行车条件,明显降低砂石路面的日常养护经费。

(6)其他应用

稀浆封层技术还可以用于城市道路、厂区道路、停车场、运动场等场所。与传统沥青薄罩面相比,稀浆封层具有如下的特点:

①具有更好的抗磨性、防水性能,与下层黏附力更强。

②可延长道路寿命,降低养护综合成本。

③施工速度更快,对交通的影响更小。

④常温作业,清洁环保。

2.微表处

微表处(Micro-surfacing)是指用适当级配的石屑或砂、填料(水泥、石灰、粉煤灰、石粉等)与聚合物改性乳化沥青、外掺剂和水,按一定比例拌和而成的流动状态的沥青混合料,将其均匀地摊铺在路面上形成的沥青封层。

微表处可以把优质的结合料、集料所拥有的工程特性通过一个只有5~10mm的薄层摊铺在道路表面。目前,微表处技术主要用于建立和恢复大交通量的高等级道路、高速公路、机场道面的表面功能,许多新建隧道路面的磨耗层也采用了微表处技术。在正确的技术、工艺条件下微表处应该成为防水、抗滑、耐磨、耐久的道路表面功能层。其主要技术特点是:

(1)施工速度快。连续式稀浆封层机1d内能摊铺500t微表处混合料,折合为一条10.6km长的标准车道,施工后2h即可通车。

(2)具有高抗磨耗、抗滑性能,增加路面色彩对比度,改善路面性能,延长路面使用寿命。

(3)微表处比传统的热沥青薄罩面具有更好的封层效果,能够更好地防止下渗水,从而更好地保护路面结构。常温条件下作业,降低能耗,不释放有毒物质,符合环保要求。单位建设造价大大低于有效厚度的热沥青罩面。

(4)微表处成型快,工期短,施工季节长。

(5)在路基路面稳定的前提下,优质微表处使用寿命一般为三年以上。对于流动性车辙,微表处具有很好的修复效果。微表处可分别应用于沥青和水泥两种不同性质的路面。

3.稀浆封层与微表处的区别

微表处技术是稀浆封层技术发展的一个高级阶段,由于自身的特点,逐渐从稀浆封层范畴中分离出来,虽然在形式上与稀浆封层有很多相似之处,但在原材料选择、混合料技术要求、使用性能与寿命等方面存在很大差别。目前,在工程实践中发现许多人对封层、稀浆封层和微表处的关系有些混淆,封层、稀浆封层和微表处三者关系如图5-17所示。

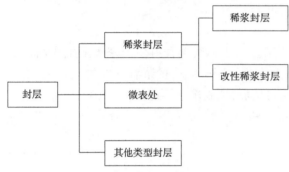

图5-17 封层、稀浆封层和微表处三者关系

将微表处与稀浆封层区分开来,有利于它们各自的准确定位和健康发展。改性稀浆封层与微表处的区别是:改性稀浆封层是稀浆封层的一种,它是采用了改性乳化沥青的仅满足稀浆封层技术要求的稀浆封层,达不到微表处的技术要求。

二、组成材料的技术要求

1.沥青

微表处必须采用改性乳化沥青,稀浆封层可采用普通乳化沥青或改性乳化沥青,其品种和质量应分别符合第二章相关要求。

2.集料

稀浆封层和微表处应选择坚硬、粗糙、耐磨、洁净的集料。各项性能应符合表5-5和表5-9的要求。其中微表处用通过4.75mm筛的合成矿料的砂当量不得低于65%,稀浆封层用通过4.75mm筛的合成矿料的砂当量不得低于50%。当用于抗滑表层时,还应符合表5-7中有关磨光值的要求。细集料宜采用碱性石料生产的机制砂或洁净的石屑。对集料中的超粒径颗粒必须筛除。

根据铺筑厚度、处治目的、公路等级等条件,按照表5-38选用合适的矿料级配。

稀浆封层和微表处的矿料级配　　　　　　表5-38

筛孔尺寸 (mm)	不同类型通过各筛孔的百分率(%)				
	微表处		稀浆封层		
	MS-2型	MS-3型	ES-1型	ES-2型	ES-3型
9.5	100	100	—	100	100
4.75	95~100	70~90	100	95~100	70~90
2.36	65~90	45~70	90~100	65~90	45~70
1.18	45~70	28~50	60~90	45~70	28~50
0.6	30~50	19~34	40~65	30~50	19~34
0.3	18~30	12~25	25~42	18~30	12~25

续上表

筛孔尺寸 (mm)	不同类型通过各筛孔的百分率(%)				
	微表处		稀浆封层		
	MS-2 型	MS-3 型	ES-1 型	ES-2 型	ES-3 型
0.15	10~21	7~18	15~30	10~21	17~18
0.075	5~15	5~15	10~20	5~15	5~15
一层的适宜厚度(mm)	4~7	8~10	2.5~3	4~7	8~10

三、稀浆封层和微表处的技术标准

稀浆封层和微表处的混合料中乳化沥青及改性乳化沥青的用量应通过配合比设计确定。混合料的质量应符合表 5-39 的技术要求。

稀浆封层和微表处混合料技术要求　　表 5-39

项　目		单位	微表处	稀浆封层	试验方法
可拌和时间		s	>120		手工拌和
稠度		cm	—	2~3	T 0751
黏聚力试验	30min(初凝时间)	N·m	≥1.2	(仅适用于快开放交通的稀浆封层) ≥1.2	T 0754
	60min(开放交通时间)	N·m	≥2.0	≥2.0	
负荷轮碾压试验(LWT)	粘附砂量	g/m²	<450	(仅适用于重交通道路表层时) <450	T 0755
	轮迹宽度变化率	%	<5	—	
湿轮磨耗试验的磨耗值(WTAT)	浸水 1h	g/m²	<540	<800	T 0752
	浸水 6d	g/m²	<800	—	

注：负荷轮碾压试验(LWT)的宽度变化率适用于需要修补车辙的情况。

四、配合比设计方法

稀浆封层和微表处混合料的配合比设计按下列步骤进行：

(1)根据选择的级配类型，按表 5-38 确定矿料的级配范围。计算各种集料的配合比例，使合成级配在要求的级配范围内。

(2)根据以往的经验初选乳化沥青、填料、水和外加剂用量，进行拌和试验和黏聚力试验。可拌和时间的试验温度应考虑最高施工温度，黏聚力试验的温度应考虑施工中可能遇到的最低温度。

(3)根据上述试验结果和稀浆混合料的外观状态，选择 1~3 个认为合理的混合料配方，按表 5-39 规定试验稀浆混合料的性能，如不符要求，适当调整各种材料的配合比例再试验，直至符合要求为止。

(4)当设计人员经验不足时，可将初选的 1~3 个混合料配方分别变化不同的沥青用量(沥青用量一般在 6.0%~8.5%之间)，按照表 5-39 的要求重复试验，并分别将不同沥青用量的 1h

湿轮磨耗值及砂黏附量绘制成图 5-18 的关系曲线。以磨耗值接近表 5-39 中要求的沥青用量作为最小沥青用量 P_{bmin}，粘附砂量接近表 5-39 中要求的沥青用量为最大沥青用量 P_{bmax}，得出沥青用量的可选择范围 $P_{bmin} \sim P_{bmax}$。

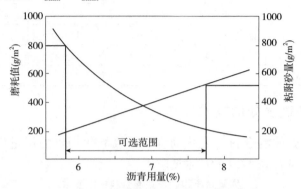

图 5-18　确定稀浆封层和微表处最佳沥青用量的曲线

(5) 根据经验在沥青用量的可选范围内选择适宜的沥青用量。对微表处混合料，以所选择的沥青用量检验混合料的浸水 6d 湿轮磨耗指标，用于车辙填充的增加检验负荷车轮试验的宽度变化率指标，不符要求时调整沥青用量重新试验，直至符合要求为止。

(6) 根据以往经验及配合比设计试验结果，在充分考虑气候及交通特点的基础上综合确定混合料配方。

五、施工工艺及质量控制

稀浆封层和微表处施工前，应彻底清除原路面的泥土、杂物，修补坑槽、凹陷，较宽的裂缝宜清理灌缝。在水泥混凝土路面上铺筑微表处时宜洒布黏层油，过于光滑的表面须拉毛处理。

稀浆封层和微表处的最低施工温度不得低于 10℃，严禁在雨天施工，摊铺后尚未成型混合料遇雨时应予铲除。

稀浆封层和微表处两幅纵缝搭接的宽度不宜超过 80mm，横向接缝宜做成对接缝。分两层摊铺时，第一层摊铺后至少应开放交通 24h 后方可进行第二层摊铺。

稀浆封层和微表处铺筑后的表面不得有超粒径料拖拉的严重划痕，横向接缝和纵向接缝处不得出现余料堆积或缺料现象，用 3m 直尺测量接缝处的不平整度不得大于 6mm。对微表处不得有横向波浪和深度超过 6mm 的纵向条纹。经养生和初期交通碾压稳定的稀浆封层和微表处，在行车作用下应不飞散且完全密水。

第五节　沥青混合料的技术性能指标

一、沥青混合料的高温稳定性

1. 概述

沥青路面直接受车辆荷载和大气因素的影响，同时沥青混合料的物理、化学性质受气候因素与时间因素影响较大，因此为了能使路面给车辆提供稳定、耐久的服务，必须要求沥青路面具有一定的稳定性和耐久性。其中稳定性包括高温稳定性、低温抗裂性以及水稳定性。由于沥青路面的强度与刚度(模量)随温度升高而显著下降,为了保证沥青路面在高温季节行车荷载反复作用下,不致产生诸如波浪、推移、车辙、拥包等病害,沥青路面应具有良好的高温稳定性。表 5-40 和表 5-41 为沥青混凝土强度、刚度与温度间关系两例。

沥青混凝土强度与温度的关系 表 5-40

温度(℃)	50	20	0	-10	-35
抗压强度(MPa)	1~2	2.5~5	8~13	10~17	18~30

沥青混凝土的蠕变劲度和回弹模量与温度的关系 表 5-41

温度(℃)	50	45	40	35	30	25	20
蠕变劲度(MPa)	75	109	142	176	232	288	344
回弹模量(MPa)	223	361	516	683	790	895	999

沥青路面高温稳定性习惯上是指沥青混合料在荷载作用下抵抗永久变形的能力。稳定性不足的问题,一般出现在高温、低加荷速率以及抗剪切能力不足时,也即沥青路面的劲度较低情况。其常见的损坏形式主要有:

(1)推移、拥包、搓板等类:损坏主要是由于沥青路面在水平荷载作用下抗剪强度不足所引起的,大量发生在表处、贯入、路拌等次高级沥青路面的交叉口和变坡路段。

(2)车辙:对于渠化交通的沥青混凝土路面来说,高温稳定性主要表现为车辙。随着交通量不断增长以及车辆行驶的渠化,沥青路面在行车荷载的反复作用下,会由于永久变形的累积而导致路表面出现车辙,影响路面的平整度;轮迹处沥青层厚度减薄,削弱面层及路面结构的整体强度,从而易于诱发其他病害;雨天路表排水不畅,降低路面的抗滑能力,甚至会由于车辙内积水而导致车辆飘滑,影响高速行车的安全;车辆在超车或更换车道时方向失控,影响车辆操纵的稳定性。可见车辙的产生,严重影响了路面的使用寿命和服务质量。

(3)泛油:是由于交通荷载作用使混合料内集料不断挤紧、空隙率减小,最终将沥青挤压到道路表面的现象。如果沥青含量太高或者空隙率太小,这种情况会加剧。沥青移向道路表面令路面光滑,溜光的路面在潮湿气候时抗滑能力很差。沥青路面在高温时最容易发生泛油,因此限制沥青的软化点和它在 60℃ 时的黏度可减少泛油情况的发生。

2.评价方法

(1)无侧限抗压强度法

用于沥青路面高温稳定性评价的最简便而直观的方法是以高温(一般采用 60℃)抗压强度 R_T 及常温与高温时抗压强度的比值 $K_T(K_T=R_T/R_{20})$ 来衡量。这个在我国沿用 20 多年的方法之所以在 20 世纪 70 年代被马歇尔法取代,根本原因在于受力图示与实际相差甚远。路面结构中的沥青混合料处于三向受力状态,作为松散材料的沥青混合料,其强度(τ)取决于内部的黏结力(C)与起嵌挤作用的内摩阻力,即

$$\tau = C + \sigma \cdot \tan\varphi \tag{5-29}$$

法向应力 σ 愈大,内摩阻力对强度的贡献也愈大,当 $\sigma=0$ 时,强度则只取决于黏结力。

单轴压缩试验测定抗压强度时其侧压力 $\sigma=0$,只是试件的直径与高度的比值为 1,所以在受力过程中由于压板与试件两端接触面上的摩擦力的约束,在不同程度上会对试件有一

个不均匀分布的侧向限制,但其影响较小。因此采用高温抗压强度 R_T 与软化系数 K_T 评价混合料强度时必然会出现过高评价 C 的作用,过低评价 φ 的作用,近而出现偏差。

(2)马歇尔稳定度试验

马歇尔稳定度试验最早由布鲁斯·马歇尔(Brue Marshal)提出,1948 年美国陆军工程兵部队对马歇尔试验方法加以改进并添加了一些测试性能,最终发展成了沥青混合料设计标准。马歇尔试验用于测定沥青混合料试件的破坏荷载和抗变形能力。将沥青混合料制备成规定尺寸的圆柱体试件,试验时将试件横向布置于两个半圆形压模中,使试件受到一定的侧向限制。在规定温度和加载速度下,对试件施加压力,记录试件所受压力—变形曲线,如图 5-19 所示。主要力学指标为马歇尔稳定度和流值,稳定度是指试件受压至破坏时承受的最大荷载,以 kN 计;流值是达到最大破坏荷载时试件的垂直变形,以 0.1mm 计。在我国沥青路面工程中,马歇尔稳定度和流值既是沥青混合料配合比设计的主要指标,也是沥青路面施工质量控制的重要试验项目。然而各国的试验和实践已证明,用马歇尔试验指标预估沥青混合料性能是不够的,它是一种经验性指标,具有一定的局限性,不能确切反映沥青混合料永久变形产生的机理,与沥青路面的抗车辙能力相关性较差。多年实践和研究表明:对于某些沥青混合料,即使马歇尔稳定度和流值都满足技术要求,也无法避免沥青路面出现车辙。因此用马歇尔稳定度来衡量沥青混合料的高温稳定性存在局限性。

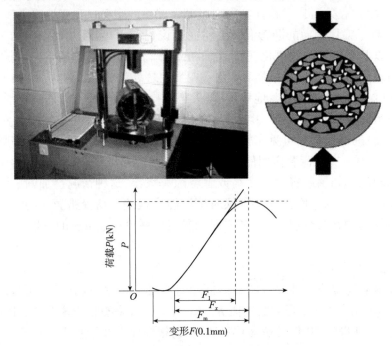

图 5-19 马歇尔试验仪器、受力图式及试验曲线

(3)车辙试验

车辙试验方法首先是由英国运输与道路研究试验所(TRRL)开发的,并经过了法国、日本等国道路工作者的改进与完善。车辙试验是一种模拟车辆轮胎在路面上滚动形成车辙的工程试验方法,试验结果较为直观,且与沥青路面车辙深度之间有着较好的相关性。我国《公路沥青路面设计规范》(JTG D50—2017)中规定,对用于高速公路、一级公路沥青混合料

应在规定的试验条件下进行车辙试验;《城镇道路路面设计规范》(CJJ 169—2012)也规定沥青混合料高温稳定性应采用车辙试验的动稳定度来评价,并且根据交通等级、结构层位和温度分区的不同,规定了相应的技术要求,其不满足要求时应对矿料级配或沥青用量进行调整,重新进行配合比设计。目前我国的车辙试验是采用标准方法成型沥青混合料板块状试件,在规定的温度条件下,试验轮以(42±1)次/min 的频率,沿着试件表面在同一轨迹上反复行走,测试试件表面在试验轮反复作用下所形成的车辙深度,如图 5-20 所示。以产生 1mm 车辙变形所需要的行走次数即动稳定度指标来评价沥青混合料的抗车辙能力,动稳定度由式(5-30)计算。

$$DS = \frac{42(t_1 - t_2)}{d_1 - d_2} \cdot C_1 \cdot C_2 \tag{5-30}$$

式中:DS——沥青混合料的动稳定度(次/min);

t_1、t_2——试验时间,通常为 45min 和 60min;

d_1、d_2——与试验时间 t_1 和 t_2 对应的试件表面的变形量(mm);

42——每分钟行走次数;

C_1、C_2——试验机或试样修正系数。

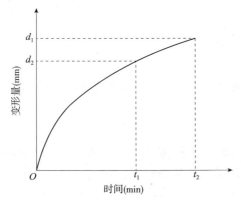

图 5-20　沥青混合料车辙试验曲线及试验图示

(4)蠕变试验

沥青混合料是典型的黏弹性材料,因而,蠕变试验最能反映其特性。蠕变试验有轴向压缩蠕变、轴向重复压缩蠕变、剪切蠕变、弯曲蠕变、劈裂蠕变等试验。加载的方式可以是静载,也可以是动载。蠕变试验花费的时间较长,尤其是试验时必须保持试件恒定的温度和稳定的应力水平,试验要求比较严格。由于单轴静载压缩蠕变试验加载方式比较简单,同时静载试验的结果与动载试验有很好的相关性,所以,常采取单轴静载压缩蠕变试验。

试件的尺寸或 ϕ7cm×14cm,或 ϕ10cm×20cm,但也可根据需要而定。蠕变试验的温度多数选择 35℃或 40℃。试验可以在 MTS(Material Test System)机上进行,也可以采用简单的杠杆式加载装置。对于普通沥青混合料,施加的荷载一般为 0.1MPa,但也可根据沥青混合料的品种而有所不同,如研究环氧沥青混凝土的蠕变行为,由于这种材料在固化后塑性性质已不很明显,故蠕变试验时就要增大所施加的荷载,如采用 0.2MPa 或 0.4MPa。加载和卸载的时间各取 60min,但以应变基本趋于恒定为准。

（5）简单剪切试验

简单剪切试验采用美国 SHRP 开发的 Superpave 剪切试验机，该机是一套液压伺服闭环试验系统，包括加载系统、试验控制系统、数据采集系统、环境控制箱和液压系统。

试验时在保持沥青混合料试件高度不变的情况下，以控制应变的方式对试件施加正弦波形剪切荷载测试沥青混合料的动态剪切特性。在试验过程中，测定并记录轴向荷载和剪切荷载，试件的垂直位移和水平位移，经计算后直接输出剪切应力、剪切应变、复数剪切模量、相位角、储存模量、损失正切等力学参数，试验结果能较好地反映沥青混合料的高温性能。简单剪切试验如图 5-21 所示。

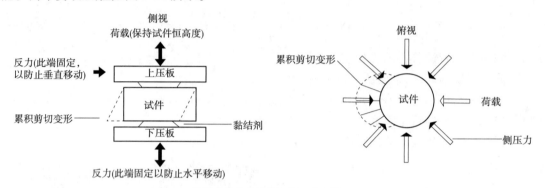

图 5-21 简单剪切装置示意图

3.影响因素

沥青混合料是由沥青结合料粘结矿料形成的，其高温稳定性的形成机理也来源于沥青结合料的高温黏结性和矿料级配的嵌挤作用。

（1）矿料性质的影响

采用表面粗糙、多棱角、颗粒接近立方体的碎石集料，经压实后集料颗粒间能够形成紧密的嵌挤作用，增大沥青混合料的内摩阻角，有利于增强沥青混合料的高温稳定性。相反，采用表面光滑的砾石集料拌制的沥青混合料颗粒间缺乏嵌锁力，在荷载作用下容易产生滑移，使路面出现车辙。有关研究表明，破碎细集料比破碎粗集料对改善沥青混合料的抗高温变形能力更为有利。

能够与沥青起化学吸附作用的矿质材料，可以提高沥青混合料的抗变形能力。例如，石灰岩材料颗粒表面起化学吸附作用的薄层沥青的内聚力，大大超过了花岗岩颗粒表面上沥青的内聚力。而随着沥青内聚力的增大，沥青混合料的强度和抗变形能力也得到了提高。

（2）矿料级配的影响

沥青混合料的矿料级配，对路面抗剪强度的影响很大。矿料级配选择良好的碎石沥青混凝土（中粒式、细粒式）比一般使用的沥青砂所产生的塑性变形小得多，因此抗剪强度较高。

沥青混合料中，起骨架作用的碎石（$D_{max} \sim D_{max}/4$）必须有足够的数量，才能具有较大的内摩阻力和抵抗变形的能力。研究表明，该级配颗粒不小于 60% 沥青混合料才具有良好的耐热稳定性和抵抗变形的能力。为使沥青混合料有良好的和易性和满足要求的密实性，足够数量的中间颗粒十分必需。间断级配的沥青混合料虽然具有良好的抗变形能力和密实度，但拌和与摊铺时十分不便。

(3) 矿粉的影响

在矿质混合料中,对沥青混合料耐热性影响最大的是矿粉。因为矿粉具有最大的比表面积,特别是活化矿粉,影响更为明显。用石灰岩轧磨的矿粉配制的沥青混合料具有较好的耐热性,而含有石英岩矿粉的沥青混合料耐热性较差。

活化矿粉对提高沥青混合料的抗剪切能力起特殊作用。活化的结果改变了矿粉与沥青相互作用的条件,改善了吸附层中沥青的性能,从本质上改善了沥青混合料的结构力学性质。

活化矿粉与沥青相互作用具有两个特点:形成了较强的结构沥青膜,大大提高了沥青的黏结力;降低沥青混合料的部分空隙率,因而降低了自由沥青的含量,这使沥青混合料抗剪切能力有很大的提高。

(4) 沥青黏度的影响

沥青的高温黏度越大,与集料的黏附性越好,相应的沥青混合料的抗高温变形能力就越强。使用合适的改性剂(现常采用橡胶、树脂等外掺剂)可以提高沥青的高温黏度,降低感温性,提高沥青混合料的黏结力,从而改善沥青混合料的高温稳定性。

为了使沥青混合料具有必要的耐高温变形能力,沥青应具有较高的软化点。同时为了保证沥青混合料具有必要的低温抗裂性,沥青就不应太稠。因此,为了兼顾高、低温性能,沥青应在具有较大针入度情况下具有较高的软化点。

(5) 沥青用量的影响

就沥青混合料高温稳定性而言,沥青用量的影响可能超过沥青本身特性的影响,两者关系与沥青与强度的关系类似。

(6) 沥青混合料剩余空隙率、矿料间隙率的影响

路面经行车碾压成型后,沥青混合料剩余空隙率对其高温下的抗变形能力有很大影响。沥青混凝土的抗剪强度取决于黏结力和内摩阻力,它们的热稳定性不仅与材料本身的性质有关,而且与混合料的空隙率有密切关系。空隙率较大的沥青混合料,路面抗剪强度主要取决于内摩阻力,而内摩阻力基本上不随温度和加荷速度变化,因此,具有较高的热稳定性;空隙率较小的沥青混合料路面,则沥青含量相对较大,当温度升高时,沥青膨胀,由于空隙率小,无沥青膨胀余地,则沥青混合料颗粒被沥青挤开,同时温度升高,沥青黏度降低,此时沥青又起润滑作用,因此黏结力和内摩阻力均降低,促使沥青混合料抗变形能力下降。特别是停车站,荷载作用时间长,由于沥青混合料应变的滞后效应,路面将出现较大的变形。

研究表明,剩余空隙率达 6%~8% 的沥青混凝土路面和剩余空隙率大于 10% 的沥青碎石(表面需加密实防水层)路面,在陡坡路段和停车站处经 10 年的使用,均平整稳定,未出现波浪、推挤等病害;而剩余空隙率为 1%~3% 的沥青混凝土路面却出现了严重的推挤、波浪等病害,即使用针入度为 70~90 的黏稠沥青也会出现上述病害。

相应的,矿料间隙率对沥青混合料强度、耐久性和高温稳定性有很高的敏感度,它已成为沥青混合料配合比设计的重要参数之一。

矿料间隙率过大或过小都会对沥青混合料的路用性能产生不利影响。矿料间隙率过小主要是由沥青混合料的剩余空隙率和沥青用量过小造成的,这样的沥青混合料耐久性较差,

抗疲劳能力弱,使用寿命短,施工和易性差;在水分作用下,沥青与矿料容易剥离,使混合料松散、解体;矿料间隙率过大主要是由沥青用量过大、细集料用量偏多等原因造成的,这对沥青混合料路用性能的影响既有有利的方面,又有不利的方面。有利的一面是沥青混合料抗疲劳性能较好,不易出现疲劳开裂;不利的一面是沥青混合料的高温稳定性较差,容易出现车辙、拥包、推挤等形式的病害。因此,合理确定矿料间隙率,对提高沥青混合料的高温稳定性十分重要。

二、沥青混合料的低温抗裂性

1.概述

沥青路面的低温开裂是路面破坏的主要形式之一。此类开裂在许多寒冷国家或地区,例如北欧、北美、俄罗斯、日本以及我国北方地区非常普遍。一般认为沥青路面的低温开裂有3种形式:

(1)面层低温缩裂,是由气温骤降造成面层温度收缩,在有约束的沥青层内产生温度应力超过沥青混凝土的抗拉强度时造成的开裂。此类裂缝多从路面表面产生,向下发展。

(2)温度疲劳裂缝,是由于沥青混凝土经过长时间的温度循环,沥青混凝土的极限拉伸应变变小,应力松弛、性能降低,将在温度应力小于其抗拉强度时产生开裂。这种裂缝主要发生在温度变化频繁的温和地区,且这种裂缝随着路龄的增加而不断增加。

(3)反射裂缝,是指低温状态下基层产生横向开裂,在荷载和温度共同作用下,裂缝逐渐向沥青面层反射,引起面层的横向开裂。此类裂缝多从路面内部产生,向上发展。实际上沥青面层中许多横向裂缝是面层温缩裂缝和半刚性基层反射裂缝等多方面原因共同作用而产生的。

路面裂缝的危害在于从裂缝中不断进入水分使基层甚至路基软化,导致路面承载力下降,影响行车舒适性,并缩短路面使用寿命。因此提高沥青路面的抗裂性能是沥青路面的重要研究内容。

2.评价方法

(1)间接拉伸试验(劈裂试验)

间接拉伸试验即通常所说的劈裂试验,是通过加载压条对 $\phi 101.6mm \times 63.5mm$ 的沥青混凝土试件进行加载,通过传感器和 LVDT 来获得沥青混合料的劈裂强度及垂直、水平变形,如图 5-22 所示。试验条件规定如下:对于 15℃、25℃ 等采用 50mm/min 的速率加载,对 0℃ 或更低温度建议采用 1mm/min 作为加载速率。其评价指标有劈裂强度、破坏变形及劲度模量等。

当试件直径为 (100 ± 2.0) mm、劈裂试验压条宽度为 12.7mm 及试件直径为 (150 ± 2.5) mm、压条宽度为 19.0mm 时,如图 5-23 所示,劈裂抗拉强度 R_T 分别按式(5-31)和式(5-32)计算,泊松比 μ、破坏拉伸应变 ε_T 及破坏劲度模量 S_T 分别按式(5-33)、式(5-34)、式(5-35)计算。

$$R_T = \frac{0.006287 P_T}{h} \tag{5-31}$$

$$R_T = \frac{0.00425 P_T}{h} \tag{5-32}$$

$$\mu=\frac{0.135A-1.794}{-0.5A-0.0314} \tag{5-33}$$

$$\varepsilon_\mathrm{T}=\frac{X_\mathrm{T}\times(0.0307+0.0936\mu)}{1.35+5\mu} \tag{5-34}$$

$$S_\mathrm{T}=P_\mathrm{T}\times\frac{0.27+1.0\mu}{h\times X_\mathrm{T}} \tag{5-35}$$

式中：R_T——劈裂抗拉强度（MPa）；

ε_T——破坏拉伸应变；

S_T——破坏劲度模量（MPa）；

μ——泊松比；

P_T——试验荷载的最大值（N）；

h——试件高度（mm）；

A——试件竖直变形与水平变形的比值（$A=Y_\mathrm{T}/X_\mathrm{T}$）；

Y_T——试件相应于最大破坏荷载时的竖直方向总变形（mm）；

X_T——相应于最大破坏荷载时水平方向总变形（mm），即 $X_\mathrm{T}=Y_\mathrm{T}\times(0.135+0.5\mu)/(1.794-0.0314\mu)$。

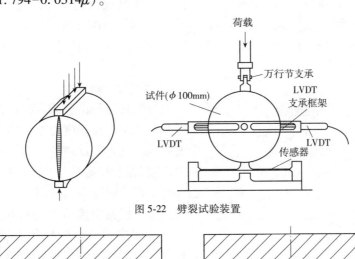

图 5-22 劈裂试验装置

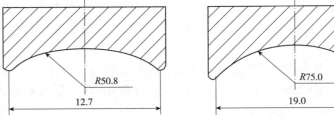

图 5-23 劈裂试验压条形状（尺寸单位：mm）

（2）弯曲试验

低温弯曲破坏试验也是评价沥青混合料低温变形能力的常用方法之一。在试验温度达到（-10±0.5）℃的条件下，以 50mm/min 的加载速率，对沥青混合料小梁试件（35mm×30mm×250mm，跨径 200mm）跨中施加集中荷载至断裂破坏，由破坏时的跨中挠度计算破坏弯拉应力、弯拉应变及劲度模量，即

$$R_B = \frac{3LP_B}{2bh^2} \quad (5\text{-}36)$$

$$\varepsilon_B = \frac{6hd}{L^2} \quad (5\text{-}37)$$

$$S_B = \frac{R_B}{\varepsilon_B} \quad (5\text{-}38)$$

式中：R_B——试件破坏时的抗弯拉强度(MPa)；

ε_B——试件破坏时的最大弯拉应变($\mu\varepsilon$)；

S_B——试件破坏时的弯曲劲度模量(MPa)；

b——跨中断面试件的宽度(mm)；

h——跨中断面试件的高度(mm)；

L——试件的跨径(mm)；

P_B——试件破坏时的最大荷载(N)；

d——试件破坏时的跨中挠度(mm)。

沥青混合料在低温下的极限变形能力,反映了黏弹性材料的低温黏性和塑性性质,极限应变越大,低温柔韧性越好,抗裂性越好。因此,可以用低温的极限弯拉应变作为评价沥青混合料低温性能的指标。我国《公路沥青路面设计规范》(JTG D50—2017)中规定,采用低温弯曲试验的破坏应变指标评价二级及二级以上公路公称最大粒径不大于19.0mm 的沥青混合料的低温抗裂性能。

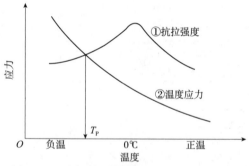

图 5-24 沥青混合料抗拉强度、温度应力与温度的关系

(3)断裂温度试验

通过间接拉伸试验或直接拉伸试验,建立沥青混合料低温抗拉强度与温度的关系,如图 5-24 中的曲线①。再根据理论方法,由沥青混合料的劲度模量、温度收缩系数及降温幅度计算沥青面层可能出现的温度应力与温度的关系,如图 5-24 中曲线②。根据温度应力与抗拉强度的关系预估沥青面层出现低温缩裂的温度 T_P。T_P 越低,沥青混合料的开裂温度越低,低温抗裂性越好。

(4)弯曲蠕变试验

低温弯曲蠕变试验用于评价沥青混合料低温下的变形能力与松弛能力。弯曲蠕变试验试件尺寸为 30mm×35mm×250mm 的棱柱体,试验温度采用 0℃,荷载水平为破坏荷载的 10%;对于密实型沥青混凝土采用 1MPa。

弯曲蠕变试验一般可分为 3 个阶段,第 1 阶段为蠕变迁移阶段,第 2 阶段为蠕变稳定阶段,第 3 阶段为蠕变破坏阶段,如图 5-25 所示。以蠕变稳定阶段的蠕变速率评价沥青混合料的低温变形能力,蠕变速率由式(5-39)计算。蠕变速率越大,沥青混合料在低温下的变形能力越大,松弛能力越强,低温抗裂性能越好。

$$\varepsilon_{\text{speed}} = \frac{(\varepsilon_2 - \varepsilon_1)/(t_2 - t_1)}{\sigma_0} \quad (5\text{-}39)$$

式中：ε_{speed}——沥青混合料的低温蠕变速率[1/(s·MPa)]；

σ_0——沥青混合料小梁试件跨中梁底的蠕变弯拉应力(MPa)；

t_1、t_2——蠕变稳定期的初始时间和终止时间(s)；

ε_1、ε_2——与时间t_1和t_2对应的跨中梁底蠕变应变。

(5)弯曲应力松弛试验

沥青路面在温度骤降时产生的温度收缩应力来不及松弛掉而被积累，乃至超过抗拉强度时将发生开裂，因此，应力松弛性能是评价沥青材料抵抗温度开裂的重要指标。在此应力条件下，材料的变形系数用应力松弛模量Er表示：

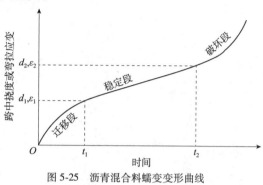

图 5-25 沥青混合料蠕变变形曲线

$$\mathrm{Er}(t) = \frac{\sigma(t)}{\varepsilon_0} \qquad (5\text{-}40)$$

式中，ε_0是保持不变的初始应变，应力σ随时间t不断减小，故Er是时间的函数。

应力松弛性能可由多种方法测定，如直接应力松弛试验、弯曲应力松弛试验以及由等速加载试验或蠕变试验经间接计算得到等。应力松弛模量减小，沥青混合料应力松弛性能越好，低温抗裂性能越好。

(6)收缩试验

沥青混合料的温度收缩系数是一个复杂的物理参数，它不仅随材料的组成比例及沥青性质的不同而不同，还与降温速率及所处的温度条件、约束条件有关。

我国常用的沥青混合料低温收缩系数测定系统如图5-26所示，测试方法可参见《公路工程沥青及沥青混合料试验规程》(JTG E20—2011)。对棱柱体试件(20mm×20mm×200mm)在温度区间内(+10~-30℃)，以5℃/h的降温速率降温，测定不同温度区间的试件长度，从而根据公式(5-41)、式(5-42)计算线收缩系数：

$$\varepsilon_e = \frac{L_e - L_0}{L_0} \qquad (5\text{-}41)$$

$$c = \frac{\varepsilon_e}{\Delta T} \qquad (5\text{-}42)$$

式中：ε_e——平均收缩应变；

L_e——-20℃时试件收缩后的长度(mm)；

L_0——10℃时试件的原始长度(mm)；

c——沥青混合料的平均线收缩系数；

ΔT——温度区间，从起始温度(+10℃)至最终温度(-30℃)的差，即为40℃。

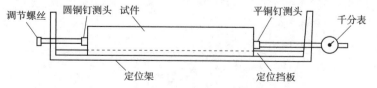

图 5-26 沥青混合料低温收缩系数测定系统图

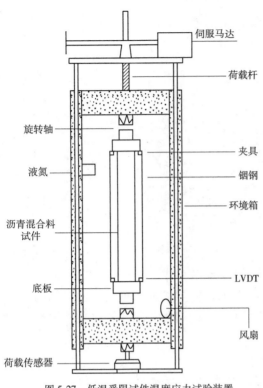

图 5-27 低温受限试件温度应力试验装置

(7) 约束试件的温度应力试验

该法是美国公路战略研究计划(SHRP)推荐的评价沥青混合料低温抗裂性能的方法。试验装置如图 5-27 所示，试件尺寸 5cm×5cm×25cm，试件端部与夹具用环氧树脂粘结。降温速率为 10℃/h，测定冷却过程中的温度应力变化曲线，直至试件断裂破坏。试验结束后，分析破断温度、试验时反映冷却过程中的温度应力变化过程曲线如图 5-28 所示。

由图 5-28 可以得到 4 个指标：破断温度、破坏强度、温度应力曲线斜率和转折点温度。破断温度是试件达到破坏断裂时的温度，它比较直观地反映沥青混合料可能承受的最低温度。破坏强度是试件破坏时的最大应力，反映混合料在温度收缩过程中的强度。转折点温度将温度应力曲线分为两部分，前一部分反映应力松弛(曲线部分)，后一部分应力松弛(直线部分)消失。温度应力曲线斜率主要是指温度应力曲线后一部分直线增长的斜率，反映温度应力增长的速度。

破断温度与沥青性能、沥青路面抗裂性能的相关性最好，破坏强度也有较好的相关性。温度应力试验是一个非常有前途的试验，模拟现场条件较好，表达直观。

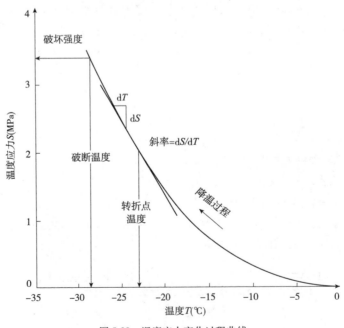

图 5-28 温度应力变化过程曲线

(8) 切口小梁弯曲试验

近年来断裂力学在道路工程中的应用越来越广泛。美国 SHRP 计划首次将断裂力学中的弹塑性断裂判据 J 积分作为沥青混合料的低温抗裂性能的评价指标之一。

在 SHRP 沥青低温性能的研究报告中,提出了 J 积分的两种测试方法。研究按 ASTM 方法,采用搓揉成型,梁的尺寸为 76mm×76mm×406mm,梁的刻槽深度与梁高比(a/h)应大于 0.5,且至少有 3 个刻槽深度 a。试验温度分别为 4.4℃,-3.9℃,-12.2℃,-20.6℃。

① 采用平面应变 J 积分表达式法

$$J_{lc} = \frac{1}{b}\frac{dU_T}{ha} \tag{5-43}$$

式中:J_{lc}——平面应变 J 积分的临界值(Pa·m);
b——梁宽(mm);
h——梁高(mm);
U_T——破坏时的总应变能;
a——裂缝长度,即切口深度(mm)。

② 单试件法

只需一个试件即可定义 J_{lc},仍采用三点加载,J_{lc} 的表达式为:

$$J_{lc} = \frac{\eta(U_T - U_e^{nc})}{b(h-a)} \tag{5-44}$$

式中:η——与裂缝有关的常数;
U_T——破坏时的总应变能;
U_e^{nc}——韧带区储存的弹性能;
b——梁宽(mm);
h——梁高(mm)。

当试件的长高比 $L/d=4$ 时,U_e^{nc} 可以忽略,梁的刻槽深度与梁高比(a/h)在 0.5~0.7 时,$\eta=2$,则:

$$J_{lc} = \frac{2U_T}{b(h-a)} \tag{5-45}$$

研究表明,两种方法对多数沥青具有良好的一致性。方法②测定的 J_{lc} 与温度的关系比方法①稳定,且方法简单。SHRP 以方法②为优选方法。

J 积分的临界值 J_{lc} 是评价材料断裂时的应变能释放率的指标,反映材料抗开裂的能力,J_{lc} 越大,抗开裂性能越好。而且,J_{lc} 值随温度的降低而减小,说明低温时沥青混合料迅速失去韧性,只需较小的能量便足以使路面开裂。

(9) C^* 积分试验

C^* 积分试验方法是由 Landes 等人提出的。试验在等位移速率下进行,时间和位移是两个自变量,荷载和裂缝长度是因变量。将几个不同位移速率下试验的数据绘制在同一裂缝长度下荷载与位移速率 Δ 的函数关系曲线上,每条曲线下的面积就是每单位裂缝面厚度所做的功 U^*。直线的斜率就是 C^*,C^* 的积分可以解释为具有不同裂缝长度的增量在两个受相同荷载作用的受载体间的势能差。

$$C^* = \frac{1}{b}\frac{\mathrm{d}U^*}{\mathrm{d}aA} \tag{5-46}$$

式中：b——裂缝面处的试件厚度；

U^*——荷载 P 和位移速率 Δ 的积分势能；

a——裂缝长度。

最后得出 C^* 是裂缝增长率的函数，即 C^* 与开裂速度的关系。

3. 影响因素

沥青混合料的低温抗裂性能与其抗拉强度、松弛能力以及收缩性质等密切相关，而影响这些特性的因素，既包含沥青及沥青混合料本身因素，也有外界环境的各种因素。

(1) 沥青性质

①沥青的感温性。沥青材料的感温性越差，其性质随温度变化的可能性越小。通常情况下，针入度指数值越大，沥青的感温性越差，沥青混合料在低温条件下的抗裂性能越好。

②沥青的劲度。沥青混合料的低温劲度是决定其是否开裂的最根本因素，而沥青劲度又是决定沥青混合料劲度的关键，研究表明，横向裂缝与沥青的劲度关系最大。

③沥青的黏度。当沥青的感温性相同（或者油源相同）时，针入度大的沥青有较低的劲度模量，在降温过程中会产生相对较小的拉应力，从而降低了低温开裂的可能性。

④沥青的低温延度。低温延度与开裂有一定关系。低温延度值越大，其受到外力的拉伸作用时，所能承受塑性变形的能力越强，沥青混合料的抗低温开裂的性能越好。

⑤沥青的感时性。感时性大，表示非牛顿沥青的黏性凝聚力结构易遭到破坏。在温度很低时温降收缩几乎不发生黏性流动，只在凝胶结构内部产生应力积聚，并提早在集中力薄弱处产生裂缝。尖端的应力集中导致裂缝扩大并使抗拉强度降低。由于针入度指数值大的沥青一般感时性较大，所以一些沥青标准规定针入度指数值的上限为 1。

⑥沥青的老化性能。沥青的老化是由轻质油分的挥发、沥青的氧化分解及硬化引起的。老化后，沥青变硬，其劲度模量增加，流动变形性能变差，混合料低温抗裂性降低，路面裂缝出现早。

⑦沥青的含蜡量。沥青中含蜡量增加会使拉伸应变减小，脆性增加，温度敏感性变大，横向裂缝增加。

(2) 沥青混合料的组成

①沥青含量。沥青含量在最佳范围的变化不会对混合料的低温开裂性能有很大影响，增大沥青用量就增大了温缩系数，但同时降低了劲度。

②集料类型和级配。耐磨、低冻融损失和低吸水性的集料具有好的横向抗开裂性。粗级配沥青混合料的温度应力比较小，混合料形成骨架嵌挤作用，产生的温度应力小，不易开裂。

③空隙率。空隙率越小，破坏温度愈低，但差别不是很大。而破坏时的温度应力有相当大的差别，空隙率越小，温度应力愈高。

④剥落率。沥青混凝土的剥落率大，意味着沥青和集料间的结合力小，沥青混合料的抗拉强度低，容易产生开裂。

(3) 环境的影响

①温度。路表面温度越低，沥青路面温度开裂的可能性越大。路表面温度与周围大气

温度和风速有关。大多数沥青路面的低温开裂是在温度降到低于玻璃化温度的某一温度并持续一段时间的条件下产生的。

②降温速率。降温速率越大,温度开裂趋势越明显。

③路面老化。路龄越大,温度开裂的可能性越大,这是由于沥青路面老化后劲度增大的缘故。

(4)路面结构几何尺寸

①路面宽度。现场调查结果表明,窄路面比宽路面的温度裂缝间隙更小。

②路面厚度。沥青面层越厚,温度裂缝产生的可能性越小。

③沥青混凝土层和基层摩擦系数。与粒料基层粘结完好的沥青面层的温缩系数减小。基层材料的级配,特别是小于0.075mm材料的百分率对低温开裂的产生有一定影响。

④路基类型。在砂土路基上的路面的低温收缩开裂率通常比在黏土路基上的路面要大。

三、沥青混合料的水稳定性

1.概述

沥青混合料在使用过程中长期受到自然因素和重复车辆荷载的作用,为保证路面具有较长的使用年限,沥青混合料必须具有良好的耐久性。沥青混合料的耐久性有多方面的含义,其中较为重要的是水稳定性、耐老化性等。在此主要介绍水稳定性。

水稳定性是沥青混合料抵抗由于水侵蚀而逐渐产生沥青膜剥离、松散、坑槽等破坏的能力。水稳定性差的沥青混合料在有水存在的情况下,会发生沥青与矿料颗粒表面的局部分离,同时在车辆荷载的作用下加剧沥青和矿料的剥落,形成松散薄弱块,飞转的车轮带走剥离或局部剥离的矿粒或沥青,从而造成路面的缺失,并逐渐形成坑槽,导致沥青混合料路面的早期损坏,造成路面使用性能急剧下降,近而缩短路面使用寿命。

2.评价方法

多年来,各国研究人员就沥青混合料的水稳定性提出了许多评价方法和指标,这些方法和指标都从不同的角度反映了沥青混合料的水稳定性。常见的评价方法有浸水马歇尔试验、真空饱水马歇尔试验、冻融劈裂试验、浸水轮辙试验以及 ECS(Environment Conditioning System)试验等。这些试验方法都是在实验室内以冻融循环或水循环等方式模拟水的侵蚀作用,并利用一定客观指标的前后变化来表征沥青混合料的水稳定性。

(1)浸水马歇尔试验

浸水马歇尔试验是将马歇尔试件分为2组,一组在60℃的水浴中保养0.5h后测其马歇尔稳定度 S_1;另一组在60℃水浴中恒温保养48h后测其马歇尔稳定度 S_2;计算两者的比值,即残留稳定度 S_0:

$$S_0 = \frac{S_2}{S_1} \times 100\% \tag{5-47}$$

虽然残留稳定度指标 S_0 比较稳定,但是对沥青、石料特性不敏感。另外,由于马歇尔试验加载和受力模式的物理意义不明确,所以残留稳定度仅仅是一个经验性指标。

(2)真空饱水马歇尔试验

这是我国试验规程中方法的一种,试件分为2组,一组在60℃水浴中恒温0.5h后测定

马歇尔稳定度 S_1；另一组先在常温 25℃ 浸水 20min，然后在 0.09MPa 气压下浸水抽真空 15min，再在 60℃ 水浴中恒温 48h，测定马歇尔稳定度 S_2；计算二者的比值，即残留稳定度 S_0：

$$S_0 = \frac{S_2}{S_1} \times 100\% \tag{5-48}$$

从前两个试验方法的对比可以看出，两者的差别在于对试件水作用的模拟方式不同，也就是水对沥青混合料侵蚀的程度不同，这也是一个经验性的指标。

(3) 冻融劈裂试验

试件成型有两种方法：双面各击实 50 次；双面各击实 75 次（也有控制成型试件空隙率为 7%±1% 的）。而后将试件平均分为 2 组，并使其平均空隙率相同。一组试件在 25℃ 水浴中浸泡 2h 后测定其劈裂强度 R_1；另一组在 0.09MPa 气压下浸水抽真空 15min，再在 -18℃ 冰箱中置放 16h，而后放到 60℃ 水浴中恒温 24h，再放到 25℃ 水中浸泡 2h 后测试其劈裂强度 R_2；计算两者的比值，即残留强度比 R_0 为：

$$R_0 = \frac{R_2}{R_1} \times 100\% \tag{5-49}$$

(4) 浸水轮辙试验

浸水轮辙试验是各种水中轮辙试验的总称，其中比较著名的有汉堡轮辙试验（Hamburg Wheel-Tracking Test）、诺丁汉轮辙试验（Notingham Wheel-Tracking Test）以及普杜轮辙试验（Purdue University Lab-Wheel）等。在此以汉堡轮辙试验为例作简要介绍。

汉堡轮辙仪是汉堡公司的产品，并因此而得名。两个试件同时进行平行试验，试件是尺寸为 260mm×320mm×40mm 的板块，空隙率控制在 7%±1% 范围内。试验时，试件浸没于 50℃ 恒温热水中，重 705N 的钢轮在其上以 34cm/s 的速度和 50 次/min 的频率往复运动 20000 次，或者直至形成 20mm 深的辙槽为止。

辙槽深度与往复次数的关系如图 5-29 所示，一条正常的轮辙试验曲线应该包括蠕变阶段和剥落阶段，并且有明显的剥落拐点。Hines 认为蠕变阶段辙槽深度的线性增长是混合料经历了初始压密后的塑性流动，剥落阶段是混合料剥落引发的变形加速阶段，而辙槽深度的发展速度有赖于水损坏的严重程度。汉堡轮辙试验规定经历 20000 次往复运动后辙槽深度不大于 4mm 的标准，而 Mathew 和 Tim 认为这一标准过于苛刻，应该以剥落拐点次数作为混合料水稳定性指标。

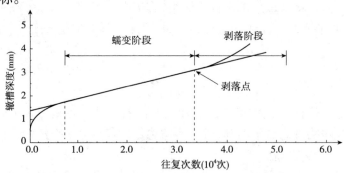

图 5-29　典型的汉堡车辙试验曲线示意图

(5) ECS(Environment Conditioning System)试验

作为 SHRP 研究计划的一部分,ECS 试验系统的建立旨在更加精确地模拟自然条件下环境和交通造成的水损坏,如图 5-30 所示。

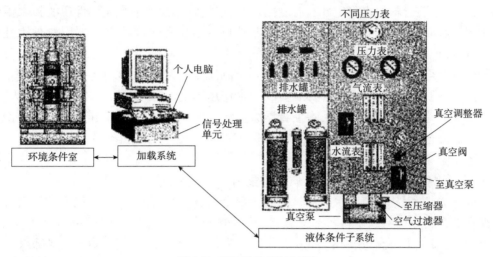

图 5-30 ECS 试验系统示意图

ECS 试验过程中,成型空隙率为 7.5%±0.5% 的 ϕ100mm×100mm 圆柱体试件,试件成型前必须根据 AASHTO PP2-94 标准进行短期老化,并使用 SHRP 旋转压实仪压实,成型的试件侧面用薄膜和硅胶封闭;然后将试件安置于环境箱中,在加载 0.1s、卸载 0.9s 的动荷载下测量回弹模量 MR,并在 510mmHg 的负压下测量试件的透水性;试件在负压下饱水 30min 后进入 60℃(6h)—冷却(2h)——18℃(6h)的冻融循环,冻融的过程中始终对试件施加 900N 的动荷载;冻融结束后再次测量回弹模量和透水性,前后的回弹模量比小于 0.7 者被认为水稳定性不足。最后还可以将试件一劈为二,从直观视觉上评价断面上混合料的剥落程度。

3.影响因素

(1) 组成材料的影响

①集料的化学性质。CaO 成分含量高的矿质集料,属碱性集料,如果使用亲水系数评价,这种集料属憎水性的,它和沥青的黏结力较大,不易被水剥落;而 SiO_2 成分含量高的集料是酸性石料,属亲水性集料,沥青和它的黏附力较小,粘附在集料上的沥青很容易被水置换而剥落下来;矿料的化学性质实际上在沥青和矿料粘附过程中起重要作用,碱性集料与沥青粘附时易产生化学吸附作用,生成物的性质不会受到水的作用而改变,所以沥青与矿料间遇水不易分离,而酸性矿料则不发生这种化学吸附作用,沥青和矿料间遇水作用时容易分离。

②集料颗粒的表面物理特性。表面粗糙的颗粒有增大与沥青粘附范围的作用,从而有利于沥青在矿料上的粘附。而表面有微孔的颗粒易使沥青在其表面渗入形成楔状物,增强沥青在矿料颗粒表面的粘附,当然如果孔隙太大或太多则会影响沥青混合料的用油量。在比较矿料颗粒单位表面积上沥青的黏附力时,集料表面物理特性的影响要远远小于其表面化学特性的影响。

③沥青的性质。影响沥青混合料水稳定性的沥青性质主要有两方面:沥青的化学性质

和沥青的黏度。沥青化学性质的影响主要体现在不同油源、相同标号的沥青对同一集料表现出不同的黏附性,这是因为不同油源沥青其化学组分有所不同,其同名组分内的化学成分也有差别,能与集料进行化学作用的基团活性也不相同。沥青的黏度越高,与矿料的黏附力就越大,对沥青混合料的水稳定性有有利的影响,但这种影响比沥青化学性质的影响要小。

④集料和沥青性质的交互作用。不同集料和不同沥青间这种交互作用对黏附性的影响,只有通过经验试验法才能反映它们影响的大小。

⑤沥青混合料的空隙率。空隙率越大的沥青混合料,为空气、水分停留与存储提供的空间越大。沥青混合料受水分作用时间越长,受水作用产生沥青剥落破坏的可能性越大,混合料的耐久性越差。鉴于这种影响,在沥青混凝土混合料设计时,提出了相应的残留空隙率的上限指标和混合料沥青饱和度的下限指标,例如沥青混凝土的残留空隙率不大于6%,沥青饱和度不小于70%。

(2) 沥青混合料施工条件与施工质量的影响

气温低、湿度大甚至有降水时铺筑的沥青混合料路面水稳定性较差,因为这种情况下铺筑的沥青混合料中矿料和矿料间不容易形成很好的粘结;而在施工时如果摊铺不均匀、压实度较差,则易造成集料离析、局部不密实,从而导致局部受水作用强烈,易发生局部水损害。

如果沥青路面排水能力差,也可加速水损害发生,路面内部的水分可导致水害加重。

(3) 自然因素的影响

处在冻融循环频繁地区的沥青混合料路面,其水稳定性会降低,如果再有足够的水分作用,路面的使用寿命会大大缩短。因此为这种地区设计沥青混合料时,对材料本身性质要作较多的考虑。

四、沥青混合料的疲劳性能

随着公路交通量日益增长,汽车载重不断增大,汽车对路面的破坏作用变得越来越明显。路面使用期间经受车轮荷载的反复作用,长期处于应力应变交叠变化状态,致使路面结构强度逐渐下降。当荷载重复作用超过一定次数以后,在荷载作用下路面内产生的应力就会超过强度下降后的结构抗力,使路面出现裂纹,产生疲劳断裂破坏。

早在1942年,Portor就注意到在小至0.5~0.75mm的弯沉下,道路路面在车轮荷载重复作用几百万次后会遭到破坏。20世纪50年代Nijbver指出,沥青路面寿命后期出现的裂缝与行驶车辆产生的弯曲应力超过了材料的抗弯强度有关,强调裂缝是疲劳的结果,取决于弯沉大小和重复次数。我国于20世纪60年代开始对路面疲劳特性进行系统研究,对路面疲劳破坏机理也有了更深刻的认识。

理论和实践都表明,在移动车轮荷载作用下,路面结构内各点处于不同的应力应变状态,如图5-31所示,路面面层底部B点处于三向应力状态。车轮作用于B点正上方时受到全拉应力作用,车轮驶过后应力方向旋转,量值变小,并有剪应力产生。当车轮驶过一定距离后,B点则承受主压应力作用,B点应力随时间变化的曲线如图5-32所示。路面表面A点则相反,车轮驶近时受拉,车辆直接作用时受压,车轮驶过后又受拉。车辆驶过一次就使A、B出现一次应力循环。路面在整个使用过程中,长期处于应力(应变)重复循环变化的状态。由于路面材料的抗压强度远较抗拉强度大,而面层底部B点在车轮下所受的拉应力较之表

面 A 点在车轮驶近或驶过后产生的拉应力要大得多,因此在荷载重复作用下路面裂缝通常从面层底部开始发生。路面疲劳设计大多数以面层底部拉应力或拉应变作为控制指标。

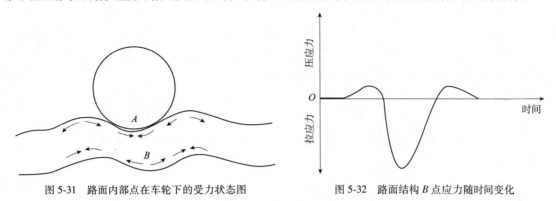

图 5-31　路面内部点在车轮下的受力状态图　　图 5-32　路面结构 B 点应力随时间变化

1.沥青混合料疲劳的力学模型

综合目前已有的研究成果,沥青路面疲劳特性的研究方法基本上可以分为两类,一类为现象学法,即传统的疲劳理论方法,它采用疲劳曲线表征材料的疲劳性质;另一类为力学近似法,即应用断裂力学原理分析疲劳裂缝扩展规律以确定材料疲劳寿命的一种方法。现象学法与力学近似法都研究材料的裂缝以及裂缝的扩展,其主要区别就在于前者的材料疲劳寿命包括裂缝的形成和扩展阶段,研究裂缝形成的机理以及应力、应变与疲劳寿命之间的关系和各种因素对疲劳寿命及疲劳强度的影响;后者只考虑裂缝扩展阶段的寿命,认为材料一开始就有初始裂缝存在,因此不考虑裂缝的形成阶段,而主要研究材料的断裂机理及裂缝扩展规律。

(1)现象学法

沥青混合料的疲劳是材料在荷载重复作用下产生不可恢复的强度衰减积累所引起的一种现象。显然荷载的重复作用次数愈多,强度的损伤也就愈加剧烈,它所能承受的应力或应变值就愈小,反之亦然。

在现象学法中,通常把材料出现疲劳破坏的重复应力值称作疲劳强度,相应的应力重复作用次数称为疲劳寿命。由于在试验室中试验方式不同,疲劳破坏状态便明显不同,因此疲劳寿命可以采用两种量度来表示,即服务寿命和破裂寿命。服务寿命为试件能力降低到某种预定状态所必需的加载累积次数;破裂寿命为试件完全破裂所需的加载累积次数。如果试件破坏都被定义为在连续重复加载下完全裂开时,则服务寿命与破裂寿命两者相等。

应用现象学法进行疲劳试验时,可以采用控制应力和控制应变两种不同的加载模式。应力控制方式是指在反复加载过程中所施加荷载(或应力)的峰谷值始终保持不变,随着加载次数的增加最终导致试件断裂破坏。这种控制方式可以以完全断裂作为疲劳损坏的标准。

应变控制方式是指在反复加载过程中始终保持挠度或试件底部应变峰谷值不变。由于在这种控制方式下,试件通常不会出现明显的断裂破坏,一般以混合料劲度下降到初始劲度 50%或更低为疲劳破坏标准。

沥青混合料的疲劳特性由下式表征控制应变方式:

$$N_f = C\left(\frac{1}{\varepsilon_0}\right)^m \tag{5-50}$$

控制应力方式：

$$N_f = k\left(\frac{1}{\sigma_0}\right)^n \tag{5-51}$$

式中： N_f——达到破坏时的重复荷载作用次数；

ε_0、σ_0——初始的弯拉应变和弯拉应力；

C、m、k、n——由试验确定的参数。

Monismith 等人根据进一步的研究工作，建议了可应用于更一般的沥青混合料的疲劳方程：

$$N_f = a\left(\frac{1}{\varepsilon_0}\right)^b\left(\frac{1}{s_0}\right)^c \tag{5-52}$$

式中：s_0——沥青混合料的初始劲度；

a、b、c——由试验确定的参数。

选用何种荷载模式的疲劳试验能够较好地反映路面的疲劳特性，或者说，选用应力控制还是应变控制进行路面疲劳强度设计，主要考虑以下两个因素：

①何种荷载模式能够更好地反映沥青混合料在路面中受行车荷载作用的疲劳特性。

②路面结构中，沥青混合料的应力应变状态更接近于哪类荷载模式。

(2)力学近似法

力学近似法是用断裂力学原理来分析路面材料的开裂，并用以预测材料疲劳寿命的一种方法。由于这种方法是将应力状态的改变作为开裂、几何尺寸及边界条件、材料特性及其统计变异性的结果来考虑，并能对裂缝的扩展和材料中疲劳的重分布所起的作用进行分析，因此它有助于人们认识破坏的形成和发展机理。

试验常采用切口试件，将梁式试件做成单边 V 形或 U 形槽口，进行弯曲或拉伸试验。

应用这一方法的疲劳寿命被定义为在一定的应力状态下，材料的损坏按照裂缝扩展定律，从初始状态增长到危险和临界状态的时间。

根据目前已有的疲劳裂缝扩展规律公式进行比较的结果，较为普遍的倾向是认为 P. C. Paris 的裂缝扩展公式最适合于沥青混合料的情况。

根据 P. C. Paris 理论，裂缝扩展规律为

$$\frac{dc}{dN} = AK^n \tag{5-53}$$

式中：c——裂缝长度；

N——荷载作用次数；

A、n——材料常数；

K——应力强度因子，是与荷载、试件几何尺寸和边界条件有关的参数。

2.沥青混合料疲劳的评价方法

应用现象学法进行疲劳试验的方法很多，归纳起来可以分为四类。第一类是实际路面在真实汽车荷载作用下的疲劳破坏试验，以美国著名的 AASHTO 试验路为代表。第二类是

足尺路面结构在模拟汽车荷载作用下的疲劳试验研究,包括环道试验和加速加载试验,主要有澳大利亚和新西兰的加速加载设备(ALF)、南非国立道路研究所的重型车辆模拟车(NVS)、美国华盛顿日立大学的室外大型环道和重庆公路科学研究所的室内大型环道疲劳试验。第三类是试板试验法。第四类是试验室小型试件的疲劳试验研究。由于前三类试验研究方法耗资大、周期长,开展得并不普遍,因此大量采用的还是周期短、费用少的室内小型疲劳试验,包括脉冲压头式、轮胎加压式、动轮轮迹式和动板轮迹式等。其中动轮轮迹式是采用车辙试验机来了解沥青混合料块体的疲劳特性。试验采用轮胎在沥青混凝土块体上滚动,沥青试块用橡胶垫支承,设备能够测量块体底部应变并检验裂缝的产生和发展。

试件试验法汇总见表 5-42。迄今为止,各国均没有将疲劳试验作为标准试验方法纳入规范。北美大多数采用梁式试件进行反复弯曲疲劳试验;欧洲大多采用悬臂 T 形梁试件,在其端部施加正弦形的反复荷载;也有采用圆柱体试件,进行间接拉伸疲劳试验的。

沥青混合料疲劳试验汇总 表 5-42

试验方法	加载方式	应力分布	加载波形	加载频率(Hz)	应力状态
三分点弯曲			带间隙的半正弦波	1~1.67	单轴
中点弯曲			带间隙的正弦、三角或方波	最大 1/100	单轴
不规则四边			带间隙的正弦三角波形	25 或 1/100	单轴
旋转悬臂 10℃				16.67	单轴
单轴				8.33~25	单轴

续上表

试验方法	加载方式	应力分布	加载波形	加载频率(Hz)	应力状态
间接拉伸	(圆形试件竖向加载示意)	水平 拉压 / 竖直 拉压 / 拉压	水平 拉压 / 竖向 拉压	1.0	双轴
支承梁弯曲	(梁中点加载示意)	压/拉	半正弦	0.75	单轴

简单弯曲试验主要有3种形式：中点加载或三分点加载、旋转悬臂梁、梯形悬臂梁。

三分点加载试验设备包括加州伯克莱分校和沥青协会使用的两种，前者采用的试件尺寸为38.1mm×38.1mm×38.1mm，后者采用的试件尺寸为美国公路战略研究计划提出的压实沥青混合料重复弯曲疲劳寿命测定的标准试验方法（SHRP M-009），也是通过三分点加载，试件尺寸为50mm×63.5mm×381mm，试验温度20℃，加荷频率5～10Hz，采用应变控制模式测定试件劲度降低到初始劲度50%的荷载循环次数。

阿姆斯特丹的壳牌试验室采用中点加载方式，试件尺寸为30mm×40mm×230mm，试验在应变控制下进行。

英国诺丁汉大学采用一种旋转的悬臂梁设备，试件竖向安装在旋转悬管轴上，荷载作用于试件顶部，从而使整个试件都受到恒定的弯曲应力作用。大部分试验在10℃和1000r/min速度下进行。

壳牌比利时的研究者和法国LCPC采用T形梁疲劳试验，梁的较粗一端固定，另一端受到正弦变化的应力或应变作用。如梁的尺寸合理，破坏将产生在试件高度和中部区域而不是基部。采用的试件粗端尺寸为55mm×20mm，顶端尺寸为20mm×20mm，高度为250mm。

英国道路与运输研究所（TRRL）采用无反向应力的单轴拉伸试验，加载频率为25Hz，持续时间为40ms，间歇时间0～1s不等。

间接拉伸试验是沿圆柱形试件的垂直径向面作用平行的重复压缩荷载，这种加载方式在沿垂直径向面、垂直于荷载作用方向产生均匀拉伸应力，试验易于操作，被广大研究人员采用。试件直径为100mm，高为63.5mm，荷载通过一宽为12.5mm的加载压条作用在试件上。我国哈尔滨建筑大学则利用圆柱体试件进行了间接拉伸试验（温度15℃，频率1Hz），按照能量理论研究了沥青混合料的疲劳性能，用劈裂蠕变试验建立了疲劳特性的预估模型。

3.沥青混合料疲劳性能影响因素

沥青路面的疲劳寿命除了受荷载条件的影响外，还受到材料性质和环境变化的影响。

(1)荷载条件

①荷载历史

材料的疲劳寿命可按不同的荷载条件来测定。如果在试验的全过程中荷载条件保持不变,则称为试件承受简单荷载;如果试件按某种预定形式重复施加应力的过程中荷载条件改变,即称为承受复合荷载。复合荷载不仅包括应力的改变,而且也包括环境条件(例如温度)的改变。因为温度的改变会引起沥青混合料劲度的变化,因而在相同荷载下的应力将会发生改变。显然,对于相同的沥青混合料,试件承受简单荷载或是复合荷载所表现的疲劳反应是不相同的。

试件在承受简单荷载的情况下,在初始应力和应变相同的条件下,采用两种不同加载模式所得出的疲劳寿命试验结果也是不同的。这是因为在控制应力加载模式中,由于材料劲度随着加载次数的增加而逐渐减小,因而为了要保持各次加载时的常量应力不变,每次加载实际作用于试件的变形就要增加;而在控制应变加载模式中,为了要保持每次加载的常量应变不变,每次加载作用于试件的实际应力则减小。因此,采用不同的加载模式作用于试件的实际受荷状况是不同的。显然,对于相同的材料,在初始应力、应变条件相同的情况下,采用控制应变加载模式,试件达到破坏时的荷载作用次数要大于控制应力加载模式的作用次数。两者之间疲劳寿命的差值,随试件所处的温度条件而有所不同,低温时差值较小,高温时差值较大。

采用弹性层状体系理论对一系列路面结构的分析发现,控制应变加载模式适合于沥青混合料厚度较薄(小于 5cm)和模量较低的路面情况;而控制应力加载模式则适合于沥青混合料厚度较大(大于 15cm)和模量较高的情况。对于介于上述两种情况之间的路面,Monismith 和 Deacon 建议采用如下模式因素参数来判断在保持常量应变和常量应力之间的中间状态时的重复荷载作用性质:

$$MF = \frac{|A| - |B|}{|A| + |B|} \tag{5-54}$$

显然,对于控制应变加载模式,$B=0$,模式因素参数 $MF=1$;对于控制应力加载模式,$A=0$,模式因素参数 $MF=-1$。对于应力和应变都不保持常值的中间模式,其模式因素参数 $MF=-1 \sim 1$,疲劳曲线则介于控制应力与控制应变加载模式的疲劳曲线之间。

②加载频率

分析加载频率对疲劳试验结果的影响是有意义的。作为试验室的加速性能试验,总希望用较短的试验时间,即较快的频率来完成试验,但首先必须了解频率对试验结果的影响。当加载时间为 0.02s 时,相当于车速为 50~60km/h。

图 5-33 是沥青混合料在 3 种加载频率(2Hz、5Hz、10Hz)下劲度的变化规律。由图 5-33 可以看出劲度 S_m 随着加载作用次数增加而下降的趋势;频率对劲度 S_m 有影响,频率越高,则劲度 S_m 也就越大。

③施加应力或应变波谱的形式

通常,在进行疲劳试验时采用较多的应力或应变波谱是单向作用的矩形波、三角形波和半正矢波形,或是交变的正弦波形。试验表明,波谱的形状对疲劳性能的影响并不显著,但是应力或应变波谱是单向作用或是交变作用则可对疲劳试验的结果产生比较显著的影响。通过室内试验发现,当试件承受单向的受拉脉冲时,其疲劳寿命可比承受相等的拉压交变脉冲时提高约 30%。

考虑到车辆荷载通过路面时实际是产生三个连续的交变脉冲而不是通常在试验室采用

的单一脉冲,当车轮接近路面某点材料底部首先受压,在车轮驶越该点时则受拉,然后车辆离开时又受压。Raithy 和 Sterling 曾测量了在沥青混凝土结构层底部的最初压缩变形的脉冲约为随后拉应变脉冲的 1/7。这样,根据上述室内试验结果的资料分析,则可估计路面在实际车轮荷载作用下由于引起应力符号的变更使疲劳寿命比室内单向受拉脉冲条件下将会降低 10%~15%。

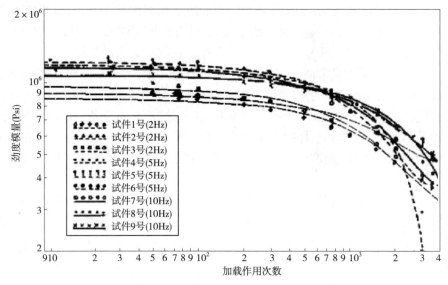

图 5-33　不同频率下的劲度损失曲线

为了简化试验以及可以获得相对大量的数据作比较之用,Epps 和 Monismith 曾建议采用重复方块波或半正矢波谱作为施加应力的图式,并建议应用悬臂梁或三分点荷载的简支梁进行简单荷载试验。

④荷载间歇时间

路面在承受车辆荷载时,在车辆前后轮之间或前后车辆轮载之间都有间隔时间。由于沥青材料具有黏弹性性质,故在荷载之间的间歇时间内沥青路面将产生有利于疲劳微细裂缝愈合的内部应力,因而可以延长其疲劳寿命。野外的现场观测和室内试验都证明了这一点。研究表明,改变荷载波谱形式对疲劳性能的影响不是太大,但是荷载间歇时间对疲劳性能则有较大的影响。

⑤试验方法和试件形状

通过试验比较发现,当采用试件法试验时,采用弯拉试验的疲劳寿命可比单向受拉试验的疲劳寿命至少大 50%;而当采用板式试件试验时,其疲劳寿命甚至比梁式试件在弯曲试验时的疲劳寿命还要高。这些结果说明了路面中的实际应力状态可对材料的疲劳反应产生重要的影响。

(2) 材料性质

①混合料劲度

从疲劳观点来看,沥青混合料的劲度模量是一个重要的材料特性。任何影响混合料劲度的变量,诸如集料与沥青的性质、沥青用量、混合料的压实度与空隙率,以及反映车辆行驶速度的加载时间和所处的环境温度条件等都将会影响到它的疲劳寿命。

据试验结果表明,混合料劲度对疲劳性能的影响,随着加载模式的不同而表现出不同的情况。

在控制应力加载模式中,疲劳寿命随混合料劲度的增加而增加。这是因为混合料的劲度模量愈高,则在相同的常量应力条件下,每次重复荷载产生的应变就愈小,因此,混合料所能承受的疲劳破坏的荷载重复作用次数就愈多。但是,在控制应变加载模式中,疲劳寿命则随混合料劲度的增加而降低,这是因为在相同的常量应变条件下,混合料的劲度模量愈高,每次重复荷载作用于试件的应力就愈大,因而疲劳寿命就缩短。

②混合料的沥青用量

在美国沥青协会1981年的疲劳方程中,沥青的体积比用沥青饱和度VFA作为参数,VFA对沥青混合料的疲劳寿命有重要影响:

$$N_f = S_f \times 10^{4.84(\text{VFA}-0.69)} \times 0.004325 \times \varepsilon_f^{-3.29} \times S_{\text{mix}}^{-0.845} \tag{5-55}$$

式中:S_f——现场试验与试验室试验的相关因素,当开裂率为18.4%时为10。

后来SHRP A-003A的研究也证实了沥青饱和度VFA的重要性。

③沥青的种类和稠度

沥青种类和稠度对沥青混合料疲劳寿命的影响基本上可以用它对混合料劲度的作用来衡量。通常,在控制应力加载模式中疲劳寿命随沥青硬度的增大而增长;在控制应变加载模式中则出现相反的情况,即沥青越软,疲劳寿命越长。

④混合料的空隙率

试验结果表明,混合料的疲劳寿命随孔隙率的降低而显著增长。这个规律,既适用于控制应力加载模式的试验,也适用于控制应变加载模式的试验。

通常,密级配混合料要比开级配混合料有较长的疲劳寿命。一般情况下,混合料的空隙率随填料用量的增多而减小。

⑤集料的表面性状

由于集料的表面纹理、形状和级配可以影响混合料中的空隙结构,即空隙的大小、形状与连贯状况以及沥青的适宜用量和沥青同集料的相互作用情况,可以对疲劳寿命表现出不同的影响。

棱角尖锐、表面粗糙的开级配集料通常由于难以压实而造成高的空隙率,这可能是引起裂缝的原因并进而导致沥青混合料疲劳寿命的缩短。另一方面,粗糙有棱角但级配良好的集料可以产生劲度值相对高的混合料,而纹理光滑的圆集料会形成劲度较低的混合料,因而对疲劳可以产生不同的影响。

(3)环境条件

温度、湿度以及路面在使用过程中使混合料性质发生本质改变的大气因素对疲劳性能都会产生极为重要的影响。

①温度

在控制应力加载模式试验中,表现为疲劳寿命随温度的降低而增长。但是,在采用控制应变加载模式时,当试验在低温进行时,疲劳寿命较少地依赖于温度;而当温度增加时,则疲劳寿命随之增长。

温度在一定限度内下降时,沥青混合料的劲度增大,试件在承受一定应力的条件下所产生的应变就小,因而在控制应力加载模式的试验中导致有较长的疲劳寿命;而在控制应变加载模式的试验中,温度增加引起混合料劲度降低,使裂缝扩展速度变小而导致疲劳寿命延长。

②湿度

关于湿度和大气因素对沥青路面疲劳寿命的影响,目前这方面的研究成果较少。预计湿度的作用可使混合料的劲度减少,沥青混合料在大气因素作用下的老化过程可使其劲度增高。

沥青混合料在这些因素作用下的疲劳反应可以通过劲度的变化体现。B. A. Valerge、F. N. Finn 和 R. C. Hicks 为了研究老化对沥青混凝土疲劳性能的影响,进行了室内试验研究,得出了类似的结论。通常,老化沥青混合料的抗疲劳性能要比未老化沥青的混合料差。

4.沥青混合料疲劳寿命预估

研究沥青混合料的疲劳特性是一项耗资巨大的课题,因为广泛而系统地进行大量的试验研究实际上是困难的。为此,许多学者对已有的疲劳研究成果进行了深入的研究分析,以期得到能够用于预估沥青混合料疲劳寿命的数学模型,以节省疲劳试验大量消耗的时间和资金。现有的预估沥青混合料疲劳寿命的方法,都是应用测试统计方法和近似法而得到的,归纳起来有以下几种:

(1)库泊·佩尔(Cooper Pell)法

库泊·佩尔法是根据 47 条常应力弯曲疲劳曲线而建立起来的。库泊与佩尔假定,在 $\lg N$—$\lg \varepsilon$ 曲线图中,所有的疲劳关系线都聚焦于一点,该点的坐标为 $N=40, \varepsilon=6.3\times10^4$。

焦点与所有疲劳关系线方程 $N=c\varepsilon^{-m}$(其中,$m=\alpha\lg c+\beta$)的系数 m 与 c 之间的相关性有关。疲劳线的第二点由下式确定:

$$\lg N(\varepsilon=10^{-4}) = 4.13\lg V_B + 6.95\lg T_{R\&B} - 11.3 \tag{5-56}$$

式中:V_B——沥青混合料中沥青的体积率(%);

$T_{R\&B}$——沥青软化点(℃)。

这个方法是建立在温度为 10℃ 所做的常应力疲劳试验基础之上的,未考虑温度影响。同时该方法假定所有的疲劳关系线都聚焦于一点也是令人有疑义的,因为尽管 m 与 c 之间有很好的相关关系,但并非所有的疲劳关系线都会聚焦于一点。

(2)富伦肯(CRR)法

比利时弗朗肯(L. Francken)使用二点弯曲仪,在 15℃ 温度下以 54Hz 的频率对 40 种沥青混合料进行了常应力疲劳试验,根据试验结果导出下列方程:

$$\varepsilon = \Lambda \cdot G \frac{V_B}{V_V + V_B} \left(\frac{N}{10^6}\right)^{-0.21} \tag{5-57}$$

式中:V_V——沥青混合料中空隙率(%);

V_B——沥青混合料中沥青体积率(%);

Λ——沥青中沥青烯含量 $a\%$ 的函数;

G——与集料级配有关的参数,$1<G<3$,一般为 1.0;

N——加载次数。

所试验的 40 种沥青混合料中空隙率的变化范围不大,其中,36 种空隙率在 3.5% ~ 7.0%。由于试验是在同一温度下进行,故该方法未考虑温度对疲劳的影响。应当指出,沥青烯的含量对沥青针入度指数有影响,另外混合料的体积构成也对其疲劳性能产生影响。

(3) 美国沥青协会法

美国沥青协会于 1981 年提出的疲劳方程式为:

$$N_f = S_f \times 10^{4.84(VFA-0.69)} \times 0.004325 \, \varepsilon_f^{-3.291} S_m^{-0.845} \tag{5-58}$$

式中:S_f——将室内试验结果变换为现场预估值的变换系数,对于路面开裂面积为 10%,建议变换系数 $S_f = 18.4$;

ε_f——拉应变;

S_m——在现有耐用性指数 PSI 条件下混合料的劲度模量;

VFA——沥青饱和度。

(4) SHRP 法

美国 SHRP A-003 项目于 1994 年提出了如下方程式,用于预估沥青混凝土的疲劳寿命:

$$N_f = S_f \times 2.738 \times 10^5 \times e^{0.077VFA} \times \varepsilon_0^{-3.624} \times S_0^{-2.720} \tag{5-59}$$

式中:S_f——变换系数,对于路面开裂面积 10%,建议 $S_f = 10$;对于路面开裂面积 45%,建议 $S_f = 14.0$;

e——自然对数的底;

VFA——沥青饱和度;

ε_0——应变水平;

S_0——弯曲试验所测损失劲度(Loss Stiffness)。

5. 室内疲劳试验与路面使用性能的关系

室内疲劳试验的条件与实际路面的工作条件是有很大差别的。例如,室内试验时试件是在恒定的温度下承受一定频率的连续荷载作用,且试件在有限的支承下进行;而路面是处于复杂环境温度下,作用的车轮荷载其大小、频率、间歇时间均不规则,同时路面下是有基层支承的,与室内疲劳试验条件完全不同。

疲劳试验的主要难点在于建立室内试验结果与路用性能之间的关系。一般来说,室内应力控制疲劳试验大多低估了实际路面性能,因而室内试验裂缝扩展所需荷载作用次数较少,而在路面结构中,即使路面已产生开裂却仍能承受车轮荷载的作用,这主要是因为沥青下层的支承作用。另外,在路面中轮载有横向分布的问题,该因素估计也要使疲劳寿命增加。为了使室内的疲劳试验结果能运用于预估路面的疲劳寿命,需要建立两者的联系。通常的方法是根据对路面使用性能的要求所定的破坏标准(裂缝率),将路面达到这一破坏标准时的累计交通量同室内试验得出同类沥青混合料的疲劳寿命相比较,由此得到一修正系数,利用此修正系数修正室内试验结果。然而,两者之间并无唯一的关系,同时各研究者建议的修正系数也不尽相同,因为这与试验方法、试验条件和模拟现场,以及沥青性质、试验温度、加载方式等都有关系。

1975 年库泊和佩尔提出,考虑荷载作用间歇时间影响系数为 5,裂缝扩展影响系数为 20,总的修正系数为 100,即室内疲劳试验试验结果乘上 100 倍为路面使用寿命。1982 年布朗(Brown)则提出间歇时间系数为 20,裂缝扩展系数为 20,荷载横向分布系数为 1.1,这样总的修正系数为440。然而美国沥青协会的疲劳方程仅考虑了18.4倍的修正系数。可见就修正系数这一问题还有待进一步研究。

第六节 SHRP 沥青混合料设计方法

一、Superpave 设计水平1混合料设计方法

美国 SHRP 研究成果《Superpave 混合料设计体系规范和实践手册》是一套从轻交通到重交通道路的混合料设计方法,根据交通量不同,按表5-43分为3个设计水平。

设计水平1、2、3与相应的设计交通量　　　　　表5-43

设计水平	水平1	水平2	水平3
设计交通量 (80kN EASL)	轻交通 ≤10⁶	中等交通量 ≤10⁷	重交通量 >10⁷
试验要求	选择材料和体积配合比	水平1+性能预测试验	水平1+增加的性能预测试验

可见,设计水平1不仅用于低交通量,而且也是各级设计水平的基础。

1. 材料的选择

选择沥青、集料和改性剂应根据环境、交通条件和路面要求的性能而定。选择时须权衡性能要求和材料的经济性。

(1) 沥青胶结料等级的确定

表5-44给出了 Superpave 胶结料规范中现在的胶结料等级。

Superpave 胶结料等级　　　　　表5-44

高温等级(℃)	低温等级(℃)						
PG-46	−34	−40	−46				
PG-52	−10	−16	−22	−28	−34	−40	−46
PG-58	−16	−22	−28	−34	−40		
PG-64	−10	−16	−22	−28	−34	−40	
PG-70	−10	−16	−22	−28	−34	−40	
PG-76	−10	−16	−22	−28	−34		
PG-82	−10	−16	−22	−28	−34		

① 设计温度的确定

选择胶结料等级有3个考虑因素,即地理区域、路面温度和气温。

采用每年最热的7d并计算这7d的平均最高气温,对于所有的年份,计算7d平均最高气温的平均值和标准差。同样,鉴别每一年的1d最低气温并计算平均值和标准差。用于选择沥青胶结料等级的设计温度是路面温度而不是气温。对于表面层,Superpave 定义最高路面设计温度是在路表面以下20mm深处,而最低路面设计温度在路表面。用净热流和能量平衡理论分析实际情况,并对太阳能吸收(0.90)、通过空气的辐射传送(0.81)、大气辐射(0.70)和风速(4.5m/s)进行考虑,由此,最高路面设计温度为:

$$T_{max} = (T_{air} - 0.00618 L_{at}^2 + 0.2289 L_{at}^2 + 42.2) \times 0.9545 - 17.78 \qquad (5-60)$$

式中：T_{max}——20mm 深处最高路面设计温度；

T_{air}——7d 平均最高气温(℃)；

L_{at}——项目所在地的地理纬度。

在 Superpave 中采用式(5-61)确定最低路面设计温度，即：

$$T_{min} = 0.859 T_{air} + 1.7 \tag{5-61}$$

在选择胶结料等级中，使用可靠度以选定最高和最低路面温度设计风险的程度。可靠度是在一年实际温度(1d 最低温度或 7d 最高温度)不超过设计温度的概率。

②根据路面温度选择胶结料等级

举例说明，为了达到最少 50% 的可靠度并提供最少 52℃ 的平均最大路面温度，配合设计温度为 52℃，标准高温等级为 PG-52；同样的道理，配合设计温度为 -16℃，达到 50% 的可靠度，标准低温等级是 PG-16。为获得最少 98% 的可靠度，选择标准高温等级 PG-58 以防止 56℃ 以上的温度，选择标准低温等级 PG-28 以防止低于 -23℃ 是必要的。PG58-28 的高温和低温情况，由于在标准等级之间有 6℃ 的差异，所以实际的可靠度超过 99%。

③根据交通速率和荷载调整胶结料等级选择

上述沥青胶结料的选择是根据典型的公路荷载条件来决定的。如设计车速不高，胶结料应选择高一级的高温等级，如用 PG64 代替 PG58。

对于重载交通应进行附加的换算。若设计交通超过 10000000ESAL，则要求根据气候选择高一级的高温等级。若设计交通超过 30000000ESAL，则要求选择再高一级的高温等级。

根据路面最低和最高设计温度和交通条件参照表 5-45 确定胶结料的等级。

胶结料等级的选择 表 5-45

最低路面设计温度（℃）							
>-10	PG46-10	PG52-10	PG58-10	PG64-10	PG70-10	PG76-10	PG82-10
-10~-16	PG46-11	PG52-16	PG58-16	PG64-16	PG70-16	PG76-16	PG82-16
-16~-22	PG46-12	PG53-2	PG58-22	PG64-22	PG70-22	PG76-22	PG83-2
-22~-28	PG46-13	PG53-8	PG58-28	PG64-28	PG70-28	PG76-28	PG83-8
-28~-34	PG46-14	PG52-34	PG58-34	PG64-34	PG70-34	PG76-34	PG82-34
-34~-40	PG46-15	PG52-40	PG58-40	PG64-40	PG70-40	PG76-40	PG82-40
-40~-46	PG46-16	PG52-46	PG58-46	PG64-46	PG70-46	PG76-46	PG82-46

（2）集料的选择

粗集料(2.36mm 筛余)和细集料(通过 2.36mm 筛)的具体要求见表 5-46。

Superpave 混合料设计要求 表 5-46

设计 ESALs（百万次）	粗集料棱角 在路面下深度(mm)		细集料棱角 在路面下深度(mm)		砂当量	扁平细长颗粒（%）	矿粉与有效沥青用量比
	<100	>100	<100	>100			
<0.3	55/—	—/—	—	—	40	—	0.6~1.2
<1	65/—	—/—	40	—	40	—	0.6~1.2
<3	75/—	50/—	40	40	40	10	0.6~1.2
<10	85/80	60/—	—	—	45	10	0.6~1.2

续上表

设计 ESALs（百万次）	粗集料棱角 在路面下深度(mm)		细集料棱角 在路面下深度(mm)		砂当量	扁平细长颗粒（%）	矿粉与有效沥青用量比
	<100	>100	<100	>100			
<30	95/90	80/75	45	40	50	10	0.6~1.2
<100	100/100	95/90	45	45	50	10	0.6~1.2
>100	100/100	100/100	45	45	50	10	0.6~1.2

注:85/80 表示85%的粗集料有一个或一个以上的破碎面,80%的粗集料有两个或两个以上的破碎面,其余同理。

①粗集料棱角

为了确保粗集料有高的内摩阻力和车辙抗力,定义为大于4.75mm集料具有一个或一个以上破碎面的重量百分率。

②细集料棱角

为了保证细集料有高的内摩阻力和车辙抗力,定义为小于2.36mm松压集料的空隙百分率(AASHTO TP33)。较高的空隙含量意味着较多的破碎面。

③粗集料的扁平与细长颗粒

指最大与最小尺寸比率大于5的粗集料的质量百分率。使用的试验方法是ASTM D4791"粗集料中的扁平或细长颗粒",用大于4.75mm的粗集料进行试验。

④黏土含量

包含在通过4.75mm筛的集料中的黏土百分率。用AASHTO T176测定"用砂当量试验级配集料和土中的塑性细颗粒"(ASTM D2419)。

⑤集料的坚固性

集料在洛杉矶磨耗试验中材料损失的百分率(AASHTO T96 或 ASTM C131 或 C535)。推荐最大损失值范围为35%~45%。

⑥安定性

集料在钠或镁的硫酸盐安定试验中的质量损失百分率(AASHTO T104 或 ASTM C88)。试验结果是对于规定循环次数的各种筛孔间隔总的百分损失率,对于5次循环,最大损失值范围为10%~20%。

⑦有害物质

定义为黏土块、页岩、木材、云母和煤这样的材料在集料中的质量百分率(AASHTO T112 或 ASTM C142)。可用粗集料和细集料进行分析。有害颗粒存在的最大容许百分率的范围为0.2%~10%。

(3)级配

对规定级配,Superpave采用0.45次方级配图表来定义容许级配。图表的纵坐标是通过百分率,横坐标是筛孔尺寸的0.45次方。最大密度级配为从最大粒径到原点的一条直线,Superpave使用如下集料尺寸定义。

最大尺寸:大于公称最大尺寸的筛孔尺寸。

公称最大尺寸:大于第一级筛,筛余多于10%的筛孔尺寸。

最大密度级配:集料颗粒以最密实的可能排列配合在一起的级配。

Superpave 采用控制点和一个限制区来规定集料级配。控制点分别放在公称最大筛、一个中等筛(2.36mm)和最小筛(0.075mm)处,见表 5-47~表 5-49。它们是级配必须通过的主要区域。

最大公称尺寸 25mm   表 5-47

筛孔尺寸(mm)	控制点范围(通过百分率,%)	
	最小	最大
0.075	1	7
2.36	19	45
19	—	90
最大公称尺寸	90	100
最大集料尺寸	100	—

最大公称尺寸 19mm   表 5-48

筛孔尺寸(mm)	控制点范围(通过百分率,%)	
	最小	最大
0.075	2	8
2.36	23	49
12.5	—	90
最大公称尺寸	90	100
最大集料尺寸	100	—

最大公称尺寸 12.5mm   表 5-49

筛孔尺寸(mm)	控制点范围(通过百分率,%)	
	最小	最大
0.075	2	10
2.36	28	58
9.5	—	90
最大公称尺寸	90	100
最大集料尺寸	100	—

限制区处于沿最大密度级配线中等筛和 0.3mm 筛之间。由于限制区特有的驼峰形,通过这个区的级配称为"驼峰级配"。在多数情况下,驼峰级配表示为一种多砂混合料,或相对于总砂量来说拥有较多细砂的混合料,这种级配常引起施工中混合料压实问题,并降低抗永久变形的能力。集料限制区的边界如表 5-50 所示。当交通量增大时,建议级配向最小控制点移动。

集料的限制区边界   表 5-50

限制区内筛孔尺寸(mm)	最大公称尺寸,最大、最小边界(最小/最大通过百分率)				
	37.5mm	25.0mm	19.0mm	12.5mm	9.5mm
4.75	34.7/34.7	39.5/39.5	—		
2.36	23.3/27.3	36.8/30.8	34.6/34.6	39.1/39.1	47.2/47.2

续上表

限制区内筛孔尺寸(mm)	最大公称尺寸,最大、最小边界(最小/最大通过百分率)				
	37.5mm	25.0mm	19.0mm	12.5mm	9.5mm
1.18	15.5/21.5	18.1/24.1	22.3/28.3	25.6/31.6	31.6/37.6
0.6	11.5/15.7	13.6/17.6	16.7/20.7	19.1/23.1	23.5/27.5
0.3	10.0/10.0	11.4/11.4	13.7/13.7	15.5/15.5	18.7/18.7

2.设计集料的结构

(1)试件体积特性计算

评价集料特性以后,下一步是压实试件并确定每种试件的体积特性。

①混合料的有效密度

$$G_{se} = G_{sb} + 0.8(G_{sa} - G_{sb}) \tag{5-62}$$

式中:G_{se}——集料的有效密度;

G_{sb}——集料的毛体积密度;

G_{sa}——集料的表观密度。

系数0.8可根据设计者的判断而改变,吸水性集料更接近0.6或0.5。

②吸收进集料中的沥青体积

$$V_{ba} = w_s \times \left(\frac{1}{G_{se}} - \frac{1}{G_{sb}}\right) \tag{5-63}$$

式中:V_{ba}——吸收的胶结料体积;

w_s——混合料重量百分率:

$$w_s = \frac{P_s \times (1 - V_a)}{\dfrac{P_b}{G_b} + \dfrac{P_s}{G_{se}}}$$

P_b——沥青用量(实测或假定为0.05);

P_s——集料的质量百分率(实测或假定为0.95);

G_b——胶结料的密度(实测或假定为1.02);

V_a——空隙率(假定为混合料的4%)。

③有效沥青的体积

$$V_{be} = 0.176 - 0.0675 \lg(S_n) \tag{5-64}$$

式中:S_n——集料的最大公称尺寸(mm)。

④初始试用沥青胶结料含量

$$P_{bi} = \frac{G_b \times (v_{be} + v_{ba})}{G_b \times (v_{be} + v_{ba}) + w_s} \times 100\% \tag{5-65}$$

(2)试件制备与压实

本方法用Superpave旋转压实机制备沥青混合料试件。

①试件尺寸

用于Superpave水平1混合料设计的压实试件的尺寸为直径150mm,高115mm。根据

AASHTO T209/ASTM D2041,保留未压实状态的试样用于确定最大理论密度;水损害试验采用 AASHTO T283 方法,试件高为 95mm。

②试件压实次数确定

根据交通量等级和平均设计气温来选择设计旋转压实次数,其步骤如下。

根据表 5-51 确定设计旋转压实次数 N_d。表中给出不同交通量和 7d 最高平均气温初始旋转压实次数 N_i,设计旋转压实次数 N_d 和最大旋转压实次 N_m。

设计旋转压实次数表　　　　表 5-51

设计 ESALs（百万次）	7 天最高平均气温(℃)											
	<39			39~40			41~42			43~44		
	N_i	N_d	N_m	N_i	N_d	N_m	N_i	N_d	N_m	N_i	N_d	N_m
<0.3	7	68	104	7	74	114	7	78	121	7	82	127
<1	7	76	117	7	84	129	7	88	138	8	93	146
<3	7	86	134	8	95	150	8	100	158	8	105	167
<10	8	96	152	8	106	169	8	113	181	9	119	192
<30	8	109	174	9	121	195	9	128	208	9	135	220
<100	9	126	204	9	139	228	9	146	240	10	153	253
≥100	9	143	235	10	158	262	10	165	275	10	172	288

N_d 是达到空隙率 4% 时的旋转次数,根据交通量和平均气温确定;N_m 是混合料密度小于最大理论密度 98% 或空隙率大于 2% 的最大旋转压实次数;N_i 是混合料密度小于最大理论密度 89% 的最大旋转压实次数。

③短期老化后试件压实

采用 SHRP M-007 松散沥青混合料短期老化后,按照 AASHTO TP4(SHRP M-002)旋转压实仪压实试件,该仪器可自动采集试件压实次数与试件密度。Superpave 混合料设计压实要求如表 5-51 所示。

④测定混合料最大理论密度

(3)数据分析与表示

由于初始试验沥青混合料的空隙率不可能正好为 4%,所以数据分析的目的是对沥青用量进行调整,调整方法如下。

①通过计算估算的毛体积相对密度

在压实中,每次旋转后测量并记录高度,测量压实试件的 G_{mb} 和松散混合料的 G_{mm}。估算旋转数的 G_{mb} 可通过用压实模的体积除混合料的质量来得到,即:

$$G_{mb} = \frac{\dfrac{w_m}{V_{mx}}}{\gamma_w} \tag{5-66}$$

式中:G_{mb}——试件压实中估算的毛体积相对密度;

　　　w_m——试样的质量(g);

　　　γ_w——水的密度(g/cm³);

V_{mx}——压实模的体积(cm^3),由下式计算,即:

$$V_{mx} = \frac{\pi d^2 h_x}{4} \times 0.001 \tag{5-67}$$

式中:d——试件的直径,取 150mm;

h_x——压实中试件的高度(mm)。

计算时假定试件为平滑圆柱体,但实际情况并非如此。因此,在 N_d 时最终估算的 G_{mb} 不同于量测的 G_{mb},则被估算的 G_{mb} 将用量测值与估算值的比值来进行修正,即:

$$C = \frac{G_{mb}(量测)}{G_{mb}(估算)} \tag{5-68}$$

式中:C——估算系数。

在任何旋转次数,估算的 G_{mb} 为:

$$G_{mb}(修正) = C \times G_{mb}(估算) \tag{5-69}$$

②集料的最大公称尺寸确定 VMA

不同的最大公称尺寸要求的 VMA 不同,表 5-52 给出了最大公称尺寸要求的最小 VMA 值。

③确定旋转次数 N_d 后的空隙率 V_a 和 VMA

N_d 时的空隙率 V_a 和 VMA 为:

$$V_a = \frac{G_{mm} - G_{mb}}{G_{mm}} \times 100\% \tag{5-70}$$

$$VMA = 100 - \frac{G_{mb} \times P_s}{G_{mb}} \tag{5-71}$$

式中:V_a——N_d 时的空隙率;

G_{mm}——混合料的最大理论密度;

G_{mb}——混合料的毛体积密度;

P_s——混合料总质量中的集料含量百分率。

④依据空隙率判断是否需要估算沥青含量

如果空隙率等于 4%,则这个数据与体积标准进行比较并完成混合料的分析。然而,如果在 N_d 时空隙率不是 4%(这是典型情况),则须确定在 N_d 达到 4%的空隙时的设计沥青用量,并计算在估算的沥青用量下的估算设计性能。

用下式计算在 N_d 等于 4%空隙的估算沥青含量

$$P_b(估算) = P_{bi} - 0.4 \times (4 - V_a) \tag{5-72}$$

式中:$P_b(估算)$——估算的沥青用量,混合料质量百分率;

P_{bi}——初始沥青用量,混合料的质量百分率;

V_a——在 N_d 时的空隙率(试验测得)。

⑤体积指标的计算

此沥青用量时的 N_d 的体积指标(如 VMA 和 VFA)为:

对 VMA:

$$VMA(设计) = VMA(试验) + C \times (4 - V_a) \tag{5-73}$$

式中:VMA(设计)——在设计空隙率4%下的VMA;
　　VMA(试验)——在初始试验沥青用量下确定的VMA;
　　　　　C——常数,当V_a小于4%时,$C=0.1$,当V_a大于4%时,$C=0.2$。
对VFA:

$$\text{VFA(设计)} = 100 \times \frac{\text{VMA(设计)} - 4.0}{\text{VMA(设计)}} \tag{5-74}$$

(4)粉胶比的确定

粉胶比以通过0.075mm筛孔的材料质量百分率除以有效沥青含量进行计算。有效沥青含量为:

$$P_{be} = P_b(\text{设计}) - P_s \times \gamma_b \times \frac{G_{se} - G_{sb}}{G_{se} \times G_{sb}} \tag{5-75}$$

式中:P_{be}——有效沥青含量,混合料的质量百分率;
　　P_s——集料含量,混合料的质量百分率;
　　γ_b——沥青的密度;
　　G_{se}——集料有效密度;
　　G_{sb}——集料毛体积密度。
则粉胶比为

$$\text{DP} = \frac{P_{0.075}}{P_{be}} \tag{5-76}$$

式中:$P_{0.075}$——通过0.075mm筛孔的集料含量,以集料质量百分率表示。

(5)Superpave混合料体积设计标准

表5-52给出了Superpave混合料体积设计要求。

Superpave 混合料体积设计要求 表5-52

设计 ESALs (百万次)	要求密度 (最大理论密度,%)			最小矿料间隙率(%)					VFA	粉胶比
				最大公称尺寸						
	N_i	N_d	N_m	37.5	25	19	12.5	9.5		
<0.3	≤91.5								70~80	
0.3~3	≤90.5								65~78	
3~10		96	≤98	11.0	12.0	13.0	14.0	15.0		0.6~1.2
10~30	≤89.0									
>30										

3.确定设计沥青用量

设计沥青用量的目的是在设计旋转次数条件下产生4%空隙率的沥青用量。因此应对不同的沥青用量情况下的试件进行评价,以得到设计沥青用量,其步骤如下。

(1)选择4个沥青用量

以初始沥青用量P_b、$P_b-0.5\%$、$P_b+0.5\%$、$P_b+1.0\%$这4种沥青用量作为评价基础。

(2)成型4种沥青用量的混合料试件

根据表5-52选择N_i、N_d、N_m。采用SHRP M-007松散沥青混合料短期老化后,按照

AASHTO TP4(SHRP M-002)旋转压实仪压实试件，并测定试件的最大理论密度。

(3)选择相应于空隙率为4%的沥青用量

①评价4种沥青用量的密度曲线，测量N_i、N_d、N_m时相应的混合料的密度C_i、C_d、C_m。

②确定相应于N_d条件下的V_a、VMA和VFA。

③绘出沥青用量与V_a、VMA、VFA及C_d的关系曲线图，由该图确定空隙率为4%时的设计沥青用量。

④验证在设计沥青用量时是否满足Superpave要求，如表5-52所示。

4.水敏感性评价

水敏感性试验按AASHTO T283法进行，步骤如下：

(1)按设计级配和设计沥青用量，用AASHTO TP4(SHRP M-002)旋转压实仪成型6个试件，但空隙率为7%。

(2)将试件分成两组。第一组为非条件试件，试件放在塑料袋内封好，放入25℃水浴至少2h后进行试验。第二组为条件试验，其条件为：加蒸馏水淹没试件，水深25.4mm加真空254~660mmHg，时间5~10min。恢复常压，浸水5~10min。测试饱水率，饱水率>80%的试件剔除，<55%的试件则再饱水。将合格的试件放入塑料袋内，加水10mL后将塑料袋扎紧。将试件在(-18±3)℃的环境中冰冻至少16h。再将试件在(60±1)℃的水浴中浸泡24h。去掉塑料袋，放入(25±0.5)℃水浴中，2h后试验。用50mm/min的加载速率进行劈裂强度试验，测定条件前后的劈裂强度比(TSR)。如果劈裂强度比小于80%，则应加抗剥落剂再重新试验，直到TSR大于80%为止。

二、Superpave设计水平2混合料设计方法

设计水平2混合料设计是在设计水平1的基础上进行的。根据2级水平设计，可以预估路面随时间而产生的永久变形、疲劳开裂和低温开裂程度。水平设计2试验包括在有效温度(T_{eff})完成的试验，虽然这些结果对性能预测精度还不够，但试验非常简化。

由于永久变形和疲劳开裂是在不同温度形成的，因此采用两个有效温度，即T_{eff}(PD)和T_{eff}(FC)。T_{eff}(PD)是单一温度，在该温度预测永久变形与多个温度分析所预测的将相同。T_{eff}(FC)也是单一温度，在该温度将形成与按一年各个季节分别测量相同的疲劳破坏次数。设计水平2的性能试验见表5-53。

设计水平2的性能试验　　　　表5-53

永久变形试验	疲劳开裂试验	低温开裂试验
恒应力比重复剪切(三重蠕变)	有效温度时频率扫描	0℃，-10℃，-20℃时，间接拉伸蠕变
有效温度时的恒高度简单剪切	有效温度时恒高度简单剪切	-10℃时，间接抗拉强度
有效温度时频率扫描	有效温度时间接抗拉强度	胶结料弯曲梁试验的蠕变劲度(S)和斜率

三、Superpave设计水平3混合料设计方法

设计水平3混合料设计类似于设计水平2，使用一套更完整的试验代替有效温度，使预测更为精确。设计水平3以体积设计为基础，选择三个沥青用量，进行混合料性能试验。通过对试验结果的评价，预测路面性能。混合料设计水平3性能试验内容见表5-54。

设计水平 3 的性能试验　　　　　　　　　　表 5-54

永久变形	疲劳开裂	低温开裂
恒应力比重复剪切（T_{eff}PD）	恒高度频率扫描（4℃、20℃、40℃）	间接拉伸蠕变（4℃、20℃、40℃）
体积（4℃、20℃、40℃）	间接抗拉强度（50mm/min）（4℃、20℃、40℃）	间接抗拉强度（12.5mm/min）（-20℃、-10℃、0℃）
单轴应变（4℃、20℃、40℃）		
恒高度频率扫描（4℃、20℃、40℃）		
恒高度简单剪切（4℃、20℃、40℃）		

SHRP 所提出的混合料设计方法,由于对沥青材料和混合料都是以性能作为考虑问题的出发点,设计成果在某种程度上预测沥青路面的使用性能,因而与马歇尔设计方法相比有了很大进步。然而,由于 SHRP 的设计方法需要昂贵的设备和大量的气象资料,而且试验工作量很大,试验又比较复杂,这些试验一般只适合于研究单位,工程单位实际无法进行。至于 SHRP 混合料设计方法实际上也还存在实践验证的问题。因此,该方法距真正推广应用还有一个相当长的过程。

第七节　沥青混合料的动态模量

一、概述

作为一种典型的黏弹性材料,沥青混合料的变形行为依赖于温度和时间。动态模量能够反映路面在车轮荷载作用下的实际受力状况,是分析沥青路面结构的应力—应变关系的重要参数。通过室内试验建立符合路面实际状态下的动态模量预估模型非常重要。本章归纳介绍了当前常用的动态模量主曲线预估模型的使用范围。

二、动态模量的概念

通常情况下沥青混合料被认为是一种黏弹性体,但现实情况下沥青混合料力学特性体现了黏、弹、塑性的综合。它在低温环境时接近线弹性体,随着温度的升高更接近于黏塑性体,在自然环境状态下较一般的是具中间状态的黏弹性体。加载卸荷后变形不可恢复是沥青混合料黏弹性特性的主要表现,可以用应力应变之间的关系曲线呈现。沥青混合料的黏弹性力学特征主要表现为:材料的应力应变关系与加载的方式及持续的时间有关;材料的应力应变关系与环境温度密切相关;材料在受荷的过程中具有蠕变和应力松弛现象。根据试验的目的采取不同的试验方式,研究沥青混合料黏弹性通常可以采用蠕变试验、应力松弛试验等应变速度试验和动态试验等。其中蠕变试验和应力松弛试验分别是在固定荷载条件下沥青混合料以静载试验的方式研究应变随时间的变化和在固定的应变条件下应力随时间的变化,试验结果得到的是蠕变柔量和松弛模量。当试验以等应变速度进行时,是以固定的应变速度求得应力应变关系曲线,试验结果得到的是切线或割线劲度模量。当采用动态试验时,以某种荷载波形进行加载得到的应变响应也是该种波形,试验能观察到应变相对于应力发生滞后的情况,材料的黏弹性可以用损失模量和储存模量进行描述。因此,研究车辙问题

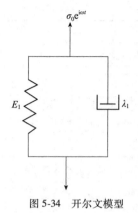

图 5-34 开尔文模型

时通常采用蠕变试验;分析低温缩裂原因时通常采用应力松弛试验;处理疲劳破损时通常采用动态试验,根据研究的目的采取不同的试验方式。

通常使用的动态模量往往指的是复合模量,其定义是:对于具有一定周期和波形的动态荷载,其应力的模(振幅)与材料响应的应变的模(振幅)的比值,称为该应力(荷载)条件下的动态模量。这样定义动态模量能够体现路面结构在动载作用下的受力情况,更符合实际情况。可见沥青混合料黏弹性性质能够用复合模量概念进行描述,可以建立相关力学模型进行解释。通过如图 5-34 所示的开尔文模型阐述动态模量的基本概念。对开尔文模型施加正弦荷载,用复数表示为:

$$\sigma = \sigma_0 \cos(\omega t) + i\sigma_0 \sin(\omega t) = \sigma_0 e^{i\omega t} \quad (5\text{-}77)$$

式中:σ_0——应力幅值(MPa);

ω——角速度(rad/s),与频率的关系为:$\omega = 2\pi f$,f 为加载频率(Hz)。

对材料施加恒稳的正弦波形式的荷载,使得材料受周期荷载影响,这时可以假定初始状态所施加的力产生的扰动,不会对当前稳定状态下的振动产生影响,即运动开始时间 $t = -\infty$。

在不计惯性力作用时,应力应变微分方程表示如下:

$$\lambda_1 \frac{\partial \varepsilon}{\partial t} + E_1 \varepsilon = \sigma_0 e^{i\omega t} \quad (5\text{-}78)$$

求解(5-78)得:

$$\varepsilon = \varepsilon_0 e^{i(\omega t - \varphi)} \quad (5\text{-}79)$$

式中:ε——应变幅值(mm/mm);

φ——应变滞后于应力的相位角(°),如图 5-35 所示。

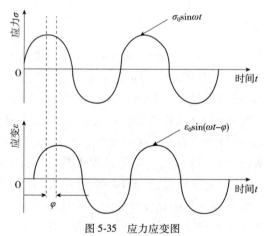

图 5-35 应力应变图

将式(5-79)代入式(5-78)中,得到:

$$i\lambda_1 \varepsilon_0 \omega e^{i(\omega t - \varphi)} + E_1 \varepsilon_0 e^{i(\omega t - \varphi)} = \sigma_0 e^{i\omega t} \quad (5\text{-}80)$$

消除式(5-80)中两边的 $e^{i\omega t}$,并使实数项等于 σ_0,虚数项等于 0,得到两个求解 ε_0 和 φ 的方程如下:

$$\lambda_1\omega\varepsilon_0\sin\varphi + E_1\varepsilon_0\cos\varphi = \sigma_0 \tag{5-81}$$

$$\lambda_1\omega\varepsilon_0\cos\varphi - E_1\varepsilon_0\sin\varphi = 0 \tag{5-82}$$

求解上述方程组得:

$$\varepsilon_0 = \frac{\sigma_0}{\sqrt{E_1^2 + (\lambda_1\omega)^2}} \tag{5-83}$$

$$\tan\varphi = \frac{\lambda_1\omega}{E_1} \tag{5-84}$$

从式(5-84)可以看出,当材料是弹性体时 $\lambda_1 = 0$,则 $\varphi = 0$;当材料是黏性体时 $E_1 = 0$,则 $\varphi = \pi/2$。因此,对于中间态的黏弹性体,相位角的值在 $0 \sim \pi/2$。根据动态模量的概念,复数模量 E^* 定义为:

$$E^* = \frac{\sigma}{\varepsilon} = \frac{\sigma_0 e^{i\omega t}}{\varepsilon_0 e^{i(\omega t - \varphi)}} \tag{5-85}$$

或

$$E^* = \frac{\sigma_0}{\varepsilon_0}\cos\varphi + i\frac{\sigma_0}{\varepsilon_0}\sin\varphi \tag{5-86}$$

动态模量为复数模量的绝对值,反映了材料抵抗变形的能力:

$$|E^*| = \sqrt{\left(\frac{\sigma_0}{\varepsilon_0}\cos\varphi\right)^2 + \left(\frac{\sigma_0}{\varepsilon_0}\sin\varphi\right)^2} = \frac{\sigma_0}{\varepsilon_0} \tag{5-87}$$

可以看出式(5-86)中实数部分能够用弹性劲度 E_1 表示,虚数部分可以用内部阻尼 $\lambda_1\omega$ 表示。复数模量的实部和虚部两部分可以用于描述黏弹性材料的应力、应变特性,可以写成如下形式:

$$E^* = E' + iE'' \tag{5-88}$$

式中:E'——存储模量;

E''——损失模量。

将复数模量取绝对值就得到动态模量值的大小,定义如下:

$$|E^*| = \sqrt{(E')^2 + (E'')^2} \tag{5-89}$$

因此,可将动态模量、储模量、损失模量及相位角之间的关系表示如下:

$$E' = |E^*|\cos\varphi \tag{5-90}$$

$$E'' = |E^*|\sin\varphi \tag{5-91}$$

根据式(5-87)动态模量的定义,以单轴动态抗压方式确定圆柱体试件的动态模量时,其计算公式表示如下:

$$|E^*| = \frac{P/A}{\Delta/l_0} \tag{5-92}$$

式中:P、Δ——荷载振幅和变形振幅;

A——试件径向横截面面积;

l_0——试件上位移传感器的量测间距。

三、室内动态模量测试方法比较分析

目前国内外对动态模量的测试试件形状多种多样,测试方法也不相同,其中较为普遍的试验方法是单轴压缩试验、间接拉伸试验和四点弯曲试验。美国较早地开展了沥青混合料单轴压缩试验的测试工作,并形成了一套完整的测试规程 ASTM D3497-79。测试试件采用圆柱体,径高比大致取 1:1.5 或 1:2,通常采用旋转压实的方式来成型。对测试试件在不同温度和频率下施加偏移正弦波或半正矢波轴向压应力,通过计算应力幅值与应变幅值的比值求得沥青混合料动态模量。该种试验方式能够很好地模拟实际路面结构所受的荷载模式,不足之处是试验试件的制作较为复杂,要求也较高,同时会影响试件制作的均匀性,造成测试结果的偏差。国内对沥青混合料同样制定了单轴压缩试验,该方法测得的抗压回弹模量是我国沥青路面设计的重要参数,但该方法测定的是静态模量。

间接拉伸试验能够用来测试沥青混合料的回弹模量,同时也能测试沥青混合料的间接拉伸蠕变、强度以及材料的泊松比和疲劳特性等。国外采用该方法对沥青混合料进行静载试验通常是用于评价沥青混合料性能,而当荷载采用动载或是冲击法求得的是回弹模量。沥青路面设计中作为沥青混合料动态性能指标的劈裂值是一个重要的参数,它是通过对试件进行间接拉伸试验得到的。我国相关试验规程详尽地规定了试验方法及过程,根据《公路沥青路面设计规范》(JTG D50—2017)的规定,使用该方法测定的材料劈裂强度用于确定沥青混凝土层、半刚性材料基层和底基层层底拉应力指标。该试验使用的试件成形较为方便,高径比一般为 1:2,可通过马歇尔成形或路面钻探取芯获得。试验采用间歇性重复荷载,加载时间为 0.1s、间歇为 0.9s 或加载时间为 0.1s、间歇为 0.5s 等,加载的波形一般为半正矢波或其他合适波形。回弹模量计算式为:

$$E_R = \frac{P(\mu_R + 0.27)}{t\Delta H} \tag{5-93}$$

式中:P——重复荷载(N);

μ_R——回弹泊松比;

t——试件的厚度(mm);

H——瞬时水平方向回弹变形(mm)。

试件的瞬时回弹模量和总回弹模量可以通过试验时刻内任意节点的变形进行换算,但试件受力状态并不能真实再现路面结构受力状态,并且该试验测量试件水平方向的变形存在一定的困难。以劈裂加载的方式对沥青混合料试件进行试验时,试件的两端会产生局部变形影响试件受力模式,因此不能够用于评价混合料高温劈裂性能。

沥青混合料的弯拉劲度模量可以通过四点弯曲试验得到,该试验通常研究的是混合料的疲劳性能,该试验所得到的疲劳寿命是用于沥青路面设计的最重要参数。该方法在国外研究及运用较多,试验试件通常是将沥青混合料碾压成块,再制作成满足试验要求的标准尺寸,荷载通过梁上的两点施加能够在试件中部产生均匀扰动的正弦波或偏移正弦波。试验有两种控制方式,一种是应力控制,另一种是应变控制。当采用应力控制时,判断材料破坏的依据是试验试件垂直变形从稳定阶段向加速变形阶段的反弯点为标志。当采用应变控制时,通常人为选取当前材料模量值达到初始试验模量值的一半为标志。试验得到的劲度模

量是最大拉应力与最大拉应变的比值,它能够反映沥青混合料在纯弯拉荷载作用下的应力—应变响应规律,能够较真实地模拟路面受到交通荷载作用下产生的弯拉受力状态。该试验方法的缺点是试件的制作过程较复杂,试验过程耗时耗力,并且当要对现场试样进行分析时,取样工作是比较困难的。

思考练习题

1. 分别阐述悬浮密实型、骨架密实型、骨架空隙型沥青混合料组成结构的路用特性。
2. 试述沥青混合料按级配类型、空隙率的分类方法。
3. 符号 AC-13、AM-16、ATB-40、SMA-16、OGFC-16 分别表示哪种类型的沥青混合料?
4. 沥青混合料的强度受哪些因素影响?
5. 沥青混合料应具备的主要技术性能有哪些?这些技术性能对应的试验方法有哪些?
6. 沥青混合料的空隙率对高温稳定性有怎样的影响?
7. 沥青混合料的低温抗裂性能受哪些因素影响?
8. 请简述我国现行规范热拌沥青混合料配合比设计的基本步骤。
9. 试述最佳沥青用量 OAC 的确定步骤。
10. GTM 试验方法的技术指标有哪些?
11. 稀浆封层和微表处的不同之处在哪些方面?何者的要求更高一些?
12. Superpave 设计水平 1 混合料设计方法之中,设计沥青用量的目标是什么?
13. 试述动态模量的定义。
14. 根据下表给出的测定结果,计算各项体积特征参数。(集料有效相对密度为 2.752,合成毛体积相对密度 2.720,沥青密度为 1.043。)

序号	油石比（%）	空气中质量（g）	水中质量（g）	表干质量（g）	最大理论相对密度	试件毛体积相对密度	试件空隙率（%）	矿料间隙率（%）	沥青饱和度（%）
1	3.5	1216.5	710.2	1220.7					
2	3.8	1214.6	714.0	1219.2					
3	4.1	1223.5	722.5	1227.7					

15. 试设计一级公路沥青路面面层用沥青混凝土混合料配合比组成。

(1)原始资料

①道路等级:一级公路,重载交通;路面类型:沥青路面;结构层位:三层式沥青混凝土的上面层,设计厚度 4.0cm;气候条件:7 月份平均最高气温 30~33℃,年极端最低气温 7~9℃。

②材料性能:沥青材料为 A 级 90 号沥青。集料和矿粉的技术要求符合规范要求。

③沥青混合料类型为 AC-13F 型,试件的马歇尔试验结果见表 5-56。

(2)设计要求

①根据道路等级、路面类型和结构层次确定沥青混合料的技术要求。

②根据沥青混合料的技术要求,通过对马歇尔试验体积参数和力学指标(下表)分析,确定最佳油石比。

马歇尔试验物理—力学指标测定结果汇总表

试件组号	油石比（%）	毛体积相对密度	空隙率（%）	矿料间隙率（%）	沥青饱和度（%）	稳定度（kN）	流值（0.1mm）
B1	3.5	2.381	7.1	17.3	59.0	7.2	25
B2	4	2.406	5.8	16.0	63.8	8.4	27
B3	4.5	2.428	4.5	14.7	69.4	9.2	30
B4	5	2.441	4.2	15.3	72.5	9.5	37
B5	5.5	2.435	3.8	16.1	76.4	8.3	45
技术要求			4~6		65~75	≥8	15~40

第六章 沥青路面

【导读】

本章介绍了由沥青混合料构成的沥青路面的主要特点,介绍了普通热拌沥青混合料的施工工艺与质量控制,在此基础上拓展介绍了 SMA 混合料、排水式沥青混合料、浇筑式沥青混合料、环氧沥青混合料、再生沥青混合料、彩色沥青混合料等特殊沥青混合料的配合比设计方法及施工工艺,最后简要介绍了沥青路面养护与管理的一般方法。

【重点及难点】

通过本章的学习,学生应了解沥青路面的主要特点;掌握热拌沥青混合料的施工工艺及质量控制方法;了解各类特殊沥青混合料的特点、原材料要求,熟悉各类特殊沥青混合料的配合比设计原理;了解沥青路面养护与管理的一般方法。

第一节 概 述

一、沥青路面主要特点

沥青路面是用沥青材料作结合料粘结矿料修筑面层与各类基层和垫层所组成的路面结构。由于沥青面层使用沥青结合料,因而增强了矿料间的黏结力,提高了混合料的强度和稳定性,使路面的使用质量和耐久性都得到提高。与水泥混凝土路面相比,沥青路面具有表面平整、无接缝、行车舒适、耐磨、振动小、噪声低、施工期短、养护维修简便、适宜于分期修建等优点,因而获得越来越广泛的应用。20 世纪 50 年代以来,各国广泛修建沥青路面。我国的公路和城市道路领域,近年来使用沥青材料修筑了相当数量的沥青路面。沥青路面是我国高速公路的主要路面形式。随着国民经济和现代化道路交通运输的需要,沥青路面必将有更大的发展。

世界各国高等级公路大多采用沥青路面,是由于它具有下列良好性能:
①足够的力学强度,能够承受车辆荷载施加到路面上的各种作用力。
②一定的弹性和塑性变形能力,能承受一定的应变而不致破坏。
③与汽车轮胎有较好的附着力,满足行车安全的要求。
④有较好的减振性能,可使汽车快速平稳行驶,噪声低。
⑤不扬尘,且容易清扫和冲洗。
⑥维修工作比较简单,且沥青路面可再生利用。

二、柔性基层和半刚性基层沥青路面

沥青路面一般由沥青混凝土面层、基层、底基层、垫层和土基五个层次构成。由于设计理念的不同,导致了材料选择和结构层厚度组合上存在明显的差异。目前有两种典型的沥

青路面结构形式使用最为广泛(图6-1):柔性基层(flexible base)沥青路面、半刚性基层(semi-rigid type base)沥青路面。

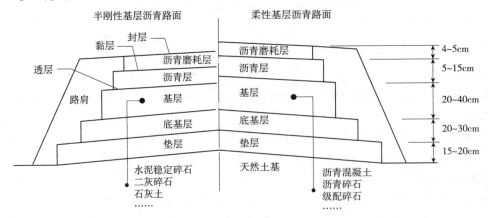

图6-1 柔性与半刚性基层沥青路面示意图

两种结构的主要差异在于基层的类型。柔性基层由一些模量接近或小于沥青混凝土、变形能力强的柔性材料修筑而成,如沥青碎石(asphalt macadam)的模量接近沥青混凝土,级配碎石(graded gravel)的模量约为常温沥青混凝土的一半左右。柔性基层的优点是抗裂性能好,与沥青面层刚度匹配合理、受力协调,因此路面早期损坏(premature failures)发生率较低。但是,同样厚度的柔性基层不如半刚性基层的承载能力强,需要增加层厚才能达到同样的荷载扩散效果,因此柔性基层路面往往具有较厚的基层和面层,加之材料价格较高,总造价也相对较高。

半刚性基层主要是指使用无机稳定土类材料修筑的基层,这些材料包括水泥稳定碎石、二灰碎石等。无机稳定土材料的强度随结合料用量和龄期的增长而增强。用作路面基层时,其板体强度高、变形小、承重能力强,而且廉价,在我国经济困难时期广泛采用了这种结构。然而,正是因为半刚性基层的板体脆性高,所以不可避免地会产生较多裂缝,进而形成反射裂缝。此外,半刚性基层沥青路面的车辙问题比较突出,稳定类材料自身耐冲刷性较差,半刚性基层沥青路面的早期损坏现象相对严重。

长期以来,柔性材料与半刚性材料一直都是较为模糊的概念,两者只是相对而言。如果要清晰地界定两者在刚度和强度上的区别,那么以常温沥青混凝土模量为标准,柔性材料主要是指模量接近或小于沥青混凝土,变形能力较大的一类材料,如沥青混凝土、沥青碎石、级配碎石等;半刚性材料则是模量介于沥青混凝土和贫水泥混凝土之间,变形能力较弱、抗压强度较高的一类材料,主要是无机稳定土类材料。

1.结构特点

沥青面层不仅承担了行驶界面功能,而且直接经受车辆荷载的作用。为了分担面层的承重并降低造价,设置一个强度合理的廉价基层是非常必要的。在这种思想的指导下,基层材料出现了两种不同的选择:一是模量和强度与沥青混凝土相仿的沥青碎石等柔性材料,二是模量和抗压强度更高的无机稳定土类半刚性材料。

由于柔性基层材料与沥青面层材料性质相近,所以基层和面层可以有机地融合为一个整体来共同承担车辆荷载,将车辆轮胎荷载均匀连续地扩散到更大的面积上,降低压强,再经过底基层和垫层的进一步扩散,车辆荷载最终被扩散和降低到土基可以接受的安全水平之内,如图 6-2a)所示。

半刚性基层的设计初衷仍然是采用与沥青面层刚度相近的半刚性材料来修筑基层。在我国沥青路面设计规范中,沥青面层和半刚性基层的模量建议值相近,正好可以说明这一点。然而,半刚性基层材料的模量期望值在材料设计中不易实现。少用无机结合料,更有利于基层模量的控制,使之与面层接近。但是,结合料用量少会导致材料结构松散、耐冲刷性差;多用无机结合料,材料结构密实、耐冲刷性好,但模量会超出沥青面层数倍乃至数十倍,应力扩散的模式也会发生变化,如图 6-2b)所示。国内道路现场调查的测量结果表明,承载板法测得的半刚性基层模量为 2000~15000MPa,远高于我国规范的建议值。虽然半刚性基层的荷载扩散能力强,有利于减薄路面厚度、降低造价,但是过高的半刚性基层模量会带来两个问题:

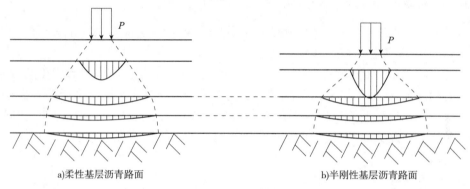

a)柔性基层沥青路面　　　　　　　　　　b)半刚性基层沥青路面

图 6-2　柔性与半刚性基层沥青路面荷载扩散示意图

(1)沥青混凝土材料是一种温度敏感材料,在常温和夏季高温季节时的模量较低。半刚性基层的模量本身就较大,并且不随温度变化,因此与沥青面层的夏季模量比值扩大,板体刚度很高的半刚性基层成为主要承重层,路面的最大拉应力和拉应变将会出现在基层底面,而最大剪应力则出现在沥青面层内,如图 6-3a)所示。这种情况下,基层底面易发生开裂,而沥青面层易出现严重的车辙。

(2)冬季低温时节的情况恰恰与夏季相反,沥青面层低温状态下的模量明显高于半刚性基层,路面的最大拉应力和拉应变会出现在沥青层底面,而最大剪应力则向深度方向移动,如图 6-3b)所示。此时沥青材料本身的强度随温度的下降而得到增强,发生车辙变形的可能性极小,而沥青层底面容易出现开裂。

沥青混凝土与半刚性基层的模量随着温度变化而出现此消彼长的交替转换,导致了两种不同的受力状况,使沥青层和半刚性基层的底面承受着开裂风险,而沥青面层则面临着车辙的威胁。因此,我国的路面设计规范要求验算沥青面层和半刚性基层底面的弯拉应力,以防开裂。但由于结构力学分析参数取值单一等诸多问题,这种验算并不能反映实际的受力状况,所以只起到了有限作用。

此外,半刚性材料作为沥青路面基层,其材料弱点必须克服:一是半刚性材料形成的板体模量高、变形小、脆性强,在路面这种连续条带结构中极易出现收缩裂缝;二是半刚性材料自身的耐冲刷性较差,容易在水的侵蚀下出现泛浆等多种病害。

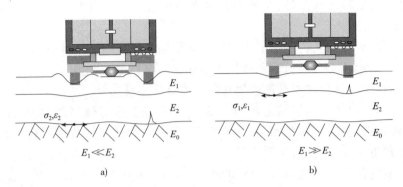

图 6-3 半刚性基层沥青路面不同的结构受力示意图

E_1-沥青面层模量；E_2-基层模量；E_0-土基模量；σ_1-沥青面层底面最大荷载应力；σ_2-基层底面最大荷载应力；ε_1-沥青面层底面最大荷载应变；ε_2-基层底面最大荷载应变

因此，采用半刚性基层有利于减薄路面厚度并降低造价，但前提条件是必须处理好刚度控制、抗裂和耐冲刷等材料设计和施工问题。

柔性基层路面受力状况单一，采用沥青碎石类材料作基层时，其模量和强度与沥青面层一起随温度同步变化；而如果采用级配碎石类材料作基层，则其模量恒小于沥青面层，路面的最大拉应力和拉应变始终出现在沥青层底面。国外的沥青路面结构设计方法比较明确，针对柔性基层沥青路面，大多仅验算沥青层底面拉应变以控制开裂，而验算土基顶面的压应变以控制车辙。

2. 路面使用性能

由于结构、厚度和材料的不同，柔性基层和半刚性基层沥青路面的损坏类型和性能衰变有明显区别。间距规律的横向反射裂缝是半刚性基层沥青路面的典型特征，特别是高等级路面，由于承载力要求高，半刚性基层的强度和刚度被一再提高，刚度越大反而越容易发生横向断裂，因此在路面使用早期会出现比较多的路面反射裂缝。在高温、重载交通以及面层和基层刚度匹配失调等不利条件下，沥青面层内极有可能过早地发生车辙。因此，半刚性基层沥青路面早期损坏风险较大，而中后期使用性能衰变则较为稳定，如图 6-4 所示。

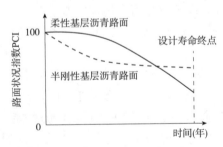

图 6-4 沥青路面性能衰变示意图

相对于半刚性基层沥青路面，柔性基层沥青路面的损坏主要以结构性车辙和疲劳裂缝为主，这两种损坏由交通荷载造成的变形累积和疲劳累积所引发，一般出现在路面使用的中后期，因此柔性基层沥青路面的性能呈现出早期稳定、后期加速衰减的特点。

三、全厚式沥青路面

全厚式沥青路面（full-depth asphalt pavement）是一种在土基上直接铺筑沥青混凝土而形成的路面，由美国沥青学会于 1960 年提出，作为降低重交通沥青路面寿命周期成本的可靠结构。全厚式路面的铺筑方式与常规沥青路面没有区别，按照一定的压实厚度逐层铺筑，并使用黏层增进相邻两层沥青混凝土的粘结,其结构如图6-5所示。

虽然全厚式路面寿命周期成本较低,但是这种路面的初期投资大,在推广应用上受到很大的限制,一直没有得到广泛应用,只是在一些特殊情况下具有较大的优势,例如,当地没有筑路材料时,购买和铺筑沥青混凝土,远比外购各种材料及其铺筑设备要方便。其次,由于它工艺简单、施工速度快,非常适合不能中断交通的拓宽工程以及窗口时间短的低温季节施工。此外,全厚式路面基本无结构性损坏,养护工作量和费用较低,即使出现少量病害,由于结构和材料单一,维修也非常方便。

图6-5　全厚式沥青路面示意图

四、永久式沥青路面

永久式沥青路面(perpetual pavement)是全厚式沥青路面的延续和发展,它以优化路面寿命周期成本为目标,是一种适用于高等级重交通的结构。所谓"永久",并不是说路面永远不会损坏,而是预期寿命长达50年,期间无须结构性大修,只要周期性地更换沥青磨耗层,即可保持其良好的使用性能。永久式路面结构概念图如图6-6所示。

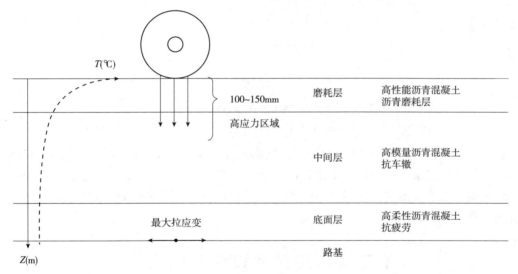

图6-6　永久式路面结构概念图

在永久路面的概念中,路表下100~150mm的区域是高应力区域,也是各种损坏(主要是轮辙)的发生区,这一区域涵盖了整个沥青磨耗层和中面层的顶部。因此,沥青磨耗层应采用高性能沥青混凝土,一方面为车辆提供平整抗滑的行驶界面,另一方面有效地抵御车辙病害。所以,沥青磨耗层多采用SMA(Stone Mastic Asphalt)和OGFC(Open Graded Friction Course)等高质量沥青混凝土。

沥青中面层顶部仍然处于高应力区域,车辙病害的风险依然很高,兼顾结构层承重和抗车辙能力的高模量沥青混凝土是中面层的最佳选择,但目前提高沥青混凝土模量的可靠手段仍然非常有限。

最大拉应变和拉应力都出现在沥青层底面,也就是沥青底面层的底面,车辆荷载的反复作用使该区域累积了大量的疲劳损伤,是疲劳裂缝易发区。因此,采用抗疲劳的高柔性沥青混凝土可以有效地延缓疲劳裂缝的出现。从材料设计上看,沥青混凝土的高柔性是通过提高沥青含量来实现的,而沥青含量的提高则降低了材料的抗车辙变形能力。从传统路面结构设计的角度看,底面层采用高柔性沥青混凝土存在很大的车辙风险,但是,永久路面适当增厚了沥青磨耗层和中面层,将底面层下移至路面低温区,大幅降低了底面层发生车辙的风险,从而使三个沥青功能层协调工作。

不同于全厚式路面的厚度设计,永久式路面提出了明确的设计标准,沥青层底拉应变小于耐疲劳弯拉应变的永久路面即无疲劳开裂之虞。Monismith等人(1972,1999)认为沥青混凝土材料存在耐疲劳弯拉应变约 $60\sim70\mu\varepsilon$,当小于此临界值后,沥青混凝土就不会疲劳开裂,路面也不会出现疲劳裂缝,如图6-7所示,而此时再增加沥青层厚度也无益于提高路面疲劳寿命。

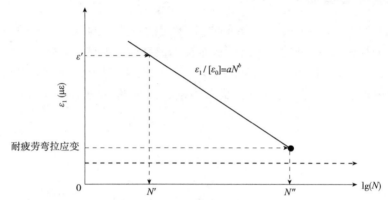

图6-7 永久路面寿命与沥青层底拉应变关系示意图
ε_1-沥青层底拉应变;$[\varepsilon_0]$-沥青混凝土容许拉应变;N-疲劳寿命;a、b-待定系数

综合上述设计考虑,永久路面的沥青磨耗层厚度为 $4\sim7.5\text{cm}$,中面层厚度为 $10\sim17.5\text{cm}$,而底面层厚度则根据层底 $60\sim70\mu\varepsilon$ 的标准来确定。美国在多个州铺设了试验路段,国内也在江苏和山东修筑了多条试验路,但是由于跟踪观测时间相对于永久路面的寿命仍然较短,可靠的评价仍尚待时日。

第二节 热拌沥青混合料面层

沥青路面的施工是整个公路建设的重要环节,也是沥青混合料最终成型并形成强度的关键步骤,良好的沥青混合料性能和科学的施工工艺相配合,才能使沥青路面具有优良的使用性能。热拌沥青混合料路面的施工主要包括拌和、运输、摊铺、碾压等几道工序。

一、沥青混合料的拌和

1.拌和沥青混合料的准备工作

沥青混合料的拌和是将粗集料、细集料、矿粉以及沥青等原材料加工成混合料成品的阶段,首先必须做好准备工作。

准备工作包括:①检验混合料组成材料的原材料性质;②进行混合料配合比设计,按混合料类型特点合理确定集料级配、沥青用量以及外掺剂用量;③对试验室的仪器设备进行检验;④确认混合料加工工艺的具体类型、关键参数等信息。

2.拌和原理与拌和设备

(1)拌和原理

沥青混合料的生产是把一定级配的集料与沥青按给定比例在给定温度下使用拌和设备拌和均匀的过程。拌和工作的基本内容有:①冷矿料烘干、计量、加热;②沥青加热、计量;③均匀地拌和矿料与热沥青。

拌和质量的控制要点如下:

①混合料的用量精确。

②拌和均匀,不离析,无花白料,温度满足要求。

③混合料质量抽检的指标符和规范的规定。

(2)沥青混合料拌和设备的发展简介

沥青混合料的拌和出现在 19 世纪 50 年代,早期采用人工拌和的方式进行,将分级的破碎集料与沥青简单地拌和。20 世纪初,烘干与拌和实现了机械化。1910 年左右,沥青混合料拌和设备首次出现,该设备采用连续式拌和方法——矿料的烘干、加热及拌和均在同一滚筒内进行。此法工艺简单、成本低廉,但是质量控制不稳定,到 20 世纪 30 年代中期被连续式及间歇式拌和设备取代。

20 世纪 50 年代和 60 年代,间歇式拌和设备以其能匹配大规模、高质量工程的要求的特点被大量使用。它具有二次筛分、计量的特性,因而成品混合料质量更佳。但是 20 世纪 60 年代后期和 70 年代初期,环保法规的出台大幅增加了该种设备的使用成本,同时该种设备体积愈加庞大,灵活性越来越差。

滚筒式拌和设备以其符合回收技术要求的结构特点,20 世纪 70 年代在追求环保的美国得到了大量的使用。但随着回收材料的增多,滚筒式拌和设备产生的污染也日益严重,为了克服这一缺点,后来又出现了一些新型的双滚筒拌和设备。

我国目前更多采用的是间歇式拌和机。

3.拌和设备的类型及选择

拌和装置设备的要求取决于道路的等级和施工条件与要求,小型拌和装置可以组成一台机组,而大型拌和设备甚至可以组建一座工厂。

4.拌和设备的类型

(1)传统的连续式拌和设备

滚筒式连续式拌和设备最早出现于 20 世纪初,其拌和方式是非强制式,依赖于矿料在旋转滚筒内的自行跌落而实现沥青的裹覆。我国在 20 世纪 50~70 年代普遍使用该种设备,满足了绝大部分沥青碎石的生产要求。但是其动力不足,生产效率低下,冷矿料计量不精确从而不能保证配合比的实现,无法满足高等级公路的要求。

(2)强制间歇式拌和设备

强制间歇式拌和设备历史悠久,技术完善。我国在 20 世纪 80 年代以后力推强制间歇式拌和设备进行高等级公路的施工。

强制间歇式拌和设备特点在于冷矿料的烘干、加热以及与热沥青的混合搅拌是分别先后在不同的设备中完成的。经过级配后的粗、细集料在滚筒内烘干加热后需要进行二次筛分储存,并分别进行累计计量,计量完成后再与分别单独计量的热沥青和单独计量的矿粉按照设计配合比分批投入到搅拌器中进行强制拌和,再分批卸出成品料。拌和设备多为楼体式(图 6-8)。其采用相对简单的计量技术便能较为精确地控制沥青混合料的配合比,但缺点是工艺流程烦琐、设备庞杂、能耗高、投资大、搬迁难,一般用于固定式或半固定式拌和厂。

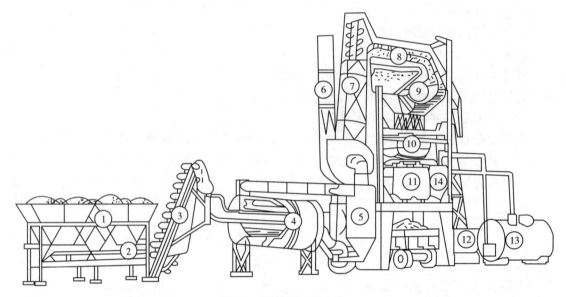

图 6-8 强制间歇式拌和楼

1-冷料仓;2-冷料送料器;3-冷料提升机;4-干燥鼓;5-集尘器;6-排气烟囱;7-热料提升器;8-筛网单元;9-热料仓;10-称料仓;11-拌和单元或强制式拌和机;12-矿质填料储仓;13-热沥青胶结料储料罐;14-沥青称重桶

(3)现代的双滚筒式拌和设备

所谓双滚筒就是烘干拌和滚筒采用了双层结构。内筒相当于一个大的旋转主轴,其驱动方式、支撑和内部结构都类似于间歇式拌和设备的干燥滚筒,在内筒外壁上设置有可更换的搅拌叶桨。外筒与机架固定不旋转,筒壁外侧包有密封薄铁板和绝热材料,内侧装有耐磨衬板。当内筒旋转时,可以认为外筒相对于内筒也是在旋转的,并且借助内筒外壁上的叶桨使得外筒也可以起到拌和作用。

该种生产工艺在整个生产过程中矿料都是潮湿状态,因而粉尘量大大减少,无须特殊的处理设备就能达到环保要求。

5.高等级公路沥青混合料拌和设备的选择

保证沥青混合料拌和质量的根本在于合理选择拌和设备。目前发达国家拌和设备已经由间歇式拌和转为双滚筒式拌和,原因大致为以下三点:①环保法规要求排放废气的不透明度控制在 20%以内甚至为 0;②双滚筒式拌和设备能满足大量沥青路面维修所形成的废旧沥青混合料的回收利用,并且能保证优质的质量;③发达国家的沥青混合料材料规范,施工技术成熟。以上几点使得双滚筒式连续拌和设备成为沥青混合料拌和设备的首选。

我国现行规范规定一般情况下要采用强制间歇式沥青拌和机,主要原因在于我国目前沥青混合料材料的品种较杂,供应渠道多而不规范,拌和厂多使用露天料场使得材料的含水率受天气影响大,而强制间歇式拌和设备因为有二次筛分装置和以质量来计量的方式,在上述复杂条件下仍然能保证施工质量,因而国内主张采用间歇式沥青拌和机。目前我国高等级公路拌和设备几乎全部采用的是强制间歇式拌和设备。

6.沥青混合料的拌和工艺

(1)连续式沥青混合料的工艺流程

典型的连续滚筒式沥青混合料拌和的工艺流程如下:

①把级配过的集料从冷料斗中运送到冷料输送带上。

②用自动称量系统控制流入滚筒式搅拌机的集料数量。

③沥青泵从储存罐中抽出经计量过的沥青并送入滚筒进行充分拌和。

④滚筒中散出的过量灰尘被集尘系统收集。

⑤将热拌沥青混合料送入储存筒仓,而后在此装车并运输至工地。

(2)间歇式沥青混合料的工艺流程

①将不同规格的砂石经冷料仓及配料系统的喂料机进行初配。

②将初配后的集料送至干燥滚筒烘干加热。

③加热后的矿料送入筛分装置进行二次筛分并分类储存。

④按配合比先后让矿料进入称量斗内称量,然后进入搅拌器。

⑤输送矿粉,计量并送入搅拌器。

⑥用沥青输送泵抽送沥青至沥青称量筒内计量,喷入搅拌器。

⑦强制拌和至均匀。

⑧卸入运输车辆或者送至成品储料仓内暂时储存。

⑨通过除尘装置将生产过程中产生的燃烧废气、水蒸气以及灰尘中的粉尘分离,加以处理后再利用。

7.拌和设备的布置

(1)沥青混合料拌和厂选址

在选择沥青混合料拌和厂厂址时,应综合考虑诸如:与工地和材料供应点的距离、空间大小、场地地质水文条件、噪声大小及其影响范围、粉尘污染严重程度等等因素。并遵循以下三点基本原则:

①应尽量靠近本标段的路基,尽量使拌和厂位于本标段的中点附近,在此基础上综合考虑水电来源和运输车辆进出的方便程度来确定位置。

②厂址应具备较好的自然条件,应尽量干燥,地势高,地下水位低,地质条件优。

③当考虑同时向连续几个路面标段供应沥青混合料时,确定拌和厂位置最简单的办法是将各种费用换算成材料的加权平均运距进行比较后确定。

(2)沥青混合料拌和设备的布置

沥青混合料拌和设备型号多样,不同的生产能力对应不同的体积、拌和方式和除尘方式,因而场地的布置方法也会有所不同。合理的布置方式应遵循以下几点基本原则:

①应以方便生产为中心,既要使砂石料便于上料,又要使混合料便于外运。

②原材料存放场地应具备足够的空间,地面应进行硬化。不同粒径的矿料应分类堆放,最好设置隔离结构,防止原材料混杂。

③地秤应设置在厂区大门附近,方便车辆过秤。

④场内交通道路应进行合理规划,保证各种车辆畅通有序地行驶,场内道路应具备足够的路用性能,防止雨天重载车辆陷车。

⑤厂内应设置办公室、实验室以及生活、休息等辅助设施。

8. 冷矿料储存与配料系统

(1) 冷矿料的储存方式

冷矿料的储存方式分堆场式和筒仓式两种方式。堆场式是将冷矿料堆放在露天场地上。筒仓式是将矿料存放在特制的筒仓内。

①堆场式

堆场式是将工程用各种粗、细集料、砂等分类存放在露天场地上,用推土机推成料堆。它的最大的优点是存放时不需要专门设施,储存量仅受场地空间限制。它的缺点在于在该种储存方式下,集料的含水率随空气环境的湿度变化而变化,在阴雨潮湿天气会导致集料的含水率高,从而加大加热烘干的成本,降低生产效率。

②筒仓式

当场地有限,不足以堆放材料,或者对粉尘污染及噪声污染有要求时,可将砂石材料分类存放在特制的筒仓内,这种存放方法叫筒仓式方法。

这种方式的优点是占地面积小,集料含水率受天气影响小;噪声和粉尘污染相对较小,因为不需要使用推土机、装载机等机械上料而使用皮带输送机上料。

在场地受限、有环保要求、工程规模较小时,采用筒仓式存储方法是合理的。

(2) 冷料的配料系统

冷料的配料系统组成部分包括配料斗、喂料器和集料皮带输送机。

①配料斗

配料斗的数量根据工程需求来确定,一般至少要3个,4~6个即可满足大部分配料的要求。对于级配要求严格、级配变化对混合料性质影响大的沥青混合料(用于上面层或者是SMA等沥青混合料),应当采用较多的配料斗;对于普通AC类沥青混合料或者是用于中下面层的沥青混合料,在较少规格种类的集料能满足工程质量要求时,可采用较少的配料斗,规范对于该种沥青混合料的级配相对宽松。

②喂料器

喂料器是控制各类集料的输送速度,对冷料进行计量并按要求进行级配的设备,一般位于冷料配料斗的底部。对冷料级配后,再通过链斗或者输送带把集料送入干燥筒。

喂料器根据结构形式和工作原理分为电磁振动式、皮带输送式、链裙式和往复滑板式等几种。

9. 冷矿料烘干加热系统

冷矿料烘干、加热系统包括干燥滚筒和加热装置两部分。间歇式拌和设备采用的加热方式基本都是逆流式加热,即在干燥滚筒的卸料端设置加热装置,使燃气与冷矿料进行逆向运动,从而使热交换得以充分进行。

(1) 干燥滚筒

干燥滚筒的功能有两个,其一是将湿冷矿料烘干,其二是将矿料加热至规定的温度。

干燥滚筒结构形式均采用旋转的长圆柱形筒体结构,直径1.5~3.0m,长度6~12m。通过齿轮式、链轮式或者摩擦式等方式驱动。矿料从一端进入筒内,经过烘干加热后从另一端卸出。

(2) 加热系统及控制

间歇式沥青拌和设备均采用逆流式加热方式,这种方式能够提升热交换效率,使矿料更易达到规定的温度。

目前与干燥滚筒相匹配的加热装置大部分使用液体燃料(重油、柴油为主),具有热值高、对燃烧室容积要求低、燃烧后无灰粉残渣、操作方便、易于满足对不同温度的要求等优点。

由于烘干加热作业需要消耗大量燃料,因而该过程是沥青混合料生产过程中耗资最大的作业,该作业对整个生产流程的运行有重要影响,可以说,烘干机的效率能够决定整个拌和系统的生产效率。也正是因为如此,一般情况下沥青混合料的产出速度不能快于集料的烘干与加热的速度。

10. 热矿料的筛分装置与储存

经过烘干加热的矿质混合料将首先被送至筛分装置进行筛分,将矿料按不同粒径分级,以便拌和之前精确计量并且准确地控制级配。

筛分装置分滚筒筛和振动筛两种。由于前者效率低下,现已基本被淘汰。目前使用最广泛的是振动筛,它具有效率高、筛分质量好、占用空间小和易于维护等优点。振动筛按其结构和作用原理可以分为单轴振动筛、双轴振动筛和共振筛,其中共振筛结构复杂,因而维修不便,使用较少。

(1) 筛分装置

筛分装置由振动器、筛网以及其他附属设备组成。整个筛分的过程包括振动器产生振动,筛网过滤筛分,筛分后的各级矿料分别流入各自的热料储存仓。

①振动器

筛分装置的振动器分单轴、双轴两种形式。工程中常用的是单轴式振动器。

单轴式振动器通过单根偏心轴的回转运动,使倾斜放置的筛网产生振动,对热矿料进行筛分;双轴式振动器是通过两根倾斜布置的偏心轴同步旋转,使水平放置的筛网产生定向振动而进行矿料筛分。偏心轴是振动器的关键部件,有固定偏心块和活动偏心块两种,调整活动偏心块的数量可以改变振动器振幅的大小,但增减必须是左右对称的。

振动器的参数对筛分效果的影响最大,通常单轴式的振幅为4~6mm,振动频率为20~25Hz;双轴式的振幅为9~11mm,振动频率为18~19Hz。

②筛网

筛网按制作方式分为整体冲孔和编织两种形式。通常编织筛网多为方形孔,多用于振动筛上;冲孔筛网多为圆形孔,多用于滚筒筛。

影响筛网的筛分效率的因素有以下两点:筛网的厚度,筛网的长度和有效面积率。

(2)热矿料的储存与计量装置

热料仓是经过筛分后的热矿料在进入沥青混合料拌和锅之前首先要进入的地方,热矿料在热料仓中被精确计量,而后才送入拌和锅。正是由于这种二次筛分和精确计量的过程,把间歇式拌和设备与其他类型的拌和设备明显地区分开,同时也是间歇式拌和设备可以保证级配质量的重要条件。

①热矿料的储存

筛分好的各种矿料在计量前分别储存在热料仓的几个隔仓内,以便按照级配要求分别计量。热料仓的数量依据矿料的规格和级配的要求确定,一般4~6个即可满足大部分工程要求。

热料仓应当具有足够的空间,满足搅拌机全速运转时对每一种热矿料的用量需求。每个热料仓一般都配有料位指示器,当矿料数量下降到一定值时就会发出信号,提示补料。为防止料仓已经满了而筛子仍在筛选集料从而导致混仓,在每个料仓的上部均设有溢料管来防止该种情况发生。溢料口应当定期检查以免堵塞。

②热矿料计量装置与标定

间歇式拌和设备的计量装置采用质量计量的方式,大部分采用电子计量秤。电子计量秤包括称量斗和计量秤两部分。

称量斗位于热料仓下方,集料从热料仓中卸出后存放于称量斗中,由拉力式称量传感器累计称出进入斗中的集料的质量。需要注意的是,卸料的次序一般是由粗至细,依照这种次序可以减少细集料从称量斗下面的出料口中漏出的数量。

11.矿粉供给与计量

(1)矿粉供给系统

矿粉供给系统包括矿粉的储存装置和矿粉输送装置。

储存装置分漏斗式与筒仓式。漏斗式结构简单,一般用于生产率低或使用袋装石粉的拌和设备。筒仓式结构复杂,成本相对较高,多用于大、中型拌和设备。

矿粉的上料方式应依据矿粉的供给方式而定:当采用粉料罐车供给矿粉时,一般采用气动式储料供料系统,它利用气流带动矿质填料进行上料,控制精确度高,无堵塞现象;当供应的是袋装矿粉时,一般用斗式提升机上料。

矿粉储存系统在使用过程中应做好以下三点:

①储料仓的储料量应能满足工程连续施工的需要。

②应保证仓顶的料位探测器和仓底的粉料疏松器正常工作。

③应保证筒仓出口处的调节闸门和叶轮喂料器正常工作。

(2)矿粉计量装置

矿粉用量的准确性直接影响到混合料的路用性能,其计量必须精确严格。

矿粉计量装置由称量斗和电子计量秤组成。称量斗必须具备较好的密封性,斗门内侧应附有橡胶板,这样便能与斗的底部较好地贴合。

12.沥青的供给及称量系统

沥青的供给系统包括沥青罐、沥青泵、加热装置、输送管以及连接管路和阀门等,主要用于对高温流态沥青进行保温、储存,并且精确地供应给搅拌器;沥青的称量系统主要包括计量装置、喷射装置,应能保证沥青的准确计量与添加。

(1)沥青的储存与供给

沥青在常温下呈固态,拌和设备使用沥青前应对沥青进行熔化、脱水、掺配以及加热。熔化沥青通常在专门的储油库内进行,熔化后的流态沥青用油罐车运送至拌和厂,并放入保温罐内储存。有设置沥青熔化装置的拌和站,直接通过沥青泵和连接管路就可以将沥青输送至保温罐内。

沥青熔化方式多种多样,但国内主要采用导热油或蒸汽间接加热,有的地方还采用太阳能辅之以电加热熔化沥青。加热的方式多种多样,但熔化的温度应严格控制,长时间高温加热或者局部过热会导致沥青老化,最终导致混合料路用性能的下降;另外,为防止发生沥青"溢锅"事故,在熔化和脱水的过程中必须不断搅动沥青。

①沥青罐

沥青罐具有保温和加热的功能,并且能把温度控制在一定范围内,主要用于储存熔化、脱水以后的沥青。

沥青罐多为卧式长圆柱体,也有立式。用于显示沥青温度和液面位置的温度计和液位指示剂一般位于罐体端面。罐体顶部设有进油口和出油口,最底部设有放油口,放油口主要用于排出残余沥青和杂质。沥青出油口一般高出放油口 10~15mm,以防止沉淀物吸入沥青管道。

沥青罐加热的方式分以下三种:

a.直接加热。罐内设有一个大直径的 U 形火管,燃烧热气流从火管通过,罐中沥青便被火管加热。该种方式结构简单,但容易出现局部过热的现象,而且存在安全问题。

b.间接加热。罐内设有蛇形管,导热介质从蛇形管流过,沥青被加热。罐体外包有 5~10cm 厚的保温材料。导热介质有蒸汽和导热油两种,目前基本全部采用导热油加热方式。该种方式热效率高,能耗低,加热快。

c.电加热。该种方式利用低频感应热来加热整个油罐,保温罐多为立式。该加热方式故障少,危险性小,但耗电高,当工业用电供应充足且成本合适时可用考虑使用。

②沥青泵与输送管道

沥青泵是通过压力将沥青罐内的沥青输送至沥青称量斗的装置。沥青泵多为齿轮泵,压力一般为 0.5~1.0MPa,一般采用低转速降低磨耗。沥青泵可以正转或者反转以满足泵入和泵出两种需求。

沥青管道外管包有保温材料,同时采用双层结构以满足保温需求,从而能进一步防止沥青因降温黏度增大而导致堵管。管道内可采用导热油或者蒸汽保温。用导热油保温时,多为内管通导热油,外管通沥青;用蒸汽保温时,多为内管通沥青,外管通蒸汽。

生产沥青混合料时,储存在保温罐内的沥青被泵送至称量斗中进行计量;计量完毕后三通阀又切换至回油管道将多余的沥青送回保温罐,形成循环过程。

(2)沥青的计量装置

计量装置由称量斗和电子计量秤组成。

沥青多按质量计量,按容积计量较少。沥青称量都是用 3 个拉力式称量传感器与热矿料称量斗、矿料称量斗悬吊在同一层机架上。

沥青进入计量装置的过程如下：①关闭称量斗的锥形底阀，三通阀转至工作位置使沥青注入管与量斗接通，沥青随后进入量斗；②当沥青质量达到设定值后，三通阀转接回油管路，沥青返回保温罐；③打开锥形底阀，称量好的沥青便流入搅拌器，或者用喷射泵输送至沥青喷管喷入搅拌器内。当称量斗中的沥青用完，操作气缸又将三通阀转至工作位置开始下一轮的计量给油。

（3）喷射装置

沥青的喷射装置由沥青喷射泵、连接管路以及带喷嘴的喷管等部分组成。其最大的功能是能使沥青雾化，从而使混合料在更短时间内能拌和均匀。沥青雾化的程度和喷洒的均匀度取决于喷嘴的数量、形状和分布。喷口压力一般为 0.3~0.5MPa。

有的拌和设备上不设置喷射装置，而设置沥青的自流装置，依靠沥青自身重力流入搅拌器内。该种方法拌和效果较喷射装置要差，且需较长时间才能拌和均匀，生产效率不高。

13. 搅拌器的拌和

搅拌器是将按一定配合比称量好的各规格的集料、矿粉和沥青均匀地拌和成所需成品混合料的装置。间歇式强制拌和设备均采用卧式双轴式叶桨搅拌器，它包括装有两个横轴的搅拌室，每根横轴上有数对搅拌臂，每个搅拌臂上又有桨叶。

（1）搅拌器的基本特点及要求

搅拌器的基本结构特点如下：①同一根轴上相邻的搅拌臂相错 90°；②两根轴对应位置的搅拌臂也相错 90°；③桨叶叶面相对于搅拌轴轴线夹角为 90°。上述三点使得两根轴上的桨叶形成相互交错、断裂的螺旋线，使得混合料在拌和中既能径向移动，又能轴向移动，最终得到较为均匀的混合状态。

为保证拌和的顺利进行，应注意以下几点：①桨叶和衬壁的间隙值应小于所使用的集料的最大公称粒径的二分之一，如不能满足要求，应更换搅拌桨叶或衬板，否则材料可能堆积在桨叶拌和不到的地方，导致出现花白；②控制材料的投入量，使其适中，如果过满，则最上层的材料可能得不到拌和，如果过少，桨叶只是从材料上面擦过，得不到充分的混合；③搅拌器用完应及时清洗，一般使用热矿料进行清洗以更好地除去残留沥青。

（2）拌和的投料顺序

拌和的投料顺序分两种，取得的效果也不同。

第一种，先将各规格集料放入搅拌器干拌 3~5s，再加入沥青拌和几秒，最后再加入矿粉继续拌和。该种方法能使大粒径矿料得到沥青的充分裹覆，矿粉则更易分散在沥青中，不易结团，油膜厚度均匀。这样各种材料都处于比较均匀的状态，能充分发挥材料的潜力，使得到的混合料的路用性能达到最佳。

第二种，在放入各种集料之后放入矿粉，待干拌几秒之后，最后加入沥青继续拌和。这种顺序下沥青喷入时容易先被矿粉吸附，在搅拌的时候易结团，使得矿粉的大比表面积不能被充分发挥，导致沥青成分中结构沥青变少，自由沥青变多，从而使得矿料颗粒间黏附力下降，造成路用性能降低。如果限于生产条件必须使用该种方法，则应延长拌和时间，尤其是矿质混合料拌和时间不能少于 6s。

（3）搅拌器的生产能力

强制间歇式拌和设备的生产能力通常是指一定容量的搅拌器在设定的拌和时间范围

内,每小时能够生产的成品料的总量。由上述定义可知,体现搅拌器生产能力的基本参数有搅拌器的容量和拌和均匀不同材料所需要的时间。

搅拌器的生产能力受设计因素、材料因素和运行因素的制约。设计因素反映搅拌器的技术性能,无法自行更改;材料因素取决于工程设计、沥青混合料类型和配合比,应留有可调的余地;运行因素反映生产过程中的变化。

①设计因素

设计因素主要包括:搅拌器容积、拌和速率、充盈率等。

• 结构形式的影响

强制间歇式拌和设备的搅拌器均采用双轴桨叶式的结构形式,由搅拌器的设计容量、充盈率和拌和速度等参数共同决定生产能力。其中,设计容量是结构形式最关键的参数,它在很大程度上决定了生产能力。设计容量和生产能力之间的关系如表6-1所示。

搅拌器容量与生产能力的关系　　　　　　　　　　表6-1

搅拌器容量(kg)	拌和设备的生产能力(t/h)	搅拌器容量(kg)	拌和设备的生产能力(t/h)
500	30~40	3000	180~240
1000	60~80	4000	240~320
2000	120~160	5000	300~400

• 拌和速度的影响

拌和速度与生产能力有直接关系。拌和速度的提高能缩短拌和均匀所需的时间,从而提高生产能力。但提高拌和速度有能耗变大、集料被二次破碎导致实际级配发生变化的概率变高、仪器寿命减少等缺点,故拌和速度不能盲目提高。一般来说搅拌桨叶端头速度在 2.1~3.5m/s 是合理的。

• 充盈率的影响

每台搅拌设备的容量是设计给定的,但其充盈率并非定值,而是存在合理的区间。若充盈率低于合理区间,则设备的潜力得不到充分发挥,生产能力降低;若超过合理区间过多,则设备的驱动功率将会急剧增加,且过多的充盈率需要更多的拌和时间,充盈率提高带来的效益将会大大降低。充盈率应当依据设备与材料的情况来确定,一般来说,取 40%~60% 是比较合理的,也有取 70%的。

②材料因素

材料性质对拌和设备生产能力也有一定的影响。不同类型的混合料组成,其拌和至均匀状态所需的时间不同。其中粗集料占比越多,比表面积越小,则混合料越容易拌和;沥青的黏度越高、用量越多,则混合料拌和均匀所需时间就越多。不同类型混合料所需拌和时间应由试验确定。

③运行因素

运行因素主要包括:拌和时间、投料顺序以及它们的间隔时间等。拌和时间是影响拌和质量和生产率的决定性因素。拌和时间短能使生产效率高,拌和时间长能提高拌和的效果,如果时间太长沥青会发生老化。合理地确定拌和时间才能保证沥青混合料的质量。

确定拌和时间的试验方法是以百分之百裹覆上沥青的粗颗粒在混合料中所占比例来表

征拌和程度,建立拌和程度与时间的关系,将满足最低裹覆率要求的最短时间,规定为最低拌和时间。因为粗颗粒在拌和过程中通常是最后才得到裹覆的,故选用粗颗粒裹覆率表征拌和程度是最具有代表性的。

(4)拌和温度

沥青混合料拌和温度包括矿料的温度、沥青的温度以及拌和后混合料的温度。温度过低会导致拌和质量达不到要求,温度过高会导致沥青老化,造成混合料路用性能的损失。

石油沥青加工及沥青混合料施工温度应根据沥青标号及黏度、气候条件、铺装层的厚度确定,综合考虑混合料拌和的需要和施工的需要。

普通沥青混合料的拌和温度宜通过在135℃及175℃条件下测定的黏温曲线,按表6-2的规定确定。缺乏黏温曲线时,可参照表6-3的范围选择,根据实际情况选择高值或低值。

确定沥青混合料拌和及压实的适宜黏度　　　表6-2

黏　度	适宜于沥青混合料的拌和黏度	测定方法
表观黏度	0.17 ± 0.02 Pa·s	T 0625
运动黏度	170 ± 20 mm²/s	T 0619
赛波特黏度	85 ± 10 s	T 0623

热拌沥青混合料的施工温度(℃)　　　表6-3

施工工序		石油沥青的标号			
		50号	70号	90号	110号
沥青加热温度		160~170	155~165	150~160	145~155
矿料加热温度	间歇式搅拌机	集料加热温度比沥青温度高10~30			
	连续式搅拌机	矿料加热温度比沥青温度高5~10			
沥青混合料出料温度		150~170	145~165	140~160	135~155
沥青储料仓储存温度		储存过程中温度降低不超过10			
混合料废弃温度		>200	>195	>190	>185

对于聚合物改性沥青混合料,其拌和温度应根据实际情况并参照表6-4选择,通常应比普通沥青混合料的施工温度提高10~20℃。

聚合物改性沥青混合料的正常施工温度范围(℃)　　　表6-4

工　序	聚合物改性沥青品种		
	SBS类	SBR胶乳类	EVA、PE类
沥青加热温度	160~165		
改性沥青现场制作温度	165~170	—	165~170
成品改性沥青加热温度	≤175	—	≤175
集料加热温度	190~220	200~210	185~195
改性沥青SMA混合料出厂温度	170~185	160~180	165~180
混合料最高温度(废弃温度)	195		

14.成品储料仓及输送装置

(1)成品储料仓

成品沥青混合料的存放方式分两种:其一是将拌和完毕的混合料直接卸入运输车运往工地;其二是存放于成品储料仓,以便于提高拌和设备的生产效率。大型拌和设备经常需要面对多个不同工程中不同类型沥青混合料的需求,有了成品储料仓,拌和设备便可以连续工作,把预拌好的成品分类储存,随用随取,节省了不同工地间协调运输时的空等时间,大大提升生产效率。

成品储料仓结构形式多采用竖立筒仓,上部多为圆筒形,下部为锥形,利于卸料。一般会设置1~4个筒仓并列支撑在支架上,如图6-9所示。

拌和好的混合料在卸入储料仓时,易发生离析的现象,即细粒径矿料易集聚于中间,大粒径矿料易散落在边缘,破坏了拌和后的均匀状态。筒仓越高,容积越大,越容易出现这种现象。为减少这种情况的发生,可以在仓顶附近设带有闸门的受料斗,待积聚一定数量的成品料再一起卸入仓内;或者可以在仓内设置圆锥台,以减少成品料卸料后的离析。

(2)成品料输送装置

成品料输送装置包括:运料车、轨道、滑轮、驱动钢轮、滚轮、减速机、制动器、电动机和行程

图6-9 成品储料仓

开关等。工作流程如下:①运料车装满成品料,而后通过驱动系统沿滑轮上移至成品料仓上方;②行程开关等设备使运料车停止运行,气动装置开启运料车的斗门,成品料落入储存仓;③卸料完毕后,驱动电机反转,运料车依靠自重滑落回搅拌器放料闸门下方。

二、沥青混合料的运输和摊铺

1.沥青混合料的运输

运送沥青混合料的卡车应有紧密、清洁、光滑的金属底板,底板应涂一薄层油水(柴油和水的比例可为1:3)混合液,以防止混合料粘到底板上,但不得有余液积聚在车箱底部。不允许用石油衍生剂作卡车底板的涂料。装卸前,卡车底板应排干积水。每辆卡车都应有一个帆布篷或其他材料做的篷,其大小应能保护混合料不受天气的影响。需要时,为使混合料按规定温度运到筑路工地,卡车底板应采取保温措施,帆布篷也应扣牢。面层应配有至少16~20辆自卸运输车,具有320t/h的运量。每辆汽车均备有覆盖混合料的篷布,混合料装入车箱后由专人覆盖缚牢,以免在汽车行驶途中吹落。

施工前应对全体驾驶员进行培训,加强汽车保养,避免运料途中汽车抛锚混合料冷却;装料时汽车应前后移动,避免混合料离析;运料汽车应在摊铺机前10~30cm处停住,不得撞击摊铺机;卸料过程中运料汽车应挂空挡,靠摊铺机推动前进,以确保摊铺层的平整度。从

拌和机向运料车上放料时,应挪动一下汽车位置,以减少粗集料的离析现象。

沥青混合料运输车的运量应较拌和能力或摊铺速度有所富余,施工过程中摊铺机前方应有运料车等候卸料。对高速公路和一级公路,开始摊铺时在施工现场等候卸料的运料车不宜少于5辆。沥青混合料运至摊铺地点后应凭运料单接收,并检查拌和质量。不符合表6-5要求的,或已经结成团块、已遭雨淋湿的混合料不得铺筑在道路上。

热拌沥青混合料的运输、摊铺、碾压温度(℃) 表6-5

施工工序		石油沥青的标号			
		50号	70号	90号	110号
运输到现场温度		≥150	≥145	≥140	≥135
混合料摊铺温度	正常施工	≥140	≥135	≥130	≥125
	低温施工	≥160	≥150	≥140	≥135
开始碾压的混合料内部温度	正常施工	≥135	≥130	≥125	≥120
	低温施工	≥150	≥145	≥135	≥130
碾压终了的表面温度	钢轮压路机	≥80	≥70	≥65	≥60
	轮胎压路机	≥85	≥80	≥75	≥70
	振动压路机	≥75	≥70	≥60	≥55
开放交通的路表温度		≤50	≤50	≤50	≤45

注:1.沥青混合料的施工温度采用具有金属探测针的插入式数显温度计测量。表面温度可采用表面接触式温度计测定。当采用红外线温度计测量表面温度时,应进行标定。
2.表中未列入的130号、160号及30号沥青的施工温度由试验确定。

2.沥青混合料的摊铺

(1)沥青混合料摊铺机

沥青混合料摊铺设备应是自动式的具有一定摊铺宽度的摊铺机,并安装有可调的活动熨平板或整平组件。整平板在需要时可以加热,能按照规定的典型横断面和图纸所示的厚度在车道宽度内摊铺,并备有修边的套筒。摊铺机应有一套夯板和一个可调整振幅的振动整平板的组合装置,夯板与振动整平板的频率应能随意变化,并能各自单独的调整。摊铺机应配备容量足以保证均匀摊铺作业的受料斗。还应装备自动进料控制器,并适当调节以使在整平板前方保持厚度均匀的沥青混合料。熨平板或整平组件应能有效地摊铺出具有所需平整度和纹理的密实表面,而不会撕扯、推挤混合料或造成孔眼。

摊铺机应配备整平板自控装置,其一侧或双侧装有传感器,可通过外面的参考线探测出纵坡和整平板的横坡,并能自动发出信号操纵整平板,使摊铺机能铺筑出理想的纵横坡度。传感器可以用参考线或滑橇式基准板来操作。横坡控制器应能让整平板保持理想的坡度,精度在±0.1%范围内。

(2)温度控制

热拌沥青混合料的摊铺温度应符合表6-5的要求,并应根据沥青标号、黏度、气温、摊铺层厚度选用。

聚合物改性沥青混合料的施工温度根据实践经验并参照表6-6选择。通常宜较普通沥青混合料的施工温度提高10~20℃。对采用冷态胶乳直接喷入法制作的改性沥青混合料，集料烘干温度应进一步提高。

聚合物改性沥青混合料的运输、摊铺、碾压温度（℃） 表6-6

工 序	聚合物改性沥青品种		
	SBS类	SBR胶乳类	EVA、PE类
摊铺温度	≥160		
初压开始温度	≥150		
碾压终了的表面温度	≥90		
开放交通时的路表温度	≤50		

注：当采用表列以外的聚合物或天然沥青改性沥青时，施工温度由试验确定。

三、沥青混合料的压实

应选择合理的压路机组合方式及碾压步骤，以达到最佳效果。沥青混合料压实宜采用钢筒式静态压路机与轮胎压路机或振动压路机组合的方法，初压严禁使用轮胎压路机，以确保面层横向平整度。压路机的数量应根据生产率决定。

沥青混凝土的压实层最大厚度不宜大于100mm，沥青稳定碎石混合料的压实层厚度不宜大于120mm，但当采用大功率压路机且经试验证明能达到压实度时允许增大到150mm。

沥青路面施工应配备足够数量的压路机，选择合理的压路机组合方式及初压、复压、终压（包括成型）的碾压步骤，以达到最佳碾压效果。高速公路铺筑双车道沥青路面的压路机数量不宜少于5台。施工气温低、风大、碾压层薄时，压路机数量应适当增加。

压路机的碾压速度应符合表6-7的规定。

压路机碾压速度（km/h） 表6-7

压路机类型	初 压		复 压		终 压	
	适宜	最大	适宜	最大	适宜	最大
钢筒式压路机	2~3	4	3~5	6	3~6	6
轮胎压路机	2~3	4	3~5	6	4~6	8
振动压路机	2~3（静压或振动）	3（静压或振动）	3~4.5（振动）	5（振动）	3~6（静压）	6（静压）

四、施工接缝的处理

摊铺混合料部分留下10~20cm宽暂时不碾压，作为后高程基准面，并有5~10cm专用的摊铺层重叠，以热接缝形式在最后作跨缝碾压以消除缝迹。上下层纵缝应错开15cm以上。

横向施工缝全部采用平接缝。用3m直尺沿纵向位置，在摊铺段端部的直尺成悬臂状，以摊铺层与直尺脱离接触处定出接缝位置，用锯缝机割齐后铲除；继续摊铺时，应将接缝锯切时留下的灰浆擦洗干净,涂上少量黏层沥青,摊铺机熨平板从接缝后起步摊铺;碾压时用钢轮压路机进行横向压实,从先铺路面上跨缝逐渐移向新铺路面。横向施工缝应远离桥梁毛勒缝20cm以外,不许设在毛勒缝处,以确保毛勒缝两边路面表面的平顺。

五、沥青路面的质量检测

原材料的质量检查包括:沥青、粗集料、细集料、填料。混合料的质量检查包括:油石比、矿料级配、稳定度、流值、空隙率;混合料出场温度、运到现场温度、初压温度、碾压终了温度;混合料拌和均匀性。上面层终了检查:厚度、平整度、宽度、高程、横坡度、压实度、偏位;摊铺的均匀性;同时进行构造深度和摆式摩擦系数的跟踪检测。施工压实度的检测以钻孔法为准,若用核子仪检测时应通过以钻孔密度的标定关系进行换算,标定关系须经总监代表批准,钻孔频率1个/1000m,核子仪检测频率不低于1次/2000m^2。沥青混凝土上面层施工阶段的质量检查标准列于表6-8。

热拌沥青混合料的频度和质量要求 表6-8

项 目		检查频度及单点检验评价方法	质量要求或允许偏差		试验方法
			高速公路、一级公路	其他等级公路	
混合料外观		随时	观察集料粗细、均匀性、离析、油石比、色泽、冒烟、有无花白料、油团等各种现象		目测
拌和温度	沥青、集料的加热温度	逐盘检测评定	符合JTG F40—2004规定		传感器自动检测、显示并打印
	混合料出厂温度	逐车检测评定	符合JTG F40—2004规定		传感器自动检测、显示并打印,出厂时逐车按T 0981人工检测
		逐盘测量记录,每天取平均值评定	符合JTG F40—2004规定		传感器自动检测、显示并打印
矿料级配（筛孔）	0.075mm	逐盘在线检测	±2%(2%)	—	计算机采集数据计算
	≤2.36mm		±5%(4%)	—	
	≥4.75mm		±6%(5%)	—	
	0.075mm	逐盘检查,每天汇总1次取平均值评定	±1%	—	JTG F40—2004附录G总量检验
	≤2.36mm		±2%	—	
	≥4.75mm		±2%	—	
	0.075mm	每台拌和机每天1~2次,以2个试样的平均值评定	±2%(2%)	±2%	T 0725抽提筛分与标准级配比较的差
	≤2.36mm		±5%(3%)	±6%	
	≥4.75mm		±6%(4%)	±7%	

续上表

项　　目	检查频度及单点检验评价方法	质量要求或允许偏差 高速公路、一级公路	质量要求或允许偏差 其他等级公路	试 验 方 法
沥青用量（油石比）	逐盘在线监测	±0.3%	—	计算机采集数据计算
沥青用量（油石比）	逐盘检查，每天汇总1次取平均值评定	±0.1%	—	JTG F40—2004 附录 F 总量检验
沥青用量（油石比）	每台拌和机每天1~2次，以2个试样的平均值评定	±0.3%	±0.4%	抽提 T 0722、T 0721
马歇尔试验：空隙率、稳定度、流值	每台拌和机每天1~2次，以4~6个试件的平均值评定	符合 JTG F40—2004 规定	符合 JTG F40—2004 规定	T 0702、T 0709，JTG F40—2004 附录 B、附录 C
浸水马歇尔试验	必要时（试件数同马歇尔试验）	符合 JTG F40—2004 规定	符合 JTG F40—2004 规定	T 0702、T 0709
车辙试验	必要时（以3个试件的平均值评定）	符合 JTG F40—2004 规定	符合 JTG F40—2004 规定	T 0719

注：1. 单点检验是指试验结果以一组试验结果的报告值为一个测点的评价依据，一组试验（如马歇尔试验、车辙试验）有多个试件时，报告值的取用按《公路沥青与沥青混合料试验规程》的规定执行。

2. 对高速公路和一级公路，矿料级配和油石比必须进行总量检验和抽提筛分的双重检验控制，互相校核，表中括号内数字是对 SMA 的要求。油石比抽提试验应事先进行空白试验标定，提高测试数据的准确度。

沥青路面铺筑过程中必须随时对铺筑质量进行评定，质量检查的内容、频度、允许差应符合表6-9的规定。

公路热拌沥青混合料路面施工过程中工程质量的控制标准　　表6-9

项　　目		检查频度及单点检验评价方法	质量要求或允许偏差 高速公路、一级公路	质量要求或允许偏差 其他等级公路	试 验 方 法
外观		随时	表面平整密实，不得有明显轮迹、裂缝、推挤、油汀、油包等缺陷，且无明显离析	表面平整密实，不得有明显轮迹、裂缝、推挤、油汀、油包等缺陷，且无明显离析	目测
接缝		随时	紧密平整、顺直、无跳车	紧密平整、顺直、无跳车	目测
接缝		逐条缝检测评定	3mm	5mm	T 0931
施工温度	摊铺温度	逐车检测评定	符合本规范规定	符合本规范规定	T 0981
施工温度	碾压温度	随时	符合本规范规定	符合本规范规定	插入式温度计实测

续上表

项 目		检查频度及单点检验评价方法	质量要求或允许偏差		试 验 方 法
			高速公路、一级公路	其他等级公路	
厚度	每一层次	随时,厚度 50mm 以下 厚度 50mm 以上	设计值的 5% 设计值的 8%	设计值的 8% 设计值的 10%	施工时插入法量测松铺厚度及压实厚度
	每一层次	1 个台班区段的平均值 厚度 50mm 以下 厚度 50mm 以上	−3mm −5mm	—	JTG F40—2004 附录 G 总量检验
	总厚度	每 2000m² 一点单点评定	设计值的 −5%	设计值的 −8%	T 0912
	上面层	每 2000m² 一点单点评定	设计值的 −10%	设计值的 −10%	
压实度		每 2000m² 检查一组逐个试件评定并计算平均值	实验室标准密度的 97%(98%) 最大理论密度的 93%(94%) 试验段密度的 99%(99%)		T 0924、T 0922、JTG F40—2004 附录 E
平整度 (最大间隙)	上面层	随时,接缝处单杆评定	3mm	5mm	T 0931
	中下面层	随时,接缝处单杆评定	5mm	7mm	T 0931
平整度 (标准差)	上面层	连续测定	1.2mm	2.5mm	T 0932
	中面层	连续测定	1.5mm	2.8mm	
	下面层	连续测定	1.8mm	3.0mm	
	基层	连续测定	2.4mm	3.5mm	
宽度	有侧石	检测每个断面	±20mm	±20mm	T 0911
	无侧石	检测每个断面	不小于设计宽度	不小于设计宽度	
纵断面高程		检测每个断面	±10mm	±15mm	T 0911
横坡度		检测每个断面	±0.3%	±0.5%	T 0911
沥青层层面上的渗水系数,不大于		每 1km 不少于 5 点,每点 3 处取平均值	300mL/min(普通密级配沥青混合料) 200mL/min(SMA 混合料)		T 0971

注:1.表中厚度检测频度指高速公路和一级公路的钻坑频度,其他等级公路可酌情减少状况,且通常采用压实度钻孔试件测定。上面层的允许误差不适用于磨耗层。

2.压实度检测按规范规定执行,钻孔试件的数量按规定执行。括号中的数值是对 SMA 路面的要求,对马歇尔成型试件采用 50 次或者 35 次击实的混合料,压实度应当提高要求。进行核子仪等无破损检测时,每 13 个测点的平均数作为一个测点进行评定是否符合要求。实验室密度是指与配合比设计相同方法成型的试件密度。以最大理论密度作标准密度时,对普通沥青混合料通过真空法实测确定,对改性沥青和 SMA 混合料,由每天的矿料级配和油石比计算得到。

3.渗水系数适用于公称最大粒径等于或小于 19mm 的沥青混合料,应在铺筑成型后未遭行车污染的情况下测定,且仅适用于要求密水的密级配沥青混合料、SMA 混合料,不适用于 OGFC 混合料。表中渗水系数以平均值评定,计算的合格率不得小于 90%。

4.3m 直尺主要用于接缝检测,对正常生产路段,采用连续式平整度仪测定。

第三节 SMA 面层

一、概述

1. SMA 路面在国外的研究与应用

沥青玛蹄脂碎石(Stone Mastic Asphalt,简称 SMA)面层,产生在 20 世纪 60 年代的德国。是为了抵抗带钉轮胎对路面的磨耗而在浇筑式沥青混凝土(Guss asphalt)的基础上增加碎石用量而发展起来的,以后逐渐推广应用到高速公路和城市道路。后来尽管不再使用带钉轮胎,但因为 SMA 路面抗滑、抗车辙等性能优良,逐渐在高速公路、重交通道路、红绿灯交叉口、机场跑道、桥梁铺装、车站与码头的货物装卸区等中广泛应用。1998 年德国在 ARS35/98 中规定,SMA 可以应用于任何等级的公路。

欧洲许多国家,如荷兰、瑞典、挪威、捷克等铺筑了相当多的 SMA 路面。法国、西班牙也开发了与之相似的 BBM 路面,EAPA 为了推广 SMA 技术,于 1998 年出台了 SMA 设计草案。欧洲一些国家在自己研究和应用的基础上,分别提出了各自的设计规范或指南。

美国于 1990 年 9 月组成大型考察团去欧洲学习 SMA 技术,之后在许多州作了进一步的研究和应用。到 1997 年,至少有 28 个州的 100 多个工程项目中铺筑了 SMA 路面,其中,以乔治亚州和马里兰州最多。到 1998 年,美国已累计生产 SMA 混合料 300 多万吨。与此同时,美国联邦公路管理局(FHWA)、美国沥青路面协会(NAPA)等机构组织有关研究单位和高等院校,积极开展 SMA 的研究,他们结合美国的具体条件,制订了 SMA 路面的设计与施工技术规范。1994 年,NAPA 公布了关于 SMA 材料、生产和摊铺的指南,这给美国 SMA 路面设计和施工提供了依据。1997 年,FHWA 又在此基础上提出了更为详细的 SMA 路面设计和施工技术规范;1998 年,又做了进一步的修改。

日本近年来对 SMA 进行了研究,认为 SMA 适合用作桥面铺装材料。中西弘光曾对 SMA 混合料、浇筑式沥青混合料和树脂改性沥青混合料的性能做了研究比较,发现 SMA 弯拉强度虽比其他两者低,但低温抗拉应变大;在短时荷载作用下,SMA 的复数回弹模量低,表现出良好的可挠性,因而适合用作钢桥桥面的铺装。

2. SMA 在我国的研究与应用

我国第一个采用 SMA 路面的高速公路是广佛高速公路,当时使用了 PE 改性沥青,但没有使用纤维材料。该工程完工于 1993 年 3 月,由于当时没有对 SMA 的特性予以充分的了解和研究,只是照搬了国外的方法和标准,忽略了当地的气候特点,所以铺筑的 SMA 路面未能收到好的效果,通车后路面出现了泛油、变形、开裂、坑洞和破损等破坏。

1993 年在首都机场高速公路上铺筑了 18km 的 SMA 路面,并且使用 PE 改性沥青和 PE+SBS复合改性沥青,在混合料中添加了石棉纤维。由于 PE 改性沥青低温性能不良,铺筑的路面在当年就出现了裂缝。这条高速公路总的使用情况良好,但由于行驶车辆主要是小汽车,所以这种路面的优越性能未能真正体现出来。北京随后在八达岭高速公路、东西长安街陆续使用了 SMA 混合料铺筑路面,沥青材料由复合改性沥青逐渐改用单一的 SBS 改性沥青。在不断的实践中,SMA 路面铺筑技术取得了进步,工程质量得到了提高,SMA 路面的优点逐步显现出来。SMA技术在北京公路和城市道路中的应用,对这项技术在我国的研究和应用起到了推动作用。

1996年,深汕高速公路铺筑了SMA路面,采用PE改性沥青,沥青用量为6.0%~6.5%,到1998年出现了轻重不一的泛油现象,严重泛油路段超过2000m,由于路表光滑曾引发严重的交通事故,使许多人对SMA路面的优越性产生了怀疑。

1997年,民用航空部门首次在北京机场东跑道铺筑了SMA路面,虽然当时使用的PR+SBS复合改性沥青并不十分理想,但为SMA技术在我国机场跑道面上的应用开创了先例。

1997年,虎门大桥采用了SMA铺装,1998年全桥车道上出现了10~15mm深的轮辙,表明SMA混合料高温稳定性明显不足,结果只能铣刨后直接加铺。

实践证明,对于SMA的材料选择、级配设计和施工方法等关键技术,不能一味地照搬国外的经验并直接套用国外的技术标准,而必须结合我国的气候特点、交通状况、施工机械和材料等实际情况,进行深入的研究和改进,以便更好地推进SMA技术在我国的推广使用。

目前,SMA技术在我国已日趋成熟,SMA路面里程迅速增加。在我国《公路沥青路面施工技术规范》(JTG F40)中,对SMA组成材料、矿料级配和施工技术等都做了明确的规定。

二、SMA混合料的特性

SMA混合料为间断级配,粗集料多,细集料少,矿粉用量多,沥青用量也多。粗集料颗粒石—石接触,形成骨架结构,由沥青矿粉和纤维组成的玛蹄脂填充其空隙,成为一种密实结构的沥青混合料(图6-10)。SMA路面使用的实践表明,它与传统沥青路面相比较,具有以下特点:

(1)优良的高温稳定性

SMA混合料由于粗集料石—石接触形成骨架结构,能够支承车轮荷载,并将荷载传递至下层路面,路面能够承受大的车轮荷载而不容易产生挤压变形,始终保持良好的平整度,表现出优良的稳定性。传统的沥青路面由于粗集料成悬浮状态,不能有效地起到支承荷载的作用,荷载主要由细集料和沥青组成的胶砂所承受,路面容易产生变形。SMA混合料的骨架结构赋予沥青路面良好的抗车辙能力。

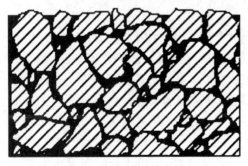

图6-10 SMA混合料剖面图

(2)良好的耐久性

SMA混合料粗集料所形成的大空隙由沥青、矿粉和纤维组成的玛蹄脂所填充,成为密实结构,空隙率小,集料颗粒表面的沥青膜厚,不仅使混合料具有很好的耐疲劳性能,而且所铺路面具有良好的耐久性。欧洲一般认为,SMA路面的使用寿命比传统沥青路面长20%~40%。德国等国家早期所铺筑的SMA路面,使用期已达20~30年而不需要大修。因此尽管铺筑SMA路面的初期投资要高20%~25%,但由于SMA路面使用寿命长,使路面的全寿命周期投资费用反而大大减低;同时由于道路使用期间的维修和养护工作量减少,也进一步提高了投资效益。

(3) 良好的表面特性

SMA 混合料粗集料多,所用石料质量好,路面表面构造深度大,因而具有良好的抗滑性能,同时雨天高速行车时的溅水现象减轻,提高了行车的安全性。SMA 路面良好的宏观构造和高的沥青含量,还赋予 SMA 路面吸收车轮滚动噪声的性能。在室内用驻波管测定 SMA 混合料和传统沥青混合料的垂直入射吸声系数的结果表明,SMA 吸声系数的峰值高达 0.7,而传统沥青混合料吸声系数的峰值仅为 0.25,吸声系数大,则吸收噪声的性能好。因而在靠近城市的高速公路和城市道路中铺筑 SMA 路面,对于降低交通噪声污染、保护环境,具有特殊的重要意义。

(4) 良好的低温抗裂性

SMA 混合料骨架空隙中填充了相当数量的沥青玛蹄脂,它包裹在粗集料表面,其本身所具有的较好的粘结作用、韧性和柔性使混合料具有良好的低温变形性能,增强了 SMA 混合料的低温抗裂性能。

综上所述,SMA 混合料具有良好的路用性能,能够全面提高沥青路面的使用性能,延长使用寿命,减少全寿命周期的投资,总体上将产生更大的经济效益。

三、SMA 原材料要求

1. 粗集料

SMA 混合料是依靠粗集料石—石接触和紧密嵌挤而形成骨架结构。为防止碎石颗粒在车辆荷载的挤压过程中发生破碎,对粗集料的质量有严格的要求,粗集料是 SMA 质量控制的关键。一般要求使用高质量的轧制粗集料,其岩石应坚韧,具有较高的强度和刚度,不能使用质地较软的石灰石。美国和我国对 SMA 粗集料的技术要求分别见表 6-10 和表 6-11。

美国 SMA 用粗集料技术要求 表 6-10

技术指标		测试方法	技术标准(%)
洛杉矶磨耗值		AASHTO T96	<30
针片状颗粒含量	1:3	ASTM D4791	<20
	1:5		<5
吸水率		AASHTO T85	<2
坚固性损失(5 个循环)	硫酸钠	AASHTO T104	<15
	硫酸镁		<20
破碎颗粒含量	1 个破裂面以上	ASTM D5821	>100
	2 个破裂面以上		>90

我国 SMA 用粗集料技术要求 表 6-11

指标	单位	高速公路及一级道路 表面层	试验方法
压碎值	%	≤26	T 0316

续上表

指　　标	单位	高速公路及一级道路 表面层	试验方法
洛杉矶磨耗值	%	≤28	T 0317
表观相对密度	—	≥2.60	T 0304
吸水率	%	≤2.0	T 0304
坚固性	%	≤12	T 0314
针片状颗粒含量按照配合比设计的混合料	%	≤15	T 0312
其中粒径大于9.5mm	%	≤12	
其中粒径小于9.5mm	%	≤18	
0.075mm 通过率（水洗法）	%	≤1	T 0310
软石含量	%	≤3	T 0320
粗集料的磨光值 PSV 潮湿区	—	≥42	T 0321
湿润区	—	≥40	
半干区	—	≥38	
干旱区	—	≥36	
与沥青的黏附性 潮湿区	级	≥5	T 0616
湿润区	级	≥4	
半干区	级	≥4	
干旱区	级	≥3	
具有一定数量的破碎面颗粒的含量 1个破碎面	%	100	T 0346
2个或2个以上破碎面	%	90	

　　美国以洛杉矶磨耗试验来检验粗集料坚韧性（toughness），认为石料的坚韧性与抗压碎性有直接的关系，要求洛杉矶磨耗值不大于30%。要求采用100%轧制（至少90%）碎石，圆集料至少有两个破碎面；集料的颗粒形状接近立方体，富有棱角，纹理粗糙。

　　粗集料的针片状颗粒含量是个重要指标，应严格控制。针状和片状的粒料，在车轮荷载的作用下，很容易折断碎裂，使混合料的细料增多，级配发生变化。不仅如此，碎石破裂面没有沥青裹覆，成为混合料的内部损伤。研究认为，石料中针片状颗粒含量对混合料通过4.75mm 颗粒含量的变化有直接关系，而 SMA 混合料的性质对集料 4.75mm 通过率十分敏感。美国要求针片状颗粒（1∶3）含量不超过20%；德国主要采用辉绿岩、闪长岩等岩石，要求细长比大于1∶3的颗粒含量也不超过20%；瑞典要求4mm 以上的集料其形状系数小于1.4。

　　各国对集料的性质都有各自的测试方法和标准。瑞典用表面磨耗试验测抗磨性，用冲击试验测耐久性，用格栅试验测集料性状；德国则使用冲击破碎试验、冻融试验、水中膨胀试验和分解阻力试验、形状系数试验等。

美国有关 SMA 集料的技术要求,与我国《公路沥青路面施工技术规范》(JTG F40—2004)中有关高速公路用集料的技术要求相比较,基本接近;有些技术指标,如针片状颗粒(1:3)含量、坚固性、破碎颗粒的含量,我国比美国的标准还高一些。

2. 细集料

细集料(一般指小于 4.75mm 的颗粒)在 SMA 混合料中的用量很少,仅为 10%~20%,但其性质对 SMA 的性能影响却不小。一般要求其石质坚硬、富有棱角、并有一定的表面纹理,软质含量少,塑性低,黏土含量不超过 1%。

在 SMA 混合料中,细集料一般要求用机制砂,也称人工砂。原因在于机制砂采用坚硬岩石反复破碎制成,具有良好的棱角性和嵌挤性能,对提高混合料的稳定性有好处,而天然砂虽然石质较坚硬,但与沥青的黏附性往往较差,且由于颗粒接近于球形,内摩阻力小,对水稳定性和高温抗车辙能力极为不利,故不宜多用。石屑是破碎石料时的下脚料,其针片状颗粒含量较大,而且强度相对较低,因此,作为细集料也应限制其用量。但由于石屑是破碎得到的,其表面粗糙,这对提高混合料的高温稳定性非常有利,因此,当缺乏机制砂时,可优先考虑使用质量好的石屑代替天然砂。

美国 AASHTO 要求细集料至少有一半采用破碎的人工砂,并符合表 6-12 的要求。德国也规定人工砂与天然砂的比例不小于 1:1。我国对此没有明确的规定,但规范中推荐采用优质的石屑代替部分机制砂。我国在《公路沥青路面施工技术规范》(JTJ F40—2004)中对细集料的质量要求列见表 6-13。

美国 SMA 用细集料质量要求 表 6-12

试 验	方 法	要 求 值
坚固性(5 个循环)		
硫酸钠(%)	AASHTO T104	<15
硫酸镁(%)		<20
棱角性(%)	AASHTO TP33	45
液限(%)	AASHTO T89	<25
塑性指数(%)	AASHTO T90	无塑性

我国 SMA 用细集料质量要求 表 6-13

项 目	单位	要求值	试验方法
表观相对密度	t/m^3	≥2.5	T 0328
坚固性(>0.3mm 部分)	%	≥12	T 0340
含泥量(小于 0.075mm 的含量)	%	≤3	T 0333
砂当量	%	≥60	T 0334
亚甲蓝值	g/kg	≤25	T 0349
棱角性(流动时间)	s	≥30	T 0345

3. 矿粉

矿粉是 SMA 混合料重要的组成部分,它与沥青、纤维等混合形成玛蹄脂,从而影响 SMA

的性能。矿粉对混合料产生"加筋"效应,降低沥青的流动性,增加其黏度,其质量与混合料的稳定性有很大关系。在 SMA 中,矿粉用量高达 8%~13%,比普通沥青混合料要多一倍左右,因而对矿粉的种类和用量应给予重视。

美国 AASHTO 规定矿粉可以是石灰岩破碎的石粉、石灰、粉煤灰,使用时表面干燥,能从矿粉仓中自由地流出,矿粉的塑性指数不大于 4,其中 0.075mm 通过率必须大于 70%,矿粉的性质必须符合 AASHTO M17 的要求。

我国规定矿粉必须采用石灰岩或岩浆岩中的强基性岩石等憎水性石料经磨细得到的矿粉,原石料中的泥土杂质应除净。矿粉应干燥、洁净,能自由地从矿粉仓中流出,其质量应符合《公路沥青路面施工技术规范》(JTG F40—2004)规定的技术要求,详见表 6-14。规范中还指出,高速公路、一级公路的沥青面层不宜采用粉煤灰作填料。

我国 SMA 用矿粉质量要求 表 6-14

项 目	单 位	要 求 值	试 验 方 法
表观相对密度	t/m^3	≤2.50	T 0352
含水量	%	≤1	T 0103 烘干法
粒度范围<0.6mm <0.15mm <0.075mm	% % %	100 90~100 75~100	T 0351
外观		无团粒、结块	
亲水系数		<1	T 0353
塑性指数		<4	T 0354
加热安定性		实测记录	T 0355

关于矿粉的细度,过去有人认为矿粉越细越好,实际上并非如此,这里有技术要求和经济性两个问题。美国 ASTM 和 AASHTO 规范要求填料(矿粉)无活性,且 200 目(粒长为 0.075mm)筛通过率大于 65%,而在欧洲则规定通过 0.09mm 的为填料。美国曾一度对小于 0.02mm 颗粒含量予以限制,认为过多会使混合料变硬,而导致施工困难。但通过对玛蹄脂的动态剪切流变(DSR)试验后得出结论,玛蹄脂自身的劲度与 0.02mm 颗粒含量无关,故不必对 0.02mm 颗粒含量加以限制;而且矿粉加工越细,成本就越高,故也没有必要。

4. 沥青材料

SMA 所使用的沥青要求有良好的黏结性和温度稳定性,一般应采用重交通道路沥青,其指标符合规范要求。欧洲多用针入度为 65、80、85 的沥青;我国采用的标号应根据道路所在地区气候来确定,但一般宜采用较稠的沥青,如南方地区可采用 50 号沥青,长江、黄河流域可采用 70 号沥青,东北地区采用 90 号沥青。

国外对铺筑 SMA 路面是否应该采用改性沥青尚未达成统一意见。来华德国专家介绍铺筑 SMA 的经验,有的认为铺筑 SMA 不需要用改性沥青,因为添加了纤维,特别是认为如果使用多兰凝特(Dolanit AS)腈纶纤维,再用改性沥青是多余的。有的专家则认为,对于重交通道路,为了抗车辙使用改性沥青仍然是有必要的。研究和实践表明,用改性沥青拌制的沥青混合料确实具有比较好的性能。

虽然改性沥青种类很多,但现在国内外的发展趋势是 SBS 改性沥青应用日趋广泛,这是因为 SBS 改性沥青性能确实比 PE 等改性沥青优越,而且它的适应性强,无论在南方还是在北方都能有效地改善热稳定性和低温抗裂性。

5. 纤维

为了防止沥青滴漏,绝大部分 SMA 中都使用纤维,也有项目使用改性剂增加沥青黏度以防止滴漏。现在较为常见的情况是,既使用改性沥青,同时使用纤维材料。在 SMA 混合料中使用纤维,不仅是为了吸油、防止沥青滴漏,还起着其他重要作用。

(1) 纤维在玛蹄脂中的作用机理

①纤维的吸附作用

纤维直径一般小于 20μm,有相当大的比表面积,每克纤维提供的表面积达数平方米以上。纤维分散在沥青中,其巨大的表面积成为浸润界面。在界面层中,沥青和纤维之间会产生物理和化学作用,如吸附、扩散、化学键合等作用。这种物理和化学作用,使沥青呈单分子排列在纤维表面,形成结合力牢固的结构沥青界面层。结构沥青比界面层以外的自由沥青黏结性强,稳定性好。与此同时,由于纤维及其周围的结构沥青一起裹覆在集料表面,使集料表面的沥青膜增大,同普通密级配沥青混合料相比,沥青膜约增厚 65%～113%。集料表面厚的沥青膜与 SMA 的密实型结构,有利于减缓沥青的老化速度,延长路面使用寿命。

②纤维的稳定作用

纵横交错的纤维所吸附的沥青,增大了结构沥青的比例,减少了自由沥青,使玛蹄脂的黏性增大,软化点提高,其提高的程度比传统沥青混合料中沥青砂浆的软化点要高 20℃ 以上,从而使 SMA 混合料高温稳定性得到提高。

③纤维的分散作用

SMA 中矿粉和沥青的用量均较大,且矿粉较细,比表面积大,在拌和过程中极易结团,不能均匀地分散在集料之间,铺筑过程中较易形成"油斑"。而纤维可以使沥青和矿粉形成的胶团适当地分散,增加混合料的均匀性。

④纤维的加筋作用

在我国民间,在抹墙的灰浆中掺加纸筋、切碎的稻草秆,可以起到防止灰浆开裂、增加强度的作用,这种作用就是加筋作用。玛蹄脂中的纤维是呈三维随机分布的,且数量众多,故在混合料中都分布有纤维,这些纤维对混合料受外力作用而出现的开裂有阻滞作用,从而有助于提高沥青路面裂纹的自愈能力,减少裂缝的出现。

此外,纤维对沥青还具有增韧作用,能够增强对集料颗粒的裹握能力,保持路面的整体性而不易松散,开裂的路面也因为纤维的牵连作用而不致破碎散失。

(2) 纤维的种类

纤维材料的种类很多,SMA 中广泛使用的主要有木质素纤维、矿物纤维和聚合物有机纤维三类。此外还有玻璃纤维,不过很少使用。SMA 应用初期,主要使用石棉纤维。石棉纤维是一种结晶硅酸盐矿物纤维,以包含数百根单丝纤维的纤维束的形式存在。石棉纤维耐腐蚀、耐高温,但易脆断。石棉纤维有很大的比表面积和很强的吸附性。但由于石棉对人体有害,长期吸入石棉粉尘会引起石棉沉着病和支气管癌,故现在已禁止使用。

①木质素纤维

木质素纤维是植物纤维,属于有机纤维。植物在加工成纸浆和纤维浆液过程中,通过物理、化学处理,最终有一部分纤维剩余出来,经过洗涤、过滤、喷雾、干燥等工艺过程,形成棉絮状木质素纤维。

德国 JRS 公司生产的 ARBOCEL 纤维是天然木质素纤维,分子式为 $(C_6H_{10}O_5)_n$,其 n 在 500~1000。ARBOCEL 木质素纤维主要物理化学性质列于表6-15。

ARBOCEL 木质素纤维 表6-15

木质素含量(%)	pH	体积密度(g/L)	纤维最大长度(μm)	纤维平均长度(μm)	纤维平均直径(μm)
75~85	7.5±1	25~30	5000	1100	45

絮状木质素纤维长期储存会吸湿而结块,而且体积大,给包装、运输带来不便。为了减小体积和提高运输效率,保证在拌和过程中分散均匀,避免拌和时出现扬尘,现在国外又开发了颗粒状木质素纤维。德国 CFF 公司开发的颗粒状木质素纤维,其性能列于表6-16。

德国 CFF 公司 TOPCEL 纤维技术指标 表6-16

技术指标	标准
外观	灰色颗粒
湿度	约6%
pH 值	约7
颗粒直径	约6mm
长纤维含量	约75%
粒径分布(Alpine 空气筛)	
<800μm	约85%
<200μm	约50%
<32μm	约15%

预混沥青的颗粒状木质素纤维是近年开发出来的又一种纤维产品。预混沥青的颗粒状木质素纤维通常纤维含量为50%和66%,沥青含量则分别为50%和34%,由于木质素纤维是生产纸浆或纤维浆过程中的副产品,所以它的料源丰富,价格也较低廉。如德国使用木质素纤维的 SMA 项目占95%,瑞典有85%的 SMA 项目掺加木质素纤维。

木质素纤维的主要缺点是易吸水腐烂、耐热耐磨性较差,它的大量使用主要出于对经济性的考虑。

②腈纶纤维

腈纶纤维是有机合成纤维。德国科特尔兹(COURTAULDS)公司和道路部门联合开发的多兰凝特 AS 就是这种纤维材料,它与一般纺织用腈纶纤维的主要区别在于分子链更长,且大分子链纵向排列更加有序,纤维的截面呈花生果状。多兰凝特 AS 纤维的主要优点是强度高,在一般溶剂中不溶解、不膨胀,有较好的耐高温性能,此外还有良好的抗碱性和抗紫外线能力。多兰凝特 AS 纤维的主要技术参数如表6-17所示。

德国多兰凝特 AS 纤维技术指标　　　　表 6-17

纤维直径 （μm）	切断长度 （mm）	截面形状	颜色	密度 （g/cm³）	抗拉强度 （N/mm²）	最大延伸率 （%）	初始模量 （N/mm²）
14.5	4~6	花生果状	淡黄	1.18	>910	8~12	>17100

多兰凝特纤维很细，每克含有 170 万根长 4mm 的纤维，用 0.1% 的多兰凝特加入含沥青 6.6% 的混合料中，那么每克混合料中将含有 1700 根纤维，每克沥青中约有 26000 根纤维。

由于腈纶纤维强度高，在沥青路面中能够吸收拉应力，故有一定增强作用。因此，腈纶纤维和其他纤维相比有其优越性，但因其价格较高，使用受到一定限制。

③玻璃纤维

玻璃纤维是非结晶型的无机纤维，由熔化的玻璃以极快的速度抽拉制成。玻璃纤维强度高、耐腐蚀、耐高温、不燃烧，常用于电气绝缘、隔热保温、隔声吸音等制品中，在很多行业中都有应用。玻璃纤维的抗折性较差，但由于其直径可细至 3μm 以下，而其柔软性与直径的四次方成反比，故较细的玻璃纤维柔软性很好。在国外，瑞典、加拿大等国采用玻璃纤维铺筑 SMA 路面。国内也生产玻璃纤维，但尚没有专用于 SMA 的玻璃纤维，有待开发。

（3）纤维的相关性能

纤维作为 SMA 混合料添加剂，必须满足 SMA 混合料从生产过程到路面运行使用中的工艺要求和性能要求，须检验纤维的耐热性、吸油性。

①纤维的耐热性

为使纤维在 SMA 混合料中分散均匀，纤维在拌缸中先与集料干拌。经过干燥筒加热干燥的石料，其温度可达 180~200℃，因而纤维必须能够承受这样的高温而不致发生物理和化学变化。由于无论干拌还是湿拌的时间都很短，且为了与沥青的高温老化条件相当，可将纤维放在 163℃ 的烘箱中，经 5h 后观察纤维的颜色、形态等性状。表 6-18 是几种纤维的耐热性试验结果。

纤维的耐热性试验　　　　表 6-18

纤维品种	测试条件	颜色	形状
木质素纤维	163℃，5h	由浅灰转淡黄色	松体积变小
多兰凝特纤维		由淡黄色转棕黄色	无变化
玻璃纤维		无变化	无变化
石棉纤维		无变化	无变化

由试验可见，无机纤维的耐热性比有机纤维好，而木质素纤维的耐热性最差。因此在 SMA 混合料生产时，一方面应严格控制拌和温度，另一方面应控制干拌时间不要过久。

②纤维的吸油性

纤维在 SMA 中的作用主要是稳定和吸附沥青，从这一角度出发，要求纤维材料应有良好的吸附性。不同的纤维材料由于其界面性质不同，会有不同的吸油性。

吸油试验可按如下方法进行：先精确称量 5g 纤维，使之浸润在矿物油中，时间不少于 5min，然后放在筛上，筛孔尺寸为 0.6mm×0.6mm，将筛放至摇筛机上摇振 10min（每分钟摇动 221 次,幅度 31.5mm;振动 147 次/min,振幅 12.5mm)。称量摇筛后吸油纤维的重量,计算纤维吸油量与纤维自重的比值,即为纤维的吸油率,单位 g/g。几种纤维的吸油率试验结果列于表 6-19。

纤维的吸油率　　　　表 6-19

纤维品种	试验条件				吸油率 (g/g)
	温度	筛网尺寸	矿物油	摇振时间	
木质素纤维	20℃(气温)	0.6mm×0.6mm	机油	10min	7.8
多兰凝特纤维					6.6
玻璃纤维					14.6
石棉纤维					4.8

纤维的吸油性与纤维的细度、表面结构及其与矿物油的相容性等有关。另外,所用矿物油的黏度、试验温度也对试验结果有一定影响。玻璃纤维较大的吸油率与其纤维极细、表面积极大有关;木质素纤维比重较小、表面凹凸的结构也使其具有较大的吸油能力。表 6-19 中纤维的吸油率相当于 150~160℃温度下吸持沥青的数量,因为 70 号沥青在 150~160℃温度下黏度与 20℃机油的黏度接近。

(4)纤维的技术要求

不同种类纤维各有其优点和缺点,如无机纤维有良好的耐热性,有机纤维则较差,不过因为在干拌的工艺过程中纤维接触高温的时间很短,不会使纤维出现烧蚀,故不影响有机纤维的使用。从吸油的角度比较,以玻璃纤维的吸油性最好,且耐热性又佳,价格又较低廉,但由于目前没有专供路用的产品,需要研究开发,以使之成为一种专用产品。多兰凝特腈纶纤维是一种优良的有机纤维,它在 SMA 混合料中不仅起吸油作用,而且有加劲增强作用,同时用量可比木质素纤维少,虽因其价格高而影响应用,不过在某些特殊工程中有应用前景。木质素纤维属于绿色添加剂,且吸油性好,价格低廉,受到人们的青睐而应用广泛。

目前在 SMA 中主要使用木质素纤维,美国 AASHTO 和我国规范对木质素纤维提出的技术要求分别列于表 6-20 和表 6-21。

AASHTO 木质素纤维技术要求　　　　表 6-20

筛 分 析	冲气筛分析	纤维长度	最大 6mm
		0.15mm 筛通过率	(70±10)%
	普通网筛分析	纤维长度	最大 6mm
		0.85mm 筛通过率	(85±10)%
		0.425mm 筛通过率	(65±10)%
		0.106mm 筛通过率	(30±10)%
灰分含量		(18±5)% 无挥发物	
pH		7.5±1.0	
吸油量		5.0±1.0(纤维质量的倍数)	
含水量		<5.0%	

我国木质素纤维质量技术要求 表6-21

项　目	单位	指　标	试　验　方　法
纤维长度	mm	≤6	水溶液用显微镜观测
灰分含量	%	18±5	高温590~600℃燃烧后测定残留物
pH值		7.5±1.0	水溶液用pH试纸或pH计测定
吸油率	%	≥纤维质量的5倍	用煤油浸泡后放在筛上经振敲后称量
含水率(以质量计)	%	≤5	105℃烘箱烘2h后冷却称量

四、玛蹄脂的组成与技术要求

SMA的结构可分成两个部分：其一，是由粗集料构成的空间骨架；其二，由沥青、矿粉及纤维等材料所组成的玛蹄脂。玛蹄脂填充在SMA混合料骨架的空隙中，形成密实骨架结构，这是SMA混合料与传统沥青混合料在结构组成上的主要区别。

对于玛蹄脂的组成，有人将细集料(0.075~2.36mm)、矿粉、沥青和纤维组成的混合料作为玛蹄脂，称为粗玛蹄脂；而将无细集料的玛蹄脂称为细玛蹄脂。美国E. Ray Brown等人对细玛蹄脂和粗玛蹄脂的性能，采用动态剪切流变仪(DSR)及直接拉伸试验(DTT)等方法做了试验，结果表明二者的性能相关性非常好。细玛蹄脂的性能可以代表粗玛蹄脂的性能，本节所述玛蹄脂即所谓细玛蹄脂。

1. 玛蹄脂的配合比

(1) 矿粉用量

美国绝大部分的SMA项目要求0.075mm筛孔的通过率为8%~12%。德国、澳大利亚等国家矿粉用量也大都在9%~13%。实际上SMA集料级配中通过0.075mm的百分率就是矿粉的用量。因此，分析一些国家和地区SMA的级配，就不难了解他们矿粉的一般用量范围(表6-22)。由表可见，各国SMA矿粉的用量大多在8%~12%。

SMA矿粉用量 表6-22

国　家	矿粉用量(%)	备　注
美国AASHTO	8~10	
乔治亚理工学院	8~12	
德国ZTVasphalt-stB94	9~13	0.09筛通过率
澳大利亚混合料设计手册	8~12	最大粒径14mm
芬兰	7~12	SMA-20

(2) 沥青用量

高的沥青用量是SMA混合料组成设计的特点。较多的沥青填充了SMA较大的集料骨架孔隙VMA，使混合料具有孔隙率小、沥青膜厚等特点，由此赋予SMA许多良好性能。有关SMA混合料中沥青的用量，各国也不尽一致，见表6-23。

SMA 混合料沥青用量 表 6-23

国家和地区	沥青用量(%)	备 注
美国 AASHTO	≥6	视集料密度有所不同
乔治亚理工学院	5.9~7.1	粗型
	5.7~6.5	细型
德国 ZTVasphalt-stB94	6.5~7.5	0/11S
我国首都机场高速公路	6	SMA-16 设计用量
我国八达岭高速公路	6	SMA-16 设计用量

SMA 混合料中沥青含量在 5.5%~7.5%。

(3) 纤维用量

SMA 中纤维掺量以纤维占混合料重量之比表示。目前实际应用中,木质素纤维等有机纤维的掺量一般为 0.3%~0.4%,玻璃纤维等无机纤维掺量一般为 0.4%~0.6%。纤维掺量过少会使混合料中自由沥青增多,易发生滴漏,形成油斑。同时还会造成玛蹄脂有效数量不足,空隙率增大,降低路面的耐久性能。纤维掺量过多时,会使分散困难,影响生产率,而且如有结团,还会使混合料黏聚力下降,影响路用性能。此外,纤维较多时,混合料中自由沥青过少,使玛蹄脂过于黏稠,低温脆性增大,降低混合料抵抗低温开裂能力。

2. 玛蹄脂的抗剪性

道路沥青通常为非牛顿的假塑性流体,具有剪变率增加黏度降低的特点。沥青的稠度一般用针入度表示。玛蹄脂的性质与沥青相似,但针入度试验作为其黏稠度的测定却是不可行的,因为含有较多纤维的玛蹄脂相对于测针来说是非均质的,测试结果有较大的离散性,故不能用针入度试验来表征其黏稠性。

布朗利用动态剪切流变仪,测试在不同温度下玛蹄脂的车辙因子,$G^*/\sin\delta$ 部分测试结果如表 6-24 所示。

玛蹄脂的车辙因子 表 6-24

配合比	沥青:石灰石粉:木质素纤维=6:9.4:0.3		
车辙因子 $G^*/\sin\delta$ (kPa)	老化前	58℃	17.76
		70℃	4
	TFOT 后	58℃	40.68
		70℃	8.92

表中 G^* 为复数剪切模量,包含材料弹性性质与黏性性质;δ 为剪应力与剪应变相位差,对虎克弹性体,$\delta=0$。高温下 $G^*/\sin\delta$ 值越大,表明玛蹄脂越接近弹性,热稳性也越好,混合料的抗辙能力越强。

用落锥仪测定锥入玛蹄脂的深度,并计算出剪切应力,是一种简便而有效的测试方法。德国 G. Huber 采用这种方法对玛蹄脂进行测试,计算出抗剪强度,结果表明该方法能很好地区分不同玛蹄脂的抗剪强度。用落锥仪测试时,将玛蹄脂注入高 50mm,直径 80mm 的金属皿内,冷却后将其置于水浴容器内保温至少 60min,然后按针入度的试验方法进行测试。计取落锥在 5s 内锥入玛蹄脂中的深度,再按公式(6-1)计算出玛蹄脂的剪切强度:

$$\tau = \frac{Q\cos^2(\alpha/2)}{\pi h^2 \tan(\alpha/2)} \tag{6-1}$$

式中:τ——抗剪强度(kPa);

Q——落锥加砝码总重(kN);

h——锥入深度(m);

α——落锥的角度。

表 6-25 和表 6-26 分别是在 60℃ 和 40℃ 的温度下所测几种玛蹄脂抗剪强度的结果。

60℃玛蹄脂抗剪强度 表 6-25

纤维品种与剂量	平均锥入深度(0.1mm)	抗剪强度(kPa)
0.3%木质素纤维	125	10.8
0.3%多兰凝特纤维	130	10.0
0.45%玻璃纤维	153	7.2
0.6%矿渣纤维	194	4.5

40℃玛蹄脂抗剪强度 表 6-26

纤维品种与剂量	平均锥入深度(0.1mm)	抗剪强度(kPa)
0.3%木质素纤维	25	271
0.3%多兰凝特纤维	34	147
0.3%玻璃纤维	41	101

3.玛蹄脂技术要求

玛蹄脂的性能是影响 SMA 路用性能的重要因素,其各组成性质及配比决定了玛蹄脂的性能,纤维品种及掺量对玛蹄脂的高温性能影响很大。木质素纤维、多兰纤维等有机纤维在吸附稳定沥青、提高玛蹄脂高温稳定性方面能发挥较好的作用,并对增加玛蹄脂低温柔韧性有一定效果。

综观国际上对玛蹄脂的研究,唯有美国对玛蹄脂提出了技术要求。表 6-27 是美国 AASHTO 根据布朗的研究成果提出的玛蹄脂技术要求。

AASHTO 玛蹄脂技术要求 表 6-27

玛蹄脂状态	试 验 方 法	技 术 指 标	技 术 要 求
未经老化	动态剪切流变试验(DSR)	车辙因子 $G^*/\sin\delta$	>5kPa
薄膜烘箱老化后	动态剪切流变试验(DSR)	车辙因子 $G^*/\sin\delta$	>11kPa
压力容器老化后	弯曲梁流变试验	劲度	<1500MPa

根据目前现有的试验条件,通过类比国内外对玛蹄脂的有关指标要求,提出 SMA 玛蹄脂性能指标和技术要求如表 6-28。在表中未提出玛蹄脂老化后的指标,这是因为考虑玛蹄脂的老化实质上就是沥青的老化,而沥青的老化已在沥青的技术标准中反映出来了。

玛蹄脂性能指标建议值   表6-28

指　标	测试方法	单　位	推　荐　值
抗剪切性能	40℃锥入剪切试验	kPa	>100
	60℃锥入剪切试验	kPa	>5

五、SMA 混合料级配

1.SMA 混合料的最大粒径

沥青混合料的最大粒径是指这种集料的最大公称粒径,如 SMA-16 的最大公称粒径为 16mm,实际上整个混合料中还有比 16mm 大一级的集料,即 19mm。一般来说,最大公称粒径以上大一级的粒料还可能有 5%~10%,所以,在集料级配中公称粒径的通过率一般为 90%~100%。

SMA 混合料的最大公称粒径与路面的层次和厚度有关,也与铺设的地区有关。德国 SMA 最大粒径较小,最大粒径分别为 11mm、8mm、5mm 等几种。美国 SMA 混合料的最大粒径则放大了很多,分别有 25mm、19mm、12.5mm、9.5mm 和 4.75mm。欧洲 SMA 混合料的粒径小,估计与其气候条件有关。一般来说,如果沥青混合料的最大粒径大一些,热稳定性就比较好。欧洲夏天气温不高,沥青路面自然不存在严重泛油或车辙的威胁。德国的高速公路所铺 SMA 见不到油斑、泛油等现象,路面平整,因此德国 SMA 的粒径比较小,与它的气候条件有密切关系。在加拿大安大略省,SMA 不仅用于路面的表面层,而且也用于中、下层,故其最大粒径有 13.2mm 和 19mm。

德国 SMA 混合料粒径比较小,还出于对环境保护的考虑。他们认为,车辆在粒径较小的路面上行走,噪声小;而在粒径较大的路面上行驶,噪声较大;为降低噪声,不主张采用较大粒径。

显然,根据我国大部分地区的气候条件,采用过小粒径的 SMA 是不可取的。我国大部地区夏季高温持续时间长,沥青路面容易出现泛油和车辙。因此,对 SMA 混合料,采用相对较大的粒径是有必要的。一般来说,在行驶载重汽车的道路上宜采用粒径较大的 SMA;而在行驶以小汽车为主的道路上,则可采用粒径相对较小的 SMA。由于 SMA 成本较高,目前主要应用于沥青路面的表面层,但也不排除今后在某些工程或场合路面的中层也使用 SMA,在这种情况下,SMA 的最大粒径则可放大至 19mm 或 25mm。根据使用场合和交通组成的不同,可以选择不同类型的 SMA,见表6-29。

SMA 适用的道路   表6-29

道　路　类　型	主要行驶车辆	适用表面层 SMA 类型	适用中面层 SMA 类型
城市街道、高架道路	小汽车、轻型货车	SMA-13 SMA-10	—
城市干道、高等级道路	公交车辆、载重车辆、混合车辆	SMA-16 SMA-13	SMA-19 SMA-25
高速公路、重交通道路	重型载重货车	SMA-16	SMA-19 SMA-25

2.集料级配

SMA 混合料的集料级配,与普通沥青混合料有根本的区别。普通热拌沥青混合料(AC)4.75mm 以上的粗颗粒一般仅占 30%~50%,而 SMA 混合料中 4.75mm 以上颗粒含量高达 70%~80%,可见它们的差别是十分明显的。为了说明这种差别,现以公称尺寸为 13mm 的这两种类型的沥青混合料集料级配作比较,列于表 6-30。

沥青混合料集料级配比较 表 6-30

筛孔(mm)	通过百分率(%)	
	AC-13	SMA-13
16	100	100
13.2	90~100	90~100
9.5	68~85	50~75
4.75	38~68	20~34
2.36	24~50	15~26
1.18	15~38	14~24
0.6	10~28	12~20
0.3	7~20	10~16
0.15	5~15	9~15
0.075	4~8	8~12
备注	规范级配	规范级配

由对比可见,SMA 混合料级配的特点表现为:①4.75mm 以上的粗集料占 70% 左右;②9.5mm 以上颗粒占 50% 左右;③矿粉占 10% 左右,比其他沥青混合料都多;④0.15~4.75mm 的细集料约占 20%。因此曾有人将 SMA 混合料的集料级配特点归结为:"10-20-30",即通过 0.075mm 为 10%,通过 4.75mm 为 30%,细集料占 20%。研究表明,只有当粗集料达到 70% 左右时,才能形成石—石接触,构成骨架结构。

虽然 SMA 集料级配基本上应按上述原则组成,但是实际上各国的 SMA 级配并不相同,而是有所区别的。德国是最早使用 SMA 的国家,在使用和发展过程中,不断地修改规范,表 6-31 是 1998 年发布的 SMA 技术要求,与 1994 年的规范就有所区别。

德国 SMA 技术要求 表 6-31

SMA 类型	0/11S	0/8S	0/8	0/5
筛孔(mm)	高质量碎石、机制砂、矿粉			碎石、机制砂和天然砂、矿粉
11.2	>90	—	—	—
8	≤60	>90	>90	—
5	30~40	30~45	30~55	>90
2	20~25	20~25	20~30	30~40
0.09	9~13	10~13	8~13	8~13
沥青结合料	B65(PmB45)	B65(PmB45)	B80	B80(B200)

续上表

SMA 类型	0/11S	0/8S	0/8	0/5
结合料用量(%)[油石比(%)]	≥6.5(6.95)	≥7.0(7.53)	≥7.0(7.53)	≥7.2(7.76)
混合料空隙率(%)	3.0~4.0	3.0~4.0	2.0~4.0	2.0~4.0
铺筑厚度(cm)	3.5~4.0	3.0~4.0	2.0~4.0	1.5~3.0

注：S 表示重交通道路；机制砂与天然砂比例为 1:1。

对照 1994 年的规范，德国在以下几方面作了修改：①集料级配中粗集料增加，细集料减少；②在重交通道路上结合料要采用改性沥青；③对于重交通道路 SMA 的空隙率由原来的 2%~4% 修改为 3%~4%；④在重交通道路上的铺筑厚度由原来的 2.5~5.0cm 改为 3.5~4.0cm，最大厚度减薄。SMA 技术要求的这些改动，是由于道路交通组成发生了变化，同时也因为 SMA 使用过程中经验的不断总结。

荷兰与德国毗邻，自然条件相似，但荷兰学习德国的 SMA 技术后，所制订的 SMA 的技术要求与德国有所差别，表 6-32 是荷兰的 SMA 技术要求。同德国相比较，荷兰 SMA 级配稍粗，矿粉的用量也有所减少，沥青标号比德国低一级，特别显著的差别是空隙率比德国大。

荷兰 SMA 技术要求 表 6-32

SMA 类型	0/11-Ⅰ	0/11-Ⅱ	0/8	0/6
筛孔(mm)	通过百分率(%)			
11.2	94	94	—	—
8	50~65	45~60	94	—
5.6	30~45	25~40	40~60	94
2	20~30	17.5~27.5	22.5~32.5	27.5~37.5
0.063	7~11	6~10	8~12	9.5~13.5
沥青结合料	B80	B80	B80	B80
结合料用量(%)[油石比(%)]	6.54	6.54	6.89	7.41
混合料空隙率(%)	4	5	4	4
铺筑厚度(cm)	3.0~4.0	3.5	2.0~3.0	1.5~2.0

美国自 1990 年到欧洲考察以后，在全国范围内进行了广泛的试验和研究，并根据自己的研究成果提出了 SMA 混合料的设计规范，不断地研究和实践，总结经验，对规范多次进行修改。1998 年 6 月，由美国各州公路与运输工作者协会发布了 SMA 设计规范和 SMA 路面施工规范。表 6-33 是美国 SMA 的级配标准。

美国 SMA 混合料集料级配 表 6-33

筛孔(mm)	通过百分率(%)				
	25	19	12.5	9.5	4.75
37.5	100				
25	90~100	100			
19	30~86	90~100	100		

续上表

筛孔(mm)	通过百分率(%)				
	25	19	12.5	9.5	4.75
12.5	26~63	50~74	90~100	100	
9.5	24~52	25~60	26~78	90~100	100
4.75	20~28	20~28	20~28	26~60	90~100
2.36	16~24	16~24	16~24	20~28	28~65
1.18	13~21	13~21	13~21	13~21	22~36
0.6	12~18	12~18	12~18	12~18	18~28
0.3	12~15	12~15	12~15	12~15	15~22
0.075	8~10	8~10	8~10	8~10	12~15

美国的 SMA 混合料集料级配与欧洲国家相比,有较大的差别。美国 SMA 最大粒径公称尺寸有 19mm、25mm,说明美国在沥青路面的中层和下层也采用 SMA 结构。同欧洲国家相比,美国的 SMA 级配则比较粗,如德国的 SMA-11,其 5mm 通过率为 30%~40%,而美国仅为 20%~28%,两者相差 10%。

不同国家 SMA 级配的差别,是各国具体情况的差异所造成的。就粗集料的含量而言,粗集料多,细料少,混合料的骨架好,但空隙率也大,如此则需要较多的玛蹄脂填充,在气温较高时,空隙中的玛蹄脂在轮胎的泵吸作用下,向路面表面移动,以至有挤出来在路面上形成油斑和泛油的危险,因此,粗集料的含量也非越多越好。

表 6-34 为我国 SMA 混合料级配范围的规范建议值,SMA 混合料的最大粒径应与面层结构设计厚度相匹配,结构设计厚度为集料的公称最大粒径的 2~2.5 倍。

我国 SMA 混合料矿料级配范围　　　　　表 6-34

级配类型		通过下列筛孔(方孔筛,直径单位 mm)的质量百分率(%)										
		26.5	19	16	13.2	9.5	4.75	2.36	1.18	0.6	0.3	0.15	0.075
中粒式	SMA-20	100	90~100	72~92	62~82	40~55	18~30	13~22	12~20	10~16	9~14	8~13	8~12
	SMA-16		100	90~100	65~85	45~65	20~32	15~24	14~22	12~18	10~15	9~14	8~12
细粒式	SMA-13			100	90~100	50~75	20~34	15~26	14~24	12~20	10~16	9~15	8~12
	SMA-10				100	90~100	28~60	20~32	14~26	12~22	10~18	9~16	8~13

六、SMA 混合料的技术指标与要求

美国 SMA 混合料设计规范采用两种方法:其一为马歇尔试验方法,即仍然采用锤击成型试件,测试马歇尔稳定度等指标;其二为 Superpave 旋转搓揉压实机试验法。目前旋转搓揉压实机较少,而马歇尔试验仪已很普及,试验方法也为大家所熟悉,故本节介绍马歇尔试验方法。

1.试件成型的锤击次数

德国研究认为,SMA 混合料以粗集料为主,石—石接触,在过多的锤击作用下会使集料破碎,故确定 SMA 混合料锤击次数为 50 次。美国对锤击次数也定为 50 次。但也有的国家规定锤击次数为 75 次,如欧洲的挪威、北美的加拿大。捷克则规定可选择 50 次,也可采用 100 次,但锤击次数不同,要求混合料的空隙率不同,实际上说明锤击次数不同,试件的密度是有区别的。

事实上采用高质量轧制碎石配制的 SMA 混合料,由于碎石具有很高的力学强度,即使锤击 75 次也无击碎石子的现象,这从所成型试件切开的剖面可以得到证明。

在锤击次数对试件空隙率影响方面,同济大学所进行的试验表明,混合料的空隙率随着锤击次数的增加而减小,锤击 50 次与 75 次对混合料空隙率的影响可达 1%(图 6-11)。

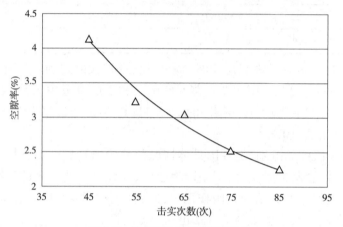

图 6-11 锤击次数对空隙率的影响

试件成型的密度不仅与锤击次数有关,而且与成型时的温度有关,在温度偏高时,由于玛蹄脂的润滑作用,锤击 50 次和 75 次都可使 SMA 达到石—石接触的效果,密度达到最大值;但在温度偏低时,锤击 50 次就有可能密度明显偏低,达不到石—石接触的状态。在实际施工时,由于混合料拌和温度的高低、运输距离的远近、施工现场的摊铺速度等因素,使混合料温度偏高或偏低都是有可能的。在温度偏低的情况下,按 50 次锤击的密度控制,路面的密度就可能偏小,在重车压实下就会出现再次压密,进而有出现轮辙的可能。鉴于此,应采用高质量轧制碎石铺筑 SMA 路面,其混合料试件成型的锤击次数建议采用 75 次。

2.SMA 马歇尔技术指标与要求

(1)粗集料间隙率

SMA 混合料的粗集料间隙率包括粗集料骨架间隙率 VCA_{DRC} 和压实沥青混合料试件粗集料骨架间隙率 VCA_{mix},用于评价按照嵌挤原则设计的骨架型沥青混合料的体积特征。

其中,VCA_{DRC} 是指粗集料实体之外的空间体积占整个试件体积的百分率,按下式计算:

$$VCA_{DRC} = \left(1 - \frac{\rho}{\rho_b}\right) \times 100\% \qquad (6\text{-}2)$$

式中:VCA_{DRC}——捣实状态下粗集料骨架间隙率;
ρ——按捣实法测定的粗集料的堆积密度(g/cm^3);

ρ_b——粗集料的毛体积密度(g/cm^3)。

VCA_{mix}是指压实沥青混合料试件内粗集料骨架以外的体积占整个试件体积的百分率,按下式计算:

$$VCA_{mix} = \left(1 - \frac{\gamma_f}{\gamma_{ca}} \times P_{CA}\right) \times 100\% \qquad (6-3)$$

式中:VCA_{mix}——沥青混合料粗集料骨架间隙率;

γ_f——沥青混合料试件的毛体积相对密度;

γ_{ca}——粗集料骨架部分的平均毛体积相对密度;

P_{CA}——沥青混合料中粗集料所占的质量比例(%)。

在压实状态下,$VCA_{mix} \leq VCA_{DRC}$,表明设计正确,粗集料未被细集料所撑开。值得注意的是,对于SMA-16和SMA-13,粗集料通常是指粒径大于4.75mm的粗集料;对于SMA-10粗集料是指粒径大于2.36mm的粗集料。

(2)马歇尔试件的体积参数

SMA混合料马歇尔试件的体积参数主要是空隙率VV、矿料间隙率VMA和沥青饱和度VFA,上述参数的计算方法按《公路沥青路面施工技术规范》(JTG F40—2004)附录B的方法进行。

空隙率是沥青混合料的重要指标,它对路面的高温稳定性有显著影响,也关系到沥青结合料的用量。以前,德国的SMA规范规定空隙率为2%~4%,但现在对重交通道路已修改为3%~4%,说明空隙率太小不好。美国开始学习欧洲经验时也采用空隙率为2%~4%,但铺筑试验路发现,当空隙率小于3%时,泛油和油斑现象成了主要病害。1998年6月,美国AASHTO规定SMA的空隙率为3%~4%;1999年1月,又将空隙率标准修改为北方寒冷地区为3.5%,南方温暖地区为4%,但未给出范围。

空隙率的大小影响混合料的耐久性,空隙率大,混合料中沥青老化快,耐久性差;但空隙率过小,又会影响混合料的稳定性。密实式沥青混合料的空隙率规定为3%~6%,所以可按此标准将SMA的空隙率控制在该范围内。据此,SMA混合料的空隙率定在3.5%~5.5%是比较合适的,宁可损失一点耐久性,也不要出现泛油、油斑等病害。实际上,即使SMA初期空隙率设计为3.5%~5.5%,在经过一段时间行车压实后,路面的空隙率还会有所减小。

SMA混合料的VMA比密级配沥青混合料的VMA大得多,以保证能够加入足够的沥青,否则在路面使用的压密过程中,过多的沥青会浮于混合料的表面,出现泛油或油斑等病害。

(3)稳定度

马歇尔稳定度不随沥青用量的变化而有明显的峰值,也就是说马歇尔稳定度对沥青用量的变化不敏感,故稳定度一般不能作为判别SMA沥青用量的指标。

同普通密级配沥青混合料相比,SMA混合料的马歇尔稳定度明显要低。如美国马里兰州对20个SMA项目的混合料马歇尔稳定度值的统计结果为:$S = 7006N$,方差$\sigma = 494N$,而一般密级配沥青混合料的马歇尔稳定度大都在8~9kN以上。但是这并不意味着SMA稳定性低,马歇尔稳定度仅提供了一种信息,并不作为混合料可否接受的标准。故有些国家对该指标无明确要求,但多数国家认为应对稳定度提出一定的要求。表6-35是一些国家有关马歇尔稳定度的要求。

SMA 混合料马歇尔稳定度要求 表 6-35

国　　家	稳定度标准(kN)	
德国	不作要求	
挪威	SKA-11	SKA-16
	>4.5	>6
美国(AASHTO)	>6.2	
捷克	>6	

马歇尔稳定度在某种程度上给出了强度的信息,因此无论在混合料设计还是在施工检验时,依据马歇尔稳定度可以大致判断混合料性能,对 SMA 混合料稳定度提出一定的要求是必要的。

(4)流值

SMA 混合料马歇尔试验时,图上的变形曲线往往会呈现很大的变形而不下降,有时甚至没有明显的峰值,当采用改性沥青时尤其如此。这实际反映了 SMA 混合料具有很好的韧性,即使在很大变形时仍有相当高的支撑能力,因此有的国家将 SMA 混合料的流值放大到 5mm。但过大的流值并不有利,故仍宜将流值控制在 2~4mm 范围内。

(5)动稳定度 DS

动稳定度是检验 SMA 混合料抗车辙性能最直观的指标,而铺筑 SMA 路面最主要的目的,就是要提高路面的抗车辙能力。因此所设计的 SMA 混合料是否具有足够的抗车辙能力,是设计者最为关注的。我国规范 SMA 混合料的抗车辙能力评价指标同密级配沥青混合料。

(6)冻融劈裂强度比 TSR

SMA 混合料沥青用量多,集料表面的油膜厚,理应有很好的抗水性,但是有时情况并非人们所想象的那样,因此需要加以检验。残留马歇尔稳定度可以作为评定水稳性的一个指标,但该指标往往不够敏感,需要更为严酷的试验条件。冻融劈裂强度比(TSR)是近年开发的一个评定指标,可以作为 SMA 混合料水稳性的评定指标。

(7)沥青用量

普通沥青混合料有一个最佳沥青用量。SMA 混合料必须保证足够的密实状态,因而需要保证足够的玛蹄脂以填充其空隙,这就出现一个最小沥青用量。德国规定最小沥青用量为 6.5%,美国则规定为 6%。

沥青的用量受空隙率的控制。如前所叙,空隙率不宜规定得过小,以防止泛油和油斑,所以对于沥青用量的最小值也应予降低,建议为 5.5%。

由于沥青的用量是相对数值,故与集料的密度有很大关系。上述沥青用量的最小值是对应一般石料而言,即密度在 2.70 左右。如果采用密度大的石料,如玄武岩,密度达到 2.9 以上,则沥青用量的最小值还应予折减。

(8)析漏

SMA 混合料的用油量比普通沥青混合料大,虽然从空隙率计算沥青用量是适合的,但如果玛蹄脂没有足够的黏滞度,流动性过大,或者玛蹄脂含量偏高,混合料在储存和运输过程中会出现析漏现象。严重析漏不仅会改变SMA混合料的配合比,也会造成路面油斑,影响路面的稳定性和抗滑性,故析漏现象必须加以控制。

德国谢伦堡(Schellenberg)研究所提出的析漏试验,目的是用来限制沥青的用量。其做法是取一直径98mm,高136mm的烧杯,将1000g拌和均匀的SMA混合料装入烧杯,放入170℃的烘箱中,保温1h±1min,然后取出并立即倒出混合料,不对烧杯做任何摇动和振荡,称量并计算粘附在烧杯上的玛蹄脂重量,以该重量占混合料总重的百分率作为析漏率。德国的标准是析漏率小于0.2%为优良,0.2%~0.3%为可以接受,超过0.3%为不合格。

德国由于气候的原因,容许混合料含有较多的玛蹄脂。但我国大部分地区气温比德国要高,因此采用谢伦堡试验的方法,其容许的析漏值应该有所差别。表6-36是用不同的纤维所拌制的SMA混合料析漏试验的结果,其沥青用量均为6%。当析漏率接近0.3%时,玛蹄脂已流淌到烧杯底部,说明玛蹄脂过多。析漏率在0.2%左右时,烧杯壁上粘附的玛蹄脂已较多。为此玛蹄脂析漏率建议不超过0.2%。

SMA混合料析漏试验　　　　　　　　　　　　　　　　表6-36

纤维种类与用量	烧杯中混合料重(g)	倒出混合料重(g)	析漏率(%)	混合料粘附状况
0.2%多兰凝特纤维	1048.8	1045.8	0.29	玛蹄脂流淌到底
0.3%多兰凝特纤维	1074.4	1072.6	0.17	玛蹄脂痕迹较厚
0.3%木质素纤维	1056.3	1054.7	0.15	玛蹄脂痕迹
0.3%玻璃纤维	973.1	970.8	0.24	玛蹄脂粘附过多
0.6%矿渣纤维	1037.7	1036	0.16	玛蹄脂痕迹

造成析漏的原因:一是沥青用量过多;二是矿粉用量偏少;三是纤维用量不足。因此,在空隙率控制合适的情况下,应检验玛蹄脂的黏滞度是否合适,可以通过测定玛蹄脂60℃和40℃抗剪强度(锥落度试验)予以评定。

(9)肯塔堡飞散损失

肯塔堡飞散损失试验是检验SMA路面在车轮作用下,是否会出现松散的一种试验方法。该方法是西班牙肯塔堡(Cantabro)大学研究开发的,原用于检验多孔性沥青路面的抗松散性。SMA路面富含玛蹄脂,在常温下有很好的柔韧性,路面不会松散,但在低温下玛蹄脂变硬发脆,在车轮作用下有松散的可能性。试验时将马歇尔试件先放在-10℃的冰箱中冷冻2h以上,取出后置于洛杉矶磨耗机内旋转300转,试件棱角脱落,取出最大的试块称重,与原试件重之比即为肯塔堡飞散损失率。表6-37为肯塔堡飞散试验示例。

肯塔堡飞散试验(-10℃)　　　　　　　　　　　　　　表6-37

混合料类型	试验前试件重(g)	试验后试件重(g)	飞散损失率(%)	平均值(%)
SMA(0.3%多兰凝特纤维)	1246.1	1141.5	8.4	9.4
	1239.4	1110.3	10.4	

续上表

混合料类型	试验前试件重(g)	试验后试件重(g)	飞散损失率(%)	平均值(%)
SMA(0.45%玻璃纤维)	1262.5	1123.8	11.0	11.7
	1247.1	1093.0	12.3	
SMA(0.3%木质素纤维)	1250.2	1045.2	16.4	15.5
	1248.9	1067.6	14.5	
AC(无纤维)	1201.3	992.7	17.4	16.7
	1258.1	1057.1	16.0	

由表可见，SMA 混合料的抗松散性能优于普通密级配沥青混合料，而 SMA 掺加不同的纤维，其抗松散能力也不同，其中以多兰凝特腈纶纤维的效果最好。

3.SMA 混合料综合技术要求

将上述 SMA 混合料技术要求汇总在一起，如表 6-38 所示。

SMA 混合料马歇尔试验配合比设计技术要求　　　　表 6-38

试验项目		单位	技术要求		试验方法
			不使用改性沥青	使用改性沥青	
马歇尔试件尺寸		mm	$\phi 101.6mm \times 63.5mm$		T 0702
马歇尔试件击实次数①		—	两面击实 50 次		T 0702
空隙率 VV②		%	3~4		T 0705
矿料间隙率 VMA②		%	≥17		T 0705
粗集料骨架间隙率 VCA_{mix}③		—	$\leq VCA_{DRC}$		T 0705
沥青饱和度 VFA		%	75~85		T 0705
稳定度④		kN	≥5.5	≥6	T 0709
流值		mm	2~5	—	T 0709
谢伦堡沥青析漏试验的结合料损失		%	≤0.2	≤0.1	T 0732
肯塔堡飞散试验的混合料损失或浸水飞散试验		%	≤20	≤15	T 0733
车辙试验的动稳定度		次/mm	≥1500	≥3000	T 0719
水稳定性检验	残留稳定度	%	≥75	≥80	T 0709
	冻融劈裂强度比	%	≥75	≥80	T 0729
渗水系数		mL/min	≤80		T 0730

注：①对集料坚硬不易击碎、通行重载交通的路段，也可将击实次数增加为双面 75 次。
②对高温稳定性要求较高的重交通路段或炎热地区，设计空隙率允许放宽到 4.5%，VMA 允许放宽到 16.5%(SMA-16)或 16%(SMA-19)，VFA 允许放宽到 70%。
③试验粗集料骨架间隙率 VCA 的关键性筛孔，对 SMA-19、SMA-16 是指 4.75mm，对 SMA-13、SMA-10 是指 2.36mm。
④稳定度难以达到要求时，容许放宽到 5.0kN(非改性)或 5.5kN(改性)，但动稳定度检验必须合格。

4.SMA 混合料配合比设计的问题与调整

在 SMA 混合料设计过程中,往往会出现所测指标不能满足要求的情况,这就需要对原设计进行必要的调整,重新进行试验和设计。美国 AASHTO SMA 设计规范就如何针对设计中的问题提出了调整方法,现列成表 6-39,供设计者借鉴。

SMA 混合料配合比设计的问题与调整方法 表 6-39

问　　题	可能的原因	解　决　方　法
VMA 低	4.75mm 通过率太高 0.075mm 通过率太高 集料过分破碎 集料毛体积密度不正确	1.检查试验结果的正确性; 2.降低 4.75mm 和(或)0.075mm 的通过率
VMA 高	4.75mm 通过率太低 0.075mm 通过率太低 集料毛体积密度不正确	1.集料毛体积密度不正确; 2.提高 4.75mm 和(或)0.075mm 的通过率
空隙率低	VMA 低 沥青用量高	1.检查试验结果的正确性; 2.减少沥青用量或增大 VMA
空隙率高	VMA 高 沥青用量少	1.检查试验结果的正确性; 2.增加沥青用量或降低 VMA
VCA 低	4.75mm 通过率高 集料毛体积密度不正确	1.检查试验结果的正确性; 2.降低 4.75mm 通过率
沥青玛蹄脂的劲度高	沥青结合料的劲度高 矿粉用量多 矿粉粒度太细	1.检查试验结果的正确性; 2.减少矿粉用量; 3.使用较粗的矿粉
沥青玛蹄脂的劲度低	沥青结合料的劲度低 矿粉用量少 矿粉粒度太粗	1.检查试验结果的正确性; 2.增加矿粉用量; 3.使用较细的矿粉
析漏率太高	混合料温度太高 矿粉用量少 纤维稳定剂不足 粗集料比例太高 混合料中含有水分	1.检查试验结果的正确性; 2.增加纤维稳定剂用量; 3.改变纤维稳定剂品种; 4.减少混合料水分; 5.调整级配; 6.减低温度
油斑	析漏严重 运输距离太长 储存时间过长	1.检查每一步骤,减少析漏; 2.尽量减少储存时间
施工现场密度低	碾压不足 碾压不及时 气温低或风大 厚度太薄	1.厚度至少应该是公称最大粒径的 3 倍; 2.正确地操作压路机,增大压路机的吨位和(或)增加碾压遍数

第四节 排水式路面

一、概述

1. 国内外研究与应用

高速公路兴建以后,为了保证车辆在高速行驶时路面有良好的抗滑性,尤其在雨天路面摩阻力不致过分降低,美国研究开发了开级配抗滑磨耗层(Open-Graded Friction Course,简称 OGFC),取代过去的表面处治,如封层、石屑封面等路面。OGFC 空隙率一般在 18%~25%。

欧洲国家从 20 世纪 70 年代以来,研究应用了空隙率达 20%~25% 的磨耗层。由于空隙率大,雨水可渗入路面之中,由路面中的连通空隙向路面边缘排走。因为能很快地排水,所以这种路面被称为排水性沥青路面(Draining Asphalt);也因为它的空隙率大,故又称为多孔性磨耗层或多孔性防滑层(Porous Wearing Course/Porous Friction Course)。由于多孔性沥青路面具有降低噪声的功能,因而又被称为低噪声沥青路面(Low-noise Asphalt Pavement)。开级配多孔性沥青路面在欧美国家已得到广泛应用。

美国早期的 OGFC 是从沥青砂泥演变而来的,首先将沥青砂泥铺于路面,然后铺上 9.5~12.5mm 厚的集料,经过常规摊铺机的轻型碾压获得一层大约厚 19mm 的磨耗层。这一磨耗层非常有利于提高路面的摩擦性能,但由于很薄,内部的空隙率比常规混合料高得不多,因此其排水性和降噪声能力比常规混合料并没有明显提高。至 20 世纪 70 年代中期,美国大约 15 个州广泛地使用了 OGFC;至 1988 年,美国共铺设了 56400mile(1mile ≈ 1.61km)单车道里程 OGFC 磨耗层。各州最常用的集料公称尺寸是 9.5mm,但在 2.36mm 筛通过率上有很大的差别,有些州强调混合料的稳定性而使用了更多的细集料,有些州强调空隙率而采用了更多的粗集料。亚利桑那和佛罗里达州大量使用了 OGFC,其厚度只有 16mm;俄勒冈州则采用了最大公称尺寸 25mm 的集料,厚度为 38~50mm,与欧洲的 PA 比较接近;马里兰州在 1989~1990 年及 1990~1991 年的两个冬季,OGFC 磨耗层遭遇了大面积的松散剥落破坏而暂时中断采用 OGFC;乔治亚州在 20 世纪 70 年代初期开始采用 OGFC,由于剥落问题严重而于 1982 年停用,但在 20 世纪 90 年代初期由于解决了早期破损问题,规定州际公路必须采用 OGFC 磨耗层。

由于解决了 OGFC 沥青膜厚度和强度的问题,现代 OGFC 的寿命与常规混合料并没有区别。OGFC 的降低噪声能力与混合料空隙率成正比,与表层集料直径成反比。欧美的 OGFC 空隙率一般都大于 15%,由于空隙率大,可降低噪声 3~6dB,因而可以取消城市高速公路的隔声板。美国联邦公路总署(FHWA)1974 年提出了一套 OGFC 混合料设计方法,其报告说明 OGFC 具有以下优点:改善高速行车的防滑能力,尤其对于潮湿气候;路面积水最少化;较少水雾和溅水;改善雨天行车时对路面标志的夜视力;降低路面噪声水平。

2. OGFC 设计的技术关键

OGFC 路面虽然在许多国家已研究和应用了多年,综观世界各国对透水式多孔性沥青路面的研究和实际应用的经验,这种路面的技术关键在于以下三个方面:

(1)保证混合料的高孔隙性

路面的空隙率愈大,排水性能愈好,抗滑、降噪的效果也愈好,因此保证其高孔隙性是必要的。根据理论研究和实际使用经验,这种路面的空隙率必须大于15%,而为了防止孔隙被尘埃所堵塞,混合料的初始孔隙率应达到20%,甚至更大。

(2)保证混合料足够的抗松散能力

为透水而要求路面空隙率大,这与普通沥青路面要求防止渗水以求得耐久的使用寿命正好相反。路面透水和水长期滞留在路面内部,水对路面的侵蚀是十分严重的,容易造成路面剥落,进而使路面松散。因此,多孔性沥青混合料必须具备足够的水稳性,在混合料设计时应予足够的重视。

(3)保证混合料具有一定的力学强度

多孔性沥青混合料主要由粗集料组成,细集料少,粗颗粒之间是点接触,不能形成紧密的嵌锁,混合料的强度大为降低。空隙率愈大,强度愈低。然而,多孔性路面只有具备一定强度才能承受高速行车的作用。

为满足以上三方面的要求,需要在集料和沥青结合料的选择、配合比设计上采取适当的方法和必要的措施。

二、材料

1.集料

开级配抗滑磨耗层所用粗集料的技术要求与SMA混合料基本相同,同样要求石质坚硬和良好的颗粒形状。但对于抗滑磨耗层,其粗集料的耐磨性,也即石料的磨光值PSV必须有更高的要求。在一般情况下,所谓适合于抗滑路面的碎石,应该是即使被磨耗,也能够磨而不光,保持较粗糙表面结构的石料。有些石料虽然很坚硬,但表面过于光滑,也是不理想的。

我国公路规范对于石料的磨光值PSV要求大于42。德国建议在任何情况下碎石的磨光值PSV均应大于53,并且碎石的击碎值($S_{28/12}$)小于18。美国联邦公路管理局关于开级配抗滑磨耗层集料的要求,则提出粗集料不能使用质地较软的石灰石和易磨光的集料,而且至少应有75%(重量比)的集料有两个破碎面,90%的集料有一个破碎面,洛杉矶磨耗损失(AASHTO T96)不超过40%。

根据调查,火成岩类中的喷出岩,如安山岩、玄武岩等,大都具有良好的抗滑性。水成岩的抗滑性则随岩石的种类不同而有很大的差异。一般而言,砂岩、砾岩、页岩的抗磨性较好,而石灰岩极易被磨光。变质岩的磨光值变化幅度较大,采用前需要通过测试确定。

2.填料

用作填料的矿粉应采用石灰石粉。许多国家如美国、德国等,为提高这种路面的抗水性,采用消石灰粉替代部分矿粉,一般用量约为2%,也即矿粉总量的40%~50%。消石灰粉是将石灰消解,然后烘干、磨细、过筛制备而成。

3.沥青结合料

(1)国外采用的沥青结合料

开级配多孔性沥青混合料中,粗集料多,细集料少,混合料的强度主要依靠结合料的黏结作用。为承受车轮荷载的作用,需要有一定的强度,故必须采用具有高黏结力的沥青结合料。又由于空隙率大,要求结合料有良好的耐老化能力,并且与集料有很好的黏附性。

国外早期采用针入度大的沥青,认为这样可以防止过早老化。故欧洲一些国家采用200号沥青,除考虑老化因素外,还因为这些国家气温较低,同时所铺路面较薄,故使用低黏度沥青尚能适应。美国南北气候有较大的差异,在机场道面上铺筑透水抗滑磨耗层时,美国联邦航空局建议使用60/70沥青;有些城市的机场道面则采用85/100的沥青,并在沥青中掺加0.5%的硅化橡胶,如丹佛机场、盐湖城机场;美国北部一些城市则采用120/150沥青。

使用普通沥青铺筑多孔性沥青路面,其强度明显不足,在交通荷载作用下路面易被进一步压密而变形,使空隙率降低,并影响路面的平整度。同时由于沥青黏度低,集料颗粒表面的沥青膜比较薄,不耐老化,集料颗粒容易脱落,造成路面松散。为此一些多孔性沥青路面发展较迟的国家,在开始就注意使用改性沥青材料。表6-40列出了一些国家采用的沥青结合料。

各国OGFC使用的沥青结合料 表6-40

国　　家	使用的沥青结合料	
	初　　期	近　　期
比利时	针入度100沥青	掺加再生胶,纤维或10%环氧树脂
捷克	70/100沥青	
丹麦	针入度100沥青	
法国	80/100,60/70,40/50沥青	沥青中掺加15%~20%轮胎粉
德国	B65、B85	B65、B85或特殊沥青
英国	针入度200、100沥青,环氧沥青	掺加纤维、EVA、橡胶、SBS等
意大利	80/100沥青	掺加SBS,纤维
日本	80/100沥青,橡胶沥青	配制高黏度沥青,彩色硬化沥青
荷兰	180/200、80/100、45/60沥青	改性沥青
南非	40/50沥青	
西班牙、瑞士	60/70	

日本对透水性沥青路面所用结合料进行了深入研究,专门配制了高黏度沥青结合料。通过对不同地区17条透水路面路段的调查,其所用结合料的性状如表6-41所示。

日本OGFC路面结合料性状调查表 表6-41

技术指标	平　均	最　小	最　大
针入度(25℃)(0.1mm)	51.8	41	70
软化点(℃)	90.0	83.0	101.5
针入度指数	5.6	4.8	7.0
延度(15℃)	94.5	65	117
脆点(℃)	−25	−34	−18

续上表

技术指标	平均	最小	最大
闪点(℃)	316	280	360
黏稠性(25℃)(kg·cm)	317	260	385
黏韧性(25℃)(kg·cm)	236	185	295
黏度(60℃)(10^3Pa·s)	67.2	23.9	116

表6-41中数据表明，日本所用的高黏度沥青软化点平均高达90℃，比一般沥青高出40℃，60℃黏度平均达67.2×10^3Pa·s，几乎是普通沥青的200倍。然而有趣的是，采用这种高黏度沥青，在160℃拌和时，拌和机的负荷并不增大，故不用提高拌和温度。据研究，高黏度沥青在高温时，其黏流特性与直馏沥青不同，随着剪切速率的增大，其剪应力不成正比例增加，属于一种非牛顿液体。

法国研究认为，采用聚合物改性沥青(PMA)在初期具有良好的流变力学性能，但这些性能随时间而变化，经氧化老化后，PMA在低温时变成脆性。在沥青中掺加15%~20%的磨细橡胶粉，配制成橡胶沥青结合料(ARB)，ARB具有很好的黏附性和柔韧性，在高温下又有较强的抗蠕变能力和耐老化性能(橡胶中含有抗氧剂)。此外，由于橡胶沥青的高黏性，混合料的沥青用量明显增加，集料颗粒表面沥青膜增厚，有利于抵抗松散，因此认为采用ARB比PRA好。其ARB结合料的性能如表6-42所示。

法国ARB结合料的性能 表6-42

技术指标	ARB	PMA	沥青60/70
密度(25℃)(g/cm³)	1.030	1.010	1.030
针入度(0.1mm),10℃	22	18	15
15℃	32.5	—	—
20℃	46	52	—
25℃	68	97	61
30℃	205	135	96
软化点(℃)	63.2	83	50.2
脆点(℃)	—	-19	-12

西班牙采取在沥青80/100中接加EVA，配制成聚合物改性沥青，其性质如表6-43所示。在表中同时列出沥青60/70的性质以作比较。研究认为，聚合物改性沥青，在抗塑性变形、抗松散、黏附性等方面，都优于沥青60/70。

西班牙多孔性路面结合料性质 表6-43

技术指标	B60/70	聚合物改性沥青
针入度(25℃)(0.1mm)	65	70
软化点(℃)	50	68
针入度指数	-0.5	1.9

续上表

技 术 指 标	B60/70	聚合物改性沥青
脆点(℃)	-8	-13
塑性温度范围(℃)	58	81
黏稠性(25℃)(kg·cm)	4	157
黏韧性(25℃)(kg·cm)	75	229

新加坡采用埃索公司的聚合物改性沥青铺筑了25km的排水性沥青路面,该沥青的性能列于表6-44。埃索公司认为,作为排水性沥青路面的沥青结合料,应具非常高的黏度,但高温时要有较高的黏滞性,或者说黏稠性;而低温时不发脆,与集料有良好的黏附性,还要有良好的耐老化性能。

新加坡排水性沥青路面结合料性能　　　　　　　　表6-44

技 术 指 标	埃索FLEXXIPAVE
针入度(25℃)(0.1mm)	55
软化点(℃)	62
黏度(135℃)(cst) (150℃)(cst)	1000 500
黏稠性(25℃)(J)	2.7
黏韧性(25℃)(J)	8.0

(2)我国OGFC用高黏度改性沥青的技术要求

我国《公路沥青路面施工技术规范》(JTG F40—2004)推荐OGFC宜采用高黏度改性沥青,其技术要求列于表6-45。

我国高黏度改性沥青的技术要求　　　　　　　　表6-45

试 验 项 目	单　　位	技 术 要 求
针入度(25℃,100g,5s)	0.1mm	≥40
软化点(TR&B)	℃	≥80
延度(15℃)	cm	≥50
闪点	℃	≥260
薄膜加热试验(TFOT)后的质量变化	%	≤0.6
黏韧性(25℃)	N·m	≥20
韧性(25℃)	N·m	≥15
60℃黏度	Pa·s	≥20000

(3)结合料选择的依据

①高温性能

国外的经验表明,排水性沥青必须有较高的黏度、黏稠性和较高的软化点,以便使混合料获得较高的温度稳定性。由于测试沥青的软化点比较方便,故结合料的高温性能可用软化点控制。软化点实际上是等黏度条件下以温度表示的黏度。软化点越高,表明沥青的黏度越大。多数国家要求的软化点大于 60℃。但软化点过高,有可能造成拌和时泵送负荷增加过多,影响机器的正常工作。从保证混合料高温稳定性出发,沥青结合料的软化点宜控制在 60~70℃。

②抗松散性

在沥青用量较少、集料颗粒表面沥青膜较薄的情况下,多孔性路面在车轮荷载作用下易出现粒料脱落现象,混合料必须有足够的抗松散能力。研究表明,混合料的抗松散性与沥青结合料的性质有密切关系,黏滞性好的沥青具有较好的抗松散性。

Cantabro 磨耗试验结果表明,采用不同的改性沥青制备的马歇尔试件,其抗松散能力是有明显区别的。表 6-46 是几种混合料的磨耗试验的结果。

Cantabro 磨耗试验　　　　　　　　　表 6-46

样　品	结合料类型	磨耗损失率(%)	评　价
No. 1	橡胶(混合料掺加纤维)	13	优
No. 2	橡胶改性沥青	18	良
No. 3	EVA 改性沥青	20.7	可
No. 4	PE 改性沥青	35.5	差
No. 5	沥青	25.1	差

西班牙对于多孔性混合料的设计标准为:混合料空隙率大于 18%,最好大于 20%;试验为 18℃时磨耗损失不大于 30%,最多不超过 35%。

在进行多孔性沥青混合料设计时,为检验其抗松散能力,可以 15℃温度下磨耗损失不超过 20%作为控制标准。由表 6-46 可见,在混合料中掺加纤维可有效地防止混合料松散,而使用橡胶改性沥青比其他改性沥青的效果要好。

③力学性能

如前所述,多孔性沥青混合料必须具有一定的力学强度。由于表征沥青混合料力学强度的试验,如抗压强度、劈裂强度等试验比较麻烦,不便于生产中应用,故推荐采用马歇尔稳定度试验。马歇尔稳定度虽然不是标准的力学强度指标,但试验简单方便,用于材料选择是行之有效的。根据日本对 17 段试验路的室内试验资料,多孔性沥青混合料的马歇尔稳定度与动稳定度之间有很好的相关关系,因此可以用马歇尔稳定度评价多孔性混合料的力学性能。同时,日本研究指出,当多孔性材料的马歇尔稳定度大于 5000N 时,应该认为是一种很强的混合料,因为它的动稳定度已达到 1500 次/mm,所以,日本对多孔性材料的马歇尔稳定度要求为 5000~8000N。多种多孔性沥青混合料的马歇尔试验结果表明,选择合适的沥青结合料,其马歇尔稳定度可以达到 5000N 以上。

综上所述,在有条件的情况下,铺筑开级配的抗滑磨耗层,最好采用改性沥青,而改性沥青的选择则可以通过其软化点、磨耗损失以及马歇尔稳定度试验予以确定。

4. 纤维与其他添加剂

为提高多孔性沥青混合料的抗松散能力,可在混合料中添加纤维。纤维可采用木质素纤维或其他纤维,关于纤维的种类及其技术标准,在 SMA 一节已有详细论述。研究表明,用磨细轮胎粉配置橡胶改性沥青,能有效地提高混合料抗松散性。

为提高混合料的水稳性,可使用消石灰粉。除此以外,还应考虑采用其他抗剥落措施,如通常在沥青中添加抗剥落剂。

三、集料级配

1. 国外采用的级配

各国多孔性沥青混合料采用的级配有差别,这主要是因为各国考虑的主要因素不同。美国联邦公路管理局、日本等国家就 OGFC 混合料所推荐的级配列于表 6-47,德国与英国推荐采用的开级配抗滑磨耗层的集料级配如表 6-48 所示。

美国与日本 OGFC 推荐级配 表 6-47

筛孔(mm)	美国 AASHTO	日本沥青路面纲要	马 来 西 亚
19	—	100	—
16	—	—	—
13.2	—	90~100	—
12.5	100	—	100
9.5(10)	95~100	—	87
4.75(5)	30~50	11~35	31.5
2.36	5~15	8~25	13.1
1.18	—	—	—
0.6	—	5~17	4.6
0.3	—	4~14	3.0
0.10	—	3~10	—
0.075	2~5	2~7	1.4

德国与英国 OGFC 混合料级配 表 6-48

筛孔(mm)	德 国			英 国
	0/8	0/11	0/16	
16	—	—	90	—
12.5(11.2)	—	90	25~50	100
9.5(8.0)	90	25~30	20~30	90~100
4.75(5.0)	25~50	20~30	15~25	30~40
2.36(2.0)	10~20	10~20	10~20	17~23
1.18	—	—	—	—
0.6	—	—	—	—
0.3	—	—	—	—
0.15	—	—	—	—
0.075(0.09)	2~6	2~6	2~6	3~5

2.集料级配的确定

（1）集料的最大粒径

根据理论研究,多孔性沥青路面的排水性和降低噪声的性能与其空隙率有关,而且也与孔隙的构造有关。空隙的孔径小,排水慢且易堵塞,但吸收噪声的性能较好。日本研究表明,铺筑厚度同样为50mm,而最大粒径分别为13mm和20mm的路面,它们在不同车速下降低噪声的性能是不同的,最大粒径为13mm的降噪效果要好一些。欧洲国家大多也主张采用最大粒径相对较小(如8～10mm)的级配。然而,如果从排水性能和防止孔隙堵塞的角度出发,则宜采用最大粒径相对较大的级配。

（2）集料级配的确定

集料级配与混合料的空隙率有关。粗集料多,则空隙率大;反之,细集料多,则空隙率小,这与SMA集料级配是一样的。研究表明,混合料的空隙率在很大程度上与2.36mm的通过率有关。表6-49是2.36mm不同的通过率与空隙率的实测数据,可以清楚地看出,混合料的空隙率随细料含量的增加而减小。

不同细料含量混合料的空隙率　　表6-49

2.36mm 通过率(%)	12.6	16.9	21	27.6	39.8	49.6
混合料空隙率(%)	18.5	20.8	14.4	14.0	9.4	7.8

许多国家也通过控制2.36mm通过率来保证混合料空隙率。表6-50是一些国家细集料含量控制的范围。由表可见,国外多孔性沥青路面空隙率控制在20%左右,而细集料则控制在10%～18%。

各国细集料控制范围　　表6-50

国　　家	筛孔(mm)	通过率(%)	实际控制范围(%)	要求空隙率(%)
英国	2.35	7～13	—	20
德国	2.00	10～25	13～17	20
日本	2.36	8～25	14～18	20
美国	2.36	5～15	10～12	15
比利时	2.00	—	17	22

在试验研究的基础上,参考国外经验,我国规范提出多孔性沥青混合料集料级配推荐范围,如表6-51所示。

我国开级配排水式磨耗层混合料矿料级配范围　　表6-51

级配类型		通过下列筛孔(方孔筛,直径单位mm)的质量百分率(%)									
		19	16	13.2	9.5	4.75	2.36	1.18	0.6	0.3	0.15	0.075
中粒式	OGFC-16	100	90～100	70～90	45～70	12～30	10～22	6～18	4～15	3～12	3～8	2～6
	OGFC-13		100	90～100	60～80	12～30	10～22	6～18	4～15	3～12	3～8	2～6
细粒式	OGFC-10			100	90～100	50～70	10～22	6～18	4～15	3～12	3～8	2～6

四、结合料用量的确定

多孔性沥青混合料的用油量不能采用马歇尔试验方法确定,这是因为它与沥青用量的关系曲线不存在峰值。美国采用表面常数 Kc 法确定沥青用量,它是按粒料表面所吸收的油量用经验公式确定的。许多国家如比利时、日本、西班牙等,则采用飞散损失等试验方法。

(1)肯塔堡飞散试验

西欧、日本等根据肯塔堡飞散试验确定 OGFC 混合料的结合料用量。飞散试验的方法如前所述,其标准是在 20℃温度下磨耗损失不超过 20% 为合格。

(2)析漏试验

一些国家用析漏试验确定混合料沥青用量的最高值,但具体做法各不相同。

比利时的方法为吊篮法,先将所拌制的混合料在试模内压实(压力为 3MPa)试件,然后将试件放在网栅上,再置于 180℃烘箱中 7.5h,取出后计算流淌至网栅上沥青的数量,依此判别沥青用量是否合适。

美国海军机场道面设计(DM21.3)的方法,取 300g 混合料试样置于直径为 6in 的玻璃皿内,再将皿放入烘箱中,在拌和温度(如 160℃)下烘 2h,倒出试样令其冷却,称重计算沥青的流失量,以不超过 5% 为合格。

西班牙则是与 SMA 混合料析漏试验相似,取 1000g 试样放在烧杯中,置于 140℃或 160℃烘箱 1h,取出烧杯倒出试样,称取粘附在烧杯上的沥青材料,以此判别沥青用量。

日本与西班牙的方法一样,但要求做一系列不同沥青用量的析漏试验,当析漏率随沥青用量增加而增大的曲线出现明显的拐点,以此沥青用量为最大用量。

然而也有一些国家不主张过多地增大沥青用量。例如,比利时道路研究中心(BRRC)认为,结合料含量以正好裹覆住粒料为宜,不要过剩,否则空隙率将会降低到期望值以下,并导致混合料在运输和摊铺中离析。不仅如此,沥青过剩还可能使路面在行车荷载作用下再次压密,甚至造成热稳定性严重降低。

(3)马歇尔试验

马歇尔稳定度也是考察混合料性能的指标之一,其值要求大于 5000N。残留稳定度大于 80%。

(4)空隙率测试

空隙率的测试方法采取游标卡尺法,即量取试件直径和高度计算体积的方法。根据所铺路面的目的,空隙率可取不同的标准。如果主要为了提高路面的抗滑性,空隙率宜为 15%;如果主要为了提高路面的排水性能,空隙率宜为 15%~20%;如果主要为了降低噪声,空隙率则宜大于等于 20%。

(5)渗水性试验

为模拟路面雨天的情况,并简化测试方法,采取如下试验方法:将多孔性沥青混合料击实成型在马歇尔试模内,成型时试样两面不放纸,或成型后趁热将两面的纸拿掉,试件不脱模。等试件完全冷却后,连同试模一起浸入水中 1h,使试件吸水饱和。试验时将试模脱空支放在水盘内。量取 100mL 水倒入试模内,同时启动秒表。水从试件的空隙中渗入并排走。当试模内的水全部渗入试件内,停止秒表,记录时间。试验重复 3~5 次,取所测时间的平均

值代入下式,计算试件的渗透系数 K:

$$K = \frac{Q}{tA} \times \frac{h}{6.35} \tag{6-4}$$

式中:Q——注入的水量(mL);

t——水渗透的时间(s);

A——试模的面积(cm^2);

h——试件高(cm)。

(6)轮辙试验

多孔性沥青混合料由于石—石接触而具有较高的抗车辙能力,其动稳定度要求达到 1500 次/mm 以上。采用改性沥青,则动稳定度应大于 3000 次/mm。

(7)冻融循环试验

多孔性沥青路面需要有良好的水稳性,冻融循环试验后的劈裂强度比应大于 70%。

当沥青结合料用量确定后,可以下述方法计算集料颗粒表面的油膜厚度,并与美国建议的油膜厚度比较。采用改性沥青所计算的油膜厚度应大于美国所推荐的油膜厚度。

美国加利福尼亚州的油膜厚度计算经验公式,是根据沥青混合料的油石比和集料的级配计算的,其公式如下:

$$沥青膜厚度(\mu m) = \frac{油石比(\%) \times 48.74}{2 + 0.02a + 0.04b + 0.08c + 0.14d + 0.3e + 0.6f + 1.6g} \tag{6-5}$$

式中:a,b,c,d,e,f,g——分别为 4.75mm、2.36mm、1.18mm、0.6mm、0.3mm、0.15mm、0.075mm 筛孔通过百分率。

美国认为,对于 OGFC 沥青混合料,适宜的沥青膜厚度为 $8\sim11\mu m$。

五、我国的 OGFC 混合料的配合比设计方法

OGFC 混合料的配合比设计采用马歇尔试件的体积设计方法进行,并以空隙率作为配合比设计主要指标。配合比设计指标应符合规范规定的技术标准。OGFC 混合料配合比设计后必须对设计沥青用量进行析漏试验及肯塔堡试验,并对混合料的高温稳定性、水稳定性等进行检验。配合比设计检验应符合规范的技术要求。

(1)材料选择

用于 OGFC 混合料的粗集料、细集料的质量应符合规范对表面层材料的技术要求。OGFC 宜在使用石粉的同时掺用消石灰、纤维等添加剂,石粉质量应符合规范的技术要求。

OGFC 宜采用高黏度改性沥青,其质量宜符合表 6-45 的技术要求。如实践证明采用普通改性沥青或纤维稳定剂后能符合当地条件,也允许使用。

(2)确定设计矿料级配和沥青用量

①按试验规程规定的方法精确测定各种原材料的相对密度,其中 4.75mm 以上的粗集料为毛体积相对密度,4.75mm 以下的细集料及矿粉为表观相对密度。

②以表 6-51 中的级配范围作为工程设计级配范围,在充分参考同类工程的成功经验的基础上,在级配范围内试配 3 组不同 2.36mm 通过率的矿料级配作为初选级配。

③对每一组初选的矿料级配,按式(6-6)计算集料的表面积。根据期望的沥青膜厚度,

按式(6-7)计算每一组混合料的初试沥青用量 P_b。通常情况下，OGFC 的沥青膜厚度 h 宜为 14μm，即

$$A = (2+0.02a+0.04b+0.08c+0.14d+0.3e+0.6f+1.6g)/48.74 \tag{6-6}$$

$$P_b = h \times A \tag{6-7}$$

式中：　　　A——集料的总的表面积；

a、b、c、d、e、f、g——分别为 4.75mm、2.36mm、1.18mm、0.6mm、0.3mm、0.15mm、0.075mm 筛孔的通过百分率，%。

④制作马歇尔试件，马歇尔试件的击实次数为双面 50 次。用体积法测定试件的空隙率，绘制 2.36mm 通过率与空隙率的关系曲线。根据期望的空隙率确定混合料的矿料级配，并再次按步骤③的方法计算初始沥青用量。

⑤以确定的矿料级配和初始沥青用量拌和沥青混合料，分别进行马歇尔试验、谢伦堡析漏试验、肯塔堡飞散试验、车辙试验，各项指标应符合规范《公路沥青路面施工技术规范》（JTG F40—2004）的技术要求，其空隙率与期望空隙率的差值不宜超过±1%。如不符合要求，应重新调整沥青用量拌和沥青混合料进行试验，直至符合要求为止。

⑥如各项指标均符合要求，即配合比设计已完成，可提供配合比设计报告。

第五节　浇筑式沥青混凝土

一、概述

浇筑式沥青混凝土指在高温状态下（约 220~260℃）进行拌和，混合料摊铺时流动性大，依靠自身的流动性摊铺成型，无须碾压，沥青、矿粉含量较大，空隙率小于 1% 的一种特殊的沥青混合物。它是一种悬浮密实型结构，粗颗粒集料悬浮于沥青胶砂中，不能相互嵌挤形成骨架，其强度主要取决于沥青与填料交互作用而产生的黏结力，基本上无空隙，不透水，耐侵蚀性好，变形能力强，低温时不易产生裂纹。依据拌和工艺，分为浇筑式沥青与沥青玛蹄脂两种类型。浇筑式沥青混凝土（Guss Asphalt）源于德国，在日本得到较普遍的应用，被称为"高温拌和式摊铺沥青混凝土"；而沥青玛蹄脂混合料（Mastic asphalt）源于英国，主要在英联邦国家得到应用，为提高这种路面的抗滑性，在浇筑时趁热撒上预拌沥青碎石，经碾压使碎石嵌入，故又称为"热压式沥青混凝土"。两种混合料的共同特点是两阶段高温拌和，拌制的混合料具有一定的流动性，浇筑式摊铺（不需要碾压）一般使用天然硬质沥青（德国已开始使用聚合物改性沥青），混合料组成相近，混合料结构的强度形成原理一致。

近十几年来，随着大跨径桥梁技术的发展，国内开展了一系列桥面铺装技术的研究，主要包括桥面铺装结构力学分析、桥面铺装结构层研发、防水黏结体系研发与铺装结构体系四大内容。浇筑式沥青混凝土以其变形追随性与整体性好、层间结合力强、防水性能优良、耐久性好、期望使用寿命长（20~25 年）、在服务期内性能表现良好、维修量小等优点备受关注。浇筑式沥青混凝土被引入我国后，有关单位开展了初步的实践与科学研究。1999 年 9 月建成通车的江阴大桥在国内首次将浇筑式沥青混凝土应用于桥面铺装中，由于国内早期对钢桥面铺装特殊性的认识不足，对浇筑式沥青混凝土也缺乏相应的研究和应用经验，所以江阴

大桥桥面铺装由英国主持设计及实施,其设计标准和实施方案均完全照搬英国的标准,没有充分考虑中国的气候和交通使用条件,在建成后呈现出比较差的抗变形能力。2003年11月,除超车道外,其余车道都出现了疲劳裂缝。疲劳性能不足不仅危及行车的安全,还影响了钢桥面板的使用寿命,严重影响了浇筑式沥青混凝土作为一种优良的桥面铺装类型在国内的推广应用。

2003年重庆交通科研设计院引进了浇筑式沥青混凝土技术,针对中国的气候环境特点、交通条件进行了改进与发展,并将其成功应用于山东胜利黄河大桥钢桥面铺装中。2004年4月,天津子牙河大桥钢桥面铺装采用了浇筑式沥青混凝土铺装结构。2004年,重庆渝邻高速公路李子林隧道路面采用浇筑式沥青混凝土铺装。2004年,安庆长江公路大桥使用浇筑式沥青混凝土。2005年,上海东海大桥采用浇筑式沥青混凝土铺装下层,全桥铺装面积达到了82万m^2。2006年以来,浇筑式沥青混凝土在长沙环线三汊矶大桥、山东平阴黄河公路大桥、重庆嘉华大桥、菜园坝长江大桥、朝天门长江大桥、深圳湾公路大桥和西攀高速公路隧道路面等多项特殊铺装工程中应用。

二、浇筑式沥青混凝土的特点

从制备过程来看,浇筑式沥青混凝土由两部分组成,一部分为细料和沥青组成的基质沥青玛蹄脂(Mastic Epure,简称ME),另一部分为粗集料。这两部分在温度为200℃左右的拌和车中混合即成为浇筑式沥青混合料。浇筑式沥青混凝土与一般的沥青混凝土相比,在材料使用与组成结构上的特点如下。

(1)胶结料一般采用特立尼达湖沥青和直馏沥青混合而成的掺配沥青,一般湖沥青和直馏沥青的掺配比例从20∶80到50∶50不等,有时根据需要,湖沥青所占比例可以更多。因湖沥青的显著优点之一是高黏性,使得沥青与矿料之间的黏结度十分高,抗剥落能力远远高于一般要求。同时,由于浇筑式混凝土流动的特点,用油量较AC沥青混凝土多,以提供足够的自由沥青,并且因为湖沥青软化点较高,所以一般不会出现泛油。

工程上使用较多的湖沥青是南美洲岛国特立尼达—多巴哥的特立尼达湖所出产的天然沥青(Trinidad Lake Asphalt,简称TLA),该沥青的特性在前面有关沥青材料的内容中已经介绍,在路面气候环境中性能相当稳定,是理想的沥青路面材料。将高黏度的湖沥青和普通直馏沥青掺配,可有效地改善沥青结合料的温度敏感性,从而提高整个混合料的使用性能。

(2)与一般沥青混凝土的组成相比,矿粉和细集料占的比例较多,约占整个混合料的50%左右,它们和沥青混合形成的基质沥青玛蹄脂在拌和高温时具有良好的流动性,常温下则非常坚硬且可以加工成块状半成品,用塑料薄膜或木桶装好,便于运输。其余部分为粗集料,它们在混合料中起一定的骨架作用,但由于混合料为明显的悬浮密实结构,粗集料的骨架作用不是十分突出。

浇筑式沥青混凝土在路面使用性能上的特点如下。

①由于湖沥青较强的抗老化能力,浇筑式沥青混凝土路面的使用寿命比一般沥青混凝土路面长,从综合的角度考虑,这有利于提高工程的经济使用效率。

②路面在高温下或渠化交通处的抗车辙能力还有待于进一步提高。

③常温下具有较强的抗压能力以及抵抗重复荷载疲劳作用的能力。

④黏弹性能佳,对冲击和颠簸不敏感,低温时具有很高的抗劈裂强度以及一定的变形能力。

⑤空隙率几乎为0,这一特性使得浇筑式沥青混凝土具有十分强的抵抗水损害的能力,有利于延长路面的服务周期。

⑥若用作钢桥面铺装,具有良好的适合于钢板变形的随从性。

⑦维修方便,只需采用小型维修工具及2~3个工作人员,操作简单。

由于浇筑式沥青混凝土具有一些传统沥青混凝土难以达到的适合于路用性能的优点,因此在某些场合有着广泛的应用前景,如用作钢桥面铺装等。但从工程建设投资来看,采用湖沥青的浇筑式沥青混凝土的费用会高于一般的沥青混凝土,所以应统筹兼顾,从工程的投入、效益等综合角度考虑是否采用该种混合料。

三、浇筑式沥青混凝土配合比设计方法

1. 原材料的选择

（1）沥青

浇筑式沥青混凝土必须采用黏质沥青结合料,保证夏季高温稳定性,所采用的沥青结合料必须具有加热稳定性。在寒冷地区使用的浇筑式沥青混凝土,必须具有较好的低温抗裂性能,建议使用聚合物改性沥青,基质沥青的标号以70号与90号为宜,标号选择由冬季气温确定。沥青结合料的选择必须保证混合料具有满足要求的低温抗裂性。改性剂掺加量不能过低,必要时通过试验验证。

沥青结合料所需测定指标除我国标准规定内容外,还建议测定0℃针入度与弗拉斯脆点,以前者为低温性能的一个控制指标。聚合物改性沥青的有关标准建议参照俄罗斯有关规范,为使用方便,现将其列于表6-52。在夏季温度较高地区,添加天然沥青时必须进行混合料低温弯曲试验予以检验。

俄罗斯规范中关于道路石油沥青与聚合物改性沥青的规定　　表6-52

指　标　名　称	单位	沥青标号 40	沥青标号 60
25℃针入度(100g,5s)	mm	50~120	30~70
0℃针入度(200g,60s)	mm	≥50	≥30
软化点(环球法)	℃	≥77	≥94
闪点	℃	≥210	≥210
TFOT后软化点变化	℃	≤25	≤15
TFOT后5℃延度	%	≥50	≥60
针入度指数		−1~1	
均匀性		均匀	

上述指标与标准,只建议在寒冷地区使用,在无法满足表内要求时必须进行混合料性能检验。全国范围内适用的技术标准,必须综合考虑多方面因素。

第六章 沥青路面

（2）矿粉

矿粉在很大程度上影响着浇筑式沥青混凝土的性能,矿粉的孔隙率很大程度上影响着浇筑式沥青混凝土矿物部分空隙率,因而影响混合料所需的沥青用量。

矿粉用量由级配曲线确定,在满足条件时建议对沥青胶浆进行性能评价。

浇筑式沥青混凝土的矿粉必须采用石灰岩等憎水性石料经磨细得到的矿粉,应干燥、洁净,除必须满足我国规范要求之外,还必须保证级配的连续性。

表6-53是俄罗斯有关规范中的规定,供寒冷地区使用浇筑式沥青混凝土时参考使用。

俄罗斯有关规范中关于矿粉的技术标准　　　　表6-53

指标名称	指标
岩石名称与 $Al_2O_3+Fe_2O_3$ 含量	不大于5%
粒度组成（质量百分比）	
小于1.25mm	≥100%
小于0.315mm	≥85%
小于0.071mm	≥90%
憎水性	应该是憎水的
均匀性	应该是均匀的
含水量（质量百分比）	≤0.5%
沥青容量,不大于	65g/cm^3
空隙率（体积百分比）	≤30%
矿粉与沥青混合物体积膨胀率	≤2.5%

俄罗斯相关研究认为具有活性的矿粉对浇筑式沥青混凝土的性能有很重要的影响,这种矿粉可以增强同沥青的结构作用,并降低沥青混凝土当中的沥青体积分数,沥青用量可以减少10%~15%,为沥青混凝土性能的改善创造了更多可能。应用活性矿粉可以显著降低浇筑式沥青混合料拌和温度,减少能源的消耗。

（3）碎石与砂

出于流动性能的要求,浇筑式沥青混凝土中一般采用天然砂。此时碎石与天然砂的比例必须严格控制,以免影响到混合料的力学性能。

与交通荷载属性对应,浇筑式沥青混凝土类型应不同,其天然砂的含量各不相同。参照国外规定与已有研究,高等级公路适用的浇筑式沥青混凝土当中天然砂的含量不宜超过集料总量的20%。

路面（桥面铺装）铺设时,建议采用玄武岩、辉绿岩;在采用表面活性物质来保证必需的黏附性时,可以使用花岗岩。

碎石颗粒应该是立方体形状的,粉状与黏性颗粒含量不大于1%,不能含有其他杂质。软弱颗粒含量不应该超过质量总数的5%。

表6-54、表6-55为俄罗斯规范中的有关规定,可供寒冷地区使用浇筑式沥青混凝土时参考。

俄罗斯规范中关于碎石的要求　　　　　表 6-54

指 标 名 称	单位	混合料类型标号	
		Ⅰ	Ⅱ
碎石颗粒粒径	mm	3~10(15)	5~15(20)
圆柱体抗压(压碎)强度标号 A 型 B 型		≥1000 —	≥1000 —
抗冻标号 A 型 B 型		≥F 50	≥F 50
洗涤法确定的粉土、黏土颗粒含量(质量分数)	%	≤1	≤1
软弱岩石颗粒含量(质量分数)	%	≤5	≤5
片状和针状颗粒含量(质量分数)	%	≤15	≤15

俄罗斯规范中关于砂的要求　　　　　表 6-55

指 标 名 称	混合料类型标号		
	Ⅰ	Ⅱ	Ⅲ
砂的类型			
天然砂	+	+	+
人工砂	+	+	+
人工砂的标号	≥800	≥800	≥600
砂的粒组	≥大	≥中	≥小
天然砂与人工砂比例(建议值)	1:1	1:1	3:1
大粒砂与细粒砂比例(建议值)	1:2	1:2	—
天然砂	3	3	3
人工砂	4	4	4

2.级配曲线的确定

现将各国规范中适用于重交通的浇筑式沥青混凝土级配汇总于表 6-56 中,以供参考使用,但必须根据当地气候与交通特点通过试验选定(筛孔尺寸采用我国标准方孔筛尺寸)。

各国规范规定级配范围(经过修正)　　　　　表 6-56

筛孔尺寸(mm)	德国规范推荐级配范围		日本规范推荐级配范围		俄罗斯规范推荐级配范围	
	通过百分率(%)		通过百分率(%)		通过百分率(%)	
	下限	上限	下限	上限	下限	上限
13.2	95.9	100.0	95.0	100.0	93.7	97.8
9.5	84.1	92.7	85.3	95.2	78.1	92.0

续上表

筛孔尺寸(mm)	德国规范推荐级配范围 通过百分率(%)		日本规范推荐级配范围 通过百分率(%)		俄罗斯规范推荐级配范围 通过百分率(%)	
	下限	上限	下限	上限	下限	上限
4.75	63.7	73.7	65.0	85.0	54.2	79.0
2.36	48.6	58.6	45.0	62.0	42.9	65.3
1.18	40.7	50.7	40.4	55.9	31.2	51.9
0.6	35.3	45.3	35.0	50.0	22.9	39.4
0.3	29.7	39.7	28.0	42.0	21.9	31.7
0.15	24.1	34.1	25.0	34.0	20.2	27.4
0.075	18.5	28.5	20.0	27.0	18.2	23.3
<0.075	0.0	0.0	0.0	0.0	0.0	0.0

进行混合料设计时,建议测定包含全部集料的矿料间隙率VMA。在寒冷地区应用浇筑式沥青混凝土,在满足高温稳定性与流动性能要求时,尽量增大VMA,此时必须相应增加沥青用量,以保证混合料密实。测定VMA还为以后采用体积设计方法进行浇筑式沥青混凝土配合比设计奠定基础。

3.配合比设计方法

流动性能使用刘埃尔流动度试验评价;高温稳定性以贯入试验为主,辅以车辙动稳定度试验评价;低温抗裂性能以低温弯曲试验评价。各种试验方法的试验条件根据当地气候特点自行决定,技术标准依据结构层位置与功能决定。

进行浇筑式沥青混凝土配合比设计时,在保证流动性能与低温抗裂性能的条件下,应减少沥青用量,尤其是避免富余沥青的存在。

第六节 环氧沥青混凝土

一、概述

1.环氧沥青混凝土的特性

高强沥青混凝土是采用环氧沥青配制而成的热固性沥青混凝土材料。由于环氧沥青经过固化后从根本上改变了沥青的热塑性性质,用环氧沥青所拌制的沥青混凝土与普通沥青混凝土或者一般的热塑性改性沥青混凝土相比,表现出以下特性。

(1)强度高、刚度大

环氧沥青混凝土强度高、变形小、刚度大。壳牌石油公司所配制的环氧沥青混凝土,其马歇尔稳定度超过45000N,而普通沥青混凝土的稳定度仅为8000~12000N。虽然马歇尔稳定度并不是标准的力学指标,但反映环氧沥青混凝土的高强度。在20℃常温下,环氧沥青混凝土的弯拉劲度模量高达12000MPa,而普通沥青混凝土仅为3000MPa,前者是后者的4倍。

(2)优良的疲劳性能

环氧沥青混凝土由于强度高,在同样的应力水平下,表现出极优良的耐疲劳性能,几乎是普通沥青混凝土疲劳寿命的 10~30 倍。澳大利亚西门大桥(West Gate Bridge)管理局所做的疲劳试验表明,环氧沥青混凝土的疲劳寿命为 5×10^6 次,而普通沥青混凝土仅为 0.29×10^6 次,前者是后者的 17 倍。

(3)良好的耐久性

普通沥青混凝土如有柴油等燃油渗入,会使沥青失去黏结力而松散。环氧沥青混凝土却不怕燃油的侵蚀。壳牌公司曾经做过对比试验,将环氧沥青混凝土和普通沥青混凝土放在柴油中浸泡,经过 24h,普通沥青混凝土已经泡软,棱角松散脱落,而环氧沥青混凝土经过一个多月浸泡仍然完好无损。

环氧沥青混凝土许多性质,如强度、刚度、耐久性等方面与水泥混凝土十分相似,同时在很多方面又具有沥青混凝土的优良性能。

2.环氧沥青混凝土材料的应用

(1)大型桥梁的桥面铺装

环氧沥青用于桥面铺装,最早是美国加州的 San Mateo-Haivard 大桥。该桥建于 1967 年,桥面设 6 车道,日交通量达 20000 辆/d。这座桥设有正交各向异性板计 14 跨,每跨 208 英尺,以及近 5mile 的混凝土高架桥。采用环氧沥青作桥面铺装,主要鉴于以下考虑:

①铺装层能与钢板形成牢固的黏结,不因温度变化和交通荷载的作用而脱开。

②能适应因温度变化引起的钢板尺寸变化而不致脱落。

③具有足够的疲劳强度,使用多年而不出现裂缝。

壳牌公司为该桥提供了改性环氧沥青、改性剂和固化剂。环氧沥青混凝土用普通沥青拌和机拌和,摊铺和压实。用马歇尔试验测试其稳定度,60℃ 为 64800N,204℃ 仍能达到 18900N,而普通沥青混凝土 60℃ 为 11700N,204℃ 时则已成松散状了。其环氧沥青混合料所用结合料为 6.5%,集料为石灰石。混合料的温度控制以保证在 45min 的运输时间内能充分起化学反应,但未硬化不影响摊铺和压实。每天摊铺 500t 混合料,压实后其性状如同普通沥青混凝土,14d 后开放交通,但 60d 内强度仍继续增长。

之后,又有许多大桥采用环氧沥青作桥面铺装,如 1973 年建成的美国加州 San Diego Coronado 大桥、Queens Way 大桥、San Francisco Okland 海湾大桥等,1975 年温哥华的 Lion Gate 大桥,1980 年荷兰建造的 Hagestein 大桥等。此外,日本等国也在钢桥上采用环氧沥青混凝土铺装。

(2)高等级公路和城市干道路面

1974 年法国在 Blois 公路,1975 年英国伦敦在 Filme 路采用环氧沥青混凝土铺筑路面。

(3)公共汽车停车站

公共汽车停车站因汽车频繁的刹车、启动和较长时间的停车作用,路面常出现严重车辙。英国曼彻斯特 Piccadilly 公共汽车站、巴克停车站曾采用环氧沥青铺筑路面。

(4)公路与城市道路、机场道面的防滑磨耗层

1973 年英国伦敦的大西路(Great West Road)曾用环氧沥青碎石铺筑防滑面层。1973 年伦敦机场、1980 年卡塔尔首都多哈机场,在道面上加铺过环氧沥青防滑面层,以保证足够的抗滑能力。采用环氧沥青铺筑排水性路面,能减少剥落等病害。

(5) 广场铺面

在一些广场，尤其在装运燃油的集装箱转运站、汽车库等，采用环氧沥青做铺面，能使铺面经久耐用，对燃油的腐蚀有很好的抵抗能力。1977年，英国在Royal Seaforth Dock集装箱转运站、Tilbury转运站等处曾采用环氧沥青混凝土铺筑过铺面地坪。

3. 国内研究现状

我国对环氧沥青的研究起步较晚，最初主要用于路面裂缝的修补。随后同济大学吕伟民等人对环氧沥青混合料的配制原理、配制方法、热拌、冷拌环氧沥青混合料的物理力学性质进行了综合评价研究。长沙交通学院在同济大学研究成果的基础上也开展了环氧沥青混合料的试验研究，并初步分析了环氧沥青的改性机理。自1998年开始，东南大学黄卫教授带领其研究团队围绕南京长江第二大桥开展了钢桥面铺装技术的系统研究工作，逐步形成了环氧沥青混凝土钢桥面铺装设计与施工成套技术，并将研究成果成功应用于南京二桥铺装工程中。华南理工大学、长安大学、重庆交通科研设计院有限公司等科研单位结合国内一些大跨径钢桥面铺装工程各自开展了较为系统的研究，主要研究内容包括铺装层的受力特点、环氧树脂防水黏结层、环氧沥青及混合料性能指标及混合料配合比设计等内容，已取得阶段性研究成果。

目前，我国钢桥面环氧沥青混凝土铺装领域主要存在三种沥青产品：Chem Co System 环氧沥青、日本TAF环氧沥青、宁武化工公司生产的环氧沥青。美国Chem Co System 环氧沥青是在我国应用最早、应用范围最广的环氧沥青产品，已在国内10多座大跨径钢桥上得到运用，总体而言，Chem Co System 环氧沥青铺装总体使用状况较好，但部分桥梁在使用过程中存在纵向开裂、鼓包和坑槽等病害。近年来，日本TAF环氧沥青进入我国市场，并在连云港疏港通道桥、虎门大桥、珠江黄埔大桥等7座钢桥中得到应用，TAF环氧沥青铺装整体上性能表现良好，未出现病害情况。2006年，由句容宁武化工有限公司生产的国产环氧沥青已进入量产化阶段，其铺装总体使用状况较好，但长期性能仍有待继续观察。

二、环氧沥青的强度构成原理

环氧沥青是在沥青中添加环氧树脂经过固化而形成强度的。环氧沥青的物理力学性质主要取决于环氧树脂和固化剂的种类与性质，以及它们与沥青的配合比例。

环氧树脂是含有两个以上环氧基聚合度不高的化合物，是一种胶黏材料。环氧树脂有几种类型，各有不同的特性，如双酚A型环氧树脂、酚醛环氧树脂、脂环族环氧树脂、脂肪族环氧树脂以及其他类型的环氧树脂。我国目前大规模工业生产的主要是双酚A型环氧树脂，约占总产量的90%，双酚A型环氧树脂由环氧氯丙烷缩聚而成，为淡黄色至棕色的透明黏性液体或固体，平均分子量在(350~7000)范围内。分子量越大，黏度越大，其环氧值越小，颜色也越深；分子量越小，颜色越淡，流动性越好。双酚A型环氧树脂性能稳定，即使加热到200℃也不会发生变化。它有几种型号，其质量指标如表6-57所示。

环氧树脂质量指标 表6-57

技术指标	E-51(618)	E-44(6101)	E-42(634)	E-35(637)
外观	黄色至琥珀色高黏度透明液体			
色泽 HCB2002-59	2	6	8	8

续上表

技术指标	E-51(618)	E-44(6101)	E-42(634)	E-35(637)
软化点(环球法)(℃)	—	12~20	21~27	—
环氧值(盐酸吡啶法)(当量/100g)	<0.48~0.56	<0.41~0.47	<0.38~0.45	<0.26~0.40
有机氯值(银量法)(当量/100g)	$<2\times10^{-4}$	$<2\times10^{-4}$	$<2\times10^{-4}$	$<2\times10^{-4}$
无机氯值(银量法)(当量/101g)	$<1\times10^{-3}$	$<1\times10^{-3}$	$<1\times10^{-3}$	$<1\times10^{-3}$
挥发物(110℃,3h)(%)	<2.0	<1.0	<1.0	<1.0

环氧树脂本身是热塑性的低分子线性聚合物,必须加入固化剂将环氧树脂中的环氧基打开,发生交联反应,形成网状立体结构的大分子,才能成为不溶于水、不能再熔化的固化物。在固化过程中,树脂内部产生一定的内聚力,对被胶结物产生较强的黏结力,从而将胶结物联结成整体,形成结构强度。就固化物的性能而言,分子量低的环氧树脂,其固化物的强度比分子量大的环氧树脂高。但是另一方面,分子量大的环氧树脂强度虽然要低一些,但由于分子量大,缠联性能好,故固化物的韧性比较好。

以环氧树脂的成本来说,低分子量的环氧树脂纯度高,价格也比较高,而高分子量的环氧树脂纯度低,透明度差,其价格就低得多。

低分子量的环氧树脂,如 E-51,在常温下为流动状态,加工使用比较方便;而高分子量的环氧树脂,如 E-42,在常温下流动性差,使用时必须加热或用溶剂加以稀释,比较麻烦。

因此,环氧树脂的选择取决于技术经济的综合和折中。澳大利亚建造西门大桥所用的环氧树脂,其环氧量为 182~184 单位,25℃黏度为 10~15Pa·s,相当于我国环氧树脂型号 E-51。E-51 分子量低,色泽透明而近于无色,质地纯净,价格高,但固化后强度高。分子量略大一点的 E-44 环氧树脂,呈浅黄色,固化强度略低,但价格也较低,推荐采用。

三、环氧树脂与沥青的相容性

直接将环氧树脂加入沥青中,再配合固化剂,调合成环氧沥青,用于拌制沥青混合料,按照固化条件进行固化反应。结果表明,这样拌制的沥青混合料并不能形成足够的强度。其原因在于环氧树脂与沥青是不相容的,沥青起着阻隔作用,影响环氧树脂与固化剂发生化学反应,故不能形成高的强度。

高分子材料的相容性与它们的极性有关。一般认为,高分子材料与溶剂的溶解度参数越接近,它们的相容性越好,其判别式如下:

$$|\delta_1-\delta_2|\leq 2 \tag{6-8}$$

式中:δ_1、δ_2——分别为高分子材料与溶剂的溶解度参数$(kJ/m^3)^{1/2}$。

将环氧树脂加入沥青中,沥青即为溶剂,环氧树脂能否溶于沥青中,取决于环氧树脂和沥青的溶解度参数是否匹配。一般沥青的溶解度参数无现成资料可查,但可以通过试验并按下式求得:

$$\delta=\left(\frac{\Delta H-RT}{M/D}\right)^{1/2} \tag{6-9}$$

式中:δ——溶解度参数;

ΔH——蒸发潜热;

R——气体常数;

T——温度;

M——分子量;

D——密度。

由于高分子聚合物未经分解不能蒸发,故不能从蒸发潜热的数据获得溶解度参数。斯莫尔(Small)采用将试样浸入一系列已知 δ 值的溶剂中,并观察溶解最好的溶剂的 a 值,以此作为该聚合物的溶解度参数。斯莫尔收集了一个分子的各部分克分子引力常数(已列有专门表格),并可用下式计算溶解度参数值:

$$\delta = \frac{D \sum G}{M} \quad (6\text{-}10)$$

式中:G——克分子引力常数;

D——密度;

M——分子量。

沥青是一种极其复杂的高分子化合物的混合物,同济大学曾经测试了几种沥青的密度、元素组成、分子量和核子共振谱,解出沥青的平均分子结构,然后再根据平均结构中各组成单元的克分子引力,由式(6-10)求得溶解度参数。表6-58是几种沥青的溶解度参数。

沥青的溶解度参数 表6-58

沥青材料	溶解度参数[(kJ/m³)^(1/2)]		沥青的溶解度参数 [(kJ/m³)^(1/2)]
	软沥青质	沥青质	
大庆氧化沥青	17.1	19.2	17.2
胜利渣油	17.9	19.4	18.0
胜利氧化沥青	17.8	19.3	17.9
阿尔巴尼亚沥青	17.9	18.7	18.0

环氧树脂的溶解度参数为19.8,而沥青的溶解度参数约为 17～18(kJ/m³)^(1/2),两者的差值接近或大于2(kJ/m³)^(1/2),故相容性较差。

根据物质的介电常数,可以判断高分子物质的极性大小。通常,介电常数大于3.6为极性物质;介电常数在2.8～3.6范围内为弱极性物质;2.8以下为非极性物质。双酚A环氧树脂的介电常数为3.9,属于极性材料,而沥青的介电常数为2.6～3.0,属于非极性材料或弱极性材料。由此也说明环氧树脂不能直接与沥青产生良好的胶结,所以环氧树脂要在沥青中充分发挥其黏结性能,必须改善沥青与环氧树脂的相容性,这是配制环氧沥青的主要技术关键。

改善环氧树脂与沥青相容性的方法是在沥青中掺加一种介质(Extender)。由于环氧树脂是极性物质,能与极性物质形成良好的黏结,所以作为介质,也应是一种极性物质,其溶解度参数宜在18～19(kJ/m³)^(1/2)范围内,介电常数略大于3.60。

丹宁(J. H. Denning)在配制环氧沥青用于铺筑表处型抗滑磨耗层时,其沥青与介质的配合比例有很大的变化幅度(表6-59)。由表可见,介质与沥青的配合比,或沥青占70%左右;

或介质占70%左右。这说明沥青与介质相混合能够形成稳定的溶液,必须以其中一种成分作为主体。

沥青与介质的配合比（英国 Denning） 表6-59

环氧沥青编号	A	B	C	D	E	F	G
沥青(%)	23	35	78	75	73	32	32
介质(%)	79	65	22	25	27	68	68
环氧树脂剂量(%)	48	48	14.8	10.7	7.5	7.4	5.8

黑褐色的富芳香分焦油是环氧树脂很好的介质,黏度约 $C_{50}^{10}=20s$,与沥青合适的配合比例约为30%。

四、固化剂的性质与选择

1. 固化剂性质与分类

环氧树脂是线性低分子热塑性聚合物,必须依靠固化剂将环氧树脂中的环氧基打开,发生交联反应,才能形成黏结强度。固化剂的性质不同,对环氧树脂固化物的黏结强度和物理性质有很大的影响。

（1）按分子结构分类

固化剂按分子结构分为三类:①碱性固化剂,如多元胺、改性脂肪胺、胺类加成物;②酸性固化剂,如酸酐;③合成树脂类,如含活性基团的聚酰胺、聚酯树脂、酚醛树脂等。上述不同固化剂固化反应的机理是不同的。

胺类固化剂的用量与环氧树脂的环氧值有关,也与胺类固化剂的品种有关,可按下式计算：

$$胺类固化剂用量(\%)=胺分子中活泼氢原子数 \times 环氧值 \tag{6-11}$$

固化剂的用量还与固化反应时的温度有关。例如,在常温下就能与环氧树脂发生反应的常温固化剂,在夏天与冬天使用时,其剂量就应有所差别,气温高时,固化剂用量可略少一些。

（2）按固化反应时需要的温度分类

固化剂按固化反应的温度分为:低温固化剂、常温固化剂、中温固化剂、高温固化剂。

配制冷拌环氧沥青混凝土材料,需要采用常温固化剂。乙二胺、三乙烯四胺、低分子聚酰胺、间苯二甲胺等都是胶结技术中常用的固化剂。表6-60列举了一些胺类常温固化剂。

胺类常温固化剂 表6-60

化学名称	简称	用量(g/100g 环氧树脂)	使用期(min/25℃)	特性
乙二胺	EDA	6~8	—	20℃蒸汽压 1470Pa
乙二烯三胺	DETA	10~11	25	20℃蒸汽压 13.3Pa
三乙烯四胺	TETA	11~12	26	20℃蒸汽压 1.33Pa
四乙烯五胺	TEPA	12~13	27	20℃蒸汽压<1.33Pa

续上表

化学名称	简称	用量(g/100g 环氧树脂)	使用期(min/25℃)	特性
多乙烯多胺	TEPA	14~15	—	
己二胺	HDA	15	—	固体粉末,韧性好
二乙基氨基丙胺	DEAPA	5~8	120	使用期长,放热小
间苯二甲胺	HZDA	18~22	50	黏度低,毒性小

在常温下固化,反应较慢,其固化速度根据固化剂的活性大小不同而有所区别。一般至少1d以上才能基本固化,47d才能完全固化。在不同的气温下,即使是同一种固化剂,其固化速度也是有差别的,温度较高时,固化速度快;温度较低时,固化速度较慢。

在80~120℃温度条件下才能与环氧树脂发生交联反应的固化剂为中温固化剂(表6-61)。中温固化剂与环氧树脂固化反应后,其机械性能与耐热性都比常温固化剂的效果好。换言之,热法配制的环氧沥青比冷法的要好。配制耐高温的环氧沥青,所用固化剂主要有芳香胺、酸酐以及酚醛树脂等,其代表性固化剂列于表6-62。

常用中温固化剂　　　　　　　　　　表6-61

化学名称	简称	用量(g/100g 环氧树脂)	固化条件(℃/h)	特性
三乙醇胺	TEA	14	80/4	使用时间4h
六氢吡啶	—	15	60/4	使用时间8h,有气味
2-甲基咪唑	—	4~8	60~80/6~8	熔点136℃
2-乙基咪唑	—	2~5	60~80/6~8	熔点61~66℃
2-乙基4-甲基咪唑	EMI24	2~10	60~80/6~8	黄色黏稠液体
2-甲基咪唑与丁基缩水甘油醚反应物	704	10	60~80/6~8	棕黑色黏稠液体
2-甲基咪唑与异辛缩水甘油醚反应物	705	15	60~80/6~8	棕黑色黏稠液体

高温固化剂　　　　　　　　　　表6-62

化学名称	简称	熔点(℃)	用量(g/100g 环氧树脂)	固化条件(℃/h)
间苯二胺	MPDA	63	14~16	80/2+150/4
改性间苯二胺	MPDA-M	65	15~20	80/2+150/4
4-4'二氢基二苯基甲烷	DDM	85	30	80/2+150/4
邻苯二甲酸酐	PA	128	30~45	130/5+150/4
顺丁烯二酸酐	MA	53	30~35	160/4
六氢邻苯二甲酸酐	HHPA	35	78~85	90/2+130/4
甲基内次甲基四氢苯二甲酸酐	MNA	12	90	120/3+150/4

2. 固化剂的选择

固化剂的品种很多,固化剂的选择是关系环氧沥青性能优劣的技术关键。选择固化剂应考虑下列因素:

(1)固化剂与环氧树脂发生化学反应后,能够满足力学强度的要求。
(2)固化剂反应条件能够适应沥青混合料拌和、摊铺、碾压工艺过程。
(3)固化剂来源广泛,采购方便。
(4)固化剂应无毒或基本无毒,不影响操作人员的健康。

热拌环氧沥青混合料控制拌和温度是非常重要的,同时,拌和温度与所选用的固化剂必须匹配,因为有的固化剂虽然完全固化需要比较高的温度和比较长的时间,但其初凝时间很短,在短短的几分钟拌和过程中就已经固化,失去可操作性。因此,选择固化剂是技术的关键所在,必须经过反复试验和筛选,查阅现成的手册或书籍往往是不可靠的。

五、环氧沥青混凝土的配制

1. 冷拌环氧沥青混凝土的配制

配制冷拌环氧沥青混凝土,与拌制乳化沥青混合料十分相似,集料无须加热。在常温下集料与预先配制好的环氧沥青拌和,经摊铺、压实,环氧沥青慢慢固化而形成强度。由于在常温下操作,随用随拌,比较方便。

在拌制前,先将沥青、介质、环氧树脂以及固化剂分别配制成甲料和乙料。甲料由沥青、介质、环氧树脂以及溶剂配合而成。环氧树脂的用量与其他改性沥青一样,也以占沥青重量的百分比计,具体用量应通过试验确定。环氧树脂的用量至少要10%以上,甚至达到20%,这也是环氧沥青成本高的重要原因。甲料在常温下呈黑色稀浆状,具有流动性;乙料由固化剂和溶剂组成,呈黄色或棕黄色液体。甲料与乙料的配合比例,根据环氧树脂与固化剂匹配比例(通常在有关技术书或手册中查到)计算而定。选择溶剂要考虑价格、性能以及有无毒性等因素,比例通过试验确定。使用时,先按比例将乙料加入甲料中,搅拌均匀,随后即可用于拌制沥青混凝土混合料。

环氧沥青混凝土的集料级配一般采用连续的细密级配。结合料用量不是用马歇尔试验方法确定的,而主要是根据拌和时的和易性并结合经验确定的,大体上与热拌沥青混凝土的用油量相当。虽然增加环氧沥青的用量能改善和易性,且不用担心出现泛油,但由于环氧沥青价格较高,故应选择适当的结合料用量。

在室内拌制成混合料后,按马歇尔试验方法成型试件,脱模后置于室温下,其强度将逐渐增加,直至一周后完全固化而形成足够的强度。

2. 热拌环氧沥青混凝土的配制

热拌环氧沥青混凝土的配制与普通热拌沥青混合料相似,但由于增加了介质、环氧树脂和固化剂,增加了配制工艺的复杂性。在配制之前,一般先将介质加入沥青中,并搅拌均匀。由于介质的黏度较低,故沥青中加入约30%的介质后,其黏度大大降低,针入度降低为200~300(0.1mm),在90~100℃时已成为液状。这样有利于在较低的温度下拌和混合料。在混合料拌和之前,将环氧树脂与固化剂进行混合,但不宜过早,一般提前20min,加入混合料中一起拌和均匀即可出料。

热拌的温度对固化时间有明显的影响。固化物在反应过程中,初凝时间以沥青混合料黏性开始丧失为标志,如在拌和时丧失黏性,则混合料失效报废。为了保证施工工艺过程所需的时间,应尽量降低拌和温度。

在室内是将环氧沥青混合料按常规方法成型马歇尔试件,按照固化物反应所需温度和时间(固化条件),将试件放入烘箱中养护,取出后进行马歇尔试验,表6-63是环氧沥青混合料的试验结果。

环氧沥青混合料的马歇尔稳定度　　　　　表6-63

试 件 编 号	结合料用量(%)	拌和温度(℃)	固化条件(℃/4h)	稳定度(kN)
No.1	6	90~100	120	30
No.2	6	90~100	120	46
No.3	6	90~100	120	37.1

现场环氧沥青混凝土施工,主要机具设备仍为通常的沥青混合料拌和机,另需要配备环氧沥青和固化剂的配制设备以及计量仪具。由于环氧沥青混凝土施工技术比较复杂,各个参数控制比较严格,须对施工人员必须进行专门的培训,并在正式施工之前铺筑试验路段。

在施工现场,环氧沥青混合料摊铺碾压后,混合料冷却,在常温下仍能慢慢固化,强度逐渐增长。在20~25℃的温度下,完全固化约需要60d时间,但在10℃以下固化则几乎停止。图6-12是环氧沥青混合料劈裂强度随养护龄期延长而增长的关系曲线。

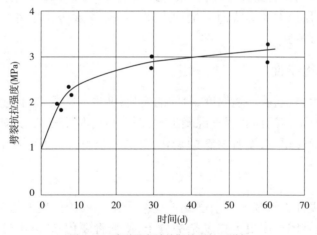

图6-12　劈裂强度随龄期的延长而增长

第七节　再生沥青路面

一、概述

沥青路面再生利用技术,是将需要翻修或者废弃的旧沥青路面,经过翻挖回收、破碎、筛分,再和新集料、新沥青材料、再生剂等适当配合,重新拌和,形成具有一定路用性能的再生沥青混合料,用于铺筑路面面层或基层的整套工艺技术。沥青路面的再生利用,能够节约大量的沥青和砂石材料,节省工程投资,同时有利于处治废料、节省能源、保护环境,因而具有显著的经济效益和社会、环境效益。近二十多年来,世界各国广泛进行了沥青路面再生利用的试验研究,取得了丰硕的成果,并且已在生产中大面积推广应用。现在,沥青路面再生利用技术已成为当代公路建设中有待进一步发展的重大技术之一。

国外沥青路面再生利用的试验研究,最早是 1915 年在美国开始的,但之后由于大规模的新路建设,对这项技术没有引起足够的重视。直到 1973 年石油危机爆发后,美国重新开始研究这项技术,并且迅速推广应用。到 80 年代末美国再生沥青混合料的用量几乎占到全部路用沥青混合料的一半,并且再生机理、混合料设计、再生剂开发、施工设备等方面的研究也日趋深入和成熟。日本从 1976 年开始这方面的研究,目前路面废料再生利用率已超过 70%,而在前联邦德国,1978 年就已将全部废弃沥青路面材料加以回收利用,芬兰几乎所有的城镇都组织旧路面材料的收集和储存工作。过去再生材料主要用于轻型交通的路面和基层,近几年已应用于重交通道路上。

我国从 20 世纪 80 年代初开始沥青路面再生利用研究。许多省份开展了广泛的试验研究,铺筑了大量的试验路段,多年的实践证明,再生路面与同类型全新沥青路面相比较,无论从外观上,还是从实际使用效果上都没有明显差别。在理论研究方面,从化学热力学和沥青流变学的角度研究了沥青在老化过程中流变行为的变化规律,研究了再生剂的作用和再生剂的质量技术指标,此外,对再生沥青混合料的物理力学性能进行了系统的评价性试验。改革开放后修筑了大量的沥青路面,到现在很多路面已进入了维修或改建期,而我国的优质路用沥青又相对贫乏,所以对沥青路面再生利用技术的更深入研究必将对我国交通事业的发展产生积极深远的影响。

二、沥青的老化特性

沥青为感温性材料,随着环境温度、时间的变化,沥青材料具有材质变硬的现象,并且这一现象随时都在进行。高温拌和沥青混凝土时,沥青在高温下的老化作用明显,当沥青混凝土铺筑冷却开放交通使用后,沥青材料的老化仍然在进行中。沥青材料的老化作用主要包括以下几点。

(1) 氧化作用

沥青中形成的极性含氧基团逐渐联结成高分子量的胶团促使沥青的黏度提高,构成的极性羟基、羰基和羧基团形成更大更复杂的分子,使沥青硬化,缺乏柔性。沥青的氧化与温度、时间和沥青膜厚度有关。

(2) 挥发作用

沥青中较轻的组分容易蒸发和散失,主要受温度以及在空气中暴露的程度的影响。

(3) 聚合作用

聚合作用是指沥青和蜡质缓慢结晶。沥青的物理硬化是可逆的,一旦加热又可以恢复到原来的黏度。

(4) 自然硬化

沥青处在自然环境温度下发生的硬化称为自然硬化或物理硬化。这通常是由于沥青分子的重新定位而引起的。

（5）渗流硬化

渗流硬化是指沥青的油质成分流动而渗入到集料中去的现象。渗流主要受沥青内烷烃部分的低分子量的数量、沥青质的数量和类型等影响。渗流硬化主要发生在多孔性材料中。

三、沥青的老化机理

从沥青高温加热进入拌和楼开始，直到路面使用寿命结束，沥青在化学组成与物理形式上均不断发生变化。所谓化学组成变化是指沥青混凝土中的沥青不断与空气中的氧气发生反应，形成酮基与硫氧基结构，增加了部分沥青胶泥分子的极性并改变其属性，慢慢由芳香成分转变为树脂成分等。老化反应就是沥青材料在氧化作用下，芳香成分减少，而稠度增加的不可逆的过程。

定义一个表征沥青老化程度的指标——老化指数 AI。老化指数是指老化后沥青的黏度与未用过的沥青的黏度的比值，即：

$$AI = \frac{\eta_a}{\eta_0} \tag{6-12}$$

式中：η_a——老化后沥青的黏度；

η_0——未用过的沥青的黏度。

图 6-13 为沥青在加热拌和、运输、施工、通车的整个生命周期过程中的老化指数的变化过程。可以看出，在沥青与集料加热拌和过程中，沥青的老化最为严重；施工过程中沥青老化速度也比较快，但相对于拌和中的老化显得较为轻微；在路面的使用过程中经受环境和荷载的作用，沥青仍然在不断老化，但老化的速度比较平缓。

沥青混凝土中的沥青膜厚度对沥青的老化有重要的影响，一般随着沥青膜厚度的增加，沥青的老化指数降低，也即沥青越不容易老化，如图 6-14 所示。

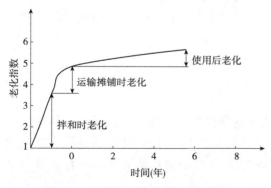

图 6-13 沥青生命周期中的老化示意图

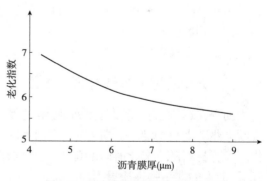

图 6-14 沥青膜厚度与沥青老化的关系

在道路的使用过程中，影响沥青老化的主要因素是混合料的空隙率。根据 Hanson 的研究，表 6-64 指出了使用了 15 年后的 3 种沥青混凝土混合料中回收沥青的数据。最小空隙率的混合料取样沥青稍有老化；而空隙率较大的混合料取样由于长期的空气入侵而发生严重老化。具有最高空隙率的混合料的取样，其针入度指数 PI 明显增大，限制了可能产生的应力松弛量，从而极易导致混合料在低温下开裂。

沥青在使用过程中的老化　　　　表 6-64

道路	A	B	C
混合料空隙率(%)	4	5	7
拌和摊铺后沥青的性质			
软化点(℃)	64	63	66
针入度指数	0.7	0.7	0.9
10^4 S, 25℃	1.4×10^3	1.4×10^3	2.5×10^3
10^4 S, 0℃	5.0×10^5	5.0×10^5	7.0×10^5
使用15年后的沥青的性质			
软化点(℃)	68	76	88
针入度指数	0.8	1.1	2.1
10^4 S, 25℃	4.0×10^3	20×10^3	150×10^3
10^4 S, 0℃	13×10^5	40×10^5	80×10^5
老化指数(S_{15}/S_0)			
10^4 S, 25℃	2.8	14	60
10^4 S, 0℃	2.6	8	11

从而，可以把影响沥青老化的原因归结为如下几点：

(1) 拌和厂作业方面

在沥青储油罐加热时，有局部的过度加热；粒料与沥青加热过度；拌和时间。

(2) 现场摊铺、碾压方面

沥青混凝土摊铺后没有及时进行碾压；压实度不够造成路面空隙率过大。

(3) 混合料本身方面

集料级配的空隙率过大；细集料和矿粉过多，导致沥青膜较薄；集料本身的吸油率较大。

(4) 环境方面

如温度以及空气污染等原因。

四、沥青的再生机理与再生方法

沥青在运输、施工和沥青路面使用过程中，由于各种自然因素和人为的反复加热作用而逐渐老化。老化的结果是沥青组分发生移行，胶体结构改变，沥青的流变性质也随之发生变化。沥青材料随着老化时间的延长，老化加深，黏度增大，反映沥青流变性质的复合流动度降低，沥青的非牛顿性质更为显著。

旧沥青路面的再生，关键在于沥青的再生。从理论上来说，沥青的再生是沥青老化的逆过程。分析沥青材料在老化过程中流变行为的变化规律，给我们以启迪：如果使旧沥青材料的流变行为反向逆转，使之回复到适当的流变状态，那么，旧沥青的性能也将恢复而获得再生。

因此，从流变学的观点来看，旧沥青再生的方法可以归结为以下两点：

①将旧沥青的黏度调节到所需要的黏度范围以内。

②将旧沥青的复合流动度予以提高,使旧沥青重新获得良好的流变性质。

沥青材料是由油分、胶质、沥青质等几种组分组成的混合物。不仅如此,就沥青的某一组分而言,如油分,它也并非是单体,而是由分子量大小不等的碳氢化合物所组成的混合物。在石油工业中,根据沥青是混合物的原理,将几种不同组分进行调配,可得到性质各异的调和沥青;或者将某种组分,如富芳香分油与某种高黏度的沥青相调配;或者将某种低黏度的软沥青与高黏度的沥青相调配,都可以获得不同性质的新沥青材料。用这种方法所生产的沥青称为调和沥青。

旧沥青的再生,就是根据生产调和沥青的原理,在旧沥青中,或加入某种组分的低黏度油料(即再生剂);或加入适当稠度的沥青材料,经过调配,使调配后的再生沥青具有适当的黏度和所需要的路用性质,以满足筑路的要求。这一过程就是沥青再生的过程,所以再生沥青实际上也是一种调和沥青。当然,旧沥青与再生剂、新沥青的混合是在伴随有砂石料存在的条件下进行的,远不及石油工业中生产调和沥青调配得那么好。尽管如此,两者的理论基础却是相同的。

石油工业中,调和沥青生产是根据油料的化学组分配伍条件进行的,工艺比较复杂。进行旧沥青再生,则不可能通过调节组分的方式来控制再生沥青的性能。对于再生沥青性能的控制,是通过黏度的调节以及测试再生沥青相应的物理量来实现的。

在旧沥青中添加再生剂、新沥青所调配成的再生沥青,其黏度按下式计算:

$$\lg \eta_R = X^a \lg \eta_b + (1-X)^a \lg \eta_0 \tag{6-13}$$

式中:η_R——再生沥青的黏度(Pa·s);

η_b——再生剂或新沥青材料的黏度(Pa·s);

η_0——旧油的黏度(Pa·s);

X——再生剂或新沥青材料的掺配比例,以小数计;

a——黏度偏离指数,对于低黏度油料(再生剂)$a=1.20$;对于黏稠沥青 $a=1.02$;对于液体沥青 $a=1.050$。

由于沥青的针入度与黏度有一定关系,故再生沥青的针入度与旧油、新沥青的针入度之间有如下关系:

$$\lg P_R = X^a (\lg P_b - A) + (1-X)^a (\lg P_0 - A) + A \tag{6-14}$$

式中:P_R——再生沥青的针入度,0.1mm;

P_b——新沥青针入度,0.1mm;

P_0——旧油的针入度,0.1mm;

X——新沥青材料的掺配比例,以小数计;

A——常数,$A=4.65690$。

五、再生剂的作用及其技术标准

1.再生剂的作用

沥青路面经过长期老化后,当其中所含旧沥青的黏度高于 10^6 Pa·s,或者其针入度低于 40(0.1mm)时,就应该考虑使用低黏度的油料作为再生剂。再生剂的作用有以下两点:

①调节旧沥青的黏度,使其过高的黏度降低,达到沥青混合料所需沥青的黏度;在工艺

上使过于脆硬的旧沥青混合料软化,以便在机械和热的作用下充分分散,和新的沥青及集料均匀混合。

②渗入旧料中与旧沥青充分交融,使在老化过程中凝聚起来的沥青质重新溶解分散,调节沥青的胶体结构,从而达到改善沥青流变性质的目的。

一些石油系的矿物油是再生剂的低黏度油料的主要来源,如精制润滑油时的抽出油、润滑油、机油以及重油等,有些植物油也可以作为再生剂。在工程中可以利用上述各种油料的废料,可以节省工程投资。

2. 再生剂技术标准和要求

我国目前还没有制定再生剂的相应规范,在20世纪80年代初少数单位曾有过企业标准,见表6-65。许多国家如美国、日本等都有详细的再生剂质量标准,再生剂的质量要求主要有以下几点。

再生剂推荐技术指标　　　　　　　　　　表6-65

技术指标	黏度(25℃)(Pa·s)	复合流动度(25℃)	芳香酚含量(%)	表面张力(25℃)(10^{-3}N·m^{-1})	薄膜烘箱试验黏度比
建议值	0.01~20	>0.90	>30	>36	<3

①适当的黏度。由于再生剂在实际工程应用中是喷洒到旧料上的,要使再生剂渗透到旧沥青中与其充分融合,以达到再生改性的目的,再生剂必须具有可喷洒性和很强的渗透能力。一般来说,黏度越低,则再生剂的渗透力越强,所以再生剂首先必须具备低黏度。但是如果低黏度的油分太多,则加入到老化沥青中后在施工热拌(热再生)以及之后的使用中挥发也越快,因为低黏度意味着易挥发。因此在再生剂的黏度选择上需兼顾这两方面。

②不含有损沥青路面其他路用性能的有害物质。再生剂中的油分主要是芳香族和饱和族,有些油分含有较多的饱和酚(包括有蜡质和非蜡质的饱和物),加入老化沥青中对沥青的性能产生不利的影响,这是因为蜡质含量过大使沥青的高温和低温性能变差,严重影响到路面的使用性能。所以从组分上讲,再生剂中的油分应是富芳香酚而少饱和酚。但对于这一点看法不尽相同,有的国家标准中明确规定了芳香酚的含量范围,有的规定了饱和酚的含量上限值,有的则没作要求。作为国家标准应该包括这一项,但实际工程中考虑到废油利用、经济因素、环境因素等,要求可以适当放宽。

③能有效延长再生路面的使用寿命。这就要求再生剂具有良好的抗老化能力,这一点普遍采用薄膜烘箱试验前后的黏度和重量损失率来衡量。

④不含对人体有害的物质,不能使用对环境有不利影响的再生剂。

⑤在施工喷洒和加热拌和时,不产生闪火或烟雾现象。这就要求再生剂具有较高的闪点。第十三届太平洋沿岸沥青规范会议曾制定过热拌再生沥青混合料再生剂的质量标准,见表6-66。

热拌再生沥青混合料再生剂规范(太平洋会议)　　　　表6-66

技术指标	ASTM	RA5	RA25	RA75	RA250	RA500
黏度(140℃)(Pa·s)	D 2170 或 D 2171	0.2~0.8	1.0~4.0	5.0~10.0	15.0~35.0	40.0~60.0

续上表

技术指标	ASTM	RA5	RA25	RA75	RA250	RA500
闪点(℃)	D 92	>400	>425	>450	>450	>450
饱和酚(%)		<30	<30	<30	<30	<30
旋转薄膜烘箱残渣 黏度比(%) 质量变化(%)	D 2872	<3 <4	<3 <4	<3 <4	<3 <4	<3 <4

六、再生沥青混合料组合设计方法

再生沥青混合料因用了相当数量的旧路面材料,在混合料的设计方法上有别于普通全新沥青混合料。国内外一般的思路是:添加再生剂以调节黏度,并使旧油性能得以改善,然后在此基础上考虑混合料集料级配的调整,并根据混合料试验结果,确定用油量。以下介绍国内外常用的设计方法。

1.美国的配合比设计方法之一

美国联邦公路局西部地区热拌再生方法(注:本法中所说的再生剂是广义的,即新加沥青和再生剂的总称)。

(1)对旧沥青混合料的评价

对所用旧沥青混合料要了解以下内容:

①沥青含量(根据 ASTM D2172)。

②回收沥青的针入度(根据 ASTM D946)。

③集料的级配(根据 ASTM C136)。

(2)确定再生沥青混合料所需的沥青的针入度

(3)根据再生剂性质选定再生剂类型

(4)确定再生剂的用量

再生剂的用量是根据回收沥青的针入度、设计针入度来确定的,它要能使旧沥青恢复到与一般沥青相同的性质。

(5)根据设计要求进行结合料的复核试验

旧沥青混合料中的沥青和再生剂要进行复核,看是否符合 ASTM 的要求,在设计说明中主要的问题如下:

①等黏度沥青(ASTM D3381)

- 在 60℃时的黏度。
- 薄膜烘箱试验、旋转薄膜烘箱试验后的黏度和延度。

②按针入度考虑的沥青(ASTM D946)

- 针入度、延度。
- 薄膜烘箱试验、旋转薄膜烘箱试验后的针入度。

通过上述试验,如果不符合要求,必须改变再生剂的种类。

(6)确定新集料用量

根据再生混合料中的集料级配要求,对比旧集料的级配,不足部分用新集料补足。

(7) 确定结合料用量

室内配合的最佳沥青用量,由离心煤油当量试验(简称 CKE)求得,决定室内配合混合物最佳沥青用量时的旧集料与新加集料的配合比例。

(8) 确定配合比

求最佳沥青用量的方法与一般沥青混合料的方法不同,即在一般沥青混合料的情况下,保持集料量一定,而由离心煤油当量试验求得的沥青用量在4%~7%的范围内,再据维姆试验等求得最佳沥青用量。在再生沥青混合料方面,旧沥青混合料中的沥青用量与再生剂的配合比例,要能保证沥青具有便于操作的稠度。该配合比例是根据新加集料量的多少来确定的。式(6-15)可以满足上述条件,可以由它求得当结合料含量变化时的新加集料的用量。当由这个公式求得的新加集料量很少或为负值时,则应使用高黏度的再生剂。一般来说,为求出最佳沥青用量需要进行试验,用离心煤油当量试验来求得最佳沥青用量,再以这个用量±0.5%、±1.0%进行试验,即

$$A = \frac{100(S-D)+R \times D}{S} \tag{6-15}$$

式中:A——整个集料用量中新加集料的质量百分率(%);

S——旧沥青混合料中结合料的含量(%);

R——再生剂用量(再生后结合料中再生剂的含量);

D——再生混合料中结合料的设计用量。

(9) 混合料的制备与试验

用上步决定的配合比例制成试件,进行马歇尔试验或维姆试验,确定最佳沥青用量。试件的制作除加入旧沥青混合料外,都按 ASTM 的试验规定进行。

(10) 工地配合比的确定

最后的配合比是根据马歇尔试验或维姆试验结果来决定旧沥青混合料、再生剂、细集料和粗集料的用量。

2. 美国的配合比设计方法之二

(1) 对旧沥青混合料的评价

①集料级配(根据 ASTM C177 和 C136)。

②沥青含量(根据抽提试验 ASTM D2172)。

③沥青在60℃的黏度(ASTM D2171)。

(2) 预估新旧集料比例

依据集料的级配要求预估旧沥青混合料中的集料和新加集料之间的掺配比例。

(3) 预估整个混合料中所需的沥青百分量

由离心煤油当量试验求得或由下列计算公式求得再生混合料中所需沥青的预计百分量,即

$$P = 0.035a + 0.045b + kc + f \tag{6-16}$$

式中:P——再生混合料中所需沥青的预计百分量;

a——集料中留在 2.36mm 上的筛余百分量;

b——集料中通过 2.36mm 筛而留在 0.075mm 筛上的百分量;

c——通过 0.075mm 筛的百分量;

k——0.15(0.075mm 筛通过量为 11%~15%时),或 0.18(0.075mm 筛通过量为 6%~10%时),或 0.20(0.075mm 筛通过量不大于 5%时);

f——0~2%,由集料的吸油能力确定,如果缺乏这方面的数据,推荐值为 0.7%。

(4)预估混合料中新加沥青(含再生剂)的百分量

$$P_{nb} = \frac{(100^2 - rP_b)}{100(100-P_{sb})} - \frac{(100-r)P_{sb}}{100-P_{sb}} \tag{6-17}$$

式中:P_{nb}——混合料中新加沥青的百分量;

r——集料中新加集料所占的百分量;

P_b——由上步得到的 P 值;

P_{sb}——旧集料中沥青含量。

(5)选择新加沥青的等级

先算出新加沥青在整个混合料中的沥青的百分量,即

$$R = \frac{100P_{nb}}{P_b} \tag{6-18}$$

选择新加沥青等级时利用图 6-15。如图所示,横坐标表示新加沥青占整个混合料沥青的百分量,纵坐标表示黏度对数值,A 点纵坐标值表示旧沥青的黏度,B 点由目标黏度(其值根据路面结构、气候、交通量、交通性质等方面综合选择)和 R 决定,过 A 点和 B 点作直线 AB,与直线 $R=100$ 的交点即为 C 点,C 点所对应的纵坐标值即为新加沥青的黏度值,据此选择沥青等级,必要时可添加适当的再生剂调节黏度。

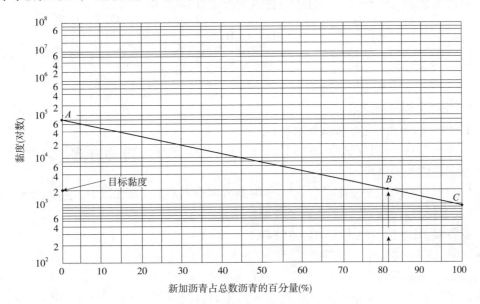

图 6-15 根据黏度确定新加沥青量

(6)确定最佳沥青用量

利用第 2 步的集料掺配比例选择不同的沥青用量(0.5%的间距),进行马歇尔试验或维

姆试验,确定最佳沥青用量。

(7)施工配合比的确定

由以上结果算出旧混合料用量、新加沥青和集料及再生剂的用量。

3.我国的配合比设计方法

目前我国各省份使用的设计方法虽在具体环节上有些差别,但大致思路基本一致。

(1)基础试验

掌握旧混合料的含油量、旧沥青的常规指标、旧集料的级配等几个基本数据。

(2)选定旧料掺配率

根据基础试验指标、路段交通量及再生混合料使用层位、旧料可供数量与拟定铺筑面积的需要量,先初定可供对照的比例,通过物理力学试验,最后选优确定。

(3)确定新集料级配

参照规范对沥青混合料的集料级配要求和旧集料级配来确定。

(4)确定外掺剂的用量

外掺剂(包括再生剂和新沥青)的选择视旧沥青的品质而定,确定掺量是以地区常用针入度为控制指标,通过掺配试验最后选定掺配比例。

(5)参照规范及地区经验

选择再生混合料油石比,经马歇尔稳定度试验最后确定最佳油石比。

(6)确定配合比

按上述各项设计,计算再生混合料所需的各种材料(数量、规格),为备料施工提供依据。

4.旧料与新料配合比例的确定

旧料的掺配率是旧料占整个再生混合料的重量百分率,即

$$P = \frac{G_0}{G_R} \times 100\% \tag{6-19}$$

式中:P——旧料掺配率(%);

G_0——再生混合料中旧料的重量;

G_R——再生混合料重量。

旧料掺配率的确定需考虑以下因素:

①旧料经过抽提、回收试验,取得旧沥青及集料的品质评价,根据沥青的老化程度、旧料的强度及旧料的级配确定。

②再生混合料的用途及质量要求。再生沥青混合料处于路面的结构层位、交通量的大小、要求混合料具有的品质等都是需要考虑的因素。

根据资料,日本旧料掺配率确定方法如下:

- 100%使用旧料,施工时不作任何级配调整,也不添加再生剂来调整旧油指标,仅为调整油量而添加一些新沥青,主要用于低交通道路路面、路面基层。
- 在级配调整可能的范围内尽可能多地使用旧料,旧料的掺配率可达70%~80%,同时为调整旧沥青性能加入低标号沥青材料,主要用于轻交通量道路。
- 旧料和新料的比例大致相当,约为40%~60%,混合料的级配经过认真调整,并且为调整旧沥青的黏度,掺加再生剂,或直接加入高针入度的沥青材料,用于中等道路面层。

● 旧料掺配率在20%～30%,新料占大部分。由于旧料用量少,不需要专门对再生混合料的沥青黏度加以调整,再生混合料的主要性能受新集料和新沥青材料的支配,可用于各种路面面层。

③经济因素。旧料掺配率过低,导致工程不经济,再生的优越性无法得以体现。从经济的角度来看应尽可能多地使用旧料。一般根据再生混合料性能要求和经济效益,在50%～70%的范围内选取旧料掺配率。

④施工条件。当采用间歇式拌和机拌制再生混合料时,新集料在干燥筒内加热,温度高达250℃,然后进入拌缸,加入旧料,旧料通过热传导吸收新集料的热量而升温。为保证再生混合料出料温度不致过低,必须限制旧料的掺配比例,一般不超过30%。而采用滚筒式拌和机拌制时,根据滚筒式拌和机改装的不同,旧料掺配比例为40%～80%。

七、再生工艺及路面施工

再生沥青路面施工,是将废旧路面材料经过适当加工处理,使之恢复路用性能,重新铺筑成沥青路面的过程。施工工艺水平的高低和施工质量的好坏,对再生路面的使用品质有很大影响,故施工是最为重要的环节。

一些欧美国家,再生沥青路面施工基本上都已实现了机械化,有的国家甚至已向全能型再生机械发展。由于机械设备条件的优越,再生路面的施工可以根据需要而采取各种不同的工艺和方法,如有应用红外线加热器将路面表层几厘米深度范围内加热,然后用翻松机翻松,重新整平压实的"表面再生法";有用翻松破碎机将旧路面翻松破碎,添加新沥青材料和砂石材料,再经拌和压实的"路拌再生法";有将旧路面材料运至沥青拌和厂,重新拌制成沥青混合料,再运至现场摊铺压实的"集中厂拌法"。

现在我国大多数地区尚缺乏大型的专用再生机械设备。近几年,有的单位研制了路面铣刨机、旧料破碎筛分机;有的单位设计安装了结构较为完善的再生沥青混合料拌和机械、再生机;还有的单位从国外引进全电脑控制的现代化再生沥青混合料拌和设备。再生沥青路面施工工艺水平正在逐步提高。国内外目前普遍使用的是厂拌工艺,以下为其一般步骤。

1.旧料的回收与加工

(1)旧路的翻挖

用于再生的旧料不能混入过多的非沥青混合料材料,故在翻挖和装运时应尽量排除杂物。翻挖面层的机械一般有刨路机、冷铣切机、风镐及在挖掘机上的液压钳,也有的是人工挖掘。路面翻挖是一项费工费时且必不可少的工序。

(2)旧料破碎与筛分

再生沥青混合料用的旧料粒径不能过大,否则再生剂掺入旧料内部较困难,影响混合料的再生效果。一般来说,轧碎的旧料粒径一般小于25mm,最大不超过35mm。破碎方法有人工破碎、机械破碎和加热分解等。目前使用的破碎机械有锤击式破碎机、颚式破碎机、滚筒式碎石机和二级破碎筛分机等。加热分解的方法有间接加热法(即混合料置于钢板上,在钢板下加热)、蒸汽加热分解和热水分解等。也有的单位将旧料铺放在地坪上,用履带拖拉机、三轮压路机碾碎,然后筛分备用。国外曾采用格栅式压路机破碎旧料,其压路机钢轮表面不是光面,而是做成格栅式,有助于减少旧料被压碎的可能。

2.再生沥青混合料的制备

(1)配料

旧料、新集料、新沥青及再生剂(如有需要)的配置方法视再生混合料的拌和方式不同而异。人工配料拌和的方法较为简单,这里不予介绍。采用机械配料拌和再生混合料,按拌和方式分为连续式和间歇分拌式两种。连续式是将旧料、新料由传送带连续不断地送入拌和筒内,与沥青材料混合后连续出料。间歇分拌式是将旧料、新料、新沥青经过称量后投入拌和缸内拌和成混合料。

(2)掺加再生剂

再生剂的添加方式有以下两种:

①在拌和前将再生剂喷洒在旧料上,拌和均匀,静置数小时至一两天,使再生剂渗入旧料中,将旧料软化。静置时间的长短,视旧料老化的程度和气温高低而定。

②在拌和混合料时,将再生剂喷入旧料中。先将旧料加热至70~100℃,然后将再生剂边喷洒在旧料上边加以拌和。接着将预先加热过的新料和旧料拌和,再加入新沥青材料,拌和至均匀。这种掺入方式由于再生剂先与热态的旧料混合,便于使用黏度较大的再生剂,简化了施工工序,所以被广泛采用。

(3)再生混合料的拌和

总的来说,拌和工艺按拌和机械来分主要有滚筒式拌和机和间歇式拌和机两大类。

现在滚筒式拌和机已成为欧美国家拌和再生混合料的最主要设备。美国目前约90%的拌和厂采用这种工艺。拌和过程中,旧料和新集料的干燥加热及添加沥青材料拌和两道工序同时在滚筒内进行。

间歇分拌式拌和机拌和,与一般生产全新沥青混合料作业相比,其不同之处在于新集料经过干燥筒加热后分批投入拌缸内,而旧料却不经过干燥筒加热,就按规定配合比直接加入拌和缸。在拌和缸内,旧料和新集料发生热交换,然后加入沥青材料或再生剂,继续拌和直至均匀后出料。该工艺的生产率和旧料掺配率都较低(一般在20%~30%范围内),其主要症结在于旧料未加热,温度太低。为此,有些单位采取将旧料预热的措施,其方式也因设备而异。由于拌和工艺对整个再生路面的质量影响最大,所以各国都十分重视工艺的改进和拌和机械的研制工作。

3.再生混合料的摊铺与压实

由于再生混合料摊铺前与普通沥青混合料的性能已基本相同,所以其摊铺与压实的过程与普通沥青混合料是基本一致的。要注意的是,在翻挖掉旧料的路面上摊铺混合料前,更应注意基层表面的修整处理工作。

以施工时材料的温度来分,沥青路面再生施工工艺可分为热法施工和冷法施工。以上所说的就是热法再生工艺。冷法再生与普通沥青混合料冷法施工工艺基本一致,所以这里不再赘述,但冷法再生的经验告诉我们,旧路面材料的充分破碎是保证再生路面表面致密均匀、成型快、质量好的关键技术。总的来说,由于经济和技术的原因,目前国内外普遍使用的还是热法再生。

第八节　彩色沥青路面

一、概述

长期以来,道路路面大多为黑色路面(沥青路面)和白色路面(水泥路面)两种。单调的色彩使其与周边环境的协调性较差,容易导致驾驶员的疲倦感,不利于营造舒适而安全的行车环境。同时,由于沥青路面和水泥混凝土路面极强的传热性也给城市带来了"热岛效应",城市道路白天积聚的热量夜晚难以消散,致使城市平均温度升高。

近年来,随着经济的发展和科学技术水平的不断提高,人们对道路与环境的协调性以及道路的安全性能有了更加深刻的认识,对道路的舒适性和安全性也有了更高的要求。彩色沥青路面作为一种新的道路铺面方式,逐渐得到广泛关注。交通与环境协调发展作为发展低碳经济的重要体现也受到国家和社会的重视。

彩色路面色彩丰富,打破了传统黑白两色单调的路面颜色,采用彩色铺面有警示交通、调节热岛效应、美化城市环境、展现城市风格,使城市建设更加人性化等功能,有效解决沥青路面和水泥混凝土路面带来的诸多问题,主要体现在以下几个方面:

①对环境的美化作用。作为城市现代化步伐中的一个重要标志,彩色路面能有效改善道路空间环境,与周围建筑更好地协调,有效美化都市环境,体现出城市的特色和风格,提升城市的形象,也能够满足人们对美感的深层次心理需求,使道路空间成为高质量的生活空间,如图6-16所示。

图6-16　城市彩色景观路

早在20世纪60年代,苏联道路科学研究院、哈尔科夫公路学院就已开始对彩色铺面进行研究,并在莫斯科、哈尔科夫、第比利斯、明斯克等城市铺筑了大面积的彩色路面。

日本对彩色铺面技术也有大量的研究,并且在道路、广场、公路等场所进行了铺设。如北九州市199号国道(街道段)将靠边的两侧车道铺成铁红色路面,作为专用车道;在神户市中心长田楠日尾线中间车道铺黄色的密级配彩色路面;水户市50号国道在弯道位置铺有黄色路面专供大型客车行驶。荷兰阿姆斯特丹、海牙等城市在人行道上设有1.0~1.5m宽的自行车道,自行道铺成铁红色沥青路面,不仅给骑车人以导向,而且成为城市的一道风景线。

在风景区、疗养区或公园,铺设各种色彩的路面和广场,与周围绿色草地、树木、花卉相映成趣,使景色更为宜人。瑞典哥德堡的里斯伯格的公共游乐场,铺设的红色和黄色地坪,使游乐场更加五彩缤纷。荷兰在拦海长堤上也使用了彩色铺面,使之成了美丽的景观。

②由于彩色路面色彩艳丽,能使人感觉轻松,减轻眼睛疲劳,改善整体行车环境(尤其是事故多发段),保障行车安全,图 6-17 为彩色路面在事故多发段的应用实例。

图 6-17　彩色路面在事故多发段应用

③彩色路面能有效缓解城市热岛效应,从而改善城市居住环境。

④彩色路面在满足路面最基本的使用功能同时,具有诱导交通的作用,如图 6-18 所示。

图 6-18　彩色路面诱导交通作用

在道路中铺筑不同色彩的路面在某种程度上比交通标志牌更好,它能够自然地给驾驶员以信号。研究认为,彩色路面可以通过特殊的色彩加强路面的可辨别性,划分不同性质的交通区间,对交通进行各种警示和诱导,以达到有效增加道路通行能力和避免交通事故的目的,从而进一步提高道路交通的舒适性和安全性,其效果在一定程度上比树立交通标志牌更好,更容易起到警示的作用。例如,在事故多发地段铺筑红色或橙黄色路面,可直观地提醒驾驶员注意,谨慎驾驶;在通往中小学校区域的道路上,铺筑铁红色路面,能提醒驾驶员减缓车速,为中小学生的安全提供保证。

二、彩色路面的种类

彩色路面根据选用的彩色来源和施工工艺不同,可以分为以下几种:

1. 普通沥青着色

将无机金属盐类颜料代替矿粉填入沥青或沥青混合料中,可以得到几种彩色沥青路面材料。例如将氧化铁(俗称铁红)加入沥青混合料中可以得到铁红色的沥青路面材料;加入氧化铬可以得到墨绿色沥青路面材料。采用这种着色方法得到的彩色沥青路面,由于沥青的黑色屏蔽作用,往往色调低、明度暗,通常需要利用缘石或栽植的映衬加以烘托才能得到较好的色彩效果。

2. 彩色集料压入式

热压式沥青混凝土可以在碾压时将装饰性彩色碎石嵌压在表面。热压式沥青混凝土重要特性之一是它的级配为间断级配,也就是说,粒径 2.36~9.5mm 集料含量很少,它是由砂、细的矿质填料和沥青组成的结合料中掺入 14~16mm 中粒径的彩色集料。在铺筑好沥青砂胶层之后,以彩色石料按照 $5kg/m^2$ 以上的用量代替部分普通石料,在沥青砂胶层仍保持足够温度时散布碾压,使石料部分嵌入沥青砂胶层内,即可形成彩色路面。彩色石料的用量决定了这种路面的彩度,近年来国外多用彩色的人工烧制陶粒来代替天然石料,使其色彩更为鲜明。英国是对这种铺面技术研究较多的一个国家,如英国伦敦白金汉宫前的林荫大道就是铺的该种彩色路面。

3. 普通沥青与彩色集料拌和式

当使用一般的沥青和彩色集料拌和时,所获得的颜色深度依赖于集料本身的颜色、集料上沥青膜的厚度、暴露在道路表面的黏结料被交通磨耗的速率。在普通及繁忙的道路上,集料本身的颜色很快就会显露出来,但在轻的交通地区集料本身的颜色需要较长时间才能暴露出来。

4. 彩色半柔性路面

彩色水泥灌浆沥青混凝土路面是半柔性路面的一种,施工时在浸透性水泥胶浆中掺入颜料进行着色,然后将彩色水泥胶浆灌入开级配沥青混合料的空隙中,经过养生后,即形成彩色水泥灌浆沥青路面。该种路面兼有普通半柔性路面的所有优点,但是,由于母体沥青混合料采用了普通黑色沥青,所以颜色效果往往不是很好。但如果在水泥胶浆中掺入黑色颜料,就可以得到完全黑色的半柔性路面,比传统的半柔性路面具有更好的视觉效果。

5. 彩色胶结料(彩色沥青)

彩色胶结料是一种新型的铺路材料,与沥青有着类似的性质,因此人们常将其称为彩色沥青。彩色沥青一般是由高分子聚合物、树脂、填充油和其他外加剂,经高温高速剪切所聚合而成。由于加入了高分子改性剂,在塑性方面有很大的提高,延性明显好于普通沥青;在环保方面,有效降低了黑色沥青中普遍存在的3-4苯丙衍生物等致癌物质,对环境无害。在制备彩色沥青时,可以根据道路不同使用功能的需要,配置成不同色彩。在石料选择方面,需选用与彩色沥青颜色相近的彩色石料,目前多采用花岗岩制成的彩色集料。使用该种技术铺设出来的彩色路面,色泽鲜明、坚固持久,因此现在绝大多数彩色路面是采用这种工艺制作的,具有很好的应用前景。

6. 乳化彩色沥青稀浆封层

彩色稀浆封层技术是近年来在欧洲应用的一种彩色路面施工新技术,是彩色沥青与稀浆封层技术的结合。采用改性乳化树脂作为黏结料,集料采用彩色碎石,配以颜料及添加剂,使用稀浆封层机进行施工,摊铺厚度一般为4~6mm。该技术属于薄层罩面,可以直接在原有路面进行施工,无须对原有路面进行铣刨等前期处理。彩色稀浆封层用途宽广,可广泛应用于人行道路、非机动车道、广场地坪、公园或小区道路以及风景旅游区道路等,其成本远低于彩色沥青混凝土,为城市景观道路色彩化的大面积推广提供了切实可行的途径。

7. 彩色抗滑磨耗层

彩色抗滑路面是一种树脂基防滑路面,是将特殊配方的树脂基黏结剂和各种不同规格的骨料,以精确的数量涂敷于路面表层。此种路面不仅对景观美化和道路安全方面有着明显的改进,同时因其面层耐磨耗,可以延长路面寿命。

三、胶结料的配制

起初,人们试图用彩色石料和沥青来铺设彩色路面,但这种路面铺筑后仍然是黑色的,只是随着行车的磨耗,石子的颜色才慢慢显示出来,不过其色彩暗淡。后来有人直接将颜料加入沥青混合料中拌和,用以铺筑路面。由于沥青黑色的屏蔽作用,颜料的色彩显示不出来。因此,人们认识到铺筑彩色路面必须使用浅色胶结料,或者称之为无色胶结料,也有称无色沥青。

天然的浅色胶结料仅秘鲁有少量生产。将黑色沥青加以脱色来获得浅色沥青是一种理论上可行方法。但将沥青中占5%~15%的沥青质脱掉,在技术上比较困难,即使可行,成本将非常高。

作为理想的彩色铺面胶结料,不仅色泽应该是浅色的,而且其黏接性、工艺性都应与沥青基本相同。人工配制浅色胶结料是很好的途径,但必须在色泽性、黏结性、工艺性等方面满足要求。

苏联曾采用浅色树脂与增塑剂调配成浅色胶结料,同时,为提高其抗裂性和弹性,还加入少量的弹性材料,配成针入度为230(0.1mm)、延度大于100cm的胶结料。他们用这种胶结料在明斯克、加里宁市等地铺筑过黄色、绿色、咖啡色等彩色路面。

日本研制了具有不同黏度和不同色彩的系列胶结料,在品种上有热塑性和热固性两种类型。日本进化戊株式会社研制的浅色胶结料CS-SS,其性能见表6-67。

国外浅色胶结料的性质 表 6-67

技 术 指 标	日本进化戊株式会社	壳牌 Mexphalte C	
	CS-SS	60/70	60/100
针入度(25℃)(0.1mm)	80~120(150)	66	81
软化点(℃)	40~50	45	46
延度(cm)	>100(15℃)	50(13℃)	100(13℃)
黏度(60℃)(Pa·s)	—	69	51
针入度指数	—	—	-1.1
弗拉斯脆点(℃)	<-5	-12	-11
闪点(℃)	>240	275	275
密度(g/cm³)	0.95	—	—
薄膜烘箱试验			
质量损失(%)	<1.5	0.6	0.66
针入度比(%)	>65	76	81
黏度比(%)	—	1.4	1.3

奥地利壳牌石油公司开发的一种浅色胶结料是由几种材料配合而成的。由于不含沥青质,故可染成各种颜色,并且具有与石油沥青相似的流变性质和力学性质,但在同样的温度下,它的黏度比沥青低,等黏度温度比普通沥青约低15℃左右。瑞典哥德堡公共游乐场就是用这种胶结料铺筑了开级配的彩色碎石路面,其色彩有红色、黄色等颜色。壳牌石油公司的浅色胶结料的商品名称为 SHELL Mexphalte C,分为 60/70 和 80/100 两种标号,其主要技术指标见表 6-67。由表中指标可见,彩色路面的胶结料其性能基本与沥青相似,但与道路沥青还是有所区别。

国外进口的胶结料价格较高,因而限制了彩色铺面在我国的应用。近年,我国已对彩色铺面用胶结料进行了研究和开发。同济大学研制的 JSE 胶结料技术性能列于表 6-68。根据当地的气候条件和道路的交通性质,JSE 胶结料通过调整材料的配比,可配制成适当稠度和性能,所研制的浅色胶结料与日本和壳牌公司的浅色胶结料性能基本相近。

JSE 胶结料的性能 表 6-68

技 术 指 标	技 术 性 能	
	JSE-1	JSE-2
针入度(25℃)(0.1mm)	110~120	75~85
软化点(℃)	47~48	50~51
延度(15℃)(cm)	80~100	80~100
闪点(℃)	230	230
密度(g/cm³)	1.02	1.02

续上表

技 术 指 标	技 术 性 能	
	JSE-1	JSE-2
薄膜烘箱试验		
质量损失(%)	2.5	2.1
针入度比(%)	55	55
延度(15℃)(cm)	80~100	80~100

四、彩色混合料的材料组成

1.集料

配制彩色混合料的集料,其色泽最好与所配制的混合料色彩相近,这样,当碎石颗粒表面的沥青膜磨去以后,仍能显示出原来的色彩。某些岩石有特定的颜色,但有的岩石由于其矿物成分的差异,会显示出几种不同的色彩。表6-69是几种岩石的色彩。

岩石的色彩　　　　　　表6-69

岩石种类	色 彩
花岗岩	红色,粉红色,灰色
安山岩	淡红色,浅绿色,黑色
辉绿岩	淡暗绿色
石灰岩	灰白色、粉红色、灰黑色
大理石	白色
铁质砂岩	暗黄色

当采购彩色碎石料有困难时,应采用浅色或淡色的碎石和石屑,不能使用黑色或深灰色的碎石料,因为黑色或深灰色的碎石料会影响路面的色彩。

(1)粗集料

粗集料技术要求应满足表6-70的规定。天然石料作为粗集料时应选用表面清洁、干燥、无风化、无杂质、富有棱角、质地坚硬、颗粒成立方体而少针片形的彩色碎石。宜使用反击式石料破碎机械加工,颜色宜与路面设计色彩接近。人造彩色陶粒作为粗集料时应选用单粒径、颗粒均匀且接近立方体、着色均匀且与路面设计色彩接近的产品。

粗集料技术要求　　　　　　表6-70

指 标	单位	机动车道	非机动车道	试验方法
压碎值	%	≤26	≤30	T 0316
洛杉矶磨耗值	%	≤28	≤35	T 0317
表观相对密度		≥2.6	≥2.45	T 0304

续上表

指 标	单位	机动车道	非机动车道	试验方法
与彩色沥青的黏附性	级	≥5	≥4	T 0616
吸水率	%	≤2.0	≤3.0	T 0304
针片状颗粒含量（混合料）	%	≤15	≤20	T 0312
0.075mm 通过率（水洗法）	%	≤1.0	≤1.0	T 0310
软石含量	%	≤3	≤5	T 0320
坚固性	%	≤12	—	T 0314
磨光值	BPN	≥42	—	T 0321

注：表中试验方法 T 0616 按规行行业标准《公路工程沥青及沥青混合料试验规程》（JTG E20）的规定执行，其余按现行行业标准《公路工程集料试验规程》（JTG E42）的规定执行。

天然石料作为粗集料，粒径规格应按表 6-71 的规定生产和使用。

粗集料规格　　　　表 6-71

公称粒径(mm)	通过下列筛孔(mm)的质量百分率(%)					
	19.0	13.2	9.5	4.75	2.36	0.6
10~15	100	90~100	0~15	0~5		
5~10		100	90~100	0~15	0~5	
3~5			100	90~100	0~15	0~3

（2）细集料

细集料技术要求应满足表 6-72 的规定。天然石料作为细集料时宜采用彩色机制砂，应洁净、干燥、无风化、无杂质，有适当的颗粒级配，与路面设计色彩接近，并且与彩色沥青和颜料有良好的黏结力。人造彩色陶粒作为细集料时应选用颗粒均匀、着色均匀且与路面设计色彩接近的产品。

细集料技术要求　　　　表 6-72

指 标	单位	机动车道	非机动车道	试验方法[①]
表观相对密度	—	≥2.5	≥2.45	T 0328
坚固性	%	≤12	—	T 0340
含泥量（<0.075mm 的含量）	%	≤3	≤5	T 0333
砂当量[②]	%	≥60	≥50	T 0334
亚甲蓝值	g/kg	≤10	—	T 0349
棱角性（流动时间）	s	≥30	—	T 0345

注：①表中试验方法按现行行业标准《公路工程集料试验规程》（JTG E42）的规定执行。
　　②彩色微表处用细集料砂当量不小于 65%。

天然石料作为细集料的粒径规格应按表 6-73 的规定生产和使用。

细 集 料 规 格 表 6-73

公称粒径(mm)	通过下列筛孔(mm)的质量百分率(%)						
	4.75	2.36	1.18	0.6	0.3	0.15	0.075
0~3	100	80~100	50~80	25~60	8~45	0~25	0~10

彩色机制砂应采用专用的制砂机制造,宜选用优质的彩色天然石料成品粗集料生产加工。彩色机制砂储存时宜搭建防雨棚。

(3)填料

彩色沥青混合料中颜料应作为填料使用,不足部分的填料应采用石灰岩等憎水性石料经磨细得到的矿粉。矿粉必须存放于室内,应洁净、干燥、不结团,并且与彩色沥青有较好的黏结性,矿粉技术要求应满足表6-74的规定。

矿 粉 技 术 要 求 表 6-74

项 目	单位	高速公路、一级公路	试 验 方 法
表观密度	g/m³	≥2.5	T 0352
含水量	%	≤1	T 0103 烘干法
级配范围 <0.6mm <0.15mm <0.075mm	% % %	100 90~100 75~100	T 0351
外观	—	无团粒结块	—
亲水系数	—	<1	T 0353
塑性指数	%	<4	T 0354
加热安全性	—	实测记录	T 0355

注:表中试验方法按现行行业标准《公路工程集料试验规程》(JTG E42)的规定执行。

拌和彩色沥青混合料时不得使用回收粉尘作为填料。

彩色微表处所用的水泥、消石灰等填料,技术要求应符合现行行业标准《城镇道路工程施工与质量验收规范》(CJJ 1)的有关规定。

2.结合料

彩色沥青的适用范围应符合表6-75的规定。

彩色沥青适用范围 表 6-75

彩 色 沥 青		适 用 范 围
普通彩色沥青	非机动车道	各级城市道路及其他公共设施铺面工程非机动车道的彩色沥青混凝土路面
	机动车道	各级城市道路及其他公共设施铺面工程机动车道的彩色沥青混凝土路面
特种彩色沥青		城市道路交叉口、城市快速路及主干道、桥面铺装等彩色沥青混凝土路面及彩色开级配沥青磨耗层
彩色乳化沥青		彩色微表处、黏层油

普通彩色沥青的技术要求应符合表 6-76 的规定。

普通彩色沥青技术要求　　　　　　　　　　　　　　　　　表 6-76

指　标		单位	沥　青　标　号			试　验　方　法
			50 号	70 号	90 号	
针入度(25℃,5s,100g)		0.1mm	40~60	60~80	80~100	T 0604
软化点(R&B)	非机动车道	℃	≥49	≥46	≥45	T 0606
	机动车道		≥55	≥54	≥52	
延度	15℃	cm	≥100			T 0605
	10℃		≥15	≥25	≥45	
闪点		℃	≥250	≥240	≥230	T 0611
60℃动力黏度	非机动车道	Pa·s	≥180	≥160	≥140	T 0620
	机动车道		≥220	≥200	≥180	
135℃运动黏度		Pa·s	≤3			T 0625/T 0619
颜色等级(铁钴法)		档	≤17			GB/T 1722
密度(15℃)		g/cm³	实测记录			T 0603
TFOT(或 RTFOT)后残留物	质量变化	%	≤±1.2			T 0610 或 T 0609
	残留针入度比	%	≥63	≥61	≥57	T 0604
	残留延度(15℃)	cm	≥10	≥15	≥20	T 0605
	残留延度(10℃) 非机动车道	cm	≥2	≥4	≥6	
	残留延度(10℃) 机动车道	cm	≥4	≥6	≥8	
	颜色	—	无明显变化			GB/T 1722

注：表中试验方法，除《清漆、清油及稀释料颜色测定法》(GB/T 1722)外，按现行行业标准《公路工程沥青及沥青混合料试验规程》(JTG E20)的规定执行。

特种彩色沥青的技术要求应符合表 6-77 的规定。

特种彩色沥青技术要求　　　　　　　　　　　　　　　　　表 6-77

指　标	单位	技术要求	试　验　方　法
针入度(25℃,5s,100g)	0.1mm	30~60	T 0604
软化点(R&B)	℃	≥80	T 0606
延度 5℃(5cm/min)	cm	≥20	T 0605
闪点	℃	≥260	T 0611
60℃动力黏度	Pa·s	≥20000	T 0620
135℃运动黏度	Pa·s	≤3	T 0625/T 0619
弹性恢复 25℃	%	≥75	T 0662
颜色等级(铁钴法)	档	≤17	GB/T 1722
储存稳定性离析,48h 软化点差	℃	≤2.5	T 0661

续上表

指标		单位	技术要求	试验方法
TFOT(或 RTFOT)后残留物	质量变化	%	≤±1.2	T 0610 或 T 0609
	针入度比	%	≥65	T 0604
	残留延度(5℃)	cm	≥15	T 0605
	颜色	—	无明显变化	GB/T 1722

注：表中试验方法，除《清漆、清油及稀释料颜色测定法》(GB/T 1722)外，按现行行业标准《公路工程沥青及沥青混合料试验规程》(JTG E20)的规定执行。

彩色乳化沥青的技术要求应符合表6-78的规定。

彩色乳化沥青技术要求　　　　　　表6-78

试验项目		单位	技术要求(BCR)	试验方法
破乳速度		—	慢裂	T 0658
电荷性质		—	(阳离子)正电荷	T 0653
筛上剩余量(1.18mm筛)		%	≤0.1	T 0652
颜色等级(铁钴法)		档	≤15	GB/T 1722
黏度	恩格拉黏度 E_{25}	—	3~30	T 0622
	沥青标准黏度 $C_{25.3}$	s	12~60	T 0621
蒸发残留物	含量	%	≥60	T 0651
	针入度(25℃,5s,100g)	0.1mm	40~100	T 0604
	软化点	℃	≥55	T 0606
	延度(5℃)	cm	≥20	T 0605
储存稳定性	1d	%	≤1	T 0655
	5d	%	≤5	

注：表中试验方法，除《清漆、清油及稀释料颜色测定法》(GB/T 1722)外，按现行行业标准《公路工程沥青及沥青混合料试验规程》(JTG E20)的规定执行。

3.颜料

道路路面或广场铺面的颜色多数采用铁红色、橘红色、绿色等。许多铁系颜料的价格较低，但色彩不如铬系颜料鲜艳，对此需要进行认真比较和选择。

彩色沥青混凝土路面用颜料应在长期日光照射下不易褪色、不分解，不溶于水，易于在彩色沥青胶结料中分散，施工温度范围内不反应，具有优良的耐候性。

彩色沥青路面用颜料宜选用无机颜料，其技术要求应符合表6-79的规定。

颜料技术要求　　　　　　表6-79

指标	单位	技术要求	试验方法
外观	—	粉末	—
色光	—	近似~微似	—
水溶物含量	%	≤1.0	GB/T 5211.1

续上表

指 标	单位	技术要求	试验方法
着色率	—	98~102	GB/T 5211.19
吸油量	%	≤22	GB/T 5211.15
筛余量(0.075mm 筛孔)	%	≤0.1	—
耐光性	级	≥7	GB/T 1710

五、彩色混合料配合比设计和施工工艺

彩色混合料用于铺面表层，对于铺筑于车行道的彩色混合料，其级配可采用热拌沥青混合料中的 AC-10 或 AC-13；铺筑于人行道、广场，可采用 AC-5 或 AC-10。

彩色沥青混合料类型应符合表 6-80 的规定。非机动车道路面混合料宜选择 5 型或 10 型彩色密级配沥青混合料、10 型彩色开级配沥青磨耗层混合料等。机动车道路面混合料宜选择 13 型彩色密级配沥青混合料、13 型彩色开级配沥青磨耗层混合料等。

彩色沥青混合料类型　　表 6-80

沥青混合料类型	公称最大粒径(mm)	级配类型与设计空隙率(%)	
		密级配	开级配
		3~5	18~25
砂粒式	4.75	CAC-5	—
细粒式	9.5	CAC-10	COGFC-10
	13.2	CAC-13	COGFC-13

混合料设计应符合下列规定：彩色沥青混合料的矿料级配范围应符合表 6-81 的规定。彩色密级配沥青混合料粗型、细型级配关键性筛孔尺寸以及在该筛孔上通过的质量百分率应符合现行的行业标准《城镇道路路面设计规范》(CJJ 169)的有关规定。

彩色沥青混合料的矿料级配范围　　表 6-81

级配类型	通过下列筛孔(mm)的质量百分率(%)									
	16	13.2	9.5	4.75	2.36	1.18	0.6	0.3	0.15	0.075
CAC-5			100	90~100	55~75	35~55	20~40	12~28	7~18	5~10
CAC-10		100	90~100	45~65	35~50	22~40	13~30	9~23	6~15	4~8
CAC-13	100	90~100	70~80	43~55	28~45	15~35	10~28	7~20	5~15	4~8
COGFC-10		100	90~100	50~70	10~22	6~18	4~15	3~12	3~8	2~6
COGFC-13	100	90~100	60~80	12~30	10~22	6~18	4~15	3~12	3~8	2~6

彩色沥青混合料设计宜采用马歇尔试验法；机动车道可使用旋转压实剪切实验机(GTM)和夏普沥青混合料配合比设计法(Superpave)，但必须使用马歇尔试验进行配合比验证。

彩色密级配沥青混合料马歇尔试验技术要求应符合表 6-82 的规定。彩色开级配沥青磨耗层混合料马歇尔试验技术要求应符合表 6-83 的规定。

CAC 混合料马歇尔试验技术要求　　　　表 6-82

指　　标	单位	机动车道	非机动车道	检验方法
击实次数(双面)	次	75	50	T 0702
试件尺寸	mm	\$\phi\$101.6×63.5		
空隙率 VV	%	3~5	3~6	T 0708
稳定度 MS	kN	≥8	≥3	T 0709
流值 FL	mm	1.5~4	2~5	
沥青饱和度 VFA	%	65~75	70~85	
矿料间隙率 VMA	公称最大粒径 mm	16	13.2	9.5	4.75	T 0708
	%	≥13.5	≥14	≥15	≥17	

注:表中试验方法按现行行业标准《公路工程集料试验规程》(JTG E42)的规定执行。

COGFC 混合料马歇尔试验技术要求　　　　表 6-83

指　　标	单位	技术要求	检验方法
击实次数(双面)	次	50	T 0702
马歇尔试件尺寸	mm	ϕ101.6×63.5	
空隙率 VV	%	18~25	T 0708
稳定度 MS	kN	≥3.5	T 0709
析漏损失	%	<0.3	T 0732
肯塔堡飞散损失	%	<15	T 0733

注:表中试验方法按现行行业标准《公路工程集料试验规程》(JTG E42)的规定执行。

对于城市快速路、主干路、交叉口及公交车停靠路段的机动车道,宜选用 13 型彩色密级配沥青混合料或彩色开级配沥青磨耗层混合料,其性能技术要求应符合下列规定:

①高温性能应采用车辙试验的动稳定度评价,并应符合表 6-84 的规定。

彩色沥青混合料车辙试验动稳定度技术要求　　　　表 6-84

混合料类型		动稳定度(次/mm)	检验方法
CAC 混合料	普通彩色沥青	≥1000	JTG E20
	特种彩色沥青	≥3000	
COGFC 混合料		≥3000	

②彩色密级配沥青混合料的水稳定性应采用浸水马歇尔试验和冻融劈裂试验检验,并应符合表 6-85 的规定。当达不到要求时,应采取抗剥落措施,重新进行试验,直到满足要求。

彩色沥青混合料水稳定性检验技术要求　　　　表 6-85

混合料类型		技术要求		检验方法
		浸水马歇尔试验残留稳定度(%)	冻融劈裂试验残留强度比(%)	
CAC 混合料	普通彩色沥青	≥80	≥75	JTG E20
	特种彩色沥青	≥85	≥80	

③应对彩色密级配沥青混合料进行低温抗裂性能检验,并符合表6-86的规定。

彩色沥青混合料低温抗裂性能技术要求　　　　表6-86

混合料类型		极限破坏应变($\mu\varepsilon$)	检验方法
CAC混合料	普通彩色沥青	≥2600	JTG E20
	特种彩色沥青	≥3000	

彩色沥青混合料各阶段配合比设计应按现行行业标准《城镇道路工程施工与质量验收规范》(CJJ 1)的规定进行。填料用量应为矿粉和颜料的总和,颜料的加入量应根据路面色彩设计情况通过色彩配制确定,用量宜为彩色沥青混合料重量的1%~3%,色彩配制方法应符合《城市道路彩色沥青混凝土路面技术规程》(CJJ/T 218-2014)附录A的规定。

第九节　沥青路面养护与管理

一、概述

路面建成通车后,要经历很长的使用过程,而在这段时间内,为保证路面的行驶功能保持通车,必须进行必要的养护和管理工作。路面建设时间一般不超过3年,如果路面结构能够按设计使用年限正常发挥作用,养护与管理工作要长达10~20年,甚至更长。所以,养护管理工作是公路工程中一项重要工作。

在路面建成后早期,路面状况良好,随时间增长,病害逐渐出现,并呈加速发展的趋势。早期养护工作主要是以日常养护工作为主,而病害发展到一定阶段或路面结构承载能力下降到一定程度后,就要考虑采取大中修手段来恢复路面的行驶功能。

日常养护主要指路面清扫、维持排水系统运行(如边沟清理)、局部路基加固与砌护、绿化物维护、标志标线等路面结构辅助设施相关工作及路面局部病害修补工作等。这些工作都在路面结构仍具有较高强度、稳定性与较好的行驶性能,可继续承担车辆荷载的情况下进行。大中修特指路面病害进入迅速发展阶段、行驶性能降低或路面结构已丧失承载能力、达到设计标准轴载累计作用次数的情况下,为防止路面病害的进一步发展、提升路面表面行驶性能、提高结构承载能力进行的铣刨(或移除)、加铺(包括补强)、重建等工程措施。养护工作性质根据路面病害、行驶性能及承载能力状况来确定,所以在决定养护对策前,重要的前期工作是确定路面目前状况,从以上三个方面界定养护的工作内容和程度,决定养护对策。

路面管理工作的主要目标是了解路面各阶段的行驶性能、强度、病害、交通需求等方面的情况,为养护工作的决策服务。通过资料收集与现场数据采集,管理系统可为路面养护决策提供第一手资料,并帮助工程技术人员确定养护工作的轻重缓急和工作顺序,为有限的养护资金的合理利用打下基础。在这些基本功能的基础上,路面管理系统可以对未来的病害发展趋势、养护费用增长趋势、剩余使用寿命等做出预测,为把握养护工作的正确时机提供支持。

二、沥青路面主要病害及防治

1.沥青路面的破坏分类

路面的破坏大体上可分为两类:一类是结构性破坏,它是路面结构的整体或其某一个或

沥青路面材料

几个组成部分的破坏,严重时已不能承受车辆的荷载;另一类是功能性破坏,如由于路面的不平整,使其不再具有预期的功能。这两类破坏不一定同时发生,但都是逐渐积累起来的。对于功能性破坏,可以通过修整、养护来恢复路面的平整性,以满足行车使用要求。但对结构性破坏,一般均需进行彻底的翻修。

如果沥青路面所用的矿料质软和粒径规格不符合要求,会由于强度不足和劈裂作用使矿料压碎导致路面破坏。夏季高温时,沥青材料黏滞度降低,在荷载作用下,可能使路面表面泛油,也可能沥青材料与矿料一起被挤动而引起面层车辙、推挤、波浪等变形破坏;在冬季低温下,沥青材料会由于收缩作用而产生脆裂破坏。在水分和温度作用下,沥青材料与矿料间的黏结力降低,沥青面层出现松散、剥落等破坏。

2.沥青路面的病害种类与防治

沥青路面各种病害的成因比较复杂,由于环境、地点、气候条件的不同,病害的情况不一。现介绍沥青路面的几种主要病害与防治方法。

(1)泛油

泛油大多是由于混合料中沥青用量偏多、沥青稠度过低等原因引起,但有时也可能由于低温季节施工,表面嵌缝料散失过多,待气温变暖之后,在行车作用下矿料下挤,沥青上泛,表面形成油层而引起泛油。沥青表面处治和沥青贯入式路面最易产生此类病害。可以根据泛油的轻重程度,采取铺撒较粗粒径的矿料予以处治。

(2)波浪

波浪是路面上形成有规则的低洼和凸起变形。波浪的产生,主要是由于沥青洒布不均形成油垄,沥青多处矿料厚,沥青少处矿料薄,再经过行车不断撞击而造成高低不平。交叉口、停车站、陡坡路段等行车水平力作用较大的地方,最易产生波浪变形。波浪变形处治较为困难,轻微的波浪可在热季采用强行压平的方法处治,严重的波浪则需用热拌沥青混合料填平。

(3)拥包

在行车水平力作用下,沥青面层材料的抗剪强度不足则易产生推挤拥包。这类病害大多是由于所用的沥青稠度偏低,用量偏多,或因混合料中矿料级配不好,细料偏多而产生。此外,面层较薄,以及面层与基层的黏结较差,也易产生推挤、拥包。这种病害一般只能采取铲平的办法来处治。

(4)滑溜

沥青路面滑溜主要是由于行车作用造成,矿料磨光,沥青面层中多余的沥青在行车荷载重复作用下泛油,也易形成表面滑溜。这类病害通常采用加铺防滑封层来处治。

(5)裂缝

沥青路面裂缝的形式有纵向裂缝、横向裂缝、龟裂与网裂几种。

沥青路面沿路线纵向产生开裂的原因,一种是因填土未压实,路基产生不均匀沉陷或冻胀作用所造成;另一种是沥青混合料摊铺时间过长,或接缝处理不当,接缝处压实未达到要求,在行车作用下形成纵向裂缝。

冬季气温下降,沥青路面或基层收缩而形成的裂缝,一般为与道路中线垂直的横缝。土基干缩或冻缩产生的裂缝,亦以横缝居多。

路面整体强度不足,沥青面层老化,往往形成闭合图形的龟裂、网裂。对较小的纵缝和横缝,一般用灌入热沥青材料加以封闭处理。对较大的裂缝,则用填塞沥青石屑混合料方法处理。对于大面积的龟裂、网裂,通常采用加铺封层或沥青表面处治;网裂、龟裂严重的路段,则应进行补强或彻底翻修。

(6)坑槽

沥青路面产生坑槽的原因是面层的网裂、龟裂未及时养护而逐渐形成坑槽。基层局部强度不足,在行车作用下也易产生坑槽。坑槽处治的方法是将坑槽范围挖成矩形,槽壁应垂直,在四周涂刷热沥青后,从基层到面层用与原结构相同的材料填补,并予夯实。

(7)松散

松散大多发生在沥青路面使用的初期。松散的原因是采用的沥青稠度偏低,黏结力差,用量偏少;或所用的矿料过湿、铺撒不匀;或所有嵌缝料不合规格而未能被沥青粘牢。基层湿软,则应清除松散的沥青面层后重新压实,待基层干燥后再铺面层。

(8)啃边

在行车作用和自然因素影响下,沥青路面边缘不断缺损,参差不齐,路面宽度减小,这种现象称为啃边。产生的原因是路面过窄,行车压到路面边缘而造成缺损;边缘强度不足、路肩太高或太低、雨水冲刷路面边缘都会造成啃边。对啃边病害的处置方法是设置路缘石、加宽路面、加固路肩。有条件时设法加宽路面基层到面层宽度外 20~30cm。

3. 旧沥青路面再生利用

为了节约能源、减少环境污染、少占堆放废旧料用地和降低路面造价,近年来,许多国家都非常重视旧沥青路面的再生利用。旧沥青路面再生利用就是将旧沥青路面材料经过回收、破碎、加热、掺配新料和再生剂、拌和等处理后,恢复原有沥青路面材料的性能。然后在路面中再次使用。旧沥青路面再生利用方法,按再生材料制备场所的不同分为厂拌法和路拌法两种;按再生材料的用途可分为铺筑面层或基层;按再生材料加热情况又分为冷拌和热拌两类。

三、路面功能及其评价

路面结构在汽车和自然因素的反复作用下,其使用性能会发生改变,由此路面结构逐渐出现破坏,最终不能满足使用性能。在路面使用过程中,必须采取相应的养护、补强和改建措施,使路面的使用性能得到部分恢复,甚至提高。

为了了解和掌握路面使用性能的变化情况,以便及时采取各种养护和改建措施,延缓其衰变或恢复其性能,必须定期对路面的使用性能进行评定。路面使用性能包括功能、结构和安全三方面。路面结构是指路面的物理状况,包括路面损坏状况和结构承载能力。路面安全是指路面的抗滑能力。功能和安全方面的使用性能是道路使用者所关心的,道路管理部门更注重结构方面的使用性能。路面使用性能的三个方面既有区别又有一定的联系,路面使用品质及路况的评定就是确定路面结构现时使用性能。

四、路面破损状况评价

路面结构的损坏状况,反映了路面结构在行车和自然因素作用下保持完整性或完好的程度。新建或改建的路面,都需采取日常养护措施进行保养,以延缓路面损坏的出现;而在路面结构出现损坏后,应及时采取相应的维修措施以减缓损坏的发展速度;当路面损坏状况恶化到一定限度后,便须采取改建或重建措施以恢复或提高其结构完好程度。因而,路面结构损坏的发生和发展同路面养护和改建工作密切相关。

路面结构出现损坏,会在不同程度上影响路面的平整度。因而,平整度指标可在一定程度上反映路面的损坏状况。平整度的好坏还同路面施工质量等因素有关,并且主要反映道路使用者的要求和利益。因此,路面结构损坏状况为道路管理部门所关注,并据此鉴别需进行养护和改建的路段和选择宜采取的措施。

路面结构的损坏状况,须从三方面进行描述:损坏类型、损坏严重程度、出现损坏的范围或密度。综合这三方面,才能对路面结构的损坏状况做出全面的估计。

1. 损坏类型

路面出现损坏的原因是多方面的(荷载、环境、施工、养护等),结构损坏所表现出的形态和特征也是多种多样的。各种损坏对路面结构完好程度和路面使用性能有不同程度的影响,须相应采取不同的养护或改建对策。因此,进行路面结构损坏状况调查前,要依据损坏的形态、特征和肇因,对损坏进行分类,并对每一类损坏明确定义。

路面的主要损坏类型,可按损坏模式和影响程度的不同分为四大类:

(1) 裂缝或断裂类,路面结构的整体性因裂缝或断裂而受到破坏。

(2) 永久变形类,路面结构虽仍保持整体性,但形状在各种因素的作用下产生较大的变化。

(3) 表面损坏类,路面表层部分出现局部缺陷,如材料的散失或磨损等。

(4) 接缝损坏类,水泥混凝土接缝及其邻近范围出现的局部损坏。

2. 损坏分级

各种路面损坏都有产生和发展的过程。在这个过程中,不同阶段的损坏,对于路面使用性能有不同程度的影响。例如,水泥混凝土路面裂缝初现时,缝隙细微,边缘处材料完整,因而对行车舒适性的影响极小,裂缝间也尚有较高的传荷能力;发展到后期,缝隙变得很宽,边缘处严重碎裂,行车出现较大颠簸,裂缝间已几乎无传荷能力。为了区别同一种损坏对路面使用性能的不同影响程度,对各种损坏须按其影响的严重程度划分为几个等级(一般2~3个)。

对于断裂或裂缝类损坏,分级时主要考虑对结构整体性影响的程度,可采用缝隙宽度、边缘碎裂程度、裂缝发展情况等指标表征。对于变形类损坏,主要考虑对行车舒适性的影响程度,可采用平整度作为指标进行分级。对于表面损坏类,往往不分级。具体指标和分级标准,可根据各地区的特点和其他考虑,经过调查分析后确定。损坏严重程度分级的调查,往往通过目测进行。为了使不同调查人员得到大致相同的判别,对分级的标准要有明确的定义和规定。

各种损坏出现的范围,对于沥青路面和砂石路面,通常按面积、长度或条数量测,除以被调查子路段的面积或长度后,以损坏密度计(以%或Σ条数/子路段长表示);对于水泥混凝土路面,则调查出现该种损坏的板块数,以损坏板块数占该子路段总板块数的百分率计。

3.损坏调查

损坏调查通常由2人调查小组沿线通过目测进行。调查人员鉴别调查路段上出现的损坏类型和严重程度并丈量损坏范围后,记录在调查表格上。同一个调查路段上如出现多种损坏或多种严重程度,应分别计量和记录。

目测调查很费时。如果调查的目的不是为了确定养护对策和编制养护计划,则可采用抽样调查的方法,不必对整个路网的每一延米的各种损坏都进行调查。通常,可采取每1000m抽取其中100m长的路段代表该千米的方法,但每次调查都要在同一路段上进行,以减少调查结果的变异性,保证各次调查结果的可比性。

4.损坏状况评价

每个路段的路面可能出现各种不同类型、严重程度和范围的损坏。为了使各路段的损坏状况或程度可以进行定量比较,需采用一项综合评价指标,把这三方面的状况和影响综合起来。通常采用扣分法,选择一项损坏状况度量指标,例如路面状况指数PCI,以百分制或十分制计量。对于不同的损坏类型、严重程度和范围规定不同的扣分值,按路段的损坏状况累计其扣分值后,以剩余的数值表征或评价路面结构的完好程度。

各种损坏类型和严重程度对路面完好程度及其衰变速率有不同程度的影响,对路面使用要求的满足程度有不同影响,对养护和改建措施有不同的需要,其间很难建立明确的定量关系。因而,只能采用主客观相结合的方法(类似于行驶质量评价中采用的方法),确定不同损坏类型、严重程度和范围的扣分值。

首先制定统一的分级和评分标准表。例如,将路面状况划分为优、良、中、次、差5个等级,采用百分制,为每一等级规定相应的级差范围和相应的养护对策类型。

选择一些仅具有单一损坏类型的路段,组织由道路管理部门人员组成的评分小组,按上述评价标准对路段进行评分。整理这些评分结果,可以为每种损坏类型确定扣分曲线或扣分表。

路段上有时常出现几种损坏类型或严重程度等级。如果分别按单项扣分值累加得到多种损坏(或严重程度)路段的扣分值,则有时会出现超过初始评分值的情况,或者超过对多种损坏路段进行评分的结果。为此,对多种损坏的情况需进行修正。利用评分小组对多种损坏路段的评分结果和各项单项扣分值,经过多次反复试算和调整,可得到多种损坏时的修正(权)函数 W_{ij}。

五、路面结构承载能力评价

路面结构承载能力是指路面在达到预定的损坏状况之前还能承受的行车荷载作用次数,或者还能使用的年限。

路面结构的承载能力同损坏状况有着内在联系。在使用过程中,路面的承载能力逐渐下降,与此同时损坏逐步发展。承载能力低的路面结构,其损坏的发展速度迅速;承载能力接近临界状态时,路面的损坏达严重状态,此时必须采取改建措施(设置加铺层等)以恢复或提高其承载能力。

路面结构承载能力的测定,可分为破损类和无破损类两种。前者从路面各结构层内钻取试样,试验确定其各项计算参数,通过同设计标准比较,估算其结构承载能力。无破损类测定则通过路表的无破损弯沉测定,估算路面的结构承载能力。

1. 弯沉测定

路表面在荷载作用下的弯沉量,可以反映路面结构的承载能力。路面的结构破坏可能是由于过量的竖向变形所造成,也可能是由于某一结构层的断裂破坏所造成。对于前者,采用最大弯沉值表征结构承载能力较合适;对于后者,则采用路表弯沉盆的曲率半径表征其承载能力更为合适。因而,理想的弯沉测定应包含最大弯沉值和弯沉盆两方面。

目前使用的弯沉测定系统有4种:贝克曼梁(Benkleman beam)弯沉仪、自动弯沉仪、稳态动弯沉仪、脉冲弯沉仪。前两种为静态测定,可得到路表最大弯沉值;后两种为动态测定,可得到最大弯沉值和弯沉盆。

(1) 静态弯沉测定

最常用的是贝克曼梁弯沉仪,测定时梁的端头穿过测定车后轴双轮轮隙,置于车轮前方5~10cm的路面测点上,梁在后三分点处通过支点承于底座上。梁的另一端处架设一个百分表,以测定端头的升降量。车辆以爬行速度向前行驶,车轮经过梁的端头时读取百分表的最大读数,车辆驶离后再读取百分表的读数,两者差值的两倍即为路表面的回弹弯沉值。

自动弯沉仪将弯沉测定梁连接到测定车后轴之间的底盘上。测定时,梁支于地面保持不动,车辆向前移动,当后轮驶过并通过梁端头时,弯沉值被自动记录下来,达最大弯沉值时测定梁被提起,并拉到车辆底盘的前端,到下一测点处测定梁再被放下。自动弯沉仪可连续进行弯沉测定,并自动记录测定结果。车辆行驶速度为3~5km/h,每天约可测定30km。

贝克曼梁弯沉仪量测的是最大回弹弯沉值,而自动弯沉仪测到的是最大总弯沉值。轮载、轮压和加载时间(行驶速度)是影响测定结果的三项影响条件。在测定前和测定过程中,必须认真检查是否符合规定要求。

测定时,测试车辆沿轮迹带行驶。如仅使用一台贝克曼梁弯沉仪,测点沿外侧轮迹带布置。测点间隔可为20~50m,视测定路段长度要求而定。

测定结果可点绘成弯沉断面图。由于影响承载能力的变量众多,可以预料各测点的弯沉值会有较大的变异。因而,通常采用统计方法对每一路段的弯沉值进行统计处理,以路段的代表弯沉值表征该路段的承载能力。

路段的代表弯沉值 l_0 可按下式确定:

$$l_0 = (\bar{l}_0 + \lambda\sigma) K_1 K_2 K_3 \tag{6-20}$$

式中:$\bar{l}_0$——路段各测点弯沉平均值:

$$\bar{l}_0 = \frac{\sum_{1}^{n} l_i}{n} \tag{6-21}$$

σ——该路段弯沉测定标准偏差:

$$\sigma = \sqrt{\frac{\sum_{i=1}^{n}(l_i - l_0)^2}{n-1}} \tag{6-22}$$

λ——控制保证率的系数,保证率为50%时,$\lambda = 0$;保证率为90%时,$\lambda = 1.282$;保证率为95%时,$\lambda = 1.64$;保证率为97.7%时,$\lambda = 2.00$;

n——该路段的测点数；
K_1——季节影响系数；
K_2——湿度影响系数；
K_3——温度影响系数。

沥青面层的劲度随温度而变，路基的模量随湿度而变。因而，弯沉测定结果同测定时路面结构的温度和湿度状况有关。通常以20℃作为沥青路面的标准测定温度，以最不利潮湿或春融季节作为测定时期。对于在其他环境条件下测定的结果，应作温度和湿度修正。

温度影响系数 K_3 可先计算沥青层内平均温度，然后按经验公式确定。

当测定时气温 $T_0<20℃$ 时：

$$\left.\begin{array}{l} T_1 = a + bT_0 \\ a = -2.14 - 0.503h \\ b = 0.62 - 0.008h \end{array}\right\} \quad (6-23)$$

当气温 $T_0 \geqslant 20℃$ 时：

$$\left.\begin{array}{l} T_1 = a + bT_0 \\ a = -2.65 + 0.52h \\ b = 0.62 - 0.008h \end{array}\right\} \quad (6-24)$$

T_1 为沥青路面内部平均温度，根据 T_1 计算结果，决定选择的经验公式。如：某地区采用的公式：

$T_1 \geqslant 20℃$ 时：

$$K_3 = \sqrt[e]{h\left(\frac{1}{T_1} - \frac{1}{20}\right)} \quad (6-25)$$

$T_1 < 20℃$ 时：

$$K_3 = \sqrt[e]{0.002h(20-T_1)} \quad (6-26)$$

式中：h——沥青层厚度（cm）。

由于气候、水文和土质条件的不同，各地区路基湿度和季节性变化规律不尽相同；路面结构不同，路基温度变化对路表弯沉值的影响程度也不一样。因而，考虑湿度变化和季节修正系数 K_1、K_2 随地区、土质、路基潮湿类型、路面结构等因素而变，应依据当地具体条件建立的弯沉湿度、季节变化曲线，结合经验确定。

如果测定的路段弯沉值变化范围很大，须进行分段，分别确定其代表弯沉值。分段可通过目估，并结合路况进行。也可按统计方法，对划分的相邻路段进行显著性检验，依据是否有显著差别决定其分或合。

（2）动态弯沉测定

稳态动弯沉仪是利用振动力发生器在路表面作用一固定频率的正弦动荷载，通过沿荷载轴线间隔布置的速度传感器（检波器）量测路表面的动弯沉曲线。

脉冲弯沉仪又称落锤弯沉仪（FWD），它以50~300kg质量从4~40mm高度落下，作用于弹簧和橡皮垫上，通过30mm直径承载板传给路面半正弦脉冲力。通过改变质量和落高，可以施加不同级位的荷载（从15kN到125kN）。脉冲力作用持续时间约为0.028s。利用沿荷载轴线间隔布置的速度传感器，量测到路表面的弯沉曲线。由于仪器本身重量轻，路面受到的预加荷载的影响比稳态动弯沉仪小得多。

动态弯沉测定可以得到路表弯沉曲线。作用于路表的动荷载向路面结构内的应力扩散类似圆锥形。应力锥同各结构层次界面的交点具有特定的含义:在交点以外的路表弯沉值仅受到此交点所在界面以下各结构层模量的影响。利用这一特性,可以依据应力锥和结构层次布置传感器的位置,并按量测得到的弯沉值应用层状体系理论解分别确定各结构层的弹性模量值。弯沉测定时,所施加的动荷载大小应尽可能接近于路上的车辆荷载。此外,为了解材料的非线性特征,施加的动荷载须变换级位。

2.结构承载能力评价

不同路面结构具有不同的路表弯沉值,不能单独从最大弯沉值大小来判断路面结构的剩余寿命。同时,路面结构的承载能力会在使用过程中逐渐下降,反映在弯沉值变化上,则为路段的代表弯沉值随时间(轴载作用次数)的增加而逐渐增长,随着弯沉值的增长,路面逐渐出现车辙变形和裂缝等损坏。定义某种程度的损坏作为临界状态,相应于这种损坏状况的路面弯沉值,即为路面结构的极限承载能力。为此,要判断现有路面结构的承载能力(剩余寿命),除了由测定得到代表弯沉值外,还须知道路面结构类型、路面损坏状况以及到调查测定时路面已承受的标准轴载作用次数。

利用沥青路面的弯沉值同标准轴载累计作用次数和路面损坏临界状态间的关系曲线,可按路段的代表弯沉值和路面已承受的标准轴载累计作用次数,确定现有路面结构的剩余寿命。例如,代表弯沉值为 25×10^{-2} mm,已承受标准轴载共 4×10^6 次的作用,则由弯沉曲线可推算出达 90%可靠度时的剩余寿命约 4.1×10^6 次。

沥青路面采用强度系数 SSI 作为评价指标,SSI = 路面容许弯沉值/路面代表弯沉值。

六、路面使用性能综合评价

1.路面平整度评价

路面的基本功能是为车辆提供快速、安全、舒适和经济的行驶表面。路面行驶质量反映路面满足这一基本功能的能力。

路面行驶质量的好坏,同路面表面的平整度特性、车辆悬挂系统的振动特性和人对振动的反应或接受能力有关。从路面状况的角度,影响路面行驶质量的主要因素是路面平整度。

路面平整度可定义为路面表面诱使行驶车辆出现振动的高程变化。路面不平整所引起的车辆振动,会对车辆磨损、燃油消耗、行驶舒适、行车速度、路面损坏和交通安全等多方面产生直接影响。因此,平整度是度量路面行驶质量的一项性能指标。

(1)平整度测定方法

路面平整度测定方法可划分为两大类型:断面类平整度测定和反应类平整度测定。

①断面类平整度测定

断面类平整度测定是直接沿行驶车辆的轮迹量测路面表面的高程,得到路表纵断面,通过数学分析后采用综合统计量作为其平整度指标。属于这一类的方法主要有:

- 水准测量。采用水准仪和水准尺沿轮迹测路面表面的高程,由此得到精确的路表纵断面。这是一种测定结果较稳定的简便方法,但测量速度很慢,很费工。
- 梁式断面仪。用 3m 长的梁(或直尺)连续量测轮迹处路表同梁底的高程差,由此得到路表纵断面。这种方法较水准测量的测定速度要快些。

●惯性断面仪。在测试车车身上安置竖向加速度计，以测定行驶车辆的竖向位置变化。利用激光、超声等传感器测定车身同路表面之间的距离。两方面测定结果叠加后，便可得到路表面纵断面。

断面类平整度测定方法的主要优点是可直接得到轮迹带路表面的实际断面，依据它可以对路面平整度的特性进行分析。而其主要缺点是，对于前两种方法来说，测定速度太慢，不宜用于大范围的平整度数据采集；仪器精密度高，操作和维修技术要求高，因而其广泛应用受到了限制。

②反应类平整度测定

反应类平整度测定系统是在主车或拖车上安装由传感器和显示器组成的仪器，传感和累计车辆以一定速度驶经不平路表面时悬挂系统的竖向位移量。显示器记下的测定值，通常是一个计数数值，每计一个数相应于一定的悬挂系位移量。反应类平整度测定系统的优点是价格低廉，操作简便，可用于大范围内的路面平整度快速测定。由于这类测定方法是对路面平整度的间接度量，其测定结果同测试车辆的动态反应状况有关，也即随测试车辆机械系统的振动特性和车辆行驶的速度而变化，因而存在三项主要缺点：时间稳定性差——同一台仪器在不同时期测定的结果，会因车辆振动特性随时间的变化而不一致；转换性差——不同部门测定的结果，由于所用测试车辆振动特性的差异而难以进行对比；不能给出路表的纵断面。

为克服上述第一项缺点，须经常对测定仪器进行标定。标定路段的平整度采用断面类平整度测定方法测定。测定仪器在标定路段上的测定结果与标准结果建立回归关系，即为标定曲线。利用此曲线，可将不同时期的测定结果进行转换。

为克服上述第二项缺点，须寻找一个通用的平整度指标，以便把不同仪器或不同部门测定的结果，统一转换成以这个通用指标表示的平整度值，方便进行相互比较。

(2)国际平整度指数

反应类平整度仪测定的结果，通常以车辆行驶一段距离后的累积计数值表示。如果把每一种反应类平整度仪的计数以相应的悬挂系单位千米竖向位移量表示，则测定结果可表示为 m/km，它反映了单位行驶距离内悬挂系的累积竖向行程。这是一个类似于坡度的单位，称作平均调整坡(ARS)。

以 ARS 作为指标表示测定结果时，不同反应类平整度仪测定结果之间可以建立良好的相关关系，但这种关系只能在测定速度相同的条件下才能成立。因而，必须按速度分别建立回归方程。国际平整度指数(IRI)是一项标准化的平整度指标。它同反应类平整度测定系统类似，但是采用数学模型模拟 1/4 车(即单轮，类似于拖车)以规定速度(80km/h)行驶在路面上，分析具有特定特征参数的悬挂系在行驶距离内由于动态反应而产生的累积竖向位移量，分析结果也以 m/km 表示。这一指标称为参照平均调整坡(RARS30)。

上述分析过程已编成电算程序。在量测到路表纵断面的高程资料后，便可利用程序计算该段路面平整度的国际平整度指数 IRI 值。对标定路段的平整度，按上述方法用国际平整度指数表征，而后同反应类平整度仪的测定结果建立标定曲线，使用此类标定曲线便可克服反应类平整度仪转换性差的缺点。

(3)行驶质量评价

如前面所述,路面行驶质量同路表面的不平整度、车辆的动态响应和人的感受能力三方面因素有关。不同的乘客乘坐同一辆车行驶在同一个路段上,由于各人对行驶舒适性的要求和对颠簸的接受能力不同,对该路段的行驶质量会做出不同的评价。

由于评价带有个人主观性,为了避免随意性,提出了主客观相结合的评价方法。一方面邀请具有不同代表性的乘客,分别按各人的主观意见进行评分,而后汇总评价,以平均评分值代表众人的评价。另一方面对各评价路段进行平整度量测。通过回归分析建立主观评分同客观量测结果的相关关系。由此建立的评价模型,便可用来对路面行驶质量进行较统一的评价。

对行驶质量的评价可以采用5分或10分评分制。评分小组的成员应能覆盖对行驶舒适性有不同反应的各类人员(不同职业、年龄、社会经济和文化背景等)。所选择的评分路段,其平整度和路面类型应能覆盖可能遇到的范围和情况。评分时所乘坐的车辆,应选择振动特性具有代表性的试验车。整个评分过程中,采用相同的试验车和行驶速度。

整理各评分路段的主观评分和客观量测结果后,通过回归分析可建立线性或非线性的评价模型。利用评价模型可以对路面行驶质量的好坏做出相对的评价。然而,还需要建立行驶质量的标准,以衡量该评价对使用性能最低要求的满足程度。

行驶质量标准的制定,一方面依赖于乘客对行驶舒适性的要求,另一方面在很大程度上受经济因素的制约。标准定得过高,会使路网内许多路段的路面须采取改建措施,从而提高所需的投资额。

乘客对路面舒适性的要求,可以通过在评分表中列入不可接受、可接受和难以确定三种意见供评分者选择,而后汇总其意见得出。例如,图6-19为依据评分者在打分时选择的三种意见的比例绘制的频率曲线。由分布频率为50%的水平线同可接受和不可接受两条分布曲线的交点,可以确定行驶质量的上下限标准:完全可以接受的最低标准(图中为RQI=2.9)和完全不可以接受的最高标准(图中为RQI=2.2)。

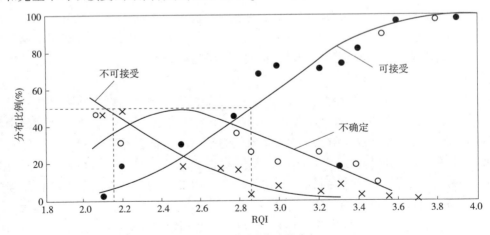

图6-19 行驶质量标准的确定

按上述方法得到的标准,虽然在一定程度上也反映了乘客在经济方面的考虑,但仍须按当地的经济条件分析这一标准的可接受程度,而后再做出选择。

2.抗滑性能评价

路面抗滑性能是指车辆轮胎受到制动时沿路表面滑移所产生的抗滑力。通常,抗滑性能被看作路面的表面特性,并定义为:

$$f=\frac{F}{W} \tag{6-27}$$

式中:f——摩阻系数;
F——作用于路表面的摩阻力;
W——垂直于路表面的荷载。

然而,笼统地说路面具有某一摩阻系数值是不确切的,应对轮胎在路面上的滑移条件给予规定。不同的条件和测定方法,可以得到不相同的摩阻系数值。因此,须规定标准的测定方法和条件。

(1)测定方法

抗滑性能可采用 4 种方法进行测定:制动距离法、锁轮拖车法、偏转轮拖车法、摆式仪法。

①制动距离法

以一定速度在潮湿路面上行驶的 4 轮小客车或轻型车,当 4 个车轮被制动时,车辆减速滑移到停止的距离,可用以表征非稳态的抗滑性能,以制动距离数 SDN 表示:

$$\mathrm{SDN}=\frac{v^2}{225L_\mathrm{s}} \tag{6-28}$$

式中:v——刹车开始作用时车辆的速度(km/h);
L_s——滑移到停车的距离(m)。

测试路段应为材料组成均匀、磨耗均匀和龄期相同的平直路段。测试前和每次测定之间,先洒水润湿路表面到完全饱和。制动速度以 64.4km/h 为标准速度。也可采用其他速度,但不宜低于 32km/h。

②锁轮拖车法

装有标准试验轮胎的单轮拖车,由汽车拖拉,以要求的测定速度在洒水润湿的路面上行驶。抱锁测试轮,通过测定牵引力确定在载重和速度不变的状态拖拉测试轮时作用在轮胎和路面间的摩阻力。以滑移指数 SN 表征路面的抗滑性能:

$$SN=\frac{F}{W}\times 100 \tag{6-29}$$

式中:F——作用在试验轮胎上的摩阻力(N);
W——作用在轮上的垂直荷载(N)。

③偏转轮拖车法

拖车上安装有两只标准试验轮胎,它们对车辆行驶方向偏转一定的角度(7.5°~20°)。汽车拖拉以一定速度在潮湿路面上行驶时,试验轮胎受到侧向摩阻力的作用。记下此侧向摩阻力,除以作用在试验轮上的载重,可得到以侧向力系数 SFC 表征的路面抗滑性能:

$$\mathrm{SFC}=\frac{F}{W} \tag{6-30}$$

式中：F——作用在试验轮胎上的侧向摩阻力(N)；
W——作用在轮胎上的垂直荷载(N)。

锁轮拖车法和偏转轮拖车法都具有测定时不影响路上交通，可连续并快速进行的优点。

④可携式摆式仪法

这是一种主要在室内量测路面材料表面摩阻特性的仪器，也可用于野外量测局部路面范围的抗滑性能。摆式仪的摆锤底面装一橡胶滑块，当摆锤从一定高度自由下摆时，滑动面同试验表面接触。由于两者间的摩擦而损耗部分能量，使摆锤只能回摆到一定高度。表面摩阻力越大，回摆高度越小。通过量测回摆高度，可以评定表面的摩阻力。回摆高度直接从仪器上读得，以抗滑值 SRV 表示。

(2)抗滑性能评价

影响路面抗滑性能的因素有路面表面特性（细构造和粗构造）、路面潮湿程度和行车速度。路表面的细构造是指集料表面的粗糙度，它随车轮的反复磨耗作用而逐渐被磨光，通常采用石料磨光值(PSV)表征抗磨光的性能。细构造在低速(30~50km/h 以下)时对路表抗滑性能起决定作用；而高速时起主要作用的是粗构造，它是由路表外露集料间形成的构造，可使车轮下的路表水迅速排除，以避免形成水膜，粗构造性能由构造深度表征。

路表面应具有的最低抗滑性能，视道路状况、测定方法和行车速度等条件而定。各国根据对交通事故率的调查和分析，以及同路面实测抗滑性能间建立的对应关系，制定有关抗滑指标的规定。有的国家除了规定抗滑性能的最低标准外，还对石料磨光值和构造深度的最低标准做出了规定。

七、路面养护与维修决策

路面养护与维修对策要根据路面的实际状况确定，养护策略的确定既有客观标准也有主观因素，是这些因素的综合反映。路面养护决策中最重要的内容就是决定何时进行大、中修。下面结合我国现行规范介绍沥青路面的养护对策。

根据《公路沥青路面养护技术规范》(JTJ 073.2—2001)，沥青路面调查分为路面破损调查、结构强度调查、平整度调查和抗滑能力调查等四项，其相应调查频率见表6-87。

路面调查频率表　　　　　　表6-87

公路等级	评价指标			
	破损	平整度	强度	抗滑
高速、一级	每年一次		1~3年一次	
二、三、四级	每年重点调查		必要的调查	

相应的调查指标和方法如表6-88。

调查指标表及设备与方法表　　　　　　表6-88

评价指标	破损	平整度	强度	抗滑
调查指标	综合破损率(DR)	国际平整度指数(IRI)	回弹弯沉(l_s)	横向力系数(SFC) 摆值(BPN)

续上表

评价指标	破损	平整度	强度	抗滑
调查方法	自动调查车 人工调查	车载设备（全面） 三米直尺（抽样）	自动弯沉仪、落锤式弯沉仪（高等级公路）、贝克曼梁	横向力系数测定车 摆式摩擦仪

各项调查指标、评价指标及综合指标的关系如图 6-20 所示。

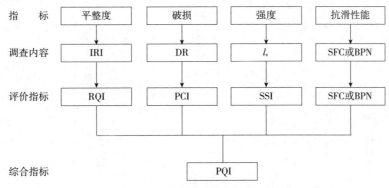

图 6-20 各调查指标、评价指标及综合指标的关系图

1. 对路面破损状况的评价方法、指标和标准

（1）路面病害的分类与分级

表 6-89 是沥青路面病害的分类分级表，根据现场调查发现的病害情况，确定其病害发生的严重程度和计量值大小。

沥青路面病害分类分级 表 6-89

破损类型		分级	外观描述	分级指标	计量单位
裂缝类	龟裂	轻	初期龟裂、缝细、无散落，裂区无变形	块度:20~50cm	m²
		中	裂块明显，缝较宽，无或轻微散落或轻度变形	块度:<20cm	
		重	裂块破碎，缝宽，散落重，变形明显，急待修理	块度:<20cm	
	不规则裂缝	轻	缝细，不散落或轻微散落，块度大	块度:>100cm	m²
		重	缝宽，散落，裂块小	块度:50~100cm	
	纵裂	轻	缝壁无散落或轻微散落，无或少支缝	缝宽:≤5cm	m²
		重	缝壁散落重，支缝多	缝宽:>5cm	
	横裂	轻	缝壁无散落或轻微散落，无或少支缝	缝宽:≤5cm	m²
		重	缝壁散落多，支缝多	缝宽:>5cm	
松散类	坑槽	轻	坑浅，面积小（<1m²）	坑深:≤25cm	m²
		重	坑深，面积较大（>1m²）	坑深:>25cm	
	麻面		细小嵌缝料散失，出现粗麻表面		m²
	脱皮		路面面层层状脱落		m²
	啃边		路面边缘破碎脱落，宽度 10cm 以上		m²

续上表

破损类型		分级	外观描述	分级指标	计量单位
松散类	松散	轻	细集料散失,路面磨损,路表粗麻		m²
		重	粗集料散失,多量微坑,表面剥落		
沉陷类	沉陷	轻	深度浅,行车无明显不适感	深度:≤25mm	m²
		重	深度深,行车明显颠簸不适	深度:>25mm	
	车辙	轻	变形较浅	深度:≤25mm	m²
		重	变形较深	深度:>25mm	
	搓板		路面产生纵向连续起伏、似搓板状的变形		m²
	波浪	轻	波峰波谷高差小	高差:≤25mm	m²
		重	波峰波谷高差大	高差:>25mm	
	拥包	轻	波峰波谷高差小	高差:≤25mm	m²
		重	波峰波谷高差大	高差:>25mm	
其他类	泛油		路表呈现沥青膜,发亮,镜面,有轮印		m²
	磨光		路面原有粗构造衰退或丧失,路表光滑		m²
	修补损坏面积		因破损或病害而采取修复措施进行处治,路表外观上已修补的部分与未修补的部分明显不同		m²
	冻胀		路基下部的水分向上聚集并冻结成冰引起路面结构膨胀,造成路表拱起和开裂		m²
	翻浆		因路基湿软,路面出现弹簧、破裂、冒浆的现象		m²

(2)病害的换算系数(K)

病害的换算系数是指单个病害的不同严重程度,确定其对整个路面综合病害情况的影响程度,是一种权的概念,根据病害程度按表6-90确定。

路面破损换算系数表 表6-90

破损类型	严重程度	换算系数 K
龟裂	轻	0.6
	中	0.8
	重	1.0
不规则裂缝	轻	0.2
	重	0.4
纵裂	轻	0.4
	重	0.6
横裂	轻	0.2
	重	0.4

续上表

破损类型	严重程度	换算系数 K
坑槽	轻 重	0.8 1.0
麻面		0.1
脱皮		0.6
啃边		0.8
松散	轻 重	0.2 0.4
沉陷	轻 重	0.4 1.0
车辙	轻 重	0.4 1.0
搓板		0.8
波浪	轻 重	0.4 0.8
拥包	轻 重	0.4 0.8
泛油		0.1
磨光		0.6
修补损坏面积		0.1
冻胀		1.0
翻浆		1.0

(3)路面综合破损率(DR)

DR 的计算公式如下：

$$\mathrm{DR} = \frac{D}{A} \times 100 = \sum_{i=1}^{n}\sum_{j=1}^{m} D_{ij} \cdot \frac{K_{ij}}{A} \times 100 \tag{6-31}$$

式中：DR——路面综合破损率，以百分数计；

D——调查路段内的折合破损面积(m^2)，$D = \sum_{i=1}^{n}\sum_{j=1}^{m} D_{ij} \cdot K_{ij}$；

A——调查路段的路面总面积(m^2)；

D_{ij}——第 i 类损坏、第 j 类严重程度的实际破损面积(m^2)。如为纵、横向裂缝，其破损面积为：裂缝长度(m)×0.2；车辙破损面积为：长度(m)×0.4；

K_{ij}——第 i 类损坏，第 j 类严重程度的换算系数，可从表6-90查得。

(4)路面状况指数(PCI)

路面状况指数(PCI)的数值范围为0~100。其值越大，路况越好，PCI的计算公式为：

$$PCI = 100 - 15DR^{0.412} \qquad (6-32)$$

根据路面破损情况,可将路面质量分为优、良、中、次、差五个等级。评价标准应符合表 6-91 的规定。

路面破损状况评价标准　　　　表 6-91

评价标准	优	良	中	次	差
路面状况指数 PCI	≥85	70~85	55~70	40~55	<40

2. 对路面强度的评价方法、指标和标准

沥青路面强度采用强度指数 SSI 来表征,计算公式如下:

$$SSI = \frac{路面设计弯沉值}{路段代表弯沉值} \qquad (6-33)$$

设计弯沉值可参考沥青路面设计规范中规定值。

表 6-92 是路面强度的评价标准。

路面强度的评价标准　　　　表 6-92

评价指标	优		良		中		次		差	
	高速、一级	其他	高速、一级	其他	高速、一级	其他	高速、一级	其他	高速、一级	其他
SSI	≥1.0	≥0.83	0.83~1.0	0.66~0.83	0.66~0.83	0.5~0.66	0.5~0.66	0.3~0.5	<0.5	<0.3

3. 路面行驶质量指数

路面的行驶质量采用行驶质量指数(RQI)作为评价指标,行驶质量指数由国际平整度指数(IRI)计算,其关系式如下:

$$RQI = 11.5 - 0.75IRI \qquad (6-34)$$

式中:RQI——行驶质量指数,范围 0~10。若计算值小于 0,则取 0,大于 10,则取 10。

表 6-93 是路面行驶质量的评价标准。

路面行驶质量评价标准　　　　表 6-93

等级	优	良	中	次	差
RQI	≥8.5	7.0~8.5	5.5~7.0	4.0~5.5	<4.0

4. 路面抗滑性能

路面抗滑性能采用抗滑系数作为评价标准,抗滑系数以横向力系数(SFC)或摆式摩擦仪的摆值(BPN)表示,评价标准见表 6-94。

路面抗滑能力评价标准　　　　表 6-94

等级	优	良	中	次	差
SFC	≥50	40~50	30~40	20~30	<20
BPN	≥42	37~42	32~37	27~32	<27

5. 路面综合评价

路面综合评价指标(PQI)用分项指标加权计算,其范围为 0~100。其值越大,表明路况越好。

$$PQI = PCI' \times P_1 + RQI' \times P_2 + SSI' \times P_3 + SFC' \times P_4 \qquad (6-35)$$

式中：P_1、P_2、P_3、P_4——分别为相应指标的权重，按 PCI、RQL、SSL、SFC（或 BPN）的重要性确定，取值如表 6-95；

PCI'、RQI'、SSI'、SFC'——根据对应 PCI、RQI、SSI、SFC 的评价结果取值，见表 6-96。

P_1、P_2、P_3、P_4 权重建议值　　　　　表 6-95

权重	高速、一级公路	二级公路	二级以下公路
P_1	0.25	0.3	0.35
P_2	0.35	0.25	0.2
P_3	0.1	0.25	0.35
P_4	0.3	0.2	0.1

PCI'、RQI'、SSI'、SFC' 的赋值　　　　　表 6-96

评价标准	PCI、RQI、SSI、SFC 的评价结果				
	优	良	中	次	差
相应赋值	92	80	65	50	30

根据 PQI 的不同大小，可进行路面综合评价，其评价标准见表 6-97。

路面综合评价标准　　　　　表 6-97

评价标准	优	良	中	次	差
相应赋值	≥85	70~85	50~70	40~55	<40

6. 维修养护对策

沥青路面养护对策应根据公路等级、交通量、分项路况评价结果确定。分项路况评价包括：路面破损状况、行驶质量、路面强度和抗滑性能等方面。路面综合评价指标仅用于对路面质量的总体评价。

公路养护管理部门须结合路面管理系统的使用，根据路面分项评价结果和养护资金的情况，统筹安排本地区公路网的资金需求计划和资金分配方案，确定公路养护的优先次序。

可根据公路等级、交通量、分项路况的评价结果，结合养护资金情况，采取如下维修养护对策：

①在满足强度要求的前提下（路面的结构强度系数为中等以上时），若高速公路及一级公路的路面状况指数（PCI）评价为优、良，或者二级及二级以下公路的路面状况指数评价为优、良、中时，以日常养护为主，并对局部破损进行小修；若高速公路及一级公路的路面状况指数（PCI）评价为中及中以下，或者二级或二级以下公路的路面状况指数评价为次及次以下，应采取中修罩面措施。

②在不满足强度要求的前提下（路面的结构强度系数为中等以下时），应采取大修补强措施以提高其承载能力。

③若高速公路及一级公路的行驶质量指数（RQI）评价为优、良，或者二级及二级以下的公路的行驶质量指数评价为优、良、中时，以日常养护为主；若高速公路及一级公路的行驶质

量指数(RQI)评价为中及中以下,或者二级及二级以下公路的行驶质量指数评价为次及次以下时,应采取罩面等措施改善路面的平整度。

④高速公路及一级公路的抗滑能力不足(SFC<40)的路段,或二级及二级以下公路抗滑能力不足(SFC<30或BPN<32)的路段,应采取加铺罩面层等措施提高路表面的抗滑能力。

⑤因路面不适应现有交通量或载重的需要,应通过提高现有路面的等级,或通过加宽等改建措施提高道路的通行能力和服务质量。

八、路面养护管理系统(PMS)

1.路面管理系统的基本概念

路面管理系统的概念于20世纪70年代之前起源于加拿大的路面养护管理工作。20世纪70年代以后美国、西欧、日本以及一些发展中国家和地区也根据各自的实际情况相继开发和实施了路面管理系统。我国对路面管理系统的研究开始于20世纪80年代中期。"七·五"和"八·五"期间,许多单位对路面管理系统进行了较广泛的研究和推广应用工作。

路面在使用过程中,其使用性能会因行车荷载和环境因素的不断作用而逐渐变坏。路面使用性能的恶化,将增加车辆的运行费用,包括燃油、轮胎和保修材料的消耗及行程时间等费用。因而,在路面使用期内,还需继续投入大量资金用以养护或改建,使之保持一定的使用性能。

路面管理是应用系统分析的方法,综合考虑技术、经济、社会和政治等方面的因素,协调各项路面管理活动。从道路有关数据的采集、整理和分析,到根据具体情况建立相关的数学模型,最后提出和编制相应的道路维修、养护乃至改建计划,并使计划得以实施的整个过程。

路面管理系统则是以路面管理为目的,运用计算机和现代管理科学等先进技术来实现管理的目标。道路工程学是道路管理系统的基础,但整个系统是道路工程学、管理科学、计算机科学三者的有机结合,它综合考虑了技术、经济、政治、环境等多方面的因素,使得整个管理过程系统化、科学化和现代化,为管理部门的决策人员提供分析的方法和工具,并为管理部门提供可靠的依据,积累管理经验。系统的核心在于研究如何在有限的资源(资金、劳动力、材料、能源等)下以最低的消耗,提供并维持路面在预定使用期内足够的服务水平,也即在预定的标准和约束条件下,选用费用—效果最佳的方案。

路面管理系统可划分为网级管理和项目级管理两个层次,以分别适应不同管理层次的需求,两者具有不同的结构和功能。网级管理系统的范围,适用于一个地区(省、市)的公路网或一大批工程项目。主要任务是为管理部门在进行关键的行政决策时提供相应的对策。网级管理的主要内容有:

①分析路况——路网内路面的使用性能的评价及未来路况的发展变化预估。

②规划路网——根据路况分析确定路网内要进行养护和维修、改建的项目。

③优化排序——根据预定标准、约束条件决定项目的优先排序,制订维修计划。

④经济分析——路网达到不同预定的服务水平时,各年度所需要的养护管理资金。

⑤计划实施——根据上述分析结果,将资源进行分配,并积累实施计划后反馈回来的信息。

网级管理系统对路网进行系统的优化决策后，提出路面养护项目清单。对于养护项目段还要进行更详细的设计分析，提出各种可能的设计方案，优化比较得到一个技术可行、经济合理的最优方案，这便是路面管理系统项目管理的主要工作。项目级管理系统仅针对一个工程项目，它的主要任务是为管理部门对某一工程进行技术决策时提供对策，以选择费用效益最佳的方案。项目级管理的主要内容有：

①路面结构分析——对路面结构损坏情况进行分析和路面使用性能进行预估。

②寿命周期费用分析——针对各项目在路面寿命周期内所有费用（包括初建、养护、改建、用户费用等）进行分析。

③经济评价——根据实际需要，在现值法、年费用法、收益率法、效益—费用比法等诸多经济分析方法中选择合适的方法对各项目的分析结果进行评价。

④优化排序——把由网级管理系统得到的三方面目标：行动目标（采取哪一类养护、改建措施）、费用目标（可分配到的最高投资额）和使用性能目标（预定期限内应具有的使用性能指标）作为约束条件，选择合适的优化模型，以费用最少为目标进行优化，选择最佳的方案。

⑤方案实施——实施最佳方案，并利用使用性能监测系统收集方案实施后反馈的信息。

由上述分析可知，路面管理系统无论是网级还是项目级，均包含以下要素：

①道路使用性能状况日常检查和数据库管理系统——采集、存贮、处理、检索路面管理系统所需的各种数据，包括路面、桥梁结构设计数据、施工数据、养护改建历史数据、使用性能状况数据、费用数据、交通环境数据等。数据的准确程度直接影响到路面管理系统的运行质量，因此，它是路面管理系统的核心。

②使用性能评价模型——依据采集的数据，选择能反映道路设计结构特点、功能特点、服务特点、管理特点的指标，按照一定的标准进行评定，其结果是进行道路设施养护对策分析、需求分析以及项目优化排序的重要依据。

③养护对策模型——依据技术状况，综合考虑技术、材料、环境、经济等因素，选择技术上先进、经济上合理的对策方案。

④设施使用性能预估模型——从资源合理分配的角度出发，结合上述各个模型考虑道路设施在寿命周期内的费用与效益情况，采用多目标决策和数学规划原理，将有限的道路养护维修资金合理分配到道路中去，尽可能提供最高服务水平的道路设施。它是进行项目规划和排序的重要依据之一。

实施路面管理系统的重要意义在于，它帮助管理部门改善所要做出的决策，扩大了决策范围，为决策的效果及时提供反馈信息，积累管理经验，保证管理部门内部的协调一致。需要强调的是，路面管理系统只是一种辅助决策工具，它是专门为相关管理部门的决策提供依据和进行项目分析的工具，其本身并不进行决策，其功能主要体现在以下几个方面：

①可通过检测手段采集到的客观资料说明路面现状，以便及时采取相应的措施解决出现的和存在的问题。

②可迅速、及时查询有关管理信息、数据、资料等，利用客观的数据分析解决日常管理工作中所遇到的问题，提高决策的科学性和效率。

③可以利用具有一定可靠性的预估模型预测未来路面状况的发展变化及采取养护和改

建措施的对策。

④申请投资时,可以用客观的数据作为依据,并可以论证不同投资水平对路段、路网状况和服务水平的影响。

⑤为合理、有效、科学地分配有限的资金和资源提供费用—效益最佳方案。

⑥可合理评价各种设计方案,为选择费用—效益最佳方案打下基础。

⑦利用采集到的数据,考察、评价设计、施工乃至养护、改建工作的情况,为改善和更新不合理的设计、施工、养护方法提供客观、科学的依据。

⑧实施管理系统将带来管理方式和观念上的更新。

2.路面管理系统的数据库

路面管理系统涉及路面的规划、设计、施工、评价和相关研究工作。因此,与上述工作相关的数据库就成为路面管理系统的核心。

为了实现路面管理系统的目标,为路面养护和修复对策提供支持,施工和养护历史数据是非常重要的。不断收集起来的路面资料为开发、更新、评价在规划和设计中使用的路面模型提供了基础。施工和养护资料对路面模型的开发至关重要。路面施工资料包括材料的质量信息,例如,混凝土的抗弯强度、沥青混凝土的密实度等。路面养护资料包含所有影响使用的养护工作,例如封缝、补坑、表面剥落等。高效的养护将使得使用周期大于设计周期成为可能。

使用性能评价的主要目的是确定路面结构现有状况。常用的四项关键测试可以用来确定路面状况。

①不平整度(与行车舒适性有关)。

②表面破碎。

③弯沉(与结构承载能力有关)。

④表面摩擦(与安全有关)。

一个好的路面应该行车舒适、结构可靠并且提供足够的摩擦以避免滑车事故。区别表面破碎、不平整度、结构能力与表面摩擦是十分重要的。破坏是路表的物理损坏,如坑洞、裂缝和车辙等。不平整度是由路表外形变化引起的,影响行车的舒适性,在主要考虑用户要求的前提下,不平整度是路面用户行车特性的主要影响因素,限制了路面的可服务性或功能响应。结构能力是路面在不损坏的情况下承受荷载的能力,它也会受到严重的车辙或坑洞的影响。

上述四项指标和养护、用户费用一起可被看作为路面的输出参数,即它们是确定路面是否令人满意的变量。这些输出变量多数在设计阶段就应预测,并且在路面服务期间间断地评价。如果有足够的资金进行修复,则一个新的服务周期又开始了。

3.路面损坏的预测模型

为了估计路网中某些路段的服务年限,有必要预测路面评价指标的变化率,进而进行维护需求的分析和评价。

为了建立路面损坏预测模型,必须具备以下基本条件:

①满足要求的数据库。

②包含影响路面损坏的所有重要因素。

③认真选择能代表实际情况的预测模型的形式。
④合理评价模型精度的标准。

路面预测模型可分为两种基本类型:确定型和概率型。确定型模型可以用于结构基本响应的确定等。根据不同的工作目的,常用的模型又可分为以下四类:

①纯力学模型,通常是结构响应类模型,如应力、应变和弯沉等。

②力学经验模型,如通过回归方程建立路面响应参数与实测的结构性或功能性损坏(如弯沉和不平整度)的关系。

③回归模型,由观察或实测得到的结构性或功能性的相关变量与一个或多个独立变量,如路基强度、轴载分布、路面厚度及其材料特性和环境因素以及它们之间的相互作用的关系。

④主观模型,用转移过程模型"捕捉"经验,如开发损坏预测模型。

思考练习题

1. 沥青混合料拌和设备有哪些类型?各自的特点有哪些?
2. 沥青混合料拌和设备大致有哪些设计容量?对应的生产能力是多少?
3. 简述沥青路面病害的类型、产生的原因以及处治的办法。
4. SMA 混合料的集料级配与普通沥青混合料的区别在哪里?
5. OGFC 混合料的空隙率范围是怎样的?其最佳沥青用量是怎样确定的?
6. 浇筑式沥青混凝土在材料使用和组成结构上有哪些特点?
7. 环氧沥青混凝土在路用性能上有哪些特点?环氧沥青的组成材料有哪些?
8. 沥青再生的方法可以归结为哪两点?
9. 彩色沥青路面有哪些传统沥青路面和水泥混凝土路面所不具有的作用?
10. 路面结构承载能力评价和路面使用性能综合评价分别包括哪些方面的内容?

参 考 文 献

[1] 张肖宁.沥青与沥青混合料的粘弹力学原理及应用[M].北京:人民交通出版社,2006.
[2] 谭忆秋.沥青与沥青混合料[M].哈尔滨:哈尔滨工业大学出版社,2007.
[3] 沈金安.改性沥青与 SMA 路面[M].北京:人民交通出版社,1999.
[4] 沈金安.沥青及沥青混合料路用性能[M].北京:人民交通出版社,2001.
[5] 张宏超.路面分析与结构设计[M].上海:同济大学出版社,2013.
[6] 田文玉.道路工程材料[M].北京:人民交通出版社,2006.
[7] 黄维蓉.道路建筑材料[M].北京:人民交通出版社,2011.
[8] 李立寒.道路工程材料[M].北京:人民交通出版社,2010.
[9] 邵泽行,邵泽友.使用 EXCEL 进行矿质混合料配合比设计[J].市政技术,2011,1(1):143-145.
[10] 苑振霞,孟玲.人工砂石料生产工艺流程确定和设备选型[J].湖南水利水电,2008(1):31-33.
[11] 张金升.道路沥青材料[M].哈尔滨:哈尔滨工业大学出版社,2013.
[12] 王旭东,李美江,路凯冀.橡胶沥青及混凝土应用成套技术[M].北京:人民交通出版社,2008.
[13] 黄卫东,李彦伟,杜群乐,等.橡胶沥青及其混合料的研究与应用[M].北京:人民交通出版社,2013.
[14] 吕伟民.沥青混合料设计原理与方法[M].上海:同济大学出版社,2001.
[15] 邢磊.彩色路面胶结料制备技术及其路用性能研究[D].西安:长安大学,2012.
[16] 美国沥青协会.高性能沥青路面(Superpave)基础参考手册[M].贾渝,曹荣吉,李本京,编译.北京:人民交通出版社,2005.
[17] 黄晓明,吴少鹏,赵永利.沥青与沥青混合料[M].南京:东南大学出版社,2002.
[18] 黄晓明.路基路面工程[M].北京:人民交通出版社,2014.
[19] 黄晓明,朱湘,李昶.路基路面工程[M].南京:东南大学出版社,2006.
[20] 张宜洛.沥青路面施工工艺及质量控制[M].北京:人民交通出版社,2011.
[21] 梁俊龙.沥青路面动态模量及裂缝扩展研究[D].西安:长安大学,2016.
[22] 中华人民共和国行业标准.JTG D50—2006 公路沥青路面设计规范[S].北京:人民交通出版社,2006.
[23] 中华人民共和国行业标准.JTG E20—2011 公路工程沥青与沥青混合料试验规程[S].北京:人民交通出版社,2011.
[24] 中华人民共和国行业标准.JTG F40—2004 公路沥青路面施工技术规范[S].北京:人民交通出版社,2004.
[25] 中华人民共和国行业标准.CJJ/T 218—2014 城市道路彩色沥青混凝土路面技术规程[S].北京:人民交通出版社,2014.
[26] 中华人民共和国行业标准.JTG E42—2005 公路工程集料试验规程[S].北京:人民交

通出版社,2005.

[27] 中华人民共和国行业标准.JTG E41—2005 公路工程岩石试验规程[S].北京:人民交通出版社,2005.

[28] 中华人民共和国国家标准.GB/T 14584—2001 建筑用砂[S].北京:中国建筑工业出版社,2001.

[29] 中华人民共和国国家标准.GB/T 14585—2001 建筑用卵石、碎石[S].北京:中国建筑工业出版社,2001.